读史明鉴　察古知今

一/部/揭/秘/帝/国/背/后/的/秘/密/和/真/相

世界帝国简史

人类变迁中的文明与真相 下

A BRIEF HISTORY OF THE WORLD EMPIRE

成振珂/主编

中国商业出版社

图书在版编目(CIP)数据

世界帝国简史:全2册/成振珂主编.—北京:
中国商业出版社,2017.4

ISBN 978-7-5044-9123-7

Ⅰ.①世… Ⅱ.①成… Ⅲ.①世界史-高等学校-教材 Ⅳ.①K1

中国版本图书馆CIP数据核字(2015)第224611号

责任编辑 姜丽君

中国商业出版社出版发行

010-63180647 www.c-cbook.com

(100053 北京广安门内报国寺1号)

北京欣睿虹彩印刷有限公司

* * * *

710×1000毫米 16开 74.5印张 1060千字

2017年5月第1版 2019年2月第2次印刷

定价:138.00元(上下册)

* * * *

(如有印装质量问题可更换)

第八篇

既不神圣也不罗马——神圣罗马

第一章 日耳曼人登场

与罗马的渊源

日耳曼一词来源于拉丁文，具体的意义至今也没有确切的定论。而日耳曼各民族的起源也如同日耳曼一词的意义一样没有明确的结论。有人认为他们是由北欧人与波罗的海沿岸的居民混合而成的。青铜时代晚期，他们在现今瑞典的南部、丹麦半岛以及德国北部介于埃姆河、奥得河与哈次山脉之间的地区居住。

“日耳曼人”首先被希腊斯多葛学派哲学家、历史学家波希多尼在约公元前80年所提出。他可能在与中欧某个小的部落所接触时偶然听得这个词语，并将其作为称呼后来居住在从前2千年到约4世纪的欧洲北部和中部的整个族群的名字。居住在这个区域的人开始可能并不称自己为日耳曼人，甚至于他们并不知道自己就是一个民族。在各民族的混居交往中，日耳曼民族中演化出了纳维亚民族、英格兰人、弗里斯兰人和德国人，进而演化出荷兰人、瑞士的德意志人、加拿大、美国、澳大利亚和南非的许多白人、奥地利的日耳曼人后裔。日耳曼人也成为一个总的称呼，他们在语言、文化、社会习俗等方面有诸多相似的地方。

日耳曼人这个称呼在凯撒的《高卢战记》中出现过。之前，罗马人一直用赛西亚人与凯尔特人的称呼将欧洲东西部的民族分开来。他们并没有将日耳曼人也认为是一个独立的民族群，而是将其归为凯尔特人。罗马帝国著名的历史学家塔西佗认为，在凯撒与日耳曼人的战役中，凯撒用日耳曼人称呼莱茵河东部的已凯尔特化的对手及其他混合人口。自这以后，日耳曼人一词才被这些民族所自称，这个称呼也开始被广泛的使用。据此，日耳曼人一词

日耳曼人

也可能来源于凯尔特语。今天可以肯定的是，青铜器时代的居住于欧洲北部的居民是日耳曼人。其余的观点，比如战斧人与日耳曼人的关系，德国中部山区的居民是不是日耳曼民族的发源地等都没有切实的史实加以证明。

在塔西陀《日耳曼尼亚志》一书中，对日耳曼民族的法律、风俗、地理情况进行了介绍。此时，各个日耳曼民族之间认识到他们可能有着同一起源。日耳曼尼也开始出现，罗马军队中的日耳曼人有时会用这个称呼。而生活在莱茵河东部的部落并没有用这个称呼。公元 11 世纪时，diutisc 开始被使用，形容为“属于人们的”，此后也一直被沿用。而日耳曼尼这个名称以及语言，目前还没有历史记载能够查明。

公元前 330 年，希腊旅行家皮西亚斯在探索欧洲的西北海岸直至将近北极圈的旅程中，对生活在北海地区的居民有了描述。公元前 200 年，巴斯塔奈人曾经居住在欧洲中部山脉以东、从聂斯特河上游到多瑙河三角洲一带的一个大部族，他们曾被用来反对色雷斯人以及罗马人。后来古罗马的百科全书式的作家普林尼、塔西陀以及最近的考古学发现，都能够说明这一部族是日耳曼人种的一支。这些都是关于日耳曼人与希腊人和罗马人接触的最早的的记载。

辛布里人和条顿人的长征

条顿人与辛布里人都是日耳曼民族的分支，条顿人在公元前 4 世纪时，大概分布在今天易北河下游一带。辛布里人的起源可能在日德兰半岛，当时由于人口增加，海水侵蚀陆地导致生活范围缩小，辛布里人开始从今天的丹麦地区向南迁徙。后来，条顿人加入了辛布里人的迁徙旅途。公元前 120 年，由于欧洲北部的半岛——日德兰半岛发生了天气的剧烈变化，虽然这个原因至今没有得到证实，辛布里人和条顿人开始了背井离乡，向南迁徙的旅程。今天大家认为是气候的剧烈变化造成了饥荒，致使他们不得不离开自己的家园。

在南移的过程中，不断有日耳曼部落加入，长征的队伍越来越大。迁徙的队伍在受到波伊人阻断后，他们穿过波西米亚森林，打败斯科迪斯克人，公元前 113 年，他们到达今天的奥地利与捷克附近，并骚扰了陶里斯克人。陶里斯克人自身的力量无法将拥有三十多万军队的辛布里人和条顿人赶走，便向他的盟友罗马求救。辛布里人与罗马人在诺里库姆第一次碰面，之前，罗马的执政官克奈乌斯·帕皮里乌斯·卡尔博假意要求辛布里人离开诺里库姆，事实上却是设计埋伏辛布里人，怒气冲冲的辛布里人随即与卡尔博率领的军队展开了战争。

罗马军队一败涂地，卡尔博和一部分士兵得以突围。此后，辛布里人和条顿人穿越了阿尔卑斯山，到了罗马行省纳尔榜，罗马派出的执政官马尔库斯·尤尼乌斯·西拉努斯在罗纳河战役中失败。之后，公元前105年，罗马执政官克奈乌斯·马尔利乌斯·马克西姆斯与之前的执政官昆图斯·塞尔维利乌斯·卡埃皮奥共同领导了将近十万人的军队，决定对结合的日耳曼人进行攻打。但是，两位执政官关系并不和谐，他们没有互相沟通、互相支援，而是各行其是，结果，首先出击的卡埃皮奥被日耳曼人打败，接着马克西姆斯也很快战败，罗马军队除了在战争中死亡的以外，还有很多在营地中被杀害，卡埃皮奥也在此列。这场战争，对辛布里人和条顿人来说，是一场巨大的胜利。但是，他们并没有继续进军罗马，辛布里人去了西班牙，条顿人则留在了高卢。

罗马派出的一支支军队惨遭失败，死伤无数。最终停战的原因还是因为一场暴风雨，让辛布里人和条顿人觉得这是他们气候神灵的警告，他们才停止了下来。公元前104年，马略利用辛布里人和条顿人分裂的机会，开始训练新的军队。公元前102年，马略率领军队灭亡了条顿人的部队。随后的公元前101年，马略和另一位执政官卡图鲁斯在米兰的西部一带寻找到了辛布里人，并将其歼灭。至此，罗马人才获得了胜利。

在辛布里人和条顿人南迁的征程中，他们也使得德国中南部的民族聚居发生了变化。该地区过去主要的民族——凯尔特人的部分居住地被辛布里人和条顿人所占领，具体的位置在今天的德国黑森州和美因河流域。辛布里人和条顿人的战争能力使得他们甚至到达了高卢，后来公元前58年，还是在凯撒击退后才退至莱茵河东。

与罗马的纷争

自公元前58年，凯撒发动高卢战争以来，其在以后9年的时间里把包括今天的法国以及比利牛斯山、阿尔卑斯山、塞文山、莱茵河和罗纳河为界周长超过3 000英里的地区变成了一个高卢行省。其将莱茵河视为两个民族之间的分界。疆域的扩张使得日耳曼人和罗马人成为邻居。但是这两个邻居并未能和睦相处，凯撒凭借其强大的军事力量，开始跨过莱茵河对河对岸的日耳曼人进行惩罚性的攻击。

莱茵河两岸的对抗在长久以来一直未能平息，直至公元4年屋大维的养子提比略将切鲁西人征服。

屋大维还曾在莱茵河岸驻扎了精良的军队以缓和两岸的纷争。公元前 12 年—公元前 9 年的 4 年时间里，其养子尼禄·克劳蒂乌斯·杜路苏斯通过武力暂时的征服了多个日耳曼民族。但是一年后，他不幸坠马死亡。其弟弟提比略接下哥哥的任务，继续进攻，直至公元 4 年。他们开始在战胜地安营扎寨，建立城市，以巩固疆域。今日，德国黑森州的一些城市仍旧残留有当时的印记，比如一些城市的名字来源于拉丁语。易北河的日耳曼地区也一直被罗马人看作是他们的一个省。

罗马人仍旧没有停止他们的征服。公元 6 年，罗马人还企图从美茵茨进攻今天波希米亚的一个王国，但是潘诺尼亚省发生了动乱，征服才暂时停了下来。

在罗马人占领的日耳曼地区，罗马的法律和税收政策被普布利乌斯·昆克蒂利乌斯·瓦卢斯引入，他还担任省长以及莱茵河军队的最高指挥官。瓦卢斯继续延续其先前残暴的统治，引起了日耳曼人的强烈不满。在他们眼里，只有奴隶才交税，而瓦卢斯则采取更高压的政策，严惩反对罗马的人，最终引发了历史上著名的条顿堡森林战役。不堪压迫的日耳曼人开始团结起来，切鲁西贵族阿尔米纽斯利用自身的贵族身份以及瓦卢斯的自大傲慢，获得了瓦卢斯的信任。此时先前提比略训练精良的军队也在瓦卢斯等骄奢淫逸上行下效的作风之下失去了战斗力。在阴雨绵绵的秋季，阿尔米纽斯等人用计将瓦卢斯的三支罗马军团引入了条顿堡森林，日耳曼人的骁勇善战，将罗马三个军团 2 万多人几乎消灭殆尽，瓦卢斯自己亦因此自杀。罗马人继续向东扩张的计划也由此搁浅。罗马帝国与日耳曼也大致以莱茵河为边界，日耳曼人此后在莱茵河东部保有其独立的地位。在很长一段时间的发展中受罗马人影响甚小。在今天德国北威州代特莫尔德市西南郊设立有条顿堡森林战役的纪念塔。

但是，罗马人觊觎日耳曼地区的野心仍旧没有放弃。公元 14 年和 16 年，莱茵河东部的日耳曼人地区再次被吉曼尼卡斯领导下的罗马军队攻击。但是这样的远征究竟是罗马帝国扩张的野心还是其为了报复原先的失败，现在历史学家也没有明确的定论。

罗马人与日耳曼人的纷争一直没有停歇过。

公元 29 年，罗马军队平息了弗里斯兰人的暴乱，公元 69 年，扑灭巴它瓦人的暴乱，但是此时罗马已经需要从西班牙和不列颠调遣军队。

公元 83 年罗马皇帝多米提安将其边界向莱茵河和多瑙河北移。

公元122年内卡河和多瑙河之间的界墙在哈德良统治时期，再次向北移了20~40千米。

公元159年在安托尼努斯·比乌斯统治时罗马人将其边境像日耳曼地区做了最后一次移动。

有人认为在多米提安在任时期的公元83年，曾经建立了一道界墙来保护其疆土，使得莱茵河地区被分为上日耳曼和下日耳曼两个省。但是1995年以后的研究认为，其在任期间，没有必要在莱茵河以西和多瑙河以北建立这条界墙。且在该界墙上没有发现能证明任何有这个时期特征的文物，故研究者认为这道界墙是在图拉真统治时建立的，当时建立此墙也适合图拉真时期的军事需要。

在罗马人对日耳曼地区进行袭击的时候，日耳曼人也进行了反击。他们过去分裂的部落在2世纪时联合了起来。公元167年，日耳曼人进入罗马的潘诺尼亚省，导致马克曼战争（167—180年）。罗马帝国五贤帝时代最后一个皇帝马尔库斯·奥勒里乌斯用了四年时间，领导了四次军事行动将入侵的日耳曼人驱逐出境。

公元180年，奥勒里乌斯在潘诺尼亚死亡，他的儿子康茂德未能继承他伟大的才干，改变了其父坚持日耳曼战争的想法，放弃将波希米亚并入帝国行省的方针，而是采取了防卫的战略，与敌人和解。从此，康茂德未曾再发动大规模的对外战争。

马克曼战争似乎是民族大迁徙的前奏，许多历史学家也这样看，原因在于马克曼战争中日耳曼民族的分支分别向黑海以及多瑙河流域迁徙，造成了该区域罗马人口的变动。但是到底是战争原因，还是因为气候以及饥荒等原因，今天，仍旧没有定论。

“第一帝国”登场

公元962年被视为是德意志第一帝国的的开端，从此以后，神圣罗马帝国开始展开了其辉煌的历史画面。

公元911年，东法兰克国王路易去世后，由于没有子嗣可以继承其王位，东法兰克的公爵们决定通过公选来选出君主，也由此废除了继承制度。法兰克公爵康拉德一世成为公选的幸运儿，当上了德意志第一位国王。东法兰克帝国也由此转变为德意志帝国。它成为了独立的封建国家，这便是神圣罗马帝国的开端，直至公元1806年被拿破仑所推翻。

公元936年，撒克逊大公奥托当选为德意志国王，公元962年，教皇约翰十二世为其加冕为德国皇帝，并称其为“罗马人皇帝”。帝国的国徽是由双头鹰、皇冠、受难耶稣组成的。因为被称为罗马皇帝，古罗马帝国的双头鹰标志也被采用，且寓意帝国是古罗马帝国的继承者。左右翅膀上绘有旗帜代表七大选帝侯国家以及各大诸侯。耶稣受难的图案，则用以说明帝国皇帝会保护天主教会以及西方的基督教世界。神圣罗马帝国也成为中世纪欧洲唯一拥有帝号的大国。

自公元1157年后，第一帝国被称为神圣罗马帝国。神圣罗马帝国的统治者以罗马帝国和查理大帝的继承者自居，向周边地区进行了不断的扩张，其疆域扩张到今天的德国、奥地利、意大利北部和中部、捷克、斯洛伐克、法国东部、荷兰、比利时、卢森堡和瑞士。

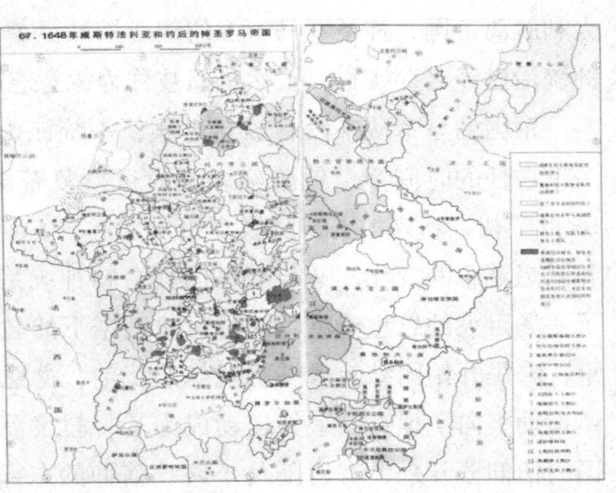

神圣罗马帝国地图

在奥托一世加冕后的第11天，著名的《奥托特权协定》由奥托一世与教皇签订了，其中规定皇帝对教皇的保护；教皇要绝对效忠于皇帝的义务；教皇的人选由皇帝来决定。在帝国之中，皇权也达到了至高无上的地位，完全控制了罗马教廷。封建皇帝的集权性和罗马教皇在谁决定争夺主教继任之间产生了一系列的矛盾。当时，窃取了王室领地的地方割据者与封建君主的中央控制权也在发生着无声的争斗。为了各自的利益，统治者和教会在维护封建的统治方面有着统一的意见，并且始终贯彻这一方针。

持续的领土扩张造成了国家实力的内耗，公元1212年—1254年的霍亨斯陶芬王朝时期，诸侯权力剧增，在征伐意大利、与教廷的权力之争等内外交困下，中央权力逐渐消落，帝国仅仅是被承认拥有最高的权力，而失去了对封建公国和自由市民的控制权。

随着公元1254年康拉德四世的去世，出现了近20年德意志历史上的大空位时期，象征性的皇权——皇帝的缺位，德意志和意大利陷入了各诸侯、骑士、城市之间的纷争和对帝国土地的占领。世纪末，各封建势力在纷争中积蓄了力量，纷纷独立，皇帝仅仅能管辖其领地内的范围，再无权过问领土以外的土地。

查理四世于公元1356年在梅斯召开了又一次帝国议会，并颁布了《黄金诏书》，诏书的主要内容写明：明确了皇帝由七大选帝侯选举产生，皇位虚悬时由萨克森公爵和莱茵宫廷伯爵摄政。

公元1438年开始哈布斯堡家族世袭了神圣罗马帝国皇位，直至公元1918年奥匈帝国解体，哈布斯堡王朝的统治才结束。13世纪后半期，勃艮第和意大利脱离帝国，神圣罗马帝国的领土缩减至德语地区。公元1474年起，帝国的统治已经名存实亡，虽然仍旧被称为德意志民族神圣罗马帝国。

帝国的皇帝从来没有放弃过重新一统江山的愿望，在皇帝马克西米利安一世在任的时间里，他曾经多次尝试恢复帝国往日的辉煌，但是均遭失败。16世纪初，新兴的资产阶级开始发展起来，资本主义萌芽所引起的阶级关系和思想观念的变化，又与当时的教会精神统治产生了深刻的矛盾，进而引发了一场巨大的思想变革。同时封建割据下的教会级诸侯对农民的盘剥日益加重，农民开始团结起来反抗残暴的统治，德意志农民战争也将先前的宗教改革运动引向了顶点。宗教运动成为基督教发展历史上的一个里程碑，也将帝国的信仰分开来，有追随马丁路德信仰的东部、北部和中部，以及笃信加尔文教的西部、西南和信奉天主教的南部。

帝国的疆域不断的扩张，亨利六世皇帝（1191—1197年）在位时甚至有百万平方公里。历史总是如同波浪线般发展演变，帝国虽然称雄欧洲，但是，在进入纷争四起的大空位时期，诸侯割据，帝国疆域日渐缩减，在哈布斯堡王朝腓特烈三世时期（1452—1493年），国名被改为“德意志民族神圣罗马帝国”也意味着帝国曾有的辉煌逐渐陨落，管辖的范围也仅剩下德意志的部分。即使以后在查理五世（1519—1556年）帝国的版图也曾再度扩张，也难以恢复当年的盛景。帝国也慢慢衰亡。在公元1806年，拿破仑率领军队将只剩下60万平方千米领地的帝国推翻了。

奥托大帝：“祖国之父”

作为神圣罗马帝国的开国元勋，奥托大帝有无数的建树值得后人称赞。他当选为国王也有着时代的特征。

奥托大帝的当选，源于东法兰克王国的崛起。公元870年，通过《墨尔森条约》，东法兰克统治者路易与西法兰克国王秃头查理瓜分了中法兰克王国的领土，东法兰克王国疆域比先前更加宽阔。由于疆土的宽广，为防御外敌的入侵，法兰克国王不得不派官员驻守边疆。边疆势力的强大，形成了萨克森、法兰克尼亚、士瓦本和巴伐利亚四大公国。

公元911年，作为加洛林王朝最后一个继任者——被称为路易三世或路易四世在尚未成年就战死沙场，他没有子嗣留下，致使加洛林王朝东法兰克的血脉也的就此完结。按理说，东法兰克的血脉没有了，还有西法兰克，他们毕竟是源于同一个家族，可是，掌握实权的主教们没有这样想，他们推选法兰克尼亚的康拉德公爵作为新的国王，毕竟他作为路易四世的外甥，跟王朝血脉也沾亲带故。这样，康拉德公爵戴上了东法兰克的皇冠。在康拉德公爵在位的第二年，萨克森公爵捕鸟者亨利的次子奥托出生了。作为公爵儿子的奥托或许与国王王位毫无关系，但是，在康拉德公爵在位的8年间，亨利不断地为他的统治制造小麻烦，因此，康拉德做出了一个决定，在临终时，他并没有将王位传给自己的弟弟，而是决定将这个出力不讨好的位置只给亨利。

公元919年，亨利一世登基加冕，成为法兰克国王。亨利一世在位期间，和西法兰克查理国王在莱茵河的船上经过商量，签订了《波恩条约》，条约中约定：查理国王承认莱茵河左岸的洛林归亨利所有，并且对他的王室地位表示确认，确立了亨利一世地位的合法性，东法兰克王国也由此开始转变为德意志王国。

奥托大帝

公元936年8月7日，在亨利一世去世30多天后，奥托当选仪式举行。大选分三部分举行，先是世俗部分，在加洛林大会堂举行；然后是教堂宗教部分，奥拓身着法兰克人服装，在教堂里由美因茨大主教为奥拓加冕；最后是在行宫举行加冕宴会。奥拓一世开始登上历史的舞台。

内患四起——不省心的亲戚

虽然奥拓一世的登基声势浩大，但是，奥拓一世也面临着内忧外患，他同他的父亲一样，开始了平乱的征程。奥托的兄弟、周边诸侯不断地向奥托发起挑战。在奥托的正确领导、属臣的辅助下，一次又一次的战乱被平息了下去。

公元937年，巴伐利亚老公爵死后，其儿子坎贝哈德不愿意屈从于奥托，更不愿意接受奥托给予的御马监职务，在讨伐过程中，奥托的同父异母弟弟唐克马尔首先按捺不住，发动了谋反。结果，坎贝哈德被杀，奥托趁此扶持了老公爵的弟弟贝特霍尔特作为巴伐利亚的公爵，巴伐利亚也被奥托收编，公爵的宗教权也因此失去。

公元 939 年，奥托的弟弟亨利在贝特霍尔特去世后，通过通婚的方式，成为巴伐利亚的公爵，但是他不满于奥托继承全部，便拉拢其他公爵，进行了造反。这次，奥托联络士瓦本公爵，击败了叛乱者，并且在这次战争后法兰克尼亚以及洛林的大部分地区成为了奥托的领地。

公元 940 年，奥托将曾经反叛过的弟弟亨利授予洛林公爵，同年，通过自己儿子柳多尔夫与士瓦本公爵的女儿伊达通婚，士瓦本公爵在由其子继承后，士瓦本也实际上成为奥托自己人控制的范围。

一年后，已为洛林公爵的亨利又想要叛乱，但是被国王发觉，国王奥托再次饶恕了他。奥托将洛林公爵的位置给予了奥托伯爵。在公元 944 年，洛林公爵死亡后，公爵位置被国王的亲信红头发康拉德取得。3 年后，公主柳特嘉德与康拉德结婚，康拉德成为了奥托的女婿。

公元 948 年，巴伐利亚公爵去世后，奥托将公爵职位又授给了他一再叛乱的弟弟——亨利。

自此，除萨克森和法兰克尼亚属于奥托统治外，其他三个公国（巴伐利亚、士瓦本、洛林）的公爵分别为他的弟弟亨利、儿子柳多尔夫、女婿康拉德。将五大公国稳定下来，奥托也获得了暂时的安宁，但是，好景不长，奥托的儿子和女婿与大主教美因茨联合起来挑战国王，奥托再次平定了叛乱，并重新分配了公国土地，使得德意志国家再没有受到过类似的挑战。

外患频发——顽强的敌手

匈牙利人又称马扎尔人，他们 9 世纪时生活在顿河和第聂伯河流域，后来经过战争，他们到了今天的捷克、奥地利、匈牙利西部的区域。匈牙利人经常入侵周边的国家，甚至还去了意大利的帕维亚，法兰克王国也深受其扰。公元 954 年，匈牙利人趁德意志国内乱入侵巴伐利亚和施瓦本，在平息后一年，又再次入侵，匈牙利的骑兵队伍将施瓦本和巴伐利亚的军队杀的毫无还手之力，还包围了奥格斯堡。这次，德意志已经不像先前那样，奥托国王将共同抗敌的命令发给各个公国，联合了八支队伍，与匈牙利人展开了战斗，疲惫的匈牙利人面对士气十足的德军，只好撤退。第二天，奥托在匈牙利人撤退的莱希河上游，部署好军队，将匈牙利人渡河的希望粉碎了，在并击败了其他部队，经过三天的战斗，奥托国王沉重的打击了匈牙利人，也将匈牙利人的威胁解除了。此后，匈牙利人再也没有力量对德意志进行骚扰，而是开始了定居的生活。将心腹之患全力击败，也为奥托赢得了“奥托大帝”“祖国之父”的美誉。德国的史书认为：“莱希菲尔德之战的胜利光芒甚至将过去几百年的战争胜利都掩盖住了！”

公元952年春天，奥托留洛林公爵红头发康拉德在意大利对抗贝伦加尔。但是，奥托国王一定没有预料到，在他前脚离开意大利，自己女婿后脚就和贝伦加尔达成了一致意见。贝伦加尔的不断骚扰使得奥托国王烦恼倍增。公元957年，刚被国王派出驱赶贝伦加尔的王子柳多尔夫突然逝世了。王子之死，使得贝伦加尔更加肆无忌惮。此后几年，国王不断在与贝伦加尔进行缠斗。

公元962年被封为“罗马皇帝”的奥托大帝开始着手解决与贝伦加尔的麻烦。公元963年年底，随着贝伦加尔和他的妻子维娜在圣利奥被俘，以及放逐到班贝格，奥托大帝终于解除了一个心腹大患。

进军意大利——皇权大于教权

奥托国王在公元951年，自封为意大利国王的贝伦加尔发难于意大利遗孀阿德尔海德王后，奥托应王后的求救，进军意大利首都帕维亚，接受了意大利权贵们的降服，成为意大利国王（又称伦巴第王国），并与之结婚。

公元955年自约翰十二世握有教皇的权杖之后，其骄奢淫逸，荒淫无度，使得罗马教廷乌烟瘴气，也引来了教廷官员的严重不满，他们派出使节请奥托去意大利和罗马。奥托欣然应允，他同时也希望自己获得教廷的认可。直到公元962年2月2日，在圣母圣烛节，奥托国王进入罗马城，在罗马圣彼得大教堂，教皇约翰十二的主持下，为他涂油加冕为皇帝，即“罗马皇帝”，后世也将奥托称为“奥托大帝”，称其国家为“神圣罗马帝国”。

此时发现奥托大帝权力日渐增长的教皇贝伦加尔约翰十二开始与贝伦加尔联合，试图压制奥托大帝，但为时已晚。教皇约翰十二被罢黜，由利奥取代，并且教皇选举以及圣职的授予等事项必须经过皇帝的同意，将教廷的权力大大的缩小，皇权也凌驾于了教权之上。后来，奥托大帝在公元964年、公元966年两度进军罗马，维护了帝国对教皇的控制。

星之陨落——丰功伟绩留与后人

公元973年5月7日，奥托皇帝辞世于梅姆莱本行宫。

奥托一世在位期间，这位伟大的君主几乎一生都在戎马生涯之中。他想要将意大利征服，复制古罗马帝国的辉煌，进而可以称雄天下。他用武力解决自己兄弟不断挑起的纷争、打败匈牙利人、流放贝伦加尔、压制罗马教皇，又通过联姻、通婚等柔性手段获得周围公国、国家的支持。任何一个人的一生都不可能用简短的数言概括，更何况奥托这样有历史影响的人物。他安内攘外的动作，巩固了国家的统治，但是多年的战乱也让国民备受苦难，国家的力量也在在数次战争中逐渐消逝，就如伏尔泰说所说：它既非神圣、又非罗马、更非帝国。

第二章　帝国国王与战争

征服之旅：国王们在意大利

西罗马帝国以后的意大利

西元476年，西罗马帝国灭亡。推翻西罗马帝国的奥多亚塞又夺得了西西里岛，赶走了占据亚平宁半岛的日耳曼部落，罗马帝国曾经的中心意大利由奥多亚塞所统治。公元488年，狄奥多里克入侵意大利。在三场战斗后，奥多亚塞被击败。公元493年，狄奥多里克假意与奥多亚塞共同统治意大利，然后暗杀了奥多亚塞。狄奥多里克建立了东哥特王国，成为意大利新的统治者，并给长期战乱的亚平宁半岛带来了暂时的安宁。狄奥多里克死后，拜占庭帝国皇帝查士丁尼一世派兵入侵东哥特，哥特战争爆发，东哥特两任国王都战死沙场，哥特国灭亡。意大利被拜占庭统治。

不久，查士丁尼死后，伦巴第人进入波河平原，伦巴第王国建立。当时，亚平宁半岛北部是伦巴第王国，南部大部分仍属拜占庭帝国，罗马教宗也在南部。此后，伦巴第王国不断扩张，拜占庭控制的范围逐渐在缩小。虽然伦巴第将部分领土献给罗马主教，但是伦巴第的不断扩张，让罗马教宗深深感到不安，教皇向法兰克国王矮子丕平求救，丕平将攻占获得的土地献给教宗，包括拉维纳在内的罗马大部分土地成为了教皇国。丕平去世后，他的儿子查理大帝俘虏了伦巴第国王狄西德里乌斯，查理成为了法兰克和伦巴第的国王，接着他应教皇要求，帮助平定了贵族叛乱后，被加冕为“罗马人的皇帝”。后来经过《凡尔登条约》，罗马帝国一分为三，中法兰克王国洛泰尔继承了皇帝的称号，但是他统治的地区逐渐被两个兄弟瓜分。后来随着伊斯兰教在阿拉伯半岛的兴起，阿拉伯帝国占领了西西里岛的大部分，并且他们还不断地推进，甚至威胁到了罗马。同时马扎尔游牧民族也不断地侵犯伦巴第等地区。

到奥托大帝时期，他娶了洛泰尔二世的遗孀，继承了意大利王位。但是，意大利内部局势十分混乱，拜占庭、阿拉伯、马扎尔人各据一方，诸侯之间也纷争不断。并且教廷也相对混乱，在教皇约翰十二期间，他骄奢淫逸的作风引起了众多不满。奥托一世先是将马扎尔人击败，意大利北部恢复了安宁，接着又应意大利贵族之邀，将约翰十二赶下台。

在奥托二世以及三世时期，意大利城邦的经济继续发展。西欧的城市首先从意大利发展起来。威尼斯、热那亚、米兰、佛罗伦萨等城市在当时经济已经很发达。威尼斯从亚得里亚海的小渔村发展起来，通过人口迁徙，在10世纪，工商业逐渐发展，并建立了共和国。佛罗伦萨位于意大利中部，交通便利。热那亚、比萨组建舰队后将阿拉伯人赶走，意大利的其他城市也发展起了航海事业，意大利及其城市的经济、交通、政治地位使得其自身成为周边国家以及神圣罗马帝国觊觎之物。

国王们在意大利

奥托大帝在位期间的最后十几年，多次远征意大利。此前的公元951年应阿德尔海德求救，他进军过意大利；公元961年，因为贝伦伽尔在意大利的暴乱，应教皇之邀，也出兵意大利；公元966年，罗马发生判乱，教皇约翰十三也向奥托大帝求救；公元967年，拜占庭与奥托一世商量，希望能共同对抗萨拉森人，但是要求奥托放弃此前归顺的卡普亚和贝内文托，遭到拒绝后，两国发生冲突，奥托再次进军意大利。

奥托二世在位期间，公元980年，应教皇之请，奥托远征意大利，继承并宣扬奥托一世的政策。公元982年，皇帝又一次远征意大利，攻占了阿普利亚。

奥托三世期间，他也多次远征意大利，并在远征途中患病身亡。

接着继任的亨利三世，也在公元1004年、公元1021远征意大利。

接着的康拉德三世以及其后的德意志国王，都有一次次远征意大利的经历，尤其是腓特烈一世更是六次远征意大利。其中多次又因为德意志与教廷和教皇之间的矛盾，并且用皇权干涉教廷的事务，或者想要征服意大利，称霸欧洲。圣罗马帝国皇帝对意大利的战争，不仅是带给意大利人民灾难——对德意志的财力、物力的消耗，且因为战争，国内诸侯争战不断，导致德意志的统一遥遥无期。

意大利战争

此后的公元1494到公元1559年，神圣罗马帝国、西班牙、法国为争夺霸权，在意大利发生的战争，史称“意大利战争”。当时的意大利国内四分五裂。各个城邦之间为了彼此的利益，于国家的利益不顾，互相争斗。教皇国为了自己的政治、宗教利益，阴谋不断，而意大利当局的独裁，也让国内人民民不聊生。此时，欧洲的其他国家，法国和西班牙，在强大起来后，他们对外扩张的野心也逐渐强大，并且需要更多的财富、更多的土地。

第一阶段

公元 1494 年，法王查理八世入侵那不勒斯，标志着意大利战争的开始。他的理由是在那不勒斯国王斐迪南一世去世后，他作为安茹王朝的旁系，有权继承那不勒斯，于是，法国约 6 万人的军队进军意大利，在北部和中部如入无人之境。接着查理八世经教皇任命成为那不勒斯国王。但是法国在意大利的掠夺政策以及加收的税收，使得意大利人民不堪忍受，而意大利各国也怕意大利人民爆发起义，于是在公元 1495 年由威尼斯、米兰和罗马教皇成立了“威尼斯同盟”用以抵抗法国军队。接着神圣罗马帝国皇帝马克西米连一世和西班牙国王斐迪南二世也成为同盟国家。法军在交战时失败，并于公元 1496 年年底撤离那不勒斯。公元 1499 年，路易十二继位后，依旧坚持入侵意大利的政策，并且获得几次胜利，占领了米兰和伦巴第。随后法国和西班牙达成和约，那不勒斯由法国和西班牙共同占领。但是不久，两军发生矛盾，并于公元 1503 年在加里利亚诺河战役中，西班牙军队获胜并占领了那不勒斯。

第二阶段

公元 1509 年，威尼斯共和国趁之前法国的入侵，扩充自己的势力，引起了各国的不满。神圣罗马帝国、法国、西班牙、教皇组成了康布雷同盟，共同对抗威尼斯共和国。接着意大利的国家佛罗伦萨、费拉拉等也加入了同盟。公元 1509 年法国首先出兵，将威尼斯在伦巴第的领地占领，接着重击威尼斯军队。法国的扩张行为使得教皇深感不安，教皇、英国、威尼斯、瑞士、西班牙又成立了“神圣同盟”，意在将法国赶出意大利。法国和西班牙在拉文纳激战，西班牙战败，但是神圣罗马帝国皇帝将法军中的德国雇佣兵召回，瑞士雇佣兵又转投意大利，法军迫于不利形势，放弃了伦巴第。法军并不甘心，在弗朗索瓦一世公元 1515 年即位后，再次发动战争，经过马里尼亚诺战役，法军获胜。法国和西班牙签订了《努瓦永和约》，和约中约定米兰由法国占领，西班牙则占领那不勒斯。

第三阶段

公元 1519 年，神圣罗马帝国由西班牙国王查理一世主政，成为查理五世皇帝。法国和西班牙之间因对占领意大利再次发生战争。罗马教皇、威尼斯、瑞士、英国、土耳其都卷入了战争。查理五世为了实现领地的土地，想要把占据意大利北部的法国赶走，于是他与英国、罗马教皇、佛罗伦萨等国事先通气，获得他们的支持。公元 1521 年，战争爆发。在这个时期的 6 次战争中，双方各有胜负，但是最终，西班牙战胜了法国，并在公元 1559 年与法国签订了《卡托－康布雷西和约》，法国难以在意大利扩张，而西班牙则巩固了其在米兰、那不勒斯、西西里和撒丁岛的统治，但是意大利政治局面仍旧是分裂。

国王与教廷的战争

中世纪，教会在社会中扮演的角色相当重要，且其享有的权力非常之大，加之教义深入人心，也获得了广泛的群众基础。而一个主教在通常情况下一般就是一个领地的领主，相当于国王的附属。倘若国王与教廷发生纠纷，失去了对主教的控制，确切地说，也就失去了对领主的控制，王权将会大受影响。因此，在国王与教廷之间就发生了基于权力的争斗，一直也未能平息。

公元919年，亨利一世继位东法兰克王国，萨克森王朝建立，在亨利统治期间，中央集权不断加强。

奥托一世继任后，在与教廷、教皇的纷争中，控制了罗马教廷，通过"奥托特权书"，极大的限制了教廷的权力，且规定教皇的任命需要经得皇帝的同意。奥托一世承袭了查理大帝时期的教会政策，决定利用教会来牵制大公爵的势力。对于设立教区、修道院的建设、主教的任命，以及主教的权力等主要事项均由奥托掌管。一些重要教区的主教职也由奥托的直系亲属担任。亲属掌握主教的权力形式，还让他们拥有了其他主教不可能拥有的世俗权力。除了宗教事务，还可以执行国家权力，参与重大事务，甚至拥有司法大权。由于是自己的亲戚，主要的教区权力实际上是在国王手中，且主教并不是世袭的，这就使得国王消除了教会和公爵世袭两方面的威胁，王权被进一步扩大。自此，德意志皇帝的权力也达到了最高时期，将罗马教廷置于皇权的控制之下，教皇的任免也需要经过皇帝的同意。

皇帝对教廷的控制仅仅依赖于其所握有的皇权，而没有牢固的基础，虽然皇权也需要得到教廷的承认，比如自公元962年奥托一世在罗马加冕称帝，到公元1072年的一百多年时间里，有五位皇帝是由教皇在罗马为其加冕的。德意志的皇帝并不能时刻掌控教廷，经常发生在皇帝离开罗马后，他任命的教皇就被罗马教会贵族扳下台，进而由他们选出能够代表自己利益的人作为教皇。教皇几乎失去了作为一个宗教组织应有的权威以及象征，反而成为了皇权与教权之间斗争的工具。在公元955年到公元1057年，25位教皇中有12名是皇帝直接选定的，剩余的由罗马贵族中选举的13位中有5位被皇帝罢黜。这种教廷皇权之间的争斗直到公元1049年利奥九世被亨利三世指定为教皇，才暂时有所改善。

在本尼狄克九世当选教皇期间，统治可谓荒淫无度，胡作非为，引起了罗马人民的强烈不满，教皇甚至被迫短暂离开罗马，但是他并没有为此有所收敛。公元1045年，本尼狄克九世被罗马人民赶下了台，并推选主教继任教皇，即到西尔维斯特三世。但是好景不长，本尼狄克九世又纠集一群无业之徒回到了罗马。迫使仅仅在位二十天的西尔维斯特三世将教皇职位还给本尼狄克九世。本尼狄克九世这次更是变本加厉，他收取了1 500磅黄金，将教皇的位置卖给了自己的叔叔，即格列高利六世。次年，本尼狄克九世和西尔维斯特三世又都返回了罗马，他们都觉得自己才是真正的教皇，其他人都不是。这样，三位教皇同时出现于罗马，历史上也称为"三教皇对立"，一山容不得二虎，更何况是一个罗马教廷呢。在这种情况下，他们三个请求德意志皇帝亨利三世进行裁决。亨利三世对前两个人进行了审判，格列高利六世见状也跑掉了，亨利皇帝新指定的教皇没几天就被他人毒死，他只好指定了自己的表弟作为新的教皇，这就是利奥九世，这一年是公元1049年。

在这里有必要先说一下克吕尼运动，再说利奥教皇。克吕尼运动源于克吕尼修道院。当时修道院的前两任院长伯尔诺和圣奥多看到教廷人员生活毫不检点，然后提出了僧侣应该回到教义的本真，坚守教规，恪守清贫，维持宗教礼仪，并且不得婚配。这样的运动在乌烟瘴气的教廷中如同注入了一股清泉，也被更多的人所接受。支持克吕尼运动的人也随之成为教廷之中的改革派。利奥九世也是支持克吕尼运动的一员。

教皇甫一上任，就在美茵茨和皇帝亨利一起主持了的宗教改革会议。首先，他将教廷原有的红衣主教成员全部换掉，然后选取了他信任、支持他的教士，这些教士有个共同的特点，那就是都是克吕尼运动的支持者。这些人成为了教皇的智囊团，出谋划策，并作为特使去往各地。利奥九世教皇在改革上层的同时，也不忘记加强与下层教会的沟通与联系，他的目的均是在树立教皇的权威。在他任职的5年多时间里，他大部分的时间总是在西欧各国进行游历，在匈牙利、在莱茵河、在意大利，都有他勤勉的身影。当他游历到某处时，不遗余力用主教的身份宣传教士应有的职责。比如在教会方面：反对买卖教职、按照自由的选举程序对圣职进行推选、保有教会财产，避免被还俗等，对于教士：应该严于律已，保持独身。教皇用亲力亲为的方式，使得地方主教与罗马教廷的关系更加密切，不断加强各地教会的权力，也向世人宣告，教皇是一个具体的、形象的存在。教皇的身体力行也收到了很好的效果，教廷的权力在不断超越过去。

经济基础决定上层建筑，罗马教廷也不能仅是在权力方面耕耘，他们想要获得更多，这就是经济方面的基础，同时，教会的发展也需要经济的支持。意大利南部这块肥沃、水草肥美、果树众多、矿藏丰富、交通便利的土地成为教廷方面的意中之地。这个地区也成为教皇的改革重地。在公元 1050 年，教皇将洪贝特任命为西西里的大主教，更是彰显了这一地区在他心中的地位。

改革进行得差不多了，经济基础也不断加强，罗马教会还需要将一直试图控制他们的罗马大贵族摆脱掉。教廷曾经出现过侄子将教皇职位用 1 500 磅黄金卖给自己叔叔的荒唐事，今天，他们的行动也要从禁止买卖圣职开始。圣职人员的任免本来是罗马教会的内部问题，却经常被罗马贵族染指。这样也关系到教会对教职人员的管理，关系到教会的权威以及自由。当时，还是枢机主教的胡姆贝特发表了一篇文章斥责买卖圣职的人，文章内容对教会圣职授予进行了详细的叙述。他认为，圣职是一种宗教行为，和世俗权力是无关的，且教会如果有了世俗权力的参与，世俗的恶和弊端也在教会中显现出来。教会中任何一个职务的任免都是独立于世俗权力而存在的，国王、皇帝也不能用他们的拥有的权力进行干涉。买卖圣职，是不能容忍的，是违背教义精神和本宗的，是一种异端行为，那些买卖圣职的人的行为是为人所不齿的。至于该如何进行圣职职位的授予，在他看来，应该是按照传统的教义程序进行选举。至于教会规定的独身制，则是为了避免教士因为娶妻生子，使得教士成为一个世袭的职业，在这种情况下，教会财产就很难再保持非世俗化，这样会导致教会权力以及财产的分散。

利奥九世的雄心还不止于此，他想要利用教会的力量，在世俗社会也获得影响。公元 1053 年，利奥教皇亲自率领的一支自己招募的军队想要进攻在意大利的诺曼人，可惜他的军队是一群乌合之众，在切维塔惨败。教皇也成了对手的俘虏，被监禁了很长一段时间才得以回到罗马。

教皇首场战争就以惨败告终，在公元 1054 年利奥九世去世后，他之后的教皇仍久不愿意将意大利这块肥肉放弃，但是改变了对诺曼人的态度，将敌对转向怀柔。公元 1059 年，教皇尼古拉二世派人对诺曼人占领的卡普亚、阿普利亚、卡拉布里亚地区的修道院进行改革，同时，加强了与诺曼人的接触，重修与诺曼人的关系。后来，教皇通过本尼迪克十世与诺曼人达成和解，并对理查占领的卡普亚、罗伯特 - 圭卡德占领的卡拉布里亚进行认可，使得教廷和他们成为了封主和封臣的关系。二人不仅向教皇效忠，而且缴纳租金，支持教皇。对于双方来说，这是互利共赢的好事，因为，教皇需要意大利这块封地，而占领者需要得到权威的承认。

教廷通过封地的效忠，既获得了宗教上的支持，也拥有了自己的军事、经济力量，教会权力得到了扩张，教皇的权力范围也不仅仅限于意大利、德意志，并且开始走向世界，将自己的教会势力扩大到世界范围内。但是在皇权至上的社会，皇权与教权之间，必然会发生冲突。

帝国新秩序的形成

公元1125年，苏普林堡王朝时代开始，起因是萨利安王朝最后一个君主亨利去世后，其没有子嗣，公国选举了当时实力强大的萨克森公爵为国王，即洛泰尔二世。在此前的亨利五世期间，与教皇之间因为种种原因并没有建立良好的关系，相互看不顺眼，战争也从来没有停止过。

这种情况下，让一直蠢蠢欲动的诸侯有机可乘，他们利用两大权力集团之间的矛盾，不断加强自己的实力，占地、发展产业，诸侯的强大，必然影响王室的权力，王权也开始走向了下坡路。在洛泰尔二世期间，强大起来的其他家族并不甘示弱，他们对王位充满了野心。公元1138年，洛泰尔二世去世后，国王的权杖落到了霍亨斯陶芬家族手中。王位为什么没有传到当朝驸马——韦尔夫家族——巴伐利亚公爵——“骄傲者”亨利的手中呢？当时，亨利很被洛泰尔二世看重，估计亨利也觉得王位非我莫属。但是，公国们另有考虑，当时亨利已经坐拥巴伐利亚和萨克森，并且他还是洛泰尔二世的女婿，如此位高权重的人，倘若当选为国王，其他公爵们必定忌惮几分，所以公爵们几多权衡，选择了霍亨斯陶芬家。如此一来，既能用韦尔夫家族牵制霍亨斯陶芬家族，又能避免韦尔夫家族一家独大。但是，这也引来了韦尔夫家族的不满，致使两个家族在以后的一个多世纪都冲突不断。

霍亨斯陶芬家族的康拉德三世继位后，对于亨利的土地也十分觊觎，他要求亨利将所占有的两块领地交一块出来。这种事情，韦尔夫家族必定不会同意。康拉德三世索性一不做二不休，将韦尔夫家族的巴伐利亚和萨克森都收归国家所有，其实也就是国王所有。

在德意志的霍亨斯陶芬王朝时代，腓特烈认为家臣的可靠程度是远远大于经常倒戈的公爵们的，于是，很多土地都被“借”给他们的家臣。家臣们借助土地，获得了更多权力，他们不但是帝国皇权的支撑，同时也为国王的征战服务。这一阶层也就是后来骑士阶级的雏形。其次，在霍亨斯陶芬王朝时期，众多公爵的私人封地被剥夺了，同时统治者也开始了向“法治化”迈进了一小步——那就是试图建立一个统一的司法体系，将庶民和官僚都纳入其中。这个变革改变了过去封建的体系，整个国家的秩序都受到了影响。此外，随着经济的发展，出现了更多的人口，城市也由此而建立起来，在这个过程中，皇帝和本地的领主起到了主导作用。一些重点地区开始建立城市，这些城市中的一些成为了以后发展的重心以及城市建设的模版。

虽然腓特烈在公元1152年已经上任，但是因为其间他与教皇之间的纷争，致使他在公元1155年才经阿德里安四世加冕称帝，他认为皇权是独立于教权的，即使被加冕后，腓特烈与教会之间的冲突仍旧不断，他认为想要将德国置于自己的控制之下，皇帝加冕这一形式就需要得到改变。腓特烈认为，要控制德国就必须巩固皇权，因此就要改变皇帝由教皇加冕的被动状况。为了和罗马教皇相较高下，他将巴塞尔三世拥立为教皇，以与当时的教皇亚历山大三世抗争。但是，德国军队没有战胜教皇军队的力量，即使是一国之君，也难以继续对抗，腓特烈不得不与教皇重修旧好。公元 1176 年，腓特烈和罗马教皇签署了《安纳尼草约》，承认亚历山大是合法的罗马教皇。公元 1177 年，在威尼斯罗马教皇和腓特烈握手言和，重新接纳他进入教会。

公元 1158 年，腓特烈一世在波河平原隆卡格里亚召开帝国大会，在会议上再次对皇权进行了声明，并颁布了普遍的国内和平条例和封地法。这一会议的目的，在于将皇权至上的观点再次向世人宣告，并且将权力明确的表达了出来，比如：修路、关税的制定、公职人员的任免权，罚款、铸币，等等。会议结束后，皇帝还将使节派往各个城市，欲使皇权能够为城市所知并且服从于这些权力，并不是所有城市都臣服于此，米兰和克雷马两个城市就是特例。其中米兰在发展中日益富裕，并且也开始想要独立，城市的独立与皇权的占有性发生了冲突。

此前，韦尔夫家族的亨利（骄傲者）未能当选皇帝，整个家族一直怨恨在心。直到康拉德三世公元 1152 年去世，将王位传给其年长的侄子施瓦本公爵腓特烈后，腓特烈将韦尔夫家族的财产物归原主，两个家族的纷争才偃旗息鼓，尽管这笔财产比起曾经被剥夺时已经大大缩水。虽然后来腓特烈在很多事情上关照亨利（“狮子亨利”已经是骄傲者亨利的儿子），但是亨利对家族的对手并没有多少热情。甚至当腓特烈在意大利战争中请求亨利支援时，亨利都要提出交换条件来才同意；尽管后来亨利还是没有对国王伸出援手。九死一生、怒火中烧的腓特烈国王回来后就对亨利施以报复，将他的领地剥夺，并将他赶出了德意志。

骄傲者亨利

一生都在征战的红胡子腓特烈公元 1190 年在参与第三次十字军东征时，淹死在萨莱佛河。而后，25 岁的亨利六世即位。亨利六世在 18 岁时，迎娶了当时已经 34 岁的康斯坦斯，即西西里国王威廉二世的姑妈。这场政治联姻也达到了腓特烈的目的。威廉二世死去后，也没有子嗣继承富饶的西西里国，虽然有个同父异母的兄弟坦克伯雷，可他却是个私生子。亨利六世不能看着到手的土地流转到他人手中，于是开始进攻西西里。结果是亨利六世被俘，王后也被扣押。到公元 1191 年年底，他才返回德意志。不过他不可能就此罢休，在公元 1194 年，他再次进攻西西里，在巴勒莫大教堂被隆重加冕为西西里国王。同年，他的儿子在安科纳边区出生。亨利六世在位期间还将英格兰国王狮心理查扣押，获得七万五千镑赎金。亨利六世统治时期，是霍亨斯陶芬王朝的顶峰，但是此后，整个国家都开始走向了下坡路。

公元 1197 亨利六世患上了疟疾，并于墨西拿去世，当时他的儿子腓特烈二世刚刚三岁，且他的母亲不久也去世了，他不可能统领这个帝国。各个公国决定从腓特烈二世的叔叔菲利普和狮子亨利的儿子奥托中选出一个担任国王，此后的十年，二人为此争执不休，直到菲利普在公元 1208 年被刺身亡，才短暂的由奥托担任国王职位。接下来是腓特烈二世和奥托的皇位之争，又持续了十多年。

在这个王朝时代，帝国西部的各种从业人员开始向东方迁徙，做生意、定居，并加速了这些区域的日耳曼化。他们的足迹还到达了波美拉尼亚和西里西亚。

在霍亨斯陶芬家族的王朝时代，打击国内诸侯的分立和维护家族的统治都没有能够完成。加之为了完成中央集权的目标，见德意志公国以及家臣们过多的特权。当权者可能没有想到这种笼络人心的做法可能是放虎归山，反倒给了公国们更多的自由使得他们更加有能力对抗皇权；另一方面，内部的征战纷争和外部的战争从来没有平息过，国君往往顾此失彼。

腓特烈二世在位期间，他大多数时间都在意大利而非德意志，更是加剧了德意志王国小邦林立，诸侯分裂，曾经辉煌的帝国开始出现了衰亡的前兆。

空位时代与七选侯当家

公元 1250 年冬天，皇帝腓特烈二世逝世。他的后代并没有腓特烈二世的能力来统治整个王国，各地诸侯们终于等到了他们大显身手的机会，德意志历史上混乱的一页即将开启。

腓特烈二世的儿子康拉德四世在位没几年就去世了。在公元 1254—1273 年的 19 年里，没有一位国王能够获得大家的认可，历史上也将这段时间称为“空位时代”。但是空位时代并不是没有国王在位，而是没有一个人如同以前那样稳定的理顺的坐在那个位置上。

荷兰的威廉公元 1251 年的复活节曾经拜谒过教皇，后来他又迎娶了比自己大很多的玛格蕾特，并发誓效忠教皇，以期获得教皇的承认。一些城市依据《萨克森法典》的国王选举规范，承认了威廉，结果名不正、言不顺的威廉在公元 1256 年年初就被暗杀了。其间的公元 1255 年，还发生过科隆大主教与波希米亚的奥托卡二世的谈判，内容为：如能够将荷兰的威廉赶下台，主教就支持奥托卡为国王。

公元 1257 年，科隆的帝位选举大会召开了。康沃尔伯爵理查德被实力雄厚的莱茵伯爵等推选为皇帝。理查德是英国国王亨利三世的弟弟。这么以来，法国就不同意了，法国向来就是英国的死对头。他们便联合了特里尔大主教推选时为卡斯蒂利亚国王阿尔方索十世为王。德意志国王失去了先前世袭的体制，而成为诸侯之间斗争的工具，甚至出现了一个国家两个君主的戏剧性局面。对于理查德而言，两个人要么和德意志丝毫没有关系、要么是都有一点血统关系。直到公元 1272 年理查德去世，德意志要么是两皇并存、要么就是没人当家。“空位时代”这个名称也由此而出。公元 1273 年，鲁道夫一世和妻子在亚琛被加冕为皇帝，才结束了这个混乱的时代。而他的当选，居然是因为自己的实力弱小，不会因此压制到其他诸侯的利益。

神圣罗马帝国七选侯

在这段时间中，皇帝轮流坐，诸侯各当家。国家四分五裂，德意志再也不可能成长为一个强大而统一的国家。其间，三大家族：巴伐利亚的魏特尔斯巴赫家族、波希米亚的卢森堡家族、奥地利的哈布斯堡家族轮流坐庄。

空位时代，就出现了“选帝侯”这个特殊的称谓。是指有权力对神圣罗马帝国的国王进行选举的诸侯。这个制度将国王的权力大大地削减，加剧了国家的大分裂。选帝侯差不多就是各个诸侯割据斗争的产物。而这个制度的确立，源于公元 1356 年，查理四世在纽伦堡签署的“金玺诏书”。

诏书内容明确了皇帝由七大选帝侯选举产生。而之所以有七个选帝侯，是因为宗教所认为的世俗“七宗罪”。七个选帝侯分别为：美茵茨大主教，科隆大主教，特里尔大主教，萨克森－维滕堡公爵，勃兰登堡藩侯，莱茵－普法尔茨伯爵，波希米亚国王。前三个是教会选帝侯，他们是帝国之中资历最老、经济实力最强、权势最大的大主教。后四个是世俗选帝侯。而七个选帝侯选出来的，只能被称为“罗马人民的国王”，只有经过教皇加冕，才是“神圣罗马帝国皇帝”。七大选帝侯并没有为德意志国家的利益考虑，而是彼此明争暗斗，在空位时代甚至选出了两个国王。

值得一提的是，当初查理四世签署的“金玺诏书”，本意是为了获得诸侯对自己儿子继承王位的支持。查理为了自己的一己之私，将国家的前途置于他人的控制之下，使得神圣罗马帝国失去了形成民族国家的可能性，而是成了一个松散的联邦。

诸侯的胜利

诸侯割据这个世界性的问题在神圣罗马帝国一样出现了。帝国皇帝们一直对意大利情有独钟，不但加冕要去意大利，即位后大多也想要将意大利占为己有。意大利自身的特点，也值得帝王们喜爱。首先，意大利一直以来物产丰富，自然资源丰富，既有牧场，还有果园，交通还很便利，不啻为人间天堂。国王们占有了意大利，在物力和财力上可以得到很多。有个这么美妙的地方，意大利国王们开始按捺不住自己激动的心情，一次又一次的远征意大利。但是，战争，更是需要人力、物力、财力。于是，国王想出一个办法，团结一切可以团结的力量，比如封建诸侯贵族，这些人一直世袭着，拥有国王想要的力量。这样的结果，导致了诸侯权力远远超过了皇权。如果有如同英法那样的集团体制，意大利君主便能够将诸侯问题很好的解决，可是，德意志不是英法，各自独立的经济体系使得国王难有实力将各自为政的诸侯们征服。

腓特烈二世三番几次的远征意大利时，国内诸侯们开始悄悄的发展起来。公元 1268 年，霍亨斯陶芬王朝的最后一个皇帝康拉德被俘虏时，也是在征讨意大利。康拉德被斩首后，霍亨斯陶芬王朝这页也就从历史上翻了过去。同时，封建诸侯们也从中央政权中解放出来，进入了独立发展势力的时期。皇帝不再是世袭的，而是由他们选举产生，受他们的摆布，皇帝没有了过去无上的皇权，而成为诸侯们的傀儡。

战争带来的苦难，不仅仅使经济发展放慢，还有农业也大受影响。农产品的价格被垄断，刻板的行会制度又没有办法改善，更为严峻的是，当时的欧洲被黑死病席卷，人口大量死亡。大量的土地无人耕种，农村一片破败之象。这时，封建领主反而趁火打劫，他们通过加重对农民的盘剥来弥补工业上的损失，农民渐渐变得一无所有，不得不沦为领主的奴隶。封建领主拥有了经济、政治和司法的权力，更加得肆无忌惮，对农民横征暴敛，税负严重，肆意施以刑罚。

有压迫，就会有反抗。公元 1524 年夏，施瓦本南部的农民首先揭竿起义，后来迅速蔓延到施瓦本、弗兰肯、阿尔萨斯、图林根、萨克森、萨尔茨堡和蒂罗尔等地，城市贫民、部分市民和矿工也参与到了起义之中。14 世纪末，德国西南迅速成为起义的中心。他们与军方谈判，签订了著名的“门明根十二条款”，意在将对农民的剥削减轻。由于没有严密的组织，斗争最后还是失败了，但是在斗争持续的几十年里，他们对封建领主的打击也是巨大的。

各国诸侯在镇压农民战争的同时，还是不忘继续扩大自己的权力，他们自己为自己加官进爵，在自己领地中形成了独立的经济、政治体系，还有自己的政治中心、城堡。到 14 世纪中期，德意志名义上虽然是个统一独立的国家，但是有一大批的诸侯国出现，有上千个大大小小的诸侯，各自占领着一块地方，成为一个个的邦国。除了七大选帝侯，还有十个大诸侯、200 多个小诸侯、上千个帝国骑士。

在查理四世颁布“金玺诏书”后，选帝侯的特权被确认，诸侯分立被国家所承认，德意志分裂成为历史的必然。

中兴之主：马克西米利安一世

哈布斯堡家族的发源地在瑞士北部的阿尔高州，并且在公元 1020 年建筑了城堡。自公元 1282 年家族中担任过神圣罗马帝国皇帝的鲁道夫一世夺取了奥地利公国后，奥地利公国一直为该家族占有。后来，家族转移到了维也纳，这个家族也得以进一步发展。

马克西米利安一世，公元 1459 年 3 月 22 日出生，他是上任神圣罗马帝国皇帝腓特烈三世的大儿子。他在位时，通过联姻，取得了很多的土地，促成了哈布斯堡王朝鼎盛的开始。公元 1477 年，他与勃艮第公爵的女儿玛丽结婚，这段姻使得了原本是勃艮第公国（自法国南部至荷兰）的领地成为哈布斯堡家族的财产。因此还有一句名言说：“让其他人去发动战争吧，你只需和奥地利一起，享受婚姻。”此后，他的子女的婚姻也使得哈布斯堡家族成为拥有欧洲最强大势力的家族。

哈布斯堡家族在欧洲的版图，使得原来势均力敌的欧洲格局有了变化，势力的强大，引起其他诸侯的不满，哈布斯堡家族必然就需要更多的防卫，以应付各方的挑衅。联姻虽然能获得更多的土地，但是，并不是完全之策，联姻带来的关系也仅仅能在一段时间获得稳定，却不是长久之计，这其中也存在隐患，后来欧洲的纷争中很多就是因为此时的联姻所起。哈布斯堡王朝的的领地虽然不是连在一起的版图，鉴于此，也无法有封建时代那样强大的中央集权，可是，这些，同样对欧洲其他国家以及诸侯带来强烈的威胁。

联姻扩版图

除了公元 1477 年，马克西米利安一世的婚姻外，在公元 1496，他的儿子美男子菲利浦娶的是西班牙女王储疯女胡安娜，她是西班牙国王费迪南一世的女儿，这样西班牙也成为哈布斯堡王朝的领地。公元 1521 年，马克西米利安一世的孙子费迪南和波希米亚公主安妮结婚；公元 1522 年，他的孙女玛利亚公主和拉约什二世结婚，他是匈牙利兼波希米亚国王。这两次联姻，帮助马克西米利安一世的后代获得了匈牙利和波西米亚。至此，哈布斯堡王朝的版图已经超越了欧洲自查理曼帝国起的任何国家的版图。哈布斯堡王朝的强大，使其在欧洲纵横两个多世纪，疆域几乎涵盖整个欧洲大陆，并且在政治与宗教方面都产生了深远的影响。还有一个小插曲那就是在公元 1477 年，马克西米利安一世将一颗钻石戒指戴在玛丽手指上时，这枚钻石戒指被认为是世界上首枚钻石订婚戒指。

哈布斯堡王朝迅速积攒的力量，对当时的欧洲国家来说，是个不小的威胁。

首先，法国。在法国的陆地范围内，几乎全部被哈布斯堡王朝的领地所包围。法国统治者为此感到深深的不安，因为德意志帝国的领土对法国的领土安全是个很大的考验，尽管哈布斯堡王朝可能并不想与法国有什么冲突。以后，法国的重心工作也主要是防御并削减哈布斯堡王朝给其带来的可能的威胁。

其次，英国。英国总是和法国如影随形。且在海外领土的争战中，哈布斯堡王朝与英国势均力敌，鉴于此，英国无论是在尼德兰革命还是在三十年战争中，都是哈布斯堡王朝的反对者的积极支持者。英国这样做，也是为了能够在其他国家的争战中渔翁得利。

还有一个是德意志的诸侯们。诸侯们为了自己的利益，是不希望统治者的力量强大的，这样会损害到他们的既得利益。另外，选帝侯也不希望皇室权力增大。他们总是利用各种可能的机会使得查理五世的权力得到抑制。

马克西米利安一世绝对不会想到，他当初的决定会影响到欧洲以后的局势，哈布斯堡王朝的实力，也带给了这个王朝前所未有的挑战。

有兴盛，就有衰亡

领土的扩张，必然需要更多的防卫，并且在外还有英法等国家在外的虎视眈眈，比如法国、土耳其、英国等；在内有各国诸侯的蠢蠢欲动，哈布斯堡王朝必须时刻警惕。并且因为这些领地，也带来了战争。包括意大利战争、荷兰独立战争和三十年战争。

意大利战争始于公元 1494 年，当时的意大利四分五裂，内部出现了矛盾，有的君主为了自身利益，与外国进行勾结，给了其他国家可趁之机。开始法国国王查理八世首先出兵，占领了那不勒斯。其他国家包括西班牙、神圣罗马帝国、教皇、威尼斯共和国和米兰公国结成反法同盟，共同对抗查理八世，查理八世被迫撤走。后来，路易十二卷土重来，接着是法兰西斯一世、西班牙的查理一世，他们为了争夺意大利，在意大利领土上互相讨伐。在公元1516年，西班牙的查理一世时期，这场战争演变为了哈布斯堡王朝与法国之间的纷争。法国为了同神圣罗马帝国皇帝查理五对抗，还联络了其他国家，以削弱哈布斯堡王朝的霸权地位。

荷兰独立战争又称八十年战争，因为这场战争从公元1568年一直打到了公元1648年。公元1555年，西班牙国王腓力二世得到了尼德兰，他对尼德兰奉行的政策仍旧是繁重的税收和完全的集权。而当时尼德兰的资本主义经济发展已经较早的出现了，手工业以及制造业等相对发达，但是，腓力二世种种扼制资本主义经济发展的手段，阻碍了尼德兰经济发展，致使工厂倒闭，工人失业。公元1566年，制帽工人首先开始了运动，接着其他各省发动了起义。在经过多次的谈判、战争之后，在公元1648年签订了《威斯特伐利亚和约》以及《荷西和约》后，战争结束，尼德兰南北部终于全部归属于荷兰。

三十年战争，则是起因于捷克国王斐迪南二世对新教活动的禁止，当时是公元1618年。实际上，这个战争是神圣罗马帝国的诸侯反对皇权的战争。哈布斯堡王朝联合教皇、西班牙联合起来限制新教，法国则为了得到欧洲的话语权，利用新教钳制德意志，欧洲的其他国家，英国、丹麦、瑞典等国家也是各有心事，但是他们有一个共同的目标：反对哈布斯堡王朝，所以他们也是支持新教的。战争的主战场在德意志，因此，德意志也遭到了严重的破坏，诸侯实力更加强大，各占地盘，德意志帝国实际上名存实亡。

三次战争，德意志在多方面都受到了严重的影响，哈布斯堡王朝也难以再复制以前的辉煌，逐渐开始走向衰落。

最后，要说一下马克西米利安一世这个人，他不仅仅在政治上有一套，并且在其他方面都有涉猎。在战争中，他胸有成竹，运筹帷幄，并且还是火炮技术的专家，创造了德意志雇佣兵和帝国炮兵，推广了一种重要的铠甲制作工艺，被称为“马克西米利安式铠甲”，这种铠甲表面的开槽和镂刻线有很多条，且在一段时间曾经风靡欧洲。他还写过一本小说——《白色的国王》，带有半小说性质的个人自传。不仅如此，他创立了维也纳童声合唱团。因此，他也被称为“最后的骑士”，兼具学者、诗人和人文主义者的气质，且带有中世纪风范。此外，他风流倜傥，爱好游玩打猎，也有帝王的小毛病，喜欢美酒与美人，在他的一生中，私生子女光是有记载的就有 14 个。或许因为太过挥霍，他还不到 60 岁时，便债务缠身，到了因斯布鲁克，居然被拒绝进城，他在前行过程中，死于维尔斯山里的小屋中。马克西米利安一世为了哈布斯堡王朝，也为了德意志国家，不断的努力，为哈布斯堡王朝的兴盛奠定了基础。

第三章 分裂的信仰

改革之魂：马丁·路德

马丁·路德（1483—1546），他出生在艾斯勒本，是家中的第八个孩子。当时，他的父亲在工业发展的环境下，从农民转而做了矿工，并慢慢发展起来，成为一个小矿主，后来成为了城市的议会会员。而他的名字马丁的来历则是在他洗礼日那天，正好是都尔·圣玛定主教纪念日，因此他得名马丁。

作为一名矿主，他的父亲非常的关注子女的教育。公元1488年，路德在城市曼斯费尔德求学，直到公元1497年。后来还去了麦丁堡，在那里的大教堂学习了一年，这时，教授他们的是共同生活弟兄派的教士。在他就学的过程中，为了减轻父亲的负担，他与同学还曾组建过唱诗班，在富人吃晚餐时，为他们唱圣诗，这样，能获得免费的晚餐，有时甚至有小费。他先是在求学，后来去了埃森纳学习高级拉丁文。

公元1502年，他从尔弗特大学毕业。大学期间，他学习了拉丁文、修辞、逻辑、音乐等学科，他本人唱歌也唱的很不错。在学习的过程中，他对亚里士多德的学说，有了深刻的了解，当时这种学说占据着主要的位置，但是在学校中也出现了质疑的声音。本来，他遵从父亲的意愿，想要继续学习法律，将来也能找到一个稳定的好工作，一生就可衣食无忧了。但是，一次意外，改变了他的命运。毕业三年后，他在近史托顿轩附近时差点被雷击中，危机之中，他的祷告起了作用，使他大难不死。在祷告中，他向自己父亲的守护圣人安妮许愿，如果没有死去就皈依教会，做一名修士。后来他进入修道院，加入了奥古斯丁修道会。虽然他恪守教规，每日坚持忏悔，以其获得内心的安宁，但是，即使已经成为神父，他仍旧在苦修与赎罪之间挣扎，没有真正得到心灵上的安慰，以及神的赦免。

公元1510年，他还去了罗马，希望能够在罗马找到心中想要的东西，然而，罗马的情况并没有好多少。他返回德国后，在修道院的住持、他的恩师施道比次的建议以及介绍，他去了维登堡大学，任教的同时学习神学。在维登堡，他学会了古希腊文和希伯来文两种重要的语言，还有威廉·奥克姆的理论，关于神和人的自由与自主性的学说。公元1512年—1516年，路德成为了学校的教授，讲授“诗篇”“罗马书”等《圣经》书卷，还讲授道德哲学。在任教的过程中，他的思想日趋成熟。从他的一些流传至今的笔记可以看出，开始，他还是教会的追随者，认为《旧约》是基督的隐喻，对当时认为是经典的解释也表示认同。

此时，他觉得某些《圣经》解释是应该针对个人的教导，而不能适用于全社会。在他学习的过程中，对教义的内容有了更深刻的理解，也得到了更多的启示。在奥古斯定修道院的隐居塔上，神的话给了他灵光：“义人必因信得生”，他觉得由此自己获得了新生，并称：“整本《圣经》以全新的面貌向我展开，我浏览圣经，到处都有类似的话语。”路德认为，人并不能仅仅依靠行为获得救赎，而是应该相信神的旨意、相信基督能够给予人类永久的正义，只要人类能够虔诚的相信。但是人不能强迫神赠予这份礼物。他的这些观点，除了来自于《圣经》的启示外，还受到了当时学校学习和老师施道比次的影响。路德对中世纪神学的态度也有了很大的变化，从笃信成为了批判。公元1515年，他新的见解已经见诸笔端，并开始匿名发表反对过去神事仪式的文章。

公元1517年，路德将控诉教会行为的《九十五条》钉在维登堡教堂的大门上。旨在反对次勒通过贩卖赎罪券借机敛财的行为，并且以一个大学教授的身份，邀请各界人士针对赎罪券的买卖等问题进行公开讨论。当时路德的行为在欧洲得到了广泛的传播，教会的财源和教皇的权力，受到了严重的打击。教会首先通过宣扬人在进入天堂前需要将活着的时候所犯的罪行全部洗脱，否则就会遭受炼狱的残酷折磨。而通往天国的钥匙是在教会手中，民众可以通过购买赎罪券来缩短所受刑罚，早日升上天堂，教会通过这种手段，兜售赎罪券，因此获得了很多钱财。路德认为，这种行为是与《圣经》和理性相悖的，并且鼓励了人们去投机取巧，而不是自己用行动去祈祷、去请求神的谅解。这是路德与天主教的首次冲突。这次，路德并没有以一个改革者的身份出现，仅仅是对教会出售赎罪券的行为与其他人进行讨论。

公元1518年，在奥格斯堡，路德与红衣主教迦耶坦进行了会谈。

公元1519年，在来比锡，路德与厄克进行了辩论。

他认为应该遵循《圣经》的教义，不能违背教义做出其他妥协的行为。

公元1520年，路德出版《致德意志贵族公开书》《教会被掳巴比伦》《基督徒的自由》等德文书籍。在引起广泛的关注同时，教皇也开始干涉，他不能容忍教会中出现不同的声音，他要求路德尽快悔改，但是遭到了路德的拒绝。并将诏令公开烧毁。次年路德教籍被开除，他与天主教的决裂就此开始。尽管如此，公元1521年，在沃木斯的会议上，应查理五世的要求，路德到会，并就自己的观点进行了阐述，认为应该遵循《圣经》的权威。他说，“除非是《圣经》或真理说服我，我不接纳教皇和议会的权威，因为他们常常自相矛盾，我的良心是神话语的俘虏。我不能，也不会改变任何信念。……这是我的立场，求神帮助我。”路德后来藏身于瓦特堡的城堡里。一个月后，路德被皇帝查理五世宣布为异端分子，下令捉拿他，他的刊物也被禁止发行。在瓦特堡的时间里，他翻译了整本《新约圣经》，使得《圣经》的在德国的传播更加广泛，并写了十几本书。路德在早前发发表的《基督徒的自由》中曾说：“一个基督徒……是万物之主，他不是任何人的奴仆。”

公元1522年，在维登堡政府的邀请下，路德回到维登堡，以平息先前的纷乱，稳定大学和教会，引导改革运动。在教义方面，路德基于“因信称义”“与上帝直接对话”“《圣经》是人民信仰的唯一权威”，在教权方面，国家权力应该高于教权，教廷的最高宗教司法权应该取消。

公元1530年，在奥斯堡会议上，路德对新的运动做出了解释，他们主张信徒应该相信基督，基督才是赐予人类恩德的唯一，虔诚的相信，祈祷，就能感受到上帝的能力和教导，并赐福予信徒。而这些不用借助于圣职人员来作为中间人，上帝会感知到人民到的祈祷，并告知于他的信徒。

路德·马丁的改革运动，对欧洲一千多年的教会以及人民起到了振聋发聩的作用，他提出的“因信称义”“唯靠《圣经》”两大观点，传遍了欧洲各地，也掀起了反对罗马教廷的风潮，推动了民众的反封建意识，路德教派也逐渐取得了合法地位，为欧洲的宗教改革开辟了新的道路，新教开始出现，并确立了“教随国定”的原则。

当然，路德作为一个改革者，他为主所用，也有其难处，在公元1540年，与其私交甚好的黑森亲王腓力重婚，此事遭其他人的强烈反对，而路德却默认了亲王的行为。

骑士暴动与农民战争

骑士暴动

德国中世纪的骑士战争发生在公元1522—1523年。公元1521年，德国的宗教改革运动已经开始，在沃尔姆斯会议上，教皇和皇帝查理五世对路德和宗教改革运动达成了一致意见，决定共同进行镇压。乌利希·封·胡登发表言论对路德进行支持。公元1522年8月，胡登和另一位帝国骑士济金根共同召集了莱茵、士瓦本和法兰克尼亚等地的骑士，缔结了一个为期六年的“兄弟同盟”，将德国中部的骑士召集起来，共同对抗诸侯和教会。

骑士战争

同年9月，济金根派出由5 000名步兵和1 500骑兵组成的军队对特里尔大主教的领地进行了突袭，向主教宣战。济金根希望能够利用民众对教会的不满，来获得民众的支持，但是，他的估算失败了，即使他散发了传单，也没有获得民众的支持，反而是主教等到了援兵，普法尔茨选侯和黑森伯爵的援军到来，骑士军团节节败退。公元1523年4月，济金退至根兰德施土尔城堡，接着城堡被包围，他也负伤而亡。胡登只得赶紧逃跑，在遭到巴塞尔的拒绝后，他到了苏黎世，最终在苏黎世逝世。骑士暴动宣告失败。

骑士们因为不满于当前的状态，想要向诸侯和教会宣战，并统一德国，他们最终还是失败了。但是也对德国中世纪的黑暗做出了沉重的一击

农民战争

十五世纪末，欧洲逐渐从黑死病的阴影中恢复过来，人口渐增，但是农业产量偏低，有没有其他产业可以吸引过剩的人口，造成了农民本身的贫困；另一方面的原因是，当时的世俗领主在自己的领地内为所欲为，俨然国中之国，并且封建领主目光短浅，只重视眼前利益，他们的行为也阻碍了经济的发展。领主们任意的制定责罚的规定、任意解释国家的法律，强行占有原本

是农民的池塘、草地、耕地等，并且任意的剥削农民，当时仅地租就占农民收获的四成，此外还要缴纳什一税、杂税、关税，并且得承担领主的遥役，且领主们为了满足他们的享受，更加的严苛。过去的牧地、伐木、捕鱼等活动也基本被限制或者废除。

教会也与贵族领主同流合污，教会腐败，教职人员生活腐化，大肆敛财，欺骗虔诚的教徒，贩卖赎罪券，对农民巧取豪夺。经济上日渐拮据，加之收成不好和封建领主的盘剥，使越来越多的农民沦为农奴。而帝国皇帝、贵族对此不闻不问，他们担心改善农民的情况会损害到他们的既得利益。有些下层的贵族在无力承担自身挥霍用度的情况下，还通过强盗手段攫取农民财物来维持生计。

且在公元1522年路德翻译的德语版《新约》见世后，农民们可以通过阅读《圣经》，明白自己目前所遭受的苦难并不是上帝的旨意，并且封建领主的行为实际上是违背了“上帝的法律”，农民也认识到，无论是贵族，还是教士，或是农民，在上帝眼里，都是平等的。这些对农民起义的都给予了重要的影响。

总之，在德国的天主教会和封建主对德国人民的盘剥欲加严重，宗教改革运动也已经开始的情况下，忍无可忍的农民开始爆发。并且一些手工业者、市民也参与到了战争中，有的还成为了起义的推动者。

此前，就曾近发生过零星的暴乱，但没有引起广泛的关注以及影响，比如在公元1509年，爱尔福特曾经发生过暴乱，雷根斯堡、科隆等城市也发生过，但是都被血腥的镇压了。

施瓦本南部的黑森林地区农民首先起义，后来，起义范围迅速扩展，到了施瓦本、图林根、萨克森、萨尔茨堡等地，甚至到了德国南部、奥地利、瑞士，参加起义的农民达到了10万人以上。

公元1524年纽伦堡附近的福希海姆再次爆发动乱，接着是穆尔豪森、斯图林根、施瓦本，此后，多地区的农民参与了起义，几部分的起义军在短短数日聚集到了比贝腊赫附近。有的起义军中还有下层的教会人员和雇佣兵。起义的农民本意并不是挑起战争，而是想要改变他们的处境，为此，他们还派出50名代表，并与施瓦本联盟谈判。在谈判过程中，公元1525年，施瓦本的农民起义军提出了《十二条款》，既抱怨了当前的处境，也表明了自己的要求，条款中写明：废除农奴制、取消部分税收、宗教活动的自由、狩猎、捕鱼、伐木的自由，等等要求。还提出了《帝国改革纲领》，很快这两份文书就大量传播到了其他地方。起义的农民以此为基础，成立了施瓦本同盟，互相之间进行联合，成为了德国历史上范围最广、影响最大的农民起义，它在德国的西南部和中部地区又引起了农民的抗争。尽管成立了同盟，农民起义军还是像历史上大部分的起义军那样，他们结构松散，纪律不严明，更没有统一的领导，并且许多人还到处烧杀抢掠。施瓦本同盟本想利用联合的力量与施瓦本联盟进行谈判，但是，在富商付格尔家族的支持下，一支装备精良、训练有素的军队，包括 9 000 名步兵和 1 500 名骑兵，镇压了武器落后的农民起义军。联盟军队首先来到乌尔姆，接着向莱普海姆进发，在路上击败了多群抢劫的农民起义军。在莱普海姆，正在抢劫修道院和贵族庄园的 5 000 多起义军与联盟军队首遇，并爆发了战斗，农民起义军首战失利。

接着，在瓦恩斯贝尔格，起义军抓到了马克西米连一世的女婿——路德维希·冯·海尔丰斯坦伯爵，平日里他对待农民的态度非常的恶劣，这次，他以及他的骑士，也受到了同样的对待，并且死亡。起义军队行为引起了贵族们的恐慌，并遭致了更多的反对，他们还落得了一个血腥暴力的抢劫名声。这次，起义军的首领也被用火刑处罚了。接着由弗洛里安·盖依领导的农民军，包括瓦恩斯贝尔格中幸存的农民军，与美因茨和维尔茨堡的大主教、普法尔茨选帝侯的军队进行了抗争。

4 月，施瓦本联盟军队与起义军有了多次的正面交锋。12 日，与博登湖最大的起义军对激战，起义军队败北。13 日，施瓦本联盟军队这次遇到的是训练有素的起义军，联盟军队选择了撤退。14 日，两军再次相遇。双方首领开始谈判，并达成了协议。

16 日，符腾堡约 8 000 人的农民军占领了斯图加特。

博登湖的起义很快被平息，联盟军队继续前行，将罗滕堡、海伦贝尔格、伯布林根的农民军悉数击败，农民军首领也败逃。

5 月 15 日，萨克森公爵格奥尔格与黑森伯爵菲利普一世率领的雇佣军团在弗兰肯豪森战役中将闵采尔领导的图林根的起义军队击败。闵采尔成为俘虏，5 月 27 日在穆尔豪森被砍头。

5 月 23 日，黑森林农民起义军占领弗莱堡。其中部分跑去支援拉多夫尔茨的农民军，但被斐迪南一世的军队消灭。

6 月，内卡河谷和奥登瓦尔德山脉的起义军也被打败。在维尔茨堡，起义首领古兹·冯·伯利辛根逃跑了，起义军群龙无首，8 000 名起义军惨遭杀害。

施瓦本联盟军队一路南下，所向披靡，7月底将最后一批起义军消灭。两个月后，起义已经平息。

对于已经苦难重重的农民来说，起义或许是他们唯一的出路，但是战争中，约有十万农民为此丧生。幸存者也遭受了更多的苦难，他们有的需要缴纳高额的罚金、有的失去了公权，没有任何权利；有的被领主施以酷刑。有的城镇在一些商业活动被禁止，只因为他们曾经支持过农民战争。这次战争也不是一无所获，有的地区的农民与领主制定了合同，处境也不再像以前那样艰难。战争也在德国历史上留下了深远的影响，恩格斯曾说这次战争是“德国历史最彻底的事件”。

宗教改革与反宗教改革

早期的宗教改革

自4世纪初期，君士坦丁大帝统一了罗马帝国后，对基督教一直很尊崇，他承认了基督教合法且自由的地位，使得基督教以后在欧洲的发展以及统治有了很好的基础。此后，教会权力的发展与皇帝权力或此消彼长或共同前行，逐渐在欧洲以至世界范围内传播开来。

在三四世纪，教会已经逐渐世俗化，方济会的安多纽修士认为应该脱离世俗，过隐居的生活，许多人追随了他的脚步。公元529年，意大利人本笃创立了苯尼狄克派，又名本笃会，他规定：教士不能婚娶、不能藏有私财，应该服从长上，即“发三愿”。会规要求会士应该按时祈祷、诵经、并且不能偷懒不工作。这些也成为天主教修会制度的范本。9世纪中期，曾经有些正直的主教反对《伪西多尔教令集》，但是被压制。

11世纪，教会中买卖圣职、骄奢淫逸的情况层出不穷，教皇利奥九世也推动过多项改革，后来的贵格利七世继续坚持利奥九世的方针，对教会进行整顿，教会的权威也恢复过一段时期。12世纪，由法国里昂人瓦勒度创立了瓦勒度派，他们主张简朴的生活，回归《圣经》，并以基督为唯一的信仰中心，不崇拜，反对供养等，尤其否认炼狱。瓦勒度派的传播范围很广，从法国到西班牙、德国、意大利，甚至是波兰和匈牙利都有他们的信徒。瓦勒度派的宣传受到了罗马教廷的强烈抵制，并遭致迫害。公元1655年，瓦勒度派遭受大屠杀。但是，瓦勒度派遵循的教义，为以后的宗教改革带来了一线曙光。“瓦勒度派乃是胡司派和波希米亚弟兄会的开路先锋”——谷勒本在其

《教会历史》一书中这样评价瓦勒度派。

公元1376年，毕业于牛津大学的约翰·威克里夫在担任教区长以及神学顾问期间，他看到当时的教皇格里高列十一世生活腐化，教会也失去了本真，政教不分，便提出了疑问，引起了教皇格里高列以及某些主教的严重不满，他们对约翰·威克里夫提出了通缉，甚至要审判他，幸亏有当时的皇室保护，约翰·威克里夫才幸免于难。后来，他将《圣经》翻译成白话英文，大受欢迎，他还写了神学著作《三人对话录》。在他看来了，圣经是高于教会的，教会应该以信徒为中心，而不是以教宗为中心。由于他的广泛影响力，在他死后，教皇对其也深恶痛绝，甚至将他的骸骨挖出并焚烧。但是，他的观点及影响并没有因此被焚毁。15世纪初，约翰·胡斯追随他在波希米亚也展开了改革，他将《圣经》翻译作捷克文，并对教会的腐败进行批判，指责教会出售赎罪券的行为，他的宣传引起教会的仇视，后来他被教会定罪，并被处以火刑。对他的处罚还引起了波西米亚反对教宗的战争以及希米亚弟兄会的成立。

宗教改革的背景

当时欧洲的资本主义经济已近逐渐发展起来，促进了封建社会旧有的模式开始瓦解，但是教会对德国的压榨日益严重，有俗语说“德国是教皇的奶牛”，足见教会对德意志的压榨程度。教会的这种行为使得德国的资本主义经济难以发展。

其次，在思想方面，文艺复兴以人为本的思想已经逐渐传播开来，人们不再束缚于宗教固有的理论，而是开始对人性、教育等进行多方面的思考研究，人们更多地开始思考自由、平等、权利，思想的激荡对教会一直以来的模式带来了巨大的冲击。此外，随着印刷技术的发展，《圣经》的各种翻译版本也开始在各国流通开来，而之前，《圣经》只能是神职人员才有。《圣经》的广泛传播，使更多的人能够从阅读《圣经》中获得对教义的理解。

再次，当时的教会以及封建势力十分得黑暗，教会人员腐化，封建诸侯们一味的压榨农民，二者相互勾结，新兴的资产阶级没有力量与之抗衡。中世纪人民的主要心灵依靠——宗教，在经济发展的情况下，拥有的财产越来越多，教职人员也开始逐渐放松了对自己的约束，买卖教职的行为也十分普遍，甚至出现了很多的丑闻，比如：教会公开的经营赌场、贩卖赎罪券，一些高级教士甚至出现了性丑闻，如亚历山大六世和他主持的栗子宴会。一些教士受到文艺复兴的影响，也开始对天主教会的一些行为产生了不满。

另外，社会上原有的阶层被打破，除了封建贵族、骑士、平民、农奴等原有的上下级阶层，随着资本主义经济的发展，还出现了中产阶级，他们掌握有一部分社会经济实力，在政治方面却没有话语权，也无法与原有的上等阶级进行抗争，反而还要承担各种苛捐杂税。各种阶层的出现，加深了社会矛盾。

此外，之前零星的改革开始引起了民众的思想动荡，加之市民暴动、农民战争的出现，以及德国四分五裂的现状和天主教会日益严重的压榨，终于，宗教改革运动呼之欲出。

公元1517年10月31日，马丁·路德发表了《九十五条论纲》，对罗马教廷出售赎罪券的行为进行了抨击，宗教改革的序幕拉开了。马丁路德之后，慈运理在瑞士的改革运动开展得如火如荼，加之有苏黎世议会的支持，慈运理的改革很快推向瑞士其他城市，并成立了政教合一的政府。加尔文在日贝瓦期间，也同样受到当局者的支持，他认为宿命论不是正确的，人应该用良好的德行和忠诚的信仰要求自己，并且应该努力地工作。他的教义受到很多工商业者的欢迎，教义占据主流。

宗教改革在欧洲掀起了改革的狂潮，欧洲不再是天主教会的天下，自由、理性开始成为人们关注的话题，这场改革虽然起于宗教本身，但是对整个社会都有了深远的影响，与文艺复兴一样成为资产阶级发展过程中重要的一环。

反宗教改革

反宗教改革又称天主教改革。

宗教改革运动也引起了天主教会自身的反省，他们开始采取措施来应付新的局面。过去一成不变的教义理论已经难以适应资本主义经济出现后的社会发展，人们对原有的基督教义出现了质疑，并且信仰开始有了动摇。过去，教会认为，只有通过与神之间的中介——神职人员，人才能获得上帝的宽恕、才能得到上帝的旨意。但是，马丁路德提出“因信称义”后，神职人员的中介作用被取消了，只要依靠人自身内心的虔诚，就能获得上帝的直接旨意，人与神之间的阻隔没有了。马丁路德的提法对教会进行了否定，在马丁路德看来教会教职人员存在的意义已经没有之前那么重要了，这点对教会是一个严重的挑战。教会对此必须想出对策，做出回答。此外，教会本身的行为也为民众所厌恶，他们的生活方式、敛财手段、管理方式使得教会不再纯洁，教规也形同虚设，修道院败落。鉴于此，教会不能不从自身开始考虑，教会中的一些开明之士开始在革除弊端、整肃教规方面积极行动。此外，当时社会经济的发展，各种阶级之间的矛盾日益显现，教廷对宗教的控制，严重影响了国家资本主义经济的发展，在宗教改革的促进下，天主教会必须以实际行动来应对，以维护自身的利益以及统治。且在 15 世纪，伊拉斯谟等人文主义者通过发表文章、宣传理念等行为，针对天主教的传统教义、分裂、暴力等问题进行了讨论，加之神秘主义的流行，教士们奉行虔诚的修行生活，使得修会有了复苏的趋势，修会在天主教改革中起到了重要作用。

在改革过程中，教会内部也出现了不同的声音。一种是以国王、诸侯、开明教会人士为代表的温和派，他们都想要继续维护封建统治，但是各有目的，或者希望政教分离，获得独立地位，或者希望获得更多的权力。另一种是以教皇为代表的保守派，他们是为了维护旧有的统治地位。

同时，统一起来的西班牙王国成为了欧洲大陆最强大的天主教国家。教会首先编制了禁书目录，路德、加尔文等人的书籍被列入禁书目录，罗马教廷采取了严格的出版制度，并于公元 1571 年庇护五世建立了罗马禁书审定院，所有出版的书籍需要经过审定才能面世，教会以期通过控制出版物来控制人们的思想。此外，公元 1480 年，斐迪南二世通过联姻取得西班牙后，为了控制犹太人和穆斯林，成立了宗教裁判所。其以“消灭异端为由”，任何人在被证实无辜前，都被审判庭认为有罪，且不能有辩护人，不能知道是谁将自己告上教会法庭，那些为了传播福音的教徒，被冠上“异端”的帽子，在宗教裁判所惨遭杀害。

除了在思想、行为上对民众进行控制，天主教会还利用种种措施维护、扩大教会的影响和作用。公元 1519 年，神圣罗马帝国皇帝查理五世以天主教保护人的身份，对宗教改革表示抵制。其他国家的教会也出现了抵制的情况，如公元 1497 年在意大利热亚那出现的圣爱会。公元 1517 年，罗马也成立了同样的组织。在严峻的形势下，教皇也开始有了改革的行动。

修会的出现，很快在天主教改革中起到了推进作用。16 世纪，一些新的修会组织出现，如意大利的巴拿马会。以及后来出现的圣天使会和乌尔苏拉会。公元 1534 年，耶稣会在巴黎由罗耀拉创立，旨在反抗宗教改革，复兴天主教。这个组织纪律严格、组织严密。并且得到了保罗三世的支持，在意大利、葡萄牙、西班牙、奥地利等国得以迅速发展。耶稣会严明的纪律，其会士素质大都较高。统治阶级的重视，教士自身的素质，使得耶稣会在主流中占据了一席之地，并形成了政治力量，对宗教改革的遏制产生了极大的效果。

公元1545年，一场表明教会改革的会议在意大利北部的天特城召开，标志着天主教改革的开始。历时多年后，公元1564年通过《特兰托会议信纲》，对天主教会恩德基本礼仪和圣礼制度进行了改革，稳定了教皇的权力，对各种新教改革以及观点提出了质疑。并对教会以及教职人员的行为等进行了严格的规定，比如施经布道，研读经书，生活规范等。并开办了神学院，以提高神职人员的综合素质。这个《信纲》也成为天主教重要的文献之一。

在封建势力以及罗马教廷的联合下，为了抵抗宗教改革，恢复自身的力量，开展了这场改革运动，使得教会在欧洲大部分地区重新获得接受，天主教内部，过去那种纷争、陋习也暂时被撤除，教皇权力也得到了提升。各教会在向外扩展的过程中，天主教也传播到了更远的地方。

改革的悲剧：三十年战争

战争背景

当时的德意志仍旧没有建立统一的民族国家，内部四分五裂，诸侯林立，各诸侯之间为了争夺地盘，对抗皇权，导致纷争不断。宗教改革后，德意志的北方诸侯国，如萨克森、黑森、普鲁士等均成为路德教的范围，而符腾堡、巴登则信奉加尔文教。科隆、美因茨、特里尔、巴伐利亚、奥地利仍旧是天主教教区。各诸侯之间各自对立，经常以宗教的名义争权夺力，挑起武装冲突。哈布斯堡王朝则利用诸侯之间的矛盾以及各教派之间的对立，继续加强中央集权。对教皇而言，任何的宗教改革，都是对他不利的。帝国皇帝和教皇因为共同的敌人而站在了一起。在鲁道夫一世上台后，作为狂热的耶稣会士，他对新教徒的态度是以打击为主。公元1606年，在马克西米利安公爵镇压多瑙沃思的新教徒后，新教教派决定成立一个联盟来应对帝国统治者。公元1608年，符腾堡、巴登、黑森等支持新教的诸侯国成立了“新教联盟”，以在受到攻击时，能互相支援、传递信息。支持天主教会的诸侯也很快做出了应对。公元1609年，慕尼黑会议召开，成立了以巴伐利亚公爵马克西米利安为首的“天主教联盟”。除了两个联盟之间的矛

诸侯宴会

盾外，联盟内部也并不和谐。新教联盟有路德教和加尔文教的矛盾，天主教联盟内部有皇权和诸侯之争。

德意志国内并不平静，国外也风起云涌。当时的欧洲各国，实力逐渐强大。德意志内部的矛盾也有了周边各国的参与。教皇、西班牙、波兰是天主教联盟的支持者；法国、丹麦、瑞典、荷兰、英国则是新教联盟的拥趸。丹麦在将德国的两个州占领后，并不满足，还想要将范围继续扩大至德国北部的全部；瑞典则是想将帝国北部的北海、波罗的海据为已有；法国则不希望德国获得统一，因为这样会影响其在欧洲建立霸主的野心；荷兰则和西班牙一直存在矛盾；英国则希望坐收渔翁之利，既害怕德意志的势力增强给其造成威胁，又想利用德意志来扼制法国。

德国的两个联盟之间的矛盾，不仅仅是皇帝与诸侯之间的矛盾，还是新教与天主教之间的矛盾，也是封建统治与资产阶级之间的矛盾，并且有了其他国家的参与，各个集团之间的利益、矛盾错综复杂，互有纠葛。在此种情况下，战争一触即发。

战争爆发

公元 1612 年，帝国皇帝马蒂亚斯任命斐迪南为捷克国王。他禁止布拉格新教徒集会，意图在捷克恢复天主教，并将新教的教堂摧毁，而且新教徒的集会也被视为暴民的集会。斐迪南的行为引起了民众的强烈不满。公元 1618 年，在国会代表与皇帝的钦差谈判过程中，武装群众冲入了皇宫，并将钦差用以往对待叛徒的方式，扔出了窗外，史称“掷出窗外事件”，拉开了战争的序幕。三十年战争共分为四个阶段，主战场在德国：

第一阶段：捷克—巴拉丁时期（1618—1624 年）

“掷出窗外事件”后，捷克成立了临时政府，并宣布独立。公元 1619 年，捷克议会将新教联盟首领、普法尔茨选侯腓特烈推选为国王，并对德皇宣战。临时政府的领导人图恩率兵进入奥地利，到达维也纳城外。此时，昔日嚣张的斐迪南证走投无路、束手无策。遗憾的是，起义军首领既没有魄力也没有勇气发动广大人民群众共同反抗德皇。他们的犹豫不决让斐迪南获得了喘息的机会。他向天主教联盟发出了请求支援的信号，巴伐利亚公爵马克西米利安在被加官进爵后，指挥蒂利率领 2.5 万精兵援助斐迪南。此外，西班牙也出兵，联盟出钱，支援斐迪南。相反，新教联盟还在举棋不定，以至于捷克起义初期获得的胜利开始节节败退。德皇的军队训练有素，蒂利又指挥有方，而新教联盟的军队如同乌合之众，布拉格很快被攻破，新选任的国王也仓皇出逃，捷克独立的意愿破灭，再次屈身于德皇的统治之下。在另一战场普法尔茨，西班牙军队与蒂利的军队共同对起义军进行了围剿，天主教军队控制了普法尔茨全境，后来又攻占了威斯特法利亚和萨克森。

第一阶段的战争，新教联盟军队最终失利了，他们在军备上、领导上均不如天主教联盟军队，尤其是在捷克贵族的领导下，指挥、战略上也时刻动摇，使得战争最终失败。

第二阶段：丹麦阶段（1623—1629 年）

第一阶段天主教联盟军队的胜利，大大改善了德皇的权力现状，同时也引起了其他国家的担忧。丹麦自宗教改革后，国内经济迅速发展，同时，丹麦统治者也想要获得更多的控制权，尤其是对北海以及波罗的海区域。英、法、荷兰等国家也在各怀心思的情况下，主动为丹麦提供军备。丹麦国王克里斯蒂安向德国宣战。

丹麦军队与诸侯以及曼斯菲尔德军队联合，对德国从多方面进行进攻，获得了不少胜利。而德皇军队在经过第一阶段的战争后，实力受到了严重消耗，同时匈牙利和捷克人民也因为德皇的压迫经常起义，牵制了德皇军队的力量。而存有实力的诸侯却不愿意为德皇出兵。

德意志皇帝不得不再次启用瓦伦斯坦，任命他为帝国军队总司令。瓦伦斯坦的雇佣军队纪律严明，训练有素，加之他指挥有方，谋略得当，军队战斗力很强，而且他实施了“以战养战”的方针。军队的需求依靠在攻城掠地后抢夺的财务来供给。瓦伦斯坦采取掩护的策略，与曼斯菲尔德军队在德绍要塞相遇便首战告捷，曼军损失惨重。此后瓦伦斯坦领导的军队节节推进。在鲁特会战中，大胜新教联盟的军队，占领了丹麦。此后，法国、瑞典虽然出手援助丹麦，但是丹麦已经无力再战。公元 1629 年，丹麦与德意志皇帝签订了《吕贝克和约》，瓦伦斯坦从丹麦撤军。

在第二阶段，战争波及的范围比第一阶段更广泛，参与战争的国家也增多了，天主教联盟在瓦伦斯坦的领导下，又一次获得了胜利。

第三阶段——瑞典阶段（1630—1635 年）

德皇军队又一次胜利，权力范围进一步扩大，但立有战功的瓦伦斯坦引起了德国诸侯的仇视，提出的建立海军的计划也被搁浅。此时，北欧的瑞典在古斯塔夫·阿道夫二世的领导下，通过改革，瑞典中央集权加强，经济繁荣，成为盘踞北欧的大国。古斯塔夫通过征兵制建立了正规军，并加强了训练，战斗力很强。同时，瑞典的军队在他的指挥下，无论是战略战术，还是装备都实力大增。此外，他的骑兵队伍、军需供给都有了完备的系统。自身的实力增强后，古斯塔夫有了外扩的野心。他先是与俄国、波兰交战获得胜利。公元1630年7月6日，瑞典军队在德国东北部的奥德河口登陆，拉开了瑞典战役的序幕。

在这个阶段中，最著名的要数“布赖滕费尔德大捷”，在战争中，双方用火炮互相攻击，最后，蒂利率领的天主教联盟军在古斯塔夫的新战术下损失惨重。此后古斯塔夫的军队在德国势如破竹。但是他的军队军纪不严，一路打，一路扰民抢夺，引起了沿途群众极大的愤慨和不满。原来支持瑞军的法国也撤走了，瑞军的优势逐渐失去，且德皇再次启用了瓦伦斯坦，古斯塔夫在战争中又中弹身亡。瑞典军队接连被天主教联盟军队打败，并与德国皇帝签订了《布拉格和约》。

这次战争，天主教联盟再次胜利，参战国更多，范围更广。

第四阶段——全欧混战阶段（1635—1648年）

法国本来是天主教国家，与德国是一样的，它之所以一再地对抗德国，是因为其想要称霸欧洲的野心。在前几个阶段，法国并没有实际的参与战争，而是希望在各家争斗中从中获利。在瑞典战争之后，法国看到德意志皇帝实力已经大减，这时，正是其出兵的好机会，于是在公元1635年，法国兵分几路，同时开展了反哈布斯堡王朝的战争。法国人眼中的真正敌人是西班牙。当时，西班牙获得了教皇支持，一直以来有称霸欧洲的野心，在欧洲以外，西班牙在拉丁美洲还建立了庞大的殖民帝国。虽然西班牙在17世纪后，实力已经大不如前，但西班牙仍旧是法国最大的敌人。

法国当时的首相黎塞留制订了对内对外的方针：一是加强国内集权；二是对抗哈布斯堡王朝。基于以上两个方针，在战争上，法国主要实施了两方面的战略：一方面是进军德国；另一方面是打击西班牙。因此，法国与瑞典、荷兰、匈牙利等国联合起来反哈布斯堡王朝。同时还与德国新教诸侯共同反对天主教联盟。同时从第三阶段战争中失利的瑞典军队逐渐缓了过来，再次侵入德国。欧洲大陆上到处是战火燃烧，扩日持久的战争使得每个国家都没有力量派出过多的兵力，而是小范围的消耗战。

在法国与西班牙的战争中，开始西班牙占据了主导地位，并且西班牙联合了巴伐利亚公爵，共同进攻法国。但是，长途行军，必然带来供给的不足和战线的过长，西班牙逐渐力不可支，法国开始反败为胜。法国在陆地上的优势开始没有西班牙强势，但是在海上，法国与荷兰共同重创了西班牙舰队，并对西班牙的陆地战地形成了威慑，最终，法国胜局已定。此外，法国在德国战场上，与瑞典军队联合也所向披靡，巴伐利亚、奥地利、布拉格先后被攻破。

历经多年的战争，无论是皇帝还是各国，都付出了极大的人力、物力、财力，对任何一方都有损失，最终，法国和瑞典同意停战，并签订了《威斯特伐利亚和约》，这样持续三十年的战争终于停止了下来。

这次战争的主战场在德国，持续的战争给人民带来了无尽的苦难，德国经济也遭到了更大的破坏，并且哈布斯堡王朝受到了严重的打击，君主名存实亡，诸侯们掌握了实际的权力。

西班牙在持续的战争中逐渐衰落，失去了原先的一等强国位置。荷兰则独立并强大起来，建立了其海上霸主的地位。瑞典获得了德意志大片的土地，成为德意志的诸侯、成为北欧强国。

此外，在战争中，过去冷兵器时代的战术被大量改变，改进了滑膛枪、火炮的使用更加广泛。古斯塔夫创建的“线式战被广泛应用”，增加了战争的机动性和灵活性。在战争中，也出现了很多著名的将领，比如瓦伦斯坦、蒂利、古斯塔夫。三十年战争，改变了欧洲的格局，国家领土、主权逐渐得到承认，近代意义上的国家关系、国际社会开始形成。《威斯特伐利亚和约》也成为近代意义上的国际法雏形。

第四章　终结与新生

普鲁士王国的崛起

从普鲁士人到条顿骑士时代

古代普鲁士地区的范围大约在今天的立陶宛以南、波兰东北部维斯瓦河河口以西的区域，中心在但泽，这是西普鲁士地区，东普鲁士地区在今天俄罗斯加里宁格勒。普鲁士的原住民叫作 Pruzzen（德语），他们并不是日耳曼民族，而是斯拉夫人，与拉脱维亚和立陶宛人均是一个种族。他们讲普鲁士语，信奉自然神教。在这个地区居住期间，他们过着半游牧民族的生活，并因为骚扰周边的诸侯，抢夺一些东西。为了使普鲁士人归依上帝，公元 997 年，阿德尔伯特受教宗委派，来到普鲁士，在此播撒天主教的福音。阿德尔伯特来到普鲁士的格但斯克。当时传教士的通行做法是砍倒当地人崇拜的象征物——树木，以向世人宣告树木中并没有他们的神存在。阿德尔伯特在普鲁士的做法也是如此。在本地人提出警告后，他们仍旧决定砍树。这时，阿德尔伯特以及他的随从被愤怒的普鲁士人包围，激战后，阿德尔伯特被俘虏，并被处决。

公元 1170 年，第一个修道院——奥利瓦修道院在这里建立，但是在公元 1124 年被普鲁士人焚毁。此后，普鲁士遭遇了多次外敌入侵，但是均没有被征服也没有被同化。公元 1209 年，克里斯蒂安去往普鲁士，向普鲁士人播撒上帝的福音，后来他成为普鲁士的第一位主教。

奥利瓦修道院

13 世纪初，马佐夫舍公

爵康拉德因为不堪忍受普鲁士人的骚扰，康拉德在教皇的默许下，邀请来条顿骑士团，从此开始了长达60年的征服战争。

公元1226年，在意大利里米尼，由神圣罗马帝国皇帝腓特烈二世发布了金玺诏书，即“里米尼金玺诏书”，通过诏书，条顿骑士团获得了普鲁士境内的一切贵族特权。当时的条顿骑士团借这个机会，将普鲁士征服后，成为其管辖的范围。公元1233年，双方爆发了大规模的战争，损失惨重，教士克里斯蒂安也被普鲁士人囚禁。后来，在不断的增援中，条顿骑士团占了上风，普鲁士人的起义被镇压。在征战期间，德国的小诸侯们还加入条顿骑士团，这些人后来成为东普鲁士的贵族。

公元1406年，条顿骑士团修建了马林堡，并将总部迁到这里，使之成为拥有世界上最大面积的城堡。在这之前，骑士团已经修建了托伦堡，后来又修建了库尔姆、埃尔平等要塞。后来，通过汉萨同盟，骑士团招揽了更多的人来到普鲁士定居，并不断扩张。

条顿骑士时代到普鲁士王国

公元1370年，波兰国王拉约什一世将王位传给了女儿雅德维加，公元1386年，雅德维加与立陶宛大公亚盖洛结婚。二人成为波兰和立陶宛的统治者。此后，因为领土问题，与条顿骑士团纷争不断。公元1409年，条顿骑士团管辖的萨莫吉提亚发生起义，亚盖洛为起义军提供支持，骑士团因此攻打波兰，在停战一段时间后，公元1410年，波兰－立陶宛联盟进入普鲁士地区，双方在格伦瓦尔德展开了激战，波兰－立陶宛联盟由亚盖洛率领4.5万大军与骑士团乌尔里希·冯·容金率领的309万骑士团相遇，这次战争，联军大获全胜，骑士团首领因此也阵亡。双方在经历三年的纠缠战争和谈判后，签订了第一次托伦和约。双方就萨莫吉提亚达成一致意见，在边界开放以及贸易上也达成了一致意见，但是条顿骑士团要赔偿波兰6 000 000格罗申（德国古货币单位），分四年支付。公元1454年，双方再次发生战争，史称“十三年战争”。

普鲁士联盟与波兰国王对抗条顿骑士团。此前因为第一次托伦和约，骑士团在其统治范围内，提高税收，限制粮食买卖，引起了民众的强烈不满，而依据第一次托伦和约，当条顿骑士团不遵守和约时，普鲁士人可以起来反抗。普鲁士的一些城市托伦、但泽组成了“普鲁士联盟”，并请求波兰国王卡齐米日支援，公元1454年2月22日，波兰王国向条顿骑士团国宣战。由于战争时间过长，骑士团没有了经济支援，力量耗尽，只能再次回到谈判桌上，在教皇庇护二世的调停下，双方签订了第二次托伦和约，将但泽城和马林堡割让给了波兰，条顿骑士团控制东普鲁士，但是要臣属于波兰。

公元 1525 年，时任条顿骑士团总团长的阿尔布雷希特在结识宗教改革家安德烈亚斯·奥西安德尔后，受到其思想的影响，并经路德的建议，在普鲁士改信路德教，并经过当时的波兰国王齐格蒙特一世同意，签署了《克拉科夫条约》，完成了普鲁士的世俗化，且保持普鲁士是波兰封地的地位。齐格蒙特一世同意了他及他的后代对普鲁士公国的统治权。

阿尔布雷希特之子腓特烈摄政后，没有儿子，普鲁士公国由他的女婿约翰·西吉斯蒙德继承，他是勃兰登堡选帝侯。此后，普鲁士公国开始了它的霍亨索伦家族时代。

公元 1660 年，瑞典 – 波兰战争期间，当时的勃兰登堡选帝侯腓特烈·威廉借支持波兰，与波兰签订了《韦拉瓦 – 毕得哥煦条约》，普鲁士公国脱离波兰，正式独立。

公元 1701 年，威廉的儿子腓特烈继任。他一直想要成为勃兰登堡选侯国以及普鲁士公国的“国王”，但是，依据当时的法律，除了德意志国王和波西米亚国王外，不能再有别的国王。为此，腓特烈首先强大了他的军队，建立了机构。并在帝国的战争中表现出色，帮助当时的皇帝利奥波德一世在西班牙王位之争中解围，使得皇帝同意授予其国王的称号。同年，腓特烈在柯尼斯堡加冕，成为普鲁士国王，开启了普鲁士的霍亨索伦王朝时代。

欧洲的普鲁士时代

腓特烈一世加冕为王后，他训练有素、纪律严明的军队派上了用场。他先是参与了西班牙王位继承战争，以争占领土。获得了林根、默尔斯、上盖尔登、诺伊堡等地，后来，他又买了泰克伦堡和奎德林堡，将普鲁士领土进一步扩大。

公元 1740 年，年仅 28 岁的腓特烈二世继位。

腓特烈在其父亲腓特烈一世的严厉管教之下长大，腓特烈童年在排满了课程的时间中度过，并且生活也有严格的安排。腓特烈一世还要求他学习军事知识和领导能力。而事实上，年轻的腓特烈喜欢的是长笛、诗歌和文艺，腓特烈一世对此十分生气并对自己的儿子严加管教，两个人之间经常发生矛盾，腓特烈受到了自己父亲的鞭打、禁食，在这种环境之下，腓特烈变得非常的叛逆。公元1728年，腓特烈前往德累斯顿朝廷拜访。德累斯顿的繁华让他觉得只有离开父亲的管束，才能过上自由的生活，加之后来腓特烈一世将他的书籍焚毁，他的内心更加坚定。终于，他等来了逃离的机会。公元1730年，腓特烈随父亲出访，这次，将会经过普鲁士与法国接壤的边境，他通过好朋友的帮助获得了金钱和衣物，他想经过法国，然后去往英国。但是，他的计划失败了，帮助他的的朋友卡特也被处决，他则被关押在库斯特林监狱。后来又居住在库斯特林，但是仍旧受到严密的监视，在这段时间里，他潜心读书，在目睹朋友的死亡后，也明白只有自己强大起来，才能正确的运用权力。他接受了父亲安排的与哈布斯堡家族的远亲不伦瑞克－贝芬的伊丽莎白公主结婚。这桩婚姻，完全是一场政治联姻。

对伊丽莎白，腓特烈从来只有尊重，而甚少有感情，腓特烈遵守了父亲要求对伊丽莎白忠诚的要求，但是两个人并没有子女。这年腓特烈21岁。在此之前的一年，他离开了库斯特林，去往诺伊鲁平，进入军队。公元1734年，他随名将欧根远征，抵御法国军队。在这次行程中，虽然他没能见识到欧根的大将风范，却看到奥地利军队的实力，并激起了他对权力的渴望。此后4年，他与伊丽莎白居住于莱茵斯堡。这四年的时间，腓特烈醉心于音乐，招揽了很多音乐名家在此，比如匡茨、法施、卡尔·格劳恩，还有巴赫的儿子卡尔·菲利普，此外，腓特烈还参与了歌剧创作。他还在哲学、经济、园艺等方面多有涉猎。这期间，他与父亲腓特烈一世的关系也逐渐缓和，公元1740年5月31日，腓特烈一世去世，腓特烈接任国王。

在腓特烈一世在位期间，虽然普鲁士疆域有所扩大，但是，西里西亚仍旧还归奥地利所有，在腓特烈继位不久，奥地利哈布斯堡家族没有男性成员可以继承皇位，查理六世的长女玛丽娅·特蕾莎成为奥地利实际的掌权者。此前，并没有女性执掌王权，特雷莎因此受到了质疑，腓特烈便派特使对特雷莎说，如果承认普鲁士对西里西亚的部分主权，他就愿意保护她。这样的要求肯定会遭到奥地利的拒绝，而腓特烈也早就做好了出兵的准备。公元1740年，普鲁士三万大军进入西里西亚。第一次西里西亚战争开始。由于奥地利防守松懈，普鲁士军队很快占领了西里西亚，并围困尼斯堡。奥地利领帅菲利普·冯·奈伯格带领两万士兵，前去救援。双方在穆尔维茨村展开了激战。普军在冯·施威林元帅的指挥下，横扫了奥军左翼，又集结兵力对奥军骑兵侧翼进行了打击，随后在枪战中奥地利步兵受到重击，弹药耗尽，仓惶撤退。第一次西里西亚战争普鲁士获胜，并占领了部分西里西亚。

战后，腓特烈意识到，普鲁士军队在骑兵山的弱点，并加强了训练，经过整肃，普军的战斗力大大增强。当时，奥地利在与法国和巴伐利亚的战争中占了上风，腓特烈看到如此情景，害怕奥地利军队会掉头夺回西里西亚。于是在公元1744年，腓特烈发动了第二次西里西亚战争。

兵分三路的普军从西里西亚出发，占领了布拉格后继续向维也纳进发。此时，特雷莎女皇获得了匈牙利的支持，得到了7万多人的军队，并于洛林亲王查理的军队会合，切断了普军前行的后路，此时原先站在普鲁士一边的萨克森也临阵倒戈，腓特烈深感不安，放弃布拉格，即使这样，他也损失了一万以上的兵力。但是，腓特烈没有因此而丧气，在西里西亚，他引诱查理亲王率军深入，普军佯装撤退，双方在霍亨弗里德堡展开了激战。

凌晨，普军冒着严寒行动至奥军营地附近。在休息两个小时后，凌晨4点，普军发动了攻击，霍亨弗里德堡战役的序幕拉开了。普军分左中右三路展开袭击，左路和中路获得了成功，右翼骑兵因为过于急躁，反而和奥军成为了混战。中路步兵在利奥波德二世亲王的指挥下，冒着奥军的枪林弹火行至火枪的有效射程内，对着奥军一齐开枪，集中的火力造成了奥军巨大的伤亡。在南线战争的普鲁士齐藤少将和那骚中将速战速决，半个小时不到，就俘获奥军9门大炮、2 500士兵。霍亨弗里德堡战役扭转了普军的形势，获得了整个战争重要的胜利。后来在奥军的反攻战争——索尔战役中，腓特烈的斜线战术发挥了作用，普军再次胜利。接着普军在凯撒斯多夫会战中又打败了奥军和萨克森的联盟。至此，奥军放弃了与普鲁士为敌的念头，于公元1745年签订了《德累斯顿和约》，申明西里西亚归普鲁士所有。

经过两次西里西亚战争，腓特烈指挥作战的能力大增，普鲁士军队的作战经验也逐渐丰富，为其在以后的战争中积累了宝贵的经验，并且经过战争，西里西亚这块富饶的土地终于落入普鲁士王国的手中。

此后，腓特烈积极发展国内生产，总结作战经验，写出了重要的军事著作《战争原理》。同时与英国结盟。而没有忘记过去失败的奥地利，则与英国的宿敌法国，还有俄国结盟，以期收复西里西亚。在严峻的形势下，腓特烈主动出击，欧洲大陆多国参与的七年战争开始了。

腓特烈一路从西里西亚、萨克森、德累斯顿打到了波西米亚，并与奥军总司令布劳恩带领的3万多军队在罗布西茨正面交锋，双方激战多个会合后，大雨中奥军撤退。法国、俄国加入战争后，双方共12万的大军展开了布拉格战争，这场战争中，普军反败为胜，但是施维林元帅阵亡，敌方布劳恩元帅也身负重伤后死去。此后，腓特烈以为奥军已经没有了力量反攻，产生了轻敌的思想，结果，奥军派出了沙场老将道恩。腓特烈本想将布拉格围攻后，结束战争，没想奥军再次集结五万大军，为布拉格解围。战争中，普军损失1万三千余人，败给了奥地利军队，这场战争成为七年战争中腓特烈吃的第一个败仗，因为战场在科林，也称科林战役。这次战役，使得普军想要速胜的希望破灭，并且普军处于严峻的形势。此后的罗斯巴赫会战和洛伊滕会战，腓特烈不得不付出更多的辛苦。西里西亚也从奥军手中又回到了普鲁士手中。公元1763年，七年战争结束，英法双方签订了《巴黎和约》普鲁士与奥迪可、萨克森签订了《胡贝尔图斯堡和约》。西里西亚和格拉茨伯爵领地归普鲁士所有。这次战争，欧洲主要国家都参与其中，欧洲国家的格局重新改变，英国成为了最大的赢家，确立了其霸主地位，法国则因为战争内耗严重，加深了国内的财政危机，成为了法国大革命爆发的原因之一。普鲁士则登上了欧洲的国际舞台。

腓特烈除了在战争上显现出其过人之处，在国家的治理方面也颇有建树。在农业方面，他通过巧妙的手段吸引普鲁士人民接受了土豆并广泛种植，使得普鲁士人民在一次次的饥荒中得以生存；在法律方面，他废除了刑讯制度，认为农民和地主享有同样平等的权利，并逐步废除农奴制度，并颁布了《普鲁士邦法典》；在政治上，普鲁士公职人员高效廉洁，并且宗教信仰自由，言论也很开放，还救助因为战争而流离失所的人，开办养老院。此外，他还兴建了很多乡村学校，尽管这些学校的教学质量并不高；在经济方面，腓特烈积极发展国内经济，创建了普鲁士国家银行，用国际贸易机构控制海外贸易，木材和铁矿、食盐也由国家经营。腓特烈还与伏尔泰有很多的书信来往，并进行了会面，他也有很多的作品在欧洲有很大的影响，比如《反马基雅维利》，以及前面提到的《战争原理》。

此后，虽然普鲁士没有进行大规模的战争，但是仍旧瓜分了波兰，拓展了疆域，普鲁士国家实力迅速上升，成为欧洲强国。公元1786年，腓特烈在大雨中检阅部队，心力衰竭致使他去世，时年74岁。他死后，没有子嗣，侄子腓特烈威廉二世继位。在此期间，公元1789年，法国大革命爆发，他与神圣罗马帝国皇帝利奥波德二世成为反法的同盟者，并缔结了反法同盟，但是普鲁士败给了法国，丢失了莱茵河以西的领土。公元1792年俄罗斯入侵波兰后，威廉二世也参与其中，并得到了格但斯坦、托伦和波兹南等区域，在公元1794年，第三次瓜分波兰的协议由俄、普、奥签订，普鲁士再次得到了包括华沙在内的西部地区。到了威廉三世时期，再次参加了反法联盟，结果惨败于拿破仑，普鲁士王室逃往东普鲁士，寻求俄国沙皇亚历山大一世的保护，通过《提尔西特和约》，普鲁士从几次瓜分波兰中得到的领土也被法国占有，约 16 万平方公里的土地落入他手，普鲁士只剩下了勃兰登堡等四个省，并且赔偿 1.3 亿法郎给法国。这次惨败，普鲁士几乎一无所有。在此情况下，普鲁士首相卡尔·施泰因着手改革，他首先颁布了《十月敕令》，废除了等级制度，将普鲁士农民的依附关系取消，农民成为自由的个体，可以离开土地、获得地方、自由结婚。接着又颁布了《城市法规》，规定城市建立参议会和市政府，将城市的财政权放归城市。又建立了国家统一的政治结构，设立内政、外交、财政、军事、司法 5 个部门，规范了国家的各项权力。推行军事改革，实行义务兵制度。同时在教育方面，在柏林创立了腓特烈·威廉大学（柏林大学）。在拿破仑的施压之下，施泰因被迫解职。接任他的哈登堡并没有放弃施泰因改革的目标，他平衡了改革和容克地主之间的利益，并由格哈德·冯·沙恩霍斯特和冯·克劳塞维茨改革普鲁士军队。经过一番革新，普鲁士人的民族情感被唤起，民众对国家的感情高涨。公元 1812 年，普鲁士看到法国在俄国受挫，遂参加了反法同盟，并于公元1813 年3 月 17 日对法国宣战。公元 1815 年滑铁卢战役后，拿破仑军队失败，在维也纳会议后，普鲁士将萨克森大部分、莱茵河沿岸归其所有，并成为欧洲强国之一。为了促进经济发展，普鲁士政府在公元 1818 年对国内的税收制度进行了改革，将消费税和国内关税取消。在公元 1826 年，德意志邦联北部的 6 个邦国成立了关税同盟，商品在各个邦国之间流通的关税被取消。公元 1833 年，普鲁士主导下的德意志关税同盟成立，开始有 18 个邦国，后来在公元 1835 年，又加入了巴登公国等 3 个邦国。当时普鲁士的统治者腓特烈·威廉四世在欧洲革命的浪潮中，迫于革命形势，成立了“自由派政府”，并召开国民议会，草拟宪法。但是不久，威廉四世在地位稳固之后，还是回到了专制的统治。

普鲁士王国到德意志帝国

威廉四世在公元 1857 年因精神了疾病发作，国家由他的弟弟威廉亲王摄政。在公元 1861 年，威廉四世去世后，威廉亲王成为了威廉一世。在当时首相俾斯麦的辅佐下，将普鲁士王国变成了德意志帝国。因为俾斯麦在演讲中曾经说过问题需要铁和血来解决，他也被称为“铁血首相”。他支持军事改革，帮助威廉一世统一德意志。在公元 1864 年、公元 1866 年，打败了丹麦、奥地利，又在公元1870年，打败法国，德意志建立统一国家的条件已经成熟。公元1871年1月18日，普鲁士王国成立170周年，这天，威廉一世宣布建立德意志帝国，史称德意志第二帝国。

德意志帝国以普鲁士为中心，包括4个王国：普鲁士、萨克森、巴伐利亚、符腾堡，6个公国，6个大公国、5个公国、7个亲王国、3个汉萨自由城市（汉堡、不来梅、吕贝克）以及帝国直属领地阿尔萨斯－洛林。其中普鲁士无论是人口还是经济都占据着最主要的地位，但是各个邦国在内政和外交方面享有自治权，外交、军事、海关则由中央政府享有。德意志帝国时期，经济快速发展，鲁尔、萨尔和上西里西亚地区的钢铁、煤炭业成为重要支柱，同时德意志的教育文化事业也得到了长足的发展。

公元1888年，威廉一世去世后，其子腓特烈继位，但是因为罹患喉癌，在位仅90天。

同年，腓特烈三世的儿子威廉继位，即威廉二世。

公元1914年6月28日随着奥匈帝国皇太子在萨拉热窝被暗杀，第一次世界大战开始。公元1918年，德意志帝国巴伐利亚公国发生革命，接着柏林也爆发革命，此时，威廉二世正在一战的西线指挥战争。他想要保留普鲁士国王的称号，仅放弃德意志帝国皇帝的称号，但是在严峻的局势下，时任德国总理的巴登亲王在11月9日宣布德皇已经退位，并将全力移交。威廉二世被迫离开德意志，去往荷兰，德意志帝国不复存在了。

帝国以后的德国

11月11日，停战和约签订，第一次世界大战结束。但是德意志的革命并没有结束，国内政党纷纷宣布成立新的政府，有腓力·赛德曼成立的共和国、卡尔·李卜克内西成立的自由社会主义共和国。无奈之下，11月9日，首相马克斯·冯·巴登将权力交给社民党主席弗里德里希·艾伯特。随后，社民党与独立社民党各派出三位代表，组成了革命政府，由艾伯特与胡戈·哈斯领导。但是，新的政府受到斯巴达克同盟的反对，该联盟由罗莎·卢森堡与卡尔·李卜克内西领导。但是在后来召开的国民会议中，艾伯特所在的社民党获得大多数议席。艾伯特马上召开国民议会，于次年2月10日通过《德意志共和国临时约法》，即《魏玛宪法》。1919—1933年，是德国的魏玛共和国时代。在1929年德国总理古斯塔夫·施特雷泽曼去世后，共和国开始走向衰退。后期，纳粹党在议会选举中获得18.3%的选票，并逐渐成为第一政党。

1933年1月30日，当时的总统府总裁兴登堡任希特勒为总理，纳粹党上台执政，开始镇压异己，打击左翼政党，德国进入了纳粹政党时代。

纳粹上治统治德国后，引发了第二次世界大战，并对犹太人进行大屠杀。在战争中，同盟国和苏联在多次的会议上，均认为普鲁士是德国纳粹的中心和发源地，并且很多军官也来自于此，德国专职以及侵略的思想也是发源于普鲁士，鉴于此，普鲁士应该被消灭。英国首相丘吉尔认为"普鲁士——这个德国军国主义的罪恶核心必须同德国的其余部分分离开来"，美国罗斯福也表示"普鲁士要让其尽可能地缩小和削弱"。在"二战"中重要的雅尔塔会议和波茨坦会议上，东普鲁士成为波兰和前苏联的一部分，并且确立了废除普鲁士的意见。1947年，废除普鲁士建制的文件正式下发，普鲁士被瓜分，波兰、前苏联、英、法、美共同占领了这个区域，而普鲁士的财产被同盟国和前苏联取得。

1949年德意志民主共和国建国后，原来普鲁士的区域成为了勃兰登堡、萨克森－安哈特两个州，还有部分在梅克伦堡－西波美拉尼亚州。德意志民主共和国中，曾经的普鲁士成为了北莱茵－威斯特法伦州和石勒苏益格－荷尔斯泰因州，下萨克森州、莱茵兰－普法尔茨州、黑森州、巴登－符滕堡州和萨尔州5个州领域内的土地也有原来普鲁士的领土。而被波兰和前苏联占领的普鲁士领土，已经没有了德意志居民居住。

普奥争霸

历史悠久的神圣罗马帝国在欧洲存在了逾800年。它由德意志民族各邦国构成。多年以来，各邦王公贵族在为争夺德意志的领导权而纷争不断。而实力强大的奥地利和普鲁士则是历次战争的主角。虽然法国皇帝拿破仑一世曾于公元1806年强迫神圣罗马帝国宣告解体，但在此后的半个多世纪中，争斗丝毫未能减弱，直至公元1866年普奥战争结束。普鲁士在此战彻底击溃了奥地利，创造了统一德国的必要条件。

数百年来，神圣罗马帝国的皇帝都来自于哈布斯堡王朝。他们号称独立统治着德意志全境，事实上却不得不托庇于以法国为首的外国势力。与此同时，普鲁士日渐强盛，在19世纪前已跻身欧洲强国之列。公元1815年拿破仑战争之后，奥地利领导下的德意志联邦合并了全部德意志邦国。民族主义开始在德兴起，法国的影响力不再强大，德国境内出现了德意志统一运动的萌芽。鼓吹该运动的人们分两个派别：一派认为应建立囊括德意志全境，包含着奥地利这个多民族国家的大德意志帝国；另一派则坚持排除奥地利，建立由普鲁士领导的小德意志。公元十二三世纪，一个名为“勃兰登堡”的新国家建立起来了，国土由中欧易北河中游直至奥得河中游。这片寸草不生的沙地平原原本作为德意志城邦领主们与斯拉夫人战争的缓冲带，是德意志民族进军东方的军事殖民地。神圣罗马帝国在易北河以东的大片领土，也正是得自对斯拉夫人多年的侵略战争。神圣罗马帝国皇帝于15世纪初将勃兰登堡这片土地册封给了霍亨索伦家族，这个家族在此之后持续兼并着条顿骑士团占领下的普鲁士，创立了勃兰登堡—普鲁士公国。17世纪以来，德意志皇帝和德意志各邦国的实力在三十年战争中江河日下，霍亨索伦王朝借此机会大肆扩张领地。公元1701年，腓特烈一世正式宣布成立普鲁士王国，一个在德意志甚至整个欧洲范围内不可忽视的大邦就此诞生。

普鲁士第二代皇帝腓特烈·威廉一世（1713—1740年在位）于18世纪上半叶施行暴政，将王国变为高度专制的中央集权国家。他致力于将普鲁士发展成欧洲顶尖强国，不惜以体罚和棍棒统治臣民。为避免资本外流，他实施锁国政策；同时大肆征税，削减民用开支；实施高度集权统治，打压各省容克地主政治经济的独立性。腓特烈·威廉一世认为强大的军队不可或缺，因此在追求财富的同时，也丝毫没有停下整军经武的脚步。此人治下的普鲁士共有士兵8.5万人，军费占国库收入的6/7。普鲁士的军力总数在当时的欧洲居第4位，而同期它的国土面积列第10位，人口总量更是仅列第13位，可谓举国皆兵。腓特烈·威廉一世强制每个青壮年人接受严酷的军事训练，并规定士兵服役期为令人咋舌的25年。如此一来，普鲁士得以飞速强大起来。腓特烈·威廉一世的继承人登基时，已经坐拥一个年收入700万塔勒的国库和一支庞大的军队，更拥有了一个彼时尚未被人们认识到的强国的基础。

普奥战争勋章（巴伐利亚）

普鲁士第三代皇帝于公元1740年登基。他就是日后有“腓特烈大帝”之称的腓特烈二世（也译为弗里德里希，1740—1786年在位）。此人是一位雄才大略又为达目的而不择手段的君主。他子承父志，不断扩充军力，巩固容克贵族军事官僚机构。在他统治下，普鲁士军队人数达到了史无前例的20万人，这个数字冠绝欧洲。腓特烈大帝以充盈的财政为后盾，率领这支庞大的军队连年东征西讨，开疆掠裂土。登基之初，他就参加了以法兰西帝国为首的反奥联盟，利用奥地利哈布斯堡王朝在王位继承战争中的困境，谋求奥地利王室的遗产，逐鹿地大物博、人烟稠密的西里西亚。腓特烈于公元1740—1742年和公元1744—1745年二世连续两次发动西里西亚战争，战胜了奥地利。时至1748年，普鲁士调整战略，退出反奥同盟，单独和奥地利签订了《亚琛和约》，夺取了德意志民族神圣罗马帝国中唯一的大邦奥地利“王冠上的明珠”——西里西亚，就此得到了面积达3.5万平方公里，占普鲁士原国土面积1/3的土地。西里西亚事件毋庸置疑地加深了普奥两国间的仇恨，使双方争斗日趋白热化。不甘心就此吞下苦果的奥地利不断寻求与其他强国结盟，反对普鲁士。腓特烈二世和他的继承者则希望进一步攻取波西米亚。

普奥战争勋章（萨克森）

击溃奥地利，掌控整个德意志。奥普两国虽然在后来的岁月中受共同利益驱使，曾于公元1772年、公元1793年和公元1795年短暂结为盟友，共同瓜分波兰，但这两国围绕德意志领导权的战争却并未停止，反而愈演愈烈。普鲁士在这个时期愈加强盛，至18世纪末，它的人口数量由224万激增至868万，国土面积则从公元1740年的11.8万平方公里扩张为30.5万平方公里，一跃而成德意志境内的第一大邦国。伴随着普鲁士的崛起，一场争霸战争不可避免地到来了。

普鲁士早就将击败奥地利作为统一德意志的关键步骤。该国首相俾斯麦为此绞尽脑汁。自公元1864年10月同丹麦签署合约之后，他就领导普鲁士政府全力备战奥地利，决意用铁血制称霸德意志。

参战双方阵线分明，对这场战争都有所准备。普鲁士联合了梅伦堡、奥尔登堡和北德意志的其他各邦，以及吕贝克、不莱梅和汉堡三个自由市。奥地利则与巴伐利亚、巴登、符腾堡、黑森—加塞尔、萨克森、汉诺威黑森—加塞尔、黑森—达姆施塔德和德意志邦联的其他成员国结为盟友。奥地利一方在大邦国的数量、国土面积、人口方面占据优势。不过就军事力量而言，普鲁士一方遥遥领先。普方彼时总军力已经高达63万人，奥方军队数量则少了足足5万人。但奥地利拥有更多的便于机动作战的炮兵和骑兵，且位于地理优势明显的内线阵地。经过综合分析，奥地利一方确定了消极防御以逸待劳的策略。他们意图拖延普鲁士军进攻的步伐，同时在后方加强扩充自身军力，等待时机成熟时实施反攻，利用优势兵力一举击溃普鲁士人。因为受到双线作战的压力，奥地利人不得不将军队部署为两个兵团：南方兵团主要抵挡意大利军队，共计8万人；其余士兵组成北方兵团，对抗普鲁士军；该军团是奥地利方的绝对主力，算上增援的萨克森军，人数总计为26.1万人。贝奈德克将军作为北方兵团总指挥，将庞大的军队在短时间内集结并展开于奥地利和萨克森边境宽度约为420公里的正面战场上。

普军则根据自己的战略方针，在这个计划中的主战场上集结了三个兵团：腓特烈—卡尔亲王麾下的第一兵团在易北河以东至格尔利次地区展开，总人数约9.3万人；王太子腓特烈—威廉率领的第二军团在格尔利次以东至奥得河一带部署，总人数约11.5万人；赫尔瓦特·毕腾菲尔德将军指挥的兵团在莱比锡东西一线集结，总人数约4.6万人。

历史学家普遍认为，建立以普鲁士为主导的美因河以北各公国的北德意志联邦，是普奥战争对后世影响最为深远的事件。战争的获胜方普鲁士，终于夺取了石勒苏益格－荷尔斯泰因、黑森－卡塞尔、汉诺威和纳绍地区，使本国国土得到大规模扩张，同时也借战争余威，和南德意志各公国签署了有利的军事盟约。奥地利不但被迫将威尼斯省让给意大利，还被新的德意志联邦排斥在外。此战之后，昔日在欧洲举足轻重的奥地利再也难复往日荣光。

普鲁士军方将此次战争的经验在十九世纪下半叶计划和日后历次欧洲战争中广泛推广。但大批德国资产阶级军事理论家过分高估了奥普战争在发展军事学术方面的价值，将此战称为速战速决的“闪击战”思想在现实中首次成功应用。德军后来近一个世纪军事理论的发展都围绕着这种思想进行。在第二次世界大战中，德国忽略对手国家的实际情况，机械教条地运用闪击战思想，终于尝到了失败的苦果。

奥普战争的结果令毛奇提出的决战策略彻底破产。交战双方的政治、经济、军事实力才是决定战争持续时间和战争结果的根本因素。普鲁士军队在普奥战争中大量运用射速快、装弹便利的线膛后装炮，但作战双方均未考虑调整战术和战斗队形以便更好地发挥先进武器的作用；另一方面，普奥军队在炮兵战术上也没有任何新意。他们的炮兵往往位于纵队最末端，无法迅速展开，因为未能在必要时给予步兵有力的炮火支援，特别是在普奥战争中大量出现的遭遇战中。

这场战争名义上是德意志联盟战争，实则是普鲁士和奥地利这两个德意志联邦中最大邦国争夺德意志霸权的王朝战争。普鲁士彻底击败了奥地利，为统一德意志奠定了坚实的基础，扫清了统一德意志道路上的最大障碍，迈出了统一大业最关键的一步。

法国大革命与神圣罗马帝国

法国大革命（法语：Révolutionfranaise，1789—1830 年）是法国历史上政治动荡和社会激变的时期，对法国和整个欧洲影响极为深远。大革命给法国政治体制带来了沧海桑田的变化：统领法兰西数个世纪的封建君主制在短短三年内烟消云散，左翼政治团体、农民和城市平民激烈冲击着封建贵族和宗教特权。自由、平等、博爱（法语：Liberté，égalité，fraternité）的新思想占据人心，推翻了传统的封建等级观和天主教会思想。这种变化震颤了全欧洲的皇室，他们于公元 1814 年组成反法联军，恢复了旧君主制度，但历史进步的车轮已经不可逆转地向前。革命者和守旧势力双方展开了长达两个世纪的政治对立。

越来越多的法国平民被面对财政危机却无所作为的皇帝路易十六和冷漠颓靡的上层贵族点燃了怒火。激进情绪在对现实的不满和破土而出的启蒙思想中持续发酵，法国社会终于在公元 1789 年 5 月的三级会议中爆发大革命。第三等级的革命民众在革命的第一年 6 月聚集到网球厅宣读誓言，并于一个月后攻占了巴士底狱。同年 10 月在凡尔赛爆发了妇女运动，法国皇室不得不在这个月返回巴黎。法兰西在随后几年内就处于各种立法会和右翼君主制拥护者的不断斗争中。

法兰西第一共和国于公元 1792 年 9 月 22 日成立，愤怒的民众将路易十六送上了断头台。接连不断的外界压力事实上推动了法国革命。自公元 1792 年法国大革命战争起，革命者们取得了 100 多年来从未有过的巨大胜利，法国间接控制了莱茵河以西和意大利半岛的领土。但在国内，由于民众情绪过度激化和派系斗争的严酷，致使法国发生了公元 1793 年至公元 1794 年罗比斯比尔和雅各宾派的恐怖统治。督政府在公元 1795 年这些派系倒台后接管了法国。动乱直至公元 1799 年拿破仑的出现才宣告结束。

公元 1789 年 5 月，法国皇帝路易十六为解决财政危机不得不召开三级会议，法皇计划向第三等级民众征收新税，第三等级反而针锋相对地提出限制王权、推行改革。改革派在当年 6 月毅然将三级议会更名为国民议会。恼羞成怒的路易十六决定动用武力强行解散议会，导致巴黎人民在 7 月 14 日起义，占领了象征法国封建统治的巴士底狱（TheStormingoftheBastille），法国大革命正式爆发。

8 月 26 日召开的制宪会议正式通过了《人权与公民权宣言》（简称《人

权宣言》，TheDeclarationofManandtheCitizen)，确立了法治、公民、人权和私有财产等一系列资本主义基本原则。议会宣布人人生而平等且自始至终拥有平等的权利，私人财产神圣不可侵犯。会上还发布了法令取消贵族制度，没收并拍卖教会财产，废除行会制度。代表自由派贵族和大资产阶级利益的君主立宪派在革命初期夺取了政权。法国皇帝路易十六于公元1791年6月20日化装逃亡，意欲寻求国外保守势力支持，但中途被认出并抓回巴黎。执掌权力的君主立宪派不顾广大平民废除王权、推行共和的强烈要求，反而坚持保留皇帝，维持君主制度。他们召开立法会议，制定《1791年宪法》，以此形式确立君主立宪制，反对进一步革命。

占法国人口绝大部分的城市平民和农民与第一二等级的矛盾未有丝毫缓解，因此他们也并未如大资产阶级一样选择妥协，反而在不断的斗争中增强了信念。巴黎人民在公元1792年8月10日第二次起义，砸碎了君主立宪派统治机器，逮捕法国皇帝路易十六。国民公会于同年9月21日召开，并在会上宣布建立法兰西共和国。

这次革命最直接的导火索是公元1788年春天法国的旱灾。法国当时还未摆脱3年前干旱的阴影。由于上次干旱导致饲料不足，法国农民大批屠宰牲畜，继而造成以牲畜粪便为主要肥料的法国农田无法及时施肥，乡间出现大批荒芜的农田。公元1788年7月13日，法国更遭遇罕见的大冰雹。周长达40厘米的冰雹摧毁了农田，土地收成一夜尽毁。当年冬天，严寒侵袭，使得法国大革命前夕面包价格飞涨（从正常情况下的一个4磅面包8苏到公元1789年年底的12苏），患病人数和死亡率激增。营养不良和饥荒的灾民遍及全国，灾难甚至波及欧洲其他多个地区。政府对此束手无策，甚至没有足够的运力把救济食品运往灾区。

法国的通货膨胀现象也在18世纪愈发严峻，社会购买力严重不足。而17世纪80年代因自然灾害而欠收的地主们选择了加收租金，这也进一步削弱了农民的收入。罗马天主教会作为国内最大的地主对谷物改征什一税。这种赋税貌似让农民从沉重的国王税项中得到些许解脱，实则令每日食不果腹的穷人更加窘迫。法国境内的重重关卡还严重束缚了国内经济的活力，甚至在作物歉收时成为了运输障碍。资料显示，公元1788年法国贫穷家庭的收入共有百分之五十用在了购买面包上，公元1789年更创纪录地达到百分之八十。社会在大量商品积压、农民涌入城市导致失业率上升等多因素作用下越发动荡。

由于法国前一任皇帝路易十五穷兵黩武却又在七年战争等一系列战役中

惨败，所以法国财政入不敷出，而参加美国独立战争对本就空虚的国库而言无疑又是雪上加霜。法国国债达到了史无前例的20亿里拉，战争债给社会带来了大山般的负担。君主制下的军队首脑不仅无所作为，甚至不能为退伍老兵以必要的社会服务。与此同时，居住于凡尔赛宫的法国皇帝路易十六和皇后玛丽·安托瓦内特为首的法国贵族阶级却搜刮民脂民膏，过着穷凶极奢的生活。毫无效率的财政系统根本无力偿付政府债务，不合理的税制不但未能帮助解决问题，反倒加剧了社会矛盾。

在一定程度上，进步和保守势力的争斗推动了大革命的爆发。法国施行开放贵族头衔的办法，目的是给予部分有财富和有能力的第三等级人群进入贵族阶层的机会。法国社会在公元1700年—1789年共增添了5万个新贵族。获取爵位所需支付的金钱伴随着国家财政危机而逐年增高。而部分没落旧贵族对新贵族的不满情绪也日益加深。中产阶级和贵族的投资往往都集中于矿产、地产、商业等领域，所以二者在财富方面的界限自18世纪之后变得越发难以分辨；但另一方面，这两个阶层的冲突却更加激烈了。

民众在公元1789年爆发的法国大革命中推翻了神圣罗马皇帝利奥波德二世的妹夫、法皇路易十六的统治，并处死了法国皇后玛丽·安托瓦内特，大力宣传“自由、平等、博爱”的思想。愤怒的利奥波德二世竭力与欧洲各国君主结盟，试图武装干涉法国革命。但这位神圣罗马帝国皇帝却在此时突发急病身亡。他的儿子弗朗茨二世继承了他的衣钵，在继位第二年联合萨丁尼亚、英国、荷兰、普鲁士和西班牙成立首次反法同盟。同盟军在战争中遭受拿破仑麾下的法国意大利方面军重创而不得不于公元1797年与法国议和，同盟也因此瓦解。

公元1799年，拿破仑所率领的队伍在埃及受困，欧洲各君主制国家借机第二次发动反法战争。此次同盟更加入了土耳其、俄罗斯和英国。当年年末，拿破仑孤身返法，出其不意地发起雾月政变夺取了法国军政大权，担任法兰西第一执政。随后拿破仑亲率意大利方面军抵抗反法联军，在公元1800年大破联军。反法同盟被迫签署合约并宣告解散联盟；另一方面，拿破仑在政变结束后三周发布了一份公告，声称“大革命已经结束”，这在一定程度上安抚了欧洲君主制国家。这些国家的实力也暂时不足以再次挑起反法战争。不过几年之后，拿破仑的野心令欧洲狼烟再起。

公元1804年5月18日，拿破仑自封法兰西皇帝。由于法国大革命和拿破仑的强势崛起加速了德意志各城邦的分化，神圣罗马皇帝弗朗茨二世对此心有余悸，担忧法国再次扩张而有损神圣罗马帝国，所以他联合了瑞典、英国、俄罗斯和那不勒斯组成第三次反法同盟。公元1805年，神圣罗马帝国军与那不勒斯一道对拿破仑在意大利的盟国发动进攻，在俄罗斯支持下的另一部分

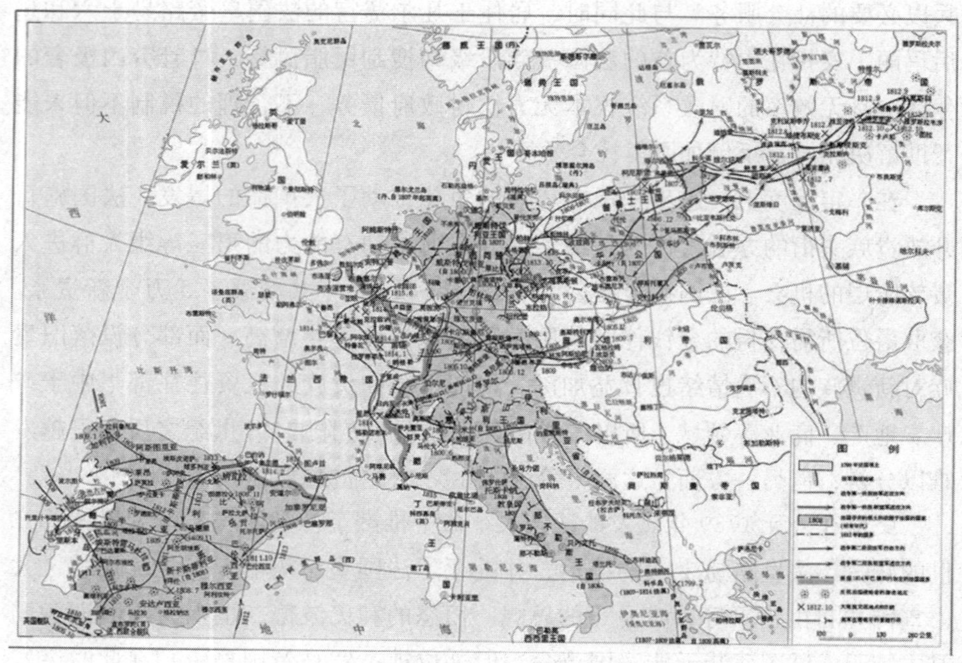

普雷斯堡和约签订

帝国军队则同时入侵了法国同盟国巴伐利亚。拿破仑立即进行反制行动，自法国本土挥师东进渡过莱茵河。法、俄、神圣罗马三国会兵于奥斯特利茨，史称“三皇会战”。战争的结果是拿破仑大获全胜。法国人不但保住了巴伐利亚，还更进一步攻入属于哈布斯堡王朝的摩拉维亚，将神圣罗马帝国军驱逐出意大利，又在普鲁士境内摧毁了俄罗斯援军。

解放与新生

公元1804年，欧洲列强之间的战争一触即发。法兰西和英吉利在公元1802年签署了《亚眠和约》，但这一纸合约并未阻止这两国在地中海、巴尔干地区和西印度群岛等地的连年冲突；与此同时，法俄两国的关系也日趋紧张。法国政府于公元1804年3月21日以危害国家罪将波旁王朝的安茹公爵处以死刑。英俄两国听闻此事极其愤怒。翌年4月，俄国沙皇亚历山大一世和大不列颠首相威廉·比特正式签署了旨在对抗法国的《普雷斯堡和约》。而奥

地利由于在第二次反法同盟战争中惨遭失败，所以尚且有所忌惮。时间来到公元 1805 年 3 月，已经加冕为法国皇帝的拿破仑·波拿马又自封为意大利皇帝。奥地利国王弗朗茨二世积蓄多年的不满终于爆发，于公元 1805 年 7 月宣布参加反法联盟。于是，英、俄、奥三国正式建立了第三次反法联盟。

巴伐利亚首当其冲受到了反法联军的攻击。公元 1805 年 8 月末，米哈伊尔·库图佐夫将军指挥俄军进击乌尔姆；同时，卡尔·马克·冯·莱贝里希将军率领奥地利军攻向巴伐利亚。法国皇帝第一时间做出反应，包围了处于乌尔姆的莱贝里希将军。无计可施的莱贝里希将军未等到库图佐夫的援军，就不得不于 10 月 20 日向法国军队举起了白旗。库图佐夫得知消息后向东撤返本国，缪拉亲王率部扩大战果追击敌军，轻取奥地利帝国都城维也纳。虽然法国如摧枯拉朽般连战连捷，但整体局势并不容乐观。庆祝乌尔姆之战胜利的欢呼声还未散去，英国皇家海军就在第二天展示了自己海上霸主的地位，不列颠人与法国西班牙联合舰队会战于特拉法加并重创了对手，这令法国皇室非常惊慌。与此同时，弗雷德里希·威廉·冯·巴克斯霍顿麾下的俄罗斯人的第二梯队汇合了奥皇、俄皇的直属军队以及成功撤退的库图佐夫将军，兵力已在法兰西之上，虎视眈眈伺机反扑。而此时拿破仑的军队财因战线过长，补给非常困难。更令法国人担忧的是，斥候带来了普鲁士也将加入反法联军的消息。由于普鲁士位于法军侧后方，所以法国人不得不速战速决击溃俄奥联军，才可以避免双线作战。

法国皇帝临机决断，主动撤离了易守难攻的普拉岑高地，以此引诱俄奥联军大举进攻。俄奥联军误判形势，落入了法军的圈套。他们将部队展开在奥斯特里茨地区并计划发起对法军的总攻。

12 月 2 日晨 7 时，奥地利和俄罗斯人的队伍密布在 12 公里左右的正面战场上，同时吹响了进击的号角。

另一方面，俄奥联军的大部队在南部战线急攻猛进。他们凭借 4 倍于法国的兵力优势闪电般地夺取了哥尔德巴赫河东岸的特尔尼兹村，进入河西的佐克尔尼兹村，法军节节败退。拿破仑·波拿马本打算在战斗第一阶段将联军大部牵制于南部战线，而集中法军优势兵力择机在中部战线给予俄罗斯和奥地利人致命一击，但战场局势瞬息万变，俄奥联军的推进速度出人意料，迅速达到了哥尔德巴赫河西岸。

法国皇帝当即命令位于南部战线第二线的法国第三军由西南方向进攻对手的左侧后方。这样做的目的是避免俄奥联军包抄南部战线法军的侧后方，同时也有利于延缓敌人攻势，将更多敌军吸引至南部战线。第三军以迅雷不及掩耳之势猛烈反攻，把俄奥联军逼回了哥尔德巴赫河东岸。

在联军总司令库图佐夫看来，南部战线的小小挫折对于俄奥联军而言原本无关痛痒，仅仅命令佐克尔尼兹村的部队暂时撤退即可。由于俄国沙皇亚历山大一世的到来，此时的库图佐夫只是名义上的总指挥，但他仍然掌握着处于普拉岑高地的一个军的力量，观望局势变化，寻找时机将麾下这支生力军投入战场。俄皇却在此时昏招迭出。联军攻势受挫，先头部队退出佐克尔尼兹村的情形令这位沙皇坐立不安，他为征求库图佐夫的意见，向位于普拉岑高地的这个军下令立即放弃阵地驰援南部战线的联军。他自以为这样可以加强本方在南部战线的攻击力，保障侧后和右翼，却没料到这正给了法国人可乘之机。

此时的拿破仑仿佛是一只等待着猎物的狮子。上午 9 时许，浓雾渐散日头初升，俄军撤出普拉岑高地的情景映入了这位法国皇帝的眼帘，他当即下令位于这个高地北侧的法国第 4 军左翼 2 个师由守转攻，占领高地。虽然法国第 4 军的另一个师正与其右翼第三军联手抵抗俄奥联军主力，兵力较为分散，但失去了俄军驻守的普拉岑高地同样防守薄弱。法军得以快速推进，稍遇抵抗便占领了普拉岑高地。

俄国沙皇在失去高地后也认识到了自己的判断失误。他在库图佐夫将军的帮助下集结了全部预备队，全力夺回高地。于是，一场围绕着普拉岑高地的拉锯战不可避免地展开了。双方的骑兵首当其冲展开了搏杀。俄罗斯人经历了数次冲锋，曾一度重新占领高地，但因为无法抵御及时增援的法兰西近卫军轻骑兵的猛攻，又不得不再度退出。沙皇随即投入了更多数量的骑兵，进行更大规模的反攻。正当法军左支右绌难以为继之时，贝西埃将军带领的近卫军重骑兵拍马赶到，冲击俄罗斯人的侧翼，瞬间瓦解了俄军的攻势。拿破仑的队伍连续四度挫败了沙皇军队的进攻。时至中午 11 时，俄罗斯人在长达 2 小时的战斗之后终于耗尽了最后的力量。而尚有余力的法国人发起了全面攻势，如利刃般从中央突破，分割了俄奥联军，使其首尾不能相顾。普拉岑高地上的法军则集中火力对准了南部战线上的联军大部队。

此时双方在北部战线的战斗同样进行得如火如荼。缪拉亲王率领一个骑兵军团配合法国第 1 军和拉纳将军的法国第 5 军，在俄奥联军的反复冲击下固若金汤。待联军攻势稍弱，拉纳和缪拉则立即部署反攻，精疲力竭的俄罗斯和奥地利人只得退回到奥斯特里茨。

在拿破仑军队的炮火下，中部战线和北部战线的俄奥联军彻底崩溃。而联军的绝对主力也在南部战线上做困兽之斗。他们被挤压在扎钱湖和普拉岑高地间狭窄的突出部位，左侧是湖泊和沼泽，正面对着法军第 3 军和第 4 军一部，侧后和右翼则有普拉岑高地的法军对他们虎视眈眈。法国皇帝当然不会放过这个痛宰敌人的机会。他命令部队稳守普拉岑高地，调动炮兵居高临下地猛轰俄奥联军，准备一举解决对手。

法国皇帝亲率法军精锐部队冲击南部战线的俄奥联军 3 个军的侧翼和后方。倍受鼓舞的法国人高喊着口号由普拉岑高地以风卷残云之势扫荡对手。俄奥联军仿佛惊涛骇浪中的一叶扁舟，被瞬间吞没。大多数俄罗斯人和奥地利人被进一步压缩到莫尼茨湖和扎钱湖之间的一片沼泽中，仅有少量联军士兵逃向布尔诺方向。没来得及逃走的人们大多面临着浩劫。他们连同炮车和马匹一道，被法国人挤压在窄小的结冰的湖面上；法国炮兵则在普拉岑高地上万炮齐发。俄罗斯人和奥地利人顿时人仰马翻，或丧身炮火之下，或葬身湖底，毫无还手之力。剩下的联军士兵只好选择交出武器，向法国人投降。

至此，联军的失败已经无可挽回，他们一溃千里。就连沙皇亚历山大和奥皇弗朗西茨都只能趁着冬日短暂的白昼仓皇出逃，幸运地逃离了法国军队的包围。乱战之中，这两位皇帝的近卫部队甚至都不再顾及他们的陛下，而是纷纷做鸟兽散去。俄奥联军总司令库图佐夫将军则没那么好的运气，他负伤后险些被法国人俘虏。

下午 4 时 30 分，战胜的法国皇帝在稀疏的小雪中纵马驱驰于渐渐归于平静的奥斯特里茨战场，似乎在回味着这场辉煌的胜利。

法国军队在这场史称“三皇会战”的奥斯特里茨战役中毙敌 15 000 人，俘虏逾 10 000 人，共消灭联军有生力量超过 27 000 人。联军还损失了 45 面团旗和 186 门大炮。而拿破仑的部队仅阵亡 1 350 人，还有 6 940 人负伤，损失了一面团旗。

拿破仑震古烁今的战争天赋在这场战役中表现得淋漓尽致。人们相传大不列颠首相威廉·皮特得知此战结果后无比懊恼，对着办公室墙上的欧洲地图长叹道：“我想这幅地图在 10 年内都形同废纸了。”

拿破仑·波拿马和弗朗西茨二世在公元 1805 年 12 日举行了和谈。23 天后，奥法两国签署了《普雷斯堡和约》。弗朗西茨二世正式宣布不再担任“神圣罗马帝国皇帝”，退出反法联盟。神圣罗马帝国从此成为了历史名词，第三次反法同盟也随之解散。拿破仑·波拿马终于登上了欧洲之巅。

法兰西帝国在这场战役之后牢牢掌握了欧洲大陆局势，在原神圣罗马帝国的区域成立了受法兰西保护的莱茵邦联，从此开始了长达6年的第一帝国鼎盛时期。奥斯特里茨战役在欧洲军事发展史上具有重大意义，其价值甚至远远超越了这场战争本身。俄奥联军奉行的线式战术和警戒线式战略遭到了毁灭性打击，拿破仑统治下的法国先进的军事制度和军事理论得以大行其道。欧洲军事史上一次深刻的变革由此展开。

伟大的无产阶级革命导师恩格斯曾著有《奥斯特里茨》一文。他在文中对这场战役和法国皇帝拿破仑给予了如下评价："拿破仑绝世的军事才华在奥斯特里茨中尽显无遗，这场战役堪称他最辉煌的胜利之一。虽然反法联军最主要的败因是自身战略战术失当，但拿破仑能够以惊人的耐力等待对手犯错、超强的应变能力摆脱困境、敏锐的观察力发现对手的失误并且最终果决地给予俄奥联军毁灭性的打击。这种天才般的表现甚至无法用语言来赞美。这场战役堪称战争史上的奇迹。只要世界上尚存战争，奥斯特里茨战役就应当被铭记。"

拿破仑——帝国终结者

西元1769年，拿破仑降生在当时尚属意大利的科西嘉岛小城阿雅克肖。"拿破仑"这个名字在意大利语中意为"荒野雄狮"。这个词在意语中的发音为"那不略内·布欧那巴尔特"。公元1768年，法国买下了了科西嘉岛，拿破仑名字中代表科西嘉的"u"便被去掉，转为标准法语发音"拿破仑·波拿马"。

自科西嘉被划归法国后，法国皇帝就认可了拿破仑父亲的贵族身份。这个家族虽然谈不上显赫，却足以提供给少年拿破仑超出一般平民的教育。拿破仑的父亲于公元1777年1月将其送往法国傲盾的教会学堂修习法语。5个月后，拿破仑考取了安莱沙托军校。作为日后法国闻名于世的人物，拿破仑的法语却很糟糕，他操着一口浓重的科西嘉口音，甚至到去世时还有发法文拼写错误。由于古怪的口音，同学们经常嘲笑拿破仑。当时一位考官曾给予他这样的评语："这个年轻人有不错的历史和地理

拿破仑

成绩，数学尤其出众，是个当水手的好材料。”

拿破仑在军校取得了出类拔萃的成绩并于公元 1784 年毕业，校方将他选送至巴黎军官学校炮兵科。公元 1785 年，他经历了丧父之痛，同时也失去了经济来源。为了提前毕业，拿破仑以惊人的毅力在一年中完成了两年的课程。他于公元 1785 年 9 月通过了巴黎军官学校的毕业考试，获得了少尉军衔。值得一提的是，拿破仑是首位获得这个学校学位的科西嘉人。在校期间，他参加过著名科学家拉普拉斯组织的考试。称帝后，拿破仑授予了这位科学家参议员的职位。

从军后，拿破仑一面跟随部队四处驻防；一面如饥似渴地阅读着大量启蒙思想家的作品，深受卢梭思想的影响。他在公元 1789 年法国大革命爆发后回到了家乡科西嘉。三种势力盘踞在当时的科西嘉岛。他们分别是保皇派、独立派和革命派。拿破仑毅然投身于革命的雅各宾派，被授予一个志愿军团中的中校之职。此后他与科西嘉独立英雄布思夸·帕欧勒发生激烈矛盾，不得不避其锋芒，在公元 1793 年 6 月举家前往法国本土。

拿破仑在法国大革命初期尚且默默无闻，真正令他声名显赫的事件是公元 1793 年 12 月雅各宾派专政时期的土伦港之战。当时英国舰队应波旁王朝之邀攻击法国，24 岁的拿破仑奉命守卫土伦炮台，一举战胜了强大的英国海军。他由此备受法国革命政府青睐，以如此年纪就任准将。在第二年的热月政变中，因为与罗伯斯比尔兄弟过从甚密，拿破仑遭到了调查，并被派往意大利步兵军团服役。他拒绝了这项命令，因而失去了准将头衔。公元 1795 年，督政府掌控了法国局势。督政官巴拉斯为保皇党的军事叛乱头痛不已，终于想到了军事天才拿破仑。拿破仑就此被任命为巴黎校尉并迅速平叛。几乎在一夜之间，这个科西嘉人就擢升为巴黎守备司令并被授予陆军中将军衔，成为炙手可热的法国军政界新贵。

一年后的 3 月 2 日，26 岁的科西嘉天才就任法兰西意大利方面军总司令，7 天后，他和情人约瑟芬·德波阿尔娜步入婚姻殿堂，随后赶往前线。彼时以神圣罗马帝国为首，包括英国、西班牙等多个欧洲传统君主制国家非常惧怕初生的法兰西共和国，这些国家结为反法联盟，试图将共和国扼杀在摇篮之中。意大利的战场成为了拿破仑展现战争天分的大舞台。他的战术是尽可能发挥骑兵机动性，同时集中运用炮兵。拿破仑挥兵翻越阿尔卑斯山，直取撒丁尼亚和奥地利联军。在战斗中，他轻松击垮对手，占领米兰城，包围了曼图亚，牢牢困住了奥地利人。奥地利将军维姆则、埃尔文其等人分别率军增援，但全部不敌拿破仑。拿破仑终于攻破了曼图亚，招降了18 000名奥地利士兵。随后，他的部队又开赴东方，直取地罗。守卫地罗的卡尔大公同样为拿破仑所破。法国由此从战败的奥地利手中得到了比利时，意大利也成为了法兰西的属国。拿破仑宣布废除意大利北部的封建体制，建立法兰西式共和制度。意大利大捷之后，拿破仑声望日隆，法兰西人对他奉若神明。督政府却开始对他有所忌惮。拿破仑敏锐地觉察到了这些，于是借口要开启法国通往印度的道路，向上级申请攻打埃及，以此远离是非不断的巴黎。督政府正担忧他抢班夺权，就顺水推舟封拿破仑为法兰西埃及方面军总指挥。

拿破仑是数学和天文学方面的专家，也对宗教和文学怀有浓厚兴趣，并深受启蒙运动影响。他麾下的赴埃及远征军不仅带着2 000门火炮，还邀请了175名各学科的专家学者和数以百箱计的书籍以及大批研究设备。这位法兰西军事天才曾在远征中发出过一条举世闻名的命令："学问家和毛驴走在队中间。"拿破仑还特别设立了探险队。这支队伍在随大军征讨埃及时发现了罗塞塔石碑，甚至进入了金字塔取得泥板楔形文字。这一系列举措具有重大的文化意义，开创了研究古埃及文明的考古学分支。

共和国六年牧月下旬元日，拿破仑率军大破马耳他骑士团。7月13日，他兵临亚历山大港，在金字塔下与马木鲁克的决战中仅用25 000余人就战胜了4倍于己的对手，法兰西埃及远征军只付出了阵亡300名士兵的代价。不过此时拿破仑进一步侵略印度的壮举被迫停息。纳尔逊将军的不列颠皇家海军在海战中摧毁了拿破仑的军舰，法国远征军无法收到补给，只好困守埃及。法兰西人于公元1799年回国，他们的400艘战舰仅存2艘，远征以失败告终。

而此时欧洲诸国已经组建了第二次反法同盟，法兰西本国保守势力也死灰复燃。得知此消息的拿破仑于公元1799年8月动身前往巴黎。2个月后，踏上了法兰西土地的拿破仑得到了极其热烈的欢迎。他在11月9日成功发动了著名的雾月政变，就此独揽军政大权，担任了法兰西第一执政。

取得权力的拿破仑立即雄心勃勃地开展了立法、司法、行政、经济、政治和教育等多方面改革。其中最值得一提的就是颁布了《拿破仑法典》。这部法典在雾月政变当夜由拿破仑亲自下令起草，他本人甚至针对大量条款亲自参与讨论并拍板决定。《法典》的出台历经上百次会议，原则上遵循着法国大革命初期奉行的相对理性的原则。《拿破仑法典》闻名世界，时至今日尚有重要影响。它于公元1804年起实施，经过历次激烈社会变革，到今天依然是法国现行法律。西班牙、瑞士和德国等多个国家的立法中有这部《法典》的影子。雾月政变结束三个星期后，拿破仑宣布了对人民公告，他满怀自豪地说："诸位公民，大革命已经达到了它最初想要达到的目的，革命已经结束。"

公元 1802 年 8 月，拿破仑更改了《法兰西共和国八年宪法》，将执政年限改为终身制。公元 1804 年 11 月 6 日，法国以公民投票形式通过《法兰西共和国十二年宪法》。这部《宪法》确立了拿破仑法国皇帝的身份，号称拿破仑一世。同年 12 月 2 日，为了安抚革命党人对自己复辟帝制的不满情绪，拿破仑决定效法古代的查理大帝，以自己的名字作为帝号，这在法兰西历史上尚属首次。这位新登基的法国皇帝为自己黄袍加身，随后册封自己的妻子约瑟芬为皇后。值得一提的是他为表示自己至高无上而不受制于基督教势力，并未接受教皇的加冕仪式。一年后，拿破仑又宣布成为意大利皇帝，这一次他接受了教皇的加冕。他还在教皇的注视下，将双膝跪倒的妻子约瑟芬封为皇后。

公元 1805 年 8 月，欧洲局势再度风云紧急。英国、俄罗斯和奥地利建立了第三次反法同盟。同年 9 月 24 日，法国皇帝拿破仑离开巴黎御驾亲征，不到 1 个月就已经攻克慕尼黑。法奥两国于 10 月 17 日在乌尔姆展开一场鏖战，战败的奥方被迫举起了白旗。不久后，拿破仑的军队取得了决定性的奥斯特里茨大捷。此役令奥地利国王弗朗西茨二世退下了神圣罗马帝国皇帝的宝座，神圣罗马帝国自此烟消云散，第三次反法同盟也宣告解散。法国皇帝借此战之威又联合了德意志境内多个邦国组成了莱茵邦联，这个组织声称受法兰西帝国的保护。公元 1806 年秋，不甘失败的俄罗斯、英国又联合了普鲁士建立第四次反法联盟。不过拿破仑在同年 10 月 14 日就在奥尔斯塔特和耶拿重创联军，普鲁士人几乎无一生还，法兰西帝国由此拥有了德意志大部分地区。第二年 6 月，法兰西和俄罗斯交兵于波兰，战败的沙皇亚历山大一世被迫与拿破仑会面签订合约。为了惩戒不列颠帝国，拿破仑还于公元 1806 年发布《柏林敕令》，实施制裁政策，明令禁止欧洲大陆与英国通商。此时的拿破仑达到了权力的巅峰。除了法国皇帝，他还身兼意大利国王和莱茵邦联保护人、瑞士联邦仲裁者，他的兄弟热罗姆、约瑟夫、路易也分别被任命为韦斯特法利亚、那不勒斯、尼德兰国王。

公元 1807 年年底，西班牙人民对本国皇帝的不满终于爆发，在国内掀起了暴乱。于是法兰西人借机攻入西班牙，拿破仑册封他的哥哥约瑟夫为新的西班牙皇帝。此举遭到伊比利亚半岛民众的强烈反抗，法国军队根本无力平息声势浩大的民族主义者。公元1808年8月8日，不列颠人看准时机登陆蒙得戈湾，并于当月末占领葡萄牙，正式介入了西班牙问题。英国人的参战导致了30万法兰西士兵被牵制在了伊比利亚半岛而无法北上普鲁士，这也间接促成了1年后的第五次反法联盟。法国人在伊比利亚半岛遭遇了英军和西班牙反对派的联合打击，节节败退之后不得不退出西班牙。此战因所处地理位置而得名为半岛战争。

公元1809年年初，欧洲诸国趁拿破仑为西班牙问题而焦头烂额之际组成了第五次反法联盟。奥地利先发制人，不宣而战袭击了法兰西在德意志的领土。奥军在战争初期一度占据主动，但随着拿破仑从伊比利亚半岛撤军而全力东进，法兰西人很快取得了胜利。奥地利皇帝同拿破仑签署了《申不伦条约》，将一部分国土割让给法国。拿破仑在翌年迎娶了奥地利公主玛丽·路易莎，与奥国结为盟友。公元1811年年底，由于沙皇亚历山大一世不愿继续做拿破仑的同盟对抗大不列颠，俄罗斯和法兰西平复了不久的关系又紧张起来。愤怒的拿破仑发动了对俄战争，指挥了操着12种不同语言多达675 000人的大军东征俄国。俄国人这次聪明地选择了主动撤退避其锋芒的策略，只给法国人留下了一座座空城。公元1812年9月12日，饱受饥饿和严寒折磨的法军在付出440 000人重伤和阵亡的代价后攻下了莫斯科。法国皇帝本以为会收到亚历山大一世的降书，却只看到了莫斯科的熊熊烈火。这个时候，斥候又带来了国内政局不稳的消息，拿破仑只好返回本国。出发时将近700 000的大军在归国后仅余20 000人。拿破仑不承认自己被俄罗斯人打败，坚称自己"输给了俄国的严冬"。一个多世纪后的第二次世界大战，纳粹德国制订了与西班牙结盟并且力求在冬季到来前解决俄罗斯的战略，就是吸取了拿破仑的失败教训。

俄罗斯、普鲁士、奥地利和英国在公元1813年成立了第六次反法联盟。联军和法兰西人以德意志地区为主战场进行了多次激烈战斗。尽管拿破仑依旧数次击败对手，但却已不像曾经那样所向披靡。他麾下的法国军队终于在公元1813年10月的莱比锡战役中败北，法兰西的附属国家就此纷纷宣告独立。联军趁势挺进巴黎，并于翌年3月31日攻陷法兰西首都。反法联盟发出照会要求拿破仑退位和法兰西帝国无条件投降。拿破仑在11天后接受了这个条件。他在当天的日记中写道：首相塔里龙出卖了法兰西和拿破仑。这个人是潜伏在暗处的波旁王朝的余孽。4月13日，拿破仑在退位诏书上签署了自己的名字，枫丹白露宫也自此成为了法国人心中的伤心之地。随后反法联盟将这位法兰西强人软禁到地中海一座名为厄尔巴的小岛。拿破仑被特许保留九五之尊的名号，但他所管辖的范围只有这座可怜的小岛。在前往厄尔巴岛的路上，他甚至险遭暗杀。波旁王朝在其他欧洲诸强的支持下复辟，路易十八返回法国巴黎，登基为王。

公元 1815 年 2 月 26 日，拿破仑由厄尔巴岛悄然回到法国本土。路易十八闻讯大惊，连忙调动军队阻截。但拿破仑的现身令法国军人纷纷倒戈。路易十八只得仓促外逃，拿破仑兵不血刃地重夺大权。欧洲诸强连忙建立了第七次反法联盟。公元 1815 年 6 月 18 日，大不列颠的威灵顿公爵指挥联军在滑铁卢战胜了拿破仑。这就是著名的“滑铁卢战役”，也是拿破仑生平最大的一次失败。7 月 15 日，他不得不第二次宣布投降。这一次联军吸取了教训，将拿破仑流放到了远离法国本土的大西洋中的小岛圣赫勒拿岛。拿破仑此次夺权直至战败仅有 100 天，因此历史学家将这次短暂的复辟称作百日政权。

滑铁卢之战

拿破仑的身体状况从公元 1821 年 2 月起急转直下。3 个月后，这位法兰西一代伟人在这座大西洋的小岛上悄然离世。公元 1821 年 5 月 8 日，人们为他举办了隆重的葬礼。随着礼炮轰鸣，一代枭雄长眠于圣赫勒拿岛的陀贝特山泉之畔。拿破仑的死因成为了一桩历史悬案。英国医生曾出具他因严重胃溃疡而身亡的验尸报告，但 1980 年英国格拉斯哥大学生物化学系通过现代医学手段检验拿破仑遗体后称：这位法国伟人的真正死因是砷中毒。人们在那个年代贵族常用的壁纸上也找到了含有砷的矿物质，有人认为潮湿的海岛气候让砷在空气中渗透。因此，人们更接受这样一种推测：由于担忧拿破仑再次复辟，波旁王朝收买了一些侍从向拿破仑饮用的橡木桶葡萄酒内投放了砒霜，而身负监管之职的英国守卫未能履行好职责，这才使得拿破仑被暗杀。

公元 1830 年，由于法国民众多次向当时执政的法兰西奥尔良王朝提出强烈要求，拿破仑的雕像得以重现于旺多姆圆柱之上。10 年后，法皇路易・菲利普命他的儿子从圣赫勒拿岛迎回了拿破仑的遗体。公元 1840 年 12 月 15 日，这位法兰西伟人在去世 19 年后终于魂归他生前日思夜想的巴黎，他的棺椁穿过了凯旋门，被葬于紧邻塞纳河的荣誉军人院中。

第九篇

马背上的帝国——蒙古

第一章　蒙古大漠的统一

蒙古族溯源及发展

对于蒙古族的起源，用蒙古人自己的说法，他们认为自己是苍狼和白鹿的后代。据蒙古人自己编的《蒙古秘史》记载：苍狼与白鹿为成吉思汗的祖先，他们奉上天的旨意来到人间，然后一起渡过腾汲思，在斡难河源头、不儿罕山前繁衍生息，并生下了成吉思汗的始祖——巴塔赤罕。事实上，这个说法只是说明了蒙古人将狼和鹿当成自己民族图腾的原因，并非可以说明蒙古族的起源。

对于蒙古民族的真正族源，多数学者认为蒙古族源自东胡。东胡是春秋时期活跃在匈奴以东的大大小部落的总称。东胡的活动范围一般在黑龙江的上游额尔古纳河一带。公元前5—3世纪，东胡各部尚在原始氏族社会的发展阶段，各部落过着“逐水草而居”的游牧生活。

公元前3世纪末至公元1世纪末，东胡各部一直被匈奴所压制。公元48年，匈奴分裂成南匈奴与北匈奴，势力衰落。东胡后裔乌桓、鲜卑于是乘机崛起。2世纪中叶，鲜卑紧抓汉朝击败匈奴这一大好机会，占据匈奴一大片土地，建立了一个空前强大的鲜卑部落军事联盟。不过，好景不长，鲜卑部落军事联盟很快便瓦解。由考古发现和汉籍中记载的有关鲜卑人的风俗习惯及语言，可在一定程度上证明蒙古人和鲜卑人有渊源关系。

4世纪中叶，鲜卑部分裂成两支：一支自号“契丹”，主要在潢水及老哈河流域一带生活；另一支称作“室韦”，居住在兴安岭以西（今呼伦贝尔地区）。

到了公元7世纪时，“室韦”一支部落“蒙兀室韦”，即蒙古部，在他们的首领李儿帖赤那（成吉思汗的始祖）率领下，往西迁移到了现今蒙古高原的克鲁伦河与鄂尔浑河流域定居，并过着游牧生活。此后，肯特山地区便成了“室韦”人活动的中心。

当时活动在蒙古地区的主要为“室韦”与“突厥”两大部落，不过由于语系的不同，突厥人称室韦部落为“鞑靼”，所以，在突厥文史料中，室韦也被称作“达怛”（鞑靼）。

公元9世纪时，鞑靼人开始进行大规模西迁，占领了回纥故地，并和大漠南北的各族人民混居在一起，其势力一直延伸到阴山、贺兰山及鄂尔浑河、克鲁伦河流域。到了唐后期，鞑靼联盟也基本形成。

公元10世纪，契丹人顺起于辽河上游的西拉木伦河流域，并于公元916年建立契丹（后改为辽）政权。契丹人把鞑靼各部称为“达怛”或称为“阻卜”。他们不断对鞑靼各部用兵，并征服了鞑靼各部，后来设府、卫、司等机构进行管辖。

随着时间的推移，鞑靼各部人口逐渐增加，几个旧有部落又分衍出很多部落来。到12世纪时，大漠南北，东起现今的内蒙古白治区呼伦贝尔盟，西至阿尔泰山，北邻白叶尼塞河、贝加尔湖、额尔齐斯河，南到阴山山脉的广阔区域内，分布了数不清的鞑靼部落。

到12世纪未时，居住在蒙古高原上的部落差不多有100个左右。这些部落强弱不一、大小不一，就是语言、宗教、民族、文化水平也不完全相同。不过，这时已形成了几个大的集团：蒙古部集团、塔塔儿集团、克烈集团、蔑儿乞集团，以及乃蛮政权。其分布情况如下：

塔塔儿部主要在今呼伦贝尔盟一带活动，主帐设于贝尔胡。此时的塔塔儿部分成了六个小部——都答兀惕部、阿勒赤部、察罕部、忽因部、迪列土部、备鲁兀惕部。这六部之间互相争斗频繁，不过，一旦与其他部发生战争时，他们又团结一致对敌。金灭辽后，他们曾献羊于金，与金保持了长期的臣属关系。

克烈部主要在今蒙古国境内的鄂尔浑河和土拉河之间，过着游牧的生活。他们也分衍出很多小部。后来与成吉思汗争雄的克烈部首领王汗的祖父马儿忽思，被塔塔儿部的首领俘虏并送给了金朝，最后被处死了。

乃蛮部为当时蒙古各部中人数最多的一个部落，主要生活在杭爱山和阿尔泰山之间。乃蛮人大多数为突厥人种，且和文化发达的畏兀儿人为邻，因此传承了水平较高的突厥文化。他们拥有自己的文字，出现了农耕，并有自己的管理机构，设有掌印官。

蔑儿乞部主要生活在现今的贝加尔湖西南岸、色楞格河和鄂尔浑河下游。

公元1206年，蒙古部首领成吉思汗统一大漠南北，“达怛”的称呼慢慢地被“蒙古”取代，变成了室韦诸部的总称。此后，在这一地区活动的各游牧部落渐渐形成了一个民族共同体——蒙古族，并永久居住于此，其居住地蒙古高原也因此闻名于世。

强势崛起的铁木真

12世纪，蒙古各部奴隶主之间战争不断，他们互相攻伐，把抢劫、掠夺作为他们的职责，因此，广大蒙古牧民生活在水深火热之中。这种情景的出现，不仅是蒙古各部奴隶主互相残杀造成的，也是金朝统治的结果。金朝统治者为了防止蒙古的强大和侵扰，采取了挑拨蒙古各部关系、使之互相残杀。他们先是利用塔塔儿部去攻击蒙古部，后来又联合蒙古、克烈部去攻打塔塔儿部，使蒙古各部之间本来就存在的部落复仇战争，连续不断地打下去。

金世宗大定年间，金朝统治者还派兵剿杀蒙古人，称为“减丁”，出征的金军大肆掳掠蒙古人民，并把掳掠来的蒙古孩子充当奴婢卖给山东、河北的地主和官僚。在贸易上，金朝统治者对他们也有很多歧视和限制。因此，蒙古人民对金朝统治者恨之入骨。

正因为如此，当时蒙古各部人民强烈希望结束这种互相残杀的无休止战争，迫切要求实现蒙古各部的统一，渴望解除女真贵族的民族压迫。成吉思汗就是在这样的历史背景中登上历史舞台的。

公元1162年，蒙古尼伦部孛儿只斤氏族的首领也速该把阿秃儿之妻产下一名男婴。恰巧生孩子的那天，也速该与塔塔儿人作战凯旋，掳掠了大量的牲畜、人口，并俘获了一个名叫铁木真兀格的首领。为纪念他这次突袭成功，也速该便给刚生下的儿子取名为铁木真。铁木真便是后来的成吉思汗。

铁木真的童年及青年时代皆在动乱中度过。他的父亲也速该继忽图剌汗之后成为了蒙古乞颜部的首领，由于长期以来一直与塔塔儿部发生争斗，因此与塔塔儿部结下了很深的旧仇。铁木真9岁时，也速该想为他找一个妻子，便把他送到他母亲的亲戚家去。在途中，也速该恰好遇上翁吉剌部的德薛禅，德薛禅得知也速该的想法，便将自己的女儿孛儿帖介绍给他。双方同意后，也速该把铁木真留在了德薛禅家，自己一个人回家了。

也速该

在回家的路上，也速该恰好遇上一群塔塔儿人在举行宴会。饥渴难耐的也速该便冒险下马去参加他们的宴会。塔塔儿人认出了仇人也速该，于是在饭菜中下了毒药。也速该填饱肚子后立即上马继续前行，结果药性发作，他忍着疼痛，撑了3天才回到家中，没多久便去世了。

也速该之死很快让蒙古乞颜部产生了分裂。泰赤乌部奴隶主见孛儿只斤氏族没有了首领，认为也速该留下的寡妇幼子根本不会有什么大作为，率先脱离孛儿只斤氏的统治，去过独立的游牧生活了。紧接着，大批的奴隶、那可儿、仆从也脱离了孛儿只斤氏的统治。孛儿只斤氏渐渐衰落了。

青年铁木真遭遇泰赤乌部迫害

铁木真母亲诃额伦带着铁木真等几个孩子和少数部众，在斡难河上游不儿罕山一带生活，家里的财产只有九匹马，靠采集野果、野菜、打土拨鼠(旱獭)、钓鱼度日，生活很是艰苦。

铁木真成年后，泰赤乌部贵族担心铁木真重新集结其父亲原有的部众，便带着护卫来到诃额仑夫人的家里。诃额仑母子看见泰赤乌人来了，十分恐惧，赶紧躲到树林里去。当时泰赤乌人只是搜寻铁木真，因为铁木真是将要向他们复仇的最危险的人。泰赤乌人发现铁木真逃走了，就去追赶。铁木真钻进最高山上的树林里，泰赤乌人无法进去搜索，就把山林包围起来，等候铁木真饥饿的时候自己出来。

铁木真在树林里共住了九夜，吃的东西已经没有了。第十天，他牵着马走出了树林。刚一出来，就被泰赤乌人迎头捉住了。铁木真被带到塔儿忽台那里，塔儿忽台下令用木枷把他锁起来。

四月十六日这天，泰赤乌人坐在斡难河边开宴会。这时看守铁木真的是一个幼弱小孩。铁木真见时机已到，就用枷头在小孩头上打了一下，把他打昏，赶紧跑到斡难河边的树林里躲藏。又怕不安全，干脆跳进河边的水沟里，把身子藏在水下，只露出脸来呼吸。宴会后散去的泰赤乌人发现铁木真逃走后，立刻聚集起来，在月明如昼的夜里，沿着斡难河畔的树林里寻找。

铁木真

其中速勒都思部的锁儿罕失剌看到了水沟里的铁木真。不过，他却装作没看到，并帮忙引开了其他人。

当众人散去，铁木真从水沟里爬出，因为他觉得锁儿罕失剌不肯告发他，觉得他能搭救自己。于是，他便向锁儿罕失剌的家摸去。铁木真记得，锁儿罕失剌一家人从早到晚地捣马奶子、搅酸奶子，所以他循着捣声，很快就来到了锁儿罕失剌的家。他们把铁木真的木枷打碎，丢进火里烧毁，然后把铁木真藏到屋子后面装羊毛的大车里。还嘱咐他们的妹妹合答安不要告诉别人。

天亮之后，泰赤乌人开始寻找铁木真。他们不相信一个带枷的人会跑得无影无踪，便怀疑是自己人把铁木真藏了起来，于是到各家去搜查。他们来到锁儿罕失剌家里，里里外外仔细查找，最后来到装羊毛的大车前。他们把车前的羊毛拉下来，眼看就要露出铁木真的脚了。紧张的锁儿罕失剌，计上心来，对搜查的人说："天气这般热，羊毛里岂能藏住人？不信，你们随便搜吧！"泰赤乌人一想，骄阳当空，活人钻进羊毛堆里，肯定会被闷死，便转身到别处搜查去了。

泰赤乌人走后，锁儿罕失剌给铁木真备了一匹不下驹的甘草黄色骒马，还给他煮了一只肥羊，又送给他一张弓及两支箭，让他回家。铁木真骑马飞奔，先来到以前筑栅寨的地方，不见人影，又循着在草地上踏出的痕迹，溯斡难河而上，终于找到了他的母亲和弟弟们。

为了避免再次受到泰赤乌人的袭击，铁木真一家迁到了不儿罕山前的古连勒古山中，并过着以捕杀土拨鼠、野鼠为食的生活。

博尔术成为铁木真的那可儿

然而，铁木真一家迁到新的住地不久，又发生了不幸的事。一天，一伙盗贼将铁木真家的八匹骟马偷窃而去。当时铁木真家的全部财产为九匹惨白色的骟马，因铁木真被泰赤乌人捉去时已失去了一匹，现又多了一条锁儿罕失剌送给他的不下驹的甘草黄色骒马。

铁木真发现后，想去追赶盗贼，但是第九匹甘草黄马被别勒古台骑着狩猎去了，铁木真只能眼睁睁地看着盗贼们远去。

傍晚时，别勒古台终于狩猎回来，铁木真立马翻身骑上甘草黄马，循着马群的踪迹去追去。因为他深知这些马对他们生活的重要，作为长兄他觉得自己有责任追回失马。

铁木真骑着骒马追了三天，还是没有看到盗贼们的踪影。第四天早上，他在一家帐房前，遇到一个正在挤马奶的伶俐的少年，这个少年告诉铁木真，当天早晨天微微亮的时候，有一群人从此处赶着八匹惨白色的马离开了，并表示愿意同他一起去寻回失马。

这个少年名为博尔术，阿儿剌部人，是富有的纳忽伯颜（伯颜，蒙古语意为"富有"）的独生子。阿儿剌氏和孛儿只斤氏有血缘关系亲近，纳忽伯颜和铁木真之父也速该曾是好友，博尔术对独自逃出泰赤乌人魔掌的铁木真相当佩服，所以很乐意在铁木真遭遇不幸时给予帮助。

博尔术将铁木真的甘草黄马换成了一匹黑脊白马，自己则骑着一匹快黄马，来不及与父亲打招呼便急匆匆地出发了。他们追了三天，傍晚时，在一个营地旁，终于看到那八匹惨白色的骟马正在吃草。两人齐齐冲过去，迅速把马赶了出来。

盗贼发现了他们，立即骑马追来，跑在最前面的盗贼骑着白马，手持套马杆。铁木真扭头用弯弓射击，那盗贼迟疑着不敢上前。其余的盗贼也赶到时，夜幕早已降临，在夜色的掩护下，铁木真和博尔术快速驱马离开，将盗贼们甩得远远的。

又赶了三天三夜的路，铁木真和博尔术终于要到博尔术的家了。铁木真对博尔术的帮助很是感激，想以马相谢，却遭到博尔术的果断拒绝。

博尔术带着铁木真回到自己的家。给铁木真践行时，博尔术特意宰杀了一只羊羔，还用皮桶盛上了马奶赠给他，用以做铁木真路上的饮食。铁木真告别了博尔术父子，赶着八匹惨白色的骟马，又走了三天三夜，回到了在桑沽儿小河的家中。诃额伦母亲和弟弟们正在发愁，看见铁木真带着丢失的马回来了，立刻高兴起来。铁木真与博尔术因此结下了深厚的友谊，博尔术为铁木真的第一个那可儿。后来他便追随铁木真一起为统一蒙古高原的事业而奋斗，并贡献了自己一生的精力。

铁木真征讨篾儿乞

此后，铁木真派人到弘古刺部接回了未婚妻孛儿帖，与其完婚。遭到一连串挫折的铁木真，深知仅凭几个人的力量根本不可能打败敌人，于是他想利用蒙古各部之间的矛盾来获得某些部落奴隶主的支持，从而壮大自己的力量，战胜自己的敌人。

为了摆脱困境和重振家业，他和弟弟们一起去往西边土剌河黑林（今蒙古国乌兰巴托南），拜访他父亲的安答——克烈部首领王汗（脱斡邻勒），并把妻子陪嫁来的貂皮袄献给了他，尊其为父，结为义父子，得到他的保护，成为其附属部众。

铁木真刚刚摆脱困境，游牧于色楞格河下游的三姓篾儿乞人便袭击了铁木真的营地，篾儿乞人抢走了他的妻子和仆从。铁木真逃脱后求援于义父王罕，通过王罕又求援于其儿时的安答蒙古札答剌氏的首领扎木合。扎木合是铁木真童年时代的朋友，两人一直以兄弟相称。在蒙古社会中，这种盟安答（兄弟）之称具有实实在在的价值，它同铁木真称王罕为父的父称一样具有约束力。

虽然当时扎木合与铁木真的年龄相仿，但是扎木合的实力要比铁木真强大得多，就连王罕也对他有几分惧怕。由于扎木合统领着一个极其强大的部落联盟，因此，王罕也建议铁木真同时请他这位童年时代的朋友出面相助。

这样，铁木真、王罕及扎木合三股力量便向着指定集合地点孛脱罕孛斡儿只（靠近斡难河各源流处）进发。其中，王罕与其弟扎合敢不各率1万人，扎木合率1万人，铁木真率1万人一起攻掠篾儿乞部。他们按照约定好的路线，经过不儿罕山前，向铁木真的住地怯绿连河不儿吉进攻。铁木真也立即行动，带上自己的人马前去会师。三支军队会合后，一起向斡难河的孛脱罕孛斡儿只进发，却不料中途遇雨，他们迟到了三天，而札木合早在三天前就已到达这里等候了。大家推举札木合做了联军的统帅，并按照他的作战方案行动起来。

三姓篾儿乞人主要居住在不兀剌川（今色楞格河支流布拉河）、斡儿洹河（今鄂尔浑河）和薛凉格河（今色楞格河）之间的塔勒浑阿剌、合剌只。联军主要对居住在不兀剌川的兀都亦惕氏篾儿乞首领脱脱进行攻击。他们来到勤勒豁河（今色楞格河下游支流希洛克河），结筏而渡，悄悄地逼近了不兀剌川。

脱脱正在睡觉，当他知道铁木真的联军逼近时，脱脱连夜告诉了兀洼思氏篾儿乞的歹亦儿兀孙，两人带上少数随从沿着薛凉格河逃往巴儿忽真（贝加尔湖以东）去了。

失去首领的篾儿乞部众不堪一击，纷纷沿着薛凉格河逃跑。联军势如破竹，将篾儿乞人悉数掳掠，就连合阿惕氏篾儿乞的合阿台答儿麻剌也被生擒，甚至给他戴上板枷，送往不儿罕山。铁木真的异母弟别勒古台的母亲在篾儿乞突袭铁木真的时候，也被掳来，这时别勒古台到处寻找母亲。而他的母亲听闻儿子来找她，穿着破羊皮袄从左门跑了出去，刚好与从右门进去的别勒古台岔开，一直跑到了密林深处躲藏起来，别勒古台拼命寻找也不见母亲的踪影。

混乱之中，铁木真在逃亡的篾儿乞人群中寻找孛儿帖，找了好久，终于将孛儿帖找到。于是铁木真决定撤兵。战争停止后，不知所措的篾儿乞人也停止了奔逃，宿营过夜。

在回师途中，脱斡邻勒一边打猎一边赶路，往土兀剌河的黑松林去了。铁木真则跟随札木合去往札木合的住地豁儿豁纳黑主不儿，并驻扎在此生活了下来。孛儿帖也回到了铁木真的身边，不久后，生下了长子术赤。术赤究竟是不是铁木真的亲生儿子，这件事始终受到怀疑。术赤这个词在蒙古语里意为“客人”。在后来，由于术赤的血缘问题，产生了很严重的家族纠纷。

经过这场战争，铁木真的势力得到发展，名望也有一定的提高。不过，当时蒙古内部仍处于分散状态，扎木合是蒙古部中有着重要影响的首领。此役之后，铁木真依附扎木合，与其一起游牧。

铁木真成为蒙古乞颜氏的首领

此后，铁木真与札木合在一起，并第三次结为安答。不过，在群雄争霸草原的年代，像铁木真和札木合两个这样充满野心的豪杰之间，不可能有长久的友谊，他们的分裂，只是迟早的事情。铁木真随札木合在一起生活了大约有一年半之久，夏四月十六日这一天，他们商议好转移草场。

铁木真、札木合二人走在最前面，札木合突然表达了牧马的和牧羊的应该分开放牧的想法。铁木真于是连夜赶路，与札木合分手了。后来的事实表明，这可能是铁木真早就预谋好的举动，因为他知道他已经成功地从依附于札木合的部众里，拉出了肯于跟随自己的人马。铁木真继续前进，路过泰赤乌人的地盘时，泰赤乌人担心铁木真的报复，连夜逃到了札木合那里。铁木真在泰赤乌部别速惕氏族的住处，捡到一名叫阔阔出的小孩，将他送给了诃额伦夫人做养子。

铁木真一路前行，从扎木合的营地斡难河中游迁至怯绿连河上游的桑沽儿河一带独自立营，有若干其他部族逐渐集合在铁木真的旗帜之下。其中，包含四名汗王血统的蒙古亲王——铁木真父系叔父答里台、他的嫡堂兄弟忽察儿（他的伯父涅坤太子的儿子）、禹儿乞系的首领撒察别乞，还有一个是阿勒坛，这是个很重要的人物，因为他是蒙古最后一个汗，忽图拉的儿子。这些人脱离了札木合，来到乞沐儿合河边与铁木真会合。不久后，铁木真从乞沐儿合河转移去了古连勒古山区内，即合剌主鲁格小山的阔阔海子附近。此次行动事实上结束了他和札木合的兄弟情谊，但在此之前并非有正式的决裂。

公元1189年，投靠铁木真的乞颜氏贵族们进行盟誓，共同推举铁木真为汗，铁木真得到王罕的同意后开始称汗。这样铁木真就成为了蒙古乞颜氏的首领，与当时蒙古部内泰赤乌、札答剌等十多个强大氏族首领并肩而立。但是，铁木真的力量还不够强大，继续依附于王罕。

铁木真带着自己的部众，定居在了他以前居住过的地方——不儿罕山前的古连勒古山中。在这里，他继续养精蓄锐，以赢得激烈的争霸斗争。

铁木真统一漠北各部落

铁木真称汗后，为了增强自己的权力并防止邻部的攻击，他对军队进行了整顿，不仅成立了专门警卫他的侍卫队，还建立了保护、训练战马、管理战车等专门机构，大大提高了军队的战斗力。

铁木真的壮大引起了札木合的不快，他们不能漠视铁木真势力的膨胀，决心尽早将其翦除，以绝后患。恰好一件意外发生的小事，成为了札木合等人发动战争的借口。札木合一个叫给察儿的兄弟，来到铁木真部下拙赤答儿马剌的牧地上，牵走了一群马。拙赤答儿马剌独自一人乘夜追到了他并将他射死，赶回了自己的马群。

因为兄弟被杀，札木合将仇恨归于铁木真，立即聚集了由 13 个部组成的联军，共 3 万人，前来进攻铁木真。铁木真对札木合的进攻浑然不觉。札木合有个部下将札木合兴兵的消息报告给了住在古连勒古山的铁木真。

铁木真得以及时准备。针对敌人的 13 部，他将集合起的部众 3 万人组成十三翼。十三翼中第一翼是铁木真的母亲月伦夫人统帅的部属，第二翼是铁木真统帅的诸子、那可儿，第三翼到第十一翼为乞颜氏贵族们统帅的部属，第十二翼及第十三翼却是由来附的旁支尼鲁温氏族人构成。所以，铁木真可以直接支配的兵力，事实上并不算强大。

双方在答兰巴勒主惕（今克鲁伦河畔）进行激战。这便是蒙古历史上著名的“十三翼之战”。这次会战，铁木真失败，被迫退到了斡难河，札木合取得了胜利。

战胜的札木合回师后，为了惩戒叛离诸部，将随铁木真参与了这次战争被俘的捏古思人放入烧开的锅内活活煮死。另外，泰赤乌贵族们在胜利之后，对待部属动辄恃强凌弱，造成了部属的强烈不满，起了二心。因此，札木合与泰赤乌尽管在军事上获胜了，但在道义上和政治上却是失败的。

十三翼之战

铁木真的精明之处在于他善于笼络他人，就连敌手也可以吸引到自己一方。十三翼之战后不久，对札木合心怀不满的术赤台、畏答儿各率所属族人离开札木合，前来投靠铁木真。术赤台与畏答儿后来甚至成为了铁木真的两员骁将。晃豁坛部的蒙力克原本为铁木真家的亲信，后来追随札木合游牧，这时也带着他的七个儿子离开札木合，投靠了铁木真。

因此，铁木真虽然在“十三翼之战”中失败了，不过，却在道义上收获颇多，札木合部下许多奴隶主、居民与奴隶成了铁木真新的支持者。如此一来，铁木真的威望得到进一步提高，势力更加壮大了。

铁木真出兵打击塔塔儿

地处蒙古东部的塔塔儿是金朝的属部，又是蒙古部的世仇。塔塔儿人曾经毒害铁木真的父亲也速该把阿秃儿，而且长期以来，塔塔儿是金朝在东北一线防卫蒙古高原诸部侵扰的有生力量，而且在金朝的挑拨下，塔塔儿经常进攻蒙古、克烈等部。不过，塔塔儿追随金朝，主要是慑于它的强盛，一旦有利可图，随时也可以给予打击。

公元1195年，蒙古部落散只兀、合答斤、弘古剌等部对金朝边境进行频繁骚扰，金将夹谷清臣等率兵讨伐，攻下了他们很多的营寨，并夺得一大批牲畜。金兵胜利回师途中，塔塔儿人趁机将金兵抢夺的许多牲畜截获而去，致使双方关系出现裂痕。次年，金朝皇帝派丞相完颜襄率师征讨，在怯绿连河将塔塔儿人击败。塔塔儿首领篾兀真笑里徒驱赶着牲畜逃向斡里札河（今蒙古国东部乌勒吉河），完颜襄遣将追击。

昔日的仇敌塔塔儿被金朝击败的消息很快传到了铁木真的耳朵，他立刻抓住这个千载难逢的机会，迅速派人到义父脱斡邻勒（王罕）那里请求协同作战。

脱斡邻勒的祖父马儿忽思也是被塔塔儿俘获，送到金朝被处死的，“为父祖复仇”，是铁木真和脱里汗的夙愿。三天之内，脱斡邻勒便集合起军队与铁木真会合。他们二人又派人到主儿乞部的撒察别乞那里要求助战。主儿乞的始祖斡勤巴儿合黑（合不勒汗长子）也是被塔塔儿人俘虏后，送到金朝被杀害的，因此撒察别乞等人理应参加对塔塔儿人的战斗。但撒察别乞等主儿乞贵族推举铁木真为汗，只是为了从蒙古部中拉出独立势力，伺机发展自己，而不久以前，他们又和铁木真发生过冲突，因此他们拒绝派兵前来。

铁木真和脱斡邻勒足足等了六天，也不见主儿乞人的兵马，只得率领自己的军队向塔塔儿人的住地斡里札河进发。斡里札河这里有两个寨子：一个叫枫树寨；一个叫松树寨，篾兀真笑里徒率众退入其中，正在筑寨防守。铁木真和脱里汗赶来，一鼓作气攻下寨子，捉住了篾兀真笑里徒，将他处死。他们夺取了塔塔儿人的牲畜和财产，其中有银摇车和饰有珠宝的被子。这次战斗，虽然没有能够彻底消灭塔塔儿，但使塔塔儿元气大伤，从此一蹶不振了。

金朝丞相完颜襄得到铁木真和脱斡邻勒的协助，惩治了反叛的塔塔儿，十分高兴，他以皇帝的名义封脱斡里勒汗为“王”，从此脱斡里勒汗就称为“王罕”；封铁木真为“札兀惕忽里”（部落统领），铁木真正式接受了金朝的封职。

从此脱斡里勒汗便以“王罕”一名著称于大漠南北。当时铁木真的力量不如王罕强大，因此得到的官职不及王罕，但这件事对于他仍有重要作用。铁木真在蒙古尼伦各部中的威信得到更进一步的提高，权力也变得更大，不过，他仅仅惩罚并处死了几个不听从他与他作对的奴隶主，然后收管了他们的部众。其中，就有一个被父亲送来当奴隶的名叫木华黎的人，他后来成为成吉思汗“四杰”之一。

击溃札木合联军，泰赤乌部覆灭

铁木真和王罕对外的凌厉攻势，让高原诸部深感不安，于是诸部贵族们行动起来，结成联盟以对抗。公元1201年，合答斤、散只兀、朵儿边、塔塔儿、亦乞列思、弘吉剌、豁罗剌思、乃蛮、篾儿乞、斡亦剌、泰赤乌、札答阑共12个部的贵族，共推札木合为“古儿汗”（普众之汗）。他们挥刀斫林，以表示要与铁木真、王罕争战到底的决心。

这些部落虽然人多势众，但是他们来自蒙古高原的四面八方，更致命的是他们的联盟，不过是各部贵族为维护自身利益的临时结合，这样一班乌合之众，不可能真正协同作战。

豁罗剌思部有一个名叫豁里歹的人，他听到了札木合联军的密谋。他摆脱追击，来到铁木真处，报告了札木合等人的密谋。铁木真立刻通知了王罕，王罕起兵前来会合。铁木真和王罕的联军沿着怯绿连河出发，铁木真以阿勒坛、忽察儿、答里台三人为前锋，王罕以桑昆等人为前锋，前锋之前再设探哨。

两军终于相遇了，对方是札木合的先锋部队：泰赤乌部的阿兀出把阿秃儿、乃蛮部的不欲鲁汗、篾儿乞部脱脱的儿子忽秃、斡亦剌部的忽都合别乞。当时天已黑下来了，于是双方约定明天再战。第二天，两军在海剌儿河（今海拉尔河）附近展开大战。经过反复冲杀，札木合联军惨遭失败，各部贵族把当初的誓言抛之脑后，纷纷带着溃军各自逃去。

乃蛮部的不欲鲁汗向西方阿勒台山（今阿尔泰山）的自己原住地方向逃去；篾儿乞部的忽秃向薛凉格河（今色楞格河）逃去；泰赤乌部阿兀出把阿秃儿逃往斡难河；斡亦剌部的忽部合别乞退往森林地区。逃跑途中，札木合竟大肆抢掠了推举他为汗的别部百姓，然后向额尔古纳河方向逃走了。

王罕沿着额尔古纳河去追赶札木合。铁木真则带领自己的人马穷追泰亦乌部的阿兀出把阿秃儿，一直追到斡难河边。在这里，阿兀出把阿秃儿收拾残兵，重新组织力量作困兽之斗。一场大战，激烈异常，一直持续到夜幕降临。双方相对宿营，准备来日再作决战。

天大亮以后，人们发现泰赤乌人已经丧失了决战的勇气，趁着夜色溃去了，泰赤乌的属民被抛弃在营地里，这些属民都被铁木真收服。铁木真又追及泰赤乌贵族阿兀出把阿秃儿、忽都兀答儿等人，将他们和他们的子孙杀死了。经此一战，长期与铁木真为敌的泰赤乌部终于覆灭了。

铁木真征服东部蒙古

历经长时间的东征西讨，铁木真的力量变得很强大，他完全能只依靠自己的军队发动大规模的战争了。公元1202年的春天，铁木真则开始对夙敌塔塔儿发动战争。六年前的公元1196年，铁木真和王罕曾经趁塔塔儿被金朝击败之机，帮助金朝重创塔塔儿。一年前的公元1201年铁木真和王罕又在与札木合联军对战时，对参与联军的塔塔儿给予了沉重的打击。然而塔塔儿尽管多次遭到打击，元气大伤，但依旧拥有大量部众，占据着东部和铁木真为敌。

这次，铁木真的目标紧紧锁在塔塔儿的两个重要部落——察罕塔塔儿和按赤塔塔儿。铁木真欲将他们完全消灭，从而稳稳地占据蒙古高原东部地区。为了确保战争的胜利，也为了改变之前作战时贵族们贪抢财物、不听指挥的弊病，在出征之前，铁木真发布命令说："打仗的时候，不许抢掠财物，将敌人打败了，他们的东西自然为我们所有，到那时我们再分也不迟。作战如需后退，大家则应退向原阵地，退回原阵地后不愿返回进行力战者，斩！"因此军纪严整，战斗力得到很大的提高。

此后，铁木真率军进攻塔塔儿，一举击溃了敌人。敌人大败，纷纷西逃，铁木真乘胜追击到兀鲁回失连真河（在今东乌珠穆沁旗境内），杀死了他们的首领，俘获了大批塔塔儿人。不过，此次战斗中仍然发生了严重的违纪事件。违纪的是以前推举铁木真为汗的乞颜氏贵族阿勒坛（忽图剌汗之子、铁木真的堂叔）、答里台斡赤斤（铁木真的亲叔）、忽察儿（捏坤太子之子、铁木真的堂兄）三人。他们以自己是亲贵及辈分比铁木真高的身份，在分配战利品之前，就进行抢夺财物据为己有。

为了维护汗权的尊严，做到令行禁止，铁木真派哲别、忽必来二人毫不留情面地没收了他们抢获的财物。答里台斡赤斤三人因此很不满，不久后就脱离了铁木真，投靠到王罕一边，并参与了攻击铁木真的行动。然而铁木真这次巩固汗权，制裁旧贵族的果断措施，为提高军队的战斗力，最终取得统一高原的胜利，发挥了十分重要的作用。

征服了塔塔儿之后，铁木真召集乞颜氏贵族开会，商议对塔塔儿部众的处置。最后，他们决定将他们中如车轴般高的男人一律杀死，而剩下的妇女与幼儿，则分给各家，当作守门的奴隶！

被俘的塔塔儿人得知他们将面临如车轴般高的男人均要被杀死的命运，就在大屠杀开始前，每个人在袖子里藏了一把利刀，与进行屠杀的人进行了殊死搏斗，给铁木真的军队带来了很大的损失。

塔塔儿被消灭，说明东部蒙古各部均已被铁木真征服。这对他后来向高原的中部及西部的扩展很有利，他可以无后顾之忧地进攻或后退，完全不用担心来自东西部敌对势力的双面夹击。

成吉思汗消灭克烈部

征服了塔塔儿后，铁木真最大的敌人便是西部蒙古各部了，而西部蒙古各部中实力最强大的就是克烈部，其实力远远强于铁木真。但面对铁木真无人可挡的锋芒，王罕也紧张起来，加上逃亡的札木合的挑拨，王罕决定先发制人，对铁木真发动袭击。

但是，由于王罕部下的两个牧民透露了消息，铁木真已做好了战斗的准备。王罕的攻击没有打垮铁木真，反而让自己的儿子桑昆受了箭伤。不过，王罕毕竟兵多将广，实力强大，铁木真根本经不住这种消耗战，因此不得不撤走部队，并派人向王罕求和。

失败的铁木真在艰难中收集部众，同时苦苦地等待时机。很快运气站在了他这一边。王罕在公元1203年春击败铁木真之后，他志骄气盛，竟然忘乎所以了，同金朝发生了冲突。金朝派军队征讨王罕，王罕大败溃逃，元气大伤，这样他最后失败的厄运也就很快降临了。铁木真看准了这个时机，准备在这一年的秋天突袭王罕。

铁木真决定在实施突袭王罕之前，使用诈降术。他以合撒儿的名义向王罕派出使者，使者是合撒儿的部下照烈部人。王罕早就知道这两名使者是跟随合撒儿的人，因此对他们的话深信不疑。他十分赞许使者说的话，很好地款待了他们，还派自己的亲信亦秃儿坚随他们一起去见合撒儿，以便双方结盟。

当铁木真发现王罕思想松懈、失去警惕时，他发动了突然袭击。铁木真的军队连夜不停地驱马前进，逼近了王罕的住地。这时毫无戒备的王罕正搭起金帐，在里面宴饮，但“轰轰”的马蹄声惊醒了他的迷梦。王罕的那可儿们顽强抵抗，战斗十分激烈，一直持续了三天三夜，最后克烈人战败投降。

王罕败逃，在鄂尔浑河畔被乃蛮人所杀。他的儿子桑昆一直逃到合失合儿（今新疆喀什），也被当地人杀了。

就这样，风云一时的王罕及其克烈部被消灭了，这使铁木真扫除了他统一高原的最大障碍。在整个统一蒙古高原的过程中，王罕曾屡克群雄，讨灭了不少大大小小的割据一方的部落，在这个意义上来说，他是有功业的。如今王罕的基业已为铁木真所有，他就此成为高原上最强大的势力，因此，对王罕作战的胜利是铁木真取得成功的关键之一。

铁木真击败乃蛮部落

克烈部败亡后，无处立身的札木合只好投奔到乃蛮人那里。乃蛮是一个文化发达、建立了政权的大部落，当时的首领是塔阳汗。塔阳汗知道克烈部被消灭了，而铁木真基本上统一了大半个蒙古后很紧张，再加上受到了札木合的挑拨，决定以铁木真为敌。他采取的对策是：南联汪古，上下夹击。但是汪古人不愿与铁木真结怨，反而把塔阳汗的计谋告诉了铁木真。铁木真知道这个消息后，深知和乃蛮的战争已无可避免，便一边通过中亚的商人摸清乃蛮的军队实力与部署；一边通过重新整顿自己的军队来增强战斗力。他将军队按照十人、百人、千人组织起来，任命自己的亲信当百夫长和千夫长；设置“扯儿必”（把总）管理辎重；挑选精兵组成“怯薛”（护卫军）；又从精兵中挑选出千余名勇士作前锋。如此一支机动灵活又配合默契的军队，非常适合进行草原作战。

公元1204年夏，铁木真率领大军开始向乃蛮进发。铁木真在哈勒哈河畔的建忒该山扎营，而塔阳汗则在杭爱山驻军。当铁木真和手下的将领商量出征时，有人认为夏天马瘦，不适合行军，建议等到秋天时再出征。铁木真采纳了其弟别里古台的意见，认为正可利用乃蛮不备之机出兵，必获全胜。铁木真率领部队沿着克鲁伦河前进，在萨里川扎营。塔阳汗也率领部队渡过了鄂尔浑河往东行进，结果与铁木真在纳忽昆山相遇。摆好阵容后，正好铁木真军营中有一匹瘦马受惊闯入乃蛮营中。塔阳汗见铁木真的马瘦成这样子，于是有轻敌之心。他亲自跃马索战，铁木真摆好阵势准备迎战。这时跟随塔阳汗一起上阵的札木合，见铁木真的军容相当整肃，完全今非昔比，估摸着交战后肯定凶多吉少，便偷偷溜走了。

这一天，战斗非常激烈、残酷。到下午时，塔阳汗的军队慢慢招架不住，塔阳汗也身受重伤被俘。此后形势开始急转直下，乃蛮军队很快溃散，在黑夜中四处奔逃，坠崖身亡者数不胜数，只有少数军队在塔阳汗的儿子屈出律率领下逃到了西辽境内。不久塔阳汗因伤重死去。这场大战后，乃蛮的百姓都被铁木真俘虏，追随塔阳汗的朵鲁班、塔塔儿、哈答斤、散只兀等部也纷纷投降了。

乃蛮战役的胜利让铁木真离完成统一全蒙古的事业更近了一步。从此，铁木真的威名震动了蒙古高原，剩下的一些尚未被征的部落均不是铁木真的对手，他们或被击破，或自动归附。

追击篾儿乞，篾儿乞部瓦解

在铁木真与太阳汗激战的时候，篾儿乞首领脱脱和他的儿子们乘乱逃脱。铁木真在收服了乃蛮之后，立即率军追击，在合剌答勒忽札儿追及脱脱。脱脱拼死抵抗，终究不是铁木真的乘胜之师的对手。脱脱又退到萨里川，在那里再次被打败，大部分部众都成了铁木真的俘虏。脱脱带着儿子们和少数士兵逃往不欲鲁汗处，他和屈出律、不欲鲁汗的最后被讨灭，是在铁木真建国之后陆续进行的。

篾儿乞及其所属各支属民都被铁木真征服了，其中包括兀都亦惕篾儿乞、麦古丹、脱脱里、掌斤等部。脱脱之子忽秃的两个妻子秃该、脱列哥那也被捉获，铁木真将脱列哥那给了第三子窝阔台为妻，她就是史书上所说的乃马真氏六皇后，她生了贵由汗，在蒙古史上曾起过重大作用。

篾儿乞部的一个分支——兀洼思篾儿乞的首领答亦儿兀孙看到大势已去，便带着自己的女儿忽阑去投降铁木真。铁木真对忽阑宠爱有加，让她做了自己的第二夫人，地位仅次于孛儿帖。

忽阑的父亲答亦儿兀孙归附铁木真后，对铁木真禀告说，他们因没有驮用及骑用的牲畜，所以无法随军出征。事实上，他是准备伺机叛变。铁木真相信了他的话，便下令将答亦儿兀孙及其所属的兀洼思篾儿乞人划分为百户，并为他们设置了长官，让他们留在后方。可是当铁木真一离开，答亦儿兀孙便率领这些篾儿乞人发动了叛乱，抢夺了铁木真后方的辎重。留守后方的铁木真军队人数不多，他们集合起来，与答亦儿兀孙展开激战，将辎重夺回。答亦儿兀孙战败，带领残众逃到薛灵哥河（今色楞格河）地区的哈剌温隘筑寨居住下来。

铁木真闻讯，派博尔忽和锁儿罕失剌之子沉白率右翼军前去讨伐。他们追到哈剌温隘，将躲在寨子里的兀洼思篾儿乞人全部擒获。铁木真将他们拆散，分配给蒙古人当奴隶。还有一批数量众多的篾儿乞人也乘机进行反叛，跑到一个名叫台合勒山的寨子里，拒守抗命。铁木真又派沉白率左翼军前去镇压。沉白迅速攻下寨子，将他们全都俘虏。

铁木真下令杀死一部分篾儿乞人，余下的也分配给蒙古人当了奴隶。长期与铁木真为敌的篾儿乞部终于势衰瓦解了，其首领脱脱的最后战败，只是时间问题。

处死札木合，铁木真统一全蒙古

蒙古高原各部落纷纷被铁木真降服之后，铁木真昔日的强敌只剩下札木合了。然而札木合的强盛已是昨日黄花，在王罕、太阳汗相继灭亡之后，他已惶惶然有如丧家之犬。在蒙古高原的早期部落中，札木合曾经是蒙古部最有实力的人物，铁木真也一度是他的附庸。在铁木真拉出一些部众，离开札木合独自发展势力之后，札木合纠集各部力量，与铁木真、王罕进行了长期的较量，然而一再失败。札木合失败后，先是投靠王罕，离间王罕与铁木真的关系，王罕灭亡后他又投奔太阳汗，太阳汗被铁木真击溃后，他的部众纷纷离他而去，只有五个那可儿跟随着他。

札木合和他的五个那可儿逃到傥鲁山（今唐努山），一贫如洗，便在那里做抢劫财物的盗贼，有的时候还需靠打猎为生。后来五个那可儿们把札木合捉了起来，送到铁木真处请降。

铁木真讨厌背叛自己主人的人，他当着札木合的面，将那五个那可儿杀掉了。对于札木合，铁木真犹念他是自己幼时的好友，在自己势力未张之时，也曾得到过他的援救，因此是杀是留，颇感犹豫。

不过，札木合知道，草原上的英雄最后只有一个，已毫无退路的他即便活下去，也无法再有所作为。他本是一代枭雄，怎会甘心做仰人鼻息的阶下囚？因此他在向铁木真表达自己的感激之情的同时，也表示了自己的必死决心。

铁木真于是下令按处置贵族的方式，赐札木合不流血而死。采取这样的死刑，是因为蒙古人认为灵魂居于血液之中，不流血就保住了灵魂。

辽阔的蒙古高原绝大部分都被铁木真所统治，到这时，铁木真总算有了他自己独立的可汗地位。他顺应统一的大势，艰苦创业，克敌制胜，终于取得了成功，接下来便是创建国家，并依靠新的政权，将高原上尚且没有降服的势力一一扫平，再驱赶他的铁骑去征服更加广大无边的土地。

成吉思汗建立大蒙古国

公元 1206 年，全蒙古的奴隶主贵族们在鄂嫩河畔举行了大聚会，推举 44 岁的铁木真为全蒙古的大汗，并上尊号为成吉思汗。“成吉思”是蒙古语强大的意思。

成吉思汗建立大蒙古国之后，吸收以往游牧政权的经验，采取了一系列措施，建立和完善了蒙古游牧国家的统治机构和制度。

在成吉思汗即位之后，他在其征服的所有蒙古部落中普遍推行千户制。除一些发展水平较低的林木中百姓之外，把全部蒙古国的百姓划分为 95 个千户，任命那些与成吉思汗一起建国的贵族、功臣为千户长，使他们世袭管领本千户百姓。千户下设百户、十户，设百户长、十户长管辖。

通过编组千户，全部蒙古百姓都被纳入严密的组织之中，所有民户都在所管千户内生活和供役，在规定的范围内居住及游牧，由大汗亲自任命千户各级官吏，谁都不能擅离所属的那颜和千户、百户、十户，违者必受到严重的惩罚。

另外，成吉思汗封了三个万户长作为军事统帅。命木华黎为左翼万户长，管辖从蒙古国中心向东直到哈利温山的诸千户；博尔术为右翼万户长，管辖从蒙古国中心西至阿勒台山的诸千户；纳牙阿为中军万户长，管理漠北中心地区的各千户。万户长本人也是一个千户之长。另外，又任命了两个万户对西北地区进行镇守，任豁儿赤为八邻万户之长，驻守于阿勒台山北，管领也儿的石河一带的林木中百姓。任忽难为万户长，镇守成吉思汗长子术赤所属“林木中百姓”，大概在现今叶尼塞河上游一带。

成吉思汗建立大蒙古国

此外，公元1206年，成吉思汗成为蒙古国最高君主后，原来的怯薛建制已不能适应其崇高的地位，为了确保大汗的权力，在原怯薛的制度上（八十宿卫、七十散班）基础上扩建了一支更强大的常备军，由大汗直接控制。成吉思汗把怯薛扩充为1万名，包括1 000名宿卫、1 000名箭筒士、8 000名散班。选万户长、千户长、百户长、十户长等那颜及白身人子弟中有技能和身体健壮者充任。

成吉思汗建国前，蒙古人还没有普遍使用文字。成吉思汗灭乃蛮部时俘获其掌印官畏兀儿人塔塔统阿，命其以回鹘字母拼写蒙古语，创制蒙古文字，教授蒙古贵族子弟学习。从此，发布命令、登记户口、记录案件都使用回鹘式蒙古文。

成吉思汗通过采取以上几项措施，建立和完善了蒙古游牧国家。

而成吉思汗成为全蒙古的汗，也标志着蒙古族的历史进入了新的阶段。因为几个世纪来，蒙古各部从来没有统一过，他们互相残杀，纷争不断。现在，他们在强有力的领袖成吉思汗的统治下形成了统一的局面。在东到今大兴安岭、北至贝加尔湖、西到阿尔泰山、南至阴山的辽阔地域内，过去语言、民族、文化水平各有差异的各部落开始结合成一个共同体，他们之间文化与经济的联系进一步加强了，并逐渐形成了共同的语言，勤劳勇敢的蒙古族也开始渐渐形成了。自此，伟大的蒙古族开始在中国及世界历史舞台上发挥重大的作用。

成吉思汗成为全蒙古的汗，也标志着蒙古历史上第一个统一的政权——大蒙古国正式建立。

第二章　横扫欧亚的“黄金家族”

成吉思汗对周边的征伐和侵掠

成吉思汗降服“林木中百姓”

蒙古高原的北部和西北部的森林地带，居住着被称为“林木中百姓”的很多部落，主要有居于贝加尔湖东西的八儿忽、脱额劣思、豁里、秃马等部，居于叶尼塞河上游的斡亦剌部。其中斡亦剌部首领忽都合别乞曾多次参加反对成吉思汗的联军。

公元1207年，成吉思汗派长子术赤带领右翼军，以不合为先锋，去征讨“林木中百姓”。兵锋第一个所指的便是斡亦剌部。斡亦剌部首领难以对抗强大的蒙古军，只好主动投降。随后木赤以忽都合别乞为向导，陆续招降了斡亦剌别部，以及贝加尔湖周围的不里牙惕、八儿忽、豁里、秃马等部。

同年，成吉思汗又遣使去招降斡亦剌西边的吉利吉思部。吉利吉思属突厥语族，经济以畜牧业为主，少数人从事农业，有城郭和乡村。这时吉利吉思已分为许多部，其首领称亦难。成吉思汗的使者一到，斡罗思亦难等吉利吉思首领便立即表示愿意归降。不久后，林木中百姓与吉利吉思的首领们都亲自前来朝见成吉思汗，并敬献了白海青、白骟马、黑貂鼠等珍贵的礼品。

由于忽都合别乞最先归附，且帮助术赤招降了其他很多部落，成吉思汗特意赐给他与黄金家族联姻的殊荣。他将自己的女儿扯扯亦干许配给了忽都合别乞的儿子脱劣勒赤为妻，将术赤的女儿豁雷罕许配给了忽都合别乞的另一个儿子亦纳勒赤为妻。这件事长久地流传在蒙古人中间，几个世纪后他们仍然念念不忘。

成吉思汗降服了“林木中百姓”和吉利吉思等部之后，使他的统治区域向北、向西扩展了许多。然而新的统治区域并不安宁，后来他不得不经常派兵镇压，其中扑灭秃马人的起义烈火，不仅让他损兵折将，还耗费了他好长一段时间。巴阿邻部的豁儿赤由于很早便为成吉思汗出力，又曾预言成吉思汗将做国主，因此在建国时，成吉思汗依照曾对他许的愿，封豁儿赤为管辖林木中百姓的万户，并答应他从降服的百姓里挑选30名美女为妻。豁儿赤到秃马部去挑选美女，不过，此举引起了秃马人的愤怒。当时秃马部的首领歹都忽勒莎豁儿已去世，他的妻子孛脱灰塔儿浑统领着部落，她带领愤怒的秃马人，一起将豁儿赤抓了起来，公然反叛起成吉思汗来。成吉思汗听闻此消息，立即派熟悉林木中百姓情况的忽都合别乞前去解救豁儿赤，没想到忽都合别乞也被扣押在那里。

为了镇压秃马人的起义，成吉思汗命令他的中军万户纳牙阿率军讨伐。但是纳牙阿推托有病，不肯前往。成吉思汗只好改派自己的“四杰”之一、大将博尔忽做统帅。博尔忽知道秃马部那里丛林密布，秃马人勇敢善战，此行充满了危险，因此在临行前，他特地将妻子、儿女托付给了成吉思汗，以备不测。

秃马人早早地于密林里设下了埋伏，并安排了哨探，做好了缜密的作战准备。博尔忽仅带了三个人，前往秃马部落为大部队进行先期的侦察工作。哨探将这个情况报告给女首领孛脱灰塔儿浑，她立即指挥秃马人截断博尔忽的归路，将博尔忽擒获杀掉了。

博尔忽被杀的消息传到成吉思汗的耳朵，他很是悲愤，要亲自出征秃马部。博尔术、木华黎二人苦苦相劝，成吉思汗才改派朵儿边部的朵儿伯多黑申前往秃马部。

朵儿伯多黑申行事谨慎，他采用虚张声势的方法：一边派少量军队于大路上进行哨探；一边率领大军从野兽走的小道前进。就这样，他们悄悄地摸到秃马人住处附近的山顶，浑然不觉的秃马人顷刻间便成了蒙古大军的俘虏。秃马人起义就这样被镇压了。

吉利吉思和秃马部的住地相邻，成吉思汗派兵征讨秃马部时，命令吉利吉思协同夹攻，但吉利吉思人不但不听从命令，还起而反抗。镇压了秃马部后，成吉思汗立即命令术赤带领军队征讨。吉利吉思人不敌西逃，蒙古军乘胜追击，再降吉利吉思，并使其西面的帖良兀、客失的迷、失必儿、巴只吉惕等“林木中百姓”臣服。成吉思汗将这些林木中百姓授予术赤管辖。

成吉思汗降服畏兀儿、哈剌鲁

成吉思汗建国后，他的威名四震，西部邻国有的主动归附，有的在强大的蒙古骑兵的进攻下灭亡。畏兀儿是首先归附成吉思汗的一个邻国。

畏兀儿属于唐代回鹘族的后裔。9世纪中叶回鹘汗国灭亡后，回鹘人分三支从漠北往西迁移，其中一支迁到了现今的新疆地区，居住于高昌（今新疆吐鲁番高昌故地）、北庭（今新疆吉木萨尔）一带，逐渐成为当地的主要民族，在辽、宋时代被称作高昌回鹘。畏兀儿人主要从事农业和商业，文化很发达，使用回鹘文，蒙古文就是采用回鹘字母拼写蒙古语而创制的。畏兀儿的首领称亦都护，意思是“幸福之主”。成吉思汗时代，畏兀儿的亦都护是巴而术阿而忒的斤。

畏兀儿早就接受了辽王朝的统治，公元1125年辽为金所灭，宗室耶律大石西迁入中亚建立了西辽政权，畏兀儿继续接受西辽的统治。西辽派少监常驻高昌，监视畏兀儿首领的活动，并向畏兀儿人收取苛重的赋税，因此畏兀儿人对少监怀有切齿之恨。

成吉思汗统一蒙古高原的消息传来，巴而术阿而忒的斤想依靠蒙古人的力量来摆脱西辽的残暴统治。当篾儿乞脱脱的儿子忽秃、赤剌温流窜到畏兀儿地区时，巴而术阿而忒的斤便毫不犹豫地杀死了他们派来联系的使者，并击败了他们。公元1209年，巴而术阿而忒的斤下令把少监围困在高昌城的一所房屋中，将房子推倒，压在他的头上，处死了这个作恶多端的西辽使臣。随后准备派遣使者到蒙古去，向成吉思汗报告这一情况。

使者还没来得及出发，成吉思汗派来的招降使者便到了畏兀儿。巴而术阿而忒的斤非常高兴，对蒙古使者进行了热情地款待，然后让自己的使者随同他们去面见成吉思汗。使者向成吉思汗禀告了巴而术阿而忒的斤的话。

公元1211年，巴而术阿而忒的斤遵照成吉思汗的旨令，亲自携带大量财宝到蒙古觐见。成吉思汗将女儿阿勒阿勒屯别乞嫁给了巴而术阿而忒的斤，并让他享有“第五子”的待遇。从此畏兀儿归降了成吉思汗，具有高于其他被征服国家的地位。而成吉思汗则借此打开了通往西方的通道，为此后的西进提供了便利条件。

公元1211年，畏兀儿以西的哈剌鲁也归降了成吉思汗。哈剌鲁便是唐代的葛逻禄，当时居于巴尔喀什湖东南伊犁河及楚河一带。哈剌鲁的首领为阿儿思兰汗，居于海押立（今哈萨克斯坦巴尔喀什湖以东卡帕尔城附近），处在西辽的统治之下，西辽也派少监驻在这里。成吉思汗派大将忽必来西征，来到了哈剌鲁境内。阿儿思兰汗遂杀死少监，向蒙古投降，并随忽必来朝见成吉思汗，敬献贽礼。因为阿儿思兰汗不战而降，成吉思汗对他倍加赞赏，也把自己的一个女儿嫁给他为妻。

成吉思汗灭亡西夏

成吉思汗建立大蒙古国后，当时在蒙古南面有西夏和金两个政权与其接壤，这两个国家在与宋、金、西夏三国长时间的割据战争中均已精疲历尽，国势衰败。而金人曾经杀害了成吉思汗的宗亲，从而与成吉思汗结下了很深的仇恨，所以推翻金朝的统治是成吉思汗早就定好的目标。

成吉思汗开始与西夏结盟，联手灭金。但西夏当时是金国的附属国，它不敢得罪金国，只求中立，拒绝了成吉思汗的要求。成吉思汗考虑到直接进攻金朝，其右侧必定会受到西夏的威胁，存在着双面夹击的危险。而如果先征讨西夏，金朝会因为政权内部不稳定而惧怕蒙古，不敢轻易出兵支援西夏，必定会造成西夏与金之间的不和；如果能征服西夏，不仅可以切断金的右翼力量，还可以锻炼蒙古骑兵于平原地带作战的本领，积累军事作战经验。因此，从战略角度来看，征讨西夏有着很重要的意义。为扫除灭金的牵制力量，成吉思汗决定先对西夏用兵，逼使西夏归顺。

早在公元1205年，成吉思汗就以西夏收容其仇人克烈部王罕之子桑昆为借口发兵侵扰过西夏边境，攻克了西夏的重要军事基地——力吉里寨，并围攻落思城，蒙古人烧杀抢掠，把能带走的东西全带走了，包括人口与牲口、粮食。

公元1207年，成吉思汗正式出兵西夏，他又以西夏不肯称臣纳贡，攻破西夏的边防军事重镇斡罗孩城（即兀刺海，在阿拉善右旗境内）后退去。不过，蒙古人见当时西夏军容齐整，兵力还较强，而蒙古人已屯兵5个月，消耗了大量粮草，后勤接济出了问题。为免遭更大的损失，蒙古人在公元1208年主动撤退了。

公元1209年，成吉思汗亲自率领蒙古大军征讨西夏，对西夏王国进行第三次军事入侵，蒙古大军出黑水城，强制攻下了斡孩罗城。西夏襄宗委任太子承帧为主帅，大都督府令公高逸为副帅，率领五万大军顽强抵抗，蒙古军历经苦战终于攻下了斡孩罗城，高逸被俘，不屈而死，西夏太傅西壁讹答被俘。此后，蒙古军一路向前到了兴庆府外围要冲——克夷门（今贺兰山山口），西夏命嵬名令公率五万大军前来抵抗，蒙古军骗诱西夏军出关，攻下了克夷门，并擒获了夏军新统帅“嵬名令公”，紧接着蒙古军攻占了关隘，直抵中兴府。

在攻城时，蒙军将黄河之水引来灌城，导致西夏军损失惨重，城墙都要坍塌了，西夏王派使臣去金国求助，金国却根本不理睬，眼看城墙就要垮了，恰好这时蒙古人自己修的引水堤坝也被冲垮，大水反而淹了蒙古人自己。成吉思汗为了尽快向金国复仇，便派西壁讹答入城招谕，寻求和解的办法。此时中兴府内的有生力量已经损耗得差不多了，见蒙古有和解意向，李安全就派人与成吉思汗谈判，表示愿意与蒙古和亲。夏王李安全献出自己的女儿，最终与蒙军达成了和解。此后，蒙军立刻撤兵，临走时释放了夏军的统帅嵬名令公，战争告一段落。西夏将都城兴庆府改成了中兴府。

公元1218年，成吉思汗开始西征花剌子模，并命令西夏出兵从征。由于蒙古在征金战争中频繁要求西夏出军，导致西夏损耗了大量人力、物力，朝野上下均对亲蒙政策很不认可，所以，西夏不肯出兵。成吉思汗便派出一支军队突袭了西夏，将中兴府围了起来，西夏神宗遵项逃到西凉府（今甘肃武威），遣人求降，成吉思汗因急于西征，同意其请求。

成吉思汗西征期间（1219—1225年），蒙古南征军统帅木华黎再次频繁征调西夏军队从征金朝，西夏抗蒙派再次在朝廷上誓死抵抗，公元1224年，西夏献宗主动和金朝议和，共同联合起来抵抗蒙军。同年，蒙古南征军统帅孛鲁（木华黎儿子）再征西夏，西夏军死伤惨重。

公元1225年，成吉思汗自西域返回。第二年春天，成吉思汗派使者前去责问西夏不送质子、拒绝派兵从征的行为，西夏抗蒙派竞将蒙古使臣杀死。于是蒙古愤而出征西夏，一路攻下了甘州、肃州、沙州与黑水城（今内蒙古额济纳旗境内），西夏献宗因担惊受怕而死，其侄南平王李晛即位。成吉思汗在灵州之役中大败西夏军，包围中兴府，由于一时无法攻克，留少数人马继续围困，自己则率领主力征伐金朝。李晛坚守半年后，由于城中粮食用尽，大量军民患病，又遇强烈地震，城中宫室皆被震塌，只好在6月向成吉思汗奉上祖传金佛及金银财宝请降，并恳求1个月后再献城。

李晛向蒙古请降后不久，7月，成吉思汗病死在度夏之地秦州清水县（现今甘肃清水县境内）。去世前，成吉思汗立下遗嘱："密不发丧，以免西夏反悔"。李晛投降后根据成吉思汗遗嘱被杀，蒙古军将领察罕力保银川，使得银川免受屠城的厄运，此外，他还入城对城内军民进行安抚，城内的军民得以保全，西夏灭亡。

蒙古占领金国大片土地

在第三次出征西夏并促使西夏投降后，公元1211年2月，成吉思汗在克鲁伦河誓师，祷告于天，请求神助，誓为被金所杀之祖先报仇。借助属国西夏的人力、物力支援，成吉思汗开始发动了第一次侵掠金朝的战争。

7月，蒙古主力部队按抚州（今张北）—宣德府（今宣化）—居庸关路线向中都（今北京）方向进发。此后，蒙古军先锋哲别攻破了金朝西北路边墙上的乌沙堡，占领乌月营，金朝撤掉了金军主帅独吉思忠，由完颜承裕指挥。完颜承裕把金军从抚州（今河北张北）撤至宣平（今河北张家口西南），放弃了无法守御的昌州（今内蒙古太仆寺旗西南九连城遗址）、桓州（今内蒙古正蓝旗北四郎城遗址）、抚州等三州之地。

成吉思汗率军至抚州，金军30万在野狐岭（今河北万全县膳房堡北）防御。成吉思汗率军进攻，大破金军，前锋攻入居庸关，攻打中都不克而还。成吉思汗长子术赤等率蒙古军由西南路攻金，由汪古部所守地方进入边墙，攻入丰州（今内蒙古呼和浩特东白塔村）、云内（今内蒙古托克托县境内）、东胜（今托克托县）、武州（今山西五寨县北）、朔州（今山西朔县）等地。

公元1212年，蒙古军相继攻克宣德州（今河北宣化）、德兴府（今河北省涿鹿），而攻西京（今山西大同）不克，退走。为了完全切断金之后援，成吉思汗派哲别进攻金之老巢东京（今辽阳），12月哲别率军攻占了东京，大掠而还。

公元1213年，蒙古军大举进攻，再入野狐岭，攻下宣德、德兴诸城，在怀来（今河北怀来）击败金军，一路追到了居庸关北口。由于居庸关防守坚固，不易攻破，派怯台那颜率领少数人假装攻击居庸关，而主力则绕道紫荆口（河北易县西）入关，从背面包抄居庸关，形成南北夹攻的局势，从而攻克了关口，并进一步围攻金中都。

成吉思汗深知中都城防坚固，不易攻克，决定由怯台那颜率军继续围中都外，其余人马分兵三路深入中原腹地，其中成吉思汗和他的幼子托雷率领的中路军从紫荆关入据，侵略山东、河北、河东（今山西），共20多个郡；术赤、察合台、窝阔台率领的右路军，沿着太行山向南，侵扰保、太原、汾等20多个州；哈撒儿、斡赤斤等率领的左路军，沿海一路向东，侵扰蓟州（今蓟县）、辽西诸郡。蒙古三路军几乎侵掠了黄河以北的大片土地，只有中都和真定（今河北正定县）等11城未受侵掠。

公元1213年八月，金廷内部发生政变。完颜胡沙虎杀死永济，自立金宣宗。

公元1214年春，蒙古三路军会合于中都附近。金宣宗献卫绍王女岐国公主（即成吉思汗之妻公主哈敦），以及童男童女和大量金帛求和，成吉思汗退出居庸关，驻夏于鱼儿泺（内蒙古克什克腾旗达里诺尔），遣木华黎率军掠辽西、辽东州郡。

公元1214年五月，金宣宗南迁都城于河南的汴京（今开封）。六月，金中都的军队哗变，蒙古再次进兵围中都，公元1215年攻下中都。此时木华黎也攻克了辽西、辽东诸州县。蒙古军夺取中都后，又对今河南、河北、山东等地进行了抢掠。

公元1217年，成吉思汗封木华黎为“太师国王”，全权指挥南征事宜，统领扎剌亦儿、弘吉剌、亦乞列思、兀鲁兀、忙兀五部探马赤军以及汪古部军和归降的契丹、女真、汉诸军征伐金朝。公元1223年，木华黎死，子孛鲁袭职。蒙古太祖十三年至乾定四年（公元1218—公元1226年），木华黎父子率领五投下探马赤军及汉军与金朝长期作战，他们重用投降蒙古的汉族地主武装来控制和占领地方，金朝也竭力争取割据北方的汉族武装守卫国土，经过近 10 年的争战，蒙古国控制了河北、山东和山西的大部分地区。

兴师问罪，占领花剌子模国

花剌子模最初只是中亚一个古老的小国，自 12 世纪下半叶开始慢慢走向强盛。摩诃末与他的父辈通过半个世纪的对外扩张，使得花剌子模逐渐变成了一个庞大的中亚强国，占据了整个波斯（今伊朗）、呼罗珊（今伊朗东北部、土库曼斯坦东南部、阿富汗西北部地区）、阿富汗及河中地区（锡尔河、阿姆河流域之间）。

在成吉思汗出征金国中都（今北京）附近停留期间，花剌子模沙（国王）阿拉乌定·摩诃末（穆罕默德）派遣使节晋见成吉思汗，其目的是为了了解蒙古征服金国后的真实情况。成吉思汗盛情款待了使团成员。

公元 1216 年，成吉思汗派使者及商队对花剌子模国（居今黑海东、威海西，锡尔河南）进行了回访。公元 1218 年春，花剌子模沙于布哈拉接见了蒙古使者，对成吉思汗的提议很是赞同，因此，双方达成了和平通商协定。

不过没多久，双方便发生了两件伤害友好关系的事。其中第一件为边界纠纷与武装冲突。速不台消灭以忽都为首的篾儿奇惕残余势力，正准备胜利回师时，被花剌子模沙追击，一路追至谦谦州（今叶尼塞河），冲突中，花剌子模沙差点被俘。此后，当哲别受命消灭西辽时，花剌子模又抢先占领了直到讹答剌（在锡尔河上游）为止的原属西辽的领地，挑起了两国间的边界纠纷。

第二件为商队被害事件。公元 1218 年，成吉思汗按照蒙古与花剌子模两国达成的通商协议，派出了一支多达 450 人的大商队，并用 500 峰骆驼驮着金、银、丝绸、貂皮等贵重商品，还有成吉思汗给花剌子模沙的信前去觐见花剌子模。然而有人故意报告摩诃末说，商队中藏有成吉思汗的密探。摩诃末听后并未去查清事情的真相，就下令处死商队成员，还没收了他们所有的财物。亦纳勒出黑按照摩诃末的命令，对蒙古商队成员进行屠杀，其中只有一人逃了出来，躲过了这场劫难，向成吉思汗汇报了商队被害的经过。

成吉思汗亲自率领大军向花剌子模问罪，命令他的弟弟斡赤斤留守在蒙古，木华黎则继续带领军队和金朝作战。公元 1219 年 6 月，蒙古大军从克鲁伦河畔出发，越过阿尔泰山到了也儿的石河（额尔齐斯河）畔度夏。术赤、察合台、窝阔台、托雷及大将速不台、哲别、大断事官失吉忽图忽等随行。总计兵力 10 ~ 15 万（当时被蒙古征服西夏拒绝出兵，结果导致蒙古出兵西夏）。

当时，花剌子模尽管是个大国，拥有军队40万，但是，大多数领土都是刚刚兼并的，统治并不稳固，再加上统治上层内部矛盾重重，摩诃末与他母亲秃儿罕可敦及其所属的突厥、康里部落首领均不和。另外，摩诃末和速不台所率的蒙古军交锋后，也得知蒙古军英勇善战，因此，蒙古军到来时，摩诃末没有率军迎敌，下令各地坚守城镇，采取了消极防御的战略。

公元1219年秋，蒙古军经长途行军至讹答剌。在此兵分四路：一路由察合台和窝阔台率军攻讹答剌；一路由术赤沿忽章河（锡尔河）攻其下游城市毡的；一路由阿剌黑那颜率领攻打上游的别纳客忒（今乌兹别克斯坦塔什干南）、忽毡（今塔吉克斯坦列宁纳巴德市）等地；一路由成吉思汗与拖雷率主力渡锡尔河，越沙漠直趋河中地区的不花剌。

公元1220年3月，术赤等三路军队将锡尔河两岸的城市完全占领，成吉思汗的中路军也攻下了伊斯兰教的文化中心布哈拉城，彻底将花剌子模新都撒马尔罕（今乌兹别克斯坦主要城市）与旧都乌尔根奇（今土库曼尼亚城市，汉籍曾写为兀龙格赤）之间的交通切断了。

公元1220年5月，蒙古四路大军于撒马尔罕城下胜利会师后，包围了撒马尔罕。历经6天的苦战，最终将撒马尔罕城攻下。当时撒马尔罕城守军大概有11万。城破之前，花剌子模沙便从城内逃跑，成吉思汗于是派耶律阿海留守城内，哲别、速不台率3万骑兵追击摩诃末；窝阔台率术赤、察合台进攻兀龙格赤；成吉思汗和托雷向阿富汗推进，进攻巴里黑（今阿富汗马札里沙夫西）、塔里寒（今阿富汗塔利甘）等地。

哲别等奉命专门追击摩诃末，一路不停驻，也不杀掠，紧追不舍。摩诃末东躲西逃，最后逃至里海南岸一个岛上，大概在年底病死，传位给了其子札兰丁。

1220年7月，窝阔台率领5万兵马开始进攻乌尔根奇。当时，城内的守将是忽马尔，他统领了11万大军，日夜坚守着城墙。该城防卫工事非常坚固。蒙古军在城周围扎营，一边派使者劝居民投降，一边忙着做好攻城前的准备工作。等攻城的器械准备好后，蒙古军立刻向城内进行了全面进攻，并在当天成功破城，闯入街区后，士兵四处烧杀，由于居民的顽强抵抗，蒙古军只得转入巷战。袭击阿姆河桥的3 000蒙古兵全部死亡。历经7天的激烈战斗，蒙古军最终攻占了全城。按照志费尼《世界征服者史》的记载，乌尔根奇统帅的11万守军，全都阵亡。工匠、妇女与儿童则被当作俘虏，送往蒙古。这次战役的胜利，使得河中地区全都被蒙古军占领。

之后，成吉思汗与托雷率军南下，相继攻占了那黑沙、忒耳迷（今乌兹别克斯坦的卡儿施、贴尔美兹）与巴里黑。托雷则率领一支万人精锐部队，从巴里黑出发，向呼罗珊诸州（今阿姆河以南，兴都库什山脉以北地区）进军。成吉思汗转而攻向塔里寒，由于塔里寒城堡军民的英勇抵抗，使蒙古军久攻不克，直到托雷率大军增援，塔里寒才被占领。

蒙古军主力进入呼罗珊地区后，札兰丁在哥疾宁集结军队，与蒙古军作战，在今阿富汗境内查里卡东北的八鲁湾打败了由成吉思汗养弟失吉忽秃忽率领的三万蒙古军。

成吉思汗于是亲自率军迅速迎击札兰丁。途经古儿疾汪（今阿富汗境内）、范延时，遭到当地人民顽强抵抗。在攻占范延时，察合台的长子木图干中流矢被刺死。成吉思汗为了报仇，杀害了范延城内的所有居民。当成吉思汗率军赶到哥疾宁城时，札兰丁却在15天前离开了这座城，向印度河方向逃走，想在北印度建立据点，抵抗蒙古军，用来收复失地。

成吉思汗派窝阔台镇守在哥疾宁，自己则率领大军追击札兰丁。公元1221年10月，两军于申河北岸相遇，通过激战，札兰丁的六七万大军全都覆没，札兰丁从马上跳入河里，游到对岸，只剩4 000多名跟随者逃到了印度。

公元1221年冬，成吉思汗驻扎于不牙迦图儿，休整部队。公元1222年春，至白沙瓦（今巴基斯坦北部）沿原路返回。巴剌则率领蒙古军对札兰丁余部继续追击，然而一路都没看到他们的影子，又加上时值炎夏，无法适应北印度的气候条件，便在公元1223年撤回，于巴鲁安和成吉思汗会师。9月，成吉思汗渡过阿姆河，于撒马尔罕城东扎营，10月下诏返回。公元1224年至也儿的石河（额尔齐斯河）驻营，次年2月回到土拉河行宫。

攻占了花剌子模国后，成吉思汗派长子术赤镇守，还在各城建立达鲁花赤（督官）。乌尔根奇城的牙老瓦赤、马里忽惕（属忽鲁木石氏）父子俩对成吉思汗进言提出了管理城邑的方法，得到了赞同，于是命马思忽惕和达鲁花赤一同管理布哈拉、撒马尔罕、乌尔根奇等中亚城市，命牙老瓦赤管理中都（今北京）。

成吉思汗通过发动对西夏、金朝的战争，统一了我国北方黄河以北的大部分地区，为其子孙统一中国奠定了基础。又西征花剌子模，为后来征服欧亚草原开辟了道路。

窝阔台汗灭亡金朝与西征

窝阔台南征及灭金、攻南宋

公元1227年，成吉思汗出征西夏期间，病死于秦州清水县，终年66岁。

成吉思汗生前留下遗嘱，以其第三子窝阔台为汗位继承人。

不过，蒙古国的汗位继承设有订立严格的制度，大汗指定的候选人需要经过“忽里台”选举才能成为合法继承人。因成吉思汗死后两年，战事繁忙，“忽里台”选举一直没及时举行，而只是按蒙古幼子继承家产的习惯，由拖雷暂时代理国家政事。

公元1229年秋，拖雷依照成吉思汗的遗嘱，召集东西道诸王及大臣在怯绿连河畔的阔迭额阿剌勒举行忽里台，西道宗王术赤早于成吉思汗逝世，其子斡儿达、拔都和叔父察合台一起前来参加，成吉思汗之弟铁木哥斡赤斤为首的东道诸王均参加了忽里台，在忽里台上几乎所有人都推举窝阔台为大汗。

窝阔台

窝阔台即位后，继续推行对外扩张政策，并把攻灭金国作为首要的目标。公元1230年，窝阔台汗与弟拖雷率军由山西渡黄河入陕西。公元1231年，蒙古军破凤翔，金朝弃京兆（今西安），迁民于河南，尽弃潼关以西地区。

公元1231年夏，金朝派重兵防守潼关与黄河一线，蒙古军历经长时间攻克均未果。于是采用拖雷的提议，蒙古军分兵三路攻金，窝阔台汗统中路，渡黄河向洛阳进攻；铁木哥斡赤斤率东路军从山东济南进攻；拖雷率西路军从陕西宝鸡南下，进入宋朝境内，沿汉水到唐（今河南唐县）、邓（今河南邓县），构成对金朝的三面包抄；约定于次年正月在金朝都城南京（今河南开封）会师。秋天，窝阔台汗带领中路军强渡黄河进攻郑州，金朝黄河防线崩溃。拖雷率西路军出宝鸡，向宋朝借路被拒，强行进入宋境，直抵唐、邓。金朝得知西路蒙古军向南包抄南京，调派了守潼关的20万大军往南阻拦蒙古军，保卫京师。大将完颜合达与移剌蒲阿率军从阌乡（今河南灵宝西）至邓州，在邓州西的禹山设下埋伏，击退蒙古军。

拖雷西路军兵少于4万，所以避开金军主力，分路进攻南京，完颜合达等率军跟随追击，支援南京。拖雷率军一面行军；一面袭击跟随的金军，导致金军疲惫不堪。公元1232年春，金军追到河南钧州（今河南禹县）南三峰山，正好大雪季节，拖雷在金军冻饿疲惫时发起猛攻，金军溃败，完颜合达、扬沃衍逃到钧州。窝阔台汗率军到达，蒙古军攻下钧州城，完颜合达、扬沃衍自杀。

三峰山一役，金军主力被歼，潼关守将也献关投降蒙古，蒙古军又攻占河南十余州县，会师南京。窝阔台汗命速不台等继续围南京，自己率主力北还。拖雷在北返途中病故。

速不台率军包围南京，南京粮尽，金向南宋求助，并未收到回应。公元1233年年初，金哀宗带领少数人突围，逃到归德（今河南商丘），南京守将降服于蒙古。尽管金朝大势已去，但中京（今河南洛阳）、归德等城依旧难以攻下。三峰山之役后，金朝汉族土豪武仙收溃军10万驻扎在唐、邓山中继续抵抗蒙古军。公元1232年年底，蒙古派使者约宋朝联合灭金，得到了宋理宗同意，约定灭金后黄河以南地区归宋。

公元1233年，宋襄阳守将孟珙击败武仙军，夺邓州。同年夏，金哀宗自归德再迁蔡州（今河南汝阳县），蒙古军又围蔡州。公元1234年春，蒙古军在南宋军队配合下攻克蔡州，金哀宗自杀，金朝灭亡，蒙古统一了黄河以北地区。

蒙宋联合出兵灭金之后，蒙古和南宋达成协议，蔡州（今河南汝阳县）、陈州（今河南淮阳）西北归蒙古，以南归宋朝。公元1234年年初，蒙古军主力撤回北部，南宋紧抓河南地区空虚的机会，发兵收复了三京（西京洛阳、东京开封、南京归德）及河南其他地方。蒙古立刻出兵反击，宋军放弃刚占领的汴、洛等地败退回境。年底，蒙古派使者前往指责南宋破坏和约，挑起事端，并以此为借口准备出征南宋。

公元1235年，蒙古军分东、西两路进攻南宋。东路军在皇子阔出等人的率领下往南攻打长江中游一带。公元1236年，南宋襄阳守军投降蒙军，蒙古军继续往南到达今安徽、湖北地区后退回，宋军恢复襄阳等地。西路军由皇子阔端等人率领进攻四川，在公元1236年、公元1238年、公元1241年三年连续三次攻入四川，攻下大多数城镇后退兵。这时期蒙古征宋，只以讨伐与抢掠为目的，并没占领攻下的南宋地区。

窝阔台时期蒙军的西征

成吉思汗西征东归后，花剌子模首领札兰丁自印度回到波斯地区，恢复了花剌子模西北部地区，还出兵攻打巴哈塔哈里发，侵扰邻近诸小国。窝阔台汗即位后，派绰儿马罕率军三万征讨札兰丁。

公元1230年，蒙古军迅速进兵，穿过呼罗珊、木剌夷，冬季到达阿哲儿拜占。札兰丁逃到木干草原，在蒙古军追击下东奔西逃，公元1231年8月，一库尔德农夫于今土耳其境内东部山区将逃得疲惫不堪的札兰丁杀死，花剌子模国彻底退出历史舞台。绰儿马罕受命镇守于此，还征服了周围诸国。绰儿马罕死后，其子拜住统军，他们起用波斯人管理这一地区，叙利亚的大马士革王也向其称臣纳贡。

而蒙古还在继续西征，蒙古灭金之后，窝阔台汗举行忽里台，会上决定继续征讨钦察、斡罗思等未降服诸国，因长子属下兵力最强，命诸王派长子出征。成吉思汗长子术赤的次子拔都、窝阔台汗长子贵由、拖雷长子蒙哥等均带领部下出征，拔都任全军统帅，蒙古名将速不台、兀良合台做协助。这就是历史上所说的“长子西征”，或“拔都西征”。

公元1236年春，西征军出发，秋天到达不里阿耳（今伏尔加河上游地区），攻破其城。冬季到亦的勒河（今伏尔加河下游），此处的钦察人投降，以八赤蛮为首的另一部分钦察人则进行顽强抵抗，直到公元1237年春，才被彻底征服。

公元1237年秋，拔都召集出征宗王大会，大会决定继续出征斡罗思。蒙古军出征后，很快击败了无法团结对敌的斡罗思各公国，公元1240年，攻下其宗主国乞瓦国都，全部斡罗思投降，只有少数贵族逃到了马札儿（即今匈牙利）。

在拔都率军攻打斡罗思的同时，贵由与蒙哥率军在1239年攻入阿速地区，征服了阿速部。公元1239年秋，贵由、蒙哥奉命返回蒙古。

公元1241年春，蒙古军兵分两路，一路由察合台子拜答儿、大将兀良合台等率领进攻孛烈儿（波兰）；一路由拔都与大将速不台等率领攻打马札儿。拜答儿等率军长驱直入孛烈儿，当时孛烈儿是由若干小封国构成的，各自为政。国王博列思老见蒙古军攻来，弃都城克剌可夫逃走。蒙古军攻入昔烈西亚，过奥得河，攻打其都城弗洛茨拉夫。昔烈西亚侯亨利退回驻营于里格尼志城，集结孛烈儿军、日耳曼十字军及条顿骑士团3万人迎敌。蒙古军于是放弃都城弗洛茨拉夫，进入里格尼志城，打败孛烈儿军，亨利战死。又往南攻入莫剌维亚，各地坚守城池，久攻不下，遂撤军往马札儿与拔都会师。

拔都率蒙古军主力分三路进攻马札儿，当时马札儿领土广阔，包含了今匈牙利、斯洛伐克及南斯拉夫一带，南到亚得里亚海，在佩斯城建都。3月，蒙古军抵达佩斯城附近。4月，国王别剌四世率马札儿军及援军6万人迎战，大败，佩斯城被攻占。蒙古军于秃纳河（今多瑙河）以东度夏。十二月，趁冰封渡过秃纳河，攻陷格兰。

蒙古军队征服斡罗思，侵入奥匈，大大震动了西欧各国，他们惊呼“黄祸”来了。西欧许多城市修筑工事，罗马教皇也发出号召准备组织十字军。但是，由于斡罗思和东欧各国人民的奋勇抵抗，蒙古军队已经无力西进了。公元1242年四月窝阔台去世的消息传到蒙古军营，拔都率军东撤。

贵由汗即位及吐蕃归附蒙古

“黄金家族”内部埋下纷争种子

公元1241年窝阔台汗去世。当时诸王随拔都西征未归，成吉思汗幼弟铁木哥斡赤斤乘机率军西来，图谋篡位，幸好贵由及西征诸王及时赶回，其阴谋没有得逞。

窝阔台在世时，曾定第三子阔出为大汗继位人，然而阔出却在征宋战场上死去。窝阔台将阔出的长子失烈门养于汗廷，并曾说过“失烈门将是大位的继承者及继任人”。所以当时很多人觉得应按照先可汗窝阔台的遗嘱，让失烈门继位。但失烈门当时仅是一个几岁的小孩子，根本无法处理军国大事。

于是，窝阔台妻乃马真氏脱列哥那皇后欲立自己所生的长子贵由为汗。但贵由在西征时不尊重西征统帅拔都，二人不和，因此，拔都借故不来参加选汗大会，致使选举新汗的忽里台一再推迟。因此，窝阔台汗去世后一直由其妻脱列哥那皇后摄政。

脱列哥那皇后摄政期间，因太过信任其女仆徒思城回回人法提玛，害了很多之前窝阔台重用的大臣，使中书右丞相镇海与燕京行台断事官牙老瓦赤被迫逃到窝阔台汗子阔端处避难。中书令耶律楚材甚至含怨而死。之后，她任用大商人奥都剌合蛮，接替牙老瓦赤的职务，管理汉地政务。原管理畏兀儿与河中地区政务的马思忽惕伯也逃至术赤子拔都处。她还派斡亦剌人阿儿浑去西域，杀害阔里吉思，并管理呼罗珊等阿姆河迤南地区的民政与财赋。

脱烈哥那的摄政，导致成吉思汗的《札撒》被废弃，整个蒙古国变得法度不一。诸王“都向四处派遣使臣，滥发诏旨牌符；他们私下结党，各自为政”，致使蒙古帝国处于崩溃的边缘。

公元1243年，拔都于亦的勒河下游东岸建筑了萨莱城（今俄罗斯阿斯特拉罕附近），并将其当作都城来统治他所占的地域，拔都的统治区叫钦察汗国，也叫金帐汗国。其疆域东起也儿的石河（今额尔齐斯河），西含斡罗思诸公国。

公元1246年，窝阔台汗死后第五年，拔都才派其兄弟来参加忽里台，各支宗王在选汗大会上推举贵由为汗。在忽里台上各支宗王还按贵由的提议一致立誓，贵由之后把汗位保留在其家族中。

然而，贵由即位时，拔都与宗亲们尚未到达，脱烈哥那及异密们就运用自己的权力立了贵由为大汗。拔都对此事甚是恼火，拒不承认贵由为蒙古大汗。

而在贵由的父辈，术赤与拖雷关系较为密切，而窝阔台与察合台的关系也非同一般，所以“黄金家族”中便形成了拖雷系和窝阔台系两大派系。两大派系间尽管表面上拖雷系为服从臣属，但是军事实力以及土地臣民却远在窝阔台系之上。父辈的隔阂也传给了儿子，特别是拖雷之死，拔都认定是窝阔台谋杀的，因此拔都的钦察汗国基本上不听从窝阔台的指挥。

所以，贵由的即位为“黄金家族”内部的纷争埋下了种子。

蒙古招抚吐蕃，扩大帝国版图

贵由汗即位不久，脱列哥那去世。贵由汗处死了脱列哥那的亲信法提玛和奥都剌合蛮，又经审讯处死了企图篡位的成吉思汗幼弟铁木哥斡赤斤。任命牙剌瓦赤管理中原，马思忽惕伯仍管理畏兀儿和河中地区，阿儿浑继续管理呼罗珊地区。降旨收回朝廷此前滥发的牌符。

公元 1248 年，贵由汗亲自率军西去，至横相兀儿（今新疆乌伦古河上游河曲处）突然死去。一说贵由此行是出征拔都，被拔都派人毒死的。贵由汗在位三年，终年 43 岁。

尽管贵由汗即位后，未及发动征伐便死去，但蒙古还是在这一时期扩大了帝国版图。其弟阔端在此期间遣使招抚吐蕃，使吐蕃归附了蒙古。

吐蕃在唐代非常强盛，能和唐朝分庭抗礼。不过，自公元 842 年赞普朗达玛被刺杀后，吐蕃王朝逐渐瓦解。13 世纪，蒙古兴起之时，吐蕃后弘期佛教各教派与地方势力结合形成了许多地方政权，互不统属。当时藏传佛教的宁玛派、噶当派、萨迦派、噶举派均有很强的势力和影响。

蒙古贵族征服西夏后，接触到藏传佛教。皇子阔端奉命率军出征四川时注意到了吐蕃，公元 1239 年，派遣多达纳波率一支军队进入今青藏地区侦察，得知后藏地区的萨迦派首领萨迦班智达（即衮噶坚赞）学问最好、影响最大，于是派使臣邀请其前来会见。公元 1245 年，萨迦班智达派遣两个侄子八思巴和恰那多吉先行，自己沿途与吐蕃各地方首领商议归顺蒙古事宜。

同年，八思巴等人至阔端驻地凉州（西夏西凉府治，今甘肃武威），萨迦班智达于第二年至。由于阔端参加选举贵由汗的忽里台未归，公元 1247 年双方才会面。萨迦班智达与阔端议妥了吐蕃归顺蒙古的条件，由萨迦班智达给吐蕃各地僧俗首领写了一封公开信，劝他们接受条件，归顺蒙古。随后各地根据蒙古汗廷的要求，造册上报人口与贡赋数字，从此青藏高原归属蒙古的统治，萨迦派也因此获得吐蕃宗教领袖的地位。

蒙哥汗征服中亚、东南亚

拖雷家族夺得蒙古帝国统治权

贵由汗死后，由皇后斡兀立海迷失摄政。斡兀立海迷失很想把王位传给窝阔台系的一位王子，要么是贵由的侄儿失烈门，或者是传给她与贵由所生的忽察（当时还很年幼）。

不过，作为成吉思汗家族之首的拔都努力排除窝阔台系，在这件事情上起到了主导作用。他和拖雷的遗孀唆鲁禾帖尼联合起来——唆鲁禾帖尼为克烈部人（王罕的侄女），她不但精明，还很明智。在她看来，她家族的转机来到了。她说服拔都提名她与拖雷所生的长子蒙哥为大汗。

拔都作为长支宗王在自己的封地召集了选汗大会，决定推举拖雷长子蒙哥为汗，择日召开忽里台。然而，投票赞成蒙哥的只有术赤和拖雷家族的代表。窝阔台、察合台系诸王不赞同，他们以此会未在蒙古本土召开为由不承认这个决定，拒不赴会。

公元 1251 年 7 月，不顾窝阔台、察合台系诸王的反对，拔都委托他的弟弟别儿哥重新召集了一次库里勒台。别儿哥完全不理会窝阔台家族的抗议，也不理会支持窝阔台家族的察合台兀鲁思首领也速蒙哥的反对，宣布蒙哥为大汗。因此，帝国的统治权最后从窝阔台家族转到了拖雷家族。

这次政变轻易地获得了成功，其原因在于：第一，蒙哥是强者的典型，和他相比，正统的窝阔台诸王们太年幼而无法得到尊重；第二，拔都是成吉思汗家族的长者及长者之首，在王位空缺时期处于一种行使独裁权利的地位。

蒙　哥

不过，窝阔台家族被赶下王位以及拖雷家族获胜侵犯了正统性的王位继承，主要受害者是不会不进行丝毫反抗便接受它的。被罢黜的窝阔台宗王们（尤其是失烈门）在库里勒台快结束时到达，看似来对新选出的大汗表示效忠，而事实上是想袭击并推翻新汗。然而，他们的计划败露，不仅卫队被缴械，就连顾问也被处死，其中包含合答黑与镇海。他们自己也被逮捕了起来。

蒙哥毫不留情面地惩治了这些不幸的堂兄弟们，甚至将前摄政皇后斡兀立海迷失投到水中淹死了。蒙哥的弟弟忽必烈暂保住了失烈门一命，把他带去驻扎在自己封地的蒙军中，但是，后来失烈门还是被蒙哥投入水中淹死。贵由年幼的儿子忽察被放逐到哈拉和林以西的地区。窝阔台汗之孙海都主动投降，得到赦免。因此，合丹和海都仍保有自己的领地。后来海都举起窝阔台正统性的旗帜，给蒙哥的继承者造成了很大的麻烦。

最后，蒙哥处决了察合台兀鲁思的首领也速蒙哥，他曾站在蒙哥的对立面，蒙哥派察合台家族的另一个王子——哈剌旭烈兀代替了他的职务。以后又以哈剌旭烈兀的遗孀、兀鲁忽乃公主继位。察合台的另一个孙子不里被交给拔都，拔都处死了他，因为他在欧洲战争时犯下了反对拔都的罪行。

旭烈兀建立伊利汗国

自从蒙古帝国消灭了花剌子模，征服了东欧各国后，蒙古帝国的势力范围便扩展至中亚和东欧。公元1251年，蒙哥继承帝位后，为了扩大领土，再加上当时位处伊朗的木剌夷国不肯对蒙古称臣和朝贡，因此蒙古借此发起第三次西征。因蒙哥集中征服南宋，因而由其弟弟旭烈兀率军进行第三次西征。

公元1252年，旭烈兀派先锋元帅怯的不花率部先发进军。次年10月，旭烈兀从蒙古出发，公元1256年渡阿姆河，和怯的不花军会合。木剌夷国教主鲁克奴丁派其弟求和，并被迫下令吉儿都怯守将出降，但不肯亲身来见旭烈兀。后来，旭烈兀觉得鲁克奴丁假意投降，便把西征军分为三部，向木剌夷都城麦门底司堡（即现今伊朗剑北部吉兰省内）进攻。鲁克赖丁于11月19日投降。12月，西征军进攻兰麻撒耳。当时怯的不花军和波斯军一起攻击兰麻撒耳堡，并将兰麻撒耳堡攻克。至此，木剌夷国全部被旭烈兀占领。

公元1257年9月21日，旭烈兀率军向阿拔斯王朝（即现今伊拉克）发起攻击，派波斯军统帅拜住（绰儿马罕的继任者）率领其部下作为右翼，通过毛夕里（伊拉克摩苏尔）南下合围。旭烈兀本想迫使阿拔斯王朝投降，但遭到哈里发谟斯塔辛的傲慢拒绝，旭烈兀的使臣亦受辱被逐回。

公元1258年1月，蒙古诸军到达报达，从四面同时进攻，报达东门先被炮石击毁，官民逃出城者均被屠杀。2月月初，谟斯塔辛派其子与官员到旭烈兀营求和，但为时已晚，蒙古军继续攻城，谟斯塔辛不得已亲率诸子及大臣们出城投降。蒙古军入城后，肆行焚掠、屠杀十余日，据载，报达军民在蒙古军攻城以及城陷后的烧杀中，死难者有八十万人。不久后，哈里发谟斯塔辛父子也被处决。阿拔斯国彻底灭亡。公元1258年，旭烈兀派使向蒙哥汗报捷，蒙哥汗命其管领阿姆河以西地区。

公元1259年秋，旭烈兀分兵三路进攻叙利亚，第二年1月，攻下阿勒颇城，叙利亚算端纳昔儿放弃大马士革，企图逃去密昔儿（埃及），后来被蒙古军擒住。大马士革长官献城投降。这时，使者送来蒙哥的死讯，旭烈兀率军回波斯，留先锋怯的不花统帅二万军队继续征进。7 月，密昔儿马木鲁克王朝算端忽秃思（原是大臣，后篡位自立），将蒙古派来劝说投降的使者杀死，然后进军巴勒斯坦。9 月，和蒙古军在阿音札鲁德大战一场，怯的不花战死，蒙古军伤亡惨重。密昔儿乘胜占据大马士革，杀害蒙古所置官吏，阻止了蒙古西征的势头。

同年，旭烈兀于波斯等地建立伊利汗国。

兀良合台攻占大理

在派遣旭烈兀西征的同时，蒙哥汗也在准备攻打南宋。但南宋有长江天险可依托，强取不是明智选择。此时，忽必烈建议，进兵大理国，借西南人力、物力，形成迂回攻宋之势。

于是，蒙哥汗决定避开宋军主要防线，命长弟忽必烈率军攻打云南的大理政权，以从上游绕过长江天险，迂回攻打南宋。

忽必烈灭大理蒙军
三路进军路线图

公元 1253 年秋，忽必烈和蒙古将领速不台子兀良合台从驻地六盘山一带带领 10 万大军，绕过南宋占据的四川南部，从松潘（今四川阿坝藏族自治州松潘）分兵三路，取道吐蕃（现在四川的阿坝、甘孜藏族自治州）向大理进发。

公元 1253 年冬，蒙古军进入大理境内，派使臣先行至大理招抚，大理国国王段兴智拒绝招降，杀蒙古使臣。随后，段兴智命大理丞相高祥率军防守金沙江沿线，又遣将领高通率一部驻会川，抵御蒙古军。

12 月初，大理军和蒙古中、西两路军紧张对峙。兀良合台部翻过旦当岭（今云南中甸境）进大理境，劝降么些部落（今纳西族）成功，攻占三赕（今丽江），从侧后攻击大理军主力。高祥见处境危险，急忙退兵大理都城，依靠坚固的城墙防守。

大理城东靠洱水（今洱海），西邻点苍山，北、南有龙首、龙尾两关（今上关、下关）作屏障。高祥派重兵占据咽喉要地龙首关迎敌。蒙古中、东路军相继渡金沙江和西路军在龙首关会师，联合攻击，歼灭了大理军主力，乘胜追击在 12 月 15 日占领都城。段兴智、高祥逃走。

忽必烈采纳谋臣姚枢的建议，没有大开杀戒反而安抚百姓，稳定秩序，并派部队攻占邻近的堡寨，在姚州（今云南姚安北）俘斩高祥。公元 1254 年春，忽必烈任兀良合台为总督军事，留在云南继续征伐没有归附的部落，任刘时中为宣抚使治理大理，独自带领一部班师。

同年秋，兀良合台带领军队攻下押赤城（今昆明），并俘降段兴智，然后用段氏领所部兵 2 万作为先锋，攻克没有归附的城寨，占领大理全境。

蒙哥病亡，夹攻南宋无疾而终

忽必烈自大理班师后，回到自己在漠南的驻地。公元 1256 年修筑开平城。忽必烈采纳汉族幕僚的建议，在自己陕西京兆一带的封地内推行中原封建制度，使被占地区的经济迅速恢复。但是，忽必烈势力在中原的发展引起蒙哥汗的猜忌，怀疑忽必烈侵吞中原财赋，双方关系一度紧张。后忽必烈主动和解。

同年蒙哥汗开始征宋，兵分两路，派铁木哥斡赤斤孙宗王塔察儿带领东路军进发襄阳、两淮，自己则带领西路军进攻四川，派幼弟阿里不哥留守蒙古。蒙哥汗打算先集中优势兵力平定西南和中原，对偏安东部的南宋小朝廷的兵力形成压力。同时希望在西部战役中快速获胜，致使宋廷有条件投降，以减少蒙古人的伤亡。

公元 1258 年，蒙哥汗率西路军入川，塔察儿率东路军进至长江岸边而还，毫无进展。蒙哥汗改命忽必烈统帅东路蒙古、汉军出征南宋。

但是，蒙哥的军队也遭遇巨大困难。他的进军路线尤为艰辛，不是道路崎岖不平，便是人迹罕至。同时西南地区的酷热让人无法忍受，连绵起伏的山峦地带难以攻克。骑兵作为蒙古人的主要力量在这次远征中作用不大。天然环境对防守者非常有利，他们运用熟悉地形这一有利条件，成功阻拦了蒙哥的进攻步伐。而包围据点、围攻城镇却变成了此次战争的主要内容。尽管蒙古人对围城战已很熟悉，但是这种军事战术并非他们的长项。所以，蒙哥只好在西南耽搁了较长的时间。

公元1258年3月，蒙哥的军队攻占了四川重镇成都后，他们的下一个目标锁定在重庆周边地区，这里最大的障碍是合州。南宋将领王坚力保这个城镇，击退蒙古侵略者。他没有被来势汹汹的进攻所吓倒，宁死不降。结果，蒙哥的军队推进缓慢。

公元1259年3月，占领成都长达一年后，蒙哥召开高级军事将领宴会，商讨接下来的策略。虽然蒙哥最信赖的幕僚又一次表达了保留意见，认为这些地区与蒙古人之前成功占领的地区存在太多不同，并强调了疾病与酷热的威胁。但是蒙哥力排众议，依然决定推进他的计划，愿意付出一切代价占领合州。

从3月下旬到5月初，他的军队一次又一次地攻击合州，但是依然毫无作用。据史料记载，双方的伤亡均很惨重。不过，蒙哥并没有灰心。在5月和6月初的雨季一结束，他的军队便立即发动进攻，但是王坚的军队依然坚如磐石。

此次血腥战斗长达5个月，8月11日，蒙哥死在钓鱼山下。有史料称，他的死是源于进攻合州时所受的箭伤。其他史料、包括《元史》，则称他死于痢疾。拉施都丁则认为蒙哥死于霍乱。不论是什么原因，蒙哥的死让整个蒙古帝国都受到了震撼，并对其未来历史进程有着极其深远的影响。

在公元1259年7月，忽必烈率军渡淮河抵达长江北岸，不久蒙哥汗病死，西路军撤回。忽必烈虽得知大汗死讯，仍进兵，突破了南宋长江防线，包围了鄂州（今湖北武汉市武昌）。此时其妻子遣人密报阿里不哥正准备在漠北称汗，忽必烈于是决定撤兵争位。

恰在此时南宋权臣贾似道派遣议和使臣来到忽必烈军营，提出划江南为界，岁奉银20万两、绢20万匹，忽必烈立即与南宋达成和议，留张节率偏师接应自云南东来策应的兀良合台军，自己率军北归。不久，兀良合台率部在鄂州与张节会师北还。

第三章 忽必烈汗的辉煌和遗憾

忽必烈与阿里不哥的汗位之争

初次交锋，阿里不哥全线败退

公元1259年，蒙哥汗死后，当时阿里不哥戍守都城哈拉和林（今蒙古乌兰巴托西南哈剌和林），而忽必烈正率军在湖北与南宋作战，旭烈兀则率军在叙利亚境内作战（参见蒙古第三次西征之战），于是阿里不哥觉得机会难得，开始谋夺汗位。阿里不哥令左丞相阿兰答儿征兵漠北，燕京行省脱里赤征兵于河朔。

忽必烈收到密报后，立即率军北归，于公元1260年三月，到达开平（今内蒙古正兰旗东北闪电河北岸），东道诸王塔察儿、移相哥（也先哥）、忽剌忽儿、爪都，西道诸王合丹、阿只吉、阿必失合等也到达开平城，举行了忽里台。诸王大臣共同推举忽必烈为大汗，即元世祖，建元纪岁，定当年为中统元年。召开诸王大会，即帝位。

五月，阿里不哥在漠北和林城西按坦河也召集支持他的东、西道诸王召开忽里台，宣布即汗位。其中有蒙哥汗妻斡儿哈纳哈敦和蒙哥的三个儿子阿速台、玉龙答失及昔里吉，西道诸王有察合台孙阿鲁忽、术赤长子斡儿答的儿子合剌察儿等人；东道诸王有塔察儿的儿子乃蛮台等。随蒙哥汗征宋的一些将领、驻六盘山的蒙古军主帅浑都海、陕西的刘太平都拥护阿里不哥。

阿里不哥称汗后，派刘太平、霍鲁海行省在关右，联合六盘山守将浑都海等，从关中进兵反叛忽必烈。同时，阿里不哥派遣阿蓝答儿带领军队往南支援他们，计划举兵攻占漠南汉地。

忽必烈派廉希宪为京兆等路宣抚使，率兵进攻陕西，廉希宪击败了阿里不哥在此地区的一个重要支持者刘太平，并掌控了该地区原本供给阿里不哥军队的粮仓。此后，他又往西进军，将阿里不哥的支持者逐出西北重镇凉州与甘州。同时，他还派了一批精锐部队往南开向四川，牢牢掌控了这个重要省份。

忽必烈的支持者宗王合丹、汪良臣等则击败浑都海和阿蓝答儿军，杀死二人。这样，忽必烈的军队差不多已经肃清了中国西北和西南部的所有敌人，控制了关陇川蜀地区。

七月，忽必烈率军亲征和林，和林城依靠中原供给粮饷，此时运输中断，粮饷不继。阿里不哥封察合台后王阿鲁忽为察合台汗，命其回国就任，约其济以兵械粮饷，并守锡尔河，以防旭烈兀和钦察汗国的别儿哥二王来侵犯。九月，阿里不哥逃回自己的封地谦谦州（今叶尼塞河上游南）。他恐怕忽必烈来攻，一边采用缓兵之计，遣使假称愿奉忽必烈为汗，等马肥后进觐；一边则私下邀约阿鲁忽、旭烈兀、别儿哥等诸王至，商议继位之事。忽必烈留宗王移相哥带兵守在和林等待阿里不哥，自己则返回开平。

阿里不哥向忽必烈投降

此前，忽必烈为控制中亚察合台汗国，派遣察合台曾孙阿必失合的的儿子兀鲁克前往察合台汗国主政，途经陕西时被支持阿里不哥的人逮捕，并被处斩。

为了争夺察合台汗国，阿里不哥派遣阿鲁忽前去主政。而阿鲁忽也比较幸运，他终于到达了目的地，并被立为察合台汗国的可汗。阿里不哥此时貌似在中亚还拥有一个尤为宝贵的盟友，这个盟友可以为他提供急需的粮饷及其他补给品。而对阿里不哥来说最为重要的是掌控察合台汗国及其资源，或者至少和阿鲁忽保持良好关系。因为只要阿鲁忽掌握权力并与阿里不哥保持友好关系，阿里不哥便有机会与忽必烈一争高下。

但是，阿鲁忽不仅不向阿里不哥提供军械粮饷，反而倒向元世祖一边。阿里不哥愤怒之下率军攻打阿鲁忽，并攻占了阿力麻里（今新疆霍城西北克根河西）和亦列河（今伊犁河）等地，阿鲁忽退至撒麻耳干。阿里不哥在察合台汗国境内烧杀掳掠，不久，跟随他的一些诸王也以种种借口离他而去，阿里不哥只好班师。

公元 1261 年秋，阿里不哥在回封地途中突然袭击和林，重新占据漠北。元世祖再次亲征，十一月，双方大战于昔木土脑儿，阿里不哥退回封地。元世祖通过承认旭烈兀和阿鲁忽对波斯及河中地区的统治权，得到了他们的支持。钦察汗支持阿里不哥，但只是从中调停，不愿直接参与双方争夺。窝阔台汗国的海都虽支持阿里不哥，也只是观望。

阿里不哥

公元 1262 年二月，正当元世祖与阿里不哥交战之际，盘踞山东的汉族地主武装头目李璮以宋朝为外援，发动了叛乱，占据济南，联络各地汉族世侯，试图控制中原地区，但是，汉族世侯无人响应。元世祖调集蒙古军及各地汉族世侯之兵围攻济南，七月，城破，李璮被杀。

忽必烈即位后，接受汉族幕僚的建议，在中原采用传统的封建统治方式，任用儒臣和汉族世侯，建立中书省、十路宣抚司等机构，凭借中原雄厚的财力和物力，打败了阿里不哥。平定李璮叛乱后，元世祖因势利导，罢世侯，置牧守，实行兵民分治。罢州郡官世袭，实行迁转法，剥夺汉族地主掌握私人军队和专制一方的权力，加强了中央集权。

此前，阿里不哥在察合台汗国境内的暴行已促使很多人背叛了他。但他的军队的变节行为在公元 1263 年极端严酷的冬天显著增加。饥荒严重影响了阿里不哥的军队以及他的国家的生存，很多士兵与马匹死亡。春天还未来临，就连他的一些最忠心的支持者也将他抛弃。旭烈兀的一个儿子玉木忽儿声称自己生病了，离开他前往中亚西部城镇撒马尔罕。蒙哥的儿子玉龙答失从阿里不哥索要到父亲的玉玺，转身便投奔了忽必烈。

阿鲁忽见阿里不哥深陷困境，立即重新集合他的军队，准备将自己以前的盟友、现在的仇敌赶出伊犁河谷。

公元 1264 年，阿里不哥的选择余地变得很小了。假如他的军队与支持者得不到全面补给，他完全无法和阿鲁忽抗衡。而从阿鲁忽的地盘撤退，他则必须得侵入忽必烈的地盘，那样必定会使得忽必烈快速采取报复行动。阿里不哥只好决定向忽必烈投降。

忽必烈建都燕京

阿里不哥投降后，忽必烈最初并没打算处罚他的弟弟。然而，他的不作为却让他疏远了大多数支持者，他们觉得阿里不哥以及他的追随者皆应受到处罚。忽必烈开始审问阿里不哥，得知了煽动他与自己做对、争夺汗位的主要同谋者。不久后，忽必烈宣布，蒙哥时代最显要的官员孛鲁合为主谋，并将他处决。阿里不哥的其他九个主要追随者也相继被处死。

紧接着，要审判阿里不哥了。忽必烈认为由自己当弟弟的唯一审判官并不安全，所以决定举行忽里台来商定对阿里不哥的处置。此外，他还得在这次忽里台上确认自己继位的合法性。他的信使四出报信，前往波斯、俄国和中亚，召集各汗国的主要可汗前来开会。然而回应都不热烈，三位可汗都找理由推迟出席。位于俄国的蒙古统治者别儿哥及波斯可汗旭烈兀则均在作战，没法离开自己的汗国。察合台汗国可汗阿鲁忽，则以他自己还未被确认为汗为借口，拒绝担任审判官去审判阿里不哥。然而，这三个可汗都没有活多久。

旭烈兀在公元1265年忽必烈信使来到后没多久便死去了，而别儿哥与阿鲁忽一年后也先后死去。这时，忽必烈完全可以任意处置阿里不哥了。

公元1266年年初，阿里不哥因染上了一种疾病而死去。他的死解决了忽必烈的一大烦恼，也正因为如此，所以他的意外染病与突然离世均遭到人们的怀疑——阿里不哥是一个精力充沛的男人，刚刚四十多岁，此前并无重病征兆。

此后，蒙古国的统治中心也由漠北的和林移至漠南。早在公元1264年，忽必烈就升燕京（今北京）为中都，以开平为上都。公元1268年，在中都旧城东北建造新城。至元八年（1271年），正式建国号“大元”，第二年，升中都新城为大都。

此后，忽必烈及元朝历代大汗冬季在大都城避寒，春季北移上都一带，在辽、金皇帝的捺钵地——金莲川度夏。一般夏历二月或三月从大都启程去上都，沿途狩猎游幸，八九月天寒始归。大汗在行帐中处理政务，臣僚们除在两都留守者外，均随大汗奔波于两都之间。大汗在上都或附近的草原会见前来觐见的诸王、宗亲、大臣，宴赉赏赐，召集忽里台，祭祀祖先，联络与族人的感情，享受草原生活。大汗、臣僚及怯薛的数万马驼也在此逐水草牧放，以减轻内地饲养负担，天寒返回大都后，一部分马驼由宣徽院发放草料饲养；一部分在腹里地区分散给民间喂养。因此，元世祖虽然建国号“大元”，但是“大蒙古国”之称没有取消，蒙古贵族还是以草原为立国之本。

忽必烈灭亡南宋，统一中国

偏安一偶的南宋王朝

公元1267年，元世祖在巩固了自己的统治地位之后，开始着手出兵南宋。对于忽必烈来说，虽然他已经控制了传统中国的中心区域，但是，他还没有成为长江以南地区的主人。而从唐代初期开始，南方的地位就变得愈来愈突出了。那里的土地比北方更肥沃，海洋贸易更是给沿海城市带来了一片繁荣景象。况且忽必烈得通过征服南宋，来赢得汉人的尊重，并消除南宋王朝对其统治的威胁。因为南宋依然时刻想着夺回失去的北方领土。

不过攻占南方并非易事。首先蒙古军队与骑兵不适应南方的气候和地形，蒙古战马要面对不计其数的障碍。南方是山岭地带，除了道路崎岖不平，还遍布森林，比草原的环境艰难多了。另外，南方酷热的天气也让蒙古战马无法适应，基本上无饲料供它们吃，因为在南方，所有可耕地均被用作种植庄稼了。蒙古人自己也对热带以及亚热带疾病根本没有防备，在那里，寄生虫与蚊子都能传播疾病，而他们对此毫无抵抗力。

除此之外，南宋拥有一支强大的海军，且有长江天险做屏障。因此，要占领它的一些主要城市，必须由海军发起攻击才可能奏效。所以，蒙古人还得学会修造战船，并培养水手，熟悉海上作战。这对于不习水性的蒙古人来说尤为不利。

然而，南宋也有其严重的问题，其中最严重的便是财政问题。地主及官员的腐败行为对南宋产生了致命的危害。

而且当时，南宋大臣贾似道大权在握，他清洗了一批异己官员，并杀掉了几个。为补充这些腐败官员留下的空缺，他跳过一些有资历的官员，反而提拔了自己的亲信及低能官员。一批战功卓著的将帅，有的被罢官、有的被治罪而死，导致民心相悖，将士离心，战备松弛，错过了强兵巩固边防的良机。这样的政治动荡与分裂，致使南宋在面对统一而强大的蒙古人的挑战时显得异常脆弱。

蒙古大军攻破襄樊

忽必烈意识到，要战胜南宋，他得有一支强大的水上作战部队，因此开始着手夺取战船或修造战船。南宋叛徒刘整是造船计划热捧者之一。他坚持认为，没有战船，蒙古人就无法征服南宋。他的热捧获得忽必烈的支持，蒙古人最终建立了一支由四部或四“翼”构成的海军。

宋元初次交战的地点是襄阳。襄阳和毗邻城市樊城位于今湖北省的北部边界，坐落在汉水两岸，二城隔水相望，汉水在更南部的武昌汇入长江。它的重要性表现在它特别的战略地位：它们为进入长江流域途中的最后一道防守，突破它则可获得通往长江中游江汉平原、东南及西部地区的交通要道。占领这两座城镇则会为蒙古人提供一个基地，从而对南部其他地区进行攻击。

南宋将襄阳看作是朝廷的根本，是关系国家存亡的重地，于是开府筑城，储存粮食并驻扎军队，历经多年后，终于建成了城高池深、兵精粮足的军事重地。南宋朝廷派吕文焕做这座城池的总指挥官。

忽必烈早在开庆元年具备攻宋时，便知襄樊地位重要，后与商挺、郝经、郭侃等谋臣共同商讨，决定先取襄樊。忽必烈平定内乱后，历经五年的战争准备，已具备进行大规模战争的条件。当宋降将刘整进献攻宋方略，宜先从事襄阳时，即下决心，实施中间突破。

公元 1269 年，忽必烈派都元帅阿术、刘整带领部队攻打襄樊，并立即派枢密副使史天泽、驸马忽剌率兵进攻襄樊。针对襄阳、樊城城防坚固以及宋军擅长守城隘与水战的情况，史天泽、阿术、刘整采取筑堡连城、长期围困、水陆阻援、待机破城的战法，集中10余万兵力围城，并于万山（今襄樊西）西训练水军7万人，建造5 000艘战船，来加强蒙古水军实力。

不过，驻守襄阳的守军决不会不战而降。他们有充足的食物和饮水供应，只是缺乏衣物、盐以及其他非生活必需品。因此，他们能承受长时期的围困。然而宋廷坚持要打破封锁。

公元1269年8月，南宋将领夏贵带领3 000条小船开向鹿门山，不过他被击败了，损失了2 000名士兵和50条船只。公元1270年10月，范文虎也被击败，损失了共计1 000人和30条船。在公元1271年8月还有一次救援行动。这次尝试同样以惨败而告终，2 000名南宋士兵失去生命。

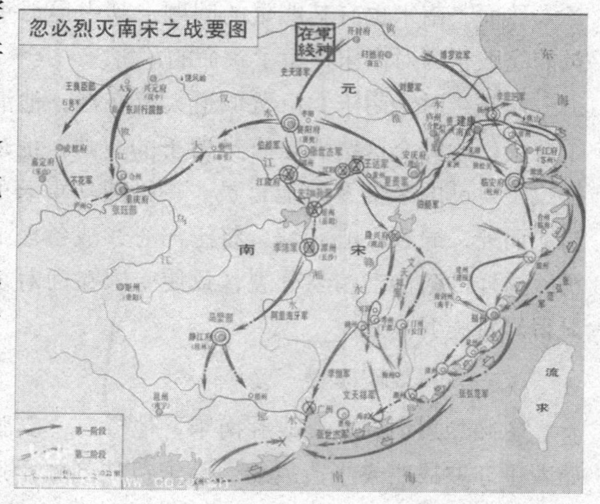

忽必烈灭南宋路线图

蒙古军队的封锁很有效，他们把襄阳与樊城同南宋其他地区分割开了，不过他们并不能征服顽强的守军。

公元1271年，阿八哈给忽必烈送来了亦思马因和阿老瓦丁。在蒙古汗廷待了很短的一段时间后，这两位穆斯林于公元1272年年末到达战区，勘测现场，并进行战争机器的修造。他们建造了投石器与弹射器，可将巨石抛掷至很远的地方。12月，蒙古军队开始使用这些装置对樊城发起攻击。有了如此强大的武器支持，几天后，樊城陷落了。

吕文焕收到樊城守军溃败的报告后，很快认识到他在襄阳的部队难以抵抗这种巨型火炮的攻击，遂放弃抵抗投降了。长达近五年的围城战终于结束了，南宋抵抗“北虏”的一个重要标志突然被拔除了。

宋恭宗赵显于临安降元

突破襄樊，元军也就突破了宋朝在长江上游的防御体系。对此，宋廷朝野大为震动，急忙调整部署，把战略防御重点退移至长江一线。

忽必烈又增加10万兵力，乘胜大举进攻宋朝。一边派驻守在蜀的元军攻入两川要地，从而阻止宋军东援；另一边则派合丹、刘整行淮西枢密院，博罗欢为淮东都元帅，分别攻击两淮，牵制住宋军，配合主力进攻宋；同时还派荆湖行省左丞相伯颜、平章政事阿术带领部队20万，从襄阳沿汉水侵入长江，直接攻占临安，并告诫伯颜不要滥杀无辜，以获得人心。

右丞相伯颜带领水陆大军沿着长江东进攻，一路旗开得胜。公元1275年，元军进攻建康，宋朝该城留守将领赵溍放弃该城逃之夭夭，都统司都统制徐王荣等则主动投降，元军不损一兵一卒，占领了建康。元军进占建康后，伯颜率兵攻打建康附近的重要城镇，很快攻取镇江，掌控了江东地区，建立了牢固的南进基地。

与此同时，为阻止两淮宋军往南来支援，忽必烈派阿术带领军队渡江，进攻扬州。阿术于扬州东南的瓜洲修造楼橹、修整战具，并在扬州城外围树栅，建造牢固的堡垒长围，截断了宋朝增援军，又安排水师堵截江面，占据了长江天险，切断了宋军渡江南救临安的通道。

元军攻取建康，进攻扬州，攻占两淮，南宋都城临安彻底没有了屏障。元军在建康休整后，兵精粮足，战斗力愈加强盛，随时准备攻占临安，位于进攻的有利地位。

眼看元军大兵就要压境，南宋朝廷内部却矛盾重重，主战主和犹豫不决。尽管朝廷多次下令各地宋军前来保卫临安，均因元军全面进攻而无法前来增援——荆湖、川陕战场宋军自顾不暇，两淮宋军被元军阻隔难以渡江增援，仅有郢州（今湖北钟祥县）张世杰、江西文天祥等将领与两浙、福建部分厢禁兵抵达临安进行守卫。不过，这些小规模的增援完全没办法扭转整个战局。

公元1275年5月，宋廷命主战派张世杰带领军队攻击元军外围防线，未能打通。6月，淮东制置使李庭芝派姜才等人前去打通援救扬州的通道，两军于扬子桥激战，宋军损失万余人，姜才仅带数骑逃回扬州。

为确保临安，宋廷组织焦山之战。但张世杰率领的水师于焦山江面，在元军的两面夹击下，阵势顿时大乱，宋师全军覆没，损失战舰700余艘。焦山之败，宋朝军队损失殆尽，朝廷或主议和，或主南逃，分崩离析，一筹莫展，南宋灭亡指日可待了。

公元1275年7月，忽必烈派伯颜带领元军直接攻取临安。这年11月，伯颜分兵三路会攻临安，西路由参政阿剌罕、四万户总管奥鲁赤带领蒙古骑兵从建康，往溧阳、独松关（今浙江安吉县东南）进军；东路由参政董文炳、万户张弘范、都统范文虎率水师沿江入海，向海盐、澉浦（今浙江海盐县南）进发；中路伯颜率领诸军，带领水陆两军从镇江，往常州、平江（今江苏苏州市）进发。

西路军主帅阿剌罕带领军队南下，直逼溧阳，遭遇南宋守军的抵抗，最后宋军损兵折将，残部只好往南撤退。元军继续追击，于溧阳西南银林东坝又一次大败宋军。元军在追击途中被南宋援军阻击，双方展开激战，最后元军遣来蒙古骑兵冲杀，宋军无法抵挡，只得突围南逃。溧阳之战，宋军损失将校 70 余人，士卒近 2 万人，伤亡惨重。

11 月下旬，西路军强行进入建康通往临安的要隘独松关（今浙江安吉县东南），南宋守将张濡带领军队北上阻击元军，和元军骑兵交战。宋军虽为精兵强将，但仅有数千人，况且都是步兵，尽管奋勇冲杀，却依旧无法阻挡强大的蒙古骑兵，最终被击溃，主将张濡被杀，士兵死伤 2 000 余人，元军控制了临安的北大门。

中路军伯颜带领部队攻打常州，常州为拱卫临安的前阵，也是元军攻取临安计划中的关键一步，伯颜率兵击败宋增援部队后，亲自指挥攻城。元军在城南筑高台，将炮放在台上向城内轰击，又用火箭射进城中，常州城内一片火海。伯颜命元军架云梯、绳桥攻城，元军攻进城内。常州守将姚岩率将士浴血奋战，终因寡不敌众，没有外援而失败。姚岩、王安节等阵亡。

伯颜攻占常州后，命都元帅阇里帖木儿、万户怀都带领部队进攻无锡、平江，在元军大兵的攻势下，两地宋军卸甲投降。

东路水军以范文虎为先锋，沿江往东进攻，而长江两岸已无宋军防守，元军进军尤为顺利。东路军出长江口后沿海向下，12 月逼近钱塘江口，从海道包围了临安。

公元 1275 年 12 月，元朝三路大军抵达临安附近，随时准备进攻临安。公元 1276 年正月，东路军董文炳一部登陆，抵达盐官县（今浙江海宁市），宋守军投降。

董文炳带领东路军和中路伯颜大军会师，西路军阿剌罕也带领部下和中路军会师。在大军压境形势下，南宋朝廷早已混乱不堪，丞相陈宜中提议让太皇太后出海躲避起来，张世杰、文天祥则主张决一死战。宋摄政太皇太后谢道清拒绝张世杰、文天祥背城一战，以图求存建策，一边送益王赵昰、广王赵昺往南逃走；一边派使者前往元请求投降。二月初五，宋恭宗赵显带领百官在临安向元投降。丞相陈宜中逃往温州（今属浙江），张世杰、苏刘义等各带领所属部队离去。

伯颜亲自进临安城安排宋廷人员，将宋帝赵显皇太后全氏及朝官、宫廷人员监护起程北上。至此，元军占领了临安。

崖山战役南宋君臣殉国

元军占领临安后，逃往南方的张世杰、文天祥等人则继续抗击元军，公元 1276 年 6 月 14 日他们在福州集合，为年仅七岁的皇帝赵昰举行登基仪式。

同时封广王赵昺为卫王，陈宜中为左丞相兼枢密使、都督诸路军马，张世杰为枢密副使，陆秀夫为签书枢密院事，文天祥为枢密使、同都督。

赵昰做皇帝以后，元朝加紧灭宋步伐。蒙古军也开始向南推进。畏兀儿人阿里海牙受命平定宋境的西南。他率三万大军，在公元 1276 年 7 月向现今的广西挺进。在途中，他攻占了长沙，到了公元 1277 年 4 月，他已一路打到了广西北部。

与此同时，在东部战场，唆都带领蒙古军队追击着南宋皇室残部。公元 1277 年，福州被占领，宋端宗的南宋流亡小朝廷逃往泉州。张世杰要求借船，却遭到泉州市舶司、阿拉伯裔商人蒲寿庚拒绝，随即早有异心的蒲寿庚投降元朝。张世杰夺得船只出海，南宋流亡朝廷只能去往广东。宋端宗准备逃去雷州，没想到遇到台风，载有端宗的船只倾覆，端宗淹死于水中。

端宗死去，7 岁的弟弟卫王赵昺迅速登基，年号为祥兴。赵昺登基后，左丞相陆秀夫与太傅（太子的老师）张世杰护卫赵昺逃去崖山，并在此地成立据点，计划继续抗元。

不久后，在现今广东及江西二省抗元的文天祥没有获得流亡朝廷的支援，被张弘范部将王惟义于海丰县的五坡岭擒住，他因拒绝和蒙古合作而被处死。

1279 年，元将张弘范开始攻打赵昺朝廷。后来在不久前攻下广州的西夏后裔李恒也带领援军参与了战事。宋军兵力号称 20 多万，事实上其中的数十万是文官、宫女、太监及其他非战斗人员，各类船只千余艘；元军张弘范与李恒拥有近十万兵力，战船数百艘。

此时宋军中有建议应先占据海湾出口，保护向西方的撤退路线。张世杰为避免士兵逃亡，不同意此建议，并下令焚烧了陆地上的宫殿、房屋、据点；又下令把千多艘宋军船只以“连环船”的方法用大绳索一字形连串在海湾内，并把赵昺的“龙舟”放在军队中间。

元军用小船载满茅草及膏脂，然后顺风纵火冲向宋船。不过宋船均有涂泥，且在每条船上横放着一根长木，用来抵御元军的火攻。元朝水师见火攻无法成功，便命水师封锁海湾，切断了南宋军队的水源。

二月初六晨，崖门海域风雨交加，元军发起总攻，宋军血战到黄昏，最终大败。太傅张世杰保护杨太后冲出重围，左丞相陆秀夫带着少帝无力突围，便让妻子跳海自尽，并背负只有九岁的少帝赵昺跳海殉国。南宋后宫与群臣也都投海殉国，二月初七，“浮尸出于海十余万人”。杨太后闻赵昺死，赴海死，张世杰葬之于海滨，然后也投海殉国。

至此，忽必烈粉碎了南宋王朝的残余势力。

元朝廷与蒙古诸王之间的战争

蒙哥汗在位时各封国间的矛盾逐渐深化。除蒙古贵族内部矛盾外，由于各封国采用当地民族的统治制度和文化，使他们之间的差异越来越大，加上没有统一的经济基础，使各封国独立化倾向愈来愈明显。

公元1260年，忽必烈即位后，忽必烈与阿里不哥争夺汗位，先后召开忽里台，由于时间仓促，都没有召集东、西道诸王全部参加，只有个别在近旁的宗王参加，因此，他们即位的合法性受到质疑。阿里不哥称汗时，窝阔台之后王海都便用忽必烈违制自立，起兵相助。元世祖忽必烈为获得西道诸王的支持，承认了他们对原直接管辖地区及财赋权益的占有，蒙古大汗只在形式上保留了宗主地位。

忽必烈战胜阿里不哥后，他试图通过控制中亚地区，进而恢复汗权，但是海都和察合台后王笃哇联络一些蒙古宗王，共同叛乱，寇扰西北。不久后，东北的成吉思汗诸弟的后王乃颜等也和海都相呼应，起兵反叛。从元世祖忽必烈开始，直至元成宗大德十年（1306年），元廷经30多年斗争，花费巨大力量，才将西北及东北蒙古宗王的叛乱平息。

海都为窝阔台第七子合失之子，被封地于海押立（现巴尔喀什湖东卡帕尔城附近）。海都自认为是太宗嫡孙，元室大位应属于自己，却被蒙哥夺走，所以一直心怀不满。在忽必烈与阿里不哥争夺汗位时，他是阿里不哥的支持者。阿里不哥归降后，忽必烈屡次召其入朝，并厚加赏赐，显示出他的宽容，他却一直托词不入，继续违抗命令。在术赤诸后王的支持下，海都占领叶密立河（今新疆额敏河）一带原窝阔台、贵由的封地，掌控了察合台汗国，成为号令诸王的首领。

公元1269年，海都与西北蒙古诸宗王于塔剌思河畔开会，分划河中地区的权利，立誓保持游牧生活以及蒙古传统的风俗制度。公元1274年，海都援立笃哇为察合台汗。两人公然置元廷命令于不顾，骚扰天山南北诸地。

海都这种明目张胆的对抗，最终惹怒了忽必烈。公元1275年，忽必烈下令收回赏给海都的金银符，同时命北平王那木罕率领元军征守阿力麻里（今新疆伊犁附近），以抵挡海都的侵犯。第二年，正当元军主力仍在江南与南宋残余势力作战之际，随同那木罕出镇西北的蒙古宗王昔里吉（蒙哥之子）、脱脱木儿（忽必烈弟岁哥都之子）、明理铁木儿（阿里不哥之子）等，发兵反叛。他们以昔里吉为君主，将那木罕抓起来送给海都，但海都不同意和昔里吉合兵。此后，昔里吉等肆虐岭北和西北地区，东犯和林，劫走成吉思汗大帐。元至元十四年（1277年），昔里吉率军往东进讨，驻营于应昌（今内蒙古阿巴哈纳尔旗东南）的弘吉剌部首领只儿瓦台及六盘山的霍虎起兵响应，一时漠南大震，庸关以北告紧，形势越来越严重。忽必烈立马调集军队攻击只儿瓦台，很快将其击败活捉。同时，下令南征大军主帅伯颜率军北上。元军在土兀剌河（今土拉河）、斡耳寒河（今鄂尔浑河）打败昔里吉军，收复和林；陕西元军也把于六盘山起兵响应叛军的霍虎打败。元军继续西进，重新占领岭北及西北地区。后来，反叛诸王因为内部发生争吵与分裂，在伯颜大军的打击下无处存身，便在公元1283年归降忽必烈。第二年，被囚禁的北平王那木罕也被放回。

昔里吉等人的叛乱被平定后，元廷依旧面临着海都与笃哇的威胁。他们多次派兵入犯，出没在金山（今阿尔泰山）东西、天山南北。忽必烈派伯颜总领重兵镇守西北地区，继续和海都、笃哇对峙。

海都为推翻忽必烈的统治，决定把西北的叛乱扩展到东北，致使忽必烈陷于双面作战、难以应付的境地。在他的鼓动下，公元1287年，原本对忽必烈便心怀不满的东道蒙古宗王乃颜（成吉思汗幼弟斡赤斤之玄孙）、哈丹（成吉思汗弟哈赤温之孙）等宗王起兵4万反元。海都曾答应带10万人相助，相互策应。忽必烈知晓乃颜反叛，针对东西叛王计划联合的形势，一边派伯颜进据和林，命西北、漠北的元军死守阵地，阻止海都军队东来；一边亲率大军带兵征讨乃颜。双方经过激战，乃颜终于兵败被俘，哈丹等投降。后来，哈丹等又叛，并率残部流窜到高丽境内。元军追到高丽作战，公元1291年，哈丹战败自杀。

在乃颜叛乱时，海都曾连年骚扰，声援东北宗王。公元1289年，海都军东进，又攻下和林。忽必烈立即将注意力从东北转向西北，调集军队，亲征海都。海都闻讯弃城而逃。此后，元军在西北地区展开大规模攻势，海都的势力渐被逐出按台山（今阿尔泰山）之外。

公元1289年4月，忽必烈离世，皇太子铁木耳即位，称为元成宗。铁木耳憎恨海都、笃哇叛逆，对连年战争带来的军民涂炭很有感触，决心平息30多年来成吉思汗子孙互相残杀的战祸。在作战指导上，他一变过去的消极拒止叛军进攻而为积极的进剿，并据此将勘乱兵力做了重新布置。通过三年的军事准备，铁木耳派大将床兀儿率大军主动进攻。元军势如破竹，多次大败海都、笃哇军，致使其远逃边外。公元1301年，海都不甘战败，重整兵力，率窝阔台、察合台两系诸王40万人，全军南下，攻打迫和林。皇侄海山奉命率兵分三路迎战，一举歼灭了笃哇军。海都身负重伤，被迫还师，死于退军途中。

海都去世后，笃哇失去依靠，无力再和元廷抗衡，遂派使臣“请命罢兵，通一家之好”。公元1301年11月，笃哇亲至和林，向铁木耳请罪。历时30余年的蒙古诸宗王的叛乱，至此终于平息。

蒙古对外战争不顺和财政危机

蒙古两次远征日本遭惨败

忽必烈即位后，忽必烈先后五次遣使招抚日本，希望日本向他称臣纳贡。掌握日本真正权力的镰仓幕府断然拒绝了蒙古。

公元1272年春，忽必烈选派特使赵良弼前往日本，这是蒙古第五次派使团到达日本。10月，赵良弼于九州岛东岸的今津町登陆。当他觐见日本天皇的要求被野蛮地拒绝后，他发出了最后通牒：日本天皇仅有两个月的时间对忽必烈的信函做出反应。幕府拒不妥协，他们把中国特使驱逐出境。幕府的粗暴无礼被描述为“等同于宣战”。

公元1273年6月，赵良弼返回中国，向忽必烈报告了这次出使经过。同时，赵良弼也说出了他在日本受到的羞辱，彻底激怒了忽必烈。而在赵良弼返回前几个月，蒙古人刚于襄阳取得了征宋战役的重大胜利，所以忽必烈可抽调部分军队去征伐日本。

忽必烈的征日准备工作进行了很长一段时间了。他派高丽人制造船只，运送他的军队横跨日本海，从日本列岛的最南端开始进攻。1274年11月，他派了一支由蒙古人、汉人、女真人组成的1.5万的军队和6 000名高丽士兵，由大约7 000名高丽水手引导，从合浦（在现在的韩国釜山附近）出发开向日本。蒙古军分乘三百艘大船及四百到五百艘小船，最先于对马岛及壹岐岛登陆，轻易地击败了驻守在那里的日军。不过，忽必烈派去日本的军队不论规模上还是实力上都不足以彻底扫平日本列岛。他肯定低估了日本人的抵抗能力。

最关键的战斗在九州进行。当时日本人并没有组织一支强大的军队投入战斗，而且他们完全没办法对付蒙古人的远程武器，包括十字弓及各种各样的射弹器。他们的指挥官还缺乏实战经验，跟身经百战的蒙古统帅根本不能比。因此，当蒙古军于11月19日在九州东岸的博多登陆时，日本人完全没有任何优势。蒙古军在进军之前鼓乐齐鸣，其战阵与攻击方法让日本人毫无招架之力。第一晚的战斗就使日本军队遭受了人员和装备上的重大损失。

但大自然为日本人提供了有利的保护条件。就在同一天晚上，海面突起风暴。高丽水手立即对蒙古将领说，他们必须回到船上，将船开到海上，直至风暴消退。否则，他们的船只便会和岸边的岩石相撞而沉没，那样，他们将失去仅有的撤退工具。蒙古人勉强同意了，并开始从博多撤退。一些日本人追击并杀死了一些正在撤退的蒙古兵。然而，那天晚上蒙古兵遭受的大部分伤亡均发生于海上。狂风、巨浪及礁石将几百艘船只击成了碎片。根据一些记载，蒙古军有 1.3 万人丧生。日本人因这场风暴而躲过一场劫难。蒙古人的远征以失败而告结，残余的蒙古军驶回了老家，向忽必烈报告了这次惨败。

由于忽必烈需要将所有精力投入征服南宋的战役中，他没法腾出手来立刻对日本人复仇。因此，公元 1275 年忽必烈又向日本派了一个使团，要求日本称臣，以免再次兴师侵略日本。日本处死了使节，这让忽必烈很愤怒。不过，当时忽必烈忙于征服南宋的战争而无暇兼顾。公元 1279 年，当最后一位宋帝在海中淹死后，忽必烈终于将他的注意力放在了征服日本上。

公元 1281 年忽必烈以日本杀使臣为借口，集结南宋新投降的 10 万人构成一支大军远征日本。兵分两路：忻都等率蒙古、高丽与汉军 4 万人，从高丽渡海；阿塔海、范文虎、李庭率新附军乘海船从庆元、定海启航。

但是，距上次蒙古入侵已经 7 年，日本人有足够的时间设计建造一个虽不是坚不可摧、但却极其坚固的防御工事。

元朝的二路大军约定 6 月以前在壹岐岛和平壹岛会师。高丽国王不仅为元朝提供了 1 万人的军队，1 500 名水手，900 只船还提供了大批粮食。但是，人数多、辎重多的元南方军队行动不灵便，没按预定时间与东路军会合，东路军在等待无望的情况下，从合浦出发，侵袭日本对马、一岐两岛后，进抵筑前志贺岛登陆。

日本守军已有前次抵抗蒙古军的经验，他们于箱崎、今津等外沿岸建筑防御工事，并用精锐部队开至志贺岛（志贺岛与九州之间有陆路可通），和东征的元军进行了激烈战斗。元军战败，退至鹰岛、对马、一岐、长门等地，与姗姗来迟的江南军会合。

不过，会合后的元军并没有积极进攻，反而因高丽、汉、蒙古统帅之间的矛盾而无法协调作战。如此一来，蒙古军在毫无荫蔽的前提下，每前进一步都得付出沉重代价。两方对峙达两个月之久，蒙古军队无法取得胜利。

蒙古远征日本

两个月之后，即 8 月

15—16 日，一场强大台风袭击了日本海岸，在这次台风的袭击下，蒙古东路军损失了三分之一，江南军损失一半，一些靠近海岸的士兵被日本人杀死或淹死。蒙古人第二次东征日本又以惨败而告终。

两次出师失利，并没有让忽必烈放弃征服日本的计划。公元 1283 年年初，忽必烈下令重新准备攻日大军，建造船只，搜集粮草，受到江南民众的强烈反抗，被迫暂缓造船事宜。公元 1285 年，再次下令建造战船，后因一些大臣反对，忽必烈只好于公元 1286 年正月下诏停止征讨日本。此后，元朝虽然还有过征伐日本的议论和准备，但均未能实现。

三征安南未能始终征服

公元 1253 年腊月，忽必烈占领大理后，留大将兀良哈台镇守此地。兀良哈台平定云南各部后，在公元 1257 年秋，派使者招降安南陈朝（今越南北部）。安南国王陈日煚扣留使节，拒绝投降。同年 11 月，兀良哈台率大军沿红河进攻安南。12 月，大败安南军，一举攻陷安南国都升龙（又名大罗城，今河内），安南国王逃至海岛。次年 2 月，安南国王陈日煚传位于儿子陈光昺。到夏季，陈光昺遣使见兀良哈台求和。

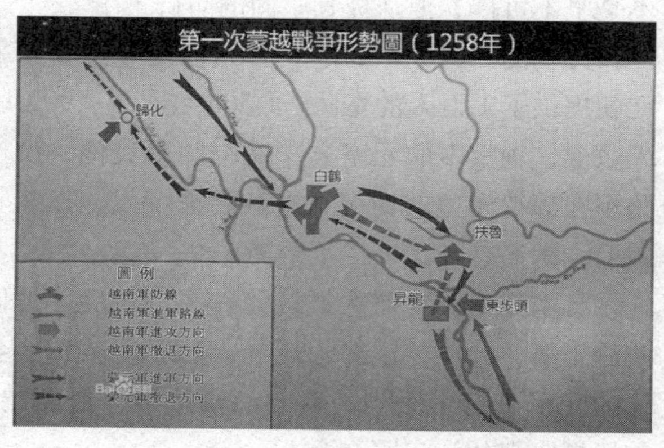

第一次蒙古安南战争形势图

兀良哈台把安南使者送至忽必烈的大帐，忽必烈思及此次南征的战略目标为包抄南宋，现在既然安南愿意屈服，也算达到了目的，就接受了乞和，继续征伐南宋。

公元 1260 年 12 月，忽必烈遣礼部侍郎中孟甲等出使安南，允准安南保持衣冠典礼风俗等本国旧制。作为回报，安南国王派族人通侍大夫陈奉公等觐见忽必烈，请求三年一贡。忽必烈同意其要求，并予以册封。此后有一段时间，两国使节往来频繁。

公元 1267 年，忽必烈答应陈光昺的请求任讷剌丁为安南达鲁花赤（大督官）。后来，忽必烈又下令要安南君长亲自来朝，贵族子弟入质，编制户口，出兵役，交纳赋税，设立各级达鲁花赤。安南国王不接受这些要求，也不向元使跪拜，且还提出取消达鲁花赤的要求。这让忽必烈很不满，不过此时元朝忙于灭宋，无暇南顾。

公元1279年，元朝消灭南宋残余势力后，开始商议对安南用兵，由于南方各地人民时有起义而停止。公元1283年，忽必烈为进攻占城（今越南中南部古国），遣其子镇南王脱欢、大将李恒率领军队南征，要求借道安南，让安南为元军供应粮草。安南新君仁宗陈日烜派使者告知元军，宁愿出粮助饷，但请元军从别道进兵。元军当然不理。

公元1284年12月，元军分六路进攻安南，安南大将陈兴道率领军队危险中节节抵抗，安南国王亲自率领10万大军防守在升龙以北的富良江一线。经过激战，安南国王军队在至元二十二年（1285年）正月十三日撤离升龙，退到天长府。脱欢占领安南国都后将王宫烧毁，然后挥师南下，同时命令驻扎在占城的元将唆都北上，合击安南主力。

元军会合后，分水陆两路追赶安南王国部队。安南王屡战屡败，逃至安邦海口，藏在山林，后又退到清化府。其弟陈益稷投降。元军尽管获胜，但在安南丛林地带，蒙古军骑兵也难以施展其本领，到了五月，安南进入雨季，潮湿闷热的气候更加令元军苦不堪言，军中疫病丛生。加上安南援兵日增，而且安南军民坚壁清野，元军在当地找不到粮草脱欢不得不放弃已攻下的安南京城，并在同年夏撤到思明州（今广西宁明县）驻守。而在元军撤退途中，于如月江、册江（乾满江）等地多次遭到安南军民的截击，损失严重，唆都、李恒等元帅战死。安南收复了全部失地。

元世祖忽必烈听闻战败，停止第三次东征日本的计划，将人力物力调集至南方，决心给小小的安南以毁灭性打击。公元1286年，元廷征调了约十万人，仍由镇南王脱欢为主帅，再次征讨安南，并征船五百艘，派万户张文虎从海路运输军需，确保前方的供应。世祖还封之前来降的安南王弟陈益稷为安南国王，试图用傀儡政权来降服安南民心。

12月，脱欢率领部队渡过富良江，打败守军，又一次攻占了安南都城。安南国王逃到了敢喃堡。安南方面依旧采用陈兴道的策略，不发生决战，坚壁清野，用小规模的丛林战扰乱元军，并等待时机切断元军粮道。元军的长驱深入，导致士卒疲累，粮饷欠缺，再加上天气变热，疲病发生，使元军陷于进退失据之困境，次年二月初，脱欢只得下令全师北撤。

元军征交趾行省参知政事乌马儿、樊辑率水军从白藤江入海退回，哪知陈兴道早已准备好，于白藤江入海口埋下了数百根木桩，因当时潮汐大涨，元军没有发现水下已经被安南人做了手脚，结果在海口被堵了个严严实实，动弹不得，变成了安南水军的活靶子。四百艘战船全部覆没，樊辑当场被擒。上次侥幸逃走的乌马儿这次也被安南抓住，痛恨蒙古人的安南兵将他倒吊于海里，活活淹死了。

脱欢亲自率领的那一路元军，也吃了不少亏，撤至东关周围的山岭中，被陈日烜与世子陈日燇亲率大军围困，安南兵占据高点，万箭齐发，元军行省右丞阿八赤被乱箭刺穿而死，脱欢靠着亲军保驾，仓皇从小路逃跑，即便是这样，脚上还是挨了安南兵一毒箭，好不容易才逃到广西思明州，所率领的部队，损失了60%~70%，比上次更惨。世祖忽必烈见脱欢两次大败，大怒，把他贬谪至扬州，终身不得入觐。

安南尽管又一次大获全胜，但也明白自己和元朝的实力相差甚大，遂又派使者求和，忽必烈虽然不肯罢休，但连续多次对外远征，国力损耗非常大，只好暂时按下怒气，接受了安南的贡礼。元朝与安南的战争，也就到此结束了。

不过到了公元1293年，忽必烈因安南新君陈日燇（陈英宗）拒不来大都朝拜，便调集各路大军，打算四征安南。不过，第二年正月，忽必烈便离世了，成宗铁穆耳继位，下令停止征安南，元朝和安南才算实现关系正常化，因而元朝始终未能征服越南。

出征爪哇、缅甸不适水土

中国元朝建国后，和爪哇经常互遣使节，关系友好。后来爪哇国王对元朝的使者孟右丞纹身。元世祖忽必烈觉得这是对元帝国的极大的侮辱，于是决定出兵征伐。

至元二十九年（1292年）二月，忽必烈派史弼担任统帅，亦黑迷失担任副帅，带领部队2万，战船千艘，渡海攻击爪哇。11月，同福建江西湖广三省派来的军队在泉州会合。元三十年（1293年）春，到达爪哇。3月，亦黑迷失带领水军，高兴带领步军于八节涧会师。

当时，爪哇和邻国葛郎关系甚差，爪哇国王哈只葛达那加剌被葛郎国王哈只葛当杀害。爪哇国王女婿土罕必舍耶进攻哈只葛当未成功，退到保麻喏八歇，听闻元军到来的消息，于是派使者使以其国山川户口及葛郎国地图迎降求救。史弼允其所求，领军进击葛郎兵，哈只葛当兵败回国。

3月15日，史弼兵分三路，预定在19日进攻葛郎国首都答哈。东西两路分别由高兴、亦黑迷失指挥；另一路是水军，溯流而上；土罕必舍耶所部则属后续部队。19日，元军抵达答哈，哈只葛当指挥10万余部队迎战，双方激战8小时，葛郎兵大败，溃拥入河，淹死者达数万，被杀者有5 000多人。哈只葛当退到内城防守。元军一边围攻一边招降。当晚，葛郎国王哈只葛当投降。

4月2日土罕必舍耶要求归国，并声明更换正式降表及准备向元朝入贡珍品。史弼与亦黑迷失同意，然后派万户担只不丁与甘州不花带兵200名护送。途中，土罕必舍耶背叛，杀害护送的元军将领，并率部突然进攻元军。元军猝不及防，只好边抵抗边退却，步行300里，在24日抵达海边，乘舟返航。航行68个日夜终于抵达泉州。

元军这次征战爪哇，士卒3右铭000多人战死，被打败。但奇怪的是，爪哇却对大元俯首称臣，每年纳贡。

另外，忽必烈还发动了征伐缅甸的战争。公元1271年忽必烈派遣使者到缅甸，诏其归附元王朝。当时缅国正是蒲甘王朝时期，那罗梯诃波王拒绝归附纳贡，并杀了元代的使者。

元至元十四年（1277年），干额（今云南盈江县城，元曾在此设镇西路）总管阿禾叛变归降于元。缅王带兵攻打干额，进到金齿（今云南德宏傣族景颇族自治州等地区）。阿禾赶紧向元军求救。大理路（今云南大理县）蒙古千户忽都、总管信苴日带兵前去增援，迅速击溃了缅军。元军乘胜进击，往北推进30多里，一连攻下17寨。

随后，云南行省又派遣纳速拉丁率军征伐缅国，招降了忙林、巨木秃等300寨。

公元1283年，忽必烈发动对缅国的大举侵掠。元军大兵压境，建都（今缅甸北部地区）、金齿等12部相继投降。缅王被迫派出使者和元军议和。孟乃甸（今缅甸蒙米特东北，瑞丽江南岸）白衣头目不肯降服于元，阻止缅甸使者去纳款请和。

元至元二十四年（1287年），缅王的庶子不速古里杀害云南王的命官阿难答等，还囚禁了缅王。忽必烈命元军又一次进攻缅国。云南王也先帖木儿和诸将率领军队到达蒲甘。缅军根据之前的经验，不和元军正面交战，而采用敌深入，凭借天时地利，击败元军，歼灭7千多人。战后，缅甸派遣使臣入朝谢罪纳款，三年一贡。至此，蒲甘王朝灭亡，缅国分成若干掸邦。

在元成宗期间，缅甸木连城（今缅甸曼德勒以南）首领阿散哥也，趁国人对缅王降元的不满，号召抗元，而且杀害缅王和元留在缅国的100余名信使等。

元大德三年（1299年），缅国王子向元求助。元成宗派宗王阔阔、云南行省平章政事薛超兀儿等进攻缅国。元军包围木连城，阿散哥也率领民军死守。在两军对峙中，阿散哥也用重金珍品贿赂元军将领，以求不战而退兵。受了重贿的元军将领以缅国暑热难耐、疫病流行为借口，私下决定撤军而归。元大德七年（1303年），元代撤掉云南征缅分省。此后，缅国依旧与元代保持着朝贡关系。

阿合马饮鸩止渴的财政政策

忽必烈即位后，国家多事，如平定诸王叛乱，统一南宋，对东亚、南亚诸国发动侵略战争，令元廷财政吃紧。另外，维持国家机器的正常运转和赏赐诸王都需要大量的经费。而且他所推行的政策使得开支大增，如他开始营建上都和大都，每一项都是耗资巨大。忽必烈对艺术的支持，他越来越奢华的宴乐与狩猎活动，耗费太多宫廷及国库收入。因此，忽必烈时期财政问题较为突出。

为了得到所需资金，忽必烈只好向回回理财大臣阿合马寻求帮助。阿合马的主要财政目标为把全部合格的纳税人登记在册，对一些产品强制实行国家垄断，并加税。从公元1262年他被任命为中书省平章政事起，直到他公元1282年死亡，他一直总理国家财政。他的首要工作之一是将之前没登记在册的应纳税户登记造册。1261年，中国北方大概有1 418 499户被列为应纳税户。公元1274年，该数字增至1 967 898户。土地税定期征收系统因此建立。

此外，商业税收从公元1271年的4 500锭银增长至公元1286年的450 000锭（前一个数字不包括中国南方的商业税，后一个数字则包括南方的。但是，南方与北方的税收收入均有显著增加）。阿合马也试图利用国家专卖增加收入。他对某些政府专卖品实行配额制。例如，河南行省的钧、徐州，拥有了1 037 070斤的生铁配额，其中200 000斤将用来加工制造农具，然后卖给农民从而换取粮食。食盐专卖收入从公元1271年的30 000锭银增长至公元1286年的180 000锭银。公元1276年，阿合马禁止私人生产铜具，改为由政府专门生产。而且更早的时候，他便建立了国家对茶、酒、醋、金、银的专卖，从中获取丰厚利润。为了防止，私下买卖这些产品，他还设立了提举司，监督从事专卖品生产和销售的工人及商人。总之，阿合马的政策为国库赚取了相当多的金钱。

不过，他的一系列政策，如过量发行纸币，迫使很多汉人和在中国的外国人囤积金银，这些都大大降低了人们对纸币价值的信心。对纸币信心的丧失必然导致通货膨胀，而通货膨胀又致使政府再次增加货币发行量。政府垄断的物价在13世纪70年代一直在上升。

而阿合马却从自己制定的政策中牟取暴利，中饱私囊，因为金银没有固定价格，所以他通过操控这两种贵金属的兑换率，自己从中谋利。他严格限制贵金属私下交易，自己却私自囤积。可以说，阿合马的理财仅仅是用尽一切办法对社会进行敲骨吸髓的搜刮，这种搜刮，尽管在短期内能缓解财政危机，但从长期来看，既会激化社会矛盾，又会让生产遭受巨大的破坏。这种

竭泽而渔的做法，致使社会遭受到了根本性的伤害

阿合马的财政政策激起了元廷内部一些重要汉人官员的反对。更为关键的是，太子真金也加入了反对者的行列。真金鄙视并反对阿合马将自己的儿子与亲戚安排于朝廷重要位置上的行为。蒙古统治精英中有很多人对阿合马的权力膨胀颇感害怕，这些人加入反对阵营，更让这个理财大臣的处境雪上加霜。公元 1282 年 4 月 10 日夜，当忽必烈离开大都前去他的陪都上都之后，一群汉人抓住机会密谋诱骗阿合马外出，并等待时机刺杀了他。忽必烈迅速返回首都，并处决了刺客。

不过，除掉阿合马也未解决忽必烈棘手的财政问题。阿合马死后，忽必烈的资金需求变得更加紧迫。这导致蒙古帝国开始走向危机的深渊。

第四章 消失在历史舞台的马背的民族

延续几代的皇室帝位之争

元仁宗激化蒙古贵族间的矛盾

公元1294年，忽必烈去世。早在公元1273年，元世祖依汉制立察必皇后所生第二子真金为太子，不过公元1285年，真金去世，以后没有再立太子。真金长子甘麻剌被封为晋王，出镇岭北数年，公元1293年，真金幼子铁穆耳也出镇漠北。后大臣伯颜等召集忽里台，立铁穆耳为大汗，即元成宗。

元成宗即位以后，不再军事讨伐，减轻了人民负担，缓和了内外矛盾。他也不再征安南，并将元世祖时拘留的安南使臣释放，并派使者予以安抚。公元1298年，再次拒绝了手下出兵日本的提议。而且，公元1304年，西北诸汗国也和元朝议和，如此一来，元世祖忽必烈和阿里不哥争位以来元朝在西北进行的战争终于结束。

公元1307年，元成宗铁穆耳死，终年42岁，在位11年，谥庙号成宗，蒙古尊号完泽笃汗。无嗣。

元成宗死后，卜鲁罕皇后欲拥立元成宗堂弟皈依伊斯兰教的安西王阿难答。右丞相哈剌哈孙等欲拥立真金次子答剌麻八剌的儿子，即镇守漠北的海山或在怀州的爱育黎拔力八达。大汗死后，右丞相哈剌哈孙分别派人通知了他们。

海山得知元成宗去世后，从金山前线回到和林，召开诸王大会，杀死了和阿难答通谋的合赤温后王也只里，会上，诸王均劝其即位。此时在内地的爱育黎拔力八达和其母答己先到了大都。

同年三月，爱育黎拔力八达在右丞相哈剌哈孙及汉臣的支持下，诱捕卜鲁罕皇后和阿难答等人。五月，海山至上都，在忽里台上被推举为汗，即元武宗。6月，由于其弟爱育黎拔力八达“平定内难”有功，立为皇太子，确定是汗位继承人，在册文中资约定“自是兄弟叔侄，世世相承”。

不过，元武宗海山在位5年，便于公元1311年正月，死于大都，终年31

岁，谥庙号武宗，蒙古尊号曲律汗。

公元 1311 年，“皇太子”爱育黎拔力八达即位，即元仁宗。元仁宗爱育黎拔力八达自幼生活在内地，10 岁左右从名儒李孟研习儒学，当太子时，又受姚燧等名儒的影响，汉文化素养在元代诸帝王中较高。

元仁宗在位期间，受到母亲答己太后的牵制，对太后亲信铁木迭儿等人的贪赃枉法行为不能严办，又出于私心，想改变与元武宗叔侄相继的约定，把皇位传给自己的儿子。公元 1315 年，元仁宗封元武宗长子和世为周王，远徙云南，和世前往途中，于陕西发动兵变，分军攻潼关、河中府，后因内部不和退兵。和世西逃金山，投靠了察合台汗国。同年年底，元仁宗立自己的儿子硕德八剌为皇太子。元仁宗的背约行为失去了许多蒙古贵族的支持。

元仁宗为获得蒙古贵族对其立储的支持及缓和矛盾，对最开始颁布的一些改革措施进行了更正。公元 1317 年，下令诸王、驸马与功臣分地依旧按旧制自己选任达鲁花赤，并开始毫无章法地封赏诸王。公元 1320 年，爱育黎拔力八达死，终年 36 岁，在位 10 年，谥庙号仁宗，蒙古尊号普颜笃汗。

帝位继承矛盾公开化与两都之战

公元 1320 年，太子硕德八剌在答己皇太后支持下即位，即元英宗。硕德八剌自幼在内地长大，受儒家思想影响很深，在政治上也想有所作为。但是，答己皇后以太皇太后称制，任命铁木迭儿为右丞相，导致他难以摆脱其牵制。铁木迭儿得势之后则独自掌握大权，铲除异己，杀害曾弹劾他的御史中丞杨朵儿只与中书省臣萧拜住，任用亲信，贪赃枉法。

至治二年（1322 年）八九月，权臣铁木迭儿和皇太后答己相继死去，元英宗起用木华黎后人拜住为中书右丞相，又以妻舅铁失为御史大夫。

元英宗违背兄弟之约即位，使得很多诸王对他不满，再加上财政困难，且无法及时颁给诸王、功臣应得的赏赐，因此没有得到诸王及臣下的支持。元英宗让回回人交纳包银，将上都清真寺改建成佛寺，导致回回人对其极为不满，裁汰冗官也伤害了一些人的利益，再加上元英宗平时严苛寡恩，佞佛、酗酒，因此不得人心。

元英宗任用拜住之后，追究铁木迭儿子八里吉思及铁失等人的“诳取官币”案，处死了贪赃枉法的八里吉思等人，铁失因是皇亲获特赦。至治三年（1323 年）5 月，大臣拜住等再次上奏铁木迭儿罪行并牵连到铁失，铁失怕被治罪与同伙密谋杀害元英宗。8 月，元英宗自上都南返回大都，途中驻跸于南坡店（在上都西南 30 华里），铁失和铁木迭儿子锁南等刺杀了元英宗与丞相拜住，这便是历史上的“南坡之变”。硕德八剌终年 21 岁，在位三年，死后谥庙号英宗，蒙古尊号格坚汗。

之后，铁失等人很快派遣宗王按梯不花、淇阳王也先帖木儿等携带皇帝玉玺至漠北，请镇守漠北的晋王也孙铁木儿（真金长子甘麻剌的次子）即汗位。九月，也孙铁木儿即位于今克鲁伦河畔，即泰定帝。泰定帝即位不久杀铁失等人，流放参与阴谋的诸王，以洗清自己。十一月，迁至大都。

泰定元年（1324 年），泰定帝册立八不罕氏为皇后，立年幼的长子阿剌吉八为太子。致和元年（1328 年）七月，泰定帝死于上都，在位五年，终年 36 岁。元文宗即位后认为其即位不合法，没上谥号，亦无蒙古尊号，史称泰定帝或也孙铁木儿汗。

泰定帝即位后，元朝帝位从真金次子答剌麻八剌后裔转至其长子甘麻剌后裔。元武宗和英宗旧臣对此不满，泰定帝死后，密谋从甘麻剌后人手中夺回帝位。致和元年（1328 年）8 月，元武宗旧部属床兀儿子佥枢密院事燕铁木儿和西安王孙阿剌忒纳失里（忽必烈子奥鲁赤后裔）率先于大都发起兵变，拘捕了平章政事乌伯都剌、伯颜察儿，拥立元武宗后人。元武宗有二子，长子和世在察合台后王封地，次子图帖睦尔在江陵。燕铁木儿起兵后，派人就近把在江陵的图帖睦尔接来即位，以稳定人心。以当年为天历元年（1328 年），在即位诏中宣布其兄和世至后让位。而梁王王禅（甘麻剌之孙，泰定帝之侄）、辽王脱脱、丞相倒剌沙等也拥立太子阿剌吉八于上都，形成了两都对立的局面，战争很快蔓延到整个北方。

上都方面派梁王王禅等人率兵分四路攻打大都，分别逼近居庸关、古北口、迁民镇（今山海关），还有一支攻紫荆口。燕铁木儿亲率军队分别击败攻打居庸关和迁民镇的诸王军，又破攻古北口的军队，保住了大都。齐王月鲁贴木儿（合撒儿后裔）和东路蒙古军元帅不花帖木儿等乘虚出兵攻上都，杀辽王脱脱，左丞相倒剌沙出降，梁王王禅逃脱，阿剌吉八失踪。燕铁木儿又调兵平定了四川、云南等行省支持上都的势力，两都之战以支持元武宗后人的大都方面获胜告终。

频繁更迭的皇权帝位

燕铁木儿领导的大都方面胜利之后，元朝帝位便再次从甘麻剌系回到答剌麻八剌系，不过，兄弟两人谁即位的问题并没有得到解决。

在两都之战爆发之前，燕铁木儿推举图帖睦尔即位，用来稳定人心，获得支持者。上都克复后，图帖睦尔以元仁宗在大德末年推其兄武宗即位的故事，派使者迎接和世㻋，和世㻋本来应在元仁宗死后继承汗位，但是，被元仁宗逼迫流落西北，所以得到蒙古大多数宗王的同情和支持。天历二年

(1329年）正月，和世㻋到漠北后受到了蒙古诸王的热烈欢迎，于和林之北被推举为皇帝后，下诏立图帖睦尔为皇太子。

四月，燕铁木儿携玉玺前往和林迎接和世㻋，八月二日，图帖睦尔在旺忽察都（即元中都，在今张北县白城子古城）与南来的和世㻋见面，共同宴饮，五日不到，和世㻋"暴崩"，当时人们认为他是被燕铁木儿与元文宗害死的，终年30岁，谥庙号明宗，蒙古尊号忽都笃汗。明宗死后图帖睦尔又一次即位，即元文宗。

元文宗年幼时，因其兄和世㻋叛走被谪居海南，泰定帝时被召至京师，又安排于建康、江陵等地生活。由于自幼在汉地成长，其汉文化素养在元代皇帝中最高，书画都很出色。但经过两都之争与弑兄即位，元文宗在蒙古、色目上层中的支持者较少。燕铁木儿因为拥立元文宗立下大功，开始专权用事。

明宗与文宗兄弟之间，本来也有"兄终弟及，叔侄相承"的成约，明宗死后，本应立明宗长子妥懽帖睦尔为皇太子。文宗出于私心，精心策划了妥懽帖睦尔出身之谜，正式诏告天下："明宗在朔漠之时，素谓（妥懽帖睦尔）非其己子。"然后把妥懽帖睦尔移于广西静江（今桂林），立自己的长子燕王阿剌忒纳答剌为皇太子。然而立了皇储之后只过了39天，皇太子就死去了。有人劝文宗再立次子燕帖古思为皇太子，文宗没有答应。

公元1332年八月，元文宗在上都病逝，时年29岁，在位四年，谥庙号文宗，蒙古尊号札牙笃汗。元文宗留遗诏令妥懽贴睦尔即位。但是，燕铁木儿为了掌握大权，改立明宗幼子、7岁的鄜王懿磷质班为帝。懿璘质班在位53天病逝，谥庙号宁宗。

燕铁木儿再请立燕帖古思为帝，皇后不从，只好从广西把妥懽帖睦尔接到大都来。这时妥懽帖陵尔已经13岁了，过了几个月，燕铁木儿病死。妥懽帖睦尔方得以即位称帝，他就是末代皇帝元顺帝。

蒙古四大汗国独立化及衰落

钦察汗国的建立与灭亡

钦察汗国，又叫"金帐汗国"。公元1225年，成吉思汗给四子分配了封地。长子术赤的封地位于额尔齐斯河以西、花剌子模以北（包括额尔齐斯河流域和阿尔泰山地区），术赤的斡尔朵（行宫）则建在额尔齐斯河流域。

公元1236年，术赤次子拔都统领"长子西征"，到公元1240年相继征服了钦察草原、克里木、保加尔（保加利亚）、伏尔加河与奥卡河地区以及第聂伯河流域的罗斯各公国。被征服的这一广大地区自公元 1242 年后称作“钦察汗国”。

西征结束后，拔都从多瑙河返回伏尔加河一带，公元 1243 年，建立了钦察汗国，在伏尔加河下游修建萨莱城（今俄罗斯阿斯特拉罕附近）作为都城，即拔都萨莱城。其领地以伏尔加河为中心，东到额尔齐斯河，西到乌拉尔河，南至巴尔喀什湖、里海、黑海，北到北极圈。

拔都建立钦察汗国后，在汗国内实行分封制度，分给其 13 个兄弟领地和属民，各自称汗，拥有军队，形成半独立王国，蒙古人仍实行千户制。其中拔都后裔封国称作阔克斡耳朵或“金帐汗国”（即钦察汗国的别称），拔都兄长斡儿答的后裔据有今西西伯利亚、哈萨克斯坦，形成了阿黑斡耳朵或“白帐汗国”。

公元 1255 年，拔都去世。其二子相继即位，但都不到一年就死了，随后由其弟别儿哥即位。拔都之弟别儿哥在位时，名义上仍对蒙古大汗称藩，实际上汗国已成为独立国。

拔都汗死后，别儿哥汗又建新萨莱城（在今俄罗斯伏尔加格勒附近）。公元 1262 年和公元 1265—1266 年，别儿哥为了与伊利汗国争夺高加索地区，和埃及建立联盟，并逐步发展了与埃及的贸易关系，伊斯兰教文化也逐渐影响到了钦察汗国。

公元 1266 年，别儿哥汗离世，其子忙哥帖木儿即位，获得元朝册封。忙哥帖木儿汗一度带兵攻打海都汗，没过多久，双方和解，忙哥帖木儿同八剌和海都于塔剌斯会盟，结成对抗元朝与伊利汗国的同盟。

之后，脱脱汗即位，公元 1302 年，归顺元廷。公元 1308 年，元武宗册封脱脱为宁肃王。

公元 1313 年，脱脱去世，其侄月即伯嗣位，公元 1314 年元仁宗遣使册封，予以承认，此后双方经常遣使往来。

月即伯在位期间，建立了中央集权，钦察汗国达到了鼎盛时期。汗国将都城迁到别儿哥萨莱城（今俄罗斯伏尔加格勒附近），同伊利汗国、埃及等国通好，对外贸易兴旺。伊斯兰教在伏尔加河下游广泛传播，此后诸钦察汗都信奉伊斯兰教。

月即伯之子扎尼别汗（1342—1357 年）死后，汗国内为抢夺钦察汗位产生了激烈的内讧。公元 1360—1380 年，钦察汗换了二十几任。这期间，钦察汗国的政权实际上是万夫长马买在掌握。

公元 1371 年之后，斡罗思各公国不肯向钦察汗纳贡，公元 1380 年，马买攻打斡罗思失败。同年，白帐汗脱脱迷失借此机会打败马买，掌控了钦察汗国的主要疆土，后来在中亚帖木儿汗国的支持下登上钦察汗位，此后钦察汗都来自白帐汗系。公元 1382 年，白帐汗率军攻占莫斯科，迫使其重新纳贡。

钦察汗国强大后和帖木儿帝国展开斗争，历经三次大战脱脱迷失汗被帖木儿打败，其间伏尔加河一带遭到极大的破坏，钦察汗国由此走向了衰落。由于诸王各自为政，钦察汗难以建立中央集权统治，在内讧中日益衰落。

15 世纪 20 年代，西伯利亚汗国自钦察汗国中分裂出来，15 世纪中叶，喀山汗国、克里木汗国也分裂出来，到了 15 世纪 80 年代阿斯特拉罕汗国也从中分裂出来，钦察汗国只剩很少的疆土，被称为大帐汗国，斡罗思强大后也脱离了其控制。公元 1480 年，大帐汗阿里麻征斡罗思不战而退，途中被人杀死。公元 1502 年，大帐汗国被斡罗思灭。分裂出的其他各汗国，也先后被斡罗思兼并。

察合台汗国的建立与灭亡

成吉思汗第二子察合台最开始封地大概就是西辽故地，即自畏兀儿境一直到河中的草原地区，在阿力麻里（今新疆霍城西北克根河西）设帐。察合台汗国最盛时疆域东至吐鲁番、哈密、罗布泊，西至阿姆河，北至塔尔巴哈台山（塔城），南越兴都库什山。其境内河中与今南疆地区为农业区，今巴尔喀什湖以东、以南属于牧业区。原居民大多信奉伊斯兰教。

公元 1241 年，察合台汗去世后，其孙子哈剌斡忽勒即位。因为察合台与窝阔台两家族不支持蒙哥继承大汗位，所以蒙哥大汗将河中地区交给拔都管辖。哈剌斡忽勒的统辖区只限于东部地区，而且哈剌斡忽勒尚未抵达府邸，就在途中夭折了。根据蒙哥大汗的旨意，乃哈敦（皇后）统治了察合台汗国 10 年。

蒙哥大汗离世后，为了争夺汗位，成吉思汗家族内部爆发了持久的斗争。忽必烈、阿里布哥、海都等都试图占领察合台汗国，此地区变成了角逐之地。忽必烈曾派供职于他的阿必夫合（察合台曾孙）的儿子兀鲁克去察合台汗国当君主，不幸的是，兀鲁克在途中被阿里布哥的军队所杀害。阿里布哥便命拜答儿（察合台的第六子）的儿子阿鲁忽做察合台汗国的君主，并确保军需的供应，让其提防忽必烈军队的袭击。不久后，阿鲁忽又从拔都手中夺取河中地区，致使察合台汗国真正变成了独立汗国。

公元 1264 年，阿鲁忽离世。公元 1265 年，哈剌斡忽勒的儿子木八剌沙即位。忽必烈为了控制察合台汗国，于同年命察合台长子木阿秃干之孙八剌和木八剌沙一起管辖察合台汗国。木八剌沙倾向于伊利汗国的阿八哈汗，所以对八剌并不欢迎。于是，八剌依照忽必烈的旨令，串通木八剌沙的书记官与一些士兵，展开了推翻木八剌沙的活动，后来登上了察合台汗国的汗位。

公元1270年，八剌因病在布哈拉去世。八剌死后，布花帖木尔做了察合台汗国的君主。布花帖木尔在位时，统治集团内部再次发生分裂，八剌的长子伯帖木儿等率领部队投奔了忽必烈；木八剌沙和哈剌斡忽勒二人的诸子便投奔了阿八哈汗。

公元1274年，其子笃哇在海都的支持下即位，并屡次和海都汗一同侵犯元朝，被海都汗所控制。公元1301年，海都汗同笃哇汗与元军对战失败，海都汗死，笃哇汗受伤，最后和海都子察八儿汗一起同大汗议和。公元1310年，笃哇汗子怯怕击败察八儿汗兼并窝阔台汗国封地。察合台汗国多次与伊利汗国交战，争夺地盘。以后政治中心西移河中地区。

公元1321年后，察合台汗国分裂成东、西两部分，东部称作“蒙兀儿斯坦”，西部称作“马维兰纳儿”。此后，两个国家依旧处于混乱状态，如在马维兰纳儿的统治集团内部，只是从公元1321—1346年，便相继有10个汗即位，而且每个汗即位时，都使用了谋杀手段。

公元1388年，西察合台汗国受到新崛起的帖木儿帝国的攻击，最后被吞灭。东察合台汗国则直到公元1514年才被叶尔羌汗国所代替。

窝阔台汗国的建立与灭亡

公元1225年，成吉思汗将今阿尔泰山以南与稍偏西的部分土地封给其三子窝阔台汗，成立窝阔台国，领土涵盖额尔齐斯河上游及巴尔喀什湖以东地区，他将哈拉和林为大帐作为常驻地。公元1241年12月窝阔台汗逝世，其后由皇后脱列哥那任摄政四年。

公元1246年，贵由继承父亲的大汗位，并掌管本部与窝阔台汗国两块地方。公元1248年7月，在位只有一年零八个月的贵由从叶密立的领地西巡时由于酗酒过度离世。

贵由去世后，实力强大的拖雷之子蒙哥争得大朝或大蒙古国大汗之位，于公元1251年7月登位，是大蒙古国的第4代君主。因为蒙哥并不是窝阔台后裔，对一部分窝阔台系后王存在戒心，所以，用窝阔台系后王屡与作难的借口，重新划分封地，把封地分割，分别给了诸王，以减弱他们的势力。还有一种说法是：为了获得失去了的权力，窝阔台的遗儿集结察合台国诸王，企图杀害蒙哥汗。结果，蒙哥识破了计谋，因此将包括贵由的家族以及他的遗孀在内的所有人处死或流放。而窝阔台国的领地，则被窝阔台的其他儿子瓜分。其中，窝阔台之子合丹管理别失八里（今新疆吉木萨尔北破城子之地）。实际上，窝阔台国在此时已经解体了。窝阔台其中一位孙子海都被命海押立（今伊犁西）管领，另一个孙子脱脱则控制叶密立。

大蒙古国第四任可汗蒙哥汗于公元1259年7月27日离世后，忽必烈和阿里不哥开始争夺汗位（1260—1264年），窝阔台家族所承受的压力尽管减轻了，但此时窝阔台的孙儿海都抬头，却和察合台家诸子选择支持阿里不哥。然而，窝阔台的儿子合丹所属的家族则选择跟随原来占领河西走廊一带的忽必烈，和海都家族对立。阿里不哥失败后，海都依旧和忽必烈为敌。由于海都和察合台家诸子甚为友好，因此海都的实力渐渐增强，称雄中亚，就连察合台汗国也在其势力范围内。

公元1260年忽必烈继承汗位，并在公元1264年彻底战败阿里不哥，后来于公元1271年建立大蒙古国。此后，海都、察合台国及术赤国君主结成联盟和忽必烈的蒙古军交战，并一度占领了和林等处行中书省的哈拉和林。忽必烈离世后，海都仍坚持和元成宗交战。

大德五年（1301年）海都战败后不久，便离世，其子察八儿立，窝阔台国走向衰落。公元1304年，察合台国进攻窝阔台国，大蒙古国军趁机攻打，察八儿战败，投奔察合台汗国。至大三年（1309年），察八儿在察合台汗国的内争中失败，为察合台系后王怯伯所败，逃入元朝境内，窝阔台汗国灭亡，其地多被纳入察合台汗国。

伊利汗国的建立与灭亡

公元1256年，旭烈兀率军消灭木剌夷国。公元1258年攻占巴哈塔，消灭了黑衣大食（阿拉伯帝国的阿拔斯王朝）。旭烈兀汗带领部队进攻埃及，获得蒙哥汗离世的消息后准备返回漠北。由于忽必烈与阿里不哥之间的争位战争已爆发，旭烈兀在波斯地区扎营下来。

忽必烈和阿里不哥争位时，为了获得旭烈兀的支持，把阿姆河以西，直到密昔儿（今埃及）边境的波斯国土及该地蒙古、大食军民划给旭烈兀统治，由此便形成了伊利汗国。旭烈兀汗以篾剌哈（今伊朗阿塞拜疆马腊格）为都城，领土，东起阿姆河和印度河，西面包括小亚细亚大部分地区，南抵波斯湾，北至高加索山脉。

公元1262年，钦察汗国别儿哥汗为占领旭烈兀统治下的阿塞拜疆地区，带兵来攻，双方交战长达两年多。别儿哥虽然退走，但此后两蒙古汗国为领土争端频发冲突。

公元1265年，旭烈兀汗去世，长子阿八哈继承汗位，定都桃里寺（今伊朗境内的大不里士），以篾剌哈为陪都。伊利汗国和元朝一直保持着友好的关系。公元1282年阿八哈离世，弟贴古迭儿（又名阿合马）继立。

公元1284年，阿八哈子阿鲁浑认为自己父亲受大汗册命，汗位应当归属自己，于是在权臣不花支持下起兵推翻其叔，并遣使入元奏报。忽必烈命他继承汗位，并授不花为丞相。

公元1291年阿鲁浑离世，其弟海合都继立。海合都挥霍无所节制，国库亏空，遂仿效元朝钞法，在孛罗丞相的指导下印造发行交钞，但行用未久便废。

公元1295年，权臣谋害海合都，推举诸王拜都登位，阿鲁浑子合赞发兵讨伐反叛者，夺得汗位。合赞为获得当地封建主及穆斯林的支持，将伊斯兰教定为国教，并改变宗教信仰。他的即位及改变宗教信仰，均获得元成宗铁穆耳的承认。

合赞即位后，大力推行社会改革，颁布新的土地、赋税、驿站、货币等制度，约束蒙古贵族、将校与官吏对人民的横征暴敛，促进了农业、工商业的发展，财政收入增加。他还支持发展科学文化，在首都兴建天文台，设立学校，命宰相拉施都丁编纂《史集》。合赞通晓多种语言，对天文、医学及很多工艺也颇有见解，特别精通历史，被赞为贤君。他和密昔儿的马木路克王朝为争夺叙利亚屡次发生战争，察合台汗国的笃哇汗则抓住机会占领伊利汗国东部的吐火罗（今阿富汗东北部）之地。

公元1304年合赞去世，弟合儿班答继立，称为完者都汗，将都城迁至新建的孙丹尼牙（今伊朗阿塞拜疆苏丹尼耶）。合儿班答依旧采用其兄政策，依旧命拉施都丁为宰相，继续发展经济、文化。拉施都丁不仅完成了《史集》巨著，还编纂了一部《伊利汗的中国科学宝藏》，介绍中国历代的医学成就。此时，元成宗和笃哇、察八儿已和议，蒙古皇室的内讧暂停，东西驿路畅通，伊利汗国与元朝的使节往来增加。

公元1316年合儿班答卒，子不赛因嗣位，还都桃里寺。权臣出班有拥立之功，不赛因为他向元朝请封。

公元1324年泰定帝命出班为“开府仪同三司、翊国公”，赏银印与金符。出班擅长国政，诸子均居要职，和不赛因产生矛盾。不赛因杀其第三子，出班带兵反叛，战败被杀。由于这次内乱，国势削弱，统治集团的内部矛盾与国内民族矛盾、阶级矛盾同时迸发。

公元1335年不赛因死后，伊利汗国迅速瓦解，权臣、统将各自拥立傀儡可汗，互相攻杀。

公元1355年，钦察汗国札尼别汗进攻桃里寺，杀害掌控朝政的出班后人，伊利汗努失儿完不知去向。趁混乱，一些地方贵族也纷纷独立，构成割据局面。据有报达的蒙古贵族哈散（札剌亦儿氏）在公元1340年自立为汗。

公元1358年，其子兀洼思汗兼并阿塞拜疆等省地，迁都于桃里寺，史称札剌亦儿朝。

14世纪末被帖木儿帝国所灭。

政治黑暗、矛盾尖锐的社会现实

元朝廷的民族歧视和压迫政策

元朝是一个以蒙古贵族为主，色目封建主、商人与汉族地主阶级参与的封建专制政权。元朝和历代封建王朝一样实行民族歧视与压迫政策，各民族在政治上不平等，形成了所谓四等人，即蒙古人、色目人、汉人、南人。

蒙古人即成吉思汗统一的漠北各部之人；色目人，包括党项、畏兀儿、哈剌鲁、钦察、康里、阿速、花剌子模、西辽境内各族以及西方各族人；汉人即原金朝辖境内各族人，包括汉族、契丹、女真、高丽等，还有南宋灭亡前进入元朝统治的四川境内之人；南人是南宋境内之人。这种对各民族进行区别对待的政策与金朝很相似。

四等人的差别根据蒙古贵族征服这些民族地区的先后顺序以及对其上层人物的信用程度定下来的。先征服地区的上层人物最先归附蒙古贵族，他们为蒙古贵族效劳，获得了蒙古贵族信任与重用，在朝廷任职和享受的政治待遇比后来者高。汉人最初受元世祖信任和重用，以后色目人得势，因此，色目人地位比汉人高。南宋最后被征服，南人地位最低，但是南宋的四川地区先被征服，又属于汉人之列。

四等人制是元朝民族政策的重要内容，也是元朝统治者民族歧视和压迫政策的体现。四等人的差别明显地体现在元代任用官吏、科举考试、刑法量刑等方面。

从官吏任用来看，虽然元朝统治集团是蒙古贵族联合包括汉族地主分子在内的各族上层分子组成的，但是在元朝政权内部仍保留着浓厚的民族色彩。元朝建立后，世祖忽必烈定下了这样的规章：中央或地方官，正职均由蒙古人担任，副职才可由汉人、南人担任。尤其是中央统治机构中的中书省、枢密院与御史台，正职大都由蒙古人担任，只有极个别的汉人短期内担任过正职，至于掌握军机的枢密院中的要职，汉人、南人不得染指。整个元朝期间，知枢密院事、同知枢密院事二职，没有一个汉人担任过，至于各种军队的数量和驻防状况，对汉人也是绝对保密的。地方上各路、府、州、县，都设有只许蒙古、色目人担任的达鲁花赤，负责对所在地方的官吏和军民进行监督，掌握实权。

元朝的科举制度也带有鲜明的民族压迫色彩。唐朝以来，知识分子多是通过科举当官。元朝前期科举一直没有恢复，汉族知识分子主要通过推荐，被皇帝看中后才当官，因此人数不多。直到公元1317年才恢复科举。即便如此，还对汉族知识分子入仕的途径也加以种种限制。当时元朝的科举制度规定：蒙古色目人与汉人南人分两榜录取，对汉人南人的要求十分严格，而且还规定南人不得登前三名，汉族儒生要通过科举做官简直像登天一样难，所以社会上形成了对读书人很看不起的风气，有“一官、二吏、三僧、四道、五医、六工、七猎、八民、九儒、十丐”之说。因此许多汉儒认为科举只是粉饰太平的门面，对此毫无兴趣。

从法律规定上来看，民族歧视尤其严重。元朝法律规定：蒙古人殴打汉人，汉人不得还报；蒙古人打死汉人，只罚凶手出征，为死者家属“烧埋银”；蒙古人犯罪只由蒙古人进行定罪及惩治，汉人官吏不得审理此类案件；蒙古色目人犯罪无须刺字；而汉人、南人打死人除了被处死外，还需出50两“烧埋银”。

另外，元朝的法令、条文对汉人增加了额外各种限制：严格禁止汉人、南人配备军器、马匹，不准汉人团猎、习武、集会，包含神赛会、唱戏说书、祠祷、夜行，就连夜间点灯也不允许。忽必烈灭南宋后，曾在江南农村建立社甲制度，以20户为一甲，北人为甲主，“北人”是指“南人”以外的各种人，他们在新征服的地方充当甲主，为所欲为。由此可以看出，社甲制也是按照四等级的规定加深了民族与地区之间隔阂的，对南人尤为歧视。

土地兼并导致农民少地、无地

在封建社会，皇帝是封建地主阶级的总代表，也是全国最大的大地主。他们不仅是全国土地名义上的所有者，而且实际上也拥有大量私有土地。元朝统治者在统一全国过程中到处夺取田地，不仅没收南宋官田，还占据战争中因人员逃亡而留下的无主荒田，当然也包含新开垦的屯田。总之，皇庄、官田、屯田、牧场等，均是以蒙古皇室为中心的官僚统治机构所控制的田地。

元朝皇帝对皇亲、贵族、功臣、寺院道观用“赐田”的办法使他们保持特权地位，如忽必烈赏了撒吉思益都田1 000顷；元文宗图帖睦尔赏西安王阿剌忒纳失里平江田300顷，赏给鲁国大长公主平江等处官田500顷；元顺帝妥懽帖睦尔赏了公主奴伦引者思5 000顷，权臣伯颜前后共得赐田有2万顷之多。这些皇亲、贵族、大臣攫取了大量赐田后并不以此满足，他们依靠自己的权势继续兼并土地。明宗和世㻋在做皇子的时候，就搜括了河南归德、汝宁境内的濒河荒地6万顷。

元朝统治者崇信佛道，因此对寺院、道观赏赐特厚，这些拥有大量财产的寺院实际上成了地主庄园，寺观头目就是大地主。大都的大护国仁寺就拥有大都等处水田28 600余顷，陆田34 400余顷，河间、襄阳、江淮等处水田13 000余顷，陆田29 000余顷，山林、河泊、柴苇、鱼竹场等场29处，江淮酒馆140个，还有房舍、矿产、牲畜等其他财产。至正七年（1347年）元顺帝一次赐给大承天护圣寺山东田16万多顷，该寺连同以前所赐的田共达30余万顷。

蒙古统治者在统一全国过程中，为了拉拢各族地主阶级，对金朝、南宋的降官、降将倍加照顾。早期投降蒙古的北方大地主史、张、董诸家，不仅挤进了统治集团，还在地方上称霸一方；一批投降蒙古的南宋官僚，也成了大地主，如范文虎在湖州南浔一带强占大批膏腴田土，死后在墓中还装了玉带、金冠、金饰等殉葬品200多件。元朝的一般官吏除了俸禄之外还有职田，他们通过与当地富豪勾结侵占私田，剥削佃户，作恶多端。

金、宋时期的汉族大地主，在朝代更替过程中并没有受到多大损失。在江南，富户有的“每年有二三万石租子的，占着二三千佃户”。富户们勾结官府，霸占、兼并田地的情况比比皆是，如松江大地主曹梦炎拥有湖田几万亩；大地主翟霆发拥有民田并转佃官田竟百万亩；河南地区的黄河沿岸涸露水泊汗地，多被势家所占有，使得黄河泛滥时河水无法排泄，导致河患无穷。更加严重的是，豪强兼并土地后，把一切差役负担都转嫁在普通农民身上。在福建崇安，富豪只占全县纳粮户的九分之一，但所占田地却有六分之五，少地、无地的普通农民负担绝大部分税役，往往在沉重的徭役下家破人亡。

大多数蒙古贵族将从农民那里收夺来的土地，又用苛刻的条件租给农民，采取租佃的方式剥削农民。武宗时，“近幸”将一千二百三十顷田地租给农民，每年光收租便有五十万石，仔细算下来，每亩就得收四石，如此苛重的剥削，必然要置农民于死地。淮南王的家人也在扬州广占田土，经常派纵骑到各乡索取债务和租金，驱赶逼迫农民。文宗时，大臣燕帖木儿恳求皇帝将苏州一带的宫田包给他的兄弟及女婿，再经他们转租给农民。

土地兼并的盛行，致使元代出现极为严重的农民少地、无地的矛盾。因此，流民大量出现，对生产的发展与国家财政收入的增加均不利，甚至造成社会的不稳定。元朝开明的统治者为解决这些矛盾，曾采取过种种措施。他们三令五申，禁止诸王、军旅强占民田为牧地，禁止寺院地主及世俗豪强地主占领百姓田地。这是首项措施。其次是提倡开垦荒地，最后三是搞屯田。元代屯田规模较大，甚至比三国曹魏、鲜卑北魏与隋唐大帝国更为强悍，在我国历史是第一次出现。这种情况在边疆少数民族地区尤为显著。这些措施在元代初中期收效极大，一度缓和了由土地兼并引起的各种矛盾，但到元末名存实亡。所以，土地兼并现象也有增无减，根本没法制止，最终导致元末各族人民掀起了大规模的反抗朝廷的起义。

苛捐杂税使得民不堪命

元朝的赋税制度极为复杂，其中一个显著特点便是南北异制。元朝对各族、各地人民实行分等级统治的田赋税收制度。对蒙古族轻税收，对汉族与其他民族则实行较重赋税。汉人负担比女真人重，女真人负担重于蒙古人。不仅田赋南北异制，其他赋税也南北各异。

北方的赋税基本上是由窝阔台以来的税制加以调整后确定的，有“税粮”和“科差”之分。根据至元十七年（1280 年）所颁布的则例，“税粮”包括丁税和地税，丁税的全科户，每丁每年纳粟 2 石；地税每亩纳粟 3 升。根据中统元年（1260 年）所定户籍科差条例，“科差”包括户税、包银、俸钞 3 项，各种税户所纳户税、包银数量各不相等，以全科系官户为例，每年每户要纳系官丝 1 斤 6 两 4 钱，包银 4 两，全科系官五户丝户，每年每户纳系官丝 1 斤、五户丝 6 两 4 钱，包银 4 两。所谓“系官丝”是缴给官府的；所谓“五户丝”是缴给食邑的贵族的。至元四年（1267 年）纳包银的民户，由原来的 4 两增加为 5 两，这增加的 1 两叫“俸钞”，是给大小官吏作俸禄用的。

元朝钱币

江南地区的“税粮”沿袭宋代的两税制，即夏税和秋税，秋税输粮，夏税输木棉、布绢、丝绵等物，其数量根据地利、产量而定。“科差”分户钞和包银，江南户钞相当于北方的五户丝，以成宗时作标准，每户纳中统钞 2 贯（即中统交钞 2 两），1 万户田租输钞 400 锭；江南包银相当于北方的俸钞，每户纳 2 两。

除了正税外，还有许多规定和没有规定的杂税，如盐、茶、酒、醋、金、银、铜、铁、钒、竹、木以及山泽、河泊、煤炭、乳牛、鱼苗、日历等，无不有税。到了元朝后期，官僚机构进一步腐朽，贪官污吏更加明目张胆，他们不知“廉耻”二字，公开要钱。据当时人叶子奇的记载，官吏捏刮钱财的名目有：下级来参见要“拜见钱”，无事白要叫“撒花钱”，逢年过节叫“追节钱”，生日要“生日钱”，办事要“常例钱”，送迎宾客要“人情钱”，办差事要“密发钱”，诉案要“公事钱”。真是“衙门八字开，有理无钱莫进来”。劳动人民已经被赋税压得透不过气来了，哪有钱去孝敬官老爷！

除了赋税和各种名目的盘剥之外，元政府还通过所谓“和雇”“和买”的办法来征购统治者所需要的一切东西，他们把价格压得很低，实际上是强行夺取。有的地方甚至出现为了应付“和雇”“和买”而卖家产、卖儿卖女的情景。

总而言之，元代的劳动人民担负着沉重的赋税、差役，以及其他苛捐杂税。而元朝统治者不断加强对各族人民的财政搜括。自世祖至元至文宗天历的70年，国家赋税不断增加，如盐课增加20倍，茶课增加240倍，商税亦增加近10倍。官吏的额外苛敛使得民不堪命。

蒙古对中原的统治被终结

开河变钞使得黎民怨

公元1343年5月，黄河于白茅堤决口。次年5月，黄河中游连续降雨二十几天，而河堤早已年久失修，黄河猛溢决口，平地水深达两丈，白茅堤、金堤一先一后决口，导致特大水灾，沿河郡邑如济宁路、单州、虞城、砀山、金乡、鱼台、丰县、沛县、定陶、楚丘、成武，乃至曹州、东明、巨野、郓城、嘉祥、汶上、任城等处都受到影响。溢出的河水流入运河河道，又致使运河决口，让济南路、河间路的一些州县发生水灾。

这次大灾影响严重，百姓流离失所，至8月，在山东甚至出现人吃人的惨景。而且祸不单行，先后又发生了旱灾、蝗灾、瘟疫。黄河两岸的百姓连遭灾害，很多人过着饥寒交迫、痛苦不堪的生活。据估计，当时饥民总数达到100万户、500余万人，他们之中不少人在饥饿中死去。

大水也冲坏了沿河一带的盐场。当时，元朝政府每年要从盐课中取得一笔相当可观的收入，正如史书所形容的“国家收入盐利居十之八”。因此，大水也使政府的收入遭到了很大的损失。

公元1249年冬天，元末干臣脱脱再度担任丞相，重点治理黄河流域的水患，顺帝于是召集廷臣商讨。“都漕运使”贾鲁曾沿黄河考察地形，提出“疏塞并举，挽河东行，以制横溃”的治河策略，即让黄河依旧回复原来的故道（下游从淮河入海），对南河古道进行疏通，对北河则进行填塞。

当时，工部尚书成遵等人极力反对贾鲁的治河方案。因为这个方案需要聚集20万人开河，会导致民工造反。但脱脱认为：“越是不治，越是难治，越难治，饥民、流民的造反越蔓延。最后，决定开河。他任命水利专家贾鲁为工部尚书兼河防使，于公元1351年四月，调发汴梁、大名等13路民工15万人，又派驻守在庐州（今安徽合肥）等地的2万士兵负责监督，开始治河。按照贾鲁治河方案，从黄陵岗（今河南兰考东）开挖，南到白茅堤，西到阳青村，280里河道要加深，然后把黄河勒回旧道入海。

此次治河已经是黄河泛滥的第7年，沿河两岸的贫苦农民饱受洪灾、旱灾、瘟疫和饥荒困扰，早已恨透了元朝的黑暗统治。现在被强征为民工后，待遇极低，加上治河官吏的克扣，他们所得更少，这些半饥半饱的民工，在军队的皮鞭下担负着极其沉重的劳役，加重了人民的痛苦。这使得他们更加对元朝的黑暗统治不满。这些民工成为反抗元朝的潜在力量。

另外，由于黄河泛滥，不仅阻碍南粮北调，还冲毁盐场，致使元朝的收入大减，加上统治阶层贪污浪费，用作货币的贵金属金银等入不敷出，财政逐渐亏空。为了转嫁这一危机，公元1350年，左司都事武琪对脱脱提议变更钞法，历经激烈讨论后，脱脱决定变钞。

随后，朝廷规定中统交钞（旧币）对正通宝钱（新币）为一比二，等于是硬生生地将老百姓手中的票子贬值了一半，甚似打劫。而铸造铜钱肯定比印刷钞票麻烦多了，所以元王朝为避免麻烦，偷工减料，铜钱并未铸多少，钞票反而印了一堆。由于交钞印刷毫无限制，迅速导致了通货膨胀，“行之未久，物价腾贵，价逾十倍”，在京城五百贯交钞，还买不到一斗小米。

因此，“开河”和“变钞”促使元末社会矛盾进一步激化。

刘福通起义于颍州

元朝末年，逐渐形成了南北两大系统的秘密宗教组织，北方为白莲教，南方为弥勒教。白莲教来源于佛教的净土宗，供养的是阿弥陀佛，他代表光明，就是“明王”。佛教净土宗的另一派叫弥勒教。弥勒教信奉弥勒佛。他们的领导人分别是韩山童和彭莹玉。

当元末社会矛盾激化时，韩山童和彭莹玉加紧了活动，大江南北已经布下了起义的种子，为日后南方红巾军起义的爆发做好了准备。

元顺帝调发15万民工开河后，韩山童等看到时机已经成熟，决定抓住这个机会发动起义。韩山童等派人到处散布童谣说：“石人一只眼，挑动黄河天下反！”又派几百个教徒去做挑河夫，在民工中宣传“明王出世、弥勒下生”，发展教徒。并暗暗地凿了一个独眼石人，背上刻着“莫道石人一只眼，此物一出天下反”，埋在将要被挖掘的黄陵冈周边的河道上。大肆制造舆论后，黄河两岸的人心不稳，大家觉得很快元朝便要走向灭亡了。不久，民工们便在河道里挖出了独眼石人，大家惊诧不已，一传十，十传百，中原地区暗潮云涌。

这时，聚集在颍州颍上县（今属安徽）一带的韩山童、刘福通等人决定立即发动起义。至正十一年（1351 年）五月，韩山童等召集 3 000 名教徒，人人头裹红巾，在白鹿庄斩白马乌牛，祭告天地，准备起义。他们发布文告，宣称韩山童是宋徽宗的第八代孙子，应当继承皇位；刘福通是宋朝大将刘光世的后代，应该辅佐宋朝皇帝的子孙，恢复天下。

由此可见，韩山童在起义一开始目标就很明确以“复宋”作为口号，推翻元朝的黑暗统治。

但是很不幸，正当起义开始发动的时候，韩山童被捕牺牲，他的妻子杨氏带着儿子韩林儿逃到武安（今江苏徐州）避难，刘福通等人经过苦战才逃出重围。他们出敌人不意，转而一举攻下了颍州城（今安徽阜阳）。

因为刘福通的起义军都头裹红巾，所以称红巾军。红巾军是元末农民起义军的主力军，他们人数多，组织得好，斗争目标明确，贡献最大，所以元末农民起义又叫红巾军起义。

红巾军占领颍州后，很快占领了毫州（今安徽毫县）、项城（今河南沈丘）等地。到这年秋天时，红巾军又占领了汝宁（今河南汝南）、息州（今河南息县）、光州（今河南潢州）等地，起义人数达到 10 万人。

刘福通在颍州发动起义取得了胜利后，对其他地方的人民群众的鼓舞很大，各地纷纷起兵响应。在北方地区的主要有芝麻李等起义于徐州，布王三、孟海马等起义于湘汉流域。

公元 1352 年二月，郭子兴在濠州起兵。郭子兴是定远（今属安徽）的富豪，但出身低微，并无依靠，饱受地方官府的气，因此也参与了白莲教，平时结交江湖好汉，小有名气。刘福通起义爆发后，当地农民也开始造反。郭子兴带了数千人，趁黑夜，潜入濠州城，半夜里冲入州官衙门，杀掉州官，宣布起义。当地民众纷纷参加起义军。贫农出身的朱元璋就是在这之后不久投奔郭子兴的。

朱元璋的崛起之路

朱元璋加入红巾军后，作战勇敢，而且才能出众。从军没多久，便脱颖而出，被郭子兴收为宗人，待他如子弟。后来，郭子兴又把他义女马氏许配给了朱元璋。此后，朱元璋就被人们称作“朱公子”，在红巾军中混得风生水起。

公元 1353 年 6 月，朱元璋被派往老家——钟离招兵，扩充队伍。他以幼时的伙伴及老乡徐达等二十多人为骨干，招集了七百多人入伍，朱元璋因此被任命为镇抚。后来，朱元璋决定发展自己的队伍。公元1354年6月，朱元璋将其率领的队伍交给郭子兴，只带领徐达、汤和、吴良、吴祯、花云等二十余名心腹到定远。不久，他便招编了张家堡驴牌寨民兵三千人，并收了横涧山缪大亨义兵二万多人，然后用了十天左右的时间进行整顿和训练，组成了一支基本队伍。

朱元璋组建队伍后，便率军南下，攻下滁阳。途径妙山时，结寨自保的冯国用、冯国胜兄弟率领部队前来投奔。冯氏兄弟颇具政治、军事眼光。朱元璋与他们讨论天下大势，冯胜提出先攻下金陵（今南京），建立牢靠的根据地，再征战四方，夺取天下的策略，契合了朱元璋的心意，因而被任命为幕府参议，谋划征伐大事。

不久，定远人李善长也来到军营求见。李善长也是一位难得的人才，朱元璋委任他为幕府掌书记。朱元璋对李善长很信任，不仅让他参与机密，而且让他协调文臣武将之间的矛盾，协助考察各种人才，量才委用。

7月，朱元璋攻占了滁州。8月，郭子兴带领万余人至滁州。他见朱元璋已拥有三万人的武装，并号令严明，军容整肃，甚是高兴，升朱元璋为总管。

至正十五年（1355年）正月，朱元璋提议攻占和州，以解决军粮的困难。郭子兴遂命朱元璋带领张天祐、汤和等将士进攻和州。攻下和州后，朱元璋召集各位将士，整顿军纪，禁止杀掳掠夺，因此他的部队极得人心。

同年3月，郭子兴因病去世，朱元璋便成了这支义军的首领。此时刘福通于亳州建立了宋政权，改元龙凤。朱元璋不愿被人控制，但自己势力单薄，只好暂时接受宋政权的统治，使用龙凤纪年。

是年5月，结寨巢湖的水军拥有千多艘船在廖永安、俞通海等人率领下，投奔了朱元璋，朱元璋因此有了一支强大的水军。这时，常遇春、邓愈也投靠了朱元璋。朱元璋兵力大增，决定攻占金陵，建立自己的地盘。

6月，朱元璋率兵渡江，攻下采石，占领太平。朱元璋大军攻克太平时，军纪严明，秋毫无犯，城中肃然。此后朱元璋扩充队伍，修城建壕，加强防守。如此一来，太平变成了攻占金陵的根据地和桥头堡。

7月，朱元璋令张天祐率领部队攻击集庆（今南京），没能成功。9月，朱元璋又派郭天叙、张天祐攻克集庆，又一次失败，郭天叙、张天祐甚至被俘杀。至正十六年（1356年）3月，朱元璋亲自率军进攻集庆，自太平出发，水陆一起进发。先攻下了江宁镇，获降兵三万六千多人，然后攻占集庆城，获军民五十多万。朱元璋改集庆路为应天府，设立天兴建康翼统军大元帅府，命廖永安为统军元帅。7月，设立江南行中书省，朱元璋兼任总省事，建立了完整的统治机构。

此后，朱元璋虽然又取得了许多胜利，地位也不断提高，但他怕树大招风，在形式上一直受北方红巾军刘福通建立的宋政权领导，斗争口号也不改变，他占领婺州，开设浙东行省时，在省衙门口树起了“山河奄有中华地，日月重开大宋天”的大旗，与刘福通的“直抵幽燕之地，重开大宋之天”的旗号是一致的。他担任的职务，从江南行省平章到吴国公，都是“小明王”韩林儿封的。

至正二十三年（1363 年），北方红巾军于安丰被打败，朱元璋在滁州恭迎小明王韩林儿，具备了“挟天子以令诸侯”的势力。公元 1364 年元旦，朱元璋于应天府即吴王位，公然树起了大旗。公元 1366 年 12 月，朱元璋命廖永忠请小明王到应天府，路中小明王的船沉，小明王淹死水中，翌年改为吴元年。朱元璋从此割据一方，势力逐渐增强。

徐达大军攻陷大都

元末农民起义爆发后，依靠地主武装起家的察罕帖木儿、答失八都鲁、李思齐、张良弼等慢慢崛起，构成了新的军阀集团。答失八都鲁在北方红巾军的打击下战败因病去世，其子孛罗帖木儿继位；察罕帖木儿离世后，其养子扩廓帖木儿继位。这四家军阀为了争权夺利，很长一段时间内互相攻伐不已。因此，这也为朱元璋统一南方创造了有利条件。

公元 1367 年十月，朱元璋在消灭了张士诚割据势力后，即着手挥师北伐。朱元璋命中书右丞相徐达为征虏大将军，平章常遇春为副将军，率领部队 25 万进行北伐。朱元库提出的北伐具体策略为：先攻占山东，撤除元朝的屏障；进攻河南，切断它的羽冀；攻占道关，占据它的门槛；如此一来，天下的形势便由他们掌控了。接下来，进攻大都，这时元朝势孤援绝，不费吹灰之力便可夺取；再带兵西进，山西、陕北、关中、甘肃均可席卷而下。

同时，他还告谕北伐的将领：“凡遇敌则战，所经过的地方或攻克城池之后，勿妄杀人、勿夺民财、勿毁民居、勿废农具、勿杀耕牛、勿掠人子女。”

10 月 24 日，徐达率军到达淮安，派人去沂州招谕王宣、王信父子。察罕帖木儿去世后，王宣父子借扩廓帖木儿打内战的机会，攻克山东全境。徐达派人招降后，王宣父子投降，王信被任命为江淮行省平章政事。不久后，王宣父子再次反叛，王宣被徐达镇压，王信逃走。徐达攻下山东全境。由邓愈率领的偏师也由襄阳北略南阳，进展顺利。

公元 1368 年正月，朱元璋即皇帝位，定国号为明，建元洪武。

洪武元年（1368 年）2 月，徐达等率师侵入河南后，最先攻击汴梁。当时元汴梁守将李克彝、陈州（今河南淮阳）守将左君弼、安丰守将竹昌皆驻兵在汴梁。明军到达陈桥时，左君弼最先投降，李克彝逃往河南（今洛阳）。明军攻陷汴梁，紧接着进攻河南各州县。五月，朱元璋到达汴梁，召集诸将确定北进大都方略。

七月二十九日，山东诸将从益都、徐州、济宁会师东昌，前锋分兵渡河。闰七月初二，徐达等从汴梁发兵，自中滦渡河。十一日，徐达大军和其他各路军队于临清会师。十四日，常遇春攻下德州。北伐的第三步“进兵元都”正在顺利进行中。

这时，在山西的扩廓帖木儿击败李思齐的将士貊高、关保，二人都被擒杀。为此，顺帝恢复了扩廓帖木儿的官职，派他领军抵抗明兵，又派李思齐等分道出击，不分彼此。不过，此时为时已晚。

闰七月二十三日，徐达率兵到达直沽，水陆两路向大都进攻。二十八日夜半，妥懽贴睦尔带领三宫后妃、皇太子、皇太子妃等，开健德门逃向上都。八月初二日，徐达等率军到达大都，攻齐化门，派将士填濠破城而入，到此，统治了百多年的元皇朝最终被推翻。

第五章　众说纷纭的历史疑案

成吉思汗陵墓之谜

公元1227年8月25日，成吉思汗南征西夏时逝于军中。成吉思汗去世前，曾留下遗嘱，为了骗取西夏早日投降，“死后秘不发丧”，待西夏投降后，才由一支骑兵奉着灵柩，秘密地向预定的墓地疾驰。

为了保守秘密，他们还采取了很多严酷的措施，在运行的长途中，如果碰到路人，则全都杀死，决不留一个可能泄露秘密的活口。到达预定的墓地，先把地面的草、木、石杂物一一移开，灵柩进入泥土之后，再把挖出的泥土还原，如果存在多余的泥土，则要运往远远的地方抛弃，决不留一点可疑的痕迹。

成吉思汗陵

安葬完毕后，然后动用军马在墓地上任意踩踏、踏平，使地面未留任何痕迹，而且掘陵者全被处死。据元末叶子奇的《草木子》记载，成吉思汗下葬后，为不让人发现，除马匹踏平墓地外，以便日后能找到墓地，于成吉思汗的坟上杀了一只驼羔，把羔血撒在其上，然后派骑兵守墓。等到第二年春天小草长出以后，墓地与其他地方分辨不出时，守墓的士兵才撤走。子女若是想念成吉思汗，便用当时被杀驼羔的母驼作为向导，若母骆驼在某处久久徘徊，哀鸣不已，则这个地方便是陵墓所在地。

根据蒙古族的传统，成吉思汗采用的“密葬”，不希望被后人发现，对于后人来说，理应尊重祖先，并且蒙古族子孙也不希望成吉思汗墓被发掘。依照传统观念，蒙古人觉得，挖掘土地会带来坏运气，而触动祖先的坟墓会毁灭他的灵魂。

因此，由于实行“密葬”，成吉思汗陵墓的埋葬地点不立标志、不公布、不记录在案。这就为后人留下了不解谜团。

成吉思汗墓究竟藏在哪里？几百年来人们四处打探但是一无所获。对于成吉思汗墓地的具体位置，大概存在四种说法：一是在内蒙古鄂尔多斯市鄂托克旗境内；二是在宁夏境内的六盘山；三是在新疆北部阿勒泰山；四是在蒙古国境内的肯特山南、克鲁伦河以北的地方。

成吉思汗墓位于鄂尔多斯市鄂托克旗附近的依据是：据国内外多家媒体报道，2000 年 8 月，美国的探险家亿万富翁穆里·克拉维兹带领他的考古探险特别小组，信心满满地去到乌兰巴托寻成吉思汗陵墓。2001 年 8 月 16 日，克拉维兹的考古队于乌兰巴托东北 300 多公里处的森林中寻找到一个城墙环绕的墓地，里面还包含了数十座未被打开过的陵墓。探险队因此向外界宣布“找到了成吉思汗的陵墓”，不过后来被证明是匈奴墓。

2002 年 4 月，这个考古队于蒙古首都乌兰巴托东北 322 公里处的肯特省巴士利特镇（音译）又找到了一个由城墙环绕的墓地，里面最少有 30 座未打开过的陵墓。这个古墓被称作“非常可能是成吉思汗的陵墓”。然而，当蒙古国民众得知这一消息后，纷纷强烈反对挖掘，蒙古国政府也命考古队停止挖掘并离开那个地区。所以，主要投资者克拉维兹只好停止了考察活动。

成吉思汗墓位于宁夏六盘山的依据则是，有记载说，成吉思汗在公元 1227 年盛夏时，进攻西夏时死在六盘山附近。有考古专家据此认为，依照蒙古族过去的风俗，人离世 3 天就必须处理掉，要么天葬、要么土葬、要么火化，以免尸体腐烂，灵魂上不了天堂。所以，成吉思汗离世后就地安葬的可能性很大。

成吉思汗墓位于新疆北部阿勒泰山脉所在的清和县三道海周围的依据是，有考古专家在此地发现了一座人工改造的大山，推断为成吉思汗的葬身陵墓。另外的一个依据则是马可·波罗在他所著的《马可·波罗游记》中这样写：“在把君主的灵柩运往阿勒泰山的途中，护送的人将沿途遇到的所有人作为殉葬者。”

据相关史料记载，成吉思汗墓在蒙古国肯特山。成吉思汗生前某日，曾于肯特山上的一棵榆树下静坐思考了很久，而后突然起立，对手下随从说：“我死后就葬在这里。”南宋文人的笔记中也记载，成吉思汗当年在西夏病逝后，其遗体被运往漠北肯特山下某处，在地表挖深坑密葬。其遗体存放于一个独木棺里。而独木棺，便是截取大树的一段，把其中间掏空制成的棺材。独木棺下葬后，填上墓土，之后“万马踏平”。

蒙古历史学者对成吉思汗陵墓的看法

埋葬成吉思汗的地方说法很多。内蒙古社科院研究员潘照东倾向于，成吉思汗的墓地位于鄂尔多斯，在鄂尔多斯高原的鄂托克旗发现的石窟周围或许为成吉思汗真正的墓地。遗迹距鄂尔多斯市境内的成吉思汗陵不超过200公里，地貌、地名等特点，和《蒙古秘史》《史集》《蒙兀儿史记》等史料中有关成吉思汗葬地的描述相契合。石窟曾是成吉思汗养伤时所住。

在阿尔寨山的第28号石窟中，存在一幅壁画和成吉思汗的安葬有着密切联系。潘照东认为，这幅壁画便是《成吉思汗安葬图》。

所以，潘照东觉得成吉思汗的墓地很可能就在这周边。该地曾是成吉思汗的大后方，驻扎有重兵，且与六盘山的距离在三天之内完全能到达。

但是，潘照东也强调，发现成吉思汗墓应具备几个条件，而且缺一不可。第一，要有棺椁；第二，得有物证。如成吉思汗生前用过的东西；第三还应有确切的文字记载，譬如石刻石碑之类的记载。否则，就无法证明现在发现的是成吉思汗墓。

电视剧《成吉思汗》的编剧朱耀廷对蒙古史进行研究长达20余年，他更偏向于成吉思汗埋葬在了乌兰巴托附近的萨里川的说法，因为这里是成吉思汗的老家，即成吉思汗的出生地。不过，他也认为衣冠冢就位于鄂尔多斯附近，鄂尔多斯有名的“八百室”，即尸体在一处，用过的物品则放于另外一处专供后人祭祀。

成吉思汗陵究竟在什么地方？没有一个人能给出一个确切的答案，所以还是让愿意猜谜的人们继续猜这个谜底吧。

元朝皇帝为何死不留墓

古代封建帝王去世后均要举行隆重的安葬仪式，并且还得建造陵墓。不过，元朝的皇帝离世后却未留下陵墓，这是为什么呢？

原来，元朝皇帝死后的安葬仪式和其他朝代不同。据明代叶子奇《草木子》一书记载，元朝皇帝去世后没用棺材，也无殉葬品，而是“用木二片，凿空其中，类人形大小合为棺，置遗体其中”，安葬时挖一个很深的坑埋下去，然后将地面理平，不留痕迹，并派一支队伍，专门守护在此，待地面上长出青草，和四周地面相同时，守护队伍才离开，所以后来便极难发现元朝皇帝安葬的痕迹。

当年成吉思汗去世，就是采用了这种方式下葬。

元朝建立之前，蒙古人有自己特别的丧葬习俗，主要特点为薄葬简丧。

蒙古人属于生活在草原上的游牧民族，他们无固定的居所，生活方式也偏简单实用。尤其是在蒙古人大举扩张的战争年代，丧葬仪式尤其简单。下葬时，他们让死者坐在一顶生前用过的帐幕中央，边上围着祭祀的人进行祷告，随葬的有马匹、弓箭及摆放着肉乳的桌子，最后放进土里。为的是让死者在另一个世界上生活时，依旧能住帐幕，能骑马，能有肉乳吃。

忽必烈建立元朝以后，实行汉法，也渐渐受到汉人丧葬习俗的熏染，开始用棺木入葬，但所用棺木和汉人不一样。死者入殓后，两块棺木合在一起，又变成一棵圆木，再“以铁条钉合之”。虽然入主中原，蒙古人入殓依旧俭朴如初，寿衣大多为平时穿的衣服，随葬的器物也会偏少，大多是死者生前喜好的武器，如弓箭、刀剑一类的东西。

元朝皇帝离世与一般的皇族及贵族存在细微不同，皇帝去世后首先得有一个下葬的仪式，随葬品也得多一些，不过在皇帝下葬时不允许汉族官员参与，也不会在地面上建设大型建筑物，不设功德牌坊与墓碑，一切从简。此外为了不留下让盗墓贼发现的线索与痕迹，对下葬地点的记载也甚少，以至于让人感到元朝没有皇帝陵墓。

记录的不完整及有意地编造，导致后代难以了解这方面的真相。这也许便是元朝皇帝无陵墓的原因。不过不是没有，而是未发现。

谋杀？酒精中毒？托雷死亡之谜

成吉思汗拥有四个嫡子，长子术赤，次子察合台，三子窝阔台，四子拖雷。成吉思汗最爱四子拖雷，最不喜爱的是长子术赤，而术赤在成吉思汗去世前便已病逝了。

在成吉思汗的诸子中，长子术赤与四子拖雷关系甚好，而二子察合台与三子窝阔台交好；蒙古宫廷的两党对立自此形成，是以后宫廷斗争的主线。

在蒙古草原上，一直以来“幼子守产”的习俗盛行。一个家庭，仅有正妻所生的幼子能与父母始终生活在一起，并最后继承父母的所有财产。拖雷作为勃儿帖皇后所生的幼子，从小便与成吉思汗东征西杀，拥有卓越的军事才能；假如他做继承人，是符合“幼子守产”的习俗的，而且也能继承和发展成吉思汗的事业。

不过，成吉思汗对四个儿子很早便进行了分析。长子术赤尽管敦厚善良，但无雷厉风行的刚毅性格，无法成就大事。次子察合台尽管刚毅勇猛，但没有虚怀若谷的气度，无法君临天下。三子窝阔台热情豪放，为人处世灵活多智，并且极具城府，几乎找不出什么缺点。四子拖雷虽然精明过人，不过年纪太小，不能服众。

因此成吉思汗消除了“幼子守产”的习俗，立三子窝阔台为他的继承人。为了补偿拖雷，成吉思汗将一大块土地及12.9万军士中的10.1万人交与他，这为拖雷的儿子们后来争夺汗位提供了有利条件。

尽管破除了“幼子守产”制，但成吉思汗于遗嘱中明确说明要保留由“忽里勒台”大会来推选大汗。“忽里勒台”大会原本是由部落或者部落联盟的首领、贵族参与的一种议事会议，早期主要用来推举首领、决定战争等重大问题，到成吉思汗时期则演化为蒙古诸王大会，重要的大臣也要同时与会。“忽里勒台”大会的保留，影响了蒙古帝国汗位的顺利交接，为成吉思汗的子孙们提供了一个争夺汗位的合法途径与手段。

成吉思汗在遗嘱中既明确了窝阔台的继承权，也指定由拖雷暂时监国。他去世后，拖雷并没有立即召开“忽里勒台”大会来推选窝阔台为大汗，而是让汗位虚悬了两年多，直至公元1229年的春天拖雷才举行“忽里勒台”大会。所以，人们不得不怀疑手握重兵又有监国之权的拖雷对汗位有所觊觎，何况他本来便是幼子守产制度的合法继承人。

据史料记载，这期间支持拖雷即位的呼声也非常高，拖雷做了很多工作，才让窝阔台顺利地于“忽里勒台”中被拥立为大汗。

托雷死亡版本的历史记载

公元1232年，即窝阔台继承汗位的第四年，拖雷在军中暴死。他到底是怎么死的？史学界一直存在争论，至今仍无定论。有的认为拖雷是被他的三哥窝阔台害死的、有的认为是受了巫师的蒙骗而死的，也有的认为是患了暴病而死的。到底哪种说法正确，至今仍是一桩疑案。那么，就让我们回归历史，在历史的层层迷雾中去寻找答案吧。

据《元史·睿宗传》记载：“窝阔台汗四年（1232年）五月，窝阔台得病了。到了六月，病得更重了。拖雷遂向上天祷告，愿代窝阔台患病，甚至愿代他去死，后来又喝下巫师用来祛除疾病的水。几天日之后，窝阔台的病便好了，拖雷则在北还途中，于阿剌合的思患病而死，年仅41岁。

不过，关于拖雷的死，其他的史书记载却各有不同。《元朝秘史》详细记载了拖雷之死的情况。其经过为：在官山避暑期间，窝阔台汗突然得了重病，便请医生来看。医生开了药，窝阔台汗吃后几天，病情仍无好转，反倒更加严重。蒙古人信奉迷信，窝阔台便请来巫师为他驱除病魔。

那个巫师对窝阔台说：“大汗征战多年，杀人太多，再加上毁坏城郭，如此一来便激起了山川之神的愤怒，天神要逮捕大汗去问罪。”窝阔台听了巫师的话，内心很是恐惧，遂向巫师求教解脱之法。

巫师说："至少有一个亲王代大汗去给天神请罪，才能消除大汗的灾难。"在亲王之中，当时仅有拖雷跟随。窝阔台便命人将拖雷叫来身边，把巫师的话告诉了托雷。

窝阔台说完，拖雷便表示愿意代大汗去天神那里请罪。巫师拿出"咒水"，让拖雷喝下。拖雷什么也没说，一饮而尽。拖雷被人抬到自己的寝帐，几天后就死了。拖雷死了之后，窝阔台的病便真的好了。以上是《元朝秘史》的记载。

还有一部史书叫《世界征服者史》，书中说拖雷是因饮酒过度，得病而死。

换一个角度看托雷死亡原因

拖雷为成吉思汗最爱的儿子，成吉思汗曾准备将汗位传给幼子拖雷，不过因为当时拖雷年纪太小，没能如愿。根据蒙古人"幼子守灶"的习俗，成吉思汗死后，将自己的属地、财产及大部分军队都留给了拖雷，使拖雷拥有了巨大的实力。

不过，尽管窝阔台是成吉思汗指定的继承人，但成吉思汗死后，大蒙古国由拖雷监国两年且迟迟不肯移权，这不难引起汗位继承人窝阔台的不满而心生怨恨。后来，在耶律楚材的周旋下，拖雷虽移权让位，但拖雷在蒙古帝国中的威望仍然很盛，窝阔台肯定会认为这是一种严重的威胁。即使拖雷无反心，窝阔台仍有地位不稳固的担忧。

窝阔台即位后，将他的二哥察合台打发走了，不过却将拖雷留在了自己身边，不让拖雷回他的领地。若是要给出合理的解释，极有可能是窝阔台想将拖雷死死地捆在自己身边，致使拖雷不敢轻举妄动。

另外，虽然拖雷的死找不到窝阔台谋害的直接证据，但却与那杯"咒水"有直接关系。不论是《史集》，还是《元朝秘史》，以及《元史·睿宗传》，都说拖雷是喝下那杯"咒水"而死的。这必然让人产生怀疑，那杯所谓的"咒水"到底是何物？所谓的"咒水"极有可能为一杯置人于死地的毒水。拖雷正因为喝了那杯毒水才死的，完全不是什么暴病而亡。即使托雷的死亡无法说是窝阔台毒害的，但是其中的可能性很大，至少存在一定关联性。

而《世界征服者史》中所记载的拖雷"因饮酒过度，得病而死"，到底是否属实呢？我们可以想象一下，拖雷所饮的"酒"究竟是一种什么酒？文中没说，我们无从得知。不过书中所说的"酒"是不是就是那杯所谓的"咒水"呢？这倒很有可能了。

虽然，托雷的死还是一个谜，但综合各种因素和封建社会皇权制度的弊端，我们应该能发现其中的答案。

第十篇

如月的弯刀——奥斯曼-土耳其帝国

第一章　帝国出世占先机

乌古斯出天山记

奥斯曼土耳其人原本是生活在中国北部天山一代的西突厥族乌古斯部落的一支，随着时代的变迁，从茫茫草原到亚洲的东海岸都留下了他们的足迹。关于他们的真正起源一直都是个迷，有些模糊之处也仅仅是靠着某些传说，在奥斯曼帝国时期，有许多著名历史学家著书立传，认为突厥人是乌拉尔·阿尔泰语族的一个分支。

在历史上，突厥人最早出现在戈壁沙滩以北一带，贝加尔湖南面，这一地区面积宽阔，但是土地贫瘠，再加上气候恶劣、水资源匮乏，使得突厥人的经济发展异常缓慢，自古以来他们就经受着牧场危机的冲击，之后随着经济，政治、军事等一系列的变化，引发了游牧民族向大草原边缘的文明耕作地区的迁徙。后来这一支突厥人在蒙古族向西扩张的逼迫下，他们的首领厄尔图格鲁尔带着部落子民迁居到了美丽安详的小亚细亚。

原来在小亚细亚地区建立起来的封建国家是塞尔柱王朝。因东方人称拜占庭帝国统治下的小亚细亚为罗姆（意为罗马的），故名。首都科尼亚。公元1701年，国王阿尔普·阿尔斯兰（1063—1072年在位）率领军队攻占小亚细亚地区，在曼齐克战役中大败拜占庭的军队，此后塞尔柱人进驻小亚细亚地区。塞尔柱王马立克沙（1072—1092在位）令苏莱曼沙（1077—1086在位）率领塞尔柱人，先后占领尼西亚（今伊兹尼克）、伊兹密尔等地。（1077年，苏莱曼沙建立了安纳托利亚，当时是附属于塞尔柱国家，也就是历史上著名的罗姆苏丹国，将首都定在尼西亚，后于公元1116年迁都科尼亚）在公元1153年以前罗姆苏丹国一直依附于大塞尔柱帝国，处于半独立状态。罗姆苏丹国在12世纪末到13世纪初，经济繁荣，实力大增，后派兵占领了隶属于拜占庭帝国的地中海及黑海的重要港口。在安那托利亚，塞尔柱人通过建立商队旅馆鼓励通商，便利了货物由伊朗及中亚运往港口，还与热那亚人建立了稳健的贸易关系。罗姆苏丹国实力大增后，吞并了门居切克（Mengücek）、达尼什曼德（Danishmend）、萨尔图克卢（Saltuklu）、阿尔图格等多个小国家，这些都是在曼齐克特战之后建立的土耳其国家，从此罗姆苏丹国更加强大。

11 世纪末，十字军进攻尼西亚，受到罗姆苏丹的顽强抵抗，最终罗姆苏丹仅仅保卫了小亚细亚中部地区，时间到了 13 世纪，罗姆苏丹经济繁荣，实力大增，国势强盛后，开始收复失地，曾于公元 1207 年派兵占领位于地中海岸的安塔利亚，其后在公元 1214 年占领了锡诺普，此时势力达到黑海岸。迫使希腊人的尼西亚帝国和特拉布松帝国以及亚美尼亚王国纳贡。苏丹阿拉丁·凯伊·库巴德一世（1219—1236 年在位）时，罗姆苏丹国势达到顶峰。不久蒙古帝国侵入。公元 1243 年，在锡瓦斯东北 60 千米外的柯塞达地区，罗姆苏丹与蒙古军队进行了一场艰苦卓绝的战斗，最终因寡不敌众，被蒙古军队打败，罗姆苏丹只得向蒙古帝国投降，并且向蒙古国进贡，跋扈的蒙古国还是给罗姆苏丹保留了一定的自治权。

罗姆苏丹国时期，游牧的塞尔柱人（也称乌古斯人）开始改变生活方式，逐渐成为农民和手工业者，形成从游牧民族向定居过渡。这一历史成为土耳其历史上非常重要的时期。科尼亚、开塞利和锡瓦斯是当时小亚细亚最大的城市，有发达的商业和手工业。乌古斯人与小亚细亚原有居民希腊人、亚美尼亚人逐渐、融合，开始了土耳其民族的形成过程。罗姆苏丹的鼎盛时期发展民生、开设学校、建立医馆。此外，他们信奉伊斯兰教，在这段时期开始大量建设清真寺，并由很多各地的伊斯兰学者来此学习聚会，使得科尼亚成为了文化教育和宗教的中心之一。

在当时，罗姆苏丹给予了从东部迁徙过来的同种族人突厥人以慷慨的待遇，位于小亚细亚西北部的索古德地区，与拜占庭帝国接壤，这个地区是非常重要的交通要道，罗姆苏丹将如此重要的位置封给奥斯曼的父亲——厄尔图格鲁。

而此时的国际局势已经发生了巨大的变化，在突厥人的国家日益壮大的同时，他的宗主国罗姆苏丹国在蒙古人的一再打击下分崩离析，使得这支突厥人获得了发展壮大的机会，从此开始发展壮大。公元 1290 年厄尔图格鲁尔死后，32 岁的奥斯曼一世（1282—1326 年）继承了首领之位。

奥斯曼一世

公元 1308，罗姆苏丹国走到了它的尽头。在这个关键的时候，奥斯曼接过了独立的大旗，公元 1299 年宣布建国，自称埃米尔，公元 1300 年又自称苏丹（意为最有权威的人），从此在之后 600 年，奥斯曼土耳其以其强大的政治、军事力量在中世纪后期称雄。

突厥公国傲群雄

奥斯曼帝国的统治可以说是世界历史中最不平常的历史事件之一，同时也是最具有代表性的。因为这本身不仅涉及这个帝国本身的民族，语言、宗教、政治等因素，也涉及奥斯曼帝国与它在欧洲、亚洲以及欧洲邻国之间复杂的战争、外交以及领土纠纷的利益关系。那么一个在小亚细亚边陲，由这样一群信仰伊斯兰教的武士建立起来的小公国，为何会在一百年间内演变成雄霸亚非欧三大洲，异常庞大的伊斯兰封建军事帝国，不得不说它在世界历史上可以说是一个传奇。

十四世纪初期，罗姆苏丹国日渐衰败，后来分裂成了十个突厥小公国，奥斯曼人就是这十个小公国之一。他们跟其他生活在拜占庭帝国周边地区的突厥人一样，在他们的首领厄尔图格鲁尔的率领下，打着向异教徒发起圣战的宗教旗帜，进入到拜占庭疆域进行疯狂的掠夺。公元1288年，首领厄尔图格鲁尔去世，他的儿子奥斯曼接管部落。

勇敢的部落首领奥斯曼有着远大的目标，从接任了部落首领后就不断地向外扩张势力范围，而此时其他同族的突厥公国则成为了奥斯曼首先要攻的

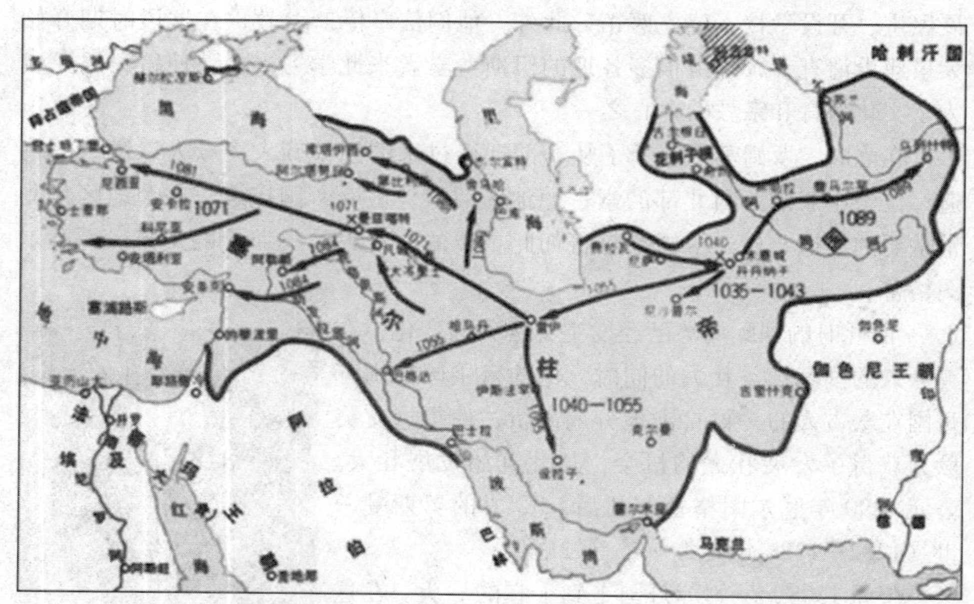

塞尔柱帝国版图

目标，那些公国在奥斯曼人不断的压力下逐渐瓦解，最后一个个瓦解。奥斯曼另一个要攻打的目标是拜占庭上的小亚细亚领土。而在那时，拜占庭帝国

也是内外忧患，早已失去了往昔的威风霸气，结果奥斯曼人乘胜而起。

奥斯曼很有政治头脑，他自己心里明白，单凭本部落的力量无法战胜周围其他突厥公国，尤其是要想战胜强大的拜占庭帝国更是件棘手的事情。他知道只有积聚力量，依靠宗教势力，师出有名，得到更多的人支持才能有机会战胜拜占庭帝国。他与宗教苏菲派长老谢赫·艾德巴里的女儿马勒哈通结为夫妻，以获取这一教派的支持。在他们的结婚庆典上，马勒哈通的父亲作为岳父将一柄“胜利之剑”授予了奥斯曼，同时授予了他光荣桂冠——“圣战者”。从此以后，这项仪式作为册封典礼保留下来。在后来的600多年时间里，奥斯曼帝国历届苏丹继位必须经历的仪式之一——即是颁发“胜利之剑”。这一庄严神圣的仪式成为加冕苏丹的仪式。

此时的奥斯曼公国已经在其他的公国当中变成了佼佼者，并且名声大震，逐渐取代了突厥塞尔柱人对小亚细亚的历史地位。后来许多突厥部落在他们的首领带领下也纷纷慕名投靠奥斯曼，愿意在他的带领下同基督教王国拜占庭交战。而后奥斯曼带领的突厥部落追随者都一律用他的名字，统称奥斯曼人。对他们而言，攻占拜占庭可以获得巨大的财富，因为攻下了君士坦丁堡就等于拿下了欧亚商队贸易的主要航道。

开始他带领的军队人数不是很多，但是奥斯曼具有良好的军事才能和组织才能，将原本纪律涣散的部落军队加以整顿训练，吸收了大批其他突厥部落的成员，建立起了一支强大的军队以展开对外战争。奥斯曼对外战争的首要目标是其部落周围的一些突厥小部落，通过这一阶段的斗争，奥斯曼不仅锻炼了新近组成的军队，而且还扩充了奥斯曼部落的人员，同时也打通了通往拜占庭帝国在小亚细亚半岛上领土的道路。为接下来对拜占庭帝国的进攻创造了条件。奥斯曼侵占的第一座拜占庭帝国城市是位于小亚细亚半岛西北角的美朗诺尔城，奥斯曼将该城的名称改为卡加希沙尔，并将此作为奥斯曼公国的首府。公元1300年，这是奥斯曼帝国发展史上一个重要的转折点，因为奥斯曼宣布由他统治的地区为不隶属于任何国家的独立的公国，并在一片呼声中自封为苏丹，这一年应是奥斯曼帝国的诞生之年。

与此同时，世界帝国史因此改写，又一个强大的帝国——奥斯曼帝国，为世界帝国史画上了浓浓的一笔。

奥斯曼突厥人对拜占庭帝国征战的胜利、奥斯曼公国的建立，让小亚细亚半岛上的突厥部落看到了希望，他们来到卡加希尔，加入到奥斯曼帝国的怀抱，也加快了奥斯曼公国实力的拓展，奥斯曼帝国实力提高后又挥师西进，打败东罗马军队，著名的巴法翁战役后，使小亚细亚半岛上最富饶的——卑斯尼亚平原，成为了奥斯曼公国的粮仓。

公元1317年，奥斯曼在经过多年战争侵占了拜占庭帝国在小亚细亚的大部分领土后，率军进攻拜占庭帝国在小亚细亚半岛上的首府，也是最重要的一座城市布鲁萨城。

布鲁萨城位置险要，城墙高大坚固，守军粮草和兵员充足，拜占庭帝国誓死保卫这一在小亚细亚半岛上重要城池。围城之战历经9年，城中的守军在弹尽粮绝，没有给养，人员损失极其严重的情况下，被迫投降。与此同时，奥斯曼帝国的开国之君——奥斯曼，也离开了人世。他死后被安葬在布鲁萨城中的一座基督教教堂内。这座教堂后来被改造为伊斯兰教清真寺。奥斯曼公国的都城也从卡加希沙尔迁至布鲁萨城。

伟大的奥斯曼不愧为一代开国君主。他雄才大略、仁爱、坚韧、顽强、关爱自己的子民，带着领着民族走向富强，深得后世的称赞。奥斯曼去世后，这个不断发展壮大的帝国就用他的名字来命名，称为奥斯曼帝国。

奥斯曼死后，由他的年仅20岁的儿子奥尔汉继位。

横扫四邻归我朝

公元1326年，刚到20岁的奥尔汉继承了王位，这位君王的眼光胆识丝毫不在他的父亲奥斯曼之下。奥尔汉从小就深受父亲的教诲，读尽天下书，立下宏伟志愿。从此一个年轻有位的帝王开启了奥斯曼帝国横扫四邻收为靡下的时代。

奥尔汉继承王位后，就开始对军队进行改革，把军队分为两种组建方式：一种是由封地的军事将领组建军队；一种是通过募兵组建的常备军。奥尔汉把每次战斗的战利品中的五分之一，给养这支军队。公元1326年，奥尔汉组建了称为加尼沙里军团（即近卫军）的一支新军，开始时人数虽然比较少，只有5 000人，但这支军队人员素质高，装备了当时世界上最先进的火炮、火枪等武器，加上经过了精良的训练，战斗力极强。后来，历代苏丹不断增加这支军队的数量，以满足不同时期的政治或者军事需要，装备最后一度接近了十万人的规模，虽然后来数量不断削减，但是始终保持在五万人左右的规模。这支军队的最高指挥官命名为“阿加”（意思就是“将军”），苏丹人挑选最信任的人来担任“阿加”，整支军队对苏丹唯命是从。

奥尔汉将国家每次对外征战所得到战利品中的五分之一，留给国库以做加尼沙里军团的军费之用，他们的武器相对以前有了较好的改善，而且始终保持着灵活性。加尼沙里军团在训练方面也有了提高，达到了欧洲军队的水平，在与欧洲军队相比虽然没有太大的优势。但是，不断的战斗，不禁提高了这支军队的战斗力，使得具有战斗经验的加尼沙里军团在奥斯曼初期成为欧亚最强大的军团之一。

奥斯曼土耳其作为一个加齐国家，他们必须不断地对外进行扩张，以便取得更多的领土。公元1313年，奥尔汉率军队从拜占庭帝国手中夺取了的尼西亚城。公元1337年又攻占了尼克米底亚城。短短不到的10年，奥斯曼人侵占了拜占庭在小亚细亚上全部的版图。

在开扩领土的同时奥尔汉还特别关心政事，他创立了可行的行政制度。因为在奥斯曼帝国发展的实践中开始认识到奥斯曼人虽然对伊斯兰国家进行掠夺，带回了丰富的掠夺品，虽然这些物品能给奥斯曼人在经济上带来一定的发展，但从本质上并不能建立一个经济基础。所以每当不发动侵略战争时，社会的经济就会衰落瓦解。奥尔汉想改变这种现状，所以效仿突厥塞尔柱人的军事采邑制，给那些骁勇善战，立下战功者封赏一定数量的土地，并把塞尔柱人的圣典统治方式一起接纳过来，从而使得奥斯曼人的司法体系发生了很大的改变。

然而没多久奥尔汉就开始了对拜占庭帝国的远征，并在第二年成功地攻占了与君士坦丁堡遥遥相望的尼克米亚城。攻占这座城堡有两点重要意义：从军事角度讲，残存在小亚细亚半岛的拜占庭部队，被孤立了起来。虽然拜占庭帝国通过海路和这支部队保持联系，但是，两者之间陆路的通道被切断，也彻底取消了拜占庭想要对这些部队增援的愿望。虽然拜占庭有冲破奥斯曼海上封锁线的可能性。但是只要战争爆发。拜占庭大规模增援的计划是不可能成功的。更何况他不一定有这样的实力；从政治的角度讲，奥尔汉给了自己的子民一种胜利在望的感觉。这样可以提高其的权威和安抚国内的民心有着不小的作用。更由于军事上的理由，使得奥尔汉以后对于拜占庭帝国的军事行动将变得更加得容易。不断增长的财富和渐渐减少的损失，这样的结果对于军队的士气和国内的建设有着不小的作用。看到这座城堡的陷落，将要使拜占庭帝国灭亡。一些有先见之明的人，在奥尔汉后来占领拜占庭的其他领地时，纷纷投降，而这些残存在小亚细亚半岛的拜占庭部队，也在后来的十年中渐渐被消灭掉了。

公元1354年，奥尔汉在打败拜占庭帝国，占领了小亚细亚半岛的全部领土之后，并没有要停止的意思，他趁着帮助他的岳父拜占庭帝国皇帝约翰·坎塔丘济打击塞尔维亚人之机，出兵占领了达达尼尔海岸的重地——加里波利。为今后对欧洲的征服建立了基地。就在同一年，巴尔干半岛发生了一次大地震，将濒临达达尼尔海峡的拜占庭帝国城市格利博卢的城墙损坏了，驻守在附近的奥斯曼军队乘势攻占格利博卢城。他们声称真主已将此城赐给了奥斯曼人，所以大量的奥斯曼人从亚洲迁居至此。由于该城刚刚经历了地震，加上鼠疫，城内军民大部分死亡。他们的占领也就更加轻而易举。后来，奥斯曼人又占领了整个加利波利半岛，成为了奥斯曼帝国进军欧洲的基地。

由于常年征战在外、国事又如此繁重，严重损害了奥尔汉的身体健康，在奥尔汉病倒后不久，就于公元 1359 年逝世。不过奥尔汉和他的父亲一样，他也留下了一位优秀的继承人——穆拉德一世。

公元 1359 年奥尔汉去世后，他的儿子穆拉德继位即穆拉德一世，而他的母亲就是拜占庭的公主尼鲁拂尔。但是穆拉德并没有因为血缘的关系就放过拜占庭帝国。穆拉德的一生和他父亲、祖父一样不断地蚕食着拜占庭帝国。

穆拉德一世刚开始继位就将巴尔干地区作为帝国的主要进攻方向。这不仅仅是因为巴尔干所处于的地理位置，另外还因为此时的巴尔干是最混乱的时刻。拜占庭王位的继承者、威尼斯和热那亚为首的意大利城邦、希腊狼子野心的独立王公、基督教的教皇和十字军骑士团，都在为了占领巴尔干的土地，绞尽脑汁。事实上，当穆拉德一世侵略巴尔干的时候，他的麾下有不少基督教的同盟者。

当奥斯曼军队在亚德里亚海岸出现的时候，巴尔干地区就彻底与拜占庭帝国隔离了，这个曾经的拜占庭帝国核心也失去了往日的繁华。君士坦丁堡这个“不可攻破的坚城”神话，从此变成了孤岛。公元 1363 年，拜占庭大势已去，只得承认穆拉德在巴尔干地区的主权，还屈辱的请求成为奥斯曼帝国的藩属国。甚至还被迫不得向每年上税给奥斯曼帝国。

然而亚洲战事开始后不久，穆拉德就攻占了军事重镇安卡拉。他利用威望、实力、金钱、外交等手段把奥斯曼帝国在亚洲地区的领地又扩大了一倍。他的儿子巴耶济德一世通过与屈塔西尼亚突厥公国的公主联姻，把整个突厥公国纳入了奥斯曼帝国的版图。而另一个突厥公国哈米德突厥公国在大势所趋之下，也同意将公国的大部分土地卖给穆拉德一世。还不得不答应在他死后，将剩余的公国土地拱手送给穆拉德一世。

穆拉德一世

穆拉德一世掌握政权以来的第一个重要战役就是阿德里安堡战役，并占领了阿德里安堡。阿德里安堡是拜占庭帝国在色雷斯境内最重要的军事、行政及经济重镇。穆拉德一世把奥斯曼的首都从安纳托利亚的普萨斯迁往阿德里安堡，表明了他会带领奥斯曼帝国向欧洲扩张的野心。后来将阿德里安堡改名为埃迪尔内。

在阿德里安堡陷落之前，绝大多数的欧洲人都把奥斯曼人侵占色雷斯当作巴尔干半岛南部一连串混乱事件的一个插曲，但当穆拉德一世迁都后，他们了解到奥斯曼意图长留在欧洲。

奥斯曼对色雷斯所采取的举动让巴尔干国家震惊不已。拜占庭帝国、保加利亚第二王国及塞尔维亚王国还没来得及准备应对奥斯曼人的进攻。拜占庭帝国的领土零星处在君士坦丁堡、塞萨洛尼基及摩里亚之间。君士坦丁堡与外界的联系，只能通过海路由意大利威尼斯和热那亚海权所控制的达达尼尔海峡来维持。当时的拜占庭帝国内战不断，单靠自己一国的力量无法打败穆拉德一世。君士坦丁堡有自己著名的城墙，加上奥斯曼海军力量明显不足，再有穆拉德一世有履行公元 1356 年条款的意愿，暂时没有被攻占的危险。

公元 1366 年，萨伏伊王朝的阿梅迪奥七世从奥斯曼帝国手中夺走加里波利。1370 年，穆拉德一世控制了大部分色雷斯，奥斯曼帝国与保加利亚及由乌格列沙统治的东南部接壤。拜占庭也没有力量对抗奥斯曼人，所以拒绝合作。保加利亚在亚历山大死后分裂为史拉特辛米尔统治的维丁帝国及亚历山大的继承人希什曼以大特尔诺沃为首府统治的保加利亚中部。希什曼的皇位被史拉特新米尔觊觎；另一方面，在奥斯曼人的强压之下，他没有力量参与乌格尔耶萨的计划。最后，只有姆尔尼亚夫切维奇参与，其他势力还没有想到过奥斯曼的威胁，总是担心战争会被其他势力所利用。

穆拉德一世东征亚洲的时候，欧洲的巴尔干地区也不平静。公元 1371 年，有塞尔维亚、保加利亚、罗马尼亚、匈牙利等国组成了东正教十字军，在塞尔维亚国王领导下吹响了战争的号角。并且凭借着高昂的士气，在战事开始之初连战连捷，兵峰直指奥斯曼首都。由于十字军进展的过于顺利，使得这支军队变得有些骄横了。此时，穆拉德一世，只好从亚洲调集部队，加齐武士不愿意同信仰武士成为敌人，但是面对异教徒他们的战斗力不断增强。

面对不断加强的奥斯曼军队，东正教十字军却没有想到会是如此下场。更惨的是，在公元 1371 年 7 月 23 日。这支十字军一头就扎进了奥斯曼军队在马里扎河畔所设的包围圈中。残酷的结局就是整个联军全军覆没。奥斯曼军队乘胜追击，直接占领了塞尔维亚南部地区。

但是这场战役却并没有给奥斯曼帝国带来多少正面利益。相反马里扎河之役，表面上让巴尔干各国感到恐惧。不过这种恐惧并没有让他们退缩，反而让各国形成了另一次的东正教十字军。而此次东正教十字军依然是由一个塞尔维亚拉扎尔公爵率领的。

公元 1371 年 9 月 26 日，切诺曼附近的马里查河响起了号角，这就是著名的马里查战役，军官拉拉・沙欣・巴夏是苏丹穆拉德一世麾下最得力的战将之一，由他对抗。

卡欣·姆尔尼亚夫切维奇及其兄约万·乌格列沙率领着英勇的塞尔维亚人（有一部分保加利亚援军），想要袭击当时的奥斯曼帝国首都埃迪尔内，因为当时穆拉德一世身处小亚细亚，帝国首都的兵力较为薄弱，然而拉拉·沙欣·巴夏以其较为出色的战术发挥击败基督教的军队，姆尔尼亚夫切维奇及乌格列沙战败至死，此后，马其顿及部分希腊地区也成为了奥斯曼帝国的一部分。由于兵力不足，塞尔维亚在大败后瓦解，乌罗什五世不久之后也逝世，尼曼查王朝走向终点。随后塞尔维亚中部分裂成许多独立公国，这使得塞尔维亚的领土大大削减。此时，塞尔维亚没有领头羊，也没有人能领导塞尔维亚人，姆尔尼亚夫切维奇的儿子马高在战争中死里逃生，他自立为王，称为“塞尔维亚国王”，但是他没有号召力，没有将君王的威信传达到马其顿中部普里莱普以外的地区。在此时，塞尔维亚陷入分裂状态，各公国之间亦互相攻伐。

在马里查战役后，奥斯曼帝国加紧了对塞尔维亚及保加利亚的进攻。奥斯曼帝国不断地骚扰使得保加利亚沙皇普什曼不得不和奥斯曼帝国签订条约。公元1376年普什曼只得向穆拉德一世称臣，并且把自己的姐姐献给穆拉德一世。然而这一举动并没有让奥斯曼人停止对普什曼的边境进行侵占。拜占庭帝国的国王约翰五世也在战后不久被迫同意臣服奥斯曼帝国，穆拉德一世也有了直接干预拜占庭帝国内政的权力。

公元1370年，保加利亚和塞尔维亚人稍稍松了口气，此时，穆拉德一世开始干预拜占庭帝国的内政，控制了拜占庭帝国。在塞尔维亚，北方领主拉扎尔·赫雷别利亚诺维奇在马其顿和黑山的强大贵族以及佩奇东正教修道院的支持下统一了大部分塞尔维亚领土。其他在马其顿的塞尔维亚领主，包括马高等，则臣服于穆拉德一世，以维持他们的地位。

穆拉德一世在公元1387年为因安那托利亚的事务而离开巴尔干地区，不料塞尔维亚及保加利亚附庸遂试图摆脱奥斯曼帝国的控制。拉札尔与波斯尼亚的特弗尔特科一世及维丁的史拉特辛米尔结成联盟。拉札尔拒绝履行作为附庸的义务，帝国军队随即起兵讨伐。拉札尔及特弗尔特科一世的联军在尼什以西的普洛尼克击败奥斯曼帝国军，这一胜利鼓励希什曼对抗奥斯曼帝国，重申保加利亚的独立。

公元1388年，穆拉德一世回到安那托利亚，并向保加利亚以迅雷不及掩耳之势发起了猛攻，并夺取了胜利。希什曼及史拉特辛米尔不得不投降。穆拉德一世要求拉扎尔作为附属国，并且每年向奥斯曼上贡。由于拉札尔在普洛尼克的胜利给予了他信心，他拒绝了穆拉德一世的要求，他开始拉拢位于波斯尼亚的特弗尔特科一世及他的女婿、马其顿北部及科索沃领主乌克·布兰科维奇，联合起来抵御奥斯曼帝国的扩张。然而穆拉德一世在公元1389年发动了新一轮的征战，他召集了当时巴尔干半岛上最大规模的军队，包括其保加利亚、塞尔维亚、阿尔巴尼亚及马其顿附庸，普里莱普的马高亦在其中。拉扎尔与各领主、科索沃的乌克·布兰科维奇、匈牙利人、波斯尼亚人和阿尔巴尼亚人联合起来，共同抵抗他们的敌人。公元1389年6月28日，在位于科索沃的波尔列形成了双方实力的对垒。

刚开始双方实力相当，科索沃战役，互有伤亡。然而关于这场战役，出现了不同的版本，而现代历史并没有肯定哪个版本是真实的。可以肯定的是，穆拉德一世和拉札尔都已战死。穆拉德一世可能被匈牙利战士所杀，后来，巴耶济德一世接替皇位，成为奥斯曼帝国军的总指挥，拉扎尔被俘，后来也被杀害。双方伤亡惨重，随后塞尔维亚及波斯尼亚都撤退了。奥斯曼人也无力继续追击。奥斯曼帝国因此放弃了色雷斯地区，科索沃战役虽然没有分出胜负，但形势很显然对奥斯曼帝国很有利，奥斯曼帝国以安那托利亚的广阔地区为根据地，所以能承受这次的严重损失；塞尔维亚为了这次战役，投入了全部的武力。战后国力更加衰弱。战后三年，奥斯曼帝国迫使两名塞尔维亚领主向巴耶济德一世效忠。塞尔维亚年轻的继承人斯特凡·拉扎列维奇在公元1390年与巴耶济德一世签订归降协议，搜寻渗透入塞尔维亚北部的匈牙利人。一直到公元1392年，最后一位塞尔维亚的独立领主才结束了这个国家的寿命。

公元1395年，巴耶济德率二十万兵力北上，越过多瑙河欲夺取匈牙利。整个欧洲为之震撼。巴耶济德依靠自己的军事，扶植了一大批傀儡势力。奖惩制度鲜明，巴耶济德处死了很多立场不稳的跟随者。虽然巴耶济德没有直接消灭匈牙利。但是这样反复无常的行为，在任何地方都是大忌。

于是由匈牙利国王呼吁，教皇带头。尤其是法国在此事上表现出了异常的热情。而威尼斯也决定出动自己的海军参加此次的十字军行动。在一系列背景之下，此次教皇的呼吁出奇的顺利。在很短的时间内。来自意大利、法国、德国、波兰、捷克、威尼斯等地的军队就汇集成了号称二十万人的天主教十字军。这些军队组织松散形同乌合之众。表面上看整支军队由匈牙利国王西吉斯领导。但是实际上西吉斯谁都领导不动。相反还常常被其他人领导。这支军队在还未出征就埋下了隐患。

这支松散的部队在多瑙河附近的尼科堡与奥斯曼军队碰了个正着。十字军内部也发生了动乱，没有统一的作战部署、没有一个统一的领导。内部的将领也各怀心思，这样的一个团队，注定会失败，十字军在这次决战中全军覆没。

曾经号称二十万的十字军。在短短三个小时之后就被彻底的击垮了。而欧洲最强战力的骑士部队，也在奥斯曼加里沙里军团的冲击下彻底的被击败了。随后，残余部队看到不敌奥斯曼军队，开始匆忙撤退，剩余的一小部分虽然进行了抵抗也是无能为力，最终十字军彻底失败。战斗之后，十字军除留下了大批的尸体外，还有近一万名的十字军骑士被俘虏。被俘的十字军超过了三万人。这些俘虏中有300名高级贵族被各国用高额的赎金赎回，剩余的俘虏被全部处死。而这次战役名义上的统帅——匈牙利国王西吉斯逃跑的时候，正好巧遇威尼斯军船才躲过了被俘虏的危险。这次的十字军行动也为整个十字军时代划上了永远的句号。

巴耶济德一世在此战之后不久就开始对于巴尔干地区进行了大规模的征战。几年之后，除了拜占庭帝国的君士坦丁堡地区和希腊的个别地区之外。整个巴尔干地区几乎都处在奥斯曼帝国的掌控之中。而此次胜利也使得巴耶济德一世赢得了巨大的声望。躲在埃及不敢露面的伊斯兰精神领袖哈里发给巴耶济德颁发了“罗姆苏丹”的称号。在整个伊斯兰世界里，巴耶济德拥有另外一个更加响亮的名字——加齐苏丹。

在尼科堡战役后，巴耶济德一世乘胜追击，奥斯曼大军直入匈牙利，在不到两年的时间里，先后夺取了伊庇鲁斯、帕撒利等多座希腊名城。兵将所到之处，无不生灵涂炭。到了14世纪末，奥斯曼军队几乎占据了从多瑙河至雅典间的整个巴尔干半岛。奥斯曼帝国至此达到了第一次鼎盛时期，但不久便因另一强大敌人帖木儿帝国的出现而衰落。巴耶济德一世在欧洲大胜敌军的同时，在亚洲也把自己的势力向小亚细亚东部地区渗透。公元1390—1397年，奥斯曼军队攻占了锡凡斯、开塞利、萨姆松和锡诺普等多座重要城市，巴耶济德一世率领的军队也兼并了小亚细亚半岛上的许多突厥小公国。失去公国的突厥王公贵族纷纷逃亡，他们逃亡到东方新崛起的一个强大的帝国——帖木儿帝国，向帖木儿求助，希望帖木儿帮助他们打败巴耶济德一世，夺回失去的公国。

帖木儿像

公元1399年夏天，帖木儿正忙于征战印度，而埃及马木鲁克王朝苏丹贝尔格去世后国内为了争夺苏丹王位也发生了内乱，巴耶济德一世趁此机会一举出兵夺去了位于小亚细亚半岛上的马木鲁克王朝的属国——狄尔格底尔。占领了西里西亚的大部分土地。而后又调派十万大军，向东越过幼发拉底河，将所有小亚细亚地区都纳入了奥斯曼帝国版图。公元1400年，帖木儿征战各地，巴耶济德一世趁机攻占了原属帖木儿帝国的商业城市凯玛赫城和爱洛遵占。奥斯曼人的步步挺进，帖木儿帝国与奥斯曼帝国的对决也无可避免。然而此役前期巴耶济德却犯了一个致命的错误，他拒绝了下属的建议，安卡拉地肥水足，地形也很有利，在此驻军，形成包围圈，可以将帖木儿军队一举歼灭。而巴耶济德决定埋下重兵在帖木儿大军行军必经之路偷袭，这样可以迅雷不及掩耳之势重创帖木儿大军。如果战事沿着巴耶济德一世的设想实施，双方的胜负就不难分别了，然而，奥斯曼军队的行动机密泄露，加上巴耶济德一世面对的是一位身经百战、老谋深算的军事家帖木儿，事情可就不那么简单了。

巴耶济德一世在安卡拉留下为数不多的驻军，亲率主力部队渡过哈里斯河，向帖木儿驻军大本营锡瓦斯方向进军。在进军的过程中，巴耶济德一世接到一份情报：帖木儿已率领军队从锡瓦斯出发，向西开进。巴耶济德一世决定，执行原来的计划，在哈里斯河东岸，找一处有利地形，进行掩护，埋设重兵，以逸待劳，等到帖木儿军队经过时可以重创大军。然而奥斯曼军队这一举动，被那些刚刚投降不久的突厥公国的君主告密给帖木儿了。帖木儿知道后，改变行军路线，不再走哈里斯河方向，改走南部山区，躲开了奥斯曼埋伏地带，向安卡拉进发。

在哈里斯河畔埋伏了一周的巴耶济德一世也未见帖木儿大军的半点踪影，到了第八天，他派一小分队，渡过哈里斯河，向西侦查，寻找帖木儿军队的行踪。不久，就传来消息，帖木儿大军已经绕开奥斯曼军队的埋伏地，向安卡拉进军。巴耶济德一世闻讯，惊慌失措，知道安卡拉危在旦夕，急忙命令大军急速渡河，越过哈里斯河岸，向西追击帖木儿大军。安卡拉城中有大量的武器和军需品，巴耶济德一世为了不让帖木儿大军掠走，他亲自率军，冒着烈日炎炎的天气，急行军数日。奥斯曼军队身心疲惫不堪，士气大减。公元1402年7月28日，奥斯曼军队到达了安卡拉城郊，帖木儿大军在此等候奥斯曼大军多时，双方对决战，一触即发，这是历史上最著名的战役之一——安卡拉战役。

清晨6时，两军将士就已进入阵地开始排兵布阵。巴耶济德一世将军队分成左、中、右三翼，亲自率主力部队加尼沙里军团坐镇中路大军，左翼是从欧洲征集的的基督教雇佣兵，右翼是新近臣服的小亚细亚半岛东部的各突厥公国将士联合组成的军队。面对奥斯曼军队的排兵布阵，帖木儿也把军队分为左、中、右三路，亲率蒙古骑兵坐镇中央以对付强悍的奥斯曼加尼沙里军团。上午10时左右，双方旌旗挥舞，战鼓齐鸣，杀声漫野，开始酝酿着进攻，此刻的齐布卡巴德平原上，聚集了双方近四十万人的军队。奥斯曼军队首先开始进攻，其步兵杀将出来，与帖木儿军队开始了激烈的战斗。双方将士奋勇杀敌，正杀得难分难解的时候，从帖木儿军中传来呼唤的声音，这是小亚细亚半岛昔日的一些王公贵族呼唤在奥斯曼右翼部队作战的战士的声音。那些原为这些突厥王公部下的将士，听到昔日旧主的呼唤，都放下武器，投奔到帖木儿军中来了，并且和帖木儿军队一起对抗巴耶济德一世所率领的中军。奥斯曼经此变故，军心大乱。这时帖木儿从印度带来的数十头战象发挥了作用，它们在奥斯曼加尼沙里军团军中横冲直撞，踩死踩伤奥斯曼军人无数。巴耶济德一世带领加尼沙里军团浴血奋战，终究无法抵挡帖木儿大军的强烈冲击，中军防线被突破。

防线一破，奥斯曼军队士气大减，四处逃窜。蒙古铁骑趁机追杀，奥斯曼军队死伤遍野，天色渐暮，战事接近尾声。巴耶济德一世在逃跑的过程中，被生擒，成了帖木儿的阶下囚。整个奥斯曼军团全军覆没，伤亡惨重，超过十万人。但是斯提芬公爵率余部突出重围。安卡拉的总督只得献城投降。帖木儿攻占了安卡拉以后，又继续扫掠整个小亚细亚半岛各地，最后攻克奥斯曼帝国在的昔日都城布鲁萨，彻底打败了不可一世的奥斯曼帝国后，帖木儿才决定收兵。奥斯曼帝国以惨败而告终。

巴耶济德在战败后，刚开始的一段时间还受到帖木儿的礼遇。因为帖木儿始终希望奥斯曼帝国能成为他的一个藩属国家。有一次，巴耶济德抓住机会杀死了看守他的士兵，想要逃跑。帖木儿彻底愤怒了，他知道要想让帖木儿屈服是不可能的事情。于是他给巴耶济德带上手铐和脚镣，装入囚车，在各个地方炫耀自己的胜利。巴耶济德痛苦万分，屈辱的生活了八个月，终于在众目睽睽之下英勇自杀。帖木儿很佩服巴耶济德视死如归的精神，派士兵护送其遗体到布鲁萨与奥斯曼的祖先们埋在一起。从此奥斯曼帝国彻底分裂了。奥斯曼帝国被巴耶济德的几个儿子分成了四块，并且全都表示效忠于帖木儿帝国。巴耶济德一世共有四个儿子，他们是苏莱曼、伊萨、穆萨和穆罕默德。苏莱曼刚开始就任马尼萨省省督，后来帖木儿派他前往埃迪尔内，控制奥斯曼帝国原来在欧洲的领土；伊萨则被封为小亚细亚中心城市布鲁萨的首领；穆罕默德仍然守护着原来的领地阿马西亚；穆萨最早并不向帖木儿表示归顺，一直被帖木儿所监禁，在他表示效忠后，帖木儿将他派穆罕默德处从政。

奥斯曼帝国的命运充满了曲折，原本会像塞尔柱突厥一样，会长期被三分五裂，或者被欧洲公国攻占，或者被其他的穆斯林国家所消灭，然而奥斯曼帝国的命运传奇才刚刚开始，因为当时欧洲世界各个基督教国家之间矛盾重重，派兵攻打奥斯曼帝国根本是不可能的。就连拜占庭帝国也是有着一堆麻烦事要去处理。而新兴的穆斯林小国又没有实力接替奥斯曼帝国。至于帖木儿帝国则在帖木儿汗逝去之后就消亡了。原来帖木儿帝国的所有附庸势力几乎在一夜之间全部独立了。于是真主从巴耶济德的四个儿子当中选了一个来结束了这种混乱局面。他就是穆罕默德一世。

在安卡拉之战以后的十年当中，奥斯曼帝国虽然动乱不堪。但让人意想不到的是奥斯曼人的外界环境居然一点躁动都没有。帖木儿在安卡拉战役中已经是66岁的高龄了。然而没过多久他就带着“梦回华夏”的幻想病逝了。帖木儿死亡的消息传遍了小亚细亚，原本宣誓效忠于帖木儿的几个奥斯曼帝国王子立即宣布脱离帖木儿帝国，宣布独立。

然而帖木儿的病逝给奥斯曼帝国带来了更大的动乱，巴耶济德一世的几个儿子为了争夺王位而开战。起初，共同治理阿马西亚省的穆罕默德和穆萨结成联盟一同对付伊萨和苏莱曼。战事首先在小亚细亚半岛打响，穆萨率领阿马西亚省军队攻入布鲁萨，伊萨兵败逃亡，渡海投奔拜占庭帝国。而后伊萨在苏莱曼的支持下率军重返小亚细亚半岛，企图收复布鲁萨城，但不幸惨败于穆罕默德的军队，落荒而逃。从此，伊萨隐姓埋名，放弃了王位的争夺。

因苏莱曼是巴耶济德四个儿子当中最年长的一个，同时又驻军于奥斯曼帝国首都埃迪尔内，所以他得到了帝国昔日的重臣和加尼沙里军团兵将的支持，顺其自然地被他们拥立为奥斯曼帝国苏丹。苏莱曼多次率军征伐小亚细亚半岛，想用武力将穆罕默德和穆萨逐出布鲁萨城，但均以失败告终。

公元1410年6月，穆萨联合塞尔维亚人和保加利亚人，亲自率领军队渡过海峡向苏莱曼发动攻击。但在英勇顽强的加尼沙里军团的痛击下，大败而归。

但穆萨并没有因为失败而放弃，在第二年，他乘苏莱曼防守疏忽之机，带领轻骑兵突袭了埃迪尔内城，用计策将苏莱曼俘获。又在苏莱曼逃往君士坦丁堡途中，派人将其杀死。

苏莱曼一死，原来为苏莱曼的支持者惧怕于穆萨的兵威，继而拥立穆萨，从这以后穆萨就成为了奥斯曼帝国欧洲部分的首领，与奥斯曼帝国亚洲部分的首领穆罕默德形成两分天下的局势。

穆萨执政后，同室操戈，他以为他的敌人是弟弟穆罕默德，而其实他们共同的敌人是欧洲人。他带领军队在巴尔干半岛征伐，先后攻打了北部的奥地利哈布斯堡王朝和南部的希腊各城邦。接着又将邻近的拜占庭帝国首都君士坦丁堡死死围住，希望完成他的父亲巴耶济德生前的愿望，攻克君士坦丁堡。但当他正在君士坦丁堡城下征战之时，他的弟弟穆罕默德却抄了他的后路，帮助拜占庭帝国从他后面进行攻击。兄弟俩为此兵戎相见。在穆罕默德的策动下，一些公开袒护平民不满的王公大臣脱离穆萨而去，渡过海峡，投奔穆罕默德。此后穆萨的实力锐减。

公元 1413 年 6 月，默罕默德乘穆萨兵力衰弱之机，率大军横渡海峡，直入埃迪尔内城下。在默罕默德大军激烈的攻击下，城中守军四处逃窜。穆萨见大势已去，带着家眷和少数亲信卫兵向保加利亚方向逃亡。默罕默德派出精锐骑兵一路追击，在索菲亚附近追上将其杀死。穆萨的遗体被埋葬在布鲁萨城他的先祖奥尔汉坟墓的旁边。

这奥斯曼帝国在经历了十年的动乱之后，又重新被新的苏丹默罕默德一世统一。默罕默德一世既顾忌帖木儿帝国的卷土重来，又担心欧洲基督教国家的联合进攻。所以，他并没有用兵收复原属奥斯曼帝国的突厥小公国，相反通过联姻的方式与这些小公国改善关系，同时也没有出兵围攻君士坦丁堡，因为刚刚重新统一的奥斯曼帝国需要时间来恢复它的元气。

公元 1421 年 3 月，默罕默德一世因中风不幸去世。为了不让因默罕默德一世去世的消息公示于众引发夺取王位的血腥厮杀，以默罕默德一世的老师巴耶济德为首的一班大臣们，对默罕默德一世的死讯秘而不宣，对此隐瞒了长达 40 天的时间。直到他的儿子穆拉德二世——苏丹王位的法定继承人从位于小亚细亚半岛的阿马西亚省火速赶到埃迪尔内，接替了王位后，才为穆罕穆德一世举行了庄严而隆重的葬礼。

穆拉德二世继承王位虽然顺利，但是他的弟弟穆斯塔法却始终是他的一块心病。穆斯塔法得知穆拉德二世继位后，放弃了以前的官位，与他的老师一起逃到科尼亚寻求避难。然而穆拉德二世并没有放过穆斯塔法派人到科尼亚将他擒获绞死。

这块心头之患刚刚被除掉，欧洲国家又挑起战事。穆拉德二世的一位叔叔投奔了拜占庭帝国，率军攻占了埃迪尔内城，穆拉德二世兵败逃往小亚细亚，准备聚集兵力夺回失地。然而穆拉德二世叔叔想一举击破，彻底消灭穆拉德二世，率军攻入小亚细亚。但在穆拉德二世强有力的反击下，他们大败而归。

公元 1422 年 4 月，穆拉德二世雇佣热亚那人将军队偷偷运过达达尼尔海峡，突袭埃迪尔内城，将他的叔叔和支持者杀死，收复了埃迪尔内城。紧接着穆拉德二世便率重兵将君士坦丁堡城层层包围，以惩罚拜占庭帝国对他叔叔的支持。双方厮杀得非常激烈，穆拉德二世抱着至死不休的信念。在这次战斗中，奥斯曼人第一次用火炮来攻打君士坦丁堡坚固的城墙，拜占庭帝国抵挡不住派出使臣，与穆拉德二世议和。最后的条件是：拜占庭帝国每年给奥斯曼帝国进贡三万金币，并且把君士坦丁堡外除供水地区的所有土地划给奥斯曼帝国，这样才换来奥斯曼帝国军队的撤离。

穆拉德二世任苏丹的这段时期，使得奥斯曼帝国又恢复了昔日的霸气，奥斯曼帝国又开始准备着新一轮的征伐。穆拉德二世鉴于他的祖父巴耶济德一世当初两线作战失败的教训，遂采取恩威并施的方式来处理东西方关系。对于一些其他的突厥小公国，他通过联姻的方式娶他们公国的一些公主为妻妾，从而让这些突厥小公国认奥斯曼帝国的宗主权。这样就可以放心大胆地征战欧洲；另一方面这些突厥公国也可以抵御帖木儿帝国的再次入侵。

穆拉德二世对欧洲的征战首先从威尼斯人开始。起因是威尼斯共和国在公元1423年从拜占庭帝国手中买下了一座重要港口城市——萨洛尼卡，而这一城市正是拜占庭帝国趁奥斯曼帝国在公元1402年兵败帖木儿帝国之时，从奥斯曼帝国手中夺取的。穆拉德二世有理由把失去的东西夺回来，于是在公元1423年7月，穆拉德二世率领奥斯曼大军夺取了萨洛尼亚。并就和平处理该城事宜与威尼斯共和国达成协议。

穆拉德二世时期的几次重要战役：

君士坦丁堡战役

公元1422年，穆拉德二世围攻君士坦丁堡，围城长达数个月，结果是成功地使拜占庭帝国被迫额外纳贡。公元1423年，奥斯曼帝国向威尼斯宣战。在穆拉德二世攻打君士坦丁堡期间，拜占庭帝国对希腊城邦的控制力大大减弱。

塞萨洛尼基围城战

威尼斯在夺取塞萨洛尼基的控制权之后，奥斯曼帝国随后对塞萨洛尼基展开了围攻，许多威尼斯士兵被杀，穆拉德二世提出和解条约，威尼斯人却没有接受，而是同奥斯曼帝国展开了全面对抗。

穆拉德二世立即派兵赶往塞萨洛尼基。威尼斯则从海路为塞萨洛尼基派去了增援部队，但是在奥斯曼帝国的强大攻势下，失败是必然的。威尼斯人逃往战船。奥斯曼人进城抢掠，紧接着威尼斯的战船开始炮轰塞萨洛尼基，奥斯曼帝国军只得撤军，威尼斯的战船挡住了奥斯曼帝国军队，直到新一批威尼斯援军重新占据塞萨洛尼基。穆拉德二世在这场战役中以失败告终，塞尔维亚及匈牙利与威尼斯结盟。教宗玛定五世寻求其他基督教国家联合对抗奥斯曼帝国，但只有奥地利派遣军队予以响应。

瓦尔纳之战

公元1444年11月11日，奥斯曼帝国在瓦尔纳战役中击败了匈雅提·亚诺什领导的波兰—匈牙利籍军队。公元1448年，另一个和平条款被订立，奥斯曼帝国得到保加利亚、瓦拉几亚及阿尔巴尼亚部分地区。穆拉德二世稳定了巴尔干半岛前线后，在东面痛击了帖木儿的儿子沙阿·罗赫、嗄勒莽酋长国及桑达尔王朝。

公元1437年12月，匈牙利国王西吉斯蒙去世，匈牙利国内爆发了为争夺王位而发生的动乱。就在此时，穆拉德二世决定进军匈牙利。

要想进攻匈牙利，必先占据塞尔维亚，否则将有可能将陷入敌军的前后夹击，穆拉德二世很清楚这个道理。公元1438年2月，穆拉德二世带领奥斯曼大军攻入塞尔维亚，占领了巴尔干地区最重要的战略基地和塞门德里亚。公元1440年6月，穆拉德率军将塞尔维亚的首都贝尔格莱德包围起来了，此地正是通往匈牙利南部最重要军事堡垒的必经之路。奥斯曼军队在此却遭到了塞尔维亚军民的顽强抵抗，战事持续了近半年时间。这时传来了消息，由已故匈牙利国王西吉斯蒙的儿子约翰·罕雅迪率领的塞尔维亚、匈牙利、保加利亚和波斯尼亚联军，已在奥斯曼军队的后方攻占了许多奥斯曼军队的军事要塞，有想切断穆拉德二世退路之意。于是，穆拉德二世被迫放弃对贝尔格莱德的进攻，撤军而去。公元1444年2月，穆拉德二世面对失败不得不与匈牙利国王在塞格德签订了一份《塞格德条约》，双方同意停战10年，奥斯曼帝国放弃对塞尔维亚和罗马尼亚的宗主权。穆拉德二世第一次大规模对欧洲征战，就这样以失败告终，对他来说确实是一个很大的打击。

《塞格德条约》签订后，奥斯曼帝国与欧洲国家有了10年的停战约定。穆拉德二世深感战争纷乱和政务疲倦，决定将王位传给他年仅15岁的儿子默罕默德二世，他这样做处于两方面的考虑，一方面，他想要静下心来研究喜欢的学术；另一方面也能够避免将来在他死后儿子们为了争夺王位互相厮杀的危机。穆拉德二世禅位以后，带着许多诗人、法学家、神学家、历史学家和哲学家来到了风景宜人的马尼萨，希望从此过上宁静的生活。在穆拉德二世的倡议下，奥斯曼帝国开始编写第一部编年史，许多穆拉德二世先辈苏丹们南征北战的历史被完整的记录了下来。

然而穆拉德二世想要的这种安逸、宁静的生活没过多久就被打破了。原来背信弃义的匈牙利国王拉弟斯拉夫联合欧洲的基督教国家想要趁着奥斯曼帝国年轻的苏丹默罕默德二世年幼，尚无治国经验之机，进一步削弱和打击奥斯曼帝国的军事实力，收复被奥斯曼帝国占领的欧洲土地。匈牙利国王拉弟斯拉夫和红衣大主教朱利安被推选为新的同盟盟主，开始又一次组成新的联军共同阻杀奥斯曼帝国。

在此危难时刻，奥斯曼帝国一些大臣和高级指挥官纷纷联合上书，请求穆拉德二世复位，指挥奥斯曼大军打败来击之敌。此时穆拉德二世也意识到了事态的严峻，并重新登上王位，指挥奥斯曼大军迎战欧洲联军。公元 1444 年 11 月，双方军队在瓦尔纳附近进行了决战，欧洲联军被击溃，拉弟斯拉夫和朱利安也在战斗中被杀。穆拉德二世乘胜追击，一举攻占了塞尔维亚和波斯尼亚的许多军事重地。

穆拉德二世在打退欧洲人的进攻后，又萌生退意，公元 1445 年 4 月，穆拉德二世再一次宣布退位，重新回到马萨尼去过那种田园生活。然而他这种平静的生活再一次被打断，这次干扰他的不是基督教国家，而是他自己的王牌军队加尼沙里军团。这些以征战为职业的军人不甘心过无仗可打的安逸生活，他们希望穆拉德二世能够重新带领军队进行圣战。一旦他们的愿望没能实现，他们便着手组织反对苏丹默罕默德二世的武装叛乱，希望能引起穆拉德二世的注意。穆拉德二世被逼无奈，再次登上王位将叛乱平息下去。从此以后，穆拉德二世再也不敢轻易放弃王权，他明白，加尼沙里军团是一种巨大的能量，不在欧洲人那儿释放，就会在国内爆发。

公元 1448 年 3 月，穆拉德二世带领大军开始进攻驻守塞尔维亚的匈牙利军队。目的当然是为了重新夺回塞尔维亚境内的科索沃平原，对决开始，这场战争异常惨烈，匈牙利、塞尔维亚联军再次被打败。最后塞尔维亚归顺，再次被迫成为奥斯曼帝国的藩属国。接着，穆拉德二世横扫南部，攻占了希腊城市科林斯和佩特雷。

公元 1450 年 5 月，穆拉德二世在打败匈牙利、塞尔维亚联军后，亲率十万大军进攻阿尔巴尼亚，为了 6 年前死在阿尔巴尼亚的将士报仇。阿尔巴尼亚军民在斯坎德培的带领下，奋力抗争，使得奥斯曼大军每前进一步都要付出惨痛的代价。最后奥斯曼大军只能将阿尔巴尼亚的临时首都克鲁亚城包围。

斯坎德培针对克鲁亚城地势险恶，易守难攻，城中粮草并不充足的特点，并没有把军队所有将士都集中到城里，只是在城中留驻少数的精锐兵力。自己则率领精兵 8 000，驻守在克鲁亚城北的高山上，等待有利时机，从背后袭击将要攻城的敌军，并将另外一些零散部队分成小股分队，专门袭击敌军运送粮草的车辆，以打击敌军士气。

经过将近半年的交战，奥斯曼军队仍然没能将克鲁亚城攻破，而且马上就要入冬，奥斯曼军队的粮草和军需品的供应都成了严重问题。在长时间的进攻当中，奥斯曼军队已有 20 000 多名将士牺牲。迫于当时的形势，公元 1450 年 10 月 26 日，穆拉德二世率军撤离了克鲁亚战场，他一生当中最后一次远征从此结束了。

公元 1468 年 1 月，斯坎德培因病去世。在他去世后，莱克・杜加勒纳继任了他的职位，在他的领导下，阿尔巴尼亚军民屡次打败奥斯曼大军，直至公元1479年6月，奥斯曼人在英勇不屈的阿尔巴尼亚人的重创下被征服。

克鲁亚之战惨败后，穆拉德二世整日郁闷，后患重病，于公元1451年年初去世。穆拉德二世在奥斯曼帝国的历史地位比较特殊，他的两次退位给奥斯曼帝国带来了两次危机。但是又两次复位，成功地将奥斯曼帝国带回到了正轨之上。并且进一步巩固和扩大了奥斯曼帝国的实力与势力范围。而对于他死后50年来说，最成功的标志之一就是他巩固了奥斯曼帝国的北方防线，为后来的继承者默罕默德二世攻取君士坦丁堡奠定了基础。

金甲破敌拜占庭

公元395年，罗马帝国分裂成为东西两部分：一部分是西罗马帝国以罗马为首都；另一部分就是以君士坦丁堡为首都的东罗马帝国。君士坦丁堡是古希腊的移民城市拜占庭的旧址，所以东罗马帝国又常称作拜占庭帝国，君士坦丁堡习称拜占庭。

到了15世纪中期，拜占庭帝国的局面是内外交困。大部分领土都被奥斯曼帝国所占领，而此时的拜占庭帝国实际上只是一个剩下首都君士坦丁堡这座四面受围的城市了。由于国内政治纠纷不断，加上战争不止，从而使得经济衰退，税收大减，不但完全失去了一个作为地中海上商贸中心的地位，而且不得不任由热那亚人和威尼斯商人在帝国境内建立起许多的商业据点。拜占庭帝国已处于岌岌可危之中。

公元1451年2月5日，一位密使火速赶到小亚细亚向苏丹穆拉德二世的长子——默罕默德报告他的父亲去世的消息。这位精明果断的王子没有同自己的谋士和大臣一起商量任何事情，就一跃跨上战马，快马加鞭一鼓作气到达博斯普鲁斯海峡，并且立刻渡海，来到欧洲一岸的加利波里。之后才向自己的亲信们透露父亲去世的消息。为了防止其他任何人觊觎苏丹的王位，他采取的第一个政治行动，就是让人把自己还未成年的弟弟淹死在浴池里，紧接着又派人把那个被他逼着去干这件事的凶手害死。并在几年后颁发谕令，告诉他的后代凡是夺取王位者，立即将兄弟们处死以防王位被篡权引起内乱。

这样一个年轻、狂热、醉心于功名的新任苏丹从此取代了较为稳重的穆拉德。这一消息使拜占庭人惊恐万分。他们通过近百名密探得到了消息：这个野心勃勃的家伙发誓一定要攻破这座世界著名的古都。尽管他还年轻，但是却时刻不忘自己的誓言并且为这誓言精心策划着如何完成的准备。同时所有的报告又都一致声称：这位奥斯曼的新君主具有非凡的军事和外交才能。默罕默德是个一身兼备着双重禀性的人，他既虔诚又残忍，既热情又阴险，既是一个爱好艺术、学识渊博能用拉丁文阅读凯撒大帝和其他罗马伟人传记的人，同时又是一个杀人不眨眼、心狠手辣的人。他有一双忧郁的蓝色眼睛、尖尖的鹰爪鼻，从他的外相来看，既像一个不知疲倦的工人，又像一个不怕死的士兵。而现在，所有这些危险的恐惧都建立在同一个理想上：那就是要大大超过他的曾祖父巴耶济德一世和父亲穆拉德二世所建树的辉煌成就——他们两人曾用新兴的奥斯曼国家的强大军事力量第一次教训了欧洲。不过，他的第一个目标是要夺取拜占庭城——这颗留在君士坦丁堡和查士丁尼皇冠上最亮的珍宝。

事实上，对一个决心如此大的人来说，这颗宝石是一个没有任何保护，唾手可得之物。当年，拜占庭帝国的疆域曾一度跨越世界几个大洲，从波斯湾一直延伸到阿尔卑斯山，再从另一方向延长至亚洲境内的辽阔沙漠地带，就是走上几个月的时间，也不能穿越全境。真可谓是一个世界帝国，而现在只要步行三个小时就能轻松走遍整个国家。当年的拜占庭帝国如今只剩下一个没有躯体的脑袋、一个没有了疆域国土的首都——君士坦丁堡，也就是君士坦丁之城、古代的拜占庭。并且，如今属于东罗马帝国的也早已不是曾经的拜占庭城，仅仅是当年的拜占庭城市区的一部分，因为城郊的加拉太已经被热那亚人夺走，城墙以外所有的土地也已经被奥斯曼人所占领。这最后一位皇帝的帝国仅有这样一块弹丸之地了。人们称之为拜占庭的只不过是一座环绕着宫殿、教堂和一排排巨大城墙之内的天地。这座城市由于遭到十字军的大肆掠夺和毁坏已大伤元气；瘟疫、动乱使得城内大量居民死亡；由于连年不断地被游牧民族侵犯民力已经消耗殆尽，加上民族和宗教的纷争，内部也四分五裂；现在面临一个早已准备充足，全副武装的军队从四周包围着自己的敌人，根本无法依靠自己的力量来进行抵抗。它既缺乏兵力又缺乏勇气。拜占庭的末代君主君士坦丁十三的宝座已摇摇欲坠。他的王位正在听凭命运的摆布。但是，正因为拜占庭帝国时期集中了整个西方世界几千年来古老的文化，久而久之，被西方人奉为圣地，占领拜占庭对于欧洲来说，是象征荣誉的胜利。

拜占庭的君主君士坦丁十三立刻觉察到了这种危险。尽管在默罕默德二世的口中洋溢着和平之词，但他还是怀着惴惴不安的心情向意大利、教皇、威尼斯、热那亚派去一个一个的使节，请他们派来大战船和援兵。然而罗马教皇犹豫不决，威尼斯同样如此。因为东正教和天主教之间那种古老的宗教信仰裂痕至今依然存在。希腊东正教憎恨罗马天主教。希腊东正教的牧首拒绝承认罗马教皇是最高首领。由于面临奥斯曼人攻城的危险，在佛罗伦萨和斐拉拉的两次宗教会议上早已决定将两个教会重新统一，并保证支持拜占庭反对奥斯曼人的斗争，以此作为统一的条件。但是当拜占庭面临的危险不再如此危机之时，东正教的一些教会又都拒绝使条约生效。一直到默罕默德二世成为新的苏丹，危急的形势使东正教教会放弃了自己的固执：拜占庭一方面向罗马送去要投诚的信息，同时请求罗马能紧急救援。于是一艘艘战船配备了充足的弹药和士兵。可是，罗马教皇的使节首先到来，他要完成西方两个教会和解的事宜，并且向全世界宣布一件事：谁进攻拜占庭就是向整个基督教世界挑战。

所有准备战争的强权统治者都是一样，当他们的战备工作还没有进行的时候，总是竭力散布和平论调。默罕默德二世也是如此。他在自己继承王位时接见了君士坦丁皇帝的使团，向他们说尽了友好和让人宽心的话。他曾郑重其事地向真主、天使们和《古兰经》公开发誓：他要忠实地信守让拜占庭皇帝签订的一切条约。但与此同时，这个处心积虑的征服者却又和匈牙利和塞尔维亚达成了一项为期三年的中立协定——奥斯曼土耳其要在这三年时间内不受干扰的情况下攻占拜占庭。默罕默德要在信誓旦旦地做出足够的和平许诺以后，才会在适当的时机挑起战争。

现在拜占庭唯一的依靠和力量也只剩下坚固的城墙了，昔日的拜占庭帝国曾横跨几个大洲，然而，这样一个伟大的光辉时代留给今天拜占庭的遗产，仅仅是它的城墙而已。这座城市的平面图接近三角形，所以这座城也就布了三道防线，它的两条斜边是坚固的石头围墙。而那条平行线则是巨大的壁垒型城墙，即狄奥多西城墙。在它之前，君士坦丁就预料到拜占庭未来的危险，所以用大方石把城墙围了一圈，在他以后查士丁尼又把城墙进行了加固和扩建，但是在迪奥多西二世时期才真正建立了起防御作用的主体城墙。他建造了长达七公里长的城墙。这座高大雄伟的城墙，设计完成了凹形的眼口和雉堞，前面有护城壕，还用方形石头垒砌成的望楼，有专门的守卫值守。一千多年来，历代皇帝都要把它加固和重修，因此它也就成了不可攻克的标志。这些用石块堆砌的壁垒在从前曾经打击过蛮族部落拼命冲击和奥斯曼人的人海战术，现在同样发挥着它应有的作用。

现在，默罕默德比任何人都更加了解这座城墙。几个月以来，或者说几年以来，他夜夜都在思考着：怎样才能摧毁这座不可攻克的城墙。在他的桌子上堆放着各种图样、量尺、敌方工事的草图。他很清楚城墙内外的每一处小丘、每一块洼地、每一条水流，他的工程师们同他一样把每一个细节都考虑得十分周详，但是，结果令人很失望，无论如何使用现在的臼炮都无法摧毁这座古都城墙——狄奥多西城墙。

面对如此坚固的城墙，必须制造更大的火炮，而且火炮炮筒要更长、射程得更远、威力要更大。还得用更坚硬的石头制造更有攻坚力和摧毁力的弹头，除此之外没有任何别的办法。默罕默德表示要不惜一切代价制造出这种新的进攻武器。所以，在宣战后不久，就有人来到苏丹面前。他说自己是匈牙利人，虽然是基督教徒，且前不久还在为保卫君士坦丁皇帝而效力，但是他希望能在默罕默德手下为自己的技艺获得更高的报酬和更有独创的使命。这个男子正是当时世界上经验最丰富和最富有创造力的铸炮能手之一，于是他禀告说，如果苏丹能提供足够的经费，他能够设计并铸造出一种世界上最先进的最大火炮。一门心思想要攻城的穆罕默德答应只要能造出他说的火炮，不用计较钱的代价，同时还派出近千辆的车子，把矿砂运到亚得里亚堡。整个公元1452年的秋天，乌尔班都在阿德里安堡督造这个空前的巨炮。奥斯曼帝国为这位工程师提供了一切他所需要的原料。在铸炮工人夜以继日的努力下，这个采用了非常严密的淬火方法制成的黏土模坯已经准备好了，就等着用火红的贴水进行最后一道程序——浇铸了，这道振奋人心的工序也获得的意料之中的成功。火炮已经铸造好了，现在从模具里脱坯后再冷却的巨型炮筒直就是迄今为止世界上最大最先进的火炮。这个非凡的怪兽称作——乌尔班大炮（有时也被称作“土耳其巨炮”或“达达尼尔大炮”）。该炮长达17英尺，重17吨，炮筒厚达8英寸，口径则长达30英寸，足以容纳一位成年人，所用的花岗岩炮弹重达约680公斤。在那个时代是威力最大的火器。公元1453年1月，苏丹下令在皇宫外进行了第一次试射。在进行第一次试射以前，苏丹先派出人走遍全城提醒那些怀孕的妇女当心。大炮置于宫门之外，装填炮弹很费时间但还算顺利，随着地动山摇的一声震动，炮弹投入到1英里外足足6尺深的泥地里。乌尔班成功了，他为苏丹制成了最先进的武器。默罕默德当即下令为全体炮兵装备这种特大尺寸的大炮。

而此时时，如何将巨炮运往140英里外的君士坦丁堡则成了穆罕默德最大的挑战。好在他手中掌有巨大的资源，苏丹动用了400人以及60头牛作为搬运队。巨炮的进程极其缓慢，每天只能前进不到3英里。同时还得有一队工兵负责在前架桥开路。

乌尔班大炮

直到几个星期后巨炮才运到君士坦丁堡，在此之前工兵已经做好了火炮发射的场地准备，并且在据城墙250码开外修筑了一系列火炮工事。

苏丹沿着拜占庭城墙的薄弱地点布置了十几个个炮兵阵地。乌尔班巨炮布置在苏丹帐篷前的显要位置。炮兵阵地通常布置一门主炮，同时在周围环绕着大量小口径火炮作为辅助，奥斯曼士兵把它们称作“巨熊周围的幼兽”。它们能发射200～1500磅的炮弹。虽然默罕默德二世仅仅拥有69门大炮，这在当时已经是一直不容小觑的炮兵力量了，成为了当时世界上拥有最大的火炮阵容。

默罕默德二世一身豪华壮丽的戎装，骑着马走在部队的最前面，他要在吕卡斯隘口前驻扎起帐营。但是，在他让人升起帅旗之前先让人在地上铺好祈祷用的地毯。他面向麦加的方向，跣足而上跪拜倒在地，并且磕了三个头。他身后成千上万的士兵也跟着向麦加的方向磕头，用同样的节奏向真主祷告，祈求真主赐予他们力量。然后苏丹才站起身来，让他的那些“传令兵”，急急忙忙走遍整个营地，一边敲着鼓吹着军号，宣告围攻拜占庭城的战斗已经开始。

这时历史上第一次炮兵协同齐射开始了。君士坦丁堡之战异常惨烈，炮击开始之初，地动山摇，这是当时欧洲人没有见识过的，火药的威力最震撼、最惨烈。石弹发出致命的呼啸，将君士坦丁堡巨大的石墙砸得粉碎，给附近军民带来绝望和死亡。对城墙薄弱地点的选择性射击起到了良好的效果。炮弹有时摧残了整段的城墙、有时会炸毁城墙的一部分、有时是一座塔楼，没有哪座城墙能够抵御如此猛烈的炮击。世界围城战的景观从此改变——炮弹所经之处，无不分崩离析，守城者目睹此景，惊惶不知所措。

一些重型炮弹穿越城墙，击毁了民居、教堂，一些坠入到市区中的果园。据说在方圆两百里的地界内都能感受到强烈的震动。

炮击对守军心理上的打击甚至更为剧烈和有效。强烈的炮击烟尘和震动，使得经验丰富的拜占庭骑士和意大利雇佣兵感到惊慌。对平民百姓来说，这更像是世界末日的来临。到处都是奔跑的人群，妇女晕倒在街上，无助的市民只能聚集在教堂，期盼上帝的拯救。

聪明的拜占庭守军想了各种办法，希望能够减轻火炮对城墙的破坏。炮弹袭击以后，他们及时用泥浆和砖灰立即加固、修补被炮轰的城墙，或者用羊毛和其他软物装满袋子，甚至把挂毯带到阵地，补充塌陷的地段。守军也试图想要用火炮来击毁敌军的炮兵，然而他们缺乏火炮发射所需要的硝石，并且奥斯曼的火炮阵地防守极其严密。更为糟糕的是，城墙和塔楼并不适合当作火炮的发射平台，因为火炮发射的后坐力及震动，对城墙的破坏甚至超过了敌军的炮火。然而，现今守军遭到如此重创，也表明了君士坦丁堡城墙在围城战中的辉煌时代已经成为过去。

但守城部队并没有放弃。随着苏丹将士伤亡的不断增大，默罕默德开始感到焦躁。他决定集中炮火轰开城墙进攻，以便快速解决战斗。然而，巨型炮弹的操作很吃力。乌尔班大炮一天的发射次数有限，最多只能发射 7 次，并且因为研究的不够精良，时常出现故障。春季的雨水很多，也使大炮在后坐力下经常从炮架上滑落至泥浆中。最为严重的是，大炮还容易出现炸膛事故。对乌尔班巨炮而言，每一次发射都是考验，开火时，巨大的热力和冲击力使得金属炮管不时崩裂出细小而危险的小裂缝，乌尔班的挽救办法是，每次发射后，炮兵必须用热油浸湿炮身，从而避免并不纯净的金属炮管在冷空气的作用下扩大这些裂痕。

然而，这项权宜之策最终还是失败了。4 月 20 日，乌尔班巨炮突然发生爆炸，在场指导发射的乌尔班当场毙命，炮兵也伤亡惨重。乌尔班遭到如此厄运，恐怕是他始料未及的。但对面的拜占庭守军还没来得及庆祝上帝的眷顾，苏丹就命令炮兵赶紧修复巨炮之后把它运回战场，但是裂痕是存在的，数次发射之后，巨炮又一次炸裂，因为有了乌尔班殒命的教训，这次事故并没有对奥斯曼帝国军的炮兵重创。虽然乌尔班巨炮在打击守军士气上有着巨大的威力，但对攻城实际的作用来说，更多则是那些口径稍小的大炮完成的。

在围城开始之前，一个匈牙利代表团曾前来面见苏丹。一位匈牙利人在观摩了奥斯曼炮兵的工作后提出了他的建议：不要尝试一直攻击城墙的同一地点。在第一发炮弹击中城墙后，平行移动弹着点大约 10 米左右，然后再打出第二个缺口，紧接着在这两个弹孔之间打出第三发炮弹，使已经发射的三发炮弹落点构成一个三角形，这样做就能够把城墙各个击破。奥斯曼炮兵正确运用了这种战术。炮兵首先使用小口径火炮把城墙打上两个弹孔，再用重炮狠狠地重击，新的战术对君士坦丁堡城墙造成了毁灭性的破坏。

炮击不间断地持续了将近一周的时间。尽管在瞄准和装填上有着许多的困难，但奥斯曼炮兵还是设法保证每天射出了一百余发的炮弹。炮火尤其集中在城墙的中段，最终这段外城墙垮塌了。

4 月 18 日，穆罕默德二世觉得猛烈的炮击已经取得了效果，随后命令发起总攻，然而总攻却意外失败，而且损失很严重。苏丹下令继续加强炮击。此战之前，火炮只是偶尔攻城，但像君士坦丁堡战役中这样长时间和猛烈的炮击却是前所未有的，这在当时世界上没有任何一支部队拥有如此强大的战斗力，在持续不断的火炮轰击中，城墙不断被攻陷。

对拜占庭守军而言，敌人炮击，敌人进攻，然后反攻，然后修复城墙，如此反复，渐渐地陷入了拉锯战，循环往复的战斗着，“5 月 11 日，除了猛烈的炮击处，无事可记……5 月 13 日，奥斯曼人发动了一次小的突袭但并没有造成什么影响，唯一值得一提的是敌人仍然持续不断地炮击和我们可怜的城墙。”这是一名拜占庭士兵记载的。但是这样的拉锯战将守军的士气消耗殆尽。到了5月28日，火炮攻城已经整整持续了47天，消耗了奥斯曼帝国55 000磅火药，发射了大约5 000枚炮弹，将城墙也击溃了9个缺口。攻守双方军队都已经精疲力尽。

但是，穆罕穆德二世没有松懈，苏丹反而认为时机已经成熟，并且下令：5月29日发起最后的全面总攻！凌晨1点30分，奥斯曼士兵发起了攻击。在他们身后，炮兵则进行火力掩护。后来一位守城者如此记载“空气似乎也被撕裂了，君士坦丁堡的一切看起来好像是另外一个世界”。由此可见当时的战争场面如何令人震撼！

经历几个小时的混战后，一击重炮攻破了栅栏并打开了城门缺口，奥斯曼士兵蜂拥而入，守军的抵抗彻底崩溃了。这座号称永不陷落的坚固城墙上第一次飘扬着奥斯曼的星月旗……

默罕默德二世终于实现了几辈苏丹的夙愿。强大的火炮在这场战役中发挥了巨大的作用。君士坦丁堡的陷落也表明了欧洲军事史上在攻城和要塞技术上的改变，为世界军事史改写了新的篇章。

第二章　帝国中兴成霸业

写在帝国霸业前

公元1453年5月，奥斯曼人攻占了君士坦丁堡以后，从此奥斯曼帝国苏丹拥有了一个商业中心和军港、一个连接欧亚贸易的重要枢纽。随后苏丹将君士坦丁堡更名为伊斯坦布尔，征服者默罕默德骄傲地自称两块陆地与两片海域的统治者。

公元1453年～1566年，这段时间是奥斯曼帝国的黄金时代。奥斯曼帝国军队拥有先进的火器和大炮，越过陶鲁斯山脉，先后将穆斯林名城开罗和大马士革，圣城麦加、耶路撒冷和麦地纳入了奥斯曼帝国的疆域。奥斯曼苏丹从此成为伊斯兰教的领导者和穆斯林文化的领头羊，并首度使用“虔诚信徒的首领”的封号。

奥斯曼帝国在苏莱曼二世时期，加紧了向多瑙河上游发展的脚步，公元1526年，在莫哈奇战场战胜了匈牙利骑士精锐部队，3年后，匈牙利也被打败，成为了奥斯曼帝国的藩属国。从此，从多瑙河上的布达佩斯一直到底格里斯河上的巴格达，从克里米亚半岛到尼罗河第一瀑布，都在奥斯曼帝国的版图之内。

奥斯曼人能够迅速取得巴尔干半岛的胜利并且迅速把势力扩张到巴尔干的各个角落，由许多因素促成：首先，巴尔干半岛地势平坦，没有难以夺取的交通要塞；其次，巴尔干半岛上从未有过统一的政治实体，拜占庭、保加利亚、塞尔维亚和阿尔巴尼亚等国一直在竞相争斗，奥斯曼人坐收“渔翁之利”；最后，当时的西欧基督教国家经过英法百年战争，正处于民族国家的建立之初，热那亚和威尼斯在地中海上的争夺、罗马教会内部的混乱，都使得他们没有能力抵御奥斯曼人在巴尔干半岛的扩张，也不可能认识到这种扩张会对将来的欧洲政局产生什么样的影响。

奥斯曼帝国的国家结构是将权力集中到中央统治。维系奥斯曼国家生存与发展的三大支柱是“草原传统”“加齐”理想及古老的波斯和罗姆苏丹国的高级伊斯兰传统。

"加齐"理想，就是以"圣战"为荣，寻找一切机会夺取土地和财富。这就决定了奥斯曼国家是靠战争起家的军事封建主义和尚武尊重军人的价值观，靠征服来立国家之本。在政治体制上，奥斯曼人继承了伊斯兰国家的宗教、社会和政治习俗及财务管理方式，而所有这些都是从被征服的波斯人、希腊人那里学来的。奥斯曼人将这些融合在一起，形成了独具特点的新体制。

帝国盛世的这段时期对外贸易也十分繁荣，奥斯曼帝国与欧洲各国商人都得到了相应的贸易特权。欧洲各国也派大使相继到任。苏莱曼还指导完成了奥斯曼帝国的标准法典《群河总汇》，苏莱曼也因此赢得了"伟大的立法者"这一称号。在他统治的时期内，奥斯曼帝国文化也有了惊人的发展，既融合了草原游牧部落传统，波斯人的艺术主旨、文学典范及崇拜王权的政治观念，又有拜占庭人的军事和政治制度，还有阿拉伯人的宗教、科学和文字，逐渐形成了近东文化的一道亮丽的风景线。16 世纪，奥斯曼国家引入咖啡，还通过英国人传入了新大陆的烟草。民间的文化活动也展示了奥斯曼帝国的政治祥和与经济繁荣景象。在苏莱曼一世统治的后期，帝国的总人口达到一千五百万。

奥斯曼帝国国徽

嗜血征伐亚非欧

君士坦丁堡的沦陷，象征着拜占庭帝国长达千年的统治被结束，也标志着新的帝国——奥斯曼帝国的振兴。它的地位在穆斯林国家中也急速上升。随后帝国的控制能力和对外侵略扩张能力随之倍增，对欧亚国际局势的发展越来越具有发言权。在此后的几十年里，奥斯曼帝国的领土先后扩展到摩利亚、塞尔维亚、瓦拉几亚、阿尔巴尼亚、波斯尼亚，版图不断增大。在亚洲，奥斯曼帝国也兼并了许多地方，使克里木汗国臣服，并且基本完成了安纳托利亚的统一。

默罕默德二世去世后留有两个儿子：长子巴耶济德二世，时年 33 岁，当时是阿马西亚省的总督；次子杰姆 21 岁，当时就任原塞尔柱突厥罗姆苏丹国首都科尼亚省的总督。默罕默德二世临死前制订了"卡农法"——即夺取苏丹职位后必须将他的兄弟杀死。这使得这两位一奶同胞的兄弟必须面对你死我活的争斗。虽然杰姆地处科尼亚与帝都很近，只有四天的路程，长子巴耶济德二世将朝中大臣和加尼沙里军团的军官买通，这些人将想要让杰姆继位的帝国首相和向杰姆传递消息的人杀死，而派人让巴耶济德二世火速赶往伊斯坦布尔继承苏丹王位。

巴耶济德二世接到消息后立即率领大队人马，昼夜不停地向伊斯坦布尔狂奔。到达伊斯坦布尔后，巴耶济德二世买通负责保卫王宫的加尼沙里军团的士兵，为每位士兵准备了丰厚的赏金，这样他顺利地进入了王宫，也争取了帝国军队的主力加尼沙里军团成为自己的力量。

杰姆得知巴耶济德二世即位的消息，满心的不安与焦虑，随后率领卡腊曼和科尼亚两省的军队，进攻并夺去了位于小亚细亚的行政中心——布鲁萨，作为与巴耶济德二世抗衡的根据地。

苏丹的王位遭到威胁，巴耶济德二世立即率领军队，进攻布鲁萨，大败杰姆领导的大军，杰姆败退后领着少数亲信及大臣开始逃亡埃及马木鲁克王朝，并借此机会迁往麦加朝觐。

巴耶济德二世心慈面软，他不想杀死一奶同胞的兄弟，他派使者到麦加，不追究杰姆的反叛责任，并许诺继续给予他王公的待遇，只要他肯永远居住在耶路撒冷，不再返回伊斯坦布尔。然而杰姆不相信哥哥会真的放了自己，杀死了巴耶济德派来的使者，并且拒绝了他的要求。公元1482年7月，杰姆率领投奔他的下属渡过海峡，想要攻打伊斯坦布尔。

巴耶济德二世早有防备，帝国主力加尼沙里军团一举将杰姆的军队打败，杰姆单身一人逃亡，投奔到欧洲雇佣军占据的罗得岛。此后，杰姆的生活极其悲惨，刚开始被作为欧洲基督教国家敲诈巴耶济德二世钱财的人质，巴耶济德不得不每年给付圣约翰骑士团四万枚金币，并让他们在罗得岛优待杰姆。后来杰姆成为罗马教皇亚历山大六世和法兰西国王查理八世的人质，受尽屈辱的生活着。再后来，查理八世要利用杰姆对奥斯曼帝国进行十字军的东征，但是因为杰姆身染热血病去世而没有完成。巴耶济德二世看重兄弟情谊，用重金将他的遗体赎回，安葬在布鲁萨帝王陵墓中。

在杰姆还活着时，巴耶济德二世由于担心欧洲国家支持杰姆与他争夺王位，并没有发动欧洲国家展开大规模的战争。但当杰姆病死后不久，奥斯曼帝国才决定开展大规模的对外征战，只有这样才能缓解国内封建骑兵和加尼沙里军团的压力。因此，巴耶济德二世遂着手在帝国境内的锡诺普、勒班多、格利博卢、发罗拉和普雷佛札等地建造新型战舰。以便从海上对欧洲国家进行进一步的掠夺。

奥斯曼帝国海军进行的对外战争要从位于威尼斯共和国所属的达尔马提亚海岸线的城镇开始，这就必定会引起威尼斯共和国海军抵御帝国海军。公元1499年10月，奥斯曼帝国与威尼斯共和国的战争从陆地和海中同时展开，巴耶济德二世率领大军攻占伯罗奔尼撒半岛上的科罗尼城和麦托尼，随后奥斯曼帝国海军在纳瓦里诺附近将威尼斯舰队击败。

经过几年时断时续的战争，双方打得难分上下，最后于公元1503年彼此签订了一个和约，结束了双方之间的战争。这场战争，重创了了威尼斯的军事实力，而奥斯曼海军有着国家雄厚的经济和军事实力，因此战争成为了地中海东部的霸主。奥斯曼帝国在海上的称霸引发了一件具有世界意义的事件，那就是葡萄牙人达·伽马在公元1498年为欧洲人开辟了一条通向亚洲的新航道。这对现代欧洲资本主义的发展具有深刻的意义。

公元1512年4月，奥斯曼帝国的苏丹巴耶济德二世将要走到生命的尽头。他的儿子们又要为争夺王位展开一场厮杀。

巴耶济德二世共有8个儿子，但其中有5个死在他前面，在他死后只剩下3个儿子。大儿子考尔库德在马尼萨省任总督，他是一位有学识的王子，深得大多数的神学家、诗人们和哲学家的拥护与支持；二儿子艾哈迈德在阿马西亚省担任总督，他深得巴耶济德二世的喜爱，并认为他是未来苏丹的最佳人选；而小儿子塞利姆一世则在特拉布松省任总督，是一位崇尚武力的王子，也得到了加尼沙里军团的拥护。这三个儿子按驻所地理位置，塞拉姆一世所处的特拉布松省距离首都君士坦布尔最远。他为了将来父亲巴耶济德二世去世后能够第一时间到达首都获取王位，在得知父亲病重的消息后，立刻率领军队占领了帝国原来的首都埃迪尔内，从而获得了距离伊斯坦布尔最近的位置。

苏丹法定的第一继承人艾哈迈德面临被夺取王位的危机，也不甘示弱，但是他犯了一个无法挽回的错误——为了争取到小亚细亚半岛上伊斯兰教什叶派的支持，他抛弃了原先信奉了奥斯曼帝国正统教派的逊尼教派。改信什叶派后竟然在公共场合穿戴上什叶派教派的服装。这一消息很快传到了伊斯坦布尔，作为一名虔诚的逊尼正统教派的君主，巴耶济德二世被激怒了，遂决定取消艾哈迈德王位的继承权。他派人将小儿子塞利姆一世直接接到王宫，举行了隆重的仪式，自己禅位给塞利姆一世。然而仅仅一个月后，巴耶济德二世想要去他的出生地德莫提卡宫修养时，不幸于途中因病去世了。

塞利姆一世虽然是奥斯曼帝国的苏丹，但是他仅仅拥有帝都伊斯坦布尔和一部分欧洲领土，奥斯曼帝国的另一部分领土——亚洲部分，被他的兄长艾哈迈德和考尔库牢牢地控制着，所以他只能说是半个君主。

塞利姆一世继位后，第一件事就是亲率大军度过博斯普鲁斯海峡，夺回本应属于他的领地。然而他的哥哥艾哈迈德凭借小亚细亚半岛上穆斯林什叶派的支持，加上新兴的萨非波斯帝国做后盾，面对塞利姆一世的征伐展开了坚决的抵抗。塞利姆一世可以说是奥斯曼帝国历史上数一数二的军事天才，在他的率领下，艾哈迈德和考尔库德的军队都先后被打败。

随后，塞利姆一世开始了他统治下最大规模的扩张。扩展版图的主要对手是伊朗的萨菲王朝和埃及麦木鲁克王朝。萨菲王朝信奉什叶派，有数以万计的安纳托利亚信徒，煽动暴乱，对抗逊尼派奥斯曼的统治。

正像一百年前巴耶济德一世向东扩张引起与新兴帝国帖木儿帝国的冲突一样，一百年后的塞利姆一世带领的奥斯曼军队在向东扩张时遭遇了一个强大的对手——萨菲波斯帝国。两大帝国之间的较量开始形成对垒。

公元 1514 年 4 月，塞利姆一世以保护逊尼派穆斯林的名义，率领十五万大军、六万只骆驼向大不里士进军，来报复伊斯马仪支持艾哈迈德和争夺亚洲新领土的目的。

奥斯曼大军有着雄厚的经济实力，还有新式的火枪、大炮，吓得波斯皇帝伊斯马仪不敢与奥斯曼大军正面作战，而是采取了诱敌深入的战术，然后奥斯曼大军也有歼敌妙招，他们在进军途中，实施焦土政策，烧毁村镇，损毁桥梁，切断敌人粮草救援之路，这样就将对手拖垮，然后一举将其打败了。

8 月 14 日，塞利姆一世率领奥斯曼大军经过长途跋涉，终于到达了萨菲波斯帝国的首都大不里士附近的查尔德兰。波斯皇帝伊斯马仪率领八万精锐——土库曼骑兵已经在此等候多时。伊斯马仪想要依仗这支精锐骑兵，在塞利姆一世率领的奥斯曼大军经过长途跋涉正在疲惫的时刻，一举打败塞利姆人困马乏的奥斯曼军队。

萨菲波斯军队首先对奥斯曼军队发动了奇袭，妄想一举将其击败。但在强悍的、骁勇善战的加尼沙里军团面前，萨菲波斯军队丝毫没有半点优势，长途奔波后的加尼沙里军团士兵非但没有被击败。相反，加尼沙里军团的士兵越杀越勇，反而将萨菲波斯骑兵一举击溃了。

奥斯曼军队的火炮在这时也发挥了重要的作用，在强大的火炮的轰击下，那些手持长矛、大刀的萨菲波斯轻骑兵死伤遍野。在奥斯曼人的火枪大炮轰击下，萨菲波斯骑兵被打的落荒而逃，塞利姆下令，加尼沙里军团发起了更加猛烈的攻击，在骁勇好战的加尼沙里军团的巨大冲击下，波斯大军溃不成军，瞬间惨败。

波斯皇帝伊斯马仪以前从未见过如此强悍的军队，也未经受过如此猛烈的打击，在战场上完全失去了对军队的控制。在其贴身卫兵的保护下，慌不择路一直向东逃去，未敢进入大不里士城一步。

塞利姆一世乘胜追击，率领军队夺取了大不里士城，伊斯马仪的王后及嫔妃还有王宫所有的珍宝成了苏丹的战利品。萨菲波斯军队在此次战役中伤亡惨重，战死五万多人，另有一万多人被俘虏。

这是一场世界战争史上冷热兵器的经典之战，火枪、大炮与长矛、大刀之间的交战是这场战役最值得回味的地方，这次战役标志着世界战争史上从冷兵器时代到热兵器时代的开端，从此以后的战争，凶猛强悍不再是战斗力的重要表现。而威力强大的火炮则成为一个强大的军队所必备的武器。而掌握这一武器的军队并不是文明古国波斯，也不是埃及，更不是中国、印度、希腊，而是昔日落后的游牧民族奥斯曼突厥人，以后才是欧洲人。

萨菲波斯帝国的皇帝伊斯马仪在遭到惨败之后意识到依靠自己的力量根本不能与强大的奥斯曼帝国对抗，于是四处奔跑寻求盟友，以共同对付强大的敌人。他先后派出使者出访葡萄牙、印度莫卧儿帝国、埃及马木鲁克王朝、匈牙利以及神圣罗马帝国。这些国家刚开始也同意组成联军，共同抵御奥斯曼帝国，但是由于各国内政的形势不同，建议只停留在言语，没有机会实施。只有埃及的马木鲁克王朝因为与奥斯曼帝国接壤，深怕奥斯曼帝国的野心扩张会吞并自己，所以与萨菲波斯帝国结成联盟，来共同对抗敌人——奥斯曼帝国。

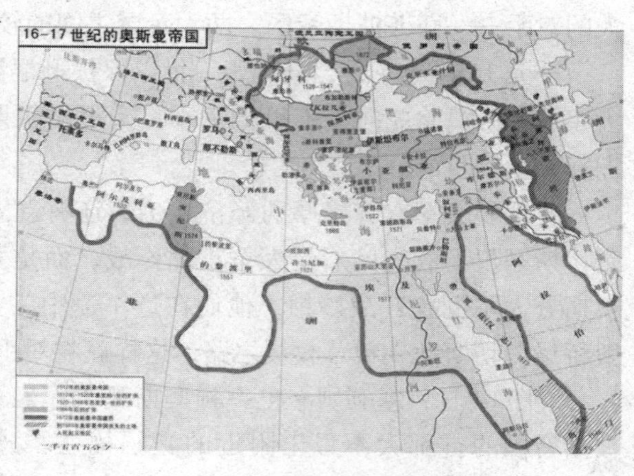

16—17 世纪的奥斯曼帝国版图

公元 1516 年，萨菲波斯帝国与印度莫卧尔帝国联合出兵进攻中亚的乌兹别克汗国，塞利姆利用这一时机，出兵攻打埃及的马木鲁克王朝。

“马木鲁克”原来是奴隶兵团，是从高加索、中亚等地招募的雇佣兵。到了 13 世纪中期，马木鲁克军队首领率领军团在埃及发动政变，推翻了当时的阿尤布王朝，建立起突厥人的王朝——马木鲁克王朝。马木鲁克王朝建立之始，正值旭烈兀率蒙古大军在西亚征伐，所向披靡之际。公元 1260 年 6 月，马木鲁克军队在巴勒斯坦不卢斯附近的阿音札鲁特战役中击败了蒙古铁骑，将其统帅怯的不花俘获。这一战使得马木鲁克王朝名声大振，马木鲁克军队乘势占领了叙利亚及阿拉伯半岛上的希法兹地区，并将伊斯兰教的三座圣城麦加、麦地那和耶路撒冷都并入埃及的版图中。

对于一心想成为伊斯兰世界主宰的塞利姆一世绝对不能容忍马木鲁克王朝的存在，于是，在查尔德兰之役的一年多后，又一次率领他的大军，开始了新一轮的远征。

埃及马木鲁克王朝的苏丹坎索・戈里带领大军进驻阿勒颇城准备在此迎

敌——奥斯曼大军，为了激励将士，他把伊斯兰教哈里发穆塔瓦基勒也带到军中，一起来到阿勒颇城。

公元1516年8月24日，塞利姆一世所带的奥斯曼大军抵达阿勒颇附近的达比克草原。马木鲁克王朝苏丹坎索·戈里率军出城迎战，他命令阿勒颇城地方长官哈义尔贝为左翼军司令官，率军迎敌。不料，大敌当前，哈义尔贝却贪生怕死，刚进行了第一次交战，他就率领部队逃跑了。奥斯曼军队乘胜发起了进攻，骁勇善战的加尼沙里军团对手中只有大刀、长矛和弓箭的马木鲁克军队，结果是可想而知的。虽然年逾八旬的老苏丹坎索·戈里奋勇杀敌，依然摆脱不了失败的结果，苏丹也在这场战斗中惨死。这场战役无论是军力，还是武器都差距悬殊。等待马木鲁克王朝的只有悲惨的下场。击败马木鲁克军队后，塞利姆一世乘势攻入阿勒颇城，塞利姆一世俘虏了没有逃脱的王公、大臣，连同哈里发穆塔瓦基勒也被俘。储存在阿勒颇城的所有财宝都被奥斯曼军队一掠而空。

10月中旬，塞利姆一世进军大马士革，守城的官兵早已被奥斯曼军队的重型火炮吓破了胆，大部分守军逃往埃及，剩下的只好开城投降了。

老苏丹战死，哈里发穆塔瓦基勒也被俘，马木鲁克王朝的亚洲城市贝鲁特、耶路撒冷等地的埃米尔没有了希望，也没有效忠的对象，他们认为当前应该保住实力最重要，而且奥斯曼帝国的火炮也是无法抵抗的。还有一点就是奥斯曼人与他们本身就是同一种族，同属突厥人。塞利姆一世没用多长时间和气力就攻占了一座座马木鲁克城池。

鉴于此前萨菲波斯帝国之间的战役，塞利姆一世决定一鼓作气攻占开罗，灭了马木鲁克这个已经延续了400多年的埃及王朝。他命令猛将西朗巴夏——这位征战萨菲波斯帝国时的英雄将领，带领5 000人马，开赴非洲，进攻扼守埃及马木鲁克王朝首都开罗的重镇城市卡扎。这时的马木鲁克王朝的苏丹是领军的曼·贝伊已接替阵亡的坎索·戈里，他带领的守军虽然进行了顽强的抵抗。但是在西朗巴夏的指挥下，奥斯曼军队很快就占领了卡扎城。随后，塞利姆一世率主力部队到达卡扎城。

公元1517年1月20日，塞利姆一世率领大军直入埃及马木鲁克王朝首都开罗。突曼·贝伊率军出城与奥斯曼军队交战，1月22日，双方在开罗郊外发生激战。虽然突曼·贝伊英勇作战，但是此时的军队士气大减，内部将领意见不同，加上武器落后，失败也是必然的结局。马木鲁克军队拼命抵抗，战死两万多名士兵。塞利姆一世乘胜发起对开罗的进攻，很快夺取了这座城市，随后将苏丹突曼·贝伊俘虏，后将其处死。从此，埃及马木鲁克王朝长达400多年的历史时代就结束了，埃及最终成为了奥斯曼帝国的一个省。

攻占开罗后，塞利姆一世为了保护刚刚得来的战果，率军在埃及度过了整个夏天。直到入秋，塞利姆一世任命西朗巴夏为埃及总督，留下 5 000 人的部队驻守，他自己带着哈里发穆塔瓦基勒回到久别的帝都伊斯坦布尔。

哈里发穆塔瓦基勒被带到伊斯坦布尔以后，被塞利姆一世指控非法挪用了宗教款项，命令他交出哈里发的称号，他誓死不从，后来就被关进了监狱，在整整关押了 15 年后，才答应交出哈里发称号，公元 1543 年 6 月才被奥斯曼帝国苏丹苏莱曼一世从监狱里放出来，放他可以回到开罗。从此以后，奥斯曼帝国的苏丹不仅是帝国的元首，还成为了整个伊斯兰教世界的领袖。奥斯曼帝国的首都伊斯坦布尔成为伊斯兰世界的另一个宗教中心，这也是继麦地那、大马士革、巴格达、开罗之后的另一个中心。

从公元 1520 年春季开始，塞利姆一世的身体状况因为连年征战严重恶化。至秋季，终因心脏衰竭在伊斯坦布尔去世，他给他的儿子——苏莱曼一世留下了优厚的遗产：装备精良、战斗力极强堪称当时世界第一的海军和陆军部队，一套日臻完善的国家管理体系，包括行政、司法、财政等。更有一个荣誉——世界穆斯林最高领袖哈里发的称号。

塞利姆一世是继巴耶济德一世、默罕默德二世之后，又一位骁勇善战的君主。他在位虽然仅有 8 年时间，却不断地对外征伐，不但灭了 400 年帝国马木鲁克王朝，还打败了新兴的萨菲波斯帝国，并攻占了它的大部分疆域。为奥斯曼将来的鼎盛奠定了基础。

其实，早在巴耶济德二世担任苏丹时，为了锻炼孩子们的从政能力，就将他的孙子苏莱曼一世（当时年仅 15 岁）派往博卢就任总督，但是苏莱曼一世的伯父艾哈迈德强烈抗议，后被调往他母亲（克里米亚汗国）的出生地卡法担任总督。

塞利姆一世更是放心大胆地让苏莱曼处理政务。在塞利姆一世接任苏丹的职位后，就将年轻的苏莱曼从卡法调入伊斯坦布尔。每当塞利姆一世率军进行远征时，都把治理国家的大权交给苏莱曼。这也就给了苏莱曼更多锻炼的机会。塞利姆一世去世后，苏莱曼作为唯一的继承人，顺理成章地接任了苏丹的位子，因此没有因为政权相争而出现冲突，也为帝国的全盛时代创造了有利条件，这也是奥斯曼帝国 600 多年来，历史上王权交接最顺利和成功的一次。

闪电君王苏莱曼

苏莱曼一世曾被欧洲历史学家称赞为苏莱曼大帝，苏莱曼一世共在位 46 年，在他执政期间除了征战外还重视教育事业。他从小就对文学艺术感兴趣，他不仅仅是一位帝国的君主，还擅长写散文、诗歌，著作有《战争日录》一书。在这位文功武略兼备的君主统治下，奥斯曼帝国日渐繁荣强大。

苏莱曼一世是奥斯曼帝国苏丹王位的第十代君主，他的九位先祖苏丹都是戎马一生，为后来奥斯曼帝国的强大在血雨腥风中拼杀，终于打造了一个地跨三大洲的庞大帝国。苏莱曼继承了庞大祖业，同样他也是一个骁勇善战的君王。

苏莱曼一世作为独生子，他的继位乃是众望所归，在他的身上洋溢着一股宽容安详之气。他的前辈们多数都在为疆域的扩大而拼杀着，他们流传于世的都是武功出众，却缺乏相应的文治韬略。而苏莱曼则是文武兼备，一边扩充疆域，一边文治天下，并且取得了巨大的成绩。苏莱曼无愧为一位泱泱大国的理想之主。

苏莱曼被称为“立法者”而被后人所熟知，可见，他在文治天下方面更为突出。

苏莱曼在位期间颁布了几大法典：《群河总汇》《苏莱曼法典》和《埃及法典》。在他之前，默罕默德二世时代已颁布了法典，但苏莱曼颁布的法典在各方面都较为完善，不但以古典伊斯兰法为基础，更是吸收了被征服各民族的传统法。

苏莱曼在建筑师希南的主持下，帝国的建筑成就达到了顶峰，其中不乏经典之作，那就是著名的苏莱曼清真寺。苏莱曼一世同时也积极鼓励文学、艺术、教育各个方面的发展。

然而，尽管苏莱曼在位期间帝国看来是如此的强盛、完美，但是，在他死后这个庞大的帝国开始衰退，到后来竟然沦为任人欺负的“西亚病夫”。在苏莱曼制订的法典上规定了许多束缚经济发展的条例：占大多数的农民被法典规定只能在封建领主或者国有土地固有的领土生活，没有特别的允许，不得迁徙，更不能进入城市，发展手工业；对于商业而言更是巨大的冲击，规定商业重税，并且实行封闭性的行业垄断制度等。这些规定都束缚了帝国的经济发展。奥斯曼帝国像大多数的亚洲国家一样，因为传统束缚而停止了向前发展的脚步。

苏莱曼大帝将帝国在各方面都推上了高峰。

苏莱曼虽然是独生子，但并未受到娇纵，苏莱曼从小就接受一个王位继承人所应有的严格锻炼。年轻的苏莱曼在政治思想上已经超越了当时的许多政治家，他巩固了自己的执政团体，同时还积极拉拢一些以前有能力但是被排挤的大臣，并且利用机会发动了一场为保护正义和美德的运动。

苏莱曼一世的战略与外交能力

当时的奥斯曼土耳其帝国的领土非常广阔，从伊斯坦布尔到安纳托利亚半岛，从希腊到埃及北部和东北部分领土，还有罗马尼亚和保加利亚的一部分，还有伊拉克和叙利亚的一部分，阿塞拜疆、阿拉伯半岛西岸等都是帝国的疆域。

帝国疆域广阔，内部民族众多，文化差异不同，导致各种矛盾并存，外部邻国也对帝国虎视眈眈，苏莱曼随时要应付帝国内部因为民族矛盾而出现的叛乱以及外面敌人的侵袭。为了能很好地处理此事，苏莱曼充分发挥了他的战略与外交才能，他远交近攻，联合西边的敌人结盟共同攻打东边的敌人，反之亦然。如果帝国内部出现叛乱，他就会首先与外敌修好，然后再平叛，当然这也源于帝国的军事力量日益强大。周边的敌人事实上对于与奥斯曼帝国的和睦相处是求之不得的。总之，在苏莱曼的带领下，奥斯曼帝国总是能集中兵力于一处，而不必担心两线作战。

公元1526年苏莱曼征服了匈牙利，当他准备进一步向西西扩张时，安纳托利亚发生了叛乱，使他不得不撤军，此时的匈牙利尽管成了奥斯曼土耳其的附属，但是内部的政治斗争纷杂，路易二世死后，斐迪南大公自称匈牙利国王，与他相争的还有实力更强的扎浪良。

到了公元1527年，神圣罗马帝国及西班牙国王查理五世陷入到与法国的战争中，此时斐迪南也把目光转移到了奥地利的宗教问题上，匈牙利议会想要借此机会奉扎浪良为国王，这一举动引起了许多依附哈布斯堡王朝的贵族们的不满，他们结盟召集手中的兵力，共同攻打扎浪良控制的匈牙利内部地区，由于西班牙国王查理五世在暗中支持，他们取得了部分领土，并且占领了原属于扎浪良的地盘，扎浪良只好向波兰求助，但是看到扎浪良的处境，波兰方面拒绝了支援。就在这时，斐迪南亲自带兵，在托卡伊一举击败了扎浪良，并且向其宣告自己是匈牙利唯一的君王。

直至公元1528年，苏莱曼才将位于安纳托利亚的卡伦德叛乱平息下来，于是再次举兵准备入侵匈牙利，由于他高超的军事才能，很快就打败了匈牙利大军，并且攻占了首都布达。公元1529年，苏莱曼开始向奥地利进军，很快他便包围了奥地利的首都维也纳，维也纳的守军非常顽强，在奥斯曼军队的炮击下，城墙断裂多处，但守军硬是用身体堵住了缺口。经过数月对峙，冬季的来临终于切断了奥斯曼人的补给，迫使奥斯曼军队不得不撤退，而维也纳也终究没有被攻陷下来。

公元1532年，查理五世在西欧的战场获得大胜，吞并了大部分天主教国家，西班牙从此走上了最强盛的开端，在这时查理五世正式将东扩作为首要军事目标。

因为过去奥斯曼帝国与哈布斯堡王朝的大军已经在匈牙利战斗过，所以查理五世的目光更多地集中在西欧地区，但现在不同了，这位西班牙国王及神圣罗马帝国的皇帝，开始把目光放到了东方。

公元1532年7月，苏莱曼亲率三十万大军进军奥地利，而查理五世的军团也不在这个数字之下，双方实力相当，大战数月后，又进入了冬天，苏莱曼因为军队的补给问题不得不再次撤军。这场战争迅速平息，也给匈牙利的政治格局带来了巨变，斐迪南不敢与奥斯曼帝国为敌，他和扎浪良一样，同意将匈牙利作为帝国的附属，而他只是这个国家的名誉国王。

东部战场的胜利

公元1533年，也许查理五世又一次被法国扯了后腿，只好放弃东进，再次把目标锁定在西欧，当时的东方沙维王朝对垒奥斯曼帝国，苏莱曼只好放弃西进，两个超级帝国之间暂时没有战争之害，并且签订了和平条约，在匈牙利双方约定的地方修建了城墙。

沙维王朝的苏丹沙赫塔是公元1526年策动安纳托利亚叛乱的肇事者，现在他又占领了两个伊斯兰世界的重要城市——巴士拉和巴格达，并且在此打击并屠杀伊斯兰逊尼派人，以提高什叶派的地位。

和平条约的签订，只维持了三个月，苏莱曼命令大维齐易卜拉欣向东扩张，自己坐镇伊斯坦布尔。沙维王朝军事实力不如奥斯曼帝国，加上易卜拉欣高超的军事才能，很快波斯湾地区就被易卜拉欣拿下，在后来不到一年的时间内，整个美索不达米亚平原地区也被纳入囊内，从此之后沙维王朝的领土大幅减少，内部也从此发生了分裂，这些分裂后的诸侯所占据的领土的边界，也几乎就是今天阿拉伯诸国的边界，可以说，从这次战争后便确立了今天阿拉伯世界的格局。

这场战争一方面保护了伊斯兰逊尼派；另一方面也打击了沙维王朝，从此以后沙维王朝不再是奥斯曼土耳其的劲敌，第三方面则是奥斯曼帝国将中东的广大地区纳入版图，并接受它的法律引导，最后则是消除了苏莱曼的后顾之忧，让他可以把目光再次放到西部，不过苏莱曼也同样认识到想从陆地打击哈布斯堡很是困难，于是他开始装备并且扩充海军力量，准备从地中海向西挺进。公元1533年，巴巴里海盗的领袖海雷丁被任命为上将，从此开始在地中海战场上与哈布斯堡王朝的较量。

海雷丁的崛起

公元1533年，奥斯曼土耳其与哈布斯堡的战争开始了，苏莱曼一世任命海雷·丁为海军上将和阿尔及尔总督。首先，交代下海雷丁这个人物。

15世纪末期，卡斯蒂利亚和阿拉贡合并，形成了现今的西班牙王国，公元1492年又夺取了格拉纳达，生活在伊比利亚半岛上的摩尔人遭到驱逐，他们无家可归，到处流亡忍受着饥饿和疾病，直到公元1504年突厥人乌鲁兹招募了他们，组成了威胁西欧各国四百余年的巴巴里海盗。

同年，乌鲁兹带领海盗袭击了天主教国家占领的阿尔及尔，但是很快又被西班牙军队夺回，乌鲁兹也在战争中死去，这时的海盗团由他的弟弟席兹尔带领，很显然，弟弟席兹尔比哥哥更有耐性，他没有选择攻打别国地盘，而是选择在海上飘荡，不断地打劫北非附近的天主教船只，从而获取资金以壮大舰队。

直到十五年后，塞利姆一世（苏莱曼的父亲）注意到了席兹尔，并向他提供了海军装备，包括船只和武器，指使他攻打阿尔及尔。隐忍十五年的席兹尔终于来复仇了，他一举攻破阿尔及尔，并建立起防御工事，从此之后西班牙再也没得到过这里，第二年，他又攻占的黎波里，把巴巴里海盗提升到了王国的层次。当然，这个王国只能依附奥斯曼土耳其，只不过他除了上贡外，基本不归苏丹管控，有很大的自治权。同时席兹尔有了另一个称号：海雷丁，意即忠诚的人！

安德鲁的进攻

在公元1533年，奥斯曼土耳其还有一段惨败的历史，那时刚刚击败沙维王朝任命海雷丁为海军上将时，苏莱曼从地中海开始进攻，但却被热那亚的海军司令安德鲁击败，不但如此安德鲁还趁势反击，挥军直进地中海东部，在希腊沿岸大肆掠夺，之后又强占了科龙和勒班多。这两个港口一直被西班牙的天主教世界控制着，地理位置很重要，这次夺取港口标志着西班牙的海上势力直接插进了奥斯曼帝国的心腹之地，这让苏莱曼很是头疼。他知道要想打败安德鲁非常之艰难。

安德鲁到底是一个什么样的人物，这个还要从十多年前说起，也就是16世纪20年代，哈布斯堡的扩张让法国和教皇都感到恐慌，于是他们便联合起来共同对付西班牙，不过西班牙的统治者查理五世很快就在意大利的北部取得了多次胜利，尤其是在公元1524年的帕维亚战役中还活捉了法王佛朗索瓦一世，这时的双方军力差距很大，西班牙马上就要获胜，安德鲁却两次在地中海打败了强大的西班牙海军，这在当时是没有几个人能办到的。当然最后由于实力相差过于悬殊，法国和教皇最终落败，安德鲁终究不能靠个人能力挽救全局，但这样的战争也显示了他的卓越的军事才能和政治能力。后来教皇被迫臣服于查理五世，安德鲁也就成为了查理五世最得力的将领之一。

为了对抗安德鲁，苏莱曼才终于决定任命海雷丁作为海军将领来对抗安德鲁。

地中海战场的周旋

海雷丁和安德鲁无疑都是杰出的军事家，两人之间彼此的争斗也为这个时代增添了许多光彩。

公元1534年，也就是海雷丁上任的次年，便夺回了被安德鲁抢去的科龙和勒班多，然后开始大规模的东进、南下，向东掠夺了意大利沿海区域，南下则攻占了突尼斯。并且准备由此西进。奥斯曼帝国也因此转危为安。苏莱曼大喜过望，他知道自己的任命是正确的，海雷丁的加入使他的领导团队变得完整。在此之前，易卜拉欣作为大维齐一方面负责帝国的日常行政，同时也是东方战场的总指挥，而在西方战场上，苏莱曼却明显缺乏大才，海雷丁加入到帝国军方改变了这一点，他成为了帝国西扩的核心人物，使得奥斯曼帝国在东西两线的战场上均有值得信赖的人物去策划战术和执行战略。

不过胜利的好景不长，公元1535年，安德鲁在突尼斯大破奥斯曼土耳其军队，夺回了突尼斯，奥斯曼帝国的西进计划不得不暂时搁置。此时，苏莱曼知道自己和安德鲁对抗是无法取得百分之百的胜利，于是便展开了外交策略，最后成功地和法国结盟。与法结盟，震惊了整个天主教世界。西班牙尤为突出，因受到法国的制约，没有能力继续东扩，西班牙的势力也只能维持在突尼斯以西区域。而苏莱曼也没有能力向东扩张，双方经过数年的战争之后，进入了对垒状态。

最终导致苏莱曼无力西进的是太后哈桑的去世和所带来的政治动荡。

帝国中央集权逐步减弱

在封建时代，一个国家的中央集权是影响国家兴衰的重要因素，而中央集权主要体现在三个方面：一个是至高无上的君权；一个是相权；另一个是将权。三权如果掌握在三个齐心的人手中，那样帝国还是会飞速发展的，就像公元1533—1536年，苏莱曼、易卜拉欣和海雷丁分别掌握三权，帝国才走向强盛。然而易卜拉欣死后，权力相争，被洛克塞拉娜和沙赫所掌握，这种情况一直持续到公元1539年，这一年苏莱曼在欧洲又取得一些小规模的胜利，这时的他刚刚回到伊斯坦布尔，准备进行国内的政治改革，任命路特菲帕夏为大维齐，此人是因为杰出的军事才能还有文化造诣深厚才从一个普通士兵逐渐提拔当了将军的。是一个非常全能的大才，比起易卜拉欣他或许缺乏谋略，但是他为人更加正直，也很沉着稳重。易卜拉欣本人性格比较跋扈，结交拉拢人才，利用职位之便为自己谋取了很多财富，当然不可否认的是，他也为帝国做出了不小的贡献，但是路特菲帕夏不像易卜拉欣，他从一开始就兢兢业业为帝国工作着。

路特菲帕夏开始修订法律，深刻打击犯罪，还调整税收政策及官员薪资，惩治贪污腐败之风，对帝国的财政系统进行改制等。这些不同的改革措施为帝国的社会环境带来了新的朝气。后来在政治上也进行了一系列的改革，首先是为了中央集权，削弱了后宫洛克塞拉娜和沙赫的权力，甚至还想过要削弱海雷·丁的兵力。

从历史学上看，这些改革措施一旦实施，对奥斯曼帝国的发展是有利的。然而路特菲帕夏面对的是代表整个后宫王族的洛克塞拉娜和军力雄厚的海雷丁，改革的阻力相当大。最终于公元1541年，路特菲帕夏被罢免，改革政策也被迫停止。奥斯曼帝国的中央集权被几个大人物把持，政局更加混乱。

后世的历史学家将此时定义为奥斯曼帝国从盛世走向衰落的开始。

第四次匈牙利战争

路特菲帕夏遭到罢免以后，苏莱曼再次把政策调整为对外征服，这时候的匈牙利内部出现问题，原来第三次匈牙利战争的结果是斐迪南和扎浪良都对苏莱曼臣服，当时因为二人有矛盾，苏莱曼正是利用此，互相牵制对方，达到控制匈牙利的目的。但在公元1538年事情发生了转变，扎浪良开始担心匈牙利被奥斯曼帝国所占领，成为奥斯曼的领土，而不是附属。他和斐迪南达成协议，宣布自己死后自己控制的匈牙利境内领土都让给斐迪南。那样匈牙利在不久的将来就会成为统一的，然而这一事件的背后的成因是：等苏莱曼来攻打他的时候，他能有强大的哈布斯堡这位盟友，当然还有一个原因是他至今没有子嗣。

波兰的统治者西吉斯孟德对匈牙利也是虎视眈眈，他把自己的女儿许配给扎浪良，希望他们生了子女之后，通过这个孩子继承扎浪良在匈牙利的土地，这样通过控制这个子女，得到这些土地。

后来，伊莎贝拉真的生了一个儿子，自然而然的成为了扎浪良控制的匈牙利境内土地的继承人。扎浪良死后，他的儿子继承了他的领地，因为牵扯到了波兰，所以斐迪南不愿看到这样的结果，于是发动了战争，这时已是公元1541年，很快斐迪南取得了胜利，匈牙利近乎统一，并宣称继续臣服于苏莱曼。不过苏莱曼不想看到匈牙利统一因为匈牙利一旦统一，臣服于他的时间必定不会长久，这就是原来他想让扎浪良和斐迪南共同拥有匈牙利领土的原因，于是苏莱曼出兵，分别打败斐迪南和扎浪良的儿子，并将扎浪良的儿子送回波兰，从此将匈牙利从附属变成了奥斯曼帝国的领土，并在这里建立了行省。

第五次匈牙利战争

公元1542年，查理五世把天主教诸国召集在一起，欲光复匈牙利。基于他的威望和地位，很快欧洲各国除了威尼斯和法国外都派出了军队。法国没有派兵是因为已经与奥斯曼帝国结成了联盟，而威尼斯则是因为此刻还没有从公元1538年的大败中恢复过来，它门口的爱琴海依然被海雷丁盯着，一旦有任何异动，立刻便有亡国之祸。

查理五世组织的这次大军迅速地占领了匈牙利全境，欧洲一片欢腾。

然而第二年，苏莱曼举兵反攻大破天主教的军团，并夺回了匈牙利，再次强兵压境，威胁维也纳。不过一想到曾经在维也纳久攻不下的过去，苏莱曼没有实质性的将它包围，而是把精力放在了如何能长久保持匈牙利的胜利成果之上。

帝国的进一步衰落

欧洲战事暂时平息，苏莱曼就开始进行国内改革，他准备再次处理后宫掌权的严重问题，这次他任命哈蒂姆帕夏为大维齐。相权再次回归，且回到了有谋略的大臣手中。哈蒂姆帕夏在东方战场有过显著军功，对政治也有相当深入的研究。他上任后便和苏丹共同修改法律，他们还重用法学家艾芬迪，制订了《奥斯曼王家法典》，还致力于民生事业。国内改革再一次将奥斯曼帝国发展起来，然而，好景不长，这样的发展没有持续多长时间。

此时苏丹王位的继承权人是洛克塞拉娜的儿子默罕默德，不幸的是默罕默德却英年早逝，这令洛克塞拉娜大受打击，王权的继承也落到了穆斯塔法手上，这个穆斯塔法不是别人，正是古尔巴哈尔的儿子——即易卜拉欣与当年太后哈桑去世后结盟的妃子所生的儿子。穆斯塔法是苏莱曼的长子，他没有过养尊处优的生活，一直在战场上拼杀，还在东方战场上立过战功，毫无疑问他是最合适的继承苏丹王位的人，如哈蒂姆帕夏这样的大臣也坚信他能把帝国治理好，所以赢得了大多数人的支持。不过对于苏莱曼的影响，古尔巴哈尔远不如洛克塞拉娜，这个女人再次使用手段魅惑苏莱曼，诬告哈蒂姆帕夏，罪名是贪污，于是又一位正直的大维齐被罢免，相权再次被洛克塞拉娜夺走，这时她的女婿达玛特走马上任，很快就又安插了自己的亲信到政府和军队的重要部门，苏莱曼的执政团，变得更加腐朽不堪。同时，洛克塞拉娜开始预谋为自己的另一个儿子塞利姆争夺苏丹王位的继承权。这一系列的政治变化，被后世史学家认为是帝国在路特菲帕夏下台后第二阶段的衰落。

这样看来苏莱曼任命大维齐的易卜拉欣、路特菲帕夏和哈蒂姆帕夏都是才能超群的人，然而他们的罢免或者处决都是因洛克塞拉娜的关系，这样看苏莱曼像是个时而清醒时而糊涂的君王，他对于洛克塞拉娜的信任甚至超过任何一个真正为了国家效忠的大臣，这也是洛克塞拉娜为什么总能在政治斗争中获得最后胜利的原因，偏偏这个女人野心勃勃，只顾自己的利益不考虑帝国的前途，她对于帝国的衰落有极大的责任。

王位之争

苏莱曼渐渐老去，苏丹的王位之争日渐凸显，这时的大臣都看好长子穆斯塔法，而此时他在征战阿马西亚地，还在进一步筹着击败沙维王朝。不过由于大维齐达玛特的牵制计划没有得到履行，与此同时洛克塞拉娜再次展开阴谋，向苏莱曼传言穆斯塔法与安纳托利亚地区的土库曼人相互勾结，想要等待时机发动叛乱。此时的苏莱曼竟然信以为真，他以帮助儿子穆斯塔法攻打沙维王朝为由，率领部队赶到儿子驻军所在的阿克特皮。穆斯塔法丝毫没有防备地恭迎父亲，却被抓住，不久后被处决。穆斯塔法的死意味着王位的继承权将要落在另外两个儿子洛克塞拉娜所生的塞利姆和巴耶济德身上，但是这两个儿子和穆斯塔法相较甚远。

因为穆斯塔法被处死，各地军团联合起来发动了大规模的叛乱，反叛领导者声称自己就是穆斯塔法，这支叛军宣布脱离苏莱曼的统治，在帝国的东部建立国家，不过很快就被镇压了。假的穆斯塔法也被处决了。

这次叛乱，巴耶济德王子的实力迅速扩张，他就任屈塔西亚总督，塞利姆则成为马尼萨总督。因为要争夺苏丹王位，二人势均力敌，但是由于是同一位母亲洛克塞丽娜，双方仅仅表面显得很和睦。

公元1558年，他们的母亲洛克塞拉娜去世了，两位王子开始王位之争，苏莱曼派人劝解也不能避免血腥冲突，二人依然仇视对方。此时的苏莱曼做了个昏庸的决定在他眼中认为塞利姆更为温和，而巴耶济德充满野心。于是他选择了塞利姆留在身边，结果是把巴耶济德调到东部边疆。而事实上，塞利姆却是一个懒惰而贪图享乐的人，相比之下巴耶济德更有雄心。公元1560年，塞利姆得到苏莱曼的默许，向巴耶济德所在的东部边疆发起进攻，结果巴耶济德失败，后逃亡到沙维王朝。苏莱曼遣使者许以大笔的钱财，让沙维王朝的统治者沙赫塔杀死巴耶济德。沙赫塔答应后将巴耶济德处死。于是苏莱曼在晚年选择了一个最无能的儿子作为苏丹的王位继承人。

然而此时后宫干政的现象依然存在，塞利姆的女儿伊玛斯掌握了后宫，她的丈夫索库鲁被任命为大维齐。后宫将洛克塞拉娜树立为榜样，后宫人物的野心越发膨胀，对政治干预也越发强烈。奥斯曼帝国的未来将注定越发衰落。

红髯盗贼海雷丁

16世纪20—30年代，奥斯曼帝国的扩张和统治延伸到了马格里布东部，经过几个世纪的历史演变，马格里布各国也在争取国家的独立和发展，13世纪时，在马格里布形成了三个初现端倪的独立王国，即定都于突尼斯的哈夫斯国、定都特累姆森的阿卜德·瓦迪国和偏安非斯的马林王国。这三个王国就是后来的突尼斯、阿尔及利亚和摩洛哥。到了14—15世纪时，由于连年战乱，农业生产遭到停滞，农副产品大量减少，工商业也衰退了，从而导致三个王国的分裂和衰落。此时马格里布的分裂局面给了外部势力入侵的机会。

早期的殖民国家葡萄牙和西班牙首先侵入了马格里布，公元1415年，葡萄牙入侵了位于马格里布西北角的休达城，从此开始在马格里布的殖民侵略，同时西班牙人也不甘落后。当时在斐迪南一世（1452—1517年）的对外政策中，入侵马格里布战争是首要政策。他继位后，以宗教名义宣传为由征集新十字军，想要把马格里布的海盗击退，赶出地中海，自已能在地中海区域称霸。15世纪末，摩尔人在格拉纳达首举义旗，被斐迪南一世当作是伊斯兰教对基督教的威胁，也正好利用此机会向西班牙宣战。

公元1497年，西班牙首先侵占了梅利利亚，接着在公元1505年又攻打了阿尔及利亚的沿海港口——米尔斯·克比尔。公元1508年，奥兰地区也被西班牙侵占。公元1510年，又强兵占领贝贾亚；同年7月，西班牙将领佩德罗·纳瓦罗攻占了的黎波里，他又在阿尔及尔的沿海岛屿上修筑佩尼翁要塞，修建工事，安置火炮，把阿尔及尔城置于可威慑范围之内。在不足十年的时间里，西班牙把沿海地区的主要城市纳入囊内，并计划下一步征服整个马格里布。

马格里布各国人民强烈反抗西班牙的侵略，这也使得各国领导者尤其是阿尔及尔贵族更加得恐慌。因为西班牙的攻城不仅仅只是威胁这些商业贵族的政治统治地位，而且也危及到了他们的切身经济利益，因为他们赖以致富的海盗活动受到了遏制。西班牙建立了佩尼翁要塞后，就放出口风要攻占阿尔及尔，这样使得城内人心惶惶。他们自知无力对抗西班牙，遂向爱琴海的海盗首领巴巴罗萨兄弟求助。

巴巴罗萨的意思是红胡子，传说地中海上有四个海盗兄弟，他们出生在奥斯曼土耳其的普通家庭，家里从事制陶工业，年轻时就喜欢航海。公元1504年，老四伊勒亚斯被基督教海盗杀害，从此长兄乌鲁兹便开始召集人马，袭击和抢劫基督教船只。短短几年之中，他的麾下就汇集了几千人马，并且得到突尼斯哈夫斯王朝的支持。哈夫期王朝答应为他提供生活给养和武器，并把杰尔巴岛拨给他作为据点。

红胡子巴巴罗萨

公元1516年，阿尔及尔为了抵抗西班牙的入侵，派人拜会乌鲁兹，请他出兵。乌鲁兹慨然应允，随即出兵攻占了谢尔谢勒。接着，他又以防范西班牙为由攻占了阿尔及尔。此后，乌鲁兹随同西班牙长期的作战，在马格里布赢得了巨大威望。西班牙绝不能容许一个海盗沐猴而冠，随后他们和马耳他结成联盟共同讨伐海盗。此时的西班牙日益强大，战场延伸到了北非，他们避开海盗们擅长的海战，而从陆路开始攻击，先后占领了奥兰、阿尔及尔等地，将巴巴罗萨紧紧包围住了。

公元1518年8月17日，双方在阿尔及尔展开了激战，关于此站的描述西班牙人的史书上称，乌鲁兹是被西班牙的贵族卡玛雷斯所杀，但是阿拉伯人的史书上却是另外一种说法：勇猛的乌鲁兹突出重围，逃到了某个地方。这个争议一直存在因为没有史料证明，也就悬而未决。还有人认为乌鲁兹是战死沙场，而后的海盗王——海雷丁，是他的弟弟席兹尔。

席兹尔自认势孤力单，无法与西班牙抗衡，于是他向奥斯曼帝国俯首称臣。此时的奥斯曼土耳其刚刚占领埃及，正想建立横跨欧亚非三大洲的帝国，自然不会放过这次的好机会。奥斯曼苏丹塞利姆一世接受了席兹尔的俯首称臣，并且赐了他一个意为“贝伊的贝伊”（即总督的总督）称号——“贝勒贝伊”。

从此，带有传奇色彩的巴巴罗萨又复活了，奥斯曼土耳其给了席兹尔 2 000 精兵，他自己又扩充了 4 000。在那个年代，这样庞大的兵力，已经不容小觑了。他一面残暴的抢掠西班牙的各个港口，掠夺财富，实行焦土政策，留下了“魔鬼海盗”的骂名，一面在公元 1529 年买来几百门火炮，对阿尔及尔港口的孤岛——佩农要塞，连续轰炸了 6 个昼夜，西班牙人终于不敌，这座西班牙人坚守了 29 年的城池让给了巴巴罗萨，阿尔及尔也被攻占。

公元 1531 年，恼羞成怒的查理五世，命令安德鲁·多利亚一定要夺回失去的吉杰利等地。安德鲁·多利亚率领 40 艘战舰组成的西班牙军与席兹尔对阵。海雷丁先是在马耳他骑士团的眼皮底下偷袭了西西里的法维格纳纳，然后又对意大利的普利亚和卡拉布里亚进行了袭击，并在返回阿尔及尔途中，击沉了马耳他骑士团停靠在墨西拿的战船。同年 10 月，他又开始对西班牙西岸进行洗劫。

次年，趁着奥斯曼帝国苏丹苏莱曼远征奥地利，安德鲁攻占了伯罗奔尼撒沿岸的一些区域，此时，苏莱曼才想到有一位才能出众的海军指挥官是多么重要。于是，他召唤海雷丁到伊斯坦布尔受命。海雷丁于当年 8 月出海远征，一路推进，并击退了在墨西拿附近的 18 艘西班牙战舰。后来根据俘虏交代，此时的安德鲁正要赶往希腊的普雷韦扎，海雷丁立刻迎面赶上，与安德鲁正面交锋，击毁了安德鲁 7 艘战舰后才撤退。

这时的海雷丁拥有 44 艘战舰。他深藏不露，指示 25 艘战舰返航阿尔及尔，带着 19 艘战舰回到伊斯坦布尔。苏莱曼大帝对海雷丁的“杰出战绩”非常满意，任命他为奥斯曼帝国的海军上将、北非首席长官，埃维厄岛、罗得岛、希俄斯岛也归他管理。

公元 1534 年，海雷丁带领 80 艘战舰组成的舰队，从伊斯坦布尔出发，进行扩张。同年 4 月，攻占了被西班牙人霸占的勒班陀等地，后又开始多次袭击那不勒斯、拉齐奥等意大利城市，罗马的教堂经常拉起警报。公元 1534 年 8 月，海雷丁利用突尼斯哈夫斯王朝王位继承权之争和内部人民的反抗，借机攻占了突尼斯。在占领了古雷特和比塞大之后，在 8 月 18 日攻占了突尼斯城，推翻了哈夫斯王朝，将西班牙人赶出了北非。

公元 1535 年，海雷丁占领了意大利的卡普里岛，这里距离意大利富裕城市那不勒斯特别近，在此之后，他还在属于意大利的小岛上修建了很多城堡，至今依然屹立在那里。

然而，突尼斯苏丹不想向查理五世低头求援，于是西班牙和意大利联合了一支由300艘战舰、24 000名士兵组成的部队赶往北非。海雷丁见此自知不敌，就主动放弃突尼斯，继续在西班牙沿岸进行游击战。次年9月，他在特莱姆森又一次打败了西班牙的进攻。

公元1536年，海雷丁被召回伊斯坦布尔受命，进攻那不勒斯的哈勃斯堡。翌年7月，他于奥特兰托登陆，并先后占领了此城和其他几座城堡。同年8月，海雷丁占领了威尼斯共和国的爱琴海还有爱奥尼亚所属的小岛屿。威尼斯要求教皇保罗三世组织“神圣同盟”来抵御奥斯曼土耳其的入侵。

公元1538年2月，教皇联合威尼斯、西班牙王国、罗马帝国及马耳他骑士团结成神圣同盟，同年9月，安德鲁也组建了神圣同盟舰队，等待与海雷丁决战。在希腊的普雷维萨湾附近开始了激烈的交战，这场战斗海雷丁获胜。此战的胜利给后来的奥斯曼帝国成为整个地中海霸主奠定了基础，强盛的威尼斯共和国也一落千丈，丝绸之路也被斩断，直到公元1571年经过勒班陀之战才有了形式上的变化。

公元1539年夏天，海雷丁不断攻城略地侵占了威尼斯的领土，迫使其于公元1540年10月签订和平协议，被迫承认奥斯曼土耳其蚕食本国的领土，还每年上贡30万金币。次年9月，查理五世联系到海雷丁欲收买他，但遭到拒绝。既不能把海雷丁拉拢过来，又想在地中海西部结束海盗对西班牙领土及基督徒的威胁，查理五世决定于公元1541年10月进攻阿尔及尔。但是这个季节多雨，不适合出兵，安德鲁苦谏，没有得到允许，结果一场暴风雨让正要登陆的西班牙舰船搁浅，查理五世不得不撤退。

公元1543年，海雷丁率兵想要经过墨西拿海峡前往马赛去协助法国，他要求驻守卡拉布利亚的长官投降，然而却被对方拒绝，并且杀害了他的3名水手。愤怒的海雷丁围攻迅速攻占了该城，进而进攻罗马。法国此时却支持罗马。于是海雷丁于8月5日抢攻下尼斯，寒冷的冬季在美丽的土伦度过的，还为土伦修建了一座清真寺，当然是用圣玛丽教堂改造的。这期间，他带领士兵不时袭击西班牙。

海雷丁在公元1544年公元1545年度过了他最后的海军与海盗生涯。这段时间他与西班牙又打了几仗，只有在公元1544年苏莱曼与查理五世达成和平协议时期歇了一阵。

16世纪50年代初，奥斯曼帝国的一个海盗首领达尔古特与西班牙和哈夫斯王朝对战，想要完全侵占突尼斯。公元1556年1月，达尔古特先后占领了加夫萨、凯鲁万。公元1560年3月，又击沉了西班牙的30艘战舰，并且把杰尔巴岛上的士兵全部歼灭了。

公元1571年，西班牙趁着奥斯曼土耳其国内危机四起，同罗马教廷、威尼斯和意大利组织反土耳其同盟。同年10月，勒班陀海战大败奥斯曼帝国军。公元1573年，西班牙国王菲力浦二世的弟弟胡安侵入突尼斯城。但是西班牙的胜利仅仅维持了很短的时间。到了第二年，奥斯曼大军再次压境，夺回了突尼斯。这次，奥斯曼帝国取得了征战突尼斯的最终胜利。

在与阿尔及利亚和突尼斯交战的同时，奥斯曼土耳其在继续向东攻打利比亚，此举是为了占领的黎波里，这个名叫的黎波里的就是被查理一世称为"基督教世界的双目"之一的城市，公元1510年被西班牙占领。公元1530年，西班牙将的黎波里移转交给教皇属下的圣约翰十字军医护骑士团统治。公元1551年8月，奥斯曼土耳其乘当地居民内乱之机，派兵攻打的黎波里。奥斯曼军队分为海陆两路向的黎波里发动进攻，8月18日攻占了该城。不久之后，利比亚东部的卜雷加和南部费赞地区也被奥斯曼土耳其征服，这些领土被奥斯曼帝国统称为"的黎波里塔尼亚"。

16—17世纪时，巴巴罗萨的势力达到鼎盛，也称为北非历史的独特现象。"巴巴罗萨"海盗是受政府保护的北非海盗，他们每年收入的10%上交政府，成为当时国库的主要收入。在海盗活动全盛时期，海盗船队有许多特权。在阿尔及利亚，除了奥斯曼帝国军，海盗船队是一支最大的武装力量，并且与禁卫军抗衡。公元1671年，海盗集团通过推举制度选出首领为总督，不再由奥斯曼帝国来任命。实际上，随着海盗集团不断壮大，奥斯曼帝国在中、东马格里布的统治也越来越力不从心。奥斯曼土耳其派驻各个地区的近卫军也往往只能在短时间内压制海盗集团和当地势力，但最终还是得屈从，有时甚至成为权力斗争中捕杀的对象。

历史上对北非海盗活动颇有争议。西方史学家把它描写成黑暗的"海上灾难"，他们损害了地中海上正常的贸易往来。实际上，那时的海上贸易与海盗密切相关，当时的欧洲海军与海盗没有本质区别，英国海盗在地中海的实力日渐强大，才发展成为了近代英国海军。海盗活动还促进了当地城市的繁荣。海盗活动收入甚丰，阿尔及尔、的黎波里、突尼斯等一些城市，都因此而发展起来。

一位英国旅行家在日记里写道："炎炎夏日，上流社会的名人隐居于此的别墅和花园装饰了阿尔及尔周围的山林，他们的白色的小房子，掩映于各种果树和万年青草丛之中"凸显了阿尔及尔富裕繁荣的生活。突尼斯也因此被称为“世界性城市”。这一时期还修建了清真寺及学校，宗教和文化也繁荣起来。

海盗活动一直到18世纪才日益衰落下去。随着欧洲各国逐渐强盛和奥斯曼帝国的不断衰弱，围剿海盗活动也成为欧洲强国侵略北非的借口。

尽管史书将巴巴罗萨描述成海军的英雄，实际上，他就是海盗，虽然他曾经率领奥斯曼大军征伐各地，但是他们的军饷补给一直都是依靠劫掠，甚至还把劫掠来的战利品定期上交奥斯曼苏丹。还曾经为了得到一名那不勒斯贵妇洗劫了意大利南部城市桑塔露琪亚，还威胁西西里雷乔城长官将女儿嫁给他，否则就屠城。公元1546年7月4日，巴巴罗萨（或者他的替身海雷丁）去世，葬于博斯普鲁斯海峡的金角湾。后来每艘经过此地的土耳其船只都要降帆鸣号，向他致敬，这也是世界海盗史上唯一的荣誉。巴巴罗萨死后，海盗的内部因为出现动乱，没能保住北非的世袭领地。后来随着奥斯曼土耳其帝国的衰退，海盗们也渐渐回归岸上，成为士兵、官员。海盗也从地中海消失了。

地中海海盗船

苏莱曼时期，奥斯曼帝国在西方战场上取得的每一步胜利，都有奥斯曼帝国的海军上将海雷丁的功劳，内外忧患的奥斯曼帝国因重用了海盗出身的海雷丁，重振了帝国的威风，掌握了地中海的控制权。同时也造就了巴巴里海盗在地中海上的传奇。

圆月弯刀近卫军

奥斯曼帝国在欧亚地区长达六个世纪的统治，源于它武装力量的强盛。奥斯曼帝国最为突出的军队当属苏丹的加尼沙里军团。也就是帝国近卫军。加尼沙里军团最初是以南斯拉夫的战俘组建的。在奥斯曼帝国征战各地俘虏来的塞尔维亚、保加利亚青少年都成了苏丹的奴隶，在他们归于伊斯兰教后，开始组建步兵部队，为帝国效力。在奥斯曼之子奥尔汉时代，加内沙里军团才形成一定规模，当时有2 400名将士，发展到后来默罕默德二世时期的六千将士。至苏莱曼大帝时，加内沙里军团发展到一万二千大军，最多时达到三万七千大军。

刚开始选拔近卫军是从奴隶和战俘中挑选年轻人，伴随着帝国的扩张，军团需要更多的人，所以招收对象变成了从巴尔干地区或者帝国其他地区挑选 10～15 岁之间的孩子。这些孩子的最大共通之处都在于他们来自基督教家庭。加尼沙里军团采用的是类似于蒙古军队的编制体系，以十为基数，递进倍数，十人队、百人队、千人队，这样的好处就是为了便于领导指挥，作战时可以有效利用更多的战术，但是这样也有不利之处在于一旦指挥官负伤或是死亡，那么整个军队就会马上混乱。在奥尔汉时期这支军队虽然作为近卫军而存在。但是士兵的薪俸低的可怜，军团内部士兵的主要收入来自战场的战利品，这个情况后来有所变化，这些近卫军在宫廷内部斗争之后，不仅仅提高了薪俸，而且还有一定的政治地位，不过发展到后来，这支军队开始操纵奥斯曼帝国苏丹王位的继承，每次新苏丹的继位相对于近卫军来说都是一次发财的好机会。这样，随着苏丹的更替和发展，这支军队的薪俸已经变得极其优厚，而且有了一定的特权。不过有一点始终没有改变，那就是服役的士兵不得结婚。其他的规矩都随着时间的流逝删除或是修改，但只有这条规矩一直没有丝毫的改变。

加尼沙里军团骁勇善战，在奥斯曼对外扩张的历次战争中，所向无敌，令欧亚各国军队唯恐避之不及。加尼沙里军团一直是奥斯曼帝国的主力，也是帝国政治中不可或缺的力量，连苏丹也要让三分。

再来说一下那些即将成为近卫军的孩子他们从被招进军营的那一刻起就被分到奥斯曼军事封建主家庭生活数年，学习土耳其语言文字、风俗习惯并开始信封伊斯兰教，逐渐从文化上被同化，继而送入伊斯坦布尔、埃迪尔内的专门学校接受军事训练。尔后再补入军中，近卫军的士兵都是苏丹的奴隶，对他们有着严厉的制度，比如从商，终身服役，集中住在兵营，但是有了功勋或者才能出众的可以提拔当“阿加”（高级官员）。近卫军还有个特殊的标志是大锅。近卫军由一名“阿加”统领。近卫军装备精良，纪律严格，训练有素，为当时奥斯曼帝国战斗力最强的精锐部队。主力为步兵还有一部分骑兵。早期使用的武器是弓箭、马刀、弯剑等，后来火枪使用的更加广泛。组建 150 名弓箭手的卫队，随苏丹出征。近卫军参加了奥斯曼帝国的多次对外扩张的战争，如 14—15 世纪对巴尔干半岛的战争。公元 1402 年的安卡拉之战。公元 1453 年围攻君士坦丁堡，16 世纪对伊朗、叙利亚的征伐。16—17

世纪，克里木汗国与俄国作战，俄土战争，都有近卫军的身影。战后，各部队被分别派往近东、巴尔干及北非的军事重地和大城市，充当卫戍部队。他们以军队为家，苏丹为父，他们的一个特点可能是只留小胡子——两撇小胡子。在军事学校中培训到二十四五就被选拔到近卫军。训练周期很长，所以他们的战斗力才会那么强盛。

近卫军最鲜明的标志是白色头饰，那时候各部队没有统一的军服，所以这个白色头饰也是重要的区分信号。这个头饰是用包头帕拖在脑后，帽子前面有金属装饰，镶嵌上珠宝，纹饰也很精美。

近卫军建立伊始，武器是各种刀剑、战戟、长矛、战斧、短刀、套索、各类盾牌，后来出现了专门的火枪兵，从火门枪、火绳枪、到遂发枪；刚开始还有弓箭手，使用的弓是土耳其的复合弓、十字弓和重十字弓。只不过弓箭手人数极少，而且到后来都转成火枪兵。奥斯曼帝国近卫军起初接受的是成为优秀弓箭手的训练，但随着火器的发展，他们很快接受了这类新式武器，并且能够熟练地使用火枪。他们通常使用弯刀和手斧进行肉搏战。

作战时近卫军被作为预备队，部署在步兵和炮兵之间，这样步兵撤退时，近卫军就可以牵制敌人的重骑兵，并且将其引入炮兵射程范围之内。炮击过后，火枪手开始发射，此时，惊慌失措的敌军就会被奥斯曼的步兵消灭，近卫军的专门部队负责苏丹的安全。近卫军掌握的特权并逐渐成为一个特殊集团，后来就利用自己卫护王宫的职责开始干涉苏丹的废立，终于招致灭亡。

近卫军规定不得结婚，但是到了苏莱曼时期，这项规定就不再严格。到了塞利姆二世，默许了职位世袭，纪律开始松懈。到了穆拉德三世时代，庆祝王子割礼之后，人人皆可参军，从此近卫军完全丧失了战斗力。

近卫军作为奥斯曼帝国的精锐，直到后来参与操控奥斯曼帝国苏丹王位继承的较量，他们开始参政。进入17世纪后，近卫军开始腐化，有的官兵甚至经营商业手工业，兵源出现世袭化。

帝国近卫军的战功也最终招致了日后的灭亡。他们开始倚仗自己的军事力量要求更高的报酬，稍不满足就威胁发动叛乱。第一次近卫军叛乱在公元1449年发生，此后类似的叛乱不断地上演。到了18世纪，苏丹近卫军几乎掌控了帝国政府。他们甚至多次发动宫廷政变，拥立维护自己利益的新苏丹，并妨碍奥斯曼军队的改革。苏丹近卫军部队的许多将士蜕化，不再遵守严格的军事制度，他们的重心不是军事训练，转成符合自己利益的商业或者政治活动。不再是奥斯曼军队征服各地的主力军。在面对奥地利和俄国军队作战时，显现了近卫军的劣势，为了国政回归苏丹的控制，奥斯曼帝国的苏丹终于做了个艰难的决定——要消灭这股力量。

十八世纪开始，奥斯曼帝国开始衰退，日渐没落的国力。在此情形下，改革的呼声日渐升高。苏丹为首的改革派与苏丹近卫军和政府官员及地方势力为代表的顽固派形成对峙，矛盾也日益加剧，这一时期帝国改革派的领袖是塞利姆三世和马赫默德二世。公元 1807 年，塞利姆三世被近卫军发动兵变而废黜。

公元 1808 年，塞利姆三世的堂弟马赫默德二世即位。为了铲除苏丹近卫军——这支强大的保守派主力。公元 1826 年，苏丹穆拉德二世组建起一支足以同近卫军力量相抗衡的新军。苏丹近卫军不愿放弃已有的利益开始反抗，穆拉德二世不得不下令炮击他们的军营，迫使其就范。这一事件史称“吉祥事变”，苏丹近卫军在此事件后，被就地解散。这个令欧亚非大陆各国闻风丧胆的加尼沙里军团就此在历史上消失了。

第三章　帝国将亡终遗梦

写在帝国遗梦前

在苏莱曼大帝去世以后帝国逐渐走向衰落，而此刻奥斯曼人并没有立刻认识到他们不仅仅失去了一位贤明的君主，奥斯曼帝国在苏莱曼的儿子塞利姆二世的统治下，虽然还有着以往陆地上的军事优势，对地中海的威慑还有所加强，但是到了16世纪末，昔日强盛帝国耀眼的光环在人们的眼中逐渐暗淡。一些有正义感的人士意识到西方的政治、经济以及科技的发展使它们变得相对强大了。而相对于奥斯曼帝国来说，地域广袤，再加上海岸线又特别得长，无论是从外敌防御还是内政方面都遇到了异乎寻常的难题。

在奥斯曼帝国统治后期的几个世纪里，帝国由于政治腐败，经济崩溃，内部集团的相互争斗，加上地方割据势力的独霸一方，俨然成为了帝国逐渐衰败的原因。其次就是帝国军事封建采邑制度受到了严重打击，这种军事采邑制逐渐向世袭个人封地转化，结果造成了奥斯曼帝国社会经济基础的松动，加上广大农民和被征服民族的不断反抗，使得奥斯曼帝国对外战争屡次受挫，极大地削弱了奥斯曼帝国的政治、军事、经济实力。

公元1683年攻打维也纳失利，表明了帝国开始走下坡路。而后奥斯曼帝国扩张的野心也没有实现，首先是在欧洲战场的僵持。此时的奥斯曼人面对的问题，变成了如何保持既得领土，武装力量的任务不再是进攻，而是防守了。

奥斯曼帝国在15—19世纪挑战欧洲各国，是信奉伊斯兰教的一股力量。但是欧洲的近代化发展冲击了笨重的奥斯曼帝国，终于在19世纪初开始衰落，最后在第一次世界大战中，被协约国打败，奥斯曼帝国从此分裂。人民经过连年征战，生活没有保障，处于水深火热之中的广大人民在土耳其之父凯末尔的领导下发动起义，赶走了西方势力，驱除了苏丹王室，占据小亚细亚半岛，废除哈里发称号，改国号为土耳其，奥斯曼帝国至此灭亡。

美艳妖后祸国殃

在奥斯曼帝国时期的土耳其，无论任何女人都是无权参与政治的，她们深居在自己的闺房里望着外面男人的一举一动，但是至少有一个女人，甚至可以说是成功地操纵了苏丹王位的继承，并且影响了奥斯曼帝国数百年的历史。这个女人叫洛克塞拉娜，意思是“俄罗斯人”。她的一生充满着传奇色彩。在培根的随笔中这个女人，她是一个妖后型的女性。

洛克塞拉娜的出身不详，她或许是出生在俄罗斯或者波兰，也有可能是神甫的女儿。更或者是平凡的农民的女儿。如果是嫁给一个平凡的人家，她会度过平凡而安静的一生。然而她的命运和后宫大多数女奴一样，是被穆斯林军队劫掠到奴隶市场被贩卖的。几经转手，她被奥斯曼帝国的易卜拉欣购买回家。可是令易卜拉欣意想不到的是他买进的这个叫作洛克塞拉娜的女奴将来会成为他的主子，也是他将来的政敌。

当时奥斯曼帝国正如日中天，年轻的苏莱曼大帝统治着帝国。易卜拉欣与苏莱曼年龄相当，是他最好的朋友，也是他信赖的大臣。一次酒后易卜拉欣很爽快的将美丽的洛克塞拉娜当作礼物送给了苏莱曼。从此，洛克塞拉娜从一个名不见经传的少女逐步走向奥斯曼帝国的皇宫的深处，而一个国家的历史也将因这个女人而改变。

从洛克塞拉娜的画像上可以看出，她虽非绝色佳丽，但是气质高雅，眼中充满睿智。事实上她就是一位聪明的权术家和优秀的政治家，她把政治玩弄在自己的股掌之中，把政敌——苏丹的亲信大臣，一个个打击消灭掉了。苏莱曼则鬼迷心窍，把她当作是他的光明天使，而对于她灵魂中的黑暗，他双目如盲。

洛克塞拉娜开始在后宫中的地位很低，但是，她绝非那种安分守己的女奴。她总是能够吸引苏莱曼的注意，她给苏莱曼讲故事，完全迷住了苏莱曼，凭借着自己的智慧一步步走进了苏莱曼的心，甚至还带她一起出现在公开场合。

洛克塞拉娜

为了权力“爱笑的姑娘”变得狠心毒辣。

那时候，苏莱曼的妻子古尔巴哈尔已经为他生了个儿子——穆斯塔法亲王，其实古尔巴哈尔也是一名女奴，名字的含义是“春天的玫瑰”。有一次，古尔巴哈尔与洛克塞拉娜因为小事争吵起来，精明的洛克塞拉娜获胜，之后便被苏丹专宠一身。她们俩的地位也相当于互换了一样，古尔巴哈尔不再被苏丹喜欢，而洛克塞拉娜的影响力则越来越大。

不久之后，洛克塞拉娜就为苏丹生了一个儿子，也就是说王位继承人多了一位竞争者，她的一生中一共生了四个儿子和一个女儿。她总是面带笑容，无忧无虑。所以，苏莱曼赐给她一个土耳其名字“古尔勒姆”，意思是“爱笑的姑娘”。然而在洛克塞拉娜的内心深处必定也有痛苦，在封建时代的奥斯曼帝国，为了争夺王位，即使是亲兄弟之间也会血腥拼杀。在15世纪末，征服者默罕默德二世颁布了一条“杀害兄弟法律”：“诸王子中得就王位者，有权处死他所有的兄弟。”作为母亲，洛克塞拉娜不能眼看着自己的儿子被杀。

洛克塞拉娜先期开始活动，首先在公元1534年，将古尔巴哈尔母子遣送到很偏远的行省，将主要竞争对手放逐，是必要的。当他们踏上行程的时候，就知道将来意味着失去竞争王位的有利机会。然而这时，帝国的首相易即大维齐卜拉欣却支持苏丹的长子。他想尽办法把他立为皇储。易卜拉欣与苏莱曼从小一起长大，感情很深。他接受过良好的教育，才能出众，苏莱曼很欣赏他，将妹妹许配给他，还让他担任最重要的大维齐一职，长达13年。

然而当他不识相地同苏丹的宠妃作对时，他与苏莱曼以往的任何交情都变得毫无意义，他也就把自己列在了洛克塞拉娜的死亡名单上。易卜拉欣的失败之处就在于他担任大维齐的时间确实太长了。他竟然忘了自己权力再大也只是苏莱曼一个棋子，他甚至敢于擅用“苏丹”的称号。洛克塞拉娜充分利用了这一点。她使丈夫深信，他的好友担任大维齐集权过多，已经对他构成了威胁。于是在一个深夜，苏莱曼下令趁易卜拉欣熟睡时将他绞死。他的尸体被抛在宫外，没收了他的巨额家产。在公元1536年。易卜拉欣在这场政治斗争中输得精光。

后来，洛克塞拉娜提出，要苏丹正式迎娶她，这样她的身份地位就会得以确立，苏丹出人意料的答应了，奥斯曼帝国的苏丹们从不结婚，征服者默罕默德二世是最后一个正式结婚的苏丹。在帝国建国初期，出于政治需要与周边一些国家联姻。但是从默罕默德二世之后，奥斯曼帝国国势强盛，没有必要。为了防止后宫和外戚干政，苏丹们都不正式举行婚礼。苏莱曼和洛克塞拉娜的婚礼震动了整个穆斯林世界，也因此洛克塞拉娜的影响力一步步加大，他的儿子们也相应的有了王位继承权。

公元1541年，王宫发生火灾。洛克塞拉娜以此为由，带着大批的宫女和太监们迁往大塞拉留——这座奥斯曼帝国誉满天下的政治中心城市，也是大臣们处理政务的地点。洛克塞拉娜搬来这里就是为了能接近王位和政权，从此奥斯曼土耳其后宫干政的时代开始了。

洛克塞拉娜有着超强的政治影响力，她曾经与当时的波兰国王通信，她的女儿米丽玛公主也与波斯的姐妹通信，她还成功避免了奥斯曼帝国与新兴的俄罗斯帝国的正面交锋，让苏丹的注意力转向了波斯。

公元 1549 年，苏莱曼想要修建一座新宫殿送给爱妻洛克塞拉娜，但是被洛克塞拉娜拒绝了，她担心搬出大塞拉留就远离了苏丹和政治，为了避免苏丹的怀疑，她建议由她出资修建一座综合性的清真寺。因此她成为奥斯曼历史上第一位修建清真寺的女性。尔后，历代拥有权势的后宫妇女纷纷出资修建清真寺、陵墓，以便让后人记住她们。

随着时间的推移，王位的激烈竞争开始了，洛克塞拉娜的儿子们长大了。但是因为穆斯塔法亲王是苏丹的长子，而且德才兼备，受军队的拥戴，已经成为理所当然的王位继承人了。洛克塞拉娜和她的女婿——当时的大维齐路斯底穆共同导演了一出戏，他们诬告穆斯塔法要武力得到王位把父亲苏莱曼赶下台。这让苏莱曼震怒，他要儿子当面解释清楚。善良的穆斯塔法为了让父亲相信自己没有篡位的想法，自动解除武装，独自来到苏丹大营。但是意想不到的是被洛克塞拉娜派人杀害了，他的幽魂至今似乎还能有人能听到。据说，苏丹看到穆斯塔法的遗体时也流泪了。当洛克塞拉娜的儿子日汗吉尔听到长兄的噩耗时，他无法接受这个悲惨的现实，自杀身亡。如果说每个人都有善恶两面的话，那么日汗吉尔就是他母亲洛克塞拉娜的善，可惜这个善良的儿子却死掉了。

至此，洛克塞拉娜的儿子想要继承王位，已经毫无障碍。苏莱曼现在剩下的两个儿子都是洛克塞拉娜所生，所以她要考虑的是要哪个王子来做将来的苏丹，长子塞利姆无能昏庸而又好喝酒，次子巴业塞德能干但性情残酷。然而，洛克塞拉娜没有时间想这么多了，她没有等到做皇太后的那一天，洛克塞拉娜去世后，她的两个儿子才开始为了争夺苏丹的王位而杀的你死我活。结果是次子巴业塞德被杀，并且将他的五个儿子一起处决。无能的塞利姆最终胜出，于公元 1566 年即位，是为塞利姆二世，塞利姆苏丹的外号是“酒鬼”，是奥斯曼帝国最为糟糕的苏丹之一。在他统治的时代，帝国已经开始衰退，这次的王位争夺战，洛克塞拉娜的女儿米丽玛公主继承了她的精髓，发挥了她的政治影响力。

五百年过去了，奥斯曼帝国连同他的苏丹和后宫被历史的车轮远远的甩在了车后，在土耳其温煦的阳光下，只留下了洛克塞拉娜的墓碑而已。还有她给苏丹的书信，因为在政治上权势很大，所以在奥斯曼帝国的历史上洛克塞拉娜被称为许蕾姆苏丹。

“我的主人，亲爱的苏丹，我用我的面孔伏在你神圣的尘土之中，我亲爱的灵魂、我的幸福、我的爱。我的苏丹，您的书信中的每一个字眼都给我的眼前带来无限光明，都为我的心中带来喜悦……”

苏莱曼与许蕾姆苏丹度过了美好的时光，苏莱曼曾经用笔名“穆希比”（Muhibbi）为许蕾姆写下了如此美妙的诗篇：

我寂寞壁龛的宝座、我的爱、我的月光。

我最真诚的朋友、我的知己、我存在的理由、我的苏丹、我唯一的爱。

美人中最美的人……

我的春天、我面露欢快的爱、我的白昼、我的甜心、带笑的树叶……

我的绿树、我的芳香、我的玫瑰、这世上唯一不会让我悲伤的人……

我的伊斯坦布尔、我的卡拉曼、我安纳托利亚的土地

我的巴达赫尚、我的巴格达和呼罗珊

秀发亮丽的我的妻、蛾眉弯弯的我的爱、眼中充满淘气的我的爱……

我会永远歌唱你的赞

我，痛心的爱人、眼中充满泪水的穆希比，我很快乐。

昔日霸主穷末路

奥斯曼帝国曾经是中世纪中后期领土最广袤、统治时间最长的伊斯兰教帝国，也是伊斯兰文明的最高点。然而，当苏莱曼大帝去世后，强大的帝国开始衰退，他的儿子塞利姆二世更是个昏庸的苏丹，帝国的衰败的确不能归咎在一个或两个君主身上，它的衰落是渐进的，几个世纪中衰败的种子就已经悄悄地进入奥斯曼的政治体制和社会内部。

公元1571年，威尼斯和西班牙联合起来在勒班打败奥斯曼帝国的海军，从此奥斯曼帝国在地中海霸主的地位摇摇欲坠。此后，帝国开始衰退。十七至十八世纪，奥斯曼帝国与奥地利帝国、俄罗斯帝国交战接连失败，势力转衰。九次俄土战争几乎战无胜绩，失地千里。一直到十九世纪初，国内民族解放运动爆发，巴尔干半岛各国独立，随后英、法、奥、俄等也来蚕食其领土。最终在第一次世界大战中惨败，遭到列强的宰割。

公元1683年，维也纳之战，奥斯曼帝国失利，此前海陆战场也有失败，但是奥斯曼帝国依然野心勃勃，要征服各地。公元1683年的7月，奥斯曼帝

国开始围攻维也纳，想要攻占这个堡垒以继续向欧洲扩张，同年 9 月，由波兰国王约翰三世率领的波兰－奥地利－德意志联军大败奥斯曼军队，获得此战的完全胜利。

这场战役的失利成为奥斯曼帝国走向没落的转折点，在欧洲国家的步步紧逼下，帝国的版图也被蚕食的越来越小。

公元 1606 年，奥斯曼帝国与奥地利签订了奥斯曼历史上第一个不平等条约《西特瓦托罗克条约》，苏丹必须承认奥地利皇帝是罗马皇帝，这使得奥斯曼帝国不再以征服者自居。但是奥斯曼帝国依然对奥地利和法国实施打击，把威尼斯打退到地中海贸易区之外，并且成功夺回了克里特岛。不久以后，又开始了巴尔干半岛和多瑙河流域的争夺战，战争结果是俄国占领了基辅和周边区域。

公元 1682 年，奥斯曼帝国开始进行改革，这次是由柯普吕家族几代大臣主持的，虽然短期内恢复了一些活力，但是也不能改变维也纳城惨败的结局。随后的公元 1687 年，第二次莫哈奇战役和公元 1697 年的山塔战役又都被奥地利和其他同盟军打败。这次失利失去了匈牙利、希腊和黑海沿岸的大片区域；交战的同时，沙皇俄国也夺取了亚速海（1696 年）在英国和荷兰的调停下，奥斯曼接受了屈辱的《卡洛维茨条约》（1699 年），几乎将整个匈牙利、斯洛文尼亚，以及克罗地亚的大部分地区割给了哈布斯堡王朝，并且割让卡曼尼支、乌克兰和波多利亚给波兰，又将摩里亚及达尔马提亚一些地区割给了威尼斯，随后亚速海也割让给了俄国。从此沙皇的势力进入了黑海区域。这个条约是第一次因失败后签订的合约，从此以后，再也无力称霸欧洲，并且走向了衰落。

长期以来帝国领土的割让沉重地打击了奥斯曼人的士气。以至后来许多人认为无论怎样挽救帝国都是徒劳的。有一部分奥斯曼人想要把欧洲的强盛背后的制度与奥斯曼制度结合起来，觉得通过改革也会日渐强盛起来。

塞利姆三世是 18 世纪时期主张改革的，他花费大量的注意力和精力投入到军队方面。他和他的顾问，对欧洲技术的革新并不清楚，而这些方面的改革自从宗教改革以来一直都在变化。奥斯曼帝国许多财政困难的根本原因都来源于传统的财政制度，因为许多特定收入、发行债券、财政部门开支，没有一个全面稳妥的预算，致使国家财政一团混乱，帝国政府的官员在自己的职位上又各自相对独立，他们随心所欲地花钱，既没有行政的也没有财政的监督。塞利姆三世只是简单的使用原有系统，而不是从预算入手，这让改革没有多大成效。

尽管塞利姆三世的大部改革只取得了部分成功，但是他的改革也给后继者们指明了道路，从长远来看，奥斯曼帝国的民众对引进西方的意识限有影响力，它继续打破古老的“铁幕”。这一过程没有摧毁古老的封建意识，但是也有改变，而且在奥斯曼帝国内部出现了军事和技术的更新，也转变了许多观念。

这些改革是时代的需要，但是随着公元1807年塞利姆三世被废黜，改革也被取消。这说明了塞利姆三世在他的追随者中缺乏根深蒂固的支持者。这一时期奥斯曼帝国没有正规的现代文学学校，也表明了欧洲的意识并没有深刻的影响奥斯曼人的心理。

19世纪奥斯曼帝国接连在战场上失败，使得原本衰退的帝国走向了灭亡的道路。法国的拿破仑率领军队开始抢攻埃及，之后是出生在阿尔巴尼亚的将军默罕默德·阿里在埃及建立起了独立王国，并出兵攻打亚洲占据了叙利亚和巴勒斯坦，这次战争，让穆罕默德·阿里占领了原埃及马木鲁克王朝的所有领土，接着日渐强盛的俄罗斯帝国和英、法两国支持希腊获得独立，公元1829年在俄罗斯帝国与奥斯曼帝国的又一次战争中，奥斯曼帝国再一次战败，塞尔维亚取得了自治权，还不得不把摩尔多瓦割让给俄罗斯帝国，此时，奥斯曼帝国的盟友法国也开始趁火打劫，在公元1830年出兵抢占了位于北非的阿尔及利亚。

公元1847年夏天，法国政府借伯利恒教堂发生丢失星章事件，对奥斯曼帝国发难，想要以此为借口，侵占近东的领土。法国要求奥斯曼土耳其根据公元1740年的一项条约扩大拉丁教派各种权力。同时，俄国人也威胁奥斯曼土耳其，不得与法国人合作，否则就会与奥斯曼帝国断绝外交关系。经过长达两年的艰难谈判，苏丹决定：耶路撒冷一切不变，但拉丁教徒将有权掌握伯利恒的圣玛丽教堂和圣诞教堂大门的三把钥匙，法国对于苏丹让步表示满意。在此时，俄国站出来表明自己的态度：让奥斯曼帝国向耶路撒冷总督传达命令：向拉丁教徒说明，交出钥匙后，他们没有随时进入大门的权利。同时，帝国政府还得将希腊教派在圣地的一切权利记录于市法院的档案中，宣布拉丁教派以后的任何要求都无效。当时法国表面平静的接受了这一切，俄国驻巴基斯坦总领事要求将苏丹的敕令在耶路撒冷予以公布。法国大使不满这一挑战，并提出了抗议，并且威胁奥斯曼帝国政府说，如果它再顺从俄国，法国就要封锁达达尼尔海峡。在帝国答应了俄国的要求后，法国并未实现它的威胁举动。在这场教派的反复斗争中，奥斯曼帝国对哪方面都得言听计从，像是风箱的老鼠一样——两头受气，昔日飞扬跋扈，驰骋沙场的威风已经不复存在了。

尽管在公元1854—1856年的克里米亚战争中，奥斯曼帝国联合英、法和撒丁国打败了俄罗斯帝国，使俄罗斯帝国向奥斯曼帝国的继续扩张得到了一定遏制。但在20多年后的公元877—1878年的战争中，俄罗斯军队穿过埃德尔纳，一路直刺到帝国首都伊斯坦布尔的城郊。奥斯曼帝国被迫接受一份城下之盟，不得不承认塞尔维亚、罗马尼亚的独立地位，并且认可保加利亚的自治权力，还要给俄罗斯割让比萨拉比和东部的卡尔斯和阿尔达汉等多个城市。这次盟约也导致了奥斯曼帝国失去了在欧洲的领土，也为日后的巴尔干战争埋下了伏笔。

公元1860年，黎巴嫩的内部发生了争斗，德鲁兹派与马龙派之间残酷屠杀，最后德鲁兹派杀害了基督教徒达3万多人，这件事情轰动了整个欧洲。奥斯曼政府隧派富阿德帕夏去镇压肇事者，法国趁机调出一支6万人的军队，其他国家也提出强烈抗议。最终黎巴嫩和大马士革的法庭做出了严厉的裁决，在英国人强烈反对制裁德鲁兹派人的情况下，德鲁兹人刚开始被流放到的黎波里，后来才返回了家乡。而这次英国人的干预，原因是为了对抗法国的影响力日盛。

在欧洲巴尔干半岛，各基督教民族也在欧洲各国的支持下逐渐取得独立。先是罗马尼亚将已经自治的瓦拉几亚和摩尔达维亚进行合组，从此走上了自治的道路。后来鲁梅利亚的各斯拉夫行省发生了国民暴动，而这次的暴动，是俄国的领事挑起的。公元1875年，黑赛哥维那同样也发生了暴动，一连串的内乱，让奥斯曼帝国手足无措，刚开始试图用武力镇压，后又想进行行政改革来平息这场骚动，但它所建立的一个包括基督教官员在内的行政委员会却由于伊斯兰教徒的阻挠而无法付诸行动。

公元1876年，保加利亚起义。因为帝国政府的财政危机，下了命令，必须在四个星期内完成所有拖欠的税收。帝国政府还煽动塞加西亚移民对暴动的人民进行血腥屠杀，这一事件引起了英国人的愤怒，反对党领袖甚至提出了将奥斯曼人赶出欧洲的口号。9月，欧洲各国开始干预，奥斯曼政府不得不认可保加利亚总督的权力，并在五年内保留不得更改。同时建立处理相关问题的机构——国际管制委员会，同年五月，在萨洛尼卡，一位基督教徒和一位穆斯林为了一位保加利亚少女发生争执——斗殴。当时德法两国的领事遭到了暗杀，结果导致一支欧洲舰队开到了萨洛尼卡港外。这时伊斯坦布尔的神学和法律学校的学生相继发生了暴动，推翻了首相和宗教首领穆夫提。三国商议，基督教徒与穆斯林先暂时休战，时间为两个月。在此期间起草和平协议，如果不能达成共识再采取其他更有效的行动。公元1876年6月，塞尔维亚的贝尔格莱德警告奥斯曼帝国，马上撤销奥斯曼帝国的卫戍部队与其他边境的非正规部队，并任命波斯尼亚总督为米兰亲王，这表明了塞尔维亚正式与奥斯曼帝国为敌。

公元1877年，巴尔干半岛发生了暴动，沙皇俄国以此为借口声称，骚动影响了他的和平发展，当即向巴尔干半岛派兵。当初签订《巴黎条约》时，西欧各国保证要维护奥斯曼帝国的领土完整，但此时却宣布中立。俄国人与罗马尼亚签订了一项军事条约，获得了使用罗马尼亚全部资源和交通工具的权力，俄国大军顺利地通过罗马尼亚去攻击驻塞尔维亚的奥斯曼人。5月，罗马尼亚宣布独立。公元1878年，亚得里亚堡被俄国人占领，此时的俄国人还想继续进攻伊斯坦布尔，但是在英国舰队的干预下，才停止了行动。奥斯曼帝国在此情形下，被迫割让亚美尼亚，同时要承认保加利亚的独立地位。但是英国不承认这一条约，从而得到了塞浦路斯。这时，奥地利也开始武装军队，欲在这场混乱中争一份领地，俄国被迫坐下来谈判。公元1878年，柏林会议，虽然有俾斯麦的干预，奥斯曼人也仅仅保住了保加利亚的南部，但是罗马尼亚和塞尔维亚与门的内阁罗也从此独立了。同时希腊也获得了一定程度的领土让步。罗马尼亚将比萨拉比亚割让给俄国，换得了多希鲁加。但黑塞哥维纳、诺维巴沙旗和波斯尼亚却依然被奥地利的军力所威胁。

但是，希腊基于对《柏林条约》的不满，在公元1896年又发动了克里特岛暴动，公元1897年的夏天，暴动同样发生在帖萨利亚。但是军事上希腊人过于薄弱，只是在西欧强国的支持下才没有遭受灭顶之灾。欧洲大国给希腊的只是按照规定的条款稍稍做了调整而已，而克里特岛则变成了自治省，是由基督教徒总督管理。

19世纪70年代后，奥斯曼帝国的财政出现危机。帝国政府计划在巴黎谈判时能够筹借到新的贷款，并且想要把奥斯曼银行变成整个帝国的收税人和出纳人，但是结果却让帝国很失望。这时，如果苏丹阿齐兹能把他的巨大私人财产拿出一部分，或者减少他的宫廷消费，是可以避免往最坏程度变化的。然而，他不愿意这么做，奥斯曼帝国在这种情况下只得宣布国家破产。首相宣布，由于帝国政府财政亏空严重，只能偿还减半利息，也就是按照贷款总额度的50%偿付贷款利息，另一半则追加5%的利息。宣布破产的时候，清算下所有的债务加上当时为购买甲船、克虏伯大炮和马丁枪所借的债款，高达62.25亿法郎。主要的债款都是为了扩张而要购买的装甲船、马丁枪和克虏伯火炮等战时物资。

进入20世纪，衰退的奥斯曼帝国更是江河日下，先是新近统一的意大利向奥斯曼帝国在非洲的最后一块领土利比亚提出了领土要求，1911年9月29日，意大利派兵五万多人，在20多架飞机的配合下（这是人类在战争中第一次使用飞机，从此诞生了第三兵种空军），攻占利比亚。第二年10月15日，国内巴尔干地区战争不断，奥斯曼无法兼顾，在瑞士的洛桑附近的乌希被迫与意大利签订合约，合约规定奥斯曼将利比亚、多德卡尼斯群岛和罗德岛全部割让给意大利。

接着是以巴尔干半岛上塞尔维亚、保加利亚、希腊和门的内哥罗为一方，以奥斯曼帝国为另一方的第一次巴尔干战争的爆发，这次奥斯曼军队又以失败而告终。1913 年 5 月，双方签订了《伦敦和约》，根据此条约，原来奥斯曼帝国在欧洲的领土基本丧失。在欧洲的势力也因此垮掉。在后来进行的战争中，交战双方是以塞尔维亚、罗马尼亚、希腊、门的内哥罗和奥斯曼帝国为一方，以保加利亚为另一方，史称第二次巴尔干战争；奥斯曼在出兵不久即割让保加利亚的埃迪尔内，保加利亚败局已成定数，奥斯曼收回了东色雷斯和亚得里亚堡，门的内哥罗的领土也有所扩张，保住了在欧洲的些许领土。

然而促使奥斯曼帝国最终灭亡的是第一次世界大战。奥斯曼帝国选择了以德国、奥匈帝国为首的同盟国一方，对战以英国、法国、俄罗斯为首的协约国。最终同盟国战败，英、法等国接受奥斯曼的投降，后于 1918 年 11 月 13 日，协约国组成 60 多艘军舰的军队占领了伊斯坦布尔。随后，英国、法国、希腊、意大利等国分别出兵占领了奥斯曼帝国的其他部分领土。

1920 年 8 月 10 日，战胜方协约国与战败国奥斯曼帝国分别派代表签订了一条相当于变相灭亡奥斯曼帝国的条约——《色佛尔条约》，根据该条约，奥斯曼帝国的土地几乎全部被割让，仅仅留下了首都伊斯坦布尔周围的一小块地而已。连接欧亚两大洲的博斯普鲁斯和达达尼尔海峡要向一切外国船只开放。小亚细亚半岛上的军事重镇伊兹密尔交付希腊管理。库尔德斯获得自治地位，亚美尼亚宣布独立。奥斯曼帝国在小亚细亚半岛只留下西部地区的领土。同时，此条约还规定了奥斯曼帝国境内的“治外法权”也被恢复了。

《色佛尔条约》的签订，激起了人民的强烈反应。消息传到奥斯曼帝国境内，著名的军事将领凯末尔当时驻守在安卡拉，他领导的“安纳托利亚和隆美利亚保卫权利协会”首先发布声明，不承认条约的合法性，拒绝接受这个不平等的条约。一些反对签订《色佛尔条约》的奥斯曼帝国官员和大臣，也纷纷投靠凯末尔。奥斯曼帝国面临着被彻底瓜分的处境。在凯末尔的领导下，人民开始自发组织民族抵抗运动，为了民族独立，他们挑起义旗，最终取得了最后的胜利。在洛桑和会上协约国也不得不承认土耳其国家的独立自主。

1923 年 10 月 29 日，土耳其共和国宣告成立。新兴的国家从此走向了独立自主之路。凯末尔当选第一任共和国总统。土耳其历史也翻开了新篇章。

血腥苏丹哈米德

奥斯曼帝国最后的独裁者——血腥苏丹哈米德

阿卜杜拉哈米德二世是奥斯曼帝国晚期最重要的人物之一，但是大家对他的看法基本上是单纯地定义为刽子手和暴君，认为帝国是在他手中才成为任欧洲列强宰割的鱼肉。但实际情况并不是这么简单。

阿卜杜拉·哈米德二世的母亲是苏丹阿卜杜拉·迈吉德的姐姐的一个舞女奴隶。对于他的母亲来自哪里有着不同的说法，有人认为是一个索卡西亚人，也可能是由亚美尼亚人转化而来的。然而从后宫内部产生了一个可怕的谣言，并散布到了宫廷之外。经过不断传播成为了一个看似真实的故事——据说阿卜杜拉·哈米德二世的父亲是一个亚美尼亚厨子。当时阿卜杜拉·迈吉德在得知第二个儿子出生后，他的第一个问题就是“他是哪个女人生的?”由于在他的后宫有很多女人，所以这是一个相当普通的问题。尔后一个星期过去了，苏丹承认了之前的男孩是他的孩子。宫廷中的传言是因为阿卜杜拉·迈吉德曾秘密地询问了孩子的母亲，而后者提醒他，自己的怀孕是在后宫的浴室里发生的。

阿卜杜拉·哈米德二世

无论哈米德二世是否真的是阿卜杜拉·迈吉德的儿子，这个问题现在已经不是特别重要了。然而，重要的是，这个真的帝国未来的统治者是在一个旧历史时期的奥斯曼世界，以及古代东方式的，被神化的绝对专制式的君主这样的典型的宫廷体制下被孕育出来的。阿卜杜拉·哈米德二世的出生不仅仅是旧秩序的产物，同样也是旧时训练和教育的产物。他在童年到成年这段时期一直生活在后宫中，整日与奴隶、女人还有太监们生活在一起。他们当中大多数人不学无术，而且十分迷信，贪婪并且唯利是图，同时对宗教也十分狂热。

阿卜杜拉·哈米德二世的母亲在他七岁时死于肺结核，时年二十六岁。他的父亲阿卜杜拉·迈吉德也同样死于肺痨。他的叔叔——苏丹阿齐兹也被废黜了，不久之后，他可能死于自杀或被谋杀。他的同父异母兄弟穆拉德五世被宣布为精神失常，最后也被废黜。阿卜杜拉·哈米德二世以假装自由思想，并以书面形式表示支持宪法为条件成为了奥斯曼帝国的苏丹。在他的哥哥精神恢复正常后，阿卜杜拉·哈米德二世迫使他放弃了自己的权力。

尽管阿卜杜拉·哈米德二世身材矮小且体弱多病，但他并未放纵自己于那种萎靡不振，昏庸堕落的宫廷环境。他克服了想谋害他的人的阴谋生存下来，年轻的王子在恐惧和仇恨中逐渐成为了一个残酷无情的人，尽管他成为了自己所拥有的偏见、恐惧和仇恨的受害者，但他却不是一个懦夫，没有成为后宫的女人们、以及朝廷大臣们的工具。从公元 1876 年一直到 1908 年之间的革命，这期间他一直是作为一个独裁者统治着奥斯曼帝国。哈米德二世自己承认他是自己早期环境和所受教育的产物。他说：安拉知道，每个人都是环境的产物，这种环境决定着他的生活方向，而他首先是他所受的教育的产物。

阿卜杜拉·哈米德二世的性格

哈米德二世做事狡诈敏锐，并且残酷无情，他努力地关注于一切与他安全和地位有关的事务。哈米德二世在政治权力方面的支持者来自帝国中那些保守的穆斯林臣民，反革命的群体——这些人把哈米德二世看作是对抗土耳其青年党、非穆斯林的群体，以及可恨的西方基督教国家那些没有信仰的人的领袖。那些极端反动的军队忠实地站在哈米德二世的身后，他的弱点完全来自于他的支持者本身的性质。那些偏执、无知，以及狂热的群体围绕着他。在这些人当中他选择他最信任的顾问们。

如果不是哈米德二世作为一个主持奥斯曼帝国内政和外交政策的独裁者，不然这个帝国苏丹的性格将仅仅被作为一个精神病的例子。

哈米德二世在少年时期就一直经历不安的感觉。最开始，他面对着一个处在不正常地位的母亲和一个对他极为冷淡的父亲。而后，他的叔叔、苏丹阿卜杜拉阿齐兹的神秘死亡，以及他哥哥穆拉德五世被指为神经错乱，这些更是增加了他的不安全感。来自宫廷的阴谋，加上关于他出身问题的流言蜚语，这些带给他的是深深的不信任感和持久的恐惧，这种感觉后来发展成了一种始终无法摆脱的无处不在的感觉。他经常感到自卑，这种自卑不光是针对他自己，同时还关联到奥斯曼人和穆斯林。他的仇恨源自于一种不安全、不信任感，同时伴随着恐惧和自卑。

哈米德二世恐惧并憎恨青年土耳其党的改革家们，他通过一些间谍，他将这些青年党的领袖们杀害或是流放；他憎恨欧洲人以及基督徒，并声称欧洲文明是毒药；他憎恨英国，曾说过没有其他任何国家比英国人更让他感到恐惧。然而，最重要的是，他对亚美尼亚人的憎恨凌驾于那些被他仇恨所报复过的人，是那些关于他出身于亚美尼亚的传说造成了他的不快。他所不满的是那些来自于欧洲的政治家们及其政府对他连续不断地告诫和建议。他对外国人干涉奥斯曼帝国的内政感到强烈不满。

他深切地信奉伊斯兰教，他对基督教是如此的蔑视和憎恨。他把他的忠诚献给伊斯兰教以及土耳其人的爱国主义，这些忠诚与憎恨促成了他的泛伊斯兰主义。他从思想上厌恶那些处在可憎的异教徒统治之下的数以百万计的穆斯林——英国裔、法国裔以及德国裔穆斯林。他鼓吹所有穆斯林应该联合起来，在他们的哈里发的带领下发动一场对基督教国家的圣战。他把自己看作是数亿忠诚的穆斯林的哈里发，这能减轻他对西方基督教国家的自卑感。

哈米德二世十分憎恨所有开明的奥斯曼人，包括那些亚美尼亚人，保加利亚人、希腊人和其他在奥斯曼帝国内部的基督徒，还有西方的自由主义者和人文主义者。

苏丹所面对的国内外问题

公元1876年当阿卜杜拉·哈米德二世登上苏丹的王位时，奥斯曼帝国政府已经处于政治上的阵痛和财政危机之中，一系列的危机产生了深远的国际纠纷。波斯尼亚和黑塞哥维那爆发了叛乱，奥斯曼帝国面临财政崩溃的危机，使得帝国政府无法再偿还部分国外贷款持续的财政危机之后使得帝国政府无法进行债务偿还。公元1876年，苏丹阿卜杜勒·阿齐兹在一场政变中被废黜，保加利亚的叛乱促使奥斯曼帝国对其进行大屠杀并导致了外国的干预，这与塞尔维亚和门的内哥罗的战争是一起进行的。当阿卜杜拉·哈米德二世成为苏丹时，他完全处于这场暴风雨的冲击中。

哈米德二世面对列强在君士坦丁堡召开的一次集体会议中，被说服批准一部宪法以防止外国列强的干预。因为拒绝了列强的提议，哈米德二世很快使帝国处于对俄国的战争中。在他登上王位的两年之后，新任苏丹被迫与俄国签署一项耻辱性的条约，并接受了在柏林聚集的列强们的所有要求。奥斯曼帝国完全破产了。它拖欠着欧洲国家投资者的巨额债务，并失去了对大部分的巴尔干行省和塞浦路斯的控制。以及将小亚细亚的领土割让给俄国。此外，还同意了在亚美尼亚行省进行改革。这些就是哈米德二世即位时所面临的问题。

阿卜杜拉·哈米德二世的政策

哈米德二世傲慢地将奥斯曼帝国政府控制在手中。并开始设计帝国的国内外政策。在1878年的柏林会议和签署《柏林条约》之后，新苏丹所面临的最紧迫的就是财政问题。帝国政府最当务之急是支付给即将到来的外国债权人，以防止外国政府可能代表他们国家对奥斯曼帝国政府进行官方干预。对任何一个主权国家而言，外国债券持有人缺乏任何法律手段强制执行其债权，因此他们各自的国家建立了一个组织来对奥斯曼政府施加压力。已经完全停止的债务在公元1876年支付后无法再无期限地继续下去了。直到彻底解决债务问题，否则奥斯曼帝国就不要指望从欧洲国家借到钱。更不要指望从外国的干预威胁中挣脱出来。埃及的事态发展表明了奥斯曼帝国可能会有什么情况，除非阿卜杜拉·哈米德二世的政府迅速采取行动。在埃及，赫迪夫伊斯梅尔的挥霍无度导致了埃及政府开始无法让英法等国的银行家们满足其贷款要求。他们已经能施加足够的力量来说服各自的政府对埃及进行干预，在公元1879年的春天，英法联合控制了埃及的财政。

公元1881年12月奥斯曼政府与外国债券持有人的私人代表达成了一项协定，从而避免了像埃及那样的命运。著名的《墨哈莱姆法令》在那时被颁布出来，这个办法解除了列强对奥斯曼帝国的财政控制。这也给予了委员会——它代表着外国私人投资者——以广泛的控制措施。《墨哈莱姆法令》使得欧洲通向奥斯曼帝国金融市场的大门从此打开，同样也打开了在近东的奥斯曼帝国对欧洲资本家的大门。哈米德二世成功地逃过了像赫迪夫统治下的埃及那样成为附庸的命运，这一切为外国私人资本进入奥斯曼帝国的工业、公共工程以及铁路等行业铺平了道路。作为当时改革的主要倡导者，哈米德二世促进了革命性的变革，这些变革会在适当的时候将会摧毁旧制度。结果，他与土耳其青年党和“改革运动”的斗争被证明是完全徒劳的。

在哈米德二世统治时期，奥斯曼帝国因为国力衰退，受到欧洲列强的宰割，尤其以俄国更甚。他们在巴尔干地区，煽动斯拉夫遭受奥斯曼帝国暴政的臣民起兵反抗，还在哈米德二世即位的翌年就向奥斯曼帝国宣战。奥斯曼帝国军像以往那样依然屡战屡败，损失惨重。到公元1878年签署《圣斯特凡诺条约》时，苏丹实际上已经失去了绝大部分的欧洲领土。对俄作战失败后，解散议会，放逐宰相米德哈特，直至国外。将权力集中在自己手中，推行伊斯兰主义，迫害屠杀少数民族，开展恐怖活动，整个国家陷入一片混乱。

公元1895年—1896年，奥斯曼军队在西亚疯狂的屠杀亚美尼亚人。几乎要灭绝这个古老的民族。国际上的谴责声愈来愈强烈，然而阿卜杜勒·哈米德二世对此毫不关心，也不采取行动制止暴行。

阿卜杜勒·哈米德二世的统治不得民心，国内实施的各项政策也腐朽不堪，被人们称为“血腥的苏丹”。因为这段时间是奥斯曼帝国历史上最黑暗的时代，所以也叫“暴政时期”。他暴君式的统治导致奥斯曼帝国人民的普遍产生了不满情绪，这种情绪促进了一个叫作土耳其青年党的革命团体的成长。1908 年 7 月，土耳其青年党人起兵发动武装起义，获得胜利后，哈米德不得不召开议会，宣布恢复 1876 年的宪法。青年党人于 1909 年 4 月 27 日废黜暴君阿卜杜勒·哈米德二世，将他软禁在萨洛尼卡，后转往伊斯坦布尔，1918 年 2 月 10 日，这位血腥苏丹才去世。

民主革命之先锋

在 19 世纪许多国家遭受到民主主义冲击之时，奥斯曼帝国也没能幸免。西方国家的意识冲击了广大的具有民族意识的奥斯曼人，随着民族主义意识的不断增长，帝国政府也无力应对这种局面，与此同时，国内相继建立了具有先进意识的革命政党。民族主义的兴起。对十九世纪的帝国有着深远的意义，同时还影响着二十世纪初奥斯曼帝国的国策。当时的国家政策与国计民生不相吻合，加上种族冲突，内外混乱的政局使得行政无法推行，所以帝国政府才无法取得成就，应付民族主义的能力也相当备受质疑，当然也有些人对此嗤之以鼻。公元 1829 年希腊独立战争后，希腊宣告独立。改革未能抑制多瑙河大公国及塞尔维亚的民族主义兴起，而当时两地已处于半独立状态。

穆斯塔法·凯末尔

公元 1875 年，多国同时宣布脱离帝国统治，包括塞尔维亚、摩尔瓦多、黑山及瓦拉几亚。公元 1877 年—1878 年的俄土战争使得塞尔维亚、罗马尼亚、黑山及保加利亚的独立更加确立。奥地利帝国长期占据波士尼亚，奥斯曼帝国仍旧控制着巴尔干的其他地区。在这场反殖民化的大潮中，犹太人要建立自己的国家，塞尔维亚裔犹太人居达·阿勒卡莱鼓动在巴勒斯坦建国。奥斯曼人在俄土战争中接连失败，奥斯曼帝国以赛普勒斯换取了英国在柏林会议的支持。埃及在公元 1798 年被拿破仑一世所占领，后在公元 1801 年奥斯曼与英国联合军队重新夺回。公元 1882 年英国借口整顿当地治安，派兵占领了埃及。在法律上，埃及及其邻国依然是奥斯曼的行省，直到 1914 年第一次世界大战期间，奥斯曼帝国加入同盟国一方，英国随即吞并了埃及和及其邻。在公元1830年1912年，奥斯曼帝国原来在北非的领地不断被盘剥，公元1830年法国侵占了阿尔及利亚，公元1881年法国又侵吞了突尼西亚，1912年意大利占领了利比亚。

面对国土的不断丧失、主权受到威胁之际，土耳其青年党领导人穆斯塔法·凯末尔，接过挽救民族的旗帜，积极地策划着在这片土地上建立新的国家政权。凯末尔原名穆斯塔法，他的一位数学老师将他的名字改为“凯末尔”。土耳其大国民议会则授予他意为“土耳其之父”的姓氏——阿塔图尔克。

凯末尔出生在一个木材商的家庭，他的家在马其顿港口城市萨洛尼卡，从小爱好军事，他的父亲叫作阿里·里札，在公元1877—1878年曾经在俄土战争中担任地方民兵部队的中尉，他的母亲哈纳姆则来自萨罗尼加西部的一个农民家庭。

在穆斯塔法7岁时他的父亲里札就去世了，但他深深地影响了儿子个性的发展。当穆斯塔法出生时，里札便把他的剑挂在儿子摇篮的上方，希望他长大后能像他一样参军。最重要的是里札要把儿子送到现代学校接受先进的早期教育，而没有遵从母亲的愿望把儿子送进宗教学校。在这点上，穆斯塔法应该是十分感激父亲的做法的。

里札死后，母亲哈纳姆就带着穆斯塔法来到她的继兄弟的农场，这个农场位于萨罗尼加的郊外，母亲担心穆斯塔法在此不能接受良好的教育，于是把他送到了萨罗尼加的世俗学校，为他走上仕途之路做好了准备。结果穆斯塔法被所在地区的军校学员制服所吸引，并深深的喜欢上了军队，他决心违背母亲的期望，想要参军，于是参加了当地少年军事学校的入学考试。

在上少年军事学校时，他的数学老师给了他凯末尔的称号，即“完美的一员”，从此他就叫作穆斯塔法·凯末尔。公元1895年，凯末尔顺利升入另一所军事名校——莫纳斯提尔军事学校，在这里结识了后来与他一起缔造发展土耳其共和国的新朋友们，包括阿里·费特希在内。

凯末尔完成了莫纳斯提尔的学业后，又于公元1899年3月，开始到伊斯坦布尔军官学校和参谋学院深造，通过他的新朋友阿里·福阿特的介绍，他开始欣赏这个充满自由及优美的城市。在军事学院里存在着许多对政治的偏见，多半是针对苏丹阿卜杜勒·哈米德二世的专制政策。凯末尔刚开始对政治无动于衷，直到3年级时加入并且编写了地下报纸，他参加的活动被发现后，学校并没有处理他，而是允许他完成学业。1902年凯末尔毕业并获得了少尉军衔，在全班450多名学员中名列前十。然后又进入参谋学院继续学习，1905年毕业，全班57人，他名列第五，后来被任命为上尉参谋，他是奥斯曼帝国军队里最年轻的军官之一。

1909年革命运动成员内部形成了两股力量，其中一派赞成穆斯林与非穆斯林之间的分歧渐渐融合发展到合作，将权力分散。另一派却是以提倡由土耳其人控制中央集权和帝国，以统一与进步委员会为首。1909年4月12日深夜，以反动军队为先锋率先发动了叛乱。1908年恢复宪法的革命处于危险之中。由恩维尔领导的萨罗尼加官兵向伊斯坦布尔进军。4月23日，他们抵达首都伊斯坦布尔，第二天就控制了政局，统一与进步委员会夺取了帝国的政权，废黜了阿卜杜勒·哈米德二世。

恩维尔掌握了权力，但是凯末尔则认为土耳其青年党达到了政治目的后，就应交出权力不再干预政治。他要求那些心怀不轨的军官辞职，这使得恩维尔及统一与进步委员的其他领导人加深了对凯末尔的敌意。凯末尔开始将注意力从政治转向军事，他用土耳其文翻译了先进的德国步行训练手册，并将此实施在军队中，他从参谋的角度批判了当时军队落后的训练状况，渐渐地，他在军队中声名鹊起，也使他与青年军官相接触，并建立了深厚的情谊，这些军官朋友后来都成为缔造土耳其共和国贡献了力量。

凯末尔分析时势，批评恩维尔与德国关系的存在隐患，并预言将来在国际冲突上德国会再次失败。第一次世界大战爆发时，奥斯曼帝国站在了同盟国这一方。凯末尔请求指挥军队，然而恩维尔故意让他在索非亚久等，最后才被把第十九师交给他指挥。协约国要在加利波利半岛登陆，凯末尔马上组织部队阻击，以摧毁协约国夺取达达内尔海峡的目的。凯末尔身先士卒，勇猛杀敌，被炮弹弹片击中胸口，幸好胸前口袋有块怀表，才没有身受重伤。加里波利的胜利显示了凯末尔的军事指挥才能，也使他登上了世界舞台。也因此得到“伊斯坦布尔的救星”的尊称。后于1915年6月1日被提升为上校。

1916年，凯末尔被派到俄国前线，全线胜利，由此晋升为将军，还获得了帕夏的头衔。他是对俄作战中唯一获胜的奥斯曼将军。同年晚些时候，驻安纳托利亚东南部第二军团的指挥权也归他接管。他在此认识了伊斯麦上校，伊斯麦后来与他为打造土耳其共和国立下了汗马功劳。

现代土耳其史是从1919年5月19日早晨，凯末尔带领部队在安纳托利亚黑海沿岸的萨姆松登陆开始的。这一天对凯末尔来说，具有深远的意义，以至于后来编写百科全书时，问到凯末尔生日是哪天的时候，他说自己的生日就是1919年5月19日。他没有去安纳托利亚，而是去了阿马西亚。他告诉当地百姓，苏丹已经是协约国的囚犯，不能让国家的权力从人民手中被夺走。这就是他带给安纳托利亚的土耳其人的信息。

此时奥斯曼帝国苏丹在协约国的压力下，召回了凯末尔，但凯末尔对苏丹发来的一切公文置之不理。苏丹解除了他的职务，并向各省通告，不得听从凯末尔的命令，还发出了要拘捕凯末尔的命令。

凯末尔为了避免自己的军籍不被开除，于7月7日深夜提出正式辞职。这样他就以平民的身份带上同伴，火速赶往埃尔祖鲁姆，那里设有18 000人的第十五军军长卡泽姆·卡拉贝基尔将军的总部，军长凯末尔既无军队支持又无官方身份的紧要关头，在这种情况下卡泽姆把军队的指挥权交给了凯末尔，与他共同作战。这成为独立战争中的决定性的转折点。

1919年7月23日，在埃尔祖鲁姆由卡泽姆主持召开了全部护权协会代表大会。会议结果是凯末尔获得了官方身份——当选为埃尔祖鲁姆代表大会主席。关于帝国东部6个省份大会起草了一份文件，这就是后来的《国民公约》。它确认了奥斯曼的边界不可侵犯——即《穆德洛斯停战协议》所签署的土耳其人居住的奥斯曼领土。这次大会废除了为奥斯曼帝国少数民族所作的特殊地位的安排（协议）。成立临时政府以及建立指导委员会，凯末尔当选主席。

凯末尔在全体奥斯曼穆斯林居民中推广《国民公约》，他在锡瓦斯召开全国代表大会，揭露了苏丹政府逮捕他和欲分裂锡瓦斯大会的阴谋。并且在此次大会上批准了这一公约。虽然被逐出伊斯坦布尔首相的办公室，但是有很多同情民族主义的政界领导人还是恢复了凯末尔的军衔和勋章。

凯末尔预料到以苏丹的能力无法避免自己的国家领土会避免协约国的占领，于是在伊斯坦布尔480公里外的安卡拉设立临时政府，他认为这里至少可以免受苏丹和协约国的伤害，也更安全，后来证明，这一决定是明智的。1920年3月16日，协约国在伊斯坦布尔开始逮捕同情民族主义者，连劳夫也未能幸免，后将他们送往马耳他。

随后更多的土耳其人开始逃亡安卡拉，其中包括伊诺努，甚至苏丹的军事大臣法齐也来到安卡拉，后来成为凯末尔的总参谋长。一个名为大国民议会的新的议会于1920年4月23日在安卡拉召开。议会选凯末尔为其主席。

1920年8月苏丹在协约国递交的《色佛尔条约》上签了字。根据《条约》规定，奥斯曼帝国的面积被大大地削减了，希腊成为主要的受惠者之一。亚美尼亚此时已经宣布独立，前在苏联的军事援助下，凯末尔拒绝了这一条约，并且从安纳托利亚和色雷斯赶走了希腊军队，还要征服新的亚美尼亚国。

凯末尔开始进行国内改革，他以进入 20 世纪作为目标，并且于 1923 年 8 月 9 日，成立了人民共和党，来替代护权协会。它的纲领具体表现为党的“六箭头”：共和主义、民族主义、平民主义、国家主义、世俗主义和革命，并实行国家和社会的多方面改革，以建立真正意义的国家。

1924 年 3 月 3 日凯末尔废除了哈里发制度，同时解散了宗教学校。接着又在 4 月 8 日废除了宗教法庭。1925 年禁止戴费兹帽（土耳其毡帽）——从此土耳其人戴西式帽子。凯末尔首当其冲，在安纳托利亚做巡回演讲时，佩戴欧式帽子，为土耳其人树立了榜样。此后，在伊斯坦堡和其他地方，人们开始效仿，购买布料，佩戴欧式帽。同年，宗教兄弟会这个保守主义组织被宣布为非法。凯末尔为了适应新选举法而主动辞去军职，再次当选总统。

凯末尔于 1923 年与莱蒂芙·罕尼姆结婚（1925 年离婚），他的婚姻同样鼓舞了土耳其的妇女解放运动，同时还推广法律的施行。1934 年 12 月妇女被授予选举国会议员的权利，自己也能被选为国会议员。几乎一夜之间，伊斯兰教的整个法律制度完全被废除了，从 1926 年 2—6 月，土耳其参照意大利刑法、瑞士的民法、德国的商法，编制了适合本国的法律，尤其是废除了一夫多妻制，解放了妇女权利，还规定结婚是民事婚约，而离婚是为民事诉讼。

还有一项改革更加具有革命意义，奥斯曼人几个世纪以来沿用的阿拉伯字母书写改为用拉丁字母来替代。1928 年 11 月，这项改革正式启动，使土耳其成为中东识字率最高的国家之一。凯末尔无论走到何地都会带上粉笔和黑板，推广新文字，并且详细说明各个字母的发音。教育事业的改革，使得土耳其青年不再注重宗教。鼓励他们利用新教育的机会来接触西方科学和人文主义传统。

凯末尔的晚年，主要住在以前苏丹的多尔马巴切宫，那里经过整修后，建筑焕然一新。凯末尔晚年与土耳其人民教远离，过量饮酒，进食不多，导致身体越来越差，经诊断患上了肝硬化。在他生命的最后几个月里，他以极大的毅力和尊严忍受病痛，于 1938 年 11 月 10 日上午去世，终年 57 岁。他的国葬极其隆重，爱戴他的土耳其人民十分悲伤，这是国家最悲痛的时刻。他的遗体经过伊斯坦丁堡后运往安卡拉，等待合适墓地的建成。数年后在安卡拉建成了一座壮丽的陵墓，其中包括安放凯末尔的石棺，还有一座纪念他的博物馆。

在今天的土耳其，凯末尔依然无处不在。他的肖像被印制在钞票、邮票上面，甚至家家户户还有各商店也张贴着他的画像。他的语录也被镌刻在很多的建筑物上，除此之外还有很多雕像也是他的身影。土耳其的政党派很多，但都宣称是凯末尔的继承者，但无人可以和他的高瞻远瞩、奉献精神和忘我无私相比。

第四章　千年帝国之谜

伊斯兰国家的红新月会

默罕默德复兴伊斯兰的时代，伊斯兰教还与新月没有关联。月亮崇拜在许多原始部落里都存在过，阿拉伯地区也不例外。远古时代，近中东一带就有月亮崇拜的习俗。复兴前的阿拉伯半岛，对月亮的崇拜更是严重。伊斯兰复兴后月亮在伊斯兰中也起一定的作用。《古兰经》中叙述道："新月是人事和朝觐的计时。"斋月的开始是从新月出现那天，开斋亦由阿訇登楼望月寻看新月而定时日。还有默罕默德指月亮开的奇迹也和月亮息息相关。尽管如此，月亮并没有作为伊斯兰的象征。因为伊斯兰教不崇拜任何偶像，它唯一所尊奉的神安拉。是创造天地万物，掌握过去、现在与未来，无所不在、无所不能、无所不知但却无形无象、无影无踪。这样清真寺里就没有任何膜拜的标志，《古兰经》里有放弃月亮崇拜的启示。所以，当时就不论是在军旗还是清真寺顶端都没有新月的标志。

正统哈里发时代（632—661 年）和欧玛亚、阿巴斯两朝（661—1258 年）也没有新月象征伊斯兰教的迹象。哈里发时代严格遵从《古兰经》和圣训内容，虽然欧玛亚王朝高举白旗，阿巴斯朝又打出黑旗，但黑白两旗上都没有新月图案。清真寺上也看不到新月。尽管阿拉伯英雄萨拉丁公元 1187 年从欧洲十字军手中夺回圣城耶路撒冷之后拆除了十字军装在圆顶寺的屋顶上的金质十字架，当时并没有装上新月架。所以某些西方学者把十字军东侵说成是十字架对新月的说法是错误的表述。新月在当时并不代表伊斯兰教。

新月作为伊斯兰教的标志，不是来源于欧洲。早在公元前 340 年，拜占庭在避免了一次战火之灾后，认为是月神卡特显灵的结果。为了表示纪念就用星星和新月来象征拜占庭。十字军时代，许多返回法国的骑士曾获取过新月勋章，那不勒斯及西西里王国的查里一世和法国的安如的雷尼也曾创设过新月勋衔。但是这些与新月标志着伊斯兰教都没有关系。另外一说，征服并统治西班牙的摩尔人或撒拉森人把新月与伊斯兰教等同起来也是无稽之谈。

新月与伊斯兰教的结合主要缘于奥斯曼土耳其人，土耳其人是由蒙古草原西迁至中亚的西突厥人的后裔，他们刚开始是以游牧为生，渐渐和当地居民融合。土耳其部落有图腾崇拜之习俗，他们把公羊角视为吉祥物，把它们放在旗杆顶端和帐篷柱子上。土耳其人的一支在13世纪初由中亚迁入西亚起初依附于塞而柱土耳其人的罗姆苏丹国。公元1242年罗姆苏丹国瓦解。这支土耳其人在奥斯曼领导下独立建国，并称为奥斯曼土耳耳人。他们在奥尔汉的统治下建立起中央新军，军旗上的图案除了马尾之外，又加入了新月造型。这大概和他们的公羊角崇拜有关，由于公羊角形状酷似新月，所以军旗上的新月很可能代表公羊角。就此当作做出新月和伊斯兰教结合的结论还为时尚早，尽管当时土耳其人已经信奉伊斯兰教多时，但军旗上的图案主要标志军事和政治上的寓意，还不大可能代表宗教信仰。

新月和伊斯兰教的结合从16世纪开始。公元1453年默罕默德二世率领土耳其大军攻占了君士坦丁堡，并将城中圣索非亚大教堂改为清真寺，拆除了教堂上的十字架，但是没有证据表明是用新月架代替了十字架。直到一个多世纪后，塞利姆二世才在拱顶上修建了一个直径30米的青铜制新月。此后这一做法才被奥斯曼土耳其人所推广，新月开始大量出现在清真寺和其他伊斯兰教的建筑物上。应该是由此伊斯兰教和新月自然的联系起来了，新月则成为伊斯兰教的象征。

红新月会标志

尽管我们大致道明了新月和伊斯兰渐渐结合的过程，但也有许多不解之谜。首先，土耳其将两者结合起来的准确时间无法确定；其次，对土耳其人将新月架于清真寺拱顶的寓意也不完全了解；最后，新月旁配以几颗星星共同作为伊斯兰教的标志，这一做法又是始于何地？所有这些都有待于进一步探讨。

帝国为何在苏莱曼死后衰退

历史上著名的封建君主之一苏莱曼一世曾以“众君主之君主”“众苏丹之苏丹”“真主在大地上的影子”等桂冠自居，并以“苏莱曼大帝”之盛名著称于世。苏莱曼一世凭其卓越的统治才能开创了奥斯曼帝国的盛世辉煌，给奥斯曼帝国带来了无与伦比的昌盛与繁荣。但也正是在他统治时期，帝国社会内部出现了后宫干政、朋党政治、财政困境，以及对米勒特特权滥用等问题。这些弊病也为奥斯曼帝国日后的混乱朝政埋下了伏笔。结果不仅使得奥斯曼帝国连续十世的明君统治时代划上了句号，而且事实上也是奥斯曼帝国从全盛时期走向衰亡的转折点。

盛世情怀是历史上出现过的每一个强国后人心理上难以逾越的一个心结，也是与现实对照的一个精神参照系。但是仔细翻阅历史，就会发现奥斯曼帝国的繁荣并非如我国强汉盛唐、天宝当年那样令人神往，更不像奥斯曼帝国金戈铁马、气吞万里那样令人思古追怀。在奥斯曼家族统治土耳其的 624 年里，我们可以将其大致一分为二：前 3 个世纪可以视为奥斯曼土耳其的全盛时代，也是奥斯曼封建君主专制主义的制度渐渐发挥到极致的时代；后 3 个世纪是奥斯曼帝国衰败与变革的时代，也是将伊斯兰传统观念与西方先进思想相互冲撞、土耳其人逐步接受某些西方意识的时代。但我们并不能将奥斯曼晚期的痛苦与挣扎、屈辱与无奈全部归咎于奥斯曼帝国中后期“礼崩乐坏”等原因之上，实际上，昌盛时期的奥斯曼帝国就已经为衰落埋下了苦涩的种子。

至今，苏莱曼大帝时期的盛世荣光依然存留在土耳其人的记忆里，承载着许多土耳其人的无限梦想。翻开历史，我们就会发现，这位文武兼备的君主自公元 1520 年时的 26 岁登上奥斯曼帝国的苏丹大位之后，即承先祖之武勇、奋九世之余烈，极力弘扬加齐精神，以“真主在大地上的影子”“众君主之君主”自居，屡屡披坚执锐、御驾亲征，其兵锋所指，所向披靡：攻陷欧洲重镇贝尔格莱德，从此开启了中欧的门户，征服了长期盘踞罗德岛、劫掠过往穆斯林船只的圣约翰骑士团，拔掉了欧洲人插在奥斯曼人胸口的一柄尖刀：于普雷维扎重创了第二次欧洲神圣同盟的舰队。

苏莱曼大帝在其 46 年飞马驰骋的生涯里，将专制主义集中发挥，纵横欧亚非、笑傲地中海，成为当时令四方敌人闻声丧胆的最伟大的伊斯兰征服者，也是维持当时欧洲各国势力均衡的强大力量、伊斯兰世界当仁不让的领袖，更被欧洲人以苏莱曼大帝的尊号将其载入史册，创下了伊斯兰世界迄今为止举世无双的不世之功。截至公元 1566 年苏莱曼一世辞世之时，奥斯曼帝国的版图囊括了当今全部或部分的匈牙利、南斯拉夫、阿尔巴尼亚、希腊、乌克兰、罗马尼亚、保加利亚、土耳其、克里米亚、伊朗、伊拉克、叙利亚、黎巴嫩、约旦、以色列、埃及、沙特阿拉伯、也门、利比亚、突尼斯、阿尔及利亚等地区，总人口也从 1 200 万增长到了 2 200 万，成为了一个地域辽阔、人口众多、民族多样，信仰多元共存的伊斯兰大帝国。

这位伟大的伊斯兰君主不仅与其先祖一样武功盖世，其文治也名垂千史。在后世土耳其人心目中，苏莱曼首先是奥斯曼历史上最伟大的立法者苏丹苏莱曼。在其统治期间，他招徕并重用了数百名帝国内顶尖的伊斯兰学者，在整理、修订旧律的基础上，长年累月地推出新律，即使是在对外征战时期也不例外。在苏莱曼大帝的参与和组织下先后编纂而成的著名的成文法典，包括公元 1530 年的《群河总汇》公元 1532 年的《埃及法典》和公元 1566 年的《苏莱曼法典》。尤其是以其名义制订的《苏莱曼法典》基于伊斯兰法、糅合了其他民族的传统法律和习俗，既坚持了伊斯兰原则，又具有一定的灵活性。它突出强调了公正和财政，对整个帝国机构进行了系统化和制度化，加强了中央集权制。这几部法典也奠定了奥斯曼后来的法律制度的基础，其后一直实行了 300 多年，直到奥斯曼帝国宪政革命。

苏莱曼盛世所隐藏的几大问题

但是，仔细阅读历史，透过苏莱曼大帝辉煌的文治武功，我们可以发现，专制主义在以其特有的效率创造着奥斯曼帝国的盛世传奇的同时，也以其特有的效率、通过专制主义最关键也最薄弱的环节——君主——帝国内唯一自由的人、为日后困扰帝国数个世纪的麻烦埋下了伏笔。这些问题相互间盘根错节，主要包括

帝国后宫干政

后宫干政是古代东方专制帝国的一大特色，它在大多数时期都被当作是君主权力衰弱的一个标志。也正是因为如此，从东方辗转迁徙而来的奥斯曼帝国王室在初期是禁止后宫妇女涉足国家政治的，造成这种局面，一方面是由于帝国初期君主“胜者为王”的血腥继承制，以及君主特有冷血强悍的性格让后宫妇女难以参与国家政治，更不用说干涉奥斯曼王位的继承；另一方面也与奥斯曼国家接受伊斯兰教和伊斯兰宗教习惯有关。但是，苏莱曼一世是其父“冷酷的”塞利姆一世唯一的儿子，这在奥斯曼帝国初期胜者为王的环境下是罕有的幸运儿，可能也正是由于无人竞争这一幸运，让年轻时的苏莱曼增加了几分宽容和温情，而这也正是苏莱曼的生母与宠妃、尤其是后者能够长期干预朝政并发挥重大政治影响，甚至影响奥斯曼帝国未来政治走向的诱因。而苏莱曼时期的后宫干政现象则是其后、尤其是十六七世纪奥斯曼帝国统治的一大突出特征。

严格来说，奥斯曼帝国的后宫干预朝政开始于苏莱曼大帝的生母艾谢·哈夫莎苏丹，她也是奥斯曼帝国历史上首位拥有太后头衔的苏丹生母。作为唯一的皇位继承人的母亲，长期以来其政治地位十分稳固。在苏莱曼即位之

后，由于奥斯曼皇室的传统，苏莱曼非常热爱和尊敬她，这也是她能对帝国政治产生重要影响的根本原因。

据记载，苏莱曼的生母哈夫沙苏丹与苏莱曼的宠妃许蕾姆苏丹、代夫沙梅的势力互相勾结，策划并参与了罢免突厥贵族出身的前朝元老大维齐皮里·默罕默德帕夏的阴谋，并为自己未来的女婿帕尔加勒·易卜拉欣帕夏担任大维齐职位13年铺平了道路。

哈夫沙苏丹虽然母凭子贵，但要论政治手腕、政治战略对苏丹和帝国政府的控制及其历史地位等方面不如后来的苏莱曼的宠妃许蕾姆苏丹。作为一个女子，许蕾姆苏丹智败宠妃马希德夫云而集万千宠爱于一身，让苏丹苏莱曼心甘情愿地为其打破了奥斯曼帝国后宫的三大传统。她好像拥有作为一个战略家和宫廷阴谋家所具备的一切特点，她目标明确、心思缜密，审时度势，择机而动，守则绵里藏针、隐忍不发，攻如晴空霹雳、一击中的，谋定于闺阁之中，成事于千里之外，杀人于无形之中，就连苏丹苏莱曼的生母哈夫沙苏丹都要让她几分！

从现存的许蕾姆苏丹与苏莱曼大帝间的信件来看，在苏莱曼大帝离开京城期间，许蕾姆苏丹作为苏丹最信任的人扮演了一个不可缺少的京城情报官的角色。从另一个角度来说，一个深居后宫的穆斯林妇女，要想掌控帝国首都的情况、处理紧急情况，她必须建立一个可靠的情报网。而建立这样一个情报网，为许蕾姆苏丹与帝国各种政治精英人物和集团的联系提供了方便。随着许蕾姆苏丹地位的不断上升，她对帝国各派政治势力的控制与影响也日益加深。

上层朋党政治

帝国的统治者最初是由奥斯曼苏丹、突厥贵族和伊斯兰宗教学者乌莱玛构成的，而根据突厥的传统，苏丹（可汗）与突厥贵族之间具有一定的制衡关系。尽管每位苏丹都是强悍的君主和军事强人，但要维持国家的生存和发展，他们还必须依靠突厥贵族势力的支持，因为这一时期的帝国军队主要是由突厥贵族所掌握的封建骑兵组成的，而这些骑兵自然是以他们的领主为绝对服从的对象的。这一点也能从每次征伐所得的战利品的分配中反映出来，按突厥的习惯法分配，苏丹只能取五分之一的战利品（即彭齐克规则）。而在具体的征战过程中，突厥贵族也有可能会因与苏丹意见不合而消极怠战甚至不愿作战，这突出表现在与安纳托利亚各突厥公国的争斗之中。不难看出，奥斯曼帝国的初期与突厥汗国具有很多相似点，比如松散，突厥汗国的贝依、贝格们也具有较强的独立性，他们更多地是通过利益纽带联结起来的，一旦他们的利益无法得到满足或者强力君主去世，国家就会面临解体。这样的情况在安纳托利亚各突厥公国中早已司空见惯了。

为了削弱突厥贵族势力对苏丹的牵制并加强中央集权，苏丹奥尔汉着手筹建了一支完全服从于自己的领薪的新式军队。在实施代夫沙梅制之后，那些被征集而来并改信伊斯兰教的基督教青年，逐步得到重用并且日益强大起来。经过穆拉德一世和巴耶济德一世的倾力培养，由这些青年组成的新军，规模不断扩大和加强，后一举成为奥斯曼军队的中坚力量，他们中的杰出人物也逐步进入奥斯曼帝国政坛，成为对抗突厥贵族势力的强劲对手。

陷入财经困境

到苏莱曼统治中期，帝国的边界基本稳定，这对于一个专门从事领土扩张的帝国来说，它的扩张能力已经接近极限，安定的生活对于军事帝国来说，其影响十分深远。一方面，由于奥斯曼帝国东西两线长期的战争，导致正常的贸易往来不稳定，加上帝国的税收政策对商业课以重税，这使得欧洲国家不得不绕道海上进行海外殖民的重要原因。而到了苏莱曼统治中后期，欧洲贸易的重心已经从地中海转移到了大西洋，这大大降低了伊斯坦布尔作为欧亚贸易金桥的地位并没有减少帝国的税收。后来欧洲人开始美洲殖民地的发展与“价格革命”的传递效应的影响，一方面，美洲白银大量涌入奥斯曼帝国，换走了大量的粮食和原材料，这加剧了奥斯曼帝国境内的通货膨胀；另一方面，在苏莱曼统治时期，奥斯曼帝国的人口快速增长，刚开始只有 1 200 万人，一下子猛增到 2 200 万人，而帝国的扩张能力衰退后，帝国的耕地面积有限，农村剩余劳动力开始纷纷转向城市，造成大量农民进城使市民失业、粮食供给困难和物价飞涨这一局面，从而形成了帝国有限的资源与过剩的人口之间的矛盾。

此外，由于帝国连年扩张，军费日益增长，东西两线僵持不下，消耗战也将原本空虚的国库拖垮了，而且供养庞大的官僚机构也使得早已捉襟见肘的国库更是雪上加霜。为了应对日益严重的财政危机，帝国政府只好在税收方面不断推陈出新，加强对内压榨。而这也是为什么苏莱曼和许蕾姆苏丹唯一的女婿如斯丹帕夏能够长期担任大维齐这一职位的另一个重要原因。在此，不要说此人的做法如何不得人心，也不要说时人如何反感这位政治新贵，但是在他执政时期，帝国财政状况较为稳定，然而这种竭泽而渔的做法虽然解决了苏丹和帝国眼前的问题，但是却从根本上动摇了帝国的根基。，此时的帝国君臣不仅还不能洞察新航路开辟与欧洲海外殖民的巨大影响，甚至无法解决以前白银外流带来的通货膨胀与后来美洲廉价白银涌入造成的输入型通货膨胀给帝国经济社会造成的损害。

因此，从历史学的角度来看，苛捐杂税和通货膨胀的生活压力致使不堪压榨的农民纷纷逃离自己耕作的土地，他们中许多人开始啸聚山林、打家劫舍、劫掠商旅，严重破坏了当地的生产力，这种状况反过来又加剧了整个帝国范围内的物资短缺和通货膨胀。而为了应对这种史称“杰拉勒”的叛乱，苏丹原本派遣近卫军前往镇压，一开始也有成效。然而当苏丹下令让近卫军长期驻守地方时，这些近卫军不但没有维护地方秩序，反而变本加厉，不再为苏丹服务，开始与地方权贵同流合污，接管和控制驻地各种有利可图的营生，军纪、操练废驰，生活日益腐化。帝国的中央与地方高官第一是无力控制局面；第二都是为了一己私利，开始利用职务之便，收受贿赂，参与走私，使国家陷入更加混乱的境地。在卢特菲帕夏被罢职之后，朝中官员也开始各个为已盘算，利用帝国的困境为己谋利，而不是就国家危难分忧。在这种情况下，帝国走向衰落就已成为必然。

伟大帝国时代的终结

苏莱曼大帝作为一代才能兼备的君主，创造了奥斯曼帝国的盛世辉煌的历史，为后人留下了丰厚的政治遗产。这一方面表现在：其一，在他的统治下，奥斯曼帝国的版图迅速扩张并大致固定了下来，鼎盛时期，江河万里，四海升平；国威浩荡，四夷卑服，成为当时最伟大的伊斯兰帝国，也确立了自己当时“一超多强”的超级强国的地位；其二，奥斯曼帝国的行政结构和法律体系也逐步完善，并且为数百年后的奥斯曼人留下了可遵循、效法和追求的范版。

但是作为事情的另一面，无论当时拥有多么巨大的军事优势和心理优势，这位自称“万王之王”“真主在人间的影子”的突厥王，在当时的历史条件下，向东无法彻底征服坚韧顽强的波斯王，向西无法彻底征服屡败屡战的哈布斯堡王朝，两线作战的态势极大地消耗了奥斯曼帝国的国力，虽然国力正值昌盛时期，但是这次消耗也给后来走向衰败埋下了伏笔，这种局面直到穆拉德四世时期才得到改善。而那时无论是奥斯曼帝国还是波斯沙法维王朝双方都已经失去了扩张的势头而明显走下坡路了。更为重要的是，作为集各种权力于一身的专制君主，苏莱曼一世多疑与容易走极端的个性缺陷与中后期的昏庸与腐败，也给帝国的未来罩上了一层厚厚的阴影。伴随着苏莱曼大帝的去世和优胜劣汰的皇权继承制的终结，英君圣主独断专行的个人专制统治的时代结束了，后宫嫔妃、代夫沙梅与近卫军逐步登上了帝国政治的舞台，奥斯曼帝国开始进入了一个动荡、不安的盛世后时代。

清真寺为何没有人物画像

关于偶像禁止在世界三大神教——犹太教、基督教（包括基督教新教、东正教）、伊斯兰教中，伊斯兰教的偶像禁止是最为绝对的。清真言“万物非主，唯有真主，默罕默德是真主的使者”。最精确地讲明了除真主外，没有任何崇拜对象。在安拉还没有把《古兰经》降示给圣人默罕默德前，阿拉伯地区还是氏族部落群居的原始时期，各部落都有各自的信仰神祉和崇拜对象，部落之间的纷争、战乱接连不断。公元630年，默罕默德率军队攻克麦加后，销毁了天房中全部360个偶像，只留下玄石镶嵌在天房金门侧的墙上，作为穆斯林朝觐巡游天房的起始标志。直至如今，天房中只有三根支撑房顶的沉香木柱、照明灯和维修天房的阿文记载，此外别无其他。

对安拉的一神信仰代替了阿拉伯各部落的多神信仰和偶像崇拜，在政治与思想上有力地促进了阿拉伯国家的统一，也巩固了中央政权。独一的真主是大慈、大能、大智的，他无形无像，无时不在，无处不在。伊斯兰教允许绘画大自然风景，但不能画人，更不能画真主、天仙和圣人。穆斯林坚信真主，反对“以物配主”（陪伴真主），在崇拜真主的同时祈祷其他神灵（或有形物）。以物配主最直接、最首要的是崇拜偶像。禁止按照人、动物或一切有生命物体形状所造的主体塑像，尤其伟人雕像，如学者、帝王等，而不管这些像是画在纸上，挂在墙上，雕在石上，也不管设在花园、广场或车站、码头，都是被教法所禁止的。穆斯林不仅自己不能崇拜偶像，也不能给别人雕塑，描绘人物、动物等有生命的形体，因为这是唯一真主独有的权力。谁要以物配主，谁就悖逆了“认主独一”，导致信仰动摇甚至产生异端邪说。所以在特别严格的伊斯兰教国家里，尤其清真寺中是没有人物雕像和绘画的。

那么在我国明清以后时期的清真寺里，大殿屋脊上或寺门上有“五脊六兽”的图案又如何解释呢？明王朝建立之后为了巩固其封建统治，在民族、宗教问题上采用了政权形式，明令禁止说胡语、姓胡姓、穿胡服。一些来自阿拉伯、波斯、中亚等地信仰伊斯兰教的工匠、军士、商人和其家属在中国定居后，为了生存，很快地融入了中国文化，从而丰富发展了中华文化。而不同区域的阿拉伯、伊斯兰文化也在中华大地上找到了新的出路，获得了新的内容与发展，成为了中华文化的一部分。例如，回族，从明朝以后都改汉姓，也有了字辈谱牒，称汉名，但在出生几天内要请阿訇起经名。到现在，回族穆斯林除通了都用汉名以外，在教内人人都会有一个经名。在建筑艺术上，明代以后所建的清真寺，大多是中国宫殿式（或庙宇式），除在外观上有新月标志外，其他方面与庙宇没有太大区别。但在遵循中国传统建筑形式的同时，却很巧妙地保持了“认主独一”和偶像禁止。乍看起来，清真寺有“五脊六兽”，实际上，这些动物形象却是谷穗、瓜果、花形等植物之类。有眼、有鼻、有耳、有嘴，但却没有眼珠，这叫作“似兽非兽，有眼无珠”，否则就真成了兽。清真寺的色彩主张朴素、庄严、明快，多用蓝绿色彩，阿文或几何图案组成的艺术图案，极少有大红大紫和花鸟鱼虫的图案。即使有花，为了避免因为花蕊娇艳、妖冶，便用阿文组成花蕊，这叫“有花无蕊”。有的清真寺屋檐上吊有铃铛，但任凭风吹雨打，都不会叮铛作响，这叫“有铃无铛”。毋庸讳言，在个别清真寺或拱北墙壁上有花鸟人物雕刻、清真寺门口放置石狮的现象，但这只能看作是一种装饰而不是膜拜。

在今天沙特阿拉伯的城市里，几乎没有影剧院，商店里也看不到孩子们钟爱的“洋娃娃”，连马路上交通牌子上的行人标志也只画有四肢而没有脑袋。而在清真寺里，不仅看不到基督教教堂和佛教寺庙里常见的各种人物造像，甚至也没有动物的图案。所有这些特别的现象都因为教内的一种禁忌——伊斯兰教严禁绘制人物、动物肖像。那么，这种禁忌是如何形成的呢?研究者们大致从以下几方面来回答：

首先，是严禁偶像崇拜。产生于公元7世纪20年代的伊斯兰教，最显著的特点是崇信独一无二的最高主宰安拉，严格禁止崇拜任何偶像。默罕默德做此规定的根本目的是要根除伊斯兰教以前阿拉伯各部落的原始宗教信仰，号召贝都因人皈依伊斯兰教。为此，默罕默德严厉反对偶像崇拜，并在光复麦加之后清除了克尔白神庙里的所有偶像。出于此种宗教上的需要，伊斯兰教一开始就禁止绘制人物和动物像，以免为偶像崇拜留下借口。虽然《古兰经》里没有明文规定，但《圣训》中做出了解释。在默罕默德看来，安拉的启示是通过天仙哲卜赖伊勒传达给他的，而真主安拉是无形无像的，因此，天仙降临的条件之一就是“不进有画像的房子”。或者说，谁绘制了画像，“仁慈的天仙就不会再进入他的家也不再为其祈祷及诵念赎罪词了”。因而《圣训》中明确指出，只能描绘大自然的风景，而不能画人，更不能画真主、天仙和先知。

其次，是伊斯兰教人生观的体现。伊斯兰教认为，“人不是作为具体的形象，而是作为情感世界、一种情绪、节奏、文字、音乐而存在”，人的最终归宿是来世的天堂或火狱，今生之所以重要，是因为它在为来世做铺垫。因此，《圣训》指出：在今生“若画有生命之像，真主会让你为画像注入生命以示惩戒，而画家是绝对给他注入不了生命的”，这样，画像者就违背了真主安拉的意志，“复生日在真主面前，遭受烈刑者应该是为画有生命之物的像的画家”。换句话说就是，造化生命的权力唯属安拉，“表现人类和动物，是真主所独享的特权”，人若仿造安拉所造之生命体，“它确属大罪。不论将它画在使用或不使用的物品上，还是把它画制在家具、服饰、金器、银币、铜钱、器皿、墙壁等其他物品上，统统都是不义的”，都将在来世受惩于火狱。

最后，是伊斯兰教世界观的反映。伊斯兰教是阿拉伯民族一切物质生活和精神生活的中枢和灵魂，他们的言行举止包括思维方式都要严格遵循伊斯兰教的教规，任何与教规不符的行为都被视为背教。这样就逐渐形成了一套完整的伊斯兰教生活和思想方式。作为精神生活组成部分的艺术活动就必然要受制于伊斯兰教的世界观。前苏联学者雅科伏列夫在《艺术与世界宗教》中说道，伊斯兰教的这种禁忌“未必只与反对偶像膜拜的斗争有关，它们原则上具有世界观的意义，完整的伊斯兰教世界观是用这些禁忌确定下来的。这些禁忌有深刻的社会意义，它们把虔诚的穆斯林教徒的目光从尘世移来，把他的意念、感情和愿望集中到世界的唯一中心——安拉身上”，从而形成了既固定的又动态的行为准则，这些准则缺少再现和理解外部世界的欲望。禁止绘制人物、动物像正体现了这种世界观，其用意在于抑制人们对生命艺术的追求，以消除可能发生的艺术活动与宗教信条的抵触。艺术绝对服从于宗教，而不是积极服务于宗教，这是伊斯兰教艺术的显著特点。

另外，这也与游牧民族的美术特性有关。世代居住在沙漠与绿洲中的阿拉伯人是典型的游牧民族。游牧民族源于生活环境的缘故，精神生活中幻想多于写实，他们的美术是一种“抽象的美术”。阿拉伯人淡化于人物造像、擅长于抽象化的纹样装饰正是这种美术特性的集中表征，只不过在这种特性的表面下又有了一层宗教色彩。

最后，是穆斯林恪守祖训的结果。伊斯兰教产生已经1300多年了，在这样漫长的岁月里，伊斯兰精神不仅没有衰竭，与之相反，正在继续发扬光大。它的一整套教规、教约和戒律基本上被严格信守着，如禁食猪肉、禁饮酒类等，至今仍然是穆斯林生活中的严格禁忌。更准确地说，今天的伊斯兰教艺术中仍然没有人物、动物肖像。这是穆斯林坚持传统、恪守祖训精神的体现，他们视默罕默德的遗规为神圣不可亵渎，而且严加遵守。试想，假如穆斯林的这种观念比较淡薄，他们能抵挡住令人眼花缭乱、意醉神迷的电影、戏剧和人物造型艺术的诱惑而不犯禁吗?

以上论述均不无道理，尤其是从破除偶像崇拜的需要来解释十分具有说服力。但令人费解的是，8世纪中叶以前在许多阿拉伯——伊斯兰建筑物的墙壁上仍有不少人物、动物写生图案，甚至在伊斯兰教宫殿里也不例外。不过8世纪中叶以后，不仅在伊斯兰教建筑物中绝对看不到生命物图案，而且其他建筑物的墙面装饰也看不到生命体造型的影子了，生物写实图案大多被抽象的几何纹样和阿拉伯文的花体书法所取代。我们禁不住要问：为什么伊斯兰艺术中禁止人物、动物造像的戒律在8世纪中叶以后要比以前更加严格？难道这是“反偶像崇拜的需要”解释的了吗？很明显，答案还须进一步去发现。

南极洲究竟是谁发现的

这张地图的发现在科学界引发了极大的震动。到现在人们一直都还不清楚，将军怎么能如此精准地画出当时还没有人知道有其存在的地理位置。这张地图不但准确地画着大西洋两岸的轮廓，而且北美洲和南美洲的地理位置也精确无误。更令人叹为观止的是，这张地图上居然十分清楚地画出了整个南极洲的轮廓，甚至还标明了美洲和南极洲之间一万年前就已消失的地峡。

据俄罗斯《共青团真理报》报道，1929年，土耳其伊斯坦布尔国家博物馆馆长哈利尔·艾德赫姆在整理托普卡利苏丹旧宫的拜占庭皇家图书时，在一排积满灰尘的书架上意外发现一张由皮里将军绘制的地图。绘制时间是公元1513年。

皮尔·里斯地图是一张全球闻名的上古世界地图，是由16世纪奥斯曼·土耳其帝国海军上将、制图专家皮尔·里斯绘制而成的。这张地图准确地显示了部分欧洲西海岸和非洲北部地形，巴西海岸从地图中也清晰可见。此外，地图上还描绘了包括亚述尔群岛和加纳利群岛在内的多个大西洋岛屿，在此之前许多人曾认为像亚述尔群岛这些岛屿有可能都是神话虚构的。

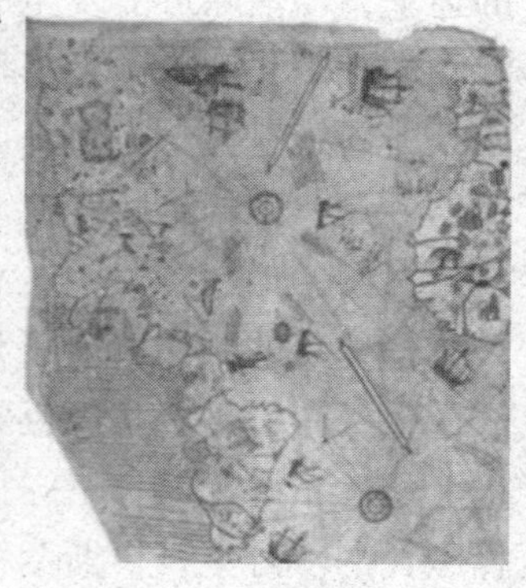
皮尔·里斯地图

在这张地图中最值得关注的是图中描述的南部大陆是南极洲，使人们对南极洲大陆有了新的认识，同时也多了争议。但依据图中所绘制的地形来说，南极洲标注得已十分清晰准确。20世纪，经专家鉴定这张地图中所绘制的南极大陆与实际南极地形轮廓吻合。这是16世纪一项颇具争议性的讨论主题，当时，人们认为南极一直被冰雪覆盖，如果当时人们能够绘出南极洲大陆的不同地形，就说明南极不应该是完全由冰雪覆盖的才合乎常理。进而一些科学家对这张神秘而精确的世界地图产生了遐想和疑问：在远古时代是否存在一个高度文明社会其掌握着整个世界的完全勘测与探索。科学家们的困惑南极洲到底冰封了多少年，科学家们开始研究，一开始认为不会少于100万年，现在则认为是6000～1.2万年。

但是专门研究以上人工制品的历史学家谢尔盖·马努科夫认为，皮里怎么可能依据不少于公元前4000年写成的第一手材料绘制出他那张地图？这令人难以置信，因为人类第一个文明也只是公元前3000年出现在美索不达米亚平原，比中国和印度的文明要早1000多年，这些都证明了还存在更古老的文明。

1949年，一支由英国和瑞典组成的联合考察队在南极洲钻透冰层进行地震探查，结论是：皮里地图的下部（南极洲海岸）所画出的地形地貌跟此次地震考察所得出的数据几乎一模一样。

1953年，美国海军水文局对这张地图进行了详细研究，专家们一致认为皮里将军画这张地图用的一定是拓描法，但即使是将老地图的数据搬到地球仪上去竟然还能对现代地图的几处错误做出修改。而美国新罕布什尔州金斯基学院的查尔斯·赫普古德教授的进一步研究表明，皮里在绘制这张地图时有可能用的是18世纪中叶才出现的球体三角学理论，这位土耳其将军很可能是对地球曲率有起码的了解。

其他一些不可思议的地图

赫普古德教授不久又查明，虽然最著名的应该是皮里的地图，但绝对不是唯一的。因为1959年年底，赫普古德在美国国会图书馆发现一张奥隆丘斯·弗纳尤斯绘制的地图，标明的时间是公元1531年。上面标出的南极洲大小和形状与现代人绘制的地图基本一样。这张地图显示，南极大陆的西部被冰雪层覆盖，而东部是大陆土地的存在。根据地球物理学家的研究，大约在6000年前，南极洲的东部的确相对要温暖，这与弗纳尤斯的地图所反映的情况基本相符。

科学家还考查了由法兰西科学院正式会员菲利普·布阿舍于公元1737年绘制的另一张南极洲地图。这张18世纪的法国张地图显示，南极洲不是冰雪覆盖，该地图将整个大陆的冰下地形描绘得相当详细，而直到1958年人们才对这种情况有所了解。

意大利人泽诺在14世纪末绘制的地图上标出了格陵兰海的水下暗礁，比1949年和1952年发现它们要早好几个世纪。

所有这些令人惊奇的事实使赫普古德产生了一个想法：由各个时期不同的地图绘制员画出来的地图应大概都有一个共同的依据。

亚里士多德图书馆的古代舆图

有人说过，海军上将皮里在那张地图的扉页上写着："本世纪没有一个像我这样的地图。"这只能说他在绘制地图的过程中，应该借阅了很多老地图，在亚历山大·马其顿时代之前，确切地说是公元前4世纪之前，最珍贵的地图不少于20多种，最有可能的就是按照亚里士多德的建议修建的亚历山大图书馆馆藏的地图落到了皮里手里。因为只有那里才有可能保存有史前文明的珍贵文献。一连好几个世纪这家图书馆都被认为是世界科学思想的主要集中地。自图书馆被毁之后，一些最珍贵的版本，其中有一些古代舆图，都落到了中世纪早期其他一些科学中心，不久便遍布了整个欧洲。

在地理发现时代，在航海家中时常听到关于古代舆图的许多谈话，那上面有无人踏过的土地，只有少数的航海家才拥有这样的宝贵地图。据说哥伦布就用了其中一张美洲地图。总之，这些都说明了皮里的地图和其他那些不可思议的地图都只是整个古代世界一张地图的局部图，这张地图应该说是远古时候一些我们并不知晓的地图绘制员画的，他们手头都拥有非常精密的仪器，他们本人也都具有广博的知识。

如果是这样，那人类史上曾经有过走在时间、人类进化速度和科技进步前面的初级地理学阶段。查尔斯·赫普古德认为应该是毁灭于10万年前的一个高度发达文明的代表，也是传说中的亚特兰蒂斯的居民。

亚特兰蒂斯与南极洲

查尔斯·赫普古德在临死前的几周，还把这个猜想通过书面的方式报告给了当时的美国总统约翰·肯尼迪，要求组织考察队寻找亚特兰蒂斯，并且总统约定了会见他的时间，不曾想肯尼迪于11月22日遇害身亡，因此这次会面泡汤了。

查尔斯·赫普古德认为亚特兰蒂斯不是神话，应该确有其事，更不爽古希腊哲学家柏拉图的无稽之谈。他研究地质资料后，发现地壳在公元前10000年曾经向南挪动了3 000公里这样的数据，原因是一次全球性的大灾难，很可能是地球和一颗大行星的碰撞。

当他拿到皮里的地图之后，就确信自己的看法没错：亚特兰蒂斯就在南极洲！赫普古德将他的结论发表在《诸海王的地图》这本书里，说："皮里先生的地图和别的类似地图都证明了，一个聪明的民族已走在历史上已知的所有民族的前边。"

不同的意见

俄罗斯历史学副博士、考古学家尼古拉·托罗波夫等认为，没有发现南极洲时，中世纪的地理学家确信他的位置就是一片大陆，而且虽说赫普古德认为由于地壳的快速移动引发南极洲位移了3 000公里，严肃的科学家们并未对他的这一论据予以证实。再说，地质学家无法证明大约12500年前地球经历过大灾难是否确有其事，但在近东和地中海其他地区关于大洪水相当普及的传说也全然不是伤及南极洲的灾难的余波。估计传说还不是空穴来风，几千年前地中海的水确实是淹没了博斯普鲁斯海峡，流入了黑海，于是紧挨着它的低洼地便成了一片汪洋。

总之，这个问题有很大的争议，除非有人能将南极洲的冰层凿开，从里面找到像用楔形文字写成的教授修建金字塔方法的教科书。

上古遗址：诺亚方舟

2010 年，中国和土耳其联合研究小组发现了诺亚方舟的遗址，该地点位于土耳其境内积雪覆盖的阿勒山。在经过为期十年的研究之后美国国家安全分析师波奇尔·泰勒声称，卫星勘测照片显示在阿勒山西北角存在着使人难以理解的特殊结构，并声称这可能就是诺亚方舟的遗址。

诺亚方舟遗址位于土耳其阿勒山 4 千米处，同时还发现了 7 个被积雪和火山灰烬掩埋的巨型远古木制结构，对于这次发现，他们欣喜若狂。研究小组的负责人声称："我们还不能十分确定这就是诺亚方舟遗址，但我们的把握性为 99.9%。"

他们声称，勘测地点位于海拔 4 000 米以上，经研究这段木制结构的历史可以追溯到公元前 2800 年，假如真的是诺亚方舟的遗址，将为历史考古学带来最伟大的发现，也将证实《圣经》故事是真实的。据了解，这支研究小组由中国香港诺亚方舟国际部与土耳其研究人员共同组建而成，他们自去年 10 月就开始寻找诺亚方舟的遗址。

4 月 28 日，新闻发布会上，研究人员发表声明，我们看到木板组成的远古木质结构，每块木板的宽度为 20 厘米，还看到了古人类未使用铁钉前用的建筑零件——榫头。每隔大约 100 米会看到另一个木制结构，我看到损坏的木制碎片插入冰川中，一些碎片有 20 米长。

在木制结构内有许多间隔段，木板表面很光滑，研究人员拍下视频，可以看到门、楼梯和榫头。研究人员说明，这些远古木材与柏树一样。

他们现在认为，此地排除是人类居住地点，并说明没有任何人能够建筑处如此之高的居住地。到目前为止，他们对诺亚方舟的遗址地点严格保密。美国国家安全分析师波奇尔·泰勒（PorcherTaylor）经过数十年的研究后声称，卫星勘测照片显示在阿勒山西北角存在着使人费解的特殊结构，并认为这可能就是诺亚方舟的遗址。

探险队成员在专访中声称，方舟有 7 个空间，最大的有 5 米高、10 米长。顶上有小口呈方形，方舟分为上中下三层，里面还有数个隔段，其中一间有木杆围栏还有一些绳索，墙上还有木钉，根据推测应该是用绳索来圈养动物所用。

探险队称，他们鉴定了此处遗迹的碳元素，结果证明，这次发现的遗迹，可追溯到4800 年前，而这个时间正与《圣经》中提到的诺亚方舟的年代相符合。

参与此次探险的的荷兰著名方舟探索家格力特·艾顿介绍说，根据历史记载与这次实际发现的诺亚方舟遗迹有很多细节特别吻合：比如高度超过4 000 米，在山上的方舟有点倾斜，并且颜色是棕红色的木头、颇长的长方形，艾顿声称，已有大量的证据证明，这个木质结构就是《圣经》中记载的诺亚方舟遗迹。

针对这项最新发现，英国考古学家米克·佩特（MikePitt）持有不同观点，如果4800 年前，这里出现的巨大洪流能将船冲到4 千米以上的山脉顶端，那么我认为考古学家将会在全球范围内发现这一远古巨大洪流留下的地质特征。但至今我们仍未发现。

英国牛津大学古代历史学讲师尼古拉斯·珀塞尔（NicholasPurcell）声称，如果4800 年前巨大的洪流漫卷了整个欧亚大陆，那么古代埃及文明和美索不达米亚文明为什么没有在洪流灾难中湮灭？所以佩特的观点是没有依据的。

地下迷宫：源自何人之手

这个世界上存在着许多神奇而又古老的地方，其中之一就是土耳其的卡帕多基亚。它位于土耳其的格尔里默谷地，由于火山熔岩硬化后形成了许多奇形怪状的石堡，这座地下城的发现是真正使得卡帕多基亚闻名于世的原因。

1963 年，卡巴杜西亚高原上的德林库尤村爆了一条惊人的消息：有位名叫德米尔的农民在自己家的院子里发现了一个洞口，村民帮助下，他们架着梯子进入了井口一般的入口，穿过九层过道后见到一个庞大的地下城镇。隧道的两旁纵横交错，像蚁冢一样排列着无数住宅、厨房，礼拜堂、水井、作坊、食物贮藏室，还有专作墓地的洞室。竟然还有52 个通风管道通向地面隐蔽处。更加巧妙的是几条供逃生用的地道更是巧夺天工。据估算，这样规模的地下城可供两万人安身。在纯粹手工劳动的情况下，从坚硬的熔岩层中掏出如此大的空间，有可能吗？单从地下清运出那么多的石头渣滓，就要克服多么大的困难呀。人们主要如此设想：或许是当初的建设者具有坚韧的精神，费几代人之时间与精力把它完成；或者是地下存着的火山熔岩隧洞（大规模的火山喷发很可能形成隧道式的溶洞），再加人开展的改造而成。

这个犹如世外桃源一样的“土耳其地下迷宫”到底是哪个时代的人所建

的呢？为什么会在地下建成？是为了防止外敌侵入还是躲避天灾呢？这些埋葬在地下的废城到底有过什么样的文明呢？

其实早在公元 8 世纪和 9 世纪的时候，在卡巴度西亚就发现了成千座岩洞教堂和地下教堂。他们都是凿在岩石内或者是悬崖上，有的富丽堂皇、有的或精细小巧。在戈雷梅谷，几乎每座小尖岩都被挖空了。每一座岩山，就是一座教堂。踏上损缺的石阶，就可以爬进礼拜大厅。岩石被巧妙雕琢成了圆柱、拱形的门和顶，每面壁和主体都有线纹和图案雕琢，栩栩如生的壁画，有《圣经》里的故事、东方宗教或者民间传说。

在泽尔弗峡谷两侧的悬崖上，许多的窟窿经过修道士们长年累月耐心的打造，一座座教堂、修道院、厨房、斋堂、卧室等不一而足；里面还有餐桌、餐椅、家具、祭坛等，都是用石头做成的。

在南部的伊拉拉河谷，河流两岸的崖壁高 150 米，雕琢着密密麻麻的小教堂、修道室、神龛等，还供奉着色彩鲜明的圣像，这些雕塑都是按照山壁的形状凿成的，还有一条庄严的神道，首尾相接长度竟然达到 10 公里！

卡巴杜西亚人的穴居是如何消失的，以及他们对宗教的狂热追求精神等史书上毫无记载。这一切令考古学家费尽了心机，但仍然未能找出明确的答案。地下教堂和“神道”最早是被 17 世纪末的法兰西国王路易十四的一位秘书发现的。他到欧洲后立即宣布这个重大发现，但没有人相信他的“神话”。人人说他是疯子，世界上怎么会有这样美妙的地方？在后来不到一个世纪的时间里，发现的人越来越多了，卡巴杜西亚才渐渐出名，慕名朝圣者不绝于途。

然而，卡巴杜西亚地下城市的发掘才真正引起了世人的轰动。这个地下城可居住成千上万的人，其中位于今天的德林库尤村附近的一座是最为著名的。在该村子的几乎所有的房屋下面都有通道可通往地下城市。人们在这里一而再、再而三地碰到通风洞口，这些通风洞口从地下深处一直延伸到地面。

卡巴杜西亚地下城市是一种分为许多层的立体建筑，因此导致了整个地区都布满了地道和房间。德林库尤村这一地下城市仅上面的 5 层空间加起来就可容纳近 1 万人。在今天的人们看来，当时整个地区可能有 30 万人逃到地下躲藏起来，仅德林库尤的地下城市就有 52 口通气井和 1.5 万条小型地道，其中最深的通气井深度达到 85 米。整个地下城市规划十分完整，如最下层就设计了蓄水池用来储蓄水源，从而保证了所有居民在地下的正常生活。

到目前为止，在这一地区发现的地下城市已经不下 36 座。虽然不是所有的都如同德林库尤村附近的地下城市那么大，但从其规模上而言都可以被称为城市。现在的人们已经绘制出了这些地下城市的俯瞰图。目前所发现的地下城市相互之间都有地道连接在一起。对这一地带比较熟悉的许多人都认为，地下城市的数量远不止这些。

这些实实在在存在的地下城市是何时建造起来的呢？是什么样的人缔造的呢？建造这些地下城市的作用又是什么呢？对这些疑问，人们有着不同的推测和见解。更有专家列出了具体的历史事实来加以佐证。历史事实之一是在基督教诞生的早期，这一新生宗教的信徒为了避难最终选中了这里。之所以选择卡巴杜西亚，是因为此地荒凉又无人烟，不会引起外人的注意。村民们最初是开石砌房子。但有人建议说开石还不如直接在岩石内凿房子，于是人们从地面上的岩石开始凿起，由地面逐渐延伸到了地下，最终发展成了地下城市。公元610—1204年，拜占庭帝国从罗马帝国的东部分裂出来，这一国家的人们说希腊语，奉行基督教，并以小亚细亚为基地。与此同时，卡巴杜西亚人皈依了基督教，成为了“化内之民”。而当时的阿拉伯人也在扩大伊斯兰教势力，用剑与《可兰经》建立起了强大的宗教国家，与拜占庭打得不可开交。双方每当占领对方的一处地区，就会毁掉这一地区的宗教寺庙建筑，强迫占领区的人民改信自己的宗教。拜占庭和阿拉伯之间的战火不断，但卡巴杜西亚却丝毫不受其战争的影响，十分安全且和平，于是很多虔诚的基督徒和教士来此避难，这里俨然成了人们眼中的圣地。从外地来的学者在这里修造、讲学、居住，自然要开凿更多的教堂、修道院和地下村镇。

一个不得不提及的问题是人们修建这些地下城市到底做什么用？他们为什么要生活在地下呢？一个最有可能的原因就是躲避敌人的攻击，那么他们要躲避的敌人究竟是谁呢？

首先，假设地面上敌人是一支实力雄厚的军队，那么他们肯定能看到地面上被人耕种过的土地以及没有人居住的房屋。而地下城市中人们做饭时通过通气井冒出去的炊烟将很容易被敌人发觉。人们都知道要把居住在鼠洞般的地下城市里的人们饿死或者封闭通气通道憋死是一件轻而易举的事。因此，据此推测来看，人们害怕的不是行走在地面上的敌人，而是飞行在空中的敌人。这一猜测是否有科学依据呢？

土耳其地下迷宫

当然是有的。根据闪米特人的圣书《科布拉·纳克斯特》所记载，所罗门大帝曾经利用一只飞行器将这一地区搞的天翻地覆、鸡犬不宁。书中记载，所罗门大帝、他的儿子以及所有服从他的人都乘坐过这一飞行器。阿拉伯历史学家阿里·玛斯乌迪曾描述过所罗门的飞行器，并大致介绍了所罗门的部族。当时的人们很有可能对飞行器十分恐惧，或者被控制飞行器的人所剥削和奴役，因此每当有人呼喊着报警，人们就迅速逃到地下城市去躲避。当然这也仅仅是一种推测罢了。人们至今仍不知道土耳其地下城市的真正用途，但神秘的地下城市却引起了人们更多的关注。

除了闪米特人圣书中所记载的有关飞行器的传说之外，还有大量的传说与飞行器有关。例如，史书中曾经记载着古代印度的一个传说："……国王和王后、嫔妃等后宫家眷、宫廷权贵以及来自全国各地的头领乘上飞船。飞船起飞后，飞入天空并顺风行驶，越过海洋直向亚特兰蒂斯城飞去。那里正举行节日的庆典。飞船平稳降落后，国王一行众人下船参加庆典。在短暂的停留之后，在众人惊愕不已的注视中，国王又乘坐飞船再次腾空而去……。"

终于有一天，拜占庭帝国覆灭了，奥斯曼人完全统治了土耳其。面临杀身之祸的卡巴杜西亚人纷纷逃出了自己的国家，开始了四处逃亡的生活，他们有的在容许基督教存在的西方、有的不得不改信伊斯兰教夹杂在阿拉伯人生活的村庄里。这一时间应该是在 12 世纪末或 13 世纪初。据此可知，卡巴杜西亚消亡距今不过短短 700 多年时间。

尽管当时的基督教徒确实来到这里避难，但他们并不是地下城市的真正建造者。有历史专家推断，地下城市在这些基督教徒到来之前就已经存在了。那么这些地下城市到底是谁建造的，又是何时修建的呢？对这一问题人们有着很多的猜测但却没有一个确切的定论。

不过可以肯定的一点是，这一地带的地基是由凝灰岩构成的，只要有黑曜岩，即火石，地基是很容易被人们凿空的。而火石在这一地区是十分常见的，因为其附近就矗立着火山群。就这样，或许花费了好几代人的时间，人们才将地基掏空了。地下的这些城市大部分都是超过 13 层的立体建筑，在建筑的最下面一层，人们甚至发现了闪米特时代的一些器物。

大约在公元前 1000 年前，古老的闪米特人就曾经居住在这一地区。他们的都城市哈图沙，距离德林库尤村大约 300 公里远。古老的巴比伦城市就曾一度被闪米特人所占据。最初，闪米特的国王被看成是神灵，地位相当于古埃及的法老。闪米特人原本没有姓氏，后来才有了姓名。他们喜欢用一种高帽子来装扮自己，这种帽子现在被人们称为地精帽。有关专家解释说，这是人类想用这种方式来模仿来自外星球的文明使者，并且与肢体不成比例的硕大头颅在当时的人们眼中则是一种美的代表，就如同中国古代着高履一般。一直以来，人们对这种戴高帽的现象都存在着曲解。其实，这种装扮在当时的社会中是一种时尚，在有些地区如古埃及，人们还通过雕塑以及绘画等方式来永久记录这种现象。

历史的车轮一直向前滚动，永不停止，这也导致了历史上众多灿烂的文明因为一些不为人知的原因而成为绝响。当我们以一种惊叹、怅惘和痛惜的心态来感受古代文明的余韵时，内心总会充满一种深沉的历史感，使得我们的思绪仿佛回到了文明本身。走进土耳其地下迷宫，许多疑团不禁升腾而起，但我们更感怀古人们的伟大。

历史上的古人利用自己的智慧和创造力建造了一个又一个豪华的城市，然而沧海桑田，经历时间的洗礼之后，这些城市有的化为废墟，与枯草和乱石为伴；有的则被尘封于地下，难以再见天日。悠悠岁月之中，人们在追寻着、探索着，想知道被尘封于地下的究竟是怎样的一种文明？那千古的废墟湮没了多少的繁华？现代人通过不懈的努力和探求，终将揭开这些神秘的面纱。

特洛伊木马：真实的存在

在著名的土耳其古城内，存在着众所周知的特洛伊城遗址，其位于恰纳莱南部，坐落在平缓的城堡山脚下，北临达达尼尔海峡。在这里，山峦青翠，流水潺潺，橄榄树和柑桔树满山遍野，红瓦白墙的农舍穿插其间，拥有着土耳其爱琴海地区最典型的田园风光。

公元前16世纪前后，古希腊人渡过大海建立了特洛伊城，该城最为繁荣的时期是在公元前13—前12世纪时。公元前9世纪，著名的古希腊诗人荷马写过一首名为《伊利亚特》的史诗，其中所叙述的“特洛伊木马计”就发生在这一地区。其中有这样的叙述：“特洛伊王子帕里斯来到希腊的斯巴达王宫做客，受到了国王麦尼劳斯的盛情款待。然而，帕里斯却看上了麦尼劳斯的妻子，设计将她拐走了。这种行为大大激怒了麦尼劳斯，他决定率领他的弟兄攻打特洛伊。不幸的是，特洛伊城坚不可摧，易守难攻，战争持续了10年都未能取胜。最后，英雄奥德赛设计了一个计谋，他命令迈锡尼所有士兵烧毁营帐，登上战船假装撤退回国，并故意将一具巨大的木马留在了特洛伊城外。特洛伊城中的士兵看到对方撤退十分高兴，并把这具木马当作战利品拖进了城内。当天晚上，特洛伊人为了欢庆胜利而大肆庆祝，彻底放下了防备之心。然而，藏在木马中的迈锡尼士兵悄悄的溜出来，打开了固若金汤的城门，那些早已埋伏在城外的希腊军队趁机冲进了城内。结果是整个特洛伊城在一夜之间化为了废墟。”荷马史诗中叙述的这段事迹，成为西方国家文学艺术中传诵不衰的名篇。

19世纪中期，人们开始发掘特洛伊城的遗址，这一工程一直持续到了20世纪30年代。考古学家在发掘的过程中发现了分属于9个时期：从公元前3000年—公元400年的特洛伊城遗迹，挖掘的深度曾达到了30米，找到了公元400年罗马帝国时期的雅典娜神庙以及议事厅、剧场和市场的废墟，等等。虽然这些建筑早已败落倒塌，但从那些残存的石柱、墙垣中便可看出其气势相当雄伟壮观。其中有公元前2600—公元前2300年直径长达120多米的城堡，城堡中建有王宫以及其他建筑。在一座王家的宝库中，人们发现了许多金银珠宝及青铜器，陶器以棕色和红色为主。此外还出土了一些石器、骨器、陶纺轮等。虽然特洛伊城是由于大火烧毁而存留下来，但依然可见其石垣高达5米，遗址内留存有大量的造型朴素、绘有几何图形的彩陶以及其他生活方面的用具。

德国考古学家海因里希·谢里曼和他的希腊妻子于公元1870年再次来到奥斯曼帝国，开始了他们的发掘之旅。当时的奥斯曼帝国规定，想要在希萨里克山挖掘特洛伊遗址必须得到该国政府的允许。但谢里曼不仅在挖掘前没有获得任何准许，而且还试图想买下这块地。结果奥斯曼帝国勒令他立即停止非法挖掘。在谢丽曼经过与奥斯曼帝国几个月的艰难谈判之后，终于被允许继续挖掘了。不过，奥斯曼帝国提出的一个条件是，一旦他发现对皇家博物馆有意义的古代宝物时，宝物的一半必须归皇家博物馆所有。

特洛伊遗址

谢丽曼在夏天将要结束、马上入秋的季节里开始了他的再次挖掘，当时的挖掘条件十分艰苦，只有8个工人，几个用来装土的篮子和为数不多的手推车。而更令谢丽曼恼火的是，他不得不给一个他完全不需要的人支付工资。这个人就是奥斯曼帝国政府派来的名叫乔治乌斯·萨克斯的监工，就是为了检查谢丽曼挖掘出的所有出土物品。可以说，这个人成为谢丽曼与其财富梦想之间的一道坚固的障碍。

然而，谢丽曼面对的最大困难则是希萨里克这座山。在奥斯曼帝国政府禁止他违法挖掘之前，他就在山顶挖出了一段石墙。该石墙厚6英尺，建造的非常牢固。一开始，谢丽曼非常高兴的认为这段石墙就是荷马史诗中所描写的特洛伊城墙。但后来他意识到自己错了，这座山其实不是自然形成的，而是由无数个世纪中的一座座古城墙堆积而成的。就如同千层饼一样有好多层，而每一层都代表着一个城市——一个建立在上一个城市废墟基础上的城市。而谢丽曼在山顶挖出的这道石墙其实是一座有着2000年历史的希腊古城的遗址，特洛伊比它最起码还要早1000多年。因此，谢丽曼认为特洛伊遗址应该是在山的最底层。他对上面几层的城市遗址毫无兴趣，他想要的只有特洛伊，荷马笔下真正的特洛伊。

那么，如何将上面的这座山移走呢？谢丽曼自然没有耐心从上向下将这座50英尺高的小山一层层挖掘开。有没有捷径可循呢？谢丽曼最后想出了一种考古挖掘的新方法——开掘一条30英尺深的垂直通道。

这一想法在现在看来易如反掌，但在当时的社会条件下是一项既繁重又十分危险的工作，因为通道的内壁经常出现崩塌现象。谢丽曼不得不一次又一次的增加人手，指挥他们一铲又一铲地将泥土和石头从通道里掏出来，然后在内壁上支上木板来防止崩塌……这项颇费人力、物力的挖掘工作一直持续到了公元1871年。

不得不说的是，谢丽曼大刀阔斧的向底层挖掘的行为无情地破坏掉了这座遗址上面几层的地层，而这些地层同样具有珍贵的考古价值。他对此的解释是："特洛伊应该是较低地层遗址中的一个，而我的目的是挖出特洛伊，所以我不得不破坏并放弃较上面的地层中许多有趣的遗址。"作为一名学过考古的专家，他的做法和说法都难以令人相信。

当30英尺深的垂直通道最终完成之后，谢丽曼在遗址内只找到了一些被鉴定为石器时代的遗物。这一结果令他十分失望，他断定此遗址肯定不是特洛伊。他在自己的日记中这样写道，"我已经失去了寻找特洛伊的全部希望。"谢丽曼的财产足够让他快乐无忧的度过他的一生，然而他却将自己的全部精力和财力放在了挖掘特洛伊遗址上。他是在白白地浪费时间和金钱吗？

时间很快又过去了大半年，但令人沮丧的挖掘工作仍然毫无进展。不幸的是，温湿的天气导致了很多挖掘工人染上了热病，谢丽曼给生病的工人发放奎宁药，还要给拉车的牛马打泥罨剂，最后自己也病倒了，这些情况导致挖掘工作进展的更加缓慢。在这期间，索菲娅悉心照顾谢丽曼，并把《伊利亚特》熟记在心，时刻鼓励着谢丽曼。

康复之后，谢丽曼改变了挖掘的方向。在挖掘新的垂直通道时，不断发现一些金属物件，这给了谢丽曼很大的信心和希望。因为根据荷马史诗中的记载，特洛伊战争中的英雄都配有宝剑、战车和长矛等。这一次，即便是发现很小的金属物品如钉子、刀刃等，也会令谢丽曼十分高兴。随后，一些金属器皿和陶罐陆续被发现，尤其是挖掘出了一种带有枭（猫头鹰）图像的罐子，令谢丽曼更加的兴奋。因为枭是古代人献给希腊女神雅典娜的祭品之一，所以这种罐子一定与雅典娜期间的历史相关。在谢丽曼眼中，枭是特洛伊的保护神。

公元1872年，重新返回工地的谢丽曼命令工人每天早上5点就开始艰难而危险的挖掘工作。这时期，他手下的工人已经多达120人，为了尽快找到特洛伊遗址，他扩大了挖掘的规模，在整个遗址上贯穿开凿了一条长80码，宽50码的壕沟，这条壕沟每天都在向下进展着。

在当时，谢丽曼和工人每天一起工作长达14个小时，当工人中的基督教徒需要在周日离开时，他会让工人中的伊斯兰教徒继续工作。可见，谢丽曼渴望挖掘出特洛伊的心情已经到了疯狂的程度。在工作中，他对自己和工人都非常严苛，如他要求自己雇用的所有工人都必须尽心尽力工作，此外，他最不能忍受的就是抽烟。谢丽曼认为抽烟分散了人们的注意力，并且是工人借以偷懒的借口，因此他禁止所有工人抽烟。但凡有工人对此表示抗议，他会毫不犹豫的将此人开除，再去雇用新人。他有自己的原则。

在当时，谢丽曼的挖掘工程受到了全世界人的关注，他需要定期向英国和德国的媒体报告工作的进展情况。很显然，所有人都想知道：他会找到宝藏吗？他会找到特洛伊吗？

同年8月初，在向下挖掘了40多英尺之后，谢丽曼发现了十分有规律的石基，他于是断定这是特洛伊城堡的墙基，然后他对外界宣城找到了高塔，也就是荷马史诗中描述的赫克托耳的妻子站在上面观看平原战争的地方。然而，不幸的是谢丽曼的判断再一次错误，他的希望再次破灭了。他们只挖出了两堵平行的墙，这显然不是荷马所描述的特洛伊。而这时的天气越来越恶劣了，谢丽曼只能等到第二年天气好转之后才能继续他的搜寻之旅。

特洛伊考古遗址对于人们理解欧洲文明早期发展的关键时期意义重大，其以4000多年的历史成为世界历史上最著名的考古遗址之一。此外，由于它使得荷马的伊利亚特创造性艺术产生了两个多世纪的深刻影响、使特洛伊具有了文化上的重要性。特洛伊于公元前13或12世纪遭到来自希腊的斯巴达人和亚细亚人的围攻，这一史实由荷马写进史诗而千古流传，而且从那时起它就成为世界上众多艺术家创作灵感的来源。另外，从科学的角度而言，特洛伊中的遗存物是安纳托利亚和地中海文明之间联系的最重要和最实质的证明。

地狱之门：临近死亡边界

在土耳其西南部巴穆卡丽的弗里吉亚古城希拉波利斯，意大利考古学家可能发现了古希腊和罗马传说中通往地下世界的“地狱之门”。

意大利一位考古学家在土耳其西南部巴穆卡丽的弗里吉亚古城希拉波利斯可能发现了古希腊和罗马传说中的通往地下世界的“地狱之门”——一个可向外喷毒气的洞穴入口，与古代历史文献中描述的“地狱之门”相符。

该洞穴入口位于一段阶梯的下面，旁边是一面墙壁。根据传说，在全盛时期墙壁的一侧有一座采用希腊罗马式柱建立的小寺庙。古希腊地理学家斯特拉博曾这样描述这个地狱之门：“这里充斥着浓浓的蒸汽，如同浓雾一般，让人几乎看不到地面。进入这个入口的任何动物都会立即死亡。我把一只麻雀扔到里面，它就会立即停止呼吸，倒在地上死去。”

意大利著名考古学家弗朗西斯·德安利亚率领的一支考古小组发现了这个神秘入口，并在伊斯坦布尔举行的一场关于意大利考古研究会议上宣布了这一发现。德安利亚表示他的团队通过重建通往一个温泉的路线发现了这个遗址。这个洞穴的洞口采用爱奥尼亚式的半圆形石柱，上面有直指冥王和科莱的铭刻。

德安利亚说：“我们在挖掘过程中发现了这个洞穴致命的一面。几只鸟试图靠近这个入口，结果立即死于二氧化碳中毒。”

实际上，这扇“地狱之门”是一处古代人朝圣的遗址，其中建有神庙和圣池。该处洞穴之所以可以导致动物死亡，是因为周围有一种特殊的物质——钚。这种元素是一种致命性的气体，只要鸟类接触到这种气体就会马上死亡。在靠近该洞穴的阿波罗神庙内，考古学家也发现了这种气体。

有些历史专家认为这种洞穴其实是自然现象形成的，与这种“地壳缺口”类似的地方还有很多处。例如，在土库曼斯坦地区也有这样的一扇“地狱之门”，为了避免当地人中毒，其中的气体至今已经燃烧了大约 40 年。

楔形文字：古老文明的衰落

以底格里斯河和幼发拉底河为边界的美索不达米亚平原是古代的文明之乡。许多希腊史学家的著作以及《圣经》的“旧约全书”中都提及过这种文明。那些颓废的、老于世故的巴比伦人的故事，以及凶猛好战的亚述人的故事令欧洲人如痴如醉。那么，人们是怎样发现这一古老文明的呢？这与美索不达米亚文字的发现有着莫大的关系。但美索不达米亚文字又是如何被人们发现并破解的呢？

历史上的美索不达米亚曾经一度辉煌，不过自 16 世纪之后，这一地区一直属于奥斯曼帝国。由于君士坦丁堡（今天的伊斯坦布尔）君主对该地区的极大忽视，导致其沦为了帝国的一块充满邪恶的死角地带。在这里，土匪抢人，酋长好斗，地方官员受贿，政府官员腐败；沙漠灼热，狮子等野兽四处觅食，霍乱等传染病到处传播。这一时期的美索不达米亚可谓危机四伏，来这里旅行简直就是一种生命的冒险。

然而，仍然有一些胆大好奇的冒险家来到了这块历史上著名的胜地。一位名叫凡勒的意大利人是最早的一位探险者，他于公元 1616 年进入了美索不达米亚地区。这位探险家安全返回了欧洲，并且带回了许多巴比伦遗迹中的纪念品。在许多纪念品上刻有一些文字，这是一种欧洲人从来没有见到过的新型文字。由于这种文字是被刻在陶碑上的、形状如楔形的文字，因此后来被人们称为楔形文字。

丹麦国王于公元1756年派遣了一个由6位科学家组成的考察队进入中东地区去考察，不幸的是其中有5人都暴病身亡了。不过剩下的唯一一人最终设法到达了具有2000年历史的古波斯人的首都——玻塞玻利斯（在当今伊朗境内）。这位幸存者返回欧洲时带回了许多在该地找到的楔形碑文，公元1772年这些碑文被发表，这为后来破译楔形文字的学者们提供了珍贵的借鉴资料。研究者们经过仔细考察之后发现碑文中使用的一种语言是古波斯文，随后在19世纪初期，相关专家开始了翻译古波斯人的楔形文字的工作。与此同时，欧洲势力决定和奥斯曼帝国建立更加密切的外交与贸易关系。公元1802年，英国正式在美索不达米亚设置了称为领事的代表，6年后，当时仅仅22岁的克利奇接任了这一位置。利奇对古代历史和遗迹十分感兴趣，他既是一位学者，同时也是一位外交官。他就任领事期间，英国在巴格达成立了考古活动中心。

利奇利用工作之余的时间收集了很多楔形文字的陶碑，描摹了很多巴比伦遗迹的素描，并出版了关于研究巴比伦的学术论文。但事实上他的兴趣并不全在巴比伦上，他更渴望自己能够寻找到消失已久的尼尼微城。公元1820年，考察了巴格达以北，莫索城外，底格里斯河两岸的两座土丘时。在一座叫库羊吉克的土丘顶上，利奇发现了一些刻有楔形文字的陶砖和一些破碎了的陶器。可惜的是在他还未来得及挖掘土丘时就不幸去世了——他在波斯照料一个霍乱病患者时被感染而死亡。

在利奇死后，他的遗孀将他的楔形文字的陶板都卖给了英国的伦敦大英博物馆，然后来自世界各地的专家学者就开始对了这些东西的苦心研究。而对楔形文字的破译做出突出贡献的人是一位名叫罗林逊的考古学者，他是在波斯的岩石山峡中发现相关遗迹的。罗林逊是一位由士兵和运动员转而从事考古的学者。

公元1835年，罗林逊开始对楔形文字感兴趣，当时为了尽军人的职责他被派去了波斯的一个名叫比里斯屯的小镇。在小镇上他听说附近有石刻，出于好奇心理他就去看了看。当看到一面340英尺高的巨大悬崖上的石刻时，罗林逊被惊得目瞪口呆。

这一石刻描述的是古代波斯国王达林斯准备惩罚各路诸侯的故事。在人物塑像以及下方使用了三种楔形文字来描述了整个故事，大约有1 200行字。罗林逊感到这些石刻文字可能就是破译楔形文字的关键，于是依靠狭窄的壁架和歪斜易损的梯子，冒着生命危险登上崖壁抄写石刻文字，自己无法到达的地方就出钱雇用了一个库尔德男孩，用绳索将他吊上悬崖去抄写这些石刻上的楔形文字。

19 世纪 50 年代初期，在亚述古城尼尼微的遗址出土之后，英国人勒亚德从尼尼微挖掘出了将近 2.4 万块的楔形文字碑，并把这些碑文送到了大英博物馆。随后研究人员就开始了对这些碑文的研究与翻译工作，其中最为成功的是一位名叫乔治·史密斯的翻译人员。

史密斯热衷于研究亚述学。有一天在他考察一堆破碎的石碑时，他偶然看到了一段令他惊讶的内容。其中的一块碑文中记载了古代巴比伦时期，上帝派大雨和洪水来惩罚有罪的人类，而在那次灾难中，一个名字叫尤特拿比利姆的人造了一艘木船，将他的家人和许多动物都放在了木船内，最终得以幸存。史密斯当时就意识到，这段故事与《圣经·创世纪》一书中所描述的“洪水与诺亚方舟”的故事非常相像。

这一发现引起了轰动。有些人据此认为诺亚方舟的故事是真实存在的；而有一些人却争论说《圣经》故事是根据更加古老的神话而写成的。可惜的是，那块记载洪水故事的石碑已经破碎，因此史密斯也无法提供巴比伦故事的全文。

伦敦的一家名叫《每日邮报》的报社派史密斯去尼尼微找回破裂碑文的残余部分。在不到一个星期的时间内，史密斯竟然就碰到了那块遗失碑文的残余部分，这不得不说是有史以来的一个重大奇迹般的巧合。然而新恢复的碑文全文并没有增添什么有关洪水的内容，而希望继续发掘的史密斯在两年后也由于染上痢疾而死在叙利亚地区了。

自从挖掘出尼尼微的波塔和勒亚德的遗迹之后，人们对古代的美索不达米亚有了充分的了解和认识。除了美索不达米亚各城市的发掘和楔文文献翻译外，人们还填补了与巴比伦人、苏美尔人以及亚述人问题的诸多细节内容。

随着巴比伦文字被当今人们逐渐破解，古美索不达米亚平原的秘密也慢慢被人们所揭开。需要提及的一个问题是，古美索不达米亚的碑文内容是否真的反映了诺亚方舟故事的真实性呢？这一历史之谜有待于人们的进一步研究和考证。

地下水宫：千年传说

著名文学家歌德曾经说过，“建筑是凝固的音乐，音乐是流动的建筑”。据此而论，位于土耳其的地下水宫无疑是世界上最优美的“地下乐章”之一。在土耳其，地下水宫是最神秘的地方之一——是目前世界上独一无二的地方，更是很多人心目中最为迷人和浪漫的妙境。整座水宫长 140 米，宽 70 米，规模十分庞大，就如同一座建在地底下的超级大宫殿。巨大的砖制拱顶由 336 根高 9 米的科林斯式石柱支撑着。当你走进地下时，可以看到一个个时代久远的大石柱，还可看见清澈见底的池水，听着“滴滴答答”的流水声，会使你顿然产生一种恍若隔世的心情。此情此景不仅会令人感叹古代劳动人民的无穷智慧和强大力量，而且会强烈地激发人们探究这个有着1500年历史的地下宫殿的热情。

传说在很早以前，伊斯坦布尔老城的居民在夜里经常可以听到地下有流水声传出，却没人知道这流水声到底因何而来。直到20世纪60年代，考古专家在蓝色清真寺附近挖掘出了一个庞大的宫——著名的耶莱巴坦地下水宫，才最终揭开了这一神秘现象的面纱。

地下水宫

经过考察发现，地下水地下水宫其实是伊斯坦布尔用来储存水的巨大水窖。根据相关历史文献记载，罗马帝国君士坦丁大帝于公元4世纪时迁都拜占庭，并将拜占庭改名为君士坦丁堡。为了防止外敌入侵，他将这座城市打造的固若金汤。外部防御问题解决了，但是如果敌人对城内的饮用水下毒怎么办？经过再三论证，君士坦丁大帝决定在城内建造隐秘的巨型水窖，如果敌人对城内的饮用水投毒或者围城太久的话，便启用巨型水窖中的水以防止水源用尽。

随后，君士坦丁大帝命令奴隶们从十分遥远的安塔托利亚的神殿中搬运石柱来建造水窖。在当时的社会条件下，建造这一工程的过程无疑是漫长而复杂的，就同我国秦始皇建造万里长城一样。从4世纪到6世纪，耗时近200年，经历了君士坦丁大帝到朱斯提尼安大帝两任皇帝之后，这座宏伟而隐秘的地下水宫才最终得以建成。朱斯提尼安大帝甚至动用了7 000名奴隶在教堂的废墟上扩建水窖，并且在城市内修建了大量的长长的引水槽。通过城市水槽墙，将城东部的贝尔格莱德森林的淡水源源不断地运送到这里。建成后的地下水宫储水量可达到10万吨之多，据说如果蓄满水可供当时全城人饮用一个月之久。史书中记载，在后来奥斯曼帝国对拜占庭帝国的长期封锁中，地下水宫对于保障整个君士坦丁堡的供水发挥了极其重要的作用。

不过，这座如此巨大的水窖在历史上竟然神秘失踪过两次。据传说，奥斯曼帝国在公元1453年攻陷了君士坦丁堡，士兵进城之后进行了残酷的屠城，从而导致这一地下水窖再无人知晓。不过藏匿在水窖中的一些人也得于幸免于难。后来，奥斯曼帝国请来的法国建筑师无意中发现，不少当地居民从地下运出一桶一桶的饮用水，偶尔还能捉到几条鱼。顺藤摸瓜之后，人们终于找到了这座隐藏于地下的神奇宫殿。可惜的是，从此之后的数百年间，地下水宫一直处于弃用状态，人们也渐渐将其遗忘了。

1980 年，土耳其政府决定修复地下水宫。在清除了足有 20 吨的泥浆之后，人们终于再次得见水宫的真实面目。令人们感到十分惊讶的是，建造地下水宫的难度要远远大于地上建筑，但地下水宫的坚固程度要远胜于地上的建筑。历史上，伟大的古建筑一般都伴有一些神秘的特点，地下水宫自然也不例外。提到这座屹立千年而不倒的水宫，就不得不不提到宫内的三根“神柱”。

眼泪之柱

蛇发女妖与眼泪之柱

在地下水宫里，囚禁着蛇发女妖美杜莎。在宫殿的尽头，有两根石柱下各自压着一个美杜莎的头像，其中一个倒着，另外一个侧放着。有人认为，这是因为当年建造水宫的两根巨柱不够长，因此必须在柱底下再垫一个支撑物，美杜莎头像就被随意放在了这里。不过，这个简单的解释似乎毫无根据。如此一个庞大而严谨的宫殿建筑，又怎么可以使用“随意”二字来形容呢？历时两个世纪之久，工匠们不远百里从神庙中运送石柱来修建水宫，怎么可能“随意”？再者说了，整个水宫 336 根石柱难道就只有两根稍短吗？如果美杜莎的头像只是石墩而已，又为何雕刻得如此精美，并且一个倒放一个侧放呢？这些疑问，就连翻遍了拜占庭时代所有古书的考古学家都无法得出合理的解释。还有人认为，如此放置美杜莎的头像是为了“镇池”，以防止有不好的生灵侵犯这里的环境。但显然这也不是合理的解释。因为在地下水宫，还有一个真正用来“镇池”的石柱——“眼泪之柱”。这个石柱上有树纹和孔雀眼的纹路，给人一种沧桑和神秘感。根据史书中的记载，这根石柱最初是为了纪念当年修建圣索菲亚大教堂而惨死的数百名奴隶而浇筑的。此外，水宫的建造更是凝结了当年修建过程中的 7 000 名奴隶的鲜血。据此可知，说到“镇池”，“眼泪之柱”才是公认的“镇池”之柱。

时至今日，当年建筑师为何要建造两根“美杜莎头像之柱”仍是不解之谜，而充满神秘感的地下水宫也越发被全世界游人所追捧，在土耳其古城遗址的图谱上熠熠生辉，发挥着自己不同以往的作用。

第十一篇

多瑙河上的女神——奥地利–奥匈帝国

第一章　从边境到公国

多瑙河岸的奥地利民族

多瑙河位于欧洲东南部，自德国黑森林地区缓缓流出，它是世界上干流流经国家最多的河流。中欧和东南欧的拓居移民和政治变革都和这条河流有着重要关系。它两岸排列的城堡和要塞形成了欧洲各伟大帝国之间的疆界；水路运输自然也成为欧洲各国间的商业通衢，勾连着欧洲世界的经济脉络。

罗马军团占领多瑙河流域之后，为在军事上把所占领的地区巩固起来，通过原始森林，顺着山径，沿着河流修筑道路，并建起许多城堡，这些城堡慢慢变成了城市，并且有些在今天还在发挥着它的功能，成为多瑙河两岸亮丽的风景线，见证了这个庞大帝国的辉煌与颓靡。

占领多瑙河流域后的短时间里，罗马人就建立了负责巡逻多瑙河的舰队，建筑了停泊船的港湾。罗马的移民，即服役期满的官兵在这个地区定居下来，罗马的手工业者在这些新兴的边防城市的大街上陈列出他们的商品。罗马商人也从本国来到殖民地，把纺织品、香料以及帝国国内生产的各种成品运到北方来，把皮货、鱼类和蜂蜜运往南方去。罗马的移民和当地的土著逐渐混合起来。罗马式进行生产的庄园随即产生，向阳山坡上还出现了葡萄庄园，土地耕种方式也得以沿袭。本地方言逐渐被罗马语言所代替。宗教上也开始出现融合并存的趋势，罗马祭坛和旧有的神殿并存；后来新的宗教——基督教也在殖民地传布起来了。

罗马的统治加速了多瑙河流域旧有部落制度的崩溃。这时，罗马人所占领的地方，已经远远不再是那种不知道有侵掠和战争的宁静地区。较为现代化的工具的诞生，住宅、饰物、食品、武器，以及奴隶的私有制，与土地、耕地和牲畜的公社所有制并存。

战争打破了这里的宁静，侵袭在邻近部落间肆意蔓延。在长期的战争中，逐渐形成了由选举产生的部落首领率领的战士阶层，他们的责任主要是击退敌人的进攻，保卫自己部落和家园的安宁。但是一旦有利的时机到来，他们也会去侵袭别人，扩大获取生活生产资料的面积。在这种掠夺性的战争中，现代化的政治体制开始诞生。战士和他们的家族得到掠取中最好的战利品。罗马人的战火开始向北方、西北和东北推进，扩大着侵袭的范围。拥有奴隶和武器的家族，通过长时间的财富积累，就开始从公社一般成员的阶层中分化出来。

不断侵占新的土地和掠夺财富让罗马兵团日益富裕，士兵们也时常可以从中获取财富。在族人看来，在罗马军队中服役的青年战士们，每次远征总是满载而归。这些战士已不仅是本部落选举出来的首领，也以罗马全权代表的资格统治着其他被征服的部落。他们的实力不断增长，罗马兵团的实力不断得以提升，甚至瓦解了罗马殖民统治区域以外的农村公社。

农村公社化体制随着战争的到来和资源的分配而解体，开始向部落首领和军人统治的社会形态过渡。主要的生产资料——土地的归属变化、集中，让整个欧洲的生产生活以及社会和政治体制都发生了巨大变化。匈奴、马扎尔人、保加利亚人向欧洲推进，丹麦人占领了现在的英吉利地区，哥特人也开始侵犯意大利和西班牙的部分地区。

部落首领指挥下的军队在欧洲各地的部落间开始形成。军队的主要目的便是突袭邻近经济富饶的地区，夺取更多的生产资料。有的军人在新征服的地区驻扎下来，和当地居民形成了大融合。另一些军人在新征服地区内召集新的兵力，进行新一轮的征战和扩张，让资源的整合像滚雪球一样不断壮大，征战犹如后浪推前浪，蔓延到了更加遥远的地方。不同部落征战的涓涓细流汇集成巨大洪流，湮没了整个欧洲。当然，这个民族迁移的过程，并非如想象中的风驰电掣，或者犹如蝗灾从天而降的迅速，而是前后持续了几个世纪之久。

民族迁移的猛烈冲击，不由自主地加速了“蛮族”入侵的力量。罗马被分解为东罗马帝国和西罗马帝国。彼时，拜占庭即东罗马帝国尚能用自己的力量击退或征服进犯的蛮族军人，保护自己的领土，后来还大大地扩展了领土的疆域，但西罗马帝国却被传统的以奴隶劳动为基础推动的经济体系压得喘不过气来，西罗马帝国已经无暇采取同样的方式保卫和扩大疆界了。

国外部落组成的军队接管了西罗马帝国的统辖权，驻扎在罗马境内，他们大都是皇帝和伪皇帝的雇佣兵或者近卫兵团。罗马变成了他们的战利品，而各股力量也在这片土地上酝酿着战斗的氛围，很快这里就成了雇佣军队新首领角逐的场所。

掠夺土地是大多数蛮族部落、诸侯们获取财富的唯一方式，这也是当时他们知道的唯一的“生产”手段。他们大量地占领和掠夺住宅、宫殿，焚毁被占领地区的教堂，大规模屠杀当地的抵抗势力。城市的摧毁，生产的破坏和衰落，以及商业关系的紊乱，让饥荒在城市中蔓延开来。

尽管很长一段时间内罗马军团还能够击退邻近部落的进攻，但他们已经无法阻止这股历史洪流从尚未殖民化地区的部落席卷而来。接连的战败和严重的饥荒，本国新增兵力不断减少，帝国统治者开始求助于邻近部落的领袖和军团，以保证城堡所需的守卫军和阻止战时城堡的防务。以至后来他们不得不进行取舍，放弃行省，撤退了驻扎在那里的军团。

不加防守的罗马地区，很快遭到了外来蛮族的入侵。以阿齐拉为首领的匈奴人到来之后，哥特人、伦巴底人，以及来自东方的阿瓦尔人纷至沓来，他们建立了从恩斯河到南部阿尔卑斯山脉、从亚得里亚海直到喀尔巴千山脉的帝国。如今我们已经对那时的情况知之甚少，但可以知道的是外来部族摧毁了罗马人在殖民地上建立起的社会制度，彼时生产下降，城市也遭到蹂躏。部分罗马居民仍然住在那里，延续着罗马旧时的农业方式耕作田地，葡萄庄园里的葡萄依旧鲜绿。但森林荒原逐渐开始向人们的居住地蔓延，重新获取了它们曾经失去的土地。

哈布斯堡家族崛起（诸侯战争）

在十一世纪到十四世纪期间，隶属于巴伐利亚的小小东方马尔克变成了独立的国家——奥地利。奥地利的附庸诸侯变成了公爵，他们对皇帝所负的义务渐渐变成了几乎完全是象征的性质。公元1156年，奥地利马尔克变成了公国，公元1190年，巴奔堡家族的公爵利奥波德五世把施提里亚马尔克并入了奥地利。十三世纪中叶，巴奔堡家族的最后一个公爵征服了克莱那，十四世纪中叶又征服了卡林提亚。提洛尔从十三世纪起已经属于奥地利公爵的势力范围了，但还没有成为他们的领地。

从十一世纪开始，欧洲局势变得比较稳定，生活也日趋安定而有秩序。在欧洲旅行虽非绝对安全，但已经不是不可能了。欧洲的商业活跃起来了。奥地利位于各条商业要道的交叉路口，从拜占廷通向意大利以及更西的航路由于海盗萨拉秦人的侵扰变得不安全之后，多瑙河就成了拜占廷和东方斯拉夫国家与西方相联系的

哈布斯堡家族的疆域

最便利的道路。在施提里亚马尔克被征服之后，以往通过匈牙利的一切商业道路也都要通过奥地利了。后来在俄罗斯和波兰兴起一些重要商业中心的时候，南北之间的一部分商业道路也通过奥地利或奥地利王朝势力范围以内的地区。在“尼伯龙根之歌”中已经提到：维也纳有来自遥远的“希俄夫”的货物出售。

奥地利的地理位置，有利于原先作为商品转运站的城市的迅速发展。维也纳不但很快变成了重要的商业中心，而且还组织起了自己的手工业生产。维也纳有些街道的名称，如舒斯特施太克、宾德施太克、高尔施密特哈斯等，由于商业的发展，一切都改变了。

巴奔堡家族有意识地支持手工业者，反对“贵族”，这样一来，他们就很快得到了以反对不安的奥地利贵族为主的有力盟友。从十二世纪起，已经出现真正的互助同盟，其目的或在于反对贵族的某些代表人物，或在于像后来在诸侯们进行大战的时代那样，反对敌对的诸侯党派。

公元1396年，利奥波德四世决定手工业者应和“贵族”以平等地位参加市政管理。当时的巴奔堡家族以及后来的哈布斯堡家族，都鼓励意大利、法兰西和尼德兰的手工业者迁移到奥地利来。

公元1221年，哈布斯堡家族从巴奔堡家族的利奥波德六世手中取得了具有最后形式的城市权力。不久诸侯府邸迁移到维也纳。公元1101年，巴奔堡家族把他们的府邸从土尔恩迁到卡连——环绕维也纳的堡垒地带的一部分；卡连堡的城堡点缀着拜占廷艺术家的作品。后来在利奥波德六世时代，府邸迁至城区。之后，到公元1359年，鲁道夫四世把维也纳当作了首都。

哈布斯堡家族的代表迁到维也纳，这就是表示今后他要继续把市民看作是自己的同盟者，将要给以适当的对待。

独立统治者的脆弱使得国家成为一种不巩固的联合，如今，这种不巩固的联合发展成为了强大而又巩固的联合，“世袭警察”的权柄开始从贵族手中移转到公爵手中。公爵对于“世袭宪兵”和立法者的职权执行得如何，决定于他扩大他的领地范围和巩固他的统治地位的能力，同时还决定于他能如何充分灵活地规避对皇帝应尽的藩属义务，以便获得经营自己事业的自由。在这方面，巴奔堡家族和早期的哈布斯堡家族的政策真是巧妙的。由于他们手腕灵活，善于利用德意志各诸侯之间的斗争，同时利用了自己的巩固地位，所以能够接二连三地取得各种特权，摆脱掉一种又一种义务，直到最后成为欧洲最强大的统治者之一。

在利奥波德五世时代，巴奔堡家族由于皇帝批准了相当复杂的继承协定而获得了施提里亚马尔克，皇帝把这个马尔克赐予了他的同盟者作为封土。

利奥波德的儿子在做了斯陶芬家族的皇帝亨利七世的女婿之后，他的地位已经巩固到使他能在皇帝和教皇之间的冲突中充当调停人了。

然而，他的儿子腓特烈二世则遇到比较困难的问题。腓特烈二世想把统治扩大到巴伐利亚、匈牙利和捷克，但是他的势力范围仅限于维也纳新城和苗得陵两个城市。巴奔堡家族为了对付腓特烈的行动，同拥护教皇和反对斯陶芬家族的新缔结的诸侯联盟进行谈判。同时，新的形势也促使斯陶芬家族和德意志诸侯想到有建立一个强大的奥地利的必要。而此时，蒙古人从东北侵入欧洲，已经达到了喀尔巴千山脉，在南方达到了亚得里亚海，踏遍了匈牙利，威胁着多瑙河流域和阿尔卑斯山地区。哈布斯堡人对蒙古人的恐惧更甚于对强有力的巴奔堡家族的恐惧。皇帝和诸侯联盟竞相提出承诺乃至诱惑性的建议。皇帝许诺赐给巴奔堡家族国王头衔，并决定把克莱那并入奥地利版图。但在公元1246年，巴奔堡家族的最后一代在同马扎儿人作战时死于莱塔河战役，没有留下自己的继承人。于是“奥地利王位虚悬”的时期开始了。

这个没有统治者的国家在当时陷入了危险境地，它本身也变得危险性。奥地利贵族和奥地利城市急于要寻找能够保障他们的安宁和秩序的强大统治者。在德意志诸侯中间，这样的统治者是找不到的。那里的党争达到了最高峰。这时德意志王位也在虚悬的时期，即“没有皇帝的恐怖时期”，那时整个国家在内战之后都变成废墟了。属于两个斗争着的党派任何一方的诸侯，都会立刻把奥地利拖入战争的可怕深渊。一部分贵族代表拥护这一党，另一部分拥护那一党，但大多数奥地利贵族，特别是城市贵族，虽想利用诸侯的内讧坐收渔人之利，但不愿参加他们的争斗。他们选择了文采尔一世的儿子——捷克和摩拉维亚的国王鄂图卡尔二世。鄂图卡尔二世曾同巴奔堡家族最后统治者的妹妹玛加丽达结婚，因此取得了“奥地利和施提里亚公爵”的头衔。

鄂图卡尔在统治中采取的最初措施之一，便是承认和扩大城市的特权。在鄂图卡尔统治时期，维也纳大大发展了。商业扩大到不得不建立新的商业广场、新的市场的地步，鄂图卡尔也和他以前的巴奔堡家族的诸侯以及他以后的哈布斯堡家族某些代表一样，竭力不让最富有的和最显贵的家族的代表采取独立政策。除匈牙利宫廷那里的阴谋以外，同时还发生了有斯陶芬党参加的施提里亚贵族的阴谋，但这一阴谋受到残酷的镇压，阴谋的领袖捷夫利·封·美连堡被处死刑。在一个相当长的时期中，贵族不得不驯服顺从。但在鲁道夫·哈布斯堡同鄂图卡尔斗争期间，贵族重又站到了哈布斯堡方面。

鄂图卡尔是中欧最强大的诸侯。他是唯一能以神圣罗马帝国皇帝的资格结束诸侯间斗争的人，终于实现和平的统治者。但是互相敌视的德意志诸侯，却希望有一个软弱无力的皇帝。公元1273年，他们选举了一个几乎没人知道的瑞士人鲁道夫·哈布斯堡伯爵做皇帝，他是斯陶芬党的拥护者，同纽伦堡的霍亨索伦家族是亲戚，能保证得到瑞士人和南部莱茵河城市的支持。他们认为软弱的哈布斯堡将是他们手中驯从的傀儡。但是后来的事实表明，他们失算了。

从十四世纪初到十五世纪末的这一时期，奥地利也和整个欧洲一样，战争频频、内乱动荡。封建社会开始发生深刻的变化。封建制度日趋衰落，早期资本主义开始发展，经济快速发展，促使政治制度一起变化，但政治制度的变化是经过长久而严重的斗争才实现的。因此，诸侯间永无宁日的战争以及农民战争，如暴风雨般袭来。在奥地利，组成一个以哈布斯堡家族中某一人物为首的“党派”，由他率领着自己的追随者来争夺王位。因此，奥地利的诸侯战争，骤然看来能给人一种印象，好象这是一种家族的冲突，即“哈布斯堡家族的兄弟间的纷争”。

由于哈布斯堡家族对于全国的统治还不够巩固，因而，他们没有力量进行侵略性的战争。这一时期奥地利领土的扩大，是它几百年来小心翼翼地随机应变的结果，善于利用欧洲的一切矛盾——皇帝对教皇的斗争，匈牙利对捷克和波兰的斗争。关于继承的协定、关于监护诸侯的未成年儿子的协定，以及王朝的婚姻，只是这种政策的外部表现，其实是要利用诺言、收买和协定来把新领上上的一个党派同强有力的哈布斯堡王朝极牢固地联系起来，使得它甘心情愿把自己领地的统治叔转让给这个王朝。这种政策之所以可能实现，还因为整个发展过程是朝着小块领土被大块领土并吞的方向进行的，所以小地区的贵族党派不得不选择究竟服从哪一个强大的邻邦，因为他们没有保持自己独立的可能。谁给的利益多，就承认谁是统治者。

利用这些方法，哈布斯堡家族在十四世纪中获得了提洛尔、伊斯特里亚、文特马尔克、福拉尔堡、格尔茨的支持，并收回了抵押给格尔茨的克莱那。所有这些收获的取得都是比较和平的，但由此而造成的局势却决非和平的。在每一块被吞并的土地上都有几个诸侯党派，这个党派是亲哈布斯堡家族的，而那个党派，有时还可能是几个党派，却是面向某个其他王朝的。即使在短期内能使一切反对者得到满足，但他们的欲望也不会安分很久，连那些怀着亲哈布斯堡家族心理的显要贵族，也准备随时要求新的让步，否则就以支持某一别的野心家相威胁。因此，在每一地区被合并之后，跟着就发生一连串贵族的阴谋和暴动。在这狂风暴雨般的时代，哈布斯堡家族有时靠自己的力量、有时借联盟诸侯的帮助来镇压暴动和拉拢动摇的党派到自己方面来，从而逐渐巩固了自己的统治，分化了敌人，然后把他们一个个地消灭掉。他们往往到了最后一分钟才获得胜利，常常是冒着孤注一掷的危险。当时往往看到一个诸侯从敌人手中逃出了性命，或者在敌人决计用围困战术来攻取城堡中抵抗围攻。哈布斯堡家族终于取得了胜利，仅在某种程度上是他们的“功绩”。在社会发展这一过程中，哈布斯堡家族同盟者的力量壮大起来了。

在这一切斗争中，哈布斯堡家族不仅在对德意志皇帝的关系上确定了自己的自主地位，而且从他们那里获得了更大的独立地位。在鲁道夫四世时代，他们从查理四世手中获得了这种特权，即解除了他们对“皇帝和帝国”的一切封建义务。在赠予哈布斯堡家族封的时候，皇帝应当到奥地利来，而不是哈布斯堡家族到皇帝的宫廷去。假如皇帝不来的话，在经过三次书信往来的反复征询之后，封土的赠予手续即认为已经完成。公爵可以承认皇帝的法庭判决，但没有必须执行的义务。他在自己的世袭领地上是具有无限权力的领主，最高法庭隶属于他，诸侯直接受他管辖，甚至对他的法庭判决没有向皇帝上诉请求复审的权力。八十年后，由于教皇叶夫根尼第六的支持，腓特烈三世哈布斯堡在君士坦兹宗教会议上被授予了教会方面的非常特权。他被赋予了自行提出最重要主教职位候选人的权力，以及参加决定修道院和大教堂最重要的人事更动问题的权力。

从公元1414年起，哈布斯堡家族开始称大公。公元1438年，阿尔布雷希特五世当选为德意志皇帝，哈布斯堡家族保持这一称号一直到公元1806年。

从十四世纪中期起，哈布斯堡家族企图把捷克和匈牙利并入自己的领地。公元1438年，卢森堡的西吉斯孟皇帝的女婿阿尔布雷希特五世，利用捷克在圣杯派胜利后削弱的机会，宣布自己为捷克国王；他是由部分捷克贵族拥上王位的。他以皇帝和西吉斯孟的女婿的资格被选为匈牙利国王。哈布斯堡家族的统治并未继续多久。捷克和匈牙利并不是格尔茨或的里亚斯特。在上述两个国家里，民族发展过程已经走得这样远，以致哈布斯堡家族不太容易把它们吞下去了。在这两个国家里，诸侯之间的斗争还远远没有结束，贵族还绝对未被打垮，所以哈布斯堡家族尽管拥有皇帝的称号，但其地位绝不比其他觊觎王位的野心家更为巩固。

皇室联姻增强实力

奥地利公国被哈布斯堡家族划分为若干个省份统治着，这也是最终导致内外奥地利分而治之的原因。1937年，哈布斯堡家族的两位兄弟——阿尔布雷希特三世和利奥波德三世签定协议：阿尔布雷希特的子孙将拥有奥地利大公国，即后来的下奥地利，在今日奥地利的中东部地区；奥波德的后裔则坐拥外奥地利公国，他们统辖了包括今天奥地利西部、南阿尔萨斯和德国西南部地区。

尽管公元1450年阿尔布雷希特支系后嗣断绝，内外分治的奥地利依旧没能获得统一。利奥波德支系下的两个分支老蒂罗尔支系和施蒂里亚支系分别控制着这两片不同的领地，直到老蒂罗尔支系绝嗣，哈布斯堡家族的领地才被施蒂里亚支系的子孙马克西米利安一世统一。

公元1422年，兼任神圣罗马皇帝和匈牙利及波西米亚国王的西吉斯蒙德唯一的庶女——卢森堡的伊丽莎白嫁给了奥地利公爵阿尔布雷希特五世，他也被指定为西吉斯蒙德的继承人。十五年之后，西吉斯蒙德因病去世，阿尔布雷希特五世于次年继位为德意志国王、匈牙利国王和波西米亚国王。自那以后，哈布斯堡家族一直把持着神圣罗马帝国的皇位，直到帝国灭亡。

阿尔布雷希特继位两年，便战死沙场，遗下一名遗腹子拉迪斯劳斯。随后阿尔布雷希特的同姓堂亲腓特烈三世继承了奥地利公爵和神圣罗马帝国的皇位，而遗腹子拉迪斯劳斯一出生就继承了匈牙利及波西米亚国王。但不幸的是，哈布斯堡幼主很快被人迫害致死，使家族丧失了对匈牙利和波西米亚王国的统治。

公元1453年11月23日，腓特烈三世继承了神圣罗马帝国的皇位，并将奥地利公国提升为大公国，提升了哈布斯堡皇朝乃至奥地利在欧洲的地位，为皇朝的进一步扩张提供了社会基础，王朝也逐渐进入了全盛时期。

政治联姻使得哈布斯堡皇室的权力得到进一步加强。公元1477年，马克西米利安一世与勃艮第公爵“大胆的查理”之女玛丽订婚，同时获得尼德兰和法国东部边境地区的勃艮第领地。“大胆的查理”在南锡战死后，马克西米利安一世于公元1479年在吉内加特战役中击败法兰西国王路易十一的进犯，保护了妻子的领地。

公元1482年3月，玛丽在骑马时不慎摔死，年幼的长子腓力一世继承了尼德兰，马克西米利安一世担任摄政王。因为要同法国开战，马克西米利安与尼德兰议会发生冲突而被困在宫中，直到父亲派兵将他救出，他被迫接受了《阿拉斯条约》，允许尼德兰三级议会充当儿子的摄政，同时还允许把女儿玛格丽特嫁给法兰西王太子以保持和平。

马克西米利安打算娶布列塔尼的安娜为妻，当通过代理人举行过婚礼后，他的准女婿查理八世却因为害怕布列塔尼落入马克西米利安手中，居然悔婚抢走了马克西米利安的未婚妻。马克西米利安不久后也违反誓言，重新获得摄政王权力。公元1486年他继承父位，成为罗马人民的国王。他也于公元1477年8月迎娶勃艮地公爵独女，这段姻缘使得勃艮第公国自法国南部到荷兰的领地统统并入哈布斯堡皇室的领地。

公元 1496 年，马克西米利安的儿子——美男子菲利普迎娶了西班牙女王储胡安娜，建立了西班牙哈布斯堡王朝。不过，菲利普将母亲勃艮第公爵的领地也赠予了西班牙王室，埋下了后来西班牙王位继承之战的导火索。

马克西米利安的孙子，日后的神圣罗马皇帝费迪南一世于公元 1521 年 5 月迎娶了波西米亚郡主安妮。次年，费迪南的妹妹玛丽亚郡主嫁给了匈牙利和波西米亚国王路易二世。这两段婚姻也为后来奥地利吞并波西米亚和奥匈帝国埋下了伏笔。政治联姻让哈布斯堡王朝扩大了他们在欧洲的影响力，也使得帝国的势力大大增强。

查理五世称霸欧洲

查理五世之所以能够成为欧洲的霸主，离不开其爷爷马克西米利安精心安排的政治婚姻。公元 1506 年，查理的父亲英俊王菲利浦英年早逝，查理便继承了勃艮地公爵一职，成为了西属尼德兰的首位统治者。十年后，查理的外祖父西班牙国王费迪南二世病逝，查理因此成为西班牙国王卡洛斯一世。自此，西班牙全国，以及意大利南部的西西里岛、撒丁岛、那不勒斯王国和西班牙在美洲的殖民地都统统划入了哈布斯堡王朝的管辖范围。

神圣罗马皇帝马克西米利安于公元 1519 年病逝，孙子查理继承帝位成为查理五世，并继承了家族对奥地利和阿尔萨斯的管治。查理五世也因此成为了统治领土最多的欧洲君主，但他并没收起野心，仍然不断出征，对付基督新教徒以及奥斯曼帝国的入侵。因为他的出征，国家的内政多交由他的代理人处理，在西班牙的代理人就是他的儿子菲利普王子，也就是后来的腓力二世。在奥地利是他的弟弟费迪南大公进行内政的管理，他也就是后来的费迪南一世。

查理五世

哈布斯堡王朝的领地已经覆盖了整个欧洲，但是皇朝掀起的扩张战争并未停歇。公元 1526 年 8 月，匈牙利兼波西米亚国王路易二世与奥斯曼苏丹“奇迹王”苏莱曼一世，在匈牙利首都布达佩斯附近的摩哈赤进行激战，史称第一次摩哈赤战役。土耳其军战胜了匈牙利军，路易二世不幸战死沙场。但是奥斯曼帝国兵没有长期占领匈牙利，反而在次月就撤出了匈牙利。

彼时，神圣罗马皇帝查理五世的弟弟，奥地利大公费迪南以路易的姐夫名义继承了匈牙利和波西米亚国王的王位。虽然在匈牙利出现了王位争夺者，但很快便被平定下来。自此，匈牙利、波西米亚和摩拉维亚一直在哈布斯堡皇朝的管治之下，今日波兰南部的西里西亚也暂时成为哈布斯堡王朝的领地。

王朝“一分为三”

公元1556年，查理五世试图击溃新教力量，然而最终未能成功。他也自此脱离了政治生活，将西班牙王位和奥地利大公分别让位给了两位代理人，并让他们各自的子孙世袭各自分支的王位，且不得互相转让。哈布斯堡王朝也正式分成了奥地利分支和西班牙分支两个支系，一人统治整个王朝的局面也由此被打破。

奥地利大公的位置被查理五世让给了其弟弟匈牙利及波西米亚国王费迪南一世，并立他为神圣罗马帝国的王位继承人。但查理的遗嘱中，也规定了费迪南的后裔子孙不得继承西班牙王位，费迪南也因此成为了奥地利哈布斯堡皇朝的首位郡主。奥地利哈布斯堡皇朝统治着奥地利、匈牙利以及波西米亚王国，直到公元1749年卡尔六世去世，玛利娅·特蕾西亚继承王位。这两百年来，王朝经历了10代君王，也经历了欧洲战乱纷飞的时期。之后，欧洲两大阵营也为争夺继承奥地利王位和获取利益爆发了奥地利王位继承战争。

公元1504年，卡斯蒂利亚女王伊莎贝拉病逝，而她与阿拉贡国王费迪南二世所生的儿子都不幸夭折了，所以女王储胡安娜继承了卡斯蒂利亚王位。神圣罗马皇帝马克西米利安一世的儿子美男子菲利普以胡安娜丈夫的身份，和岳父费迪南一起监理国家。费迪南病逝之后，菲利普和胡安娜生下了他们的儿子，勃艮第公爵查理，他就是后来的查理五世。查理继承王位之后即为卡洛斯一世，后来将王位让位给其子菲利普二世，并废除了菲利普及其后裔继承奥地利爵位的权力，正式揭开了西班牙哈布斯堡王朝的序幕。

经历了5代国王掌权，直到西班牙国王卡洛斯二世的去世，结束了哈布斯堡家族对西班牙的统治。在宫廷权贵的斗争和压力下，王位传给了卡洛斯的姑母——菲利普三世的女儿玛利娅·特蕾西亚与法国国王路易十四的孙子安茹公爵菲利普。哈布斯堡奥地利分子对此举强烈不满，因而与英国结盟向法国开战，史称西班牙王位继承之战。最终西班牙波旁王朝将西属尼德兰、那不勒斯王国、撒丁岛和西西里岛等意大利领地归还了奥地利，以换取奥地利承认波旁王室对西班牙王位继承权的合法性。

神圣罗马皇帝卡尔六世于公元1740年10月去世，因为家族都没有男性后裔，长女玛丽亚继承了他的奥地利大公、波西米亚和匈牙利的国王王位。他的女婿洛林公爵弗朗茨则于公元1745年8月当选为神圣罗马皇帝，那以后，皇帝弗朗茨妻子的姓氏加在了自己姓氏前面，后裔的姓氏都改为了“哈布斯堡－洛林”。奥地利也因此进入了哈布斯堡－洛林王朝，弗朗茨和皇后玛丽亚·特蕾西亚成为新的王朝开创者。

哈布斯堡王朝在西班牙的统治于公元1700年因为绝嗣而终止，奥地利的王朝在40年后也遭遇同样境遇，随即被分支哈布斯堡－洛林皇朝取代。哈布斯堡－洛林皇朝的统治一直延续到1918年，这一年爆发了共和国的革命，推翻了哈布斯堡－洛林皇朝的统治。如今哈布斯堡家族的后裔仍然定居于奥地利、列支敦士登和德国等地区，他们的组长是奥地利末代皇储——奥托·冯·哈布斯堡，他曾经在欧洲议会担任议员。

从玛丽亚·特雷西亚改革到富强

打天下易，守天下难。近百年奥地利的国王们都一直致力于建设完整且易于统治的国家。马克西米利安一世注重奠定国家基础，惹尔尼克、叶夫根尼等政治活动家们则致力于建设和完善整个王国。王国应当从过去残余的等级特权和贵族特权中解放出来，成为更加易于管理和高效精确工作的国家机器。国家机器的建设也要考虑到现代科学技术的发展所需要的合理性原则。

改革者在完善国家机构时，他们认为具有真正民主原则的旧时农村自制或城市自治权，同教会和贵族的审判惩治特权一样，都是旧时代应当抛弃的陋习。改革者认为有两种要求是不能容忍的：一是由于民族发展而产生的非奥地利本土地区自治的要求；二是旨在回到中世纪自由城市制度，从而获得更大的领地独立的要求。他们认为，从国家的新经济观点来看，唯有强大统一的中央集权国家才最为合理。

玛丽亚·特雷西亚

奥地利王位继承战争指挥，玛丽亚·特雷西亚奠定了形成新国家的基础，但直到约瑟夫二世时才最终建立起了中央集权的全新国家。

玛丽亚·特雷西亚首先实施军事改革，奠定了国家的基础。正所谓枪杆子里出政权，她认为随时可能爆发新的战争，军事改革也就显得尤其重要。而且，军事改革也是呼声最高的改革内容。玛亚亚顺水推舟地给奥地利民众灌输了法兰西或者普鲁士有重新进犯的危险。奥地利王位继承之战的和七年战争的年代，经常流传着非官方的“小册子”，使人们注意到奥地利随时可能身处危险之中。那时，叙述普鲁士严苛统治下的西里西亚的作品，也得到了广泛的传播。

公元1649年开始，奥地利就已经开始招募兵士组成了常备军，然而常备军的战斗力仍然不够。大部分的兵力都来自国王与各个领地的管理者的长期谈判。领地管理者在讨价还价中，都期望能够尽可能多的让步和尽可能少地提供士兵上前线。

从公元1748年开始，“军税”的征收开始替代以前补给军队的办法，每个领地每年都向奥地利国家缴纳相当数额的军用款项，国家便倚靠这些资金来武装军事装备、训练士兵等。因为军税的用途相当特殊，纳税领地尽管交钱，却并没有权力过问军事问题。军事财政开支便因此得到解决。

军费解决后，新的征兵制度也开始推行。各地被摊派了应该提供新兵的数额，大部分新兵都是按抽签的办法从有服役义务的年轻人中选取了，他们应当终身在军队里服役。除去特殊职业身份的人，如贵族、地主、牧师、官吏、医生，以及知识分子外，任何男子都必须履行服兵役的义务。因此，这就造成了军队多是由短工、小手工业者、贫苦农民和游民等落魄者组成的。

当时军事院校的创办，也是玛丽亚的军事改革的项目之一。玛丽亚开办了特雷西亚陆军大学，军官职务也成为必须经过训练的正式职业。

在税制改革方面，玛丽亚以前的中央税并不高，国家收入都由各个领地缴纳。贵族和僧侣完全免税。贵族免税是由于它在君主国家里享有特权。马克西米连一世和斐迪南二世摧毁了贵族的政治独立性，也摧毁了贵族起主导作用的等级会议的政治独立性。他们建立了隶属于国王的国家机构，这个机构主要是由新的、依附于国王的宫廷贵族组成的。贵族阶级没有从国王那里获得政治上的让步，但是他们获得了经济特权。

地主是农民的主人他们对农民很大一部分的收获具有无限的权力，并有权占有农民的一部分劳动。此外，他们还享有免税权。就是为了这些特权，所以贵族阶级为国王服务。国王仍然利用早已失掉政治意义的等级会议来解决经济问题，如榨取租税和贡赋等，这也促成了贵族特权的保留；因此国王通常对等级会议制度的抗议置之不理。

玛丽亚执政以来，这些免税的高代价特权也没有存在的必要了。官僚主义国家的建立并非必须向贵族特权低头。新兴资产阶级子弟们，只要没有当上工厂主，就愿意充当官吏来为国王服务，而且他们大多数都比前辈贵族更有才干。

工厂主或作坊主子弟不愿再当手工业者，开始热衷于仕途。对国家来说，任用这种官吏比任用与他们竞争的贵族所需的费用要低得多。这样的官吏不仅让政府少花钱，而且比较能干。他们继承父辈节约的工作方式。对待和他们社会地位平等的公民没有傲慢态度。他们牢牢地记着在家里所受的教训，只有从早到晚辛勤地工作才能为自己开辟升官发财的道路。

文化方面，那时资产阶级已经培养出了自己的“食客”——医生、学者、技师等。他们提供廉价而优良的教师、教养员、技师和法律家，他们教给居民的不是希腊文、教会历史和哲学，而是算术、书写、阅读、自然科学和技术科学。这与“促进社会和国家的经济上、政治上的繁荣就是幸福”的改革目标相一致。

每个时代的改革往往都在血泊中完成，玛丽亚的改革过渡期自然也不例外。在拟订改革相关法案时，政府里爆发了关于这一问题的激烈斗争：是保留贵族和教会的特权还是依靠新人把他们的特权一笔勾销？在国家顾问外交部长考尼茨、尼德兰医生万·司维丁以及约瑟夫二世的推动下，玛丽亚政府主张将改革进行到底，废止所有特权，完全改组国家机器的构成。

玛丽亚出任女王，也显现出她的聪明才智。她只废除了部分让国家预算超出负担的特权，颁布了普遍征收所得税的新法律。几年后的人头税，又更加的不同，它是依照纳税人的财产和等级来征收的。大主教每年应当缴纳六百盾、贵族是二百到四百盾、农民是四十八克莱茨、雇农是一年四克莱茨。贵族不再是特权阶级了，但新工厂的厂主大部分都免税十年，有时免税的期限还要长些。

间接税方面，首先是消费品间接税，这是每个居民都应该缴纳的税种。从那以后，玛丽亚决心打破贵族特权，有关贵族的方针也开始执行得更加坚决。与此同时，玛丽亚实施的新遗产税对贵族阶级产生了很大的影响力，而且比对其他居民阶级的影响要更为显著，因为贵族所得的遗产额照例比较大，而税率是按遗产的价值来提高的。

公元1775年，大部分特别税都被废止。首先废止的是使商品价格异常增高的无数种运输捐税。玛丽亚基本上只规定了两种国境关税，输入税和输出税。而且这也满足了惹尔尼克和其他重商主义者的要求——对奢侈品的输入规定了很高的税率，而对国内所没有的原料的输入则规定了很低的税率。

输出税上，建立了两个税区：一个是奥地利同捷克及摩拉维亚的，一个是匈牙利同德兰斯瓦尼亚的。的里亚斯特也被宣布为自由港。比利时和意大利地区有自己的关税制度，给了君主国其他领地很大的优惠。国内关税大部分已经废止。一般来说，这方面也实行了只有国家才能收税的原则，万不得已时领地也可以收税，但私人不论是不是地主都不能收税。国家对国内关税制度与其说是用命令和指示取消的，不如说是由于建立了设备完善的交通网而取消的。例如，建立了从维也纳到亚得里亚海沿岸一带的道路、经过阿尔勒堡的道路以及很多大运河，有了这些道路和运河便使商品的转运变得既迅速又低廉，并且运输税只能由国家来征收。

相比于政治改革，财政改革可以说是最不受欢迎的改革。财政改革不仅不受在物质方面受到巨大影响的僧侣和贵族们的待见，同样，也不受全体居民的欢迎。作为重商主义者的拥护者，玛丽亚和她的大臣们对各种奢侈品课税非常严重，而且把国外的布匹、贵重服装、珠宝首饰等都列为了奢侈品，甚至地方生产的白酒和葡萄酒也难以置身事外。玛丽亚去世前夕，葡萄酒实行了新税制度，维也纳和其他城市都发生了抗议风潮，他们为了表示抗议甚至拒绝参加玛丽亚的葬礼。

在所有的改革中，司法改革可谓是最重要的改革之一。全新的刑法典和民法典，让一切诉讼程序都集中在国家和它的法庭手中。死刑只有在获得国王批准的情况下才能执行。玛丽亚统治的最后时期，死刑作为处罚的手段被使用得越来越少。因为受传统宗教文化习俗的影响，尽管刑法典相当现代化，但仍然少不了妖法和类似魔法的迷信条款。所有惩罚均可归类于“报复和威吓”以及“纠正和教育“。读祈祷文是教育方法之一，但主要的还是劳动。女子监狱内的纺织学校，更是试图把监狱变成小型工厂甚至是大型手工业工厂。女王玛丽亚认为对犯人的商业化运作对犯人和国库都有积极作用，这也是训练熟练劳动力和新式现代手工业的重要方式。

国家改革对教会和学校也产生了较为深远的影响、学校的教育事业改革是玛丽亚改革得较为完好的方面之一。当时奥地利拨付巨额款项给学校做教育补助金，这比欧洲大部分国家都要早。与此同时，教师培养制度得以建立，学校教学大纲的编制也变得更为完善。

尽管当时义务教育尚未得到普及，但免费的广大国民学校的建立和普及也是改革的重要成果。可以看出在玛丽亚的顾问团队中，费尔斯和万·司维丁两个文化问题专家起到的作用比所有人都大，他们和约瑟夫二世都是玛丽亚身边最“左”的人物。除开国民教育，当时的教育制度还培养了各种专门的技术工人，如纺织工，还设立了职业学校。这种职业学校不仅不收费，甚至为了普及技能学习，还给学生家长拨付一定款项，让他们能够送子女入学。

矿业学院、技术学院、农业学院、商学院和一系列师范学院，在公元1750—1770年短短20年时间大量开设起来，其中女子师范学校堪称当时欧洲独一无二的典范。奥地利的教育制度在当时的整个欧洲也堪称典范。

万·司维丁还一手经办了维也纳大学的改革工作。玛丽亚的这位积极的大臣建立了适应当时要求的教育体制。在那之前，维也纳大学长期受耶稣会教徒领导。耶稣会在西班牙和法兰西政府的压力下，于公元1773年被教皇取消了，于是维也纳大学转归国家管理。万·司维丁将其建设成了新式学校，在那里开始了自然历史科学的研究，这在只有神学、哲学、法学、拉丁文和希腊文等科目的教会学校，是相当大的突破和进步。在教会学校里，就连医学这种科目，都主要以抽象的哲学结论为基础。万·司维丁新式教育改革改善了这种情况。医学也开始通过实验和分析做出判断。

随着大学脱离教会的现象日益普遍，许多中学也开始脱离教会。即便由教会管理的学校，也必须采用国家规定的教学计划，这种计划正是按照大学所采取的原则制订的。万·司维丁和其他拥护教育改革的人们认为，现在的教育部只是传授与现代社会发展所需无关的纯知识。然而，除此之外，教育部也应该用科学教育的方法来培养有助于经济发展的人才。

中学和大学教育应该完成两个任务：第一是培养有主动精神的官吏、教师和医生，使他们能用自己的劳动促进“居民的幸福”。并把国家变成保障这种幸福的“理想”机关；第二，将培养出来的这些自然科学家、各种技术专家以及商业学院毕业生，成为“发展祖国的富源”，并将会把祖国变成富裕的、繁荣的，能在工作过程中利用科学技术最新成就的集体。

教育方面的原则性改革，在当时便掀起巨大的讨论和论战，这种论战一直持续到后来的约瑟夫二世时期。当时关于论证教育改革制度的小册子和书籍大量出现。当然也有人责难改革家，尤其是教会组织的责难尤为突出，他们认为功利主义的贬低纯科学的地位，把科学变成了国家的仆从，他们甚至预言不久奥地利的精神生活就将消沉，科学的发展也将停滞不前。

甚至有的怀疑论者还谴责所谓文化方面的功利主义，说从“狭隘的官僚主义国家的观点来看”，音乐是完全无用的，注定是要消亡的。但是在玛丽亚和约瑟夫时代，音乐却得到了空前的发展和繁荣，那时先后出现了海顿、莫扎特以及贝多芬和舒伯特等伟大的音乐家，他们的名字永载史册也是对怀疑论者最有利的否定。

在玛丽亚和约瑟夫时代，不仅音乐上取得了成就，而且在文学上也获得巨大的成绩。公元 1764 年部分的废除了戏剧检查，到公元 1781 年，书籍和杂志的检查也差不多完全废除了。不久，在奥地利开始出现了更多重要的政论和文学作品。除了宗年费尔斯的《无成见的人》外，还出现了克列姆和哈费尔特发行的《和平》和《奥地利的爱国者》杂志。

到 18 世纪末期，奥地利已经出现了大量著名作家，如阿路易斯·布鲁迈尔、约瑟夫·拉施基、约翰聂斯·阿克辛格尔，剧作家黑布列尔、爱连霍夫和哈费尔特。奥地利新作家的作品以及新的杂志充满了斗争精神，使人深受鼓舞。当然，其中也不乏有关政治、哲学和文化的问题。

作家们自觉地力求发展新的民族文学，他们感觉自已是进步的体现者、教育的拥护者；是人民的教育者；是自由平等原则的代言人。他们树立了对人类进步事业的信心，具有为了这种进步而劳动和斗争的神圣义务的信心；这是一种新的文学派别，这种派别在奥地利很快就被称为“约瑟夫主义”。

弗兰茨·约瑟夫二世统治下的十年

约瑟夫和玛丽亚共同执掌奥地利的时期（1765—1780 年），王室推行的各种改革措施几乎都是玛丽亚和约瑟夫双方意见折中的结果。之所以能够取得折中的意见，也是因为约瑟夫的意见不再像一开始那样受到大家孤立，诸如万·司维丁等玛丽亚的亲信顾问们也都开始赞同约瑟夫二世的一些原则，甚至开始在会议上公开支持约瑟夫。就连在内政问题上远不如对外政策上那样有远见的考尼茨也都开始在会议上支持约瑟夫的主张。甚至连玛丽亚都非常重视的费尔斯，他的意见主张也常常站在约瑟夫那边。玛丽亚虽然不一定必须要采纳多数大臣的决定，但当她处在少数派时，通常还是会做出让步的。因此，早前施行的许多改革政策，其实往往都还是带着很重的约瑟夫影响的痕迹。

在成为统治者之前，约瑟夫就奉命开始主持军队的改组工作。在军事首领道恩去世之后，约瑟夫又充当起了总司令和陆军大臣。玛丽亚似乎希望借着繁杂的需要长期关怀的各种行政工作吸引和转移他的注意力，从而转移他对“理论”实验的兴趣，但结果并非像她所预想的那样。军队变成了约瑟夫的试验田，在这里他首次实现了他的一系列构想，即他关于国家行政机构的认知和规划。

弗兰茨·约瑟夫二世

约瑟夫的军事改革，首先就是把军官中那些出身名门、有钱有势，却很无能的子弟清洗出去，他们在军队里服役仅仅是把军官身份作为收入的来源。约瑟夫驱逐了这些懒汉，不准他们升迁，让他们在军队里担任不重要的职位。约瑟夫的这项措施与玛丽亚的军事政策不谋而合，但他的改革措施却引起了老年军官的不满。通常军官在退役前，都会出卖自己的职位，约瑟夫虽然增加了养老金的数额，但是禁止买卖军职，从而根除了军官职务不是由最胜任的人而是由具有购买力的人担任的风气。有些贵族妇女作为军官家眷，激动地质问怎么能凭借养老金维持他们以后的生活时，约瑟夫讽刺地建议她们学着做些什么。

军官学校的入学考试也适用了同样的原则——不凭出身凭才能选拔人才。

在约瑟夫时代，这些军官学校首次大量地招收了商人、工厂主甚至手工业者的子女，而且其中有才能的人远比那些贵族升迁得更快。约瑟夫还十分关心士兵，不仅关心他们的伙食、服装以及军用品，还很关心与作战没有丝毫关联的东西，比如他们的生活等。因为在旧式军队里，士兵们实际上是没有个人权利的，他们甚至连最基本的私人生活都没有。

约瑟夫取消了诸如禁止士兵结婚等一系列限制。这也是重商主义者的影响，重商主义者一向持必须鼓励人口增加的观点。在这方面，重商主义者的必须奖励人口增加的思想起到了一定的作用。他取消了仅仅为了检阅而进行的机械训练，这项训练消耗了士兵大部分的时间。在他当权的年代，服役期满的士兵首次开始得到养老金，往往也得到小小的公职。不过与腓特烈不同的是，约瑟夫没有把退伍的士兵变成学校教师，因为他对教师有相当高的要求。大部分士兵都被派到内地或者海关担任收税员，或者是给他们一块土地。根据约瑟夫的规定，士兵有时候应该得到休假，拥有一些他们自己的私人生活，只有因为军事方面的原因，并且情况比较紧急的时候，军官才能对士兵休假加以干涉。按照约瑟夫的想法，士兵应当是块自由地，甚至是情愿地选择这种职业，而不是变成一种特殊的努力。尽管强制征兵的情况在当时还是存在，但以前那种不分青红皂白的强迫征募，已经完全得到了遏制。

约瑟夫的军事改革，期望能够在军队里建立干练的军官骨干，然后在国家机构里也同样建立按才能和勤劳，而不是按社会出身选拔的干练的行政骨干，依靠这些骨干团队，约瑟夫可以建立自己的新政，由此看来这个目的大概实现了。虽然约瑟夫去世之后，他的大多数新措施都被废止了，但根据他的原则所建立的军队，在公元1890年却是唯一能够击败拿破仑的队伍。

在公元1765年以前约瑟夫是较少参与国政的，他最重要的一项事业是解放农民。更确切地说，他是触及了农民对贵族的徭役关系、触及了他们所受到的其他各种限制。

从十六世纪开始，贵族开始让农民服从管辖，并承担沉重的农奴徭役，让企图反抗的农民被击碎。大部分农民向地主缴纳着几个世纪以前规定的代役租，负担着资本主义以前时期规定的徭役。不过代役租和徭役都并不是太重的负担，大部分徭役的负担是每月一天，金钱或者实物的代役租只占农民收入的一小部分。但最大的危险是贵族和投机商对农民的经济掠夺，以及贵族企图把农民从土地上驱逐出去，以及剥夺他们使用森林和牧场的权利。

在捷克和摩拉维亚的农民情况就大不相同，尤其是新近并入的省份的情况尤为糟糕，农民的情况比内奥地利的卡林提亚和施提里亚都要恶劣得多。在非奥地利地区里，意大利各省又是例外，在那里农民甚至不是农奴，而是完全的奴隶。在东方的匈牙利和斯洛伐克，地主和投机商人更是残酷地掠夺农民。整个欧洲农民陷入困苦艰难之中，奥地利的情况就是最好的转机：玛丽亚不得不规定农民为地主的工作日期限定在每周以三四天为极限，尽管不算多大的恩惠，但对当时的农民来说已经是巨大的恩典了。

在法律关系上，农民完全依附于地主，这些地主任意把罚金加在农民身上，并且要农民交付很多的钱才准许他们修房、从事手工业或结婚。在捷克和摩拉维亚，使农民感到特别困苦的是禁止他们自由迁移。捷克贵族不久知道了工厂和手工场是有利的事业，于是就在自己的领地上动手设立工厂。

贵族工厂里的劳动力并不缺乏，农民到工厂去有时是代替田间工作的，有时如果把活计拿回家里去做，就还要在田地里干活。农民在工厂里做工，即使被发给工资，那也比本来工资就很低的自由工还要低得多。当然，农民想尽了方法要离开这些工厂到城里去，在那里，他们当了自由工人之后，生活就可以比在农村好得多。贵族厂主们竭力防止农民离开。因此要求恢复自由迁移权利的不仅是农民，而且还有新兴的工业资产阶级，后者同使用“奴隶劳动”的拥有廉价劳动力的地主，是无从竞争的。新式的工厂劳动、集体的协作和技术知识的获得，对于捷克农民和摩拉维亚农民并非毫无影响。这个从公元1620年起就受压迫的居民阶层再度开始了积极的反抗。在十八世纪的后半期，捷克发生了好几次大规模的农民起义。

国家机构改造是约瑟夫改革的另一个重要项目，而且改革的程度走得更远，但最终结果却遭到君主国内部的反对力量的反抗而失败了。旧的国家机构非常无能，充斥着贪官污吏。贵族阶级和出身大资产阶级的旧官吏们，认为身居显位是他们高贵出身的份内的事，或者是致富的手段。这种旧的官僚机构必须用新的来代替，以便它能够参加建设和管理约瑟夫的“理想”国家。这种新的官吏必须是从赞成约瑟夫启蒙思想的人们中间选拔出来的，他们从自身经历和本身利益出发赞成约瑟夫，而不是在国王的压力和命令下。只有资产阶级才符合这样的标准。

国家机构改革遇到的困难尤为强大，旧有的地方自治制度仍然存在，贵族等级会议也仍然能够委任和控制官吏，君主国被划分为多个省区，而且每个省都有自己的法权概念、每个省都依靠自己的权力来保障发挥社会机能。如此情况下，新的国家机构和集中的指导、监督这个机构如何工作，就显得异常的艰难，甚至因为阻力过大而显得不可能。在十八世纪，已经受到限制的地方自治政府也是被反动势力用来达到自己目的的手段。

当约瑟夫决定在奥地利实行系列改革措施时，就是从这种考虑出发的。奥地利君主国被划分为十三个区域：加里西亚、捷克、摩拉维亚、下奥地利、施提里亚、卡林提亚和克莱那组成的内奥地利，外奥地利；德兰斯瓦尼亚、包括巴纳特的匈牙利、克罗地亚、伦巴底、尼德兰、格尔茨和包括的里亚斯特的格拉基斯克。

约瑟夫让拥有一定数额地区，并且所属国家管理的总督来治理各地区，且这些地区隶属于中央机构。各地区的其他各级行政机构都完全取消，如此可以建立更加完善的中央集权，打破权力分散不集中并且难以统一的局面。约瑟夫还下令，将匈牙利国王王冠和捷克王冠送往了维也纳博物馆。

与民族单一的法兰西国家不同，奥地利是个多民族的国家，而且有些民族具有相当发达的民族觉悟。匈牙利为自己的自由权力在进行着斗争；比利时从最初对抗西班牙，后来变成对抗奥地利，始终坚定地保卫着国家的自由；加利西亚不久之前才脱离波兰自由原则、自决权，以及监督权和人民参加国家管理的权力这些新的资产阶级观念的影响下，使得匈牙利和比利时为代表的这些地区坚定了保卫自由的决心，即使这种自由仅仅是一种相对自由。在奥地利的大环境里，约瑟夫有关实行中央集权的系列改革，恰恰限制了民族的自由权。

约瑟夫实行的中央集权政策，对君主体制国家发生的影响就像炸药，这些政策引起了各个民族的激烈反抗。素来因为不同利益诉求而发生冲突的集团再度团结起来。相比于中央集权，更厌恶农民解放的匈牙利贵族与力图促进自己发展，并且为自己这个新兴民族的权力而斗争的匈牙利资产阶级联合起来（尽管这个阶级的力量无足轻重）。

奥地利的资产阶级也并非完全的支持约瑟夫，虽然他所实行的措施是为了他们的利益，是符合他们的世界观和价值观的。但资产阶级的上层，那些暴发户、大商人、银行家们，显然对约瑟夫的改革愈发地冷淡起来。

这个资产阶级不仅需要现代化国家、新的经济政策、各种新的学校，他们还需要其他的东西：在匈牙利、加里西亚、德兰斯瓦尼亚和克莱那发财致富，以及把匈牙利廉价羊毛、亚麻拿到自己的工厂来加工制造的机会。资产阶级为了有权有势，需要把投资范围扩展到君主国内的任何地区。资产阶级比革新的理论家们要聪明得多，也可能比约瑟夫更聪明、更有远见。在他们看来，存在一个更为深刻的原因动摇了君主国的体系，而不是失策或者不适当的独断方法。同时，他们也认为，匈牙利和比利时之所以发生起义，不是因为约瑟夫有关语言的命令引起的，而是与约瑟夫改革过程中所实施的整套政策有关。

在整个君主国范围内实行的任何彻底的资产阶级进步政策，不仅仅是奥地利，而且在其他国家内必然要使新兴资产阶级的各阶层行动起来，他们总会有一天要要求自己的民族权力。结果，部分奥地利资产阶级断定，不彻底的政策对他们更有利些，于是开始习惯于这样的想法；在不得已的时候，也可以放弃本身的解放。

在比利时和匈牙利所发生的反对约瑟夫中央集权政策的起义中，终于迫使约瑟夫让了步。在他逝世前不久，他不得已撤销了自己某些中央集权的措施。

约瑟夫的对外政策不如他在其他方面的活动那样明朗、顺利。完全新的政策是与俄罗斯亲善，他称俄罗斯是奥地利的自然同盟国。约瑟夫的计划是和俄罗斯共同夺取一直处于土耳其统治下的巴尔干各国，并且由两国来瓜分它们。但是在约瑟夫逝世不久以前所进行的奥俄两国对土耳其的战争是无结果的。不止一次地企图以比利时交换巴伐利亚的尝试同样没有结果。这些尝试的失败的主要原因是由于排特烈始终反对。

当巴伐利亚王位继承人已经同意了交换计划，奥地利准备派兵进入巴伐利亚的时候，腓特烈把军队调往奥地利边境作为对策。尽管奥地利公主嫁给了法兰西国王，同法国的关系还是非常冷淡的。反奥地利的党派在法兰西取得了优势。这个党派始终提出这样一个论据：奥地利想把法兰西拖入毫无希望和有害无利的战争中，因而奥法同盟的积极化已经不可能了。在约瑟夫当政的最后年代里，法兰西已因革命前的国内斗争和危机而瘫痪，以致实际上没有再采取过任何积极的对外政策。

“神圣罗马帝国”名存实亡

公元1789年，法国大革命爆发。哈布斯堡王朝和法国关系恶化，并多次加入反法同盟，但是均被拿破仑击败，失去了本土西部、意大利北部、西加西里亚和南斯拉夫等领地，神圣罗马帝国已经彻底瓦解。奥地利皇帝弗兰茨一世于公元1806年放弃了神圣罗马皇帝的称号。公元1809年，梅特涅担任首相，奥地利的反法政策改为策略性地与法合作。次年，弗兰茨一世将女儿玛丽亚·路易丝嫁给拿破仑一世，以巩固奥地利的地位。公元1812年，拿破仑一世侵俄失败，奥地利又转而与法作战，莱比锡会战以后，奥地利于公元1814年3月攻入巴黎。在同年召开的维也纳会议上，梅特涅施展外交手腕，使奥地利收复所失领地，后组成以奥地利为首的德意志联邦，奥地利的大国地位得到恢复。公元1815年，奥地利发起成立神圣同盟，成为复辟势力的代

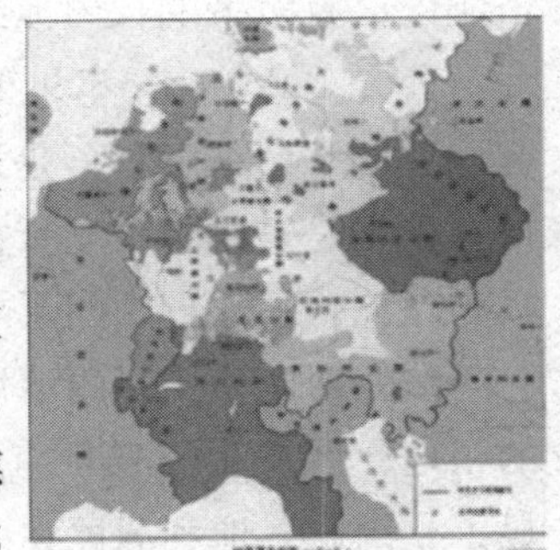

神圣罗马帝国

表，纠合欧洲各君主国，镇压各国革命，维护专制制度，充当欧洲宪兵。

以普鲁士为首的德意志关税同盟成立后，各小邦国纷纷参加，梅特涅的权势一蹶不振。公元1848年欧洲爆发革命，维也纳学生领导群众爆发起义，梅特涅被迫辞职。在其影响之下，匈牙利和捷克先后发生革命，社会矛盾日益激烈，全国各地革命呼之欲出，一触即发。皇帝费迪南一世被迫退位，其侄子弗兰茨·约瑟夫一世继承皇位。

在那之后，帝国的专制统治变本加厉。奥地利与普鲁士于公元1849年为争夺德意志霸权展开了斗争，奥地利在德意志联邦中的政治地位也因此暂时得到稳定。十五年后，奥地利和普鲁士联合作战对付丹麦，奥地利获得荷尔斯泰因。次年，两个邦国之间再次爆发战争，奥地利战败而放弃了荷尔斯泰因地区，并同意解散德意志联邦。自那以后，德意志走上以普鲁士为首的自上而下的统一道路，奥地利被排除在外。奥地利统治者被迫转向巴尔干等地发展，并对国内日益尖锐的民族矛盾采取让步政策。公元1867年2月，匈牙利获得自治，同年6月正式成立奥匈帝国，奥地利帝国的统治结束了。

拿破仑统治时期，法兰西的势力扩张到了整个西欧，面积从加来到默麦河，由瑞典蔓延到意大利的南端。尽管法兰西的实力不断增长，但法兰西革命军从一支带来自由的军队逐渐变成了压迫者的军队。法兰西侵占的地区越广，就越需要维持庞大的军队，因而维持军队的费用日益增多，被征服的或从属于法兰西的国家被迫缴纳的军税也日益增多。

法兰西的军队和军政机关已不再是以前那样。从前在瓦尔米战役获得胜利的人们，那些来自巴黎近郊、法兰西中部工业城市，南部各港埠的长裤汉和自愿从事保卫自由和土地改革的农民战死的战死，仍然活着的也都老了。到军队中来替补他们的都是差不多不记得革命的人，这些人都很愿意听从支持拿破仑的大资产阶级的口号：到你们征服的欧洲那里发财去。投机分子起初追随着军队行动，后来和军队一起行动，最后则钻进了军队，并且把组织占领区民政机关的权力抓到自己手里。

公元1806年—1809年，法兰西的军队和行政机关中还有许多事情使人想起以往的革命秩序，可是逐渐地另一种趋向占了上风。起初到处依靠居民支持，首先是资产阶级支持的法兰西，现在开始越来越多地在占领国大资产阶级和欧洲列强元首中间寻求附庸和同盟者了。

法兰西向外扩张的浪潮起初只是吞没了哈布斯堡家族在比利时和意大利的领地，后来这个浪潮冲击到了奥地利本土，于是法国政策的改变就极其明显了。因此奥地利居民认为法兰西已经不是能够带来局部改革的解放者，而是异族的侵略者。因此公元1806年的战争在人民中间是受欢迎的。和以前几次对法兰西的战争不同，现在的问题是保卫奥地利疆土。

失败开始被认为是民族的灾难。法兰西在占领提洛尔后把市政几乎全部移交给奥地利多年的敌人巴伐利亚（巴伐利亚是拿破仑的同盟者），甚至同意把提洛尔并入巴伐利亚，这一事实也有着毫无疑问的意义。资产阶级、知识分子和官吏们从公元1806年开始日益大声疾呼地要求恢复对法兰西的斗争。

针对拿破仑的战争尚未结束，不过看似弱小的力量仍有意义。当时普鲁士和德意志诸帮已经投降，而且俄罗斯对待拿破仑的态度，与其说是敌对还不如说是友好。但是，英吉利仍然在继续的斗争，而且拿破仑在西班牙的统治于公元1805年引起了强烈的反抗，终于演变成游击战争。西班牙的实例在精神方面起了强烈作用。奥地利的人们在说："我们在西班牙人面前能不害羞吗?"宫廷是站在动摇立场上的，但是这一次，宫廷所依靠的各集团的利益是和人民的利益一致的。

拿破仑侵占了许多奥地利自古以来的领土，如果他认为应当做的话，他可以把整个君主国也瓜分掉。他迫使弗兰茨放弃对德意志的权威，并在公元1806年用哈布斯堡家族放弃"神圣罗马帝国皇帝"头衔的文件把这点固定下来。现在弗兰茨被称为"奥地利皇帝"，但这不是很令人安慰的。贵族阶级也担心今后事件的进展。拿破仑虽然因为贵族有着传统的过去而稍稍让步，但他对旧贵族还是不太客气的，围绕着拿破仑宫廷的贵族以及他在被征服国家内大规模建立起来的贵族都是新贵族。

查理大公作为奥地利皇帝的亲族，首先站出来支持法兰西对拿破仑的反抗。弗兰茨相对比较慎重，他看到了不好的方面，即仅仅借助职业军队和秘密警察进行艰巨的战斗，并不能够真正取得胜利。必须向人民呼吁！这不仅仅是向奥地利人民呼吁，还应该向整个君主国内各个部族的人呼吁，全民的反抗才能真正换来胜利。这意味着队仍然有很多左翼分子的国家做出让步，同时也是对比较发达的民族让步，诸如匈牙利。毫无疑问，匈牙利是不会放过得到更多自由的机会的。

奥地利皇帝弗兰茨二世，在内政上的努力却与当时的环境恰恰相反。他企图阻碍一切进步运动，如妨碍君主国内的各个民族在资产阶级革命过程中逐渐成熟和获得独立。但是拿破仑的势力让法兰西充满了致命性的危险，这不得不促使弗兰茨走上反抗的道路，尽管这种大联合的方式违反了他的愿望。

接替图古斯特的信任国务大臣斯他吉昂伯爵和查理大公是进行反抗的两位主要人物。他们是约瑟夫政策的拥护者，他们认为必须把人民参加国家管理的权力用立法程序固定下来，制订国家宪法、成立议会，必须证实君主对人民代表的责任。因此斯他吉昂和查理大公都坚决主张皇帝在告人民书中要答应立宪。但弗兰茨只听到“宪法”一词就吓得惊慌失色。

按照惯例，他们的意见得以中和，还未到时机的宪法承诺便被搁置起来了。公元 1807 年，盟军开始准备战争，人们开始把各种器具送到收集站。各公社甚至把教堂的钟都摘下来献给国家熔铸大炮，贵族们装备了大量兵团。这种热情也感染到了非奥地利本土的地区。布拉格、布尔诺以及捷克各小城市的市民和大学生组织了志愿军。随着运动的进展，弗兰茨和周围的人们越来越害怕自己让步的后果。事情是有其自己的逻辑的：自由一旦给了人民，就难以要回来了。随着战争的迫近，弗兰茨深信：战争应尽快的胜利结束，否则不如不战。

公元 1809 年，战争终于爆发，这场战争从一开始似乎就显示出可以速胜的苗头。约翰大公指挥的民兵部队向意大利挺进，在波登纳把法兰西人击破。斐迪南大公在拉斯迁战胜了和拿破仑同盟的波兰人。提洛儿的农民部队在霍佛尔指挥下起义，使 300 名法军缴械投降。当时奥地利在军事上取得的胜利，不仅引起整个欧洲的注视，而且也鼓舞了反法联盟和拿破仑战斗的信心。从公元 1806 年处在巴伐利亚统治下的提洛尔，比其他各地更受到压迫的痛苦。战争需要金钱，所以捐献金钱和珍贵物品的号召也得到人们热烈的响应。工人把自己的积蓄，资产者把他们的珍贵物品、银制食器献出。

法兰西的情况陷入困境，人们被繁重的军税压得喘不过气来，被强迫到拿破仑和巴伐利亚的军队中去当新兵，然而当地居民进行了反抗。此外，国家的经济情况日益恶化。占领和军税制度使得提洛尔困惫不堪，由于提洛尔和意大利以及奥地利其他各地的联系被切断，城市的资产阶级破产了。

弗兰茨以皇帝的身份保证对提洛尔忠诚到底。战争爆发前夕，皇帝在宣言中号召提洛尔人起义。著名奥地利历史学家荷迈尔也以奥地利政府特派员的身份参加了斗争。奥地利的士兵于 4 月 11 日进入普施特塔里，提洛尔的起义也在同一天开始。农民部队在霍佛尔指挥之下占领了各山口，并迫使法军三百人投降。英士布鲁克获得了解放，4 月 14 日法兰西和巴伐利亚军队在因他尔投降。整个北提洛尔在同一天解放了。过了不久，南提洛尔也得到解放。法兰西军队的进攻第一次在几条战线上都被击退了。

整个欧洲注视着奥地利。西班牙的抵抗加强了，甚至德意志有些地方也爆发了起义。诚然，普兽士政府是袖手旁观的，但是几批不甘心于普鲁士的投降而早就准备武装行动的“自由射手”，给了法兰西军队一个打击。席里领导的志愿兵团是最大的一支部队。奥地利、西班牙、提洛尔、德意志起义者同英吉利政府之间是有联系的。

战争前夕，奥地利代表团、提洛尔代表团和席里兵团的代表都到了伦敦。

英吉利人答应支持他们，而且英吉利还承担了派军队在德意志北部登陆和开辟对拿破仑的新战线的义务。席里承担了特别艰巨而英勇的任务：为英吉利远征军建立桥头堡。战争一开始，席里兵团就行动起来，迅速冲过德意志，裹走了几处守军，占领了沿海的坚强据点。奥地利人暂时取得了胜利。

面临大规模的反攻，拿破仑在巴伐利亚也纠集重兵开始了新一轮的战斗，他们击破了查理大公的军队，并转向进攻维也纳。令人感到奇怪的是，具有强大守军的维也纳，在短短的炮火攻击中，在 5 月 13 日向法兰西军队投降了。

维也纳的城区并没有发生战斗，战争的硝烟仅仅烧到了附近的阿斯本地区。而且在这里再度发生了奇迹。拿破仑的军队在这两天的血战中被奥地利人击溃了。法军残余的四万人退到罗宝岛，法兰西人弹尽粮绝，与外界的联系被切断了数日之久。如果奥军能发动攻势，拿破仑就有可能全军覆没。但是奥军并没有采取攻势。又采取了不可理解的拖延政策，即自愿放弃差不多已经占领的阵地的自杀政策。他们从 5 月等到 7 月初，一直等到拿破仑重新整编和补充了自己的军队，从对他有利的阵地开始反攻。阿斯本的等待，也和放弃维也纳同样不可思议、不可理解。关于这种等待的做法有许多种解释，但是无论哪一种说法都不足凭信。

只有灾难才能催起人们的反抗意识，水深火热中的人们开始意识到只有祖国得救了，自由才能到来，他们也才能真正放下手中的武器，过上安宁的日子。他们到处组织志愿队伍，各地的大学生、手工业者和资产阶级都武装起来了。匈牙利也成立了民族自由委员会。在阿斯本事件之后，弗兰茨和他的亲信们显然已经明白胜利会给他们带来什么样的结果，于是他们就断定这样的胜利还不如失败好些。

实际上他们只期待着一件事，这就是英国人的登陆。他们希望军队获得胜利，而不是在人民获得胜利的条件下来击破拿破仑。英军的登陆将会造成军事力量的优势。但英军的登陆并没有实现。因而他们也就满足于战争的失败，以等待更“有利”的时机。经过长时间的拖延之后，弗兰茨决定在瓦格拉姆与拿破仑交战。这次战斗也如其他几次小战一样打败了。具有历史意义的机会错过了。当作战遭到挫败之后，弗兰茨半沮丧半镇静地说：“我不是说过会有这样的结果吗？现在我们大家可以回家了。”

据说，弗兰茨就这样心满意足地坐上自己的马车走了，其安闲的态度是人人都感到惊奇的。当弗兰茨应查理大公的坚决请求对布拉格大学生的志愿军进行检阅时，他的真正心情就更明显地暴露出来了。弗兰茨在走过行列时亲切地说：“你们看样子很不错，这是我想不到的。不过现在真侥幸，我不再需要你们了，你们可以回家了。”然后他吩咐发给每个人一盾银币作为奖赏。被激怒的大学生把钱扔到他的脚下。皇帝对人们在公元1809年为王室效劳的“酬庸”，客气一点说，也是侮辱性的。对战功卓著的军官，如果是资产阶级的代表，他赐予了开设烟店的权利，而这种权利一般是老太婆和穷人都能获得的。

心满意足的弗兰茨不久就和拿破仑签订了《森伯伦和约》。根据和约，奥地利丧失了萨尔兹堡和因菲尔切尔，巴伐利亚获得这两个地方的统辖权。将加里西亚割让给了俄罗斯，由斯罗文尼亚、的里亚斯特、伊斯特里亚和克莱那组成一个独立王国——伊里利亚。除此以外，奥地利还应支付巨额的赔款。战争失败成了断然变更内政方针的口实。查理大公和约翰大公丧失了所有的势力。公元1809年被提拔的官吏一律解职。代表贵族和银行家利益的梅特涅成为了首相，他也成为了勤勉的“安宁和秩序”的监督者。

第二章　封建家族式帝国——奥地利帝国

帝国的滑稽演变

公元1804年，神圣罗马帝国大面积被法兰西占领。奥地利领地正式改名为奥地利帝国。领土范围包括了现在的奥地利、匈牙利、捷克、上西里西亚、波希米亚、斯洛伐克及特兰西瓦尼亚等地。

公元1866年，普奥战争爆发，奥军被击败，奥地利被逐出德意志。次年奥地利帝国成为奥匈帝国的主体之一，首都即奥地利皇室领地内的维也纳。神圣罗马帝国已经名存实亡，而且皇帝弗兰茨二世宣布自己为奥地利皇帝，且改名为弗兰茨一世。公元1867年奥匈帝国成立，奥地利帝国不复存在了。

弗朗茨二世继任神圣罗马皇帝时，德意志城邦割据情况已经十分严重。神圣罗马皇帝早已失去国家的执掌权力。法国大革命的爆发和拿破仑的崛起，加剧了德国诸城邦的分化，帝国前景堪忧。加上公元1804年5月，法国第一执政拿破仑称帝。三个月后，弗朗茨宣布提升奥地利大公国为奥地利帝国，自称奥地利皇帝弗兰茨，以此回应拿破仑的称帝，弗朗茨也希望借此机会重新整理哈布斯堡王朝的既有领地。

维也纳会议分赃引公愤

在公元1809年—1813年，奥地利采取了随机应变的政策。它一个跟着一个地欺骗了自己的伙伴。最初和拿破仑缔结了同盟，并把弗兰茨第一的女儿玛丽·路意丝嫁给他。和昨天的敌人联合本是常有的现象；反法兰西同盟的伙伴们——英吉利、普鲁士和俄罗斯——在公元1809年也把奥地利撇开不管了。

公元1812年，拿破仑侵俄失败，奥地利政府宣布也准备参加远征，同时又向伦敦和彼得堡暗示对这一声明不必认真看待。但其他各国始终不知维也纳的真正意图，所以仍旧劝说奥地利到自己这方面来，并表示对它参加反法兰西同盟愿意给以更高的代价。奥地利的施瓦尔岑堡兵团在整个战争期间只是在俄罗斯境内来回移动，并不认真参加战斗。奥地利政府等待着机会。假如拿破仑战胜的话，施瓦尔岑堡的行动就可以作为要求对所做“援助”给以报酬的借口。但是拿破仑被击溃了。当俄罗斯、英吉利和普鲁士在拿破仑从俄国撤退之后准备予以决定性的打击时，施瓦尔岑堡仍然按兵不动。最后，在战争结束以前不久谈判的结果是使维也纳完全满意的，于是奥地利军队又转到了同盟军方面。

在公元1814年和公元1881年举行的维也纳和平会议上，各同盟国家力图尽可能地消除最近二十五年来所发生的一切新事物，并分割法兰西所侵占的领土。法兰西的疆界恢复到以前的状态。比利时和荷兰合并为尼得兰王国。

受法兰西保护的莱茵区国家联盟，即莱茵联盟解散了。取而代之的则是莱茵同盟和神圣罗马帝国所建立的德意志诸侯国的联盟。固然，这可以说只是在纸上存在着的。奥地利代表担任联邦议会的主席，但实际上是普鲁士在德意志联邦中占了首要地位。

英吉利得到了相当多的殖民地，其中有马尔他岛、南非的好望角殖民地、锡兰岛以及海军基地黑尔郭兰岛。拿破仑所建立的华沙大公国大部分划给了俄罗斯。奥地利收回了东加里西亚领地以及它的其他一些领土。奥地利以伦巴底、威尼斯、达尔马提亚、爱斯特和莫德纳作为失去比利时的补偿。这样一来便确定了奥地利对意大利的统治。由于将波兰领地划给了俄罗斯，普鲁士得到了萨克森王国的一半和莱茵区的领地。

参加维也纳会议的各国政府，在许多问题上都有意见分歧。但是对一件事所有政府却都一致：必须制止从法国革命开始并在拿破仑战争中获得发展的过程，如果各个国家单独无能为力，应当使用同盟国全体的军事和政治力量来制止它。

拿破仑战争不仅在表面上改变了整个欧洲，也动摇了各王朝对本国人民以及对王朝统治下的异族集团的统治权。在公元1809—1813年，整个欧洲的基础都动摇了。无论是在俄罗斯还是在普鲁士，人民发动行动迟缓的皇帝来进行反拿破仑的斗争，两国的君主不得不在继续与法国斗争，抑或被起义的人民所消灭两者之间进行权衡。然而，人民的要求不仅仅局限于和拿破仑斗争，还包括争取自己的自由。普鲁士国王不得不保证制定宪法、废除农奴制度、确定公民权。俄罗斯的沙皇政权面对着在官吏和军官中间日益高涨的反对情绪，这种反对情绪过了几年爆发为十二月革命党人的起义。在英吉利，不仅工厂主和小资产阶级，连工人亦开始在“谁能斗争谁就能统治”的口号下要求自由和权利。在公元1809年为了制止人民起义而向敌人投降的奥地利政府，也知道它的政权已经不很巩固了。

奥地利的南斯拉夫诸省第一次合并为伊里利亚王国，从此时起所有南部斯拉夫人的统一国家这一观念不再是不现实的了。公元1809年没有接受拿破仑独立建议的匈牙利，现在也开始要求在哈布斯堡国家的范围内得到自由。甚至连那似乎历来就是被奴役、被蹂躏的爱尔兰也有叛变的趋势了。

各同盟国政府所知道的唯一“药方”，就是镇压各国的政治运动，迫使民族要求的呼声沉寂下去，迫害革命者、恫吓自己方面的激进主义者。各同盟国明白，如果在政治或民族方面把残酷压迫的制度放松，君主国的大厦就会倒塌。奥地利君主国是头一个明白这一点的，并根据这一点来行动的。奥地利君主国之所以在“神圣同盟”中占主要地位，起作用的并不是它的政治或军事威望，而是它在自己国内镇压革命力量的经验和决心。

饥饿暴动创奇迹

在结束拿破仑战争之后，奥地利好象比过去更强了，但是在公元1816年—1818年实际上发生了“危机”。由于工业停滞，商业紧缩，必须重新向贵族缴纳赋税的农民越来越贫困。公元1830年，奥地利这个以农业为主的国家不得不输入大量的食品，而且不是殖民地来的商品或什么珍馐美味，而是谷物、肉类、豆类这些基本的食品。1812年，通货膨胀日益严重，且短期内难以缓解。以当时人们的话来说，谁也不知道他今天手中的一个德利尔到明天会值多少——二十个、十个，甚至一个克莱茨。

由于不平衡的工业发展，奥地利经济遇到了危机。在维也纳，特别是在捷克、摩拉维亚和西里西亚，从公元1830年起又开始了失业时期，但在其他工业地区却感到严重的劳动力不足。但是要把劳动力从一个地方调到另一个地方去是不可能的，因为政府由于害怕混乱而阻止工人流入城市。手工业者因为自身实力的问题，无法和工厂竞赛而垮台。农民由于贵族不断地苛征暴敛以致债台高筑，被迫离开农村。但他们又不能去城市谋生，因为政府禁止农民向城市迁移。农民没有第二条路可走，只有到原来地主所经营的工业企业或半工业企业——烧酒和啤酒酿造厂、磨粉厂等——去当雇工。他们的工资甚至连成年工人也是非常低微的。除去捐税、煤火、洗澡以及购买衣服的等零星开支外，每天仅能剩下二十七个克莱茨作为全家伙食的费用。在其他国家里已经开始出现了可以稍稍改善贫民生活的条件，即工业新产品源源而至，物价在降低，虽然速度较为缓慢，但是奥地利除了从过去一直延续下来的苛捐杂税外，连其他国家的这种小小优越条件也没有。奥地利的商品很少，商品价格不断在上涨。

公元1815年—1848年这几十年间，奥地利全体人民的生活质量都很差。在捷克、匈牙利、加里西亚和克莱那，发生了农民起义。在奥地利本土，人们由于愤怒袭击了路过的皇帝的轿车，把它推翻、打碎并烧毁了。但是原来车中连一个当权王朝的代表也没有。

公元 1817 年，在维也纳爆发了失业者的饥饿暴动，他们威胁着要捣毁政府的办公处所，被吓倒的政府不得不采取紧急措施来改善人们的贫苦状况。失业者举行了示威，规模虽然不大，可是整整一年中继续不断。从公元 1840 年起，爆发了更严重的冲突，尤其是在捷克。公元 1844 年布拉格发生了风潮，参加的工人有一千六百人之多，并且持续了许多天。

整个知识界的情况虽然不是那样悲惨，但是他们的反对情绪也不见得小一些。维也纳是政府眼中的“不满分子”的主要核心。他们就是倡议创立自称“青年奥地利”的艺术、政治和文学流派的人们。这是一批来自不同阵营，具有不同政治信仰的作家和政论家，但是因为他们共同的愿景，即一致反对当前的政府制度，希望依据公正原则建立一个自由进步的奥地利，从而联合起来的。弗兰茨·舒伯特和诗人弗兰茨·格里巴泽尔虽然不是“青年奥地利”的成员，但和这个集团的代表保持着友好的相互关系。

“青年奥地利”的代表们在政治观点上并不是一致的。他在《一个奥地利人的意见》那本匿名著作中，提出奥地利建立立宪政体，并由资产阶级君主领导国家的思想，主张贵族不参加国家管理。

随着危机的尖锐化，资产阶级的代表们愈发频繁地设法去讨好工人。在公元 1847—1848 年闹饥荒的时候，资产阶级，首先是工厂主，设立了许多救济居民的慈善机构。在维也纳各区，用募集的经费开办粥厂，每天有几百个，有时甚至几千个失业者就食。他们还发放衣服和鞋子，尽力对多子女的家庭多给一点帮助，某些救济机构甚至用自己的经费来贴补失业者。

民族运动孵化器

奥地利国内的政治冲突只是政府所面临的困难的一部分。伦巴底、布达佩斯、克拉科夫和布拉格等地的情况也不比维也纳好。但是在他们之间被提到首位的，与其说是社会需求，不如说是民族要求。在拿破仑战争前，奥地利政府所要顾虑的只是一个匈牙利民族反对派。现在至少在六个领地出现了反对派。当然，这些领地的要求和居民的成熟程度以及运动的力量都各不相同。

在一个世纪内，奥地利将系列地区的领土纳入统治范围内。这些地区从前或是独立国家，或是地方诸侯所统治的半独立省份。他们都有固有的传统，有它自己的独特的经济和文化，虽然可能有些落后，但至少独立。这些地区的人们都具有很高的自觉意识，而且在并入哈布斯堡王国时已经非常成熟。仅仅就这一点，就足够从一开始就引起巨大冲突。除匈牙利人外，意大利人和波兰人也是这类民族。匈牙利人、意大利人和波兰人这三个所谓“历史民族”，是君主国内民族反对派的先锋队。

在维也纳会议之后的那几年，意大利人的地区内十分不安定。意大利境内建立以意大利王朝为首的民族国家的运动越来越多，出现这种情况的原因有两个：其一，意大利人从被并入哈布斯堡君主国的第一天起，他们就感觉到自己脱离了自己的民族，并被强制服从外国人的统治；其二，在奥地利统治范围以外，还存在着一些不大的意大利隶属国家和地区。撒丁岛和拿波里两地在公元1820和公元1821年由于发生了革命，依附于奥地利的政府被推翻，建立了民族立宪政府。不久皮蒙特也接着发生了革命。当然，拿波里和皮蒙特的政府由于“神圣同盟”军队的干涉还是被推翻了。镇压革命运动造成了可怕的流血，但还是没有达到目的。彻底镇压独立运动是做不到的。转入地下活动的资产阶级民族组织“烧炭党”，在每个城市都有千千万万的信徒。一批刚被消灭，另一批又开始行动起来了。

公元1848年以前，伦巴底到处都在爆发小规模的起义，以致于奥地利政府不得不保持着独立的军队。这种需要庞大开支的长期占领，也就是决定奥地利资产阶级在意大利问题上的态度的首要因素。虽然有关匈牙利或波兰问题，在奥地利的反对派队伍中还有分歧意见。但对意大利，维也纳的人们却日益坚决地要求给它特惠，并向政府证明压迫这个国家不仅违背奥地利的政治利益，而且也违背它的经济利益。对君主国来说，意大利类似“神经痛的压痛点”，因为它的发展过程不仅和君主国内部发生着的各种过程相关联，而且受到法兰西所发生的事件的强烈影响。

公元1846年，波兰城市克拉科夫爆发起义，克拉科夫是旧波兰在战争中省下来的最后一块土地。这年奥地利把克拉科夫归并到自己的领土内，克拉科夫是一座对波兰人具有象征意义的城市，因而波兰人对这次占领表现出极其强烈的反抗和起义，其中，在波兹南和利西亚两地表现得尤为突出。

奥地利派军队去镇压起义者，但面对强大的反抗，军队的力量显得苍白无力。不过，没过多久，这些军队得到了意外的盟友。加里西亚居民大多数的小俄罗斯农民受着波兰地主难以想象的压迫，人们过着奴隶般的日子，这种地位甚至不如当时所特有的地主与农民之间的关系，这些人起来反抗波兰贵族了。

正当波兰贵族和奥地利军队作战时，农民焚毁了贵族的城堡和花园，用草叉和链枷去攻击他们的波兰压迫者。他们在农村里宣告没有地主和外国对波兰的统治的“地上的天国”出现了。然而波兰的起义很快被摧毁了，而且使波兰的独立在很长时间内成为不可能的了。而后，享有等级特权的波兰贵族要求在君主国内担任领导职务，然而，这个愿望并未得到满足。匈牙利人的民族运动在君主国内其他的民族运动中居第一位。他们的斗争持续得比较长久，甚至还有了一些成果。

公元 1811 年，匈牙利国会为了表示抗议匈牙利人民权利受压制，拒绝就匈牙利的财政责任问题进行表决。因此国会被解散，并且十三年没有召开国会。公元 1825 年，国会又召集起来，并且重新提出他们的抗议。斗争继续围绕着每一项行政上或财政上的措施进行，同时匈牙利国会尽量在法律许可的范围内反对限制整个匈牙利的权力，也未反对维也纳不断从匈牙利尽量榨取的掠夺企图而斗争。公元 1843 年国会要求承认以匈牙利语为国语来代替机关里所使用的拉丁语。公元 1844 年通过了关于这个问题的决义。国会有许多更进一步的决定甚至都不通知维也纳。

公元 1831 年，匈牙利政治方针的改变愈发明显，民族反对派的领导权从匈牙利贵族的右翼代表手中落到资产阶级和小贵族中间派的手中。贵族反对派尽管也要斗争，但他们实际上并没有超出这种要求的范围，即按照中世纪的贵族地方自治的范例恢复某种形式上的自治，并保留贵族的特权，更广泛地吸收他们参与领导最重要的国家事务，使他们在宫廷中有更多的代表。

但新的资产阶级反对派则要求民族独立、要求建立由匈牙利人管理的，符合匈牙利资产阶级利益的匈牙利统一国家，以便匈牙利资产阶级能得到自由发展的机会。他们满足于建立一个立宪君主制的国家。他们也不会反对奥地利皇帝做他们的君主，并且也准备就某些问题，如军事政策或外交政策的问题，继续与奥地利合作。但是，戴阿克着重指出，“只能与自由的肃清了反动派的奥地利合作，也就是只能是自由国家之间的合作”。

奥地利政府不了解匈牙利内部的势力已经发生了变化，依然认为是在和旧日的贵族反对派打交道。恰好梅特涅以及后来的斐迪南对匈牙利是多半准备采取让步态度的。在统治匈牙利时必须保持相当谨慎的原则，这是根据惨痛的经验而制定的，所以这个原则已成为哈布斯堡家族政策的基础。他们尽可能设法少去触犯贵族的经济利益，不许匈牙利农民的状况有任何改善，以免激怒地主。

他们竭力使匈牙利贵族靠近奥地利宫廷，表示愿意把重要职位给予他们的代表，但是最有威信的匈牙利人没有接受这些职位。梅特涅重新制订了哈布斯堡国家的改革计划，其中规定恢复旧日的封建自治以及它的等级代表制和贵族联邦制，但要用中央集权的行政机构和强大的警察力量来增强它。如果匈牙利人参加讨论这些计划，奥地利大约会很高兴。可是匈牙利内部新的资产阶级民族潮流那么强大，以致匈牙利的大贵族有点害怕矛盾会更加尖锐化。

但是匈牙利的激进主义也有不好的一面。它的代表所要求的自由只是匈牙利人的自由，而不管其他任何人。新国家应该是由匈牙利资产阶级和匈牙利民族取得无限统治权的国家。公元 1844 年匈牙利议会通过关于语言的法律时，附带还做了这样的说明。匈牙利官员给克罗地亚官员写信用匈牙利语，而克罗地亚官员回信不能用克罗地亚语，要用拉丁语。

居住在匈牙利领土上的非匈牙利民族中，有奥地利人、德意志人、罗马尼亚人和颇多的斯拉夫人。在居住在帝国领土上的一切斯拉夫民族中，南部斯拉夫人——克罗地亚人、塞尔维亚人和斯罗文尼亚人——他们是最具有进步性的，而克罗地亚人在经济上和政治上是其中势力最大的。

由于过往支持他们抵抗匈牙利并允许他们享有一定程度的自治权，克罗地亚人就完全不反对隶属于奥地利君主国，斯洛文尼亚大致也是这样的情况。在促进克罗地亚民族发展的拿破仑统治年代，因为大陆封锁大大减少了商品运输和海上贸易，克罗地亚资产阶级的经济利益受到了严重损害。由于政治和经济上的原因，对于克罗地亚资产阶级来说，作为哈布斯堡君主国的一个组成部分，要比组织一个独立国家更为容易。在南部斯拉夫民族的国家里更为有利，在后面这样的国家里，起主要作用的将是塞尔维亚人。塞尔维亚人认为克罗地亚人是文化落后的，且是拥有不同宗教的民族。

直到公元 1848 年，贵族阶级虽然在捷克反对派内仍继续起着决定作用，但是反对派本身按其实质来说已不再是贵族反对派了。这已是完全是资产阶级的民族运动，只是还没有自己的领袖而已。

捷克人民族自觉的最初表现，和南部斯拉夫人一样，是与捷克开始复兴有连带关系，捷克的复兴比克罗地亚人和斯罗文尼亚人的复兴更有力量、更有成果。它首先表现在文学、语言学和历史发展上。和克罗地亚人一样，捷克人在公元 1848 年以前也不希望与奥地利分离。他们要求恢复 1627 年的宪法和“捷克王室领地”——捷克、摩拉维亚、西里西亚的局部自治。

专制自由的悲剧

革命犹如集体癔症，不仅仅在维也纳爆发了，布达佩斯、列姆堡、莱巴赫以及布拉格都发生了革命。布拉格的革命同维也纳的革命是同时开始的。4月和6月之间的运动决定了布拉格的命运，同时也决定了奥地利的命运。

起初布拉格的时局一切顺利，那里充满了欢乐情绪。3月间，捷克人同德意志人一起参加了示威游行，成立了共同的革命委员会，唱着自由之歌，共同要求出版自由、教学自由和宪法。捷克和德意志的大学生们彼此亲如手足，正如他们的同胞在维也纳大学里亲如手足一样。但是在4月初就开始发生了意见分歧。

三四月时，布拉格的工人袭击了某些工厂，并且乘机损坏了许多蒸汽机。他们要求增加工资和降低房租。同时还发生了许多起工人的示威游行；工人们在工厂里任意地停止工作。他们大声谴责："外国人"本来就在"掠夺捷克人民"。不管怎样，他们的拒绝成了首次正式控诉"德意志人在捷克遭受压迫"的借口。这种控诉的消息传到了维也纳。

各种冲突相继接踵而至。4月3日，捷克各组织发表了他们的要求，其中也包括捷克语言权利平等。德意志人认为捷克人的这种要求是合法的，于是掀起了远在布拉格市外都能听到的抗议风潮。而且媒体也加入其中，自由的维也纳报刊，在言辞中开始使用一切谩骂和肤浅的讥诮语言来对此声援。

4月，在参加法兰克福会议的问题上，展开了彻底的斗争。法兰克福国民议会筹备委员会邀请了奥地利人参加它的会议，这些会议是应当作为召开统一德意志国家议会的序幕。然而捷克人的想法并非这样。在他们看来，加入德意志国家就是毁灭他们的民族意向、就是终止他们关于建立独立自主的捷克国家的幻想。捷克人拒绝了参加法兰克福议会。

法兰克福议会选举给"大德意志主义者"带来了令人失望的结果。从六十二个捷克选区中只选出了二十名代表，甚至在这二十名代表中还有某些代表放弃了代表权。在布拉格只投了三张选举票。这种投票结果并没有使德意志人不安。他们把选举前他们所奉承的捷克居民称为"愚蠢落后的群众"，并宣称同德意志的联合反正得实现。

但左派分子仍然抵抗，借以粉碎日益明显接近哈布斯堡家族的企图。捷克人为了对抗法兰克福议会决定召开居住在奥地利君主国的斯拉夫人的代表大会，借以在抵抗德意志化的威胁中获得盟友。居住在没有加入君主国的斯拉夫人也以来宾资格被邀请参加。

代表大会上，仅有一个问题取得了完全的一致意见，即拒绝让各斯拉夫民族加入统一的德意志国家。在其他问题上意见出现了分歧。捷克人和南部斯拉夫人赞成维持奥地利君主国，波兰人要求分立并建立一个独立自主的波兰国家，而第一次独立发言的斯洛伐克人少数代表则只是坚决主张他们的语言同匈牙利语言平等。在代表大会上还没有取得具体的成就。全体斯拉夫人代表大会的意义在于君主国内的各斯拉夫民族在代表大会上首次申述平等权、独立权的要求。

各部族已经不止一次地给捷克人做出明确地暗示，应该停止执行临时政府职权的委员会的活动。但在左派的影响下，捷克人拒绝了这些要求。6 月 12 日，军队开始积极行动起来，在阵地上安装大炮，人们已经开始公开谈论即将发生的军事变乱。成千上万的工人来到文采尔广场上开展游行示威活动，最后通过了反对文吉格烈茨的行动的抗议。但是，当赤手空拳的群众游行队伍拿着请愿书来到文吉格烈茨的府邸时，迎接他们的却是枪击，示威群众中有人受伤，甚至还有人失去了自己的生命。

文吉格烈茨的镇压行动迅速在城内传递，几个小时之后，出现了街头堡垒，大学生、小资产阶级和工人们组成的战斗队伍在堡垒中，准备和文吉格烈茨抗争，推翻他的阴谋。然而德意志民主主义者，却在此时无动于衷地看着文吉格烈茨准备政变的行动。

军队难以置信的速度发动了进攻，这也表明文吉格烈茨等待的时机已经到来。军队在城市内被民众阻止，只能到达文采尔广场。在这里，争夺每个路口和每所房屋的斗争激烈展开，环绕旧城的街边堡垒面对军队的进攻，坚持了整整一天。文吉格烈茨将军的掷弹士兵三次进攻，三次被击退。直到街边堡垒的所有学生、小资产阶级和工人守卫者全部阵亡，堡垒才终于被占领。直到傍晚，还有半个城市保持在捷克人的手中，文吉格烈茨关于拆除街边堡垒的命令依旧没有得到人民的答复。

炮火声唤醒了农民，开始成群结队地来到街上保卫他们的城市，文吉格烈茨不得不派遣几支大分队来对付农民队伍，这场战斗持续了好几天才最终结束。每天被摧毁的街边堡垒，又迅速地被重新修复起来，继续和军队对抗，并把军队从他们占领的据点上驱逐出去了。

6 月 17 日，文吉格烈茨的军队又开起火来，这次发射了燃烧弹。文吉格烈茨借口说有些工人埋伏在旧城的制粉厂里并从那里向军队射击，于是下令烧毁这个制粉厂。随后又向未设防的旧城猛烈射击了六个小时。布拉格的革命被镇压下去了。文吉格烈茨获得了初次的胜利。行将镇压维也纳革命的总演习结束了。

当布拉格正身处流血事件当中时，维也纳又做了些什么呢？维也纳选择了沉默。它没有尽一点力量去帮助布拉格。更为甚者，它没有对文吉格烈茨做出任何的谴责，所听到的仅是对他的宽恕的责备。由于胜利而得意忘形的文吉格烈茨士兵和军官们在途中遇到这些使者时，威胁着要抢劫他们，并且要扬言要杀害他们。当那些人最后到达布拉格的时候，公爵把他们禁闭在城堡中，两天拘禁后把他们驱逐回来。维也纳仍然缄默无声地忍受了这种屈辱。

当时，在远离布拉格的布达佩斯和莱巴赫，正上演着另一幕悲剧。

匈牙利居民由450万匈牙利人、500万斯拉夫人、100万罗马尼亚人和100万奥地利与德意志人构成。尽管匈牙利人在匈牙利居民中占据少数，但他们是匈牙利居民中最进步的部分，他们具有最发达的民族意识。他们为争取本国的独立而斗争，他们认为取得生存权利的新国家当然应该是匈牙利人的，只是匈牙利人的国家。

以“匈牙利和奥地利革命的刽子手”著称的叶拉契奇，最初并不是革命的敌人。在匈牙利革命刚开始时，他拟定了要建立“在自由匈牙利范围之内的自由的克罗地亚“的纲领，使克罗地亚人同他们的“匈牙利兄弟们”友好，“在自由主义宪法的旗帜下谋求普遍的幸福”。

6月5日，叶拉契奇在阿格拉姆召开了克罗地亚－斯罗文尼亚等级会议。出席的人们都受着布拉格事变的影响。现在已经很明显，斯拉夫人不必期待维也纳方面的任何援助了，并且奥地利左派分子是会出卖克罗地亚人和匈牙利人的。等级会议同意了叶拉契奇的政策，并宣称脱离布达佩斯。等级会议的召开本身就是向匈牙利政府挑战，因为匈牙利政府是禁止召开这种会议的。等级会议要求建立克罗地亚－斯罗文尼亚国家，并授权叶拉契奇在必要时继续反抗匈牙利人和做好军事准备的权力。同时宣称克罗地亚准备同匈牙利签订友谊的协定，并重新选派了谈判代表团。

然而匈牙利并没看到威胁着它的危险，仍象4月里那样以傲慢的“不行”来答复。在匈牙利人看来，唯一可以接受的就是克罗地亚人和斯罗文尼亚人无条件的服从。那时他们也进行了接近国王的尝试，请求授权他们自己解决匈牙利－克罗地亚的冲突，因为“出卖”各族人民在当时已成风尚，他们在这里也提出了“代价”，答应用“钱和人”来支持对意大利的远征。但是英士布鲁克方面不再需要对远征意大利的援助，所以拒绝了这个提议。

阿格拉姆与英士布鲁克之间的谈判重新开始了。经过了两个月的努力，达成协议的尝试仍得不到任何的结果。最后在9月4日，英士布鲁克允许克罗地亚人“在他们对匈牙利人的野心所进行的正义斗争中”自由行动了。战争随即开始，9 月 11 日叶拉契奇渡过了德拉瓦河。

因此，情况发生了根本性的转变。早前国王被孤立起来，现在则是维也纳和布达佩斯的居民受到孤立的威胁。国王又显示出力量，英士布鲁克的宫廷奸党拥有听他们支配的盟友、拥有武装力量，无论是文吉格烈茨的军队也好，或是拉杰茨基的军队也好，甚至是叶拉契奇的军队。大资产阶级以及自由主义者现已情愿同国王达成协议，只要满足他们的要求，乃至部分要求就可以了。这将使得他们有可能摆脱左派的威胁，并且迫使工人们缄默不语。至于法兰克福的德意志国会不会，并且愿不愿意保卫革命，那已经是显而易见的事情了。

第三章　中欧共主邦联国家——奥匈帝国

弗兰茨·约瑟夫时代

奥匈帝国皇帝弗兰茨·约瑟夫一世的一生犹如一场戏剧。故事拥有美好的开头，却没有走向完美的结局。19 世纪下半叶，奢华的帝都维也纳有位帝王，年轻英俊，统治着欧洲第二大帝国，他血统高贵，是拥有 600 年历史的哈布斯堡家族的嫡系传人，他异常勤奋，每天工作 12 小时以上，他冷水洗澡，睡行军床，能熟练运用他的子民的八种语言，还有一位异常美丽的王后，他们过着王子、公主般的童话生活。但是等到他 68 年的统治生涯结束，一切不幸都接踵而至，所有美好都恍然若梦。他的弟弟被人在南美枪杀，妻子在日内瓦被意大利人刺死，儿子年纪轻轻就自杀身亡，选定的继承人又被黑手党刺死。为此他发动的报复性战争使千万人因此丧命，也使他为之奋斗的帝国风雨飘摇。

弗兰茨·约瑟夫是弗兰茨·卡尔大公和巴伐利亚国王马克西米利安一世之女苏菲·费里德里卡公主的长子。因为伯父费迪南一世无子，他被教育成为国王的假定继承人。公元 1848 年曾在意大利参加镇压伦巴第 - 威尼西亚王国反抗奥地利统治的起义，当革命蔓延至帝都维也纳时，奥皇斐迪南一世因精神原因被迫退位，弗兰茨于 12 月 3 日在奥尔米茨登上帝位。

约瑟夫统治的头 10 年，即是所谓的“新专制政体时期”。他亲自制定外交政策和战略决策，与首相和外交大臣费利克斯·施瓦岑贝格一起开始恢复帝国秩序。公元 1850 年 11 月以武力威逼使普鲁士签订《奥尔米茨条约》，解散了德意志联邦，向奥地利称臣，这被普鲁士人视为第二个耶拿之耻。但首相在国内的粗暴统治和不容异己的警察机构激起了人们内心的反叛情绪，当公元 1851 年政府撤回公元 1849 年在革命压力下答应制定宪法的许诺时，这种情绪变得更具威胁性。撤回许诺的后果影响深远，导致自由党对他的统治长期不信任，并且引发了公元 1853 年在维也纳行刺奥皇的企图和米兰暴动。

公元 1852 年施瓦岑贝格去世，弗兰茨·约瑟夫不再任命首相而是自己独揽大权。他虽然勤奋但智力却并不高，在复杂的国际政治中常常走错路数。

奥地利帝国在克里米亚战争中的错误主要是他自己造成的，他不顾俄罗斯帝国对他的一贯支持，调动驻加利西亚的军队到俄国边境，迫使尼古拉一世从多瑙河沿岸撤军，造成了两国永久的破裂，沙皇尼古拉一世自杀前悲叹奥地利的背叛："我是一个世界上最大的傻瓜，居然指望别人知恩图报。"而西方国家则因为他并没有直接参战，把他看成企图不劳而获的奸诈人物，最后他两头不讨好。

因为国内复杂的财政问题，他在公元1859年开始削减军费，但又中了加富尔的诡计，忍不住挑拨而向撒丁王国宣战。没想到抓耗子却带出大象，法国的拿破仑三世变脸像翻书，毫无征兆的突然拔刀帮助弱小的撒丁，历史上第一次通过铁路机动迅速把10万大军带到意大利战场，预想的边防军惩罚作战变成了大国间的主力对抗，弗兰茨亲自赶到战场也没有丝毫作用，两军的指挥都显得杂乱无章，而奥地利显得更乱，索尔费里诺战役的失败严重损害了奥地利的军事声誉。7月他匆忙缔结了《自由镇和约》，将伦巴比割让给对手以结束战争。战败后出现的危机气氛促使约瑟夫开始重新注意宪法问题。"宪法试验期"内联邦制宪法和中央集团期宪法交替试行，这种情况一直延续到公元1867年。

公元1864年约瑟夫在针对丹麦的战争中与普鲁士结成同盟，企图以此拖延其在德意志的支配地位，然而事实证明这种行为是徒劳的。普奥获胜后争吵随即而来，双方的战争不可避免，普鲁士与撒丁结成同盟，形成对奥地利的夹击之势。外交官提议通过法国拿破仑三世之手，将威尼斯让给撒丁来避免这种不利态势。虽然注定要失去威尼斯，但约瑟夫却认为不经一战就失去一个省份有失体面，死也要死的光荣，遂即把善于攻击的阿尔布雷希特·弗里德里希·鲁道夫大公和善于防御的路德维希·冯·贝内德克调换了位置，普奥战争的结局是北方战线失败，南方战线胜利，奥地利失败，并交出了威尼斯，但保证了对南方的心理优势。

由于约瑟夫未能达成联邦制解决方案，使各民族满意，各民族间的关系进一步恶化。公元1867年的形式已趋于明朗，必须向不听指挥的匈牙利人做出妥协，结果形成了"帝国和王国的二元君主国"。在这个二元君主国里，一半奥地利，一半为匈牙利，以平等的伙伴关系共存。这一妥协给匈牙利人相当大的权利来扩大其影响，蒙受损失的是斯拉夫各民族；波西米亚人（捷克人）和波兰人没有分享到奥地利德意志人在帝国的奥地利部分享有的特权；而克罗地亚人、斯洛伐克人和南部斯拉夫人则没有分享到匈牙利人在匈牙利部分所享有的特权。弗朗茨·约瑟夫认可了这种偏袒的做法，违反了在这个多民族国家中各民族基本平等的核心法则。

各民族对奥地利德意志人君或匈牙利人君主的屈服取代了历史上长期演变所形成的各个邦属对皇帝的关系。这样国家持续不得安宁。由于奥地利德意志人民族的反对，奥皇否决了赋予各斯拉夫语、匈牙利语和德语以平等的最后一次改革尝试。至于承认和恢复捷克人古老的权利的问题，则束缚着奥匈帝国的外交政策并威胁着它的内政。更为不利的是南部斯拉夫问题，从公元 1867 年起，匈牙利统治下的克罗地亚人感到他们被不断的匈牙利化，匈牙利人的统治终于使居住着斯拉夫同胞的塞尔维亚成为二元君主国的死敌。

奥地利帝国成立之后，国内的多民族战争和对外战争纷纷失败，令哈布斯堡－洛林王朝势力不断被削弱。公元 1859 年的意大利独立战争使奥地利帝国失去在了意大利的所有领地；公元 1866 年的普奥战争迫使奥地利退出德意志联邦，结束了哈布斯堡家族统领德意志各城邦的时代。内政方面，匈牙利对维也纳的统治也非常不满，国内其他许多地区民族主义思想也不断在加强。奥军在沙俄的支持下对公元 1848 年匈牙利革命的镇压，更加加剧了匈牙利对奥地利统治的不满。

奥地利—奥匈帝国国会大厦

经过政府官员的劝诫，约瑟夫决定与所有民族运动家谈判。虽然如此，但帝国内各部分以匈牙利贵族的势力最为强大。这些贵族只肯接受他们与奥地利传统贵族之间的二元体。纵使维也纳担心单独与匈牙利贵族谈判会遭到其他民族更大的反对，但最终仅与匈牙利的贵族协商，令奥匈最终组成了一个联邦国家。

暴风雨前的沉寂

尽管缔结了协定，但帝国皇帝所期望的安定并没到来。奥地利资产阶级和代表他们的德意志自由党不顾公元 1867 年的政治让步，无论如何不能容忍奥地利现在存在着两个统治民族。匈牙利所获得的权力被无限夸大，因而看起来不仅是君主国内的匈牙利部分，就连奥地利部分也在匈牙利人管辖之下。但是德意志自由党的愤慨并未持续多久，他们相当快的就安于这个协定；使他们有更多抱怨口实的是这个协定的后果。

对布达佩斯取消中央集权制原则，也在布拉格等城市产生了影响。仍由右派分子李歇尔和帕拉茨基领导的捷克反对派，不无根据地提出这样的问题："我们到底怎么样呢?"接着他们又表达：既然政府承认权力并允许匈牙利王国的领土独立，那就没有任何理由阻碍捷克国王领土的独立，因为它们是与匈牙利同时加入哈布斯堡君主国的。在捷克，独立运动并不如此强大。从公元1848年6月起，这个运动就是由右翼保守集团领导着的，他们力图和皇帝达成协议并把自己的要求告知皇帝，但是决不打算号召民众来支持这些要求。然而，捷克提出要求的举动毕竟足以使奥匈协定以后开始的那种极不稳固的安定局面重新动摇起来。

奥地利和匈牙利长达数年的谈判进行的同时，约瑟夫在公元1867年失败后忽然失掉耐心，而在一夜之间没有预先通知奥地利资产阶级就决定同匈牙利达成协议。谁能保证在同捷克人谈判时不会发生同样的情况？由于资产阶级对皇帝是否会取消所做的一切决定感到毫无把握，这就使奥地利的整个政治陷于瘫痪。不论哪个团体、不论哪个在这时成立的政党，即使它掌握着政权，也不感到自己是个真正的执政党。政府只在表面上是"立宪"的，而实际上是由皇帝决定的。如果他觉得合适就可以不顾政府的意见，甚至违反政府的意见做出决定，可以不通知政府就进行谈判，甚至如果谈判成功也不通知政府。

这种情况让各部大臣和他们的党就失掉了一切威信以及责任感。在紧要的关头，他们的见解丝毫不起作用，所以他们只有竭尽可能地把更多的王牌搜集到自己手中，以便自己相对于皇帝来说，处于更为有利的地位。同时人们又都知道，约瑟夫由于对外政策上的原因，力求使国内安定下来。因此，能够给他制造最多麻烦的政党就有更有利的机会，这使它有可能做出这样的论证："你看，由于不实现我的要求而发生怎样的演变，试想，如果以后还不实现我的要求，将来会怎样呢，因此要明智些，让步吧，而我们将在一夜之间立刻变为帝王最忠实的仆役。"

捷克人从公元1867年起也开始采取"急剧转变"的政策，因为他们看出德意志自由党人不想对他们做任何让步。捷克的政治活动家们跑到莫斯科和巴黎去对沙皇和法兰西的政治家诉说捷克人在君主国内的困难处境。但这只是示威而已，无论在莫斯科或巴黎都没有达成任何重要的协议。在莫斯科是因为无论沙皇或捷克人实际上都不热衷于泛斯拉夫主义的政策，在巴黎是因为法兰西政府担心的是和德意志的冲突威胁着法兰西。但这毕竟足以使德意志自由党人开始叫嚷"叛国"，而约瑟夫和主张联邦的保守分子则开始考虑应当为捷克人做点事情，以便制止这种有损君主国威信的事再度发生。

政府的更换就是奥地利政府的情况和皇帝态度动摇不定的最好说明。如果所采取的方针没有效果，立刻就重新采取另外一种方针，如果内阁不能克服矛盾因而瓦解，便组织方针相反的新内阁，而且有时候简直像闪电一样地实行。组成的内阁阵容非常庞杂，因为各部大臣并不是某些党派的代表，这些人的选拔并不表示国内真正的力量对比，他们都是根据皇帝的意志而任命的。

随着“资产阶级内阁”的到来了，霍亨瓦尔特内阁的协定得以实现。同时霍亨瓦尔特还从约瑟夫那里得到尽量破坏德意志自由党人威信的使命，约瑟夫对于德意志自由党人的政策显然是不同情的。霍亨瓦尔特利用险恶的手段完成了这项使命。不管德意志自由党人在过去年代里的行为如何，他们在国内仍然享有一定威信。这并非因为他们是“德意志的”，而是因为他们是“自由党人”。这是以前所有著名大政党里唯一的“左翼”政党。他们赞成教会与国家分立，赞成学校革新，赞成出版自由和宗教信仰自由，他们再次要求真正的代议制、选举权和民主。

真正的民主改革到来，显得颇有些意外。霍亨瓦尔特内阁的政策，使人有权参加选举的财产资格降低到了十盾。这样小资产阶级中的广大阶层、农民和小部分工人都得到了选举权。根据自由党人的自由主义言论来看，他们本来是应当表示喜悦的，然而实际上他们却很愤慨。更广泛的选举权意味着在捷克和摩拉维亚的力量对比发生决定性的变动。现在，捷克的大批小资产阶级和农民选民获得了投票权，那德国人在这以前由于高等财产资格而拥有多数票的大资产阶级就不得不退居少数了。而这意味着政府又必须对捷克人实行让步。自从奥匈协定签订时起，捷克的代表就示威拒绝参加维也纳国会和各省的地方议会。当他们还占少数的时候，这种情况是可以不必在意的，但如果最后他们取得多数席位，则迟早是要对他们做出让步的。

如此奥地利就亲眼看到捍卫公民权的自由党人是如何攻击最基本的公民权利的——扩大选举权。他们在整个国家面前，尤其是在非奥地利各族人民面前暴露出自己是个骗子。他们只是在有助于实现他们掌握政权的野心时，才要求自由与平等，等到出现其他民族也可能得点好处的危险时，他们就赞成不平等和奴役。他们不但使自己威信扫地，也使整个奥地利资产阶级的民主运动失去了威信，非奥地利各族人民现在对这个运动已彻底失去了信任。

选举制的出现，是自由党人衰落的开始。无论是期待他们实行民主政治的人或是盼望他们保卫奥地利利益的人，都有可能掀起代表他们利益的更有力、更广泛的新运动。捷克人又开始采取反对立场并抵制国会，而且现在他们的反对态度由于他们被赋予的优待被取消而比以前更加尖锐、更加富于战斗精神。帕拉茨基在他逝世以前几年所发表的“政治遗训”很有代表性。在这遗训里，他向捷克人民提到他在公元 1848 年所讲的话："如果奥地利不存在，就应当把它建立起来。"但是他接着说，这个声明是他在还相信奥地利人具有正义感和充满进步意向时的观点。然而现在他们蹂躏着捷克人的权利，并且在建立以说谎和压迫为基础的国家，因此他在公元 1848 年所说的话就失掉任何意义了。

帕拉茨基遗训还不意味着捷克人就要采取瓦解奥地利君主国而建立自己独立国家的方针，那是很久以后才发生的。但是它意味着捷克人已经出现了脱离奥地利的思想，并且这种思想第一次大声疾呼地表示出来。

匈牙利最担心的是把奥地利变为三元制国家，因为匈牙利人认为君主国内的斯拉夫国家会立刻使居住在匈牙利的斯拉夫各族人民受到吸引，建立这样的国家会增加他们反抗的力量，使匈牙利从前的政策不能执行。因此匈牙利人愿意支持阻碍捷克解放的任何人，因此安德拉西运用自己的影响来打倒联邦主义的内阁而扶持中央集权的内阁。政府长期执政的第二个原因是，从某个时期起，奥地利在对外政策上开始又表现出积极性，并且约瑟夫情愿准许任何政府自由施政，只要它保证秩序并不妨害国会批准军事拨款就行了。

但是，对外政策恰恰导致了内阁的倒台。从某个时期开始，君主国又开始参加巴尔干的政治，这次它得到了德意志和俄罗斯的支持，因为从公元 1872 年起它就同它们结成了所谓的"三帝同盟"。奥地利同俄罗斯达成了在瓜分土耳其并欧洲领土问题上采取共同行动的协议。同时，把这以前属于土耳其的省份——波斯尼亚和黑塞哥维那——许给了奥地利。

当公元 1877 年俄罗斯和土耳其开始作战并且这些省份举行起义来反对土耳其统治时，奥地利军队就占领了那些地方。俄罗斯不顾已经达成的协议，希望能把上述的省份据为己有。但当战争结束后，在公元 1878 年的柏林会议上稗斯麦支持了奥地利的要求，所以俄国政府没有办法，只得和其他列强一起把波斯尼亚和黑塞哥维那的委托统治权给予奥地利。

几年之后，奥地利在巴尔干的政策矛头开始指向俄罗斯，刚刚缔结的德奥同盟主要也就是针对俄罗斯的。君主国内的斯拉夫各民族本来似乎是应当激烈反对这种政策的，而奥地利人和匈牙利人本来是应当尽全力来拥护这种政策的。事实却恰恰相反，斯拉夫各族特别是捷克人赞成占领，因为这样就增加了斯拉夫人在君主国内的数目，从而巩固他们的地位。而奥地利人也正是由于这个原因而反对占领。关于"斯拉夫人泛滥的危险"问题又谈论起来了。因此，自由党人和中央集权主义者只是由于这个原因而忽然转到反对派方面去了，并不是因为他们根本否定战争或反对征服其他民族与占领其他国家。结果包括外交大臣在内的整个政府都公开反对奥地利的对外政策，掀起了反对军事拨款的浪潮，并支持国会中的反对派。到柏林会议开幕时，公开的斗争达到极度紧张的状态，从而造成对于外交部不利的形势。

如此形势让约瑟夫在政策上又做180°大转变。奥尔斯培格下台了。但上台的是保守分子塔菲伯爵。塔菲内阁当政的十四年，亦即“铁圈”时期开始了。塔菲的政策就是不断地随机应变。各集团经常有所要求，经常以退出同盟相威胁，而塔菲则以小小的让步来安抚它们：在这里设立学校，在那里设立邮政局，或者修建道路。除德意志自由党人以外，每个集团都认为他们退出政府就要遭受某些损失，而留在政府里就可能有所收获，因此还是留下来了。从前反对派的目的达到了。他们现在不但能够坐上“君主国的赶车人座位”，而且有时还可以掌握政权。

政治上的这种相对安宁，是因为经济上变化所产生的结果。产业革命时期过去了，工业资本主义在奥地利得到胜利——虽然是不完全的和过迟的胜利。资本主义的发展速度已不像最初几年那样猛烈，但也没有遇到政府的阻挠。国家的面貌改变了。成千上万的工厂生产着商品；机器的生产方法使一天内所生产的布匹、铁和机器数量比从前人们在一个月内生产的还多。国内生产的商品数量不断增加，可是每日创造出来的财富有一部分没有存入银行或投入新的工业企业，而是留在首都和国内了。新兴资产阶级在建立“自己的”维也纳。一个铜币都要拿来周转的经济时代已经过去了。新胜利者们想要显示他们拥有的东西。

另外，维也纳逐渐富饶起来，促进了精神生活的发展，这些都使王国显得日益伟大和灿烂。维也纳不仅是国家的首都，它还是遍及大部分中欧和东欧的巨大经济体系的中心。它是各族人民聚集在一起交流思想和互相影响的地方。不管领土的遥远，也不管君主国内各个国家所开始的自己的独特发展，布拉格和贝尔格莱德、莱巴赫和布达佩斯、的里亚斯特和布尔诺都在维也纳见了面。整个君主国的财富都向维也纳集中，这里出现了新的大银行、大规模的交易所、无数新的股份公司，同时资本又从这里流向全国，直到国家最辽远的角落和国境以外，几乎遍及整个巴尔干半岛，去获得新的领地、开辟新的原料产地和收买当地的工业。

新势力登上帝国舞台

自公元1848年爆发革命之后，那几年里工人运动进展缓慢。公元1851年后的反动时期，力量还很薄弱的工人组织遭到警察的迫害，他们的报刊受到了严厉的审查。直到公元1867年开始，新的有限的出版自由得到推行，人们也获得了有限的结社权利，工人运动才得以重新发展起来。

第一个维也纳工人教育协会成立于公元 1867 年，它的目的是组织关于一般教育科目以及与技术相关的演讲，同时将工人组织起来，在开始的时候工业家们都对他们给予了支持。协会的任务是给工人以知识，借以改善工人的状况，目的定位含糊，也是想借这个名义寻求改善工人所处的不利地位的可能性。

在那之后，各大城市都陆续开始建立工人委员会，并组织游行示威活动，委员会开始选举出席全体工人代表大会的代表。这样便奠定了全国统一工人组织的基础。在公元 1868 年的第五次工人代表大会上，代表们在特别宣言中主张把整个君主国的工人联合起来。

宣言中要求在民主的基础上对国家进行改造，要求实行普选权利，“以便逐渐使工人有可能把生产掌握到自己手里，而不必满足于几乎不足以维持生活的微薄工资”。宣言中说：“帝国主要城市维也纳的劳动人民认识到他们对自己弟兄——奥地利各地区的工人应尽的义务，因为他们知道，各地区各族人民的命运是决定于他们的行动与坚决的行动方式的。反之，如果各地居民不同维也纳居民紧密地联合起来，不全力支持维也纳的居民……。”

宣言还指出：劳动市场是没有民族界限的。全世界各国之间的经济联系能打破一切语言界限，资本把各种不同民族的代表联合到自己工厂里时，是不问工人属于什么民族的。在工人当中，不会由于他们属于不同的民族而产生意见分歧。宣言被译成了匈牙利文、捷克文、波兰文、意大利文以及罗马尼亚文，分送至各地的君主国。波兰、捷克和意大利的代表参加了代表大会的工作。

从国际主义以及各民族工人属于统一大家庭的原则出发，工会组织形成了自己的纲领，而且其中有了一种把民族及民族问题看成是过时的东西的倾向。公元 1868 年，在召开的代表大会上，宣布成立奥地利第一个工人党——社会民主党，并通过了党的纲领。党纲中说：“社会民主党所抱的目的，是用和平与合法的方式，即只靠社会信念的力量，通过建立自由国家与实行普遍直接选举权的途径，来达到全体公民的完全平等，亦即政治方而的平等，并通过赋予每个人以享受自己劳动成果的权利的途径，来达到社会问题方面的平等。”

党纲以民族自决权为基础，但并未涉及个别的民族问题，如语言问题。代表们认为建立真正而广泛的民主将使奥地利各民族有可能自己去自由地解决这些问题。一年之后，即公元 1869 年 4 月 11 日，社会民主党的第一份周报《人民之声》出版了。

政府对新政党实行了进攻，禁止举行集会和出版机关刊物。工人们对禁令的回答是在国会大厦前面举行了群众性的示威，同时并向政府递交了请愿书，其内容基本上是社会民主党纲领中的那些要求。参加示威的有两万人。示威的领导者被逮捕到法庭受审，举行了所谓“维也纳叛国案的审讯”，被告被判处了长期监禁。然而，政府毕竟做了让步，向国会提出了团结自由的法案，这个法案不久以后也被通过了。

接下来的几年里，在年轻的工人运动与政府之间发生了小规模的战斗。工人协会解散了，但几个月后又在另外的名义下出现了；《人民之声》报被查禁以后，不久又出版了《人民的愿望》报。工人阶级在争取提高工资、缩短工作日以及改善劳动条件的斗争中，逐渐学会了运用新的斗争手段——罢工。经常有军队和宪兵被派来对付罢工者，但多次罢工最后都胜利了。

就像政府乐于利用工人运动去对抗资产阶级政党，资产阶级政党有时候也不反对利用工人的意见来强化自己所处的地位。从公元1870年开始，教权派的政党以及以后的基督教社会党企图把某些阶层的工人吸引到自己这方面来；特别是基督教社会党，它从一开始便力图成为群众的政党。这就使教权派以及以后的基督教社会党在国会里不仅维护自己的社会纲领，而且在最初还经常支持工人罢工，附和在群众大会上以及在请愿书中所提出的要求。这就成为了让政府大大不满的原因，政府对“教权派帮社会主义的忙”曾多次提出意见。在捷克、波兰和意大利的民族运动中也有与这种保证自己取得工人支持相同的趋势。

从公元1870年开始，奥地利工人运动进入了危机时期。工人教育协会和社会民主党仅有过一般性的政纲，而且在最初领导这些组织的人当中，有许多人对于刚开始的政治斗争的性质及其当前任务抱着完全相反的意见。直到党已成为一种重大力量并已进行斗争的时候，党内各种派别和集团的出现以及它们之间的残酷斗争就成为完全不可避免的现象。

公元1888年12月31日至次年1月1日，在海因菲尔德举行了党的联席代表大会。会议取消了把党划分成代表各个地区与各个民族集团的组织的办法。党代表大会通过了称为“原则宣言”的纲领，它确定：生产资料私有制会使工人遭受奴役、使人民日益贫困。现代的国家是只维护资产阶级利益的阶级国家。生产力发展的结果，必然而且可能消灭社会制度的这种形式，并建立社会主义制度来代替它。

海因菲尔德的党代表大会是个转折点。社会民主党由于这次代表大会所通过的决议而成了具有统一的机构、明确的纲领的组织。举行了党代表大会以后，运动在组织上和政治上高涨起来。公元1889年7月开始出版《工人报》。公元1897年选举后，有十四个社会民主党代表被选入议会。但是，基督教社会党在维也纳的选举中取得了胜利，而社会民主党的奥地利领导——阿特莱·培涅尔斯多菲、舒麦尔和莱曼没有当选。在这十四个代表中，有11个捷克和摩拉维亚代表，2个加里西亚代表，1个格拉茨代表。新兴势力在政治舞台上的出现以及政治斗争的尖锐化，只是各国所发生的巨大变动的反映。

塔菲内阁的终结炸破同盟“铁环”

从公元1880年代末期开始，塔菲内阁也解决不了君主国的内部冲突。新党派的出现加深了矛盾，并使联合政府失去了支柱。旧党派很快地失去了意义，不久后就只有皇室仍然支持塔菲了。但皇室本身日益丧失了自己的威信和实力。从前弗兰茨·约瑟夫曾经一举恢复了专制制度，并使自由资产阶级的执政得到延缓。但由于国家的变革以及唆使大家相互反对的政策而同政权疏远了的资产阶级，现在已成长为一支再也抑制不住的力量。

在民族矛盾与社会冲突日益尖锐化的情况下，专制制度是无能为力的。弗兰茨·约瑟夫的统治时代可以分为三个时期：第一个时期是约瑟夫企图独立统治的时候，这个时期以缔结了奥匈协议而结束；以后便开始了这样的时期，为了继续自己的统治并且使帝国免于崩溃，约瑟夫困难地摸索着有可能恢复国内均势的解决办法。这个时期随着塔菲内阁的终结而结束；于是开始了第三个时期，也就是最后的投降时期。六十年以前，奥地利资产阶级向皇帝投了降，因此被允许去统治其他各族人民。现在，皇帝不得不对侵略性的、渴望政权的奥地利资产阶级让步，以便靠他们的帮助把动摇的国家基础稳定下来。

这些年里，约瑟夫是依照各种色彩的大德意志主义者所要求的那样行动的：接近德意志，与德意志建立同盟，结果随着德意志坠进了深渊。继公元1872年奥、俄、德三国同盟之后，于公元1879年缔结了奥、德“防守同盟”，这个同盟后来在公元1882年又变为德、奥、意三角同盟。起初约瑟夫之所以接近德意志，是指望这样来巩固奥地利的国际地位，可能也是为了利用他过去的德意志敌手来达到自己的目的，以及安抚大德意志主义的反对派，从而换取他们在对内政策上的支持。以后约瑟夫就无从改变自己的政策了，因为他已成了这种政策的俘虏，而且他每与德意志更接近一步，都造成了国内冲突的异常尖锐化，使皇帝脱离了君主国的各族人民，终于使得除了大德意志资产阶级以外，只剩下他这个孤家寡人，而他在对内政策方面也就在大德意志资产阶级面前完全投了降。

实际上，约瑟夫从来不相信德意志路线，他不止一次的暗示，这个路线将导致国家的灭亡，而且他在晚年意识到，奥匈帝国的寿命也将同他自己的死亡一起告终。虽然如此，由于他希望保留自己以前的政权，哪怕只是一部分。所以还是执行这种必然要使国家崩溃的政策。

19 世纪 80 年代末，没有人再来支持塔菲政府，这已经是显而易见的事实了。那些组织联合政府和十年前是自己国家的主要力量的政治集团已不再是主要力量，因此已经没有足够的影响来支持塔菲去反对自由党人和德意志民族主义者。塔菲政府于公元 1893 年垮了台，它垮台时的那种局势是政治普遍腐化和奥地利代议制走到了绝路的写照。

塔菲政府是由于提出扩大选举权的草案而垮台的。这个草案在任何国家肯定都会得到一切自由力量以及主张扩大影响的资产阶级民主主义者的支持。政府提出了废除选举资格和扩大选举权的草案，这样就不免使选举权成为近乎普遍性的。于是发生了反对草案的大风潮。选举法改革的目的在于剥夺德意志人在捷克的多数地位。保守分子害怕社会民主派在新议会里增强势力。波兰人声称他们现在“将湮没在小俄罗斯农民的大海中了”。

匈牙利外交部长卡尔诺克对塔菲政府的垮台其实是起到了“推波助澜”的作用的。他是亲德意志与反斯拉夫的对外政策的热烈拥护者，他力图消除有可能降低德意志人在奥地利的影响力的一切东西。由于国内的紧张局势又开始加剧，公元 1895 年约瑟夫做了最后的努力，企图借助吸引斯拉夫人共同合作来调整国内的局势，于是巴登尼新政府组成了。

巴登尼颁布了著名的“关于语言的决议”。在这项决议的主要条款里，规定捷克语和德语在捷克、摩拉维亚和西里西亚是平等的。根据这项法令，所有的官吏都应当在 1901 年 7 月 1 日以前学会这两种语言。这项法令的基本思想没有创新性。从公元 1867 年以来所颁布的诸多法令里早已有所体现，但是“德意志”的政党和“德意志”的内阁对这些法令一直暗中加以抵制。巴登尼暗示，这次他一定要实行关于语言的决议。语言决议的实施并没有通过议会。巴登尼认为这样的法令是绝对通不过议会的。巴登尼的“奴隶法”招致了可能是巴登尼本人和约瑟夫都没有预料到的后果。

德意志资产阶级和大学生开始在捷克和摩拉维亚进行抗议示威活动。猛烈的示威活动，甚至让人觉得仿佛把德意志人所有的民族权利一笔勾销了，而实际上只不过是赋予其他民族一些有限的权利罢了。示威不仅是针对巴登尼，而且也针对捷克人。抗议者从捷克资产者和大学生的帽子上摘去民族的帽徽，捣毁捷克机关团体的房屋，殴打打算抗议非法举动的行路人。

捷克人从来都是不太顺从的民族，况且他们认为关于语言的决议对他们的让步还是不够的，所以他们也以同样的方法来报复。在捷克和摩拉维亚的各城市里，每日都聚集着人群，发生捣乱和斗殴的事情，混乱后来也蔓延到了奥地利。商涅列尔断定他的时机到了，于是开始在全奥地利组织与“在捷克受压迫的德意志人”团结起来的示威运动，这种运动每每转变为猛烈而残酷的格斗。

相对于斯拉夫各政党，“巴登尼的阴谋”是它们的一切幻想的终结。“巴登尼的阴谋”向它们表明，借助于议会民主为取得非奥地利民族的权利而斗争毫无意义，扩大选举权和议会职权是不会使他们的地位有任何改变的。德意志各党所形成的集团使他们明白，这个集团是不愿意遵守“代议制游戏”规则的，它宁愿把游戏桌推翻也不承认其他民族的权利。然而奥地利，被压迫民族是没有同盟者的。奥地利的各政党从右翼到左翼结成了坚强的阵线来反对他们。

千千万万的奥地利人天真地相信议会民主制，并期待通过加强这种民主而得到和平与进步，但是“巴登尼的阴谋”意味着他们的希望的终结。资产阶级的民主制摘下了自己的假面具。议会活动变成了滑稽戏，议会是奥地利议会政党手中的工具，这些政党只是在它为它们的民族利益服务时才利用它，但一经觉察出它能够帮助别人，他们就不客气地抛弃与捣毁它。在巴登尼执政时期，奥地利的居民便开始深深地怀疑议会及其活动，鄙视“猴把戏”和“议会骗局”，如今在人民当中这种怀疑与鄙视仍然根深蒂固。

然而可悲的是，社会民主党对此也和其他党派一样有着同样的错误和责任。本来千百万承受着社会压迫和民族压迫的人们觉得它是这样一个政党——它与其他敌视他们的政党完全相反，它似乎让他们有可能通过和奥地利阵营中同情他们的人缔结协定与进行合作，以此期望总有一天得到自由和公正。

社会民主党人是用纯属表面的原因来解释这种行动的。他们认为，拒绝语言法令是因为这些决议不是以民主方式颁布的。民族问题不应当以颁布语言法令的方式来解决，而应当以“德意志和捷克两民族之间协商”的方式，并在普及平等的选举权的基础上来解决。社会民主党的代表们怎么会同憎恨捷克人、排斥犹太人以及崇拜俾斯麦的商涅列尔混在一起呢，也许他们自己真相信他们所做的那种民主形式的解释，但是在摩拉维亚的捷克工人、手工业者与农民看来，这完全是另外一回事。他们觉得事情是这样的：他们指望帮助他们的、常常发表冠冕堂皇的民主演说的政党，帮助否决了语言法令。

捷克社会民主党人坚决维护自己党团的立场。甚至在巴登尼执政时期斗争最尖锐的时刻，他们也主张支持社会民主党，反对煽动各民族间的仇恨，主张各民族间的和平。但他们也开始受到捷克群众绝望情绪的影响。当捷克的资产阶级巧妙地利用局势，在居民面前把自己说成是他们唯一真实的保卫者时，居民不可避免地急躁起来。对奥地利工人阶级的不信任以及同维也纳决裂的思想已经深入到党内，并在公元1897年夏季在维也纳举行的党代表大会上公开表现了出来。不久以后就不再是一个社会民主党而出现了六个党：德意志的、捷克的、南斯拉夫的、波兰的、意人利的和小俄罗斯人的党。在杂居的居民地区，很快地各成立了两个党，有时甚至三个党，它们之间的联系日益削弱。工人运动的分裂随即开始。

公元1899年，也就是"巴登尼阴谋"过后的两年，在布隆举行了党代表大会。在这次代表大会上制订了党在民族问题上的纲领，在这个纲领中宣称："只有在以平等、普遍和直接的选举权为基础的真正民主社会的条件下，才能最终地解决民族问题。"假使党取得了政权，民族问题的最终解决将以下述的方式来实现：

"奥地利应当变成一个民主的联邦国家。应当建立按民族特征划分的自治区来代替历代的皇家领土，自治区的立法和管理应当由根据普遍、平等和直接的选举权选举出来的民族议院实施。同一民族的各个自治区组成统一的民族联盟，有关这个民族的一切事务完全由联盟自行决定。少数民族的权利将由全奥地利议会所颁布的特殊法律来保证。我们不承认任何民族特权，因而也拒绝把某一种语言当作国语的要求；这种共同语言的必要性的程度，应该由全奥地利议会决定。"

乍看之下似乎觉得布隆民族纲领像个进步的，并为一切民族所能接受的解决问题的办法。奥地利、捷克、小俄罗斯、意大利、斯罗文尼亚和波兰的社会民主党民族集团的代表们也接受了这个纲领。但纲领中有个缺点，在最重要的问题上，它是那样地不明确和措词含糊，以致每个人都能随意对它加以解释。但是也正因为含糊不清的措辞，给君主国带来了特殊的困扰。

在维也纳最愿意妥协的时期，如捷克和摩拉维亚的德意志人仍猛烈地反对把捷克皇家领土宣布为捷克民族地区的任何企图。他们根据自身的情况证明说，在德意志人还居住在捷克和摩拉维亚的时候，甚至德意志人在那里只占居民的少数，这两个地方也是不能成为捷克地区的，因为把它们并入捷克领土的联盟对德意志人将是不公平的。德意志人不仅以这种保卫自己的"民族权利"的理由来证明他们有阻碍在君主国范围内建立捷克国家的权利，而且以这种理由来证明他们有统治占大多数的捷克居民的权利。君主国内其他地区的情况也和捷克完全一样，不过由于环境的不同，在那里出现的或是匈牙利人，或是波兰人，或是克罗地亚人，而不是德意志人罢了。

很显然布隆民族纲领企图不提主要的困难。因此在纲领中不是采用"皇家领土"的概念，而采用了按民族划分的自治区的概念，这些自治区应当加入“统一的民族同盟”。这是脱离领域的“民族同盟”，这种同盟的建立剥夺了民族进一步发展的可能性。这可能是由于疏忽大意或者是措辞含糊而出现的问题。

公元1897年，在党代表大会上，社会民主党分裂成六个独立的仅靠党的总领导来维系的民族集团，此后它们彼此日益分离，直至变成了完全各自独立的党。接着又开始了议会党团的分裂；各个政党开始建立自己的民族党团，这些民族党团往往单独发表意见，后来民族的社会民主党与资产阶级民族主义组织，即各该民族的议会俱乐部开始接近起来。

尽管奥地利社会民主党采取责难和施压的方法，但他们仍然没有采取任何可能的措施来反对这种分裂的进程。它企图援引第二国际的决议来迫使捷克人放弃分裂，但毫无效果，于是宣布他们是分立主义者，责备他们背叛了工人的运动事业。毫无疑问，捷克党和其他党的政策是不正确的，因为分裂成各民族集团给整个工人运动带来了损害，最终也会给它们自己带来损害。

社会民主党和资产阶级的接近，带来了两方面的影响：首先，是在奥地利民族问题上对党的立场产生了影响；其次，统治民族的工人运动开始对按过去的形式把君主国保存下来表现出兴趣。其结果是，党在政治和社会问题上不是采取旨在破坏君主国政治制度从而消灭一切特权的革命政策，却转而采取不破坏君主国基础的逐渐改良的政策。在党员中间这样的理论开始传播起来，它硬说在一定情况下，和王室及资产阶级政党合作可能是对党有利的。逐渐出现了一种新型的“社会主义者”，即所谓“国王与皇帝的社会主义者”。他们向国王保证，他们比资产阶级政党对国王更忠诚。放弃社会主义革命而指望用改良方法能够有一天“长入社会主义”和利用代议制夺取政权的修正主义，在奥地利社会民主党中变成了占统治地位的理论。1901年，在维也纳召开的第二次联合党代表大会上，埋葬了革命的海因菲尔德纲领。

新的纲领并没有谈到如何夺取政权。纲领只是非常模糊的议论了民族权利，以及发表意见的自由。因“国家与教会以各种形式实行的精神监护”所受到的限制，并声明社会民主党为了使无产阶级被容许在社会生活各方面享有尽可能大的威信而斗争，然后便转到了具体的要求上。

这些要求包括实行普遍、平等和直接的选举权；实行按比例的选举制，在休息日举行选举；已通过的法令有效期限为三年；代表有薪俸；人民通过提出建议权直接立法；实行城市和乡村地区的自治。接着又要求取消对自由发表意见的限制；废除限制自由迁移的法律；保障法庭的独立性；建立国家的卫生部门；承认不依教会仪式的婚姻；宗教同国家分离；实行义务的、免费的、非宗教的教育；要求结社自由、八小时工作制、星期日休息、禁止儿童劳动及夜间劳动。

维也纳的党代表大会彻底消除了旧纲领里所包含的革命激进主义，奥地利的社会民主党人已经走上容忍资本主义社会制度，只限于从社会改良主义政党的立场上来反对它的道路。奥地利社会民主党不可避免地走向公元1914年8月的道路。当战争发生时，社会民主党便和哈布斯堡君主国团结起来了。

荆棘丛生的萨拉热窝之路

奥地利国内危机重重，政府试图改变这种局面，然而，巴登尼政府的垮台给这些尝试划上了句号。从公元1897—1914年，政府的更迭及新内阁的组成达十五次。所有这些政府都由弗兰茨·约瑟夫任命，参加这些政府的并不是各党的代表，而是贵族、王室信任的人或官僚。在这些政府当中，没有一个政府设法把“德意志人”在君主国内的地位稍稍动摇一下，没有一个政府除了企图“设法保持住政权”之外还抱有任何目的，没有一个政府取得了什么成就，而且也不可能取得什么成就，

萨拉热窝

除了凯培尔政府从1900年执政到1904年以外，这些政府执政的时期都异常短暂，以致很难有所作为。在凯培尔政府执政以前都是借助于非常职权来管理国家，由于一个或数个民族党团的捣乱，常使议会活动陷入了瘫痪状态。

1905年，俄国爆发革命，革命对中欧国家产生了和法兰西公元1848年革命同样的影响。维也纳在实行平等和普遍选举权的口号下发生了大规模的示威游行，有一次约有二十五万人参加。工人组织声称，假如有必要，他们将以总罢工来争取选举权。

面对庞大的游行示威活动，政府很快做出了让步。约瑟夫曾经允许匈牙利政府实行选举改革，这就导致现在也无法阻止其他地区改革的欲望和浪潮。此外，从塔菲执政时起便反对通过选举法的波兰的自由派和保守派联盟已不存在，而且国王也指望借实行普选制来加强自己的地位。

1906年法案在国会里被提了出来，同年5月组成以霍亨莱亲王为首的内阁，到1906年11月，法律终于由众议院通过了。在1907年选举时，社会民

主党人获得了第二位。捷克党居第三位，第四位是德意志民族主义派。奥地利人在新国会中占少数——233 人对 283 名非奥地利人。但普选法的通过也没带来很大的变动。议会像旧国会那样，仍然分裂成各民族集团，政府同样是频繁地更换，议会里的捣乱行为又重新冒头，1907 年选举后不久，就开始了根据宪法特别条款的统治。1911 年接替塔菲内阁的第十三届政府是施袭尔克-别赫托尔特政府，世界大战便在这个时候开始了。

自 19 世纪后期开始，君主国的外交部长就都是匈牙利人。匈牙利政府按照传统推荐全帝国的外交部部长。最初是对越来越独立行动的匈牙利人的让步。他们越来越努力在君主国范围内达到完全独立，并与其余领土只保持有一个共同君主的关系，匈牙利人日益坚决地主张建立由匈牙利人指挥的独立军队。有了这种不依附于中央政府的匈牙利军队，会使君主国在军事和外交方面削弱，并使旨在扩大国家领土的政策不能实行，或者只有在得到匈牙利的同意时才能实行。因此，想出了一个纯粹奥地利式的解决办法。为了使对外政策不以建立匈牙利军队问题的解决为转移，决定立刻把一切与对外政策有关的问题交给匈牙利处理。

奥地利政府最后决定在君主国内采取亲德政策，它在对外政策问题上已被迫日益明显地跟着德意志跑了。对斯拉夫民族的让步越少，君主国内部的情况就越紧张，斯拉夫人的不满情绪就越大，在国内占少数的奥地利人的地位就越不稳定。其次，奥地利人在君主国内的地位越削弱，就越强烈地感到需要德意志的支持，而对德意志援助的需要越大，国家就越不能反抗德意志的外交政策上的要求。

而匈牙利内部的情况则取决于它的立场，以及它对奥地利的对外政策。种种民族矛盾让奥地利陷入毫无出路的境地，这种情况也在匈牙利境内普遍存在着，而且其情况比奥地利尤甚。奥地利人在君主国的奥地利地区，即内莱塔尼亚占少数，但匈牙利人在外莱塔尼亚的居民中更占少数。二十世纪初，匈牙利人和非匈牙利人的居民是 800 万与 1 800 万之比。匈牙利政府对于塞尔维亚人、小俄罗斯人、克罗地亚人及罗马尼亚人的政策，较之奥地利对于波兰人、捷克人、意大利人及斯罗文尼亚人的政策更不妥协。因为匈牙利人占少数，所以他们觉得必须采取特别严厉强制执行的马扎尔化的政策才能得以平衡。

自然这种政策使非匈牙利民族中的不满情绪日益高涨，以至于不久后这些民族就开始力求与奥地利境内和君主国境外的斯拉夫民族及其他民族合作。新兴的斯洛伐克运动开始和塞尔维亚人及捷克人的运动接近起来。这种联系在过去的长时期里之所以不很紧密，是因为斯洛伐克的民族运动是由教权派集团领导的，这些集团不十分信任捷克人的反教权主义的“左派”运动，在这个运动中起主要作用的是社会民主党人和人民社会主义者的新兴左翼资产阶级政党。但匈牙利的政策迫使他们克服了这种不信任，因而从1907年起捷克人和斯洛伐克人越来越亲近起来。

塞尔维亚人尤其是克罗地亚人早就盼望同匈牙利亲近。匈牙利方面也数次试图进行合作。王位继承者是鲁道夫，在奥地利宣传着三国联邦的思想，克罗地亚人指望改善他们的地位。但是，当奥地利在“德意志”政党的影响下放弃建立三国联邦的计划时，克罗地亚人和塞尔维亚人开始明白，不必期待奥地利的援助了。

于是塞尔维亚人、克罗地亚人和斯罗文尼亚人越来越把实现自己的希望和在几十年间争取到了独立的国家联系起来。这个国家就是新兴的塞尔维亚。塞尔维亚以前是土耳其的一个省，它一区又一区、一州又一州地逐渐解放了自己的领上，直到最后在公元1878年被承认为主权国家。但是，按照奥地利的愿望，塞尔维亚和希望同它合并的黑山国分开了。因为奥地利占有了波斯尼亚、黑塞哥维纳和诺维·巴查尔省，所以塞尔维亚处在奥地利的三面包围中。

作为塞尔维亚国王的米兰·奥布列诺维奇四世，和他的儿子亚力山大屈服于奥地利的势力，所以在二十五年，塞尔维亚一直处在奥地利附属国的地位，并且缔结了使塞尔维亚在经济上完全从属于奥地利君主国的贸易协定。尽管奥地利施加压力和执行消耗战的政策，但比较民主的新兴塞尔维亚国家仍勇敢地保卫着自己的独立，因此它自然会拥有吸引奥匈帝国内受压迫的各族人民，特别是塞尔维亚人和克罗地亚人的巨大力量，并鼓励着他们起来斗争。因此塞尔维亚就成了匈牙利、奥地利和德意志的银行以及德意志所有拥护向东方实行“侵略进军”的分子及其奥地利同盟者的主要敌人，这些奥地利同盟者也把他们的联合进攻指向他们的主要敌人塞尔维亚人。自1903年开始，削弱塞尔维亚的独立，假如可能就完全摧毁它的独立，就成了匈牙利以及奥地利的政策的主要目的。

1907年，局面发展到公开的冲突。奥地利宣布它准备建筑一条从诺维·巴查尔省到爱琴海的铁路，因而表明它要深入巴尔干内部并在那里树立它在军事和政治上的威信的意图。这条铁路的修筑意味着对塞尔维亚的包围，但是奥地利的这一意图还产生了别的后果。奥地利第一次公开宣布它想要伸入这样的一块领土，在那里，它不仅要和俄罗斯发生冲突，而且要同英吉利发生冲突，因为前者老早就觊觎黑海海峡，而后者也早就把希腊看成是它在地中海东部的基地了。

奥地利得到欧洲其他大国的同意而占领了波斯尼亚和黑塞哥维纳。用现代的政治语言来说，奥地利获得了对这些省的委任统治权，而事实上这些地区仍然属于土耳其。当1908年参加自由民族主义运动的青年土耳其党人推翻了苏丹阿布杜尔·哈米德的专制统治使土耳其获得了宪法时，这两个省获得了由宪法保障的自由选举权。两省由于政治上和民族上的原因是和塞尔维亚相连的，因而这两个地区的绝大多数居民一定会赞成合并于塞尔维亚的。这就意味着塞尔维亚的扩大和增强，这正是奥地利政府所不允许的。奥地利军队立刻被派到这两个省去，奥地利军队实行了局部动员，政府向仓卒召开的奥地利议会以及跟着召集的匈牙利议会和欧洲各国宣布了它吞并波斯尼亚和黑塞哥维纳的决定。

波斯尼亚危机有演绎成军事冲突的危险。塞尔维亚提出了抗议，并在抗议没有得到重视时宣布动员自己的军队。俄国政府和沙皇认为允许削弱塞尔维亚是危险的，因而宣布知道奥地利计划的俄国外交部部长伊兹沃斯基的言行，并且不同意吞并。危机持续了半年以上，直到之前一直袖手旁观的德意志最后出来干涉为止。德意志向俄罗斯提出了最后通牒，要求俄罗斯不要支持塞尔维亚。俄罗斯那时还没有准备作战，只得让步，塞尔维亚没有其他办法，也只得承认吞并。从这时起便显然有了两个互相敌对的阵营存在：一方面是俄罗斯和塞尔维亚；另一方是德意志和奥地利。

军事冲突危机之后，波斯尼亚在奥地利国内和国外都有许多人公开责难奥地利政府，说它轻率玩弄可能引起战争的危险把戏。奥地利政府之所以冒这个危险，是因为它抱着“一切都会应付过去”的希望。但是实际局势是严重的。在奥地利的政治和军事领导集团当中，有些人不仅不害怕战争，而且力图发动战争。这些集团的代表有外交部长爱伦达尔、王位继承者弗兰茨·斐迪南和总参谋长孔拉特·封·盖鲁道夫。他们把他们几乎挑起来的战争称为“先发制人的战争”。

1905年，日俄战争中俄国战败，盖鲁道夫想趁着俄罗斯还没有恢复起来时尽快对付它。尔后还要求对塞尔维亚进行“先发制人的战争”。此外，他和斐迪南还认为同意大利的战争是不可避免的，所以在1908和1911年就主张对意大利进行“先发制人的远征”。他们的态度是意大利政府所知道的。在任何场合费迪南都没有隐瞒他那反对意大利的意图，并在公开发表意见时一再宣传对意大利采取“果断的行动方式”。

此外，一些别的考虑还促使费迪南在对外政策上采取侵略主义。他不可能想不到奥匈帝国国内的民族冲突迟早会导致君主国家灭亡。因此，他想以新的办法来调整君主国内部的局势。在这里，他是想建立一种类似奥地利、匈牙利、克罗地亚三联国家的东西，这个国家应当渐渐变成一个联邦。这看起来很民主，其实不然。各族人民获得一定的民族权利和政治权利，但每个民族的独立程度要比匈牙利小。当然，匈牙利对于这种做法是不能心平气和的，所以只有通过残酷斗争，甚或以强制镇压匈牙利抗拒的代价，才能实现这种计划。

费迪南等人企图减少对德意志的依赖而推行所谓的“奥地利帝国主义计划”，以及他企图想保持联盟者的忠实立场，但是这一切必然会导致奥地利更加依赖德意志。这些都促成了费迪南所遭受的命运的嘲弄。因此，旨在增强和挽救哈布斯堡国家免于瓦解的计划虽然还在讨论阶段，但是费迪南政府的行为已经加快了这个国家走向灭亡的速度。

与日俱增的内部冲突困扰着奥地利，而同时俄法英之间缔结紧密同盟的可能性也不断扩大。因此从1908年开始，盖鲁道夫便催促发动战争，态度鲜明且坚决，以致有一个时期甚至失宠于远为慎重的弗兰茨·约瑟夫，因而被免职。但1912年又起用他，任命他为参谋总长。对于整个奥地利以及整个欧洲来说，他的东山再起就是他的政治方针取得胜利的证明。孔拉特·封·盖鲁道夫领导参谋本部，这就意味着奥地利决心作战了。

因为找不到吞并波斯尼亚的充分理由，奥地利外交部便开始制造各种借口，比如便开始污蔑匈牙利的塞尔维亚和克罗地亚人，并且要尽可能污蔑奥地利的斯洛文尼亚人和捷克人，以便匈牙利政府有理由去攻击他们，还对塞尔维亚人和克罗地亚人的民族运动实行镇压。于是他们宣布发现了塞尔维亚和克罗地亚人的密谋，这条线索似乎来自贝尔格莱德。密谋的目的是要把塞尔维亚和克罗地亚两个地区合并于塞尔维亚。逮捕了53个人，主要是塞尔维亚人，他们在萨格勒布出庭受审。被告有判处死刑的危险，同时诉讼本身进行得如此丑恶，以致从最初起便很明显，诉讼唯一的目的就是要取得“法律上的根据”来消灭塞尔维亚和克罗地亚的民族党派，可能还要消灭斯罗文尼亚和捷克的民族党派。

波斯尼亚危机和“萨格勒布叛国案”让哈布斯堡王朝在毁灭的道路上又前进了一步。在对内政策方面，政府取得的结果与它所追求的恰恰相反。萨拉勒布案件把克罗地亚人、塞尔维亚人和斯罗文尼亚人团结得更紧密起来。南部斯拉夫各族人民已看出，政府准备使用一切手段并不惜做出任何罪行来削弱斯拉夫人的地位。甚至那些迄今还不愿意同塞尔维亚人合作的人，也不得不承认，只有通过所有南部斯拉夫人的共同努力才能找到解决斯拉夫问题的办法。捷克人和南部斯拉夫人之间的团结加强了，而且和波兰人之间的团结也在一定程度上加强了。他们都清楚地认识到了随时可能威胁他们的危险。

俄罗斯如预期的那样加入了英法集团，它的任务是如果德法两国发生冲突，就在西欧的东部开辟第二战场来对付德意志。如果不谈共同的政治考虑，那么俄罗斯本身对法德之间的冲突是不关心的。奥地利对塞尔维亚的政策，它要向"巴尔干进军"和征服巴尔干各斯拉夫民族的公开表示，以及德意志在这方面对它的支持——所有这一切都使俄罗斯国内拥护倾向英法的人们有可能为俄罗斯的立场提出人人能够明了的详尽理由。现在已有可能指出奥地利与德意志对俄罗斯在巴尔干的利益的实际威胁并强调同受压迫的斯拉夫民族，主要是塞尔维亚人团结一致的原则了。

但是如果奥地利和俄罗斯之间爆发战争，那就在英法同盟中约定的在东面威胁德意志的力量大大减小，而且奥地利人的反击可使俄国人的攻击陷于瘫痪状态。奥地利的侵略政策对德意志参谋本部来说是"天赐的良机"。因此一旦发生战争，奥地利势必替德意志火中取栗来对付俄罗斯人，而德意志则将会比较从容地参战，如果奥地利在这种情况下终于被击溃，那从盟友德意志的角度看，这也不会是巨大的灾害。那时在西面将取得胜利，并能安然地把奥地利所遗留的一切攫为己有。但目前最重要的是，并没有特别的外交压力，奥地利就自动地把脑袋往套索里伸。

德国和奥地利之间的同盟逐渐加强，也以此来同英法俄之间的同盟做抗衡，两国签订秘密军事协定，按照规定一旦战争爆发，奥地利应该立即展开攻势，以使德意志军队有可能也在西方采取进攻。

1909 年起，随时都将爆发的大战风暴在欧洲大陆酝酿着。英德之间的矛盾日益尖锐激化，德意志的资本和英吉利的资本在殖民地、半殖民地以及欧洲发生了冲突。英吉利企图把德意志的资本从亚洲及南非洲的市场排挤出去。德意志企图把巴尔干和土耳其拉入自己的势力范围并建筑巴格达铁路来切断英吉利企图，同时还企图在拥有丰富石油地区的伊朗建立压倒的优势。德意志的工业家想把法兰西东部的铁矿区合并于德意志的煤矿区，但法兰西的工业家则希望把产煤丰富的鲁尔地区合并于法兰西。双方都知道，只有通过战争才能解决这个问题，因而两国的工业家和银行家都渴望这场战争。

此外，德法两国的经济利益在北非也有冲突，而奥地利与法兰西的经济利益在巴尔干也有冲突。德奥两国有渗入巴尔干并由巴尔干深入土耳其和近东的企图，导致与他们具有同样意图的沙俄的冲突。

1904 年英法缔结同盟，并于次年就举行了两国的第一次参谋本部联席会议。1907 年俄罗斯加入了英法同盟。与协约国对抗的是所谓中欧列强，即德意志、奥地利、土耳其，后来，保加利亚也加入其中。

军备竞赛让战争的火药味愈发浓烈。德意志和英吉利竞相投入吨位越来越大的新式军舰。武装力量的人数也迅速增加。法兰西和俄罗斯平时的军队数量在 1899 年为 140 万人、1907 年为 180 万人、1914 年为 220 万人。奥匈帝国和德意志的军队在 1899 年为 95 万人、1907 年为 110 万人、1914 年为 130 万人。军费也在迅速增长。例如，1913 年德意志开征了十亿马克的特别军事税。所有这一切都证明战争近在咫尺，在这敌对的两个同盟间，没有一个国家的预算能够长期经得住这样的军备竞赛。

1914 年之前，欧洲国际冲突频繁发生，政治危机也在酝酿之中，战争好像随时都会爆发。英法德首先在突尼斯爆发冲突，因为德国炮舰“豹子号”气势汹汹地出现在阿哈基尔，而且开始海上炮击而达到顶点。1912 年保加利亚和塞尔维亚向土耳其的巴尔干发动了战争，1913 年保加利亚和塞尔维亚间爆发了战争。这造成了当时欧洲各国都在枕戈以待，以便一有适当的时机便出动。这一切都预示已经到达世界大战的最后期限。

而奥地利君主国内的情况是已经没有任何人想改变什么了，匈牙利则几乎完全公开施行政府专政。捷克也处于戒严状态。维也纳的议会虽然还在召开，但议会上的辩论和表决几乎形同虚设，只不过是议会的幻影罢了。谁也没有期待议会能够真正解决什么问题。国家管理往往都是靠非常时期的法律在约束。

费迪南大公在 1914 年 6 月巡察萨拉热窝时，被塞尔维亚的大学生刺死。这成了大战爆发的导火线。奥地利参谋本部认为这有了和塞尔维亚彻底清算的借口，于是对塞尔维亚提出最后通牒。对塞尔维亚来说，接受这个通牒也就意味着放弃国家主权，于是他们拒绝了这个最后通牒。俄罗斯站出来保护塞尔维亚，并动员了自己的军队。俄罗斯的举动在奥地利参谋本部的预料之外，他们本以为俄罗斯并不会参战。德意志军队紧接着奥地利军队动员起来，英吉利和法兰西军队也跟着俄罗斯军队动员起来。两大同盟以费迪南的死亡作为导火索，在欧洲掀起了第一次世界大战。

1914 年 7 月 28 日奥地利对塞尔维亚宣战、8 月 1 日德意志对俄罗斯宣战，8 月 6 日奥地利也对俄罗斯宣战。8 月 3 日德意志对法兰西宣战，它的军队侵入了中立的比利时。8 月 4 日英德之间开始了战争。接着，8 月 12 日英吉利对奥匈帝国宣战，8 月 15 日法兰西对奥匈帝国宣战。8 月 23 日和 27 日日本对德意志和奥地利宣战。古老的哈布斯堡帝国也翻到了最后一页。

奥匈帝国土崩瓦解

大战在即，民众却显得异常的轻松。战争在民众们的“胜利”口号中拉开了，维也纳的大街上，人们高唱着崇高骑士叶甫根尼亲王之歌，好像已经看见奥地利军队跟叶甫根尼的军队站在“贝尔格莱德这座城市和城堡”的大门前。首都咖啡馆里和市场上随处可以听到如此话语：“最迟到圣诞节一切就将结束。”战胜的信心洋溢在人们心中，维也纳的日常生活也和往常一样，没有丝毫改变。在工人区，父亲和儿子则在收拾他们的背囊和提包到前线去。但市区仍旧和以前一样地灯火辉煌，军官们偕同戴着宽沿帽与羽毛围巾的女士们仍旧挤满了餐厅，出租马车仍旧在维也纳的主要街道上疾驰，市场上仍旧有很多食品——蔬菜、肉类、禽类和水果。在维也纳，作为不可动摇的君主国象征的年老皇帝仍然坐在双伯伦城堡里，他在那里已经坐了65年了。当然还有很多人觉得旧奥地利应该毁灭，旧时代已经过去，但并不是许多人都意识到这一刻已经来临。

与民众情绪形成强烈对比的是，参谋部和政府里面并不乐观，事情从一开始就很不顺利。尽管奥地利政府本身也希望作战，而最后通牒引发的战争也发动起来了，但奥地利在战事准备上并不充足。军队服装不齐全，武器也非常陈旧。甚至许多兵团开赴前线时，没有行军服装，武器也非常糟糕，而且没有足够的弹药。

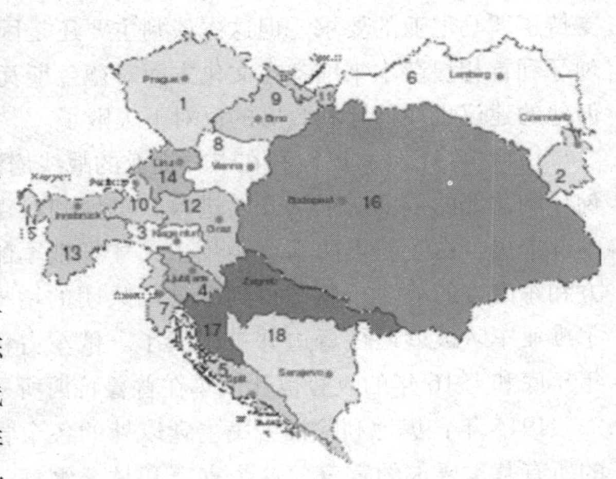

古埃及地图

按照德意志和奥地利两国于1909年达成的盟约，奥地利应该在东部战场发动进攻，牵制俄罗斯的军队，而德意志却在西部战场展开了攻势，但这个计划从一开始就失败了。预定的进攻却不得不变作保全地退却。德意志最高统帅部甚至被迫把自己的部队调到奥地利去，以便防止俄军可能冲破防线。甚至俄军在东普鲁士的坦能堡会战中遭受失败以后，奥地利人仍不得不再度向德国人求援。德意志的进攻虽然在西线取得了初步的胜利，但在1914年9月马恩河会战之后，胜利就暂时被阻止住了。

与德意志、奥地利等中欧强国同盟对抗的，是协约国的武装力量：俄罗斯、塞尔维亚、英吉利、法兰西、比利时和日本。在经济上，协约国的力量比中欧同盟国强大。协约国拥有更多的资源和人力，而且军事工业潜力也较大。德奥同盟只有在敌方还没有来得及动员自己的军事和工业资源之前进攻，才能很快地结束战斗取得胜利。但是1914年秋季的情况明显说明依靠速战速决的方式取得胜利的可能性微乎其微。

奥地利对塞尔维亚的进攻还是取得了一些战绩的。12 月 2 日，奥匈军队占领了贝尔格莱德。但是他们在十四天之后又不得不放弃贝尔格莱德。战斗终于还是败下阵来。1915 年 5 月，意大利对奥匈宣战。从这个时候起，大部分奥匈军队被牵制在伊孙左河地区，而且数量还在不断增加。山地战斗造成了大量的伤亡，虽然在伊孙左地区进行了 11 次苦战，但直到战争结束也没有取得任何决定性的战果，战线也没有发生任何的变化。

保持中立态度没有参加战争的罗马尼亚也提出了自己的领土要求，作为对中欧各国战争保持中立的报酬。后来于 1916 年，罗马尼亚加入了协约国阵营参与战斗。总是准备牺牲自己的奥地利盟国利益来让步的德意志，这次也支持了罗马尼亚的要求。但这次谈判主要还是因为匈牙利的反对而遭到失败。匈牙利首相提萨本来准备在文化方面对德兰斯瓦尼亚的罗马尼亚人实行让步，但他的建议也在匈牙利政府的反对下失败了。

1914 年 11 月，奥地利在卡林提亚的战线崩溃了。普热米什尔被围，到达匈牙利北部的俄罗斯军队开始进攻。奥地利参谋本部又被迫向德意志的参谋本部求援。由于德奥两军合力反击，才把俄军的攻势阻止住。麦根生指挥东方和东南方的战斗，奥军得到了德国兵团的增援。贝尔格莱德又被占领，塞尔维亚军队被迫退往海边并被击溃了。俄军占领的布哥维纳又被夺回。1915 年年底和 1916 年的攻势也让俄军在普鲁特河所采取的措施遏止住了。

1915 年，奥地利除社会民主党以外的各个党派，都发表了包含林茨纲领的所有基本要求的宣言，这个宣言和林茨纲领一样，也要求了几个方面：把卡林提亚并入未来的波兰王国；变奥地利为“统一的德意志国家”，以及使塞尔维亚服从管辖并在军事上和经济上加入君主国的体系。

而社会民主党的立场，虽然与其他各党派并没有什么区别，但它并没有签署这个宣言。德意志社会民主党人在议会里投票赞成军事拨款，从而表明他们在战争问题上拥护威廉二世政府。奥地利社会民主党并没有陷入这种“困难的境地”——因为在战争的前两年，奥地利议会根本没有召开，所以它无须投票赞成军事拨款。政府想要造成一种印象，好像整个君主国是一致支持作战的中欧国家，并且不愿使非奥地利居民知道在捷克和南斯拉夫的代表中战争刚开始就出现了反对派。社会民主党在另外一些高谈阔论中虽然没有公开欢迎战争，但号召人们顺从不可避免的趋势，因为战争拥有的力量远远比工人阶级的力量庞大，反对战争只会引起不必要的牺牲。党派以战后的美好图景来引诱和鼓舞工人。

奥地利各工会的领导人更坦率，他们宣称职工会在战时应当帮助国家参战。工人阶级的组织认为它们的功绩就在于使进行帝国主义战争的国家摆脱额外的顾虑并帮助它节约资金。所差的仅仅是工会在宣言中要求工人停止——“停止为提高工资而进行的斗争。”

在内部政策方面，君主国公开地听命于德意志。资产阶级党派声明它们是战争政策的拥护者，并宣布它们属于“德意志民族”。君主国内的非奥地利民族，除匈牙利人现已公开声明他们是外莱塔尼亚的统治民族外，根本没有什么可指望的。如果奥德胜利，他们就将永远听命于将扼杀他们民族发展的奥地利、德意志人或匈牙利人。他们唯一的出路就是指望中欧各国在战争中失败，以便尽快地脱离奥地利。

奥地利政府在同各个党派的关系就像带着羊皮手套办事——总是隔一段距离，而在非奥地利地区，实行的是果断而恐怖的手段。虽然这种恐怖手段，相比德意志在战争中的作为稍微逊色，但也相当接近。奥地利在那几年除去著名的弗利德里赫·阿特莱案件的判决和另外对奥地利左派一个代表所判处的死刑以外，差不多没有判处死刑的案件，但捷克和摩拉维亚在几年之内就有好几千嫌疑人就未经任何审判而被拘禁起来。往往只要有人怀疑或检举，就足以使你落到“嫌疑犯”的行列中。根据资料显示，捷克人和斯洛伐克人被判处死刑的达五千人。其他地方的更多，因为在捷克和摩拉维亚，军事当局还在某种程度上考虑到多少使它们有所顾忌的公共舆论，但在“边区”——在加里西亚、布哥维那，在君主国的塞尔维亚地区和克罗地亚地区，军事政府无意可以为所欲为。

1914 年秋天，捷克民族运动严肃地要求捷克、摩拉维亚和西里西亚实行分立和建立各自独立的国家。与捷克情况不同，南斯拉夫争取独立的运动范围不如捷克广泛，发展也相对缓慢。在战争将开始时，它们利用以牺牲塞尔维亚人的方法来改善克罗地亚人处境的思想，梦想在君主国范围内建立把塞尔维亚地区包括在内的克罗地亚国家。1918 年 7 月在考尔夫举行了会议，在这次会上塞尔维亚的代表和奥地利的塞尔维亚人、克罗地亚人及斯罗文尼亚人的代表决定建立统一的独立国家——南斯拉夫。

在这次世界大战拉开时，波兰人就主张建立自己的国家，但相比其他民族，在与哈布斯堡王朝做斗争中，只有他们没有达到恢复自己国家的目的。战争刚开始，德国参谋本部便宣布建立波兰，但这决定于战争的进程。至少奥地利是主张新的“波兰王国”应从属于哈布斯堡王朝。

到 1916 年年末时，德奥同盟国在战争中战败的结局已经十分明朗。各条战线上，战士们都呈现出沉寂的状态。细线的德国军队准备在积雪覆盖的弗兰德里亚战壕中度过这第三个寒冬。而东线战场，虽然阻止了勃鲁希洛夫将军统帅的俄国军队的进攻，但也未能更前进一步。意大利战线上，奥地利军队也不能从伊逊左河地区击退意大利这个最弱的协约国。

当初那个灯火辉煌，好像什么事情都没有发生过的年月已经一去不返。民众们的生活也仿佛笼罩在可能会战败的枯寂冷漠当中，人们显得疲惫不堪。政党投机商在军事供应上，鞋底是厚纸的军用鞋上，在“不透水”的军用被子上大发其财的时候，饥谨已经在工人们居住地区的上空弥散开来。

在非奥地利地区，人们的反抗情绪日渐高涨，而且奥地利境内尤其是首都地区人们的不满情绪不断增长，迫使政府采取一定的措施缓和了国内的紧张态势。1916 年年末，弗兰茨·约瑟夫逝世。他的去世丝毫没有改变什么，因为在奥地利所发生的事情已经不由双伯伦或高夫堡决定了。查理皇帝继承了王位。战争继续进行，胜利的希望愈来愈小。再过几个月，美国就必将挟其巨大的后备人力和工业参加战争了。

查理和政府开始了解到君主国已濒于崩溃，因而在最后关头做了拯救自己的微弱努力。通过自己的内兄西克特·波旁－巴姆斯基亲王，查理和他的新任外交大臣切尔宁与协约国发生了联系，并且提议开始进行单独谈判。可是协约国至少是为满足意大利的要求，希望改变与奥地利君主国有关的领土，所以谈判终于还是以失败告终了。

在最危急的关头，奥地利君主国也只是在牺牲别人的利益的条件下才同意让步。他以很含糊的形式向克罗地亚人建议在君主国内建立第三个国家，也就是实现关于三元制国家的老计划。查理没有提出给君主国内奥地利地区的捷克人以平等，而提出在限制匈牙利人权利的情况下给克罗地亚人以平等。匈牙利人立即提出了抗议，并威胁说要停止运送食品，使维也纳感受到饥饿的威胁。因此，这个求全的计划仍然未能达成。

在战争优势完全偏向协约国时，俄国人民于 1917 年 3 月推翻了沙皇制度，要求立即结束战争，把土地交给农民，给被压迫的民族以自由。同年 10 月，寒冷阴雨的日子，“阿芙乐尔号”巡洋舰向克伦斯基政府所在地冬宫开了炮，同时武装工人、水兵、从前线归来的士兵都向冬宫冲击。克伦斯基的资产阶级政府被推翻了。在苏维埃开会的大厅里，列宁宣布了苏维埃中绝大多数人的决议——世界上第一个社会主义国家诞生了。这次苏维埃政权胜利的果实就是“十月革命“。

俄罗斯的内乱，让协约国的攻势得到缓和。十月革命也给德奥同盟国带去暂时的喘息机会。东线的军事行动完全停止了。十月革命对于奥地利并不是没有影响。罢工和反对战争的示威愈来愈频繁地发生，工人阶级要求“停战”的呼声愈来愈响亮。和平的渴望从俄罗斯烧到中欧。

1917 年 11 月同盟国与俄国在布列斯特－立陶夫斯克开始谈判。德国和奥国政府在谈判中表明，它们关于公正和平的言论、关于中欧国家不愿奴役其他民族、不愿获得他国领土、不愿牺牲其他民族利益来发财致富的保证，以及他们卷入战争只是为了保卫自己的领土的说法都是谎言。

中欧国家向俄国提出的和平条件非常苛刻。它们要求割让库连基亚、里加、波罗的海诸岛、利弗连基亚、爱斯连基亚、波兰、芬兰，并且最主要的是割让乌克兰，它应成为“独立国家”，也就是成为中欧国家的卫星国和粮食供应地。

1918 年，同盟国在春夏两季发动的大规模进攻，和军事指挥部企图保持正在崩溃的防线的最终结果都以失败告终。当年初秋，奥地利政府请求美国总统威尔逊为签订停战协定做中间人。但当中欧国家进行谈判时，君主国已经开始土崩瓦解。1 月 16 日奥地利政府向君主国的各族人民提议把奥地利算作联邦国家，由国民会议和帝国政府共同治理。但是已经没有人注意这个建议了。

1918 年 10 月 28 日，捷克国民会议在布拉格接受了新国家——捷克斯洛伐克临时政府的职权。10 月 29 日，塞尔维亚人、克罗地亚人及斯罗文尼亚人组成了新国家——南斯拉夫。波兰宣布它是自由共和国，并开始与协约国谈判。11 月 2 日，新任匈牙利首相的加罗里伊伯爵宣布匈牙利为独立国家。

战线终于崩溃了。还在新匈牙利、南斯拉夫、波兰、新捷克斯洛伐克宣告成立以前，捷克、斯罗文尼亚和克罗地亚的兵团就在商量一致行动，并且开始或徒步或乘载重马车或乘火车，陆续地潜回国内。在宣布成立新国家之后，他们就成千上万地离开前线。离开前线的不仅有匈牙利人、捷克人、克罗地亚人及斯罗文尼亚人，而且还有奥地利人。

造成战线崩溃的原因有很多。奥地利君主国的完结不是唯一原因，除此以外，士兵几乎丧失了战斗力，真正到了弹尽粮绝的地步。在前线的某些地区，兵士三四天才吃到一块面包，另外一些地区则缺少弹药，只发给士兵每人两三发子弹。伤兵整天整天地躺着，得不到必要的医疗，也没有运输工具把他们送回本国。

皇帝查理于 10 月 27 日进行了最后一任内阁任命。内阁是由自由党人和资产阶级组成的，和平主义者亨利·拉马施及历史学家烈德利赫也在其中。社会保障部部长是依格纳茨·捷培尔。内阁的任命是违反 10 月 16 日政府向君主国各族人民提出的建议的。正如在民族问题上想在最后关头通过向各族人民让步来避免帝国的瓦解一样，现在在国内政策上也想在最后关头通过任命自由党内阁来拯救哈布斯堡王朝并防止革命。但这一切已经迟了。

10月初在政府的会议上就已公开谈到维也纳爆发革命的可能性。10月28日维也纳的各工厂停工。成千上万的士兵和工人走上街头，高呼“和平万岁!”“打倒君主制度!”等口号。

停战谈判开始了。11月3日在前线响起了意味着“停火”信号的鼓声。大炮沉寂了，人们走出战壕。战争终止了。10月底，几乎所有民族都退出了奥地利君主国，并组成了自己的国家，剩下的只有奥地利。新奥地利在国土面积上大约与公元1526年的奥地利相等。以卡尔·伦纳为首的新奥地利政府于10月31日成立，并通过了宣告成立共和国的决议。11月11日，查理皇帝退位并离开奥国，11月12日，奥地利共和国宣告成立。

第四章　帝国历史上的悬疑

哈布斯堡王朝衰落原因之谜

哈布斯堡王朝作为欧洲历史上最为重要、影响力最大、统治地域最广的王室家族，其成员曾出任过奥地利、匈牙利、比利时、荷兰、德国等国君主。但是时间到了 18 世纪，这个家族却突然间衰落，其原因令人困惑。然而科学家们的最新研究发现，乱伦和近亲结婚可能是导致这个欧洲皇室家族衰落的主要原因。

当时的人们普遍认为，由于巫术诅咒，才造成了查尔斯二世身体和心理上的疾病。查尔斯二世得到一个绰号——“中魔者”。直到四岁后，查尔斯二世才会讲话，直到 8 岁后，他才会走路，他的个子很矮，身体也相当纤瘦而且孱弱，他对周围的一切事物几乎都不感兴趣。他 30 岁的时候，看起来老态龙钟，腿、脚、腹部以及脸上都浮肿，在他去世前的几年，他几乎不能自己站立，还遭受着幻觉和痉挛的折磨。尽管查尔斯二世身体畸形，并有严重的健康问题，但他依然结过两次婚，希望继续维持哈布斯堡王朝的统治。但是直到他 39 岁去世，也没有留下任何继承人，哈布斯堡王朝在西班牙的直系从此灭亡。

经历史学家研究表明，在查尔斯二世之前的 200 年中，11 次婚姻中有 9 次是近亲关系，包括两对叔叔和侄女的婚姻，两对第一代堂兄妹之间的婚姻。查尔斯二世的父亲菲利普四世是他母亲的叔叔，他的曾祖父菲利普二世也是他曾祖母的叔叔，他的祖母同时也是他的姑姑。哈布斯堡王朝的座右铭就是：“让其他人发动战争，而你们，快乐的奥地利人，就去结婚吧！”以此赞美家族成员互相结合的趋势。

家族历史

公元 1273 年，鲁道夫一世成为神圣罗马帝国的皇帝，但没有加冕称帝。公元 1282 年，波希米亚国王奥托卡二世占有的奥地利与施蒂利希公国被鲁道夫一世夺取，旋即分封于自己的两个儿子阿尔布雷希特与鲁道夫，自此奥地利划归哈布斯堡皇室拥有长达600余年。

公元1422年阿尔布雷希特支系的阿尔布雷希特五世迎娶了神圣罗马皇帝兼匈牙利及波希米亚国王西吉斯蒙德唯一的庶女卢森堡的伊丽莎白，并被指定为西吉斯蒙德的继承人。

公元1438年阿尔布雷希特二世成为神圣罗马帝国皇帝，他也没有加冕称帝。

公元1439年阿尔布雷希特英年早逝，留下一名遗腹子拉迪斯劳斯。奥地利公爵和神圣罗马帝国皇位随后由阿尔布雷希特的远房堂弟腓特烈三世继承，拉迪斯劳斯一出生就继承了匈牙利及波希米亚国王（分别称拉斯洛五世及拉迪斯拉夫一世）。但不幸的是，这位哈布斯堡幼主很快被人所害，使家族丧失了对匈牙利和波希米亚的统治。

公元1477年马克西米连迎娶勃艮地公爵独女玛利。这段姻缘，将属于勃艮第公国的，自法国南部至荷兰、比利时的领地通通并入哈布斯堡皇室领地。

公元1496年马克西米连的儿子美男子菲利浦，迎娶西班牙女王储胡安娜，开创了西班牙哈布斯堡王朝。不过，菲利浦将母亲勃艮地公爵的领地也带入了西班牙王室，播下了西班牙与法兰西冲突的火种。

公元1506年查理的父亲美男子菲利浦英年早逝，查理便继承了勃艮第公爵一职，成为了尼德兰（今日的荷兰和比利时）的统治者。

公元1516年查理的外祖父，阿拉贡国王费迪南二世病逝，查理因此成为了西班牙国王卡洛斯一世。自此，西班牙全国、意大利南部的西西里岛、萨丁岛、那不勒斯王国以及西班牙在美洲的殖民地都成了哈布斯堡王朝的管治领域。

公元1519年查理的祖父，神圣罗马皇帝马西米连一世病逝，查理继承帝位成为查理五世，并承继了家族对奥地利和阿尔萨斯的管治。

公元1526年查理的兄弟费迪南得到波西米亚。

公元1556年查理五世把哈布斯堡家族的土地分为两半。

公元1700年最后一个西班牙哈布斯堡王朝统治者卡洛斯二世逝世。

公元1740年神圣罗马皇帝卡尔六世去世，玛丽亚·特蕾西亚继承了他奥地利大公、波希米亚和匈牙利的王位。

公元1781年玛丽亚特丽萨的儿子约瑟夫二世实行重大改革，解放了农奴。

公元1792年利奥波德二世正式与普鲁士缔结同盟，准备以武力干涉法国。

公元1799年奥地利联同英国、土耳其、俄罗斯组成了第二次反法同盟。

公元 1804 年弗朗茨二世自称奥地利皇帝以回应拿破仑一世，并借机整合哈布斯堡王朝的领地。

公元 1866 年在普奥战争中战败，奥地利帝国被迫解散德意志邦联，同时，被迫将威尼斯归还给普鲁士的同盟意大利。

公元 1867 年弗朗茨·约瑟夫一世加冕成为匈牙利国王，奥匈帝国成立。

1918 年最后一个哈布斯堡家族皇帝卡尔一世放弃皇位，奥匈帝国最后解体。

奥地利帝国利奥波德勋章之谜

公元 1808 年 1 月 8 日，奥地利皇帝弗朗兹一世以父亲的名字命名设立利奥波德勋章，以此纪念自己在位仅仅两年的父亲。

弗郎茨一世就任神圣罗马皇帝时，德意志诸邦早已分崩离析，神圣罗马皇帝有名无实。法国大革命和拿破仑的崛起对他的统治产生了极大的影响。

弗郎茨一世和父亲一样是反法急先锋，联合发起了五次反法同盟，前四次均遭惨败，割地赔款削弱了奥地利的国力，导致了日后普鲁士的崛起和奥地利在德意志地区的没落。公元 1806 年，拿破仑宣布解散了神圣罗马帝国。弗郎茨一世被迫把女儿玛丽·路易莎嫁给了拿破仑。

弗郎茨一世第五次反法成功后，主持召开了维也纳会议，企图恢复欧洲旧体制，阻碍欧洲革命的发展。弗郎茨一世统治时期重用梅特涅，也以此恢复了奥地利的大国地位。弗郎茨一世死后传位给斐迪南一世，但他无统治能力，在位时完全受梅特涅摆布。

利奥波德勋章的设立最早可以追溯到公元 1806 年。当时弗朗兹一世前往格拉茨市查看，对格拉茨市长和卫戍部队士兵的杰出表现感到很满意，他决定以奥地利传统的勋奖章来授予杰出者以资鼓励，但这时候问题就出现了，格拉茨市长和卫戍部队士兵是一个共同体，但分属为两个不同的阶层——公民和军人，而当时奥地利并没有一枚可以同时授予两个阶层的勋章。

回到维也纳后，弗朗兹一世要求法院起草一项新的勋章法令来解决这个问题，这一法令的出台也经过了长时间的讨论。同时利奥波德勋章所处的时代是欧洲革命动荡时期，当时的奥地利出现了一批杰出并有价值的公民，他们并不是军人，所以不能授予玛丽亚·特蕾莎军功勋章；他们也不单单是普通公民，圣斯蒂芬勋章也不能满足。这枚勋章承载着一位帝国公民的价值，他们或许不是军人和公务员，现行的勋奖章体系也无法对他们的贡献做出应有的鼓励，所以弗朗兹一世打算设立一种条件相对宽松的高级勋章。

勋章设立最初的想法是以弗朗兹一世自已的名字命名，让勋章带着皇帝的威名前往帝国的每一个角落。勋章的设立工作在紧锣密鼓的进行中，但因为一些原因而一直拖延到公元 1807 年 12 月。弗朗兹一世最后决定，这枚勋章将不以自己的名字，而以自己的父亲利奥波德来命名。弗朗兹一世统治时期，欧洲形势大变，法国革命绵延欧洲，旧秩序岌岌可危，而拿破仑称帝后更是对欧洲虎视眈眈。

在拿破仑的打击下，佛朗兹一世的皇帝之权早已名存实亡。奥地利在反法战争中失利，被迫割地、赔款，弗朗兹一世统治下的哈布斯堡王朝处于低谷。也许是当时弗朗兹的名字不具有号召性，所以弗朗兹一世才决定用父亲的名字勋章，并在勋章中加入了自己的元素。

奥波德二世（1747 年 5 月 5 日—1792 年 3 月 1 日）哈布斯堡－洛林王朝的神圣罗马帝国皇帝（1790 年—1792 年在位），匈牙利和波希米亚国王。他也是奥地利统治下的意大利的托斯卡纳大公（称利奥波多一世，1765 年起）。

利奥波德二世是奥地利首席大公，波希米亚和匈牙利女王玛丽亚·特里萨与皇帝弗朗茨一世的第三子，生于维也纳。他在公元 1765 年得到托斯卡纳大公的公位。利奥波德二世在位期间巩固了哈布斯堡王朝对尼德兰，匈牙利和波希米亚等地的统治。公元 1790 年到布拉格加冕为波希米亚国王，成为最后一个举行加冕式的波希米亚国王。

利奥波德二世在位时的主要敌人之一，就是俄国女沙皇叶卡捷琳娜二世。利奥波德二世因此废除了两国盟约。由于利奥波德二世的妹妹与法国国王路易十六联姻的关系，利奥波德二世是反对法国大革命的急先锋。公元 1791 年，利奥波德二世与普鲁士国王腓特烈·威廉二世在皮尔尼茨会晤。他们发表了皮尔尼茨宣言，声称要以武力恢复法国的君主制。公元 1792 年利奥波德二世正式与普鲁士缔结盟约，在第一次反法同盟组建之前猝然离世，而这一反法任务就落到了他的儿子弗朗兹一世身上。

利奥波德勋章设立法令于公元 1808 年 1 月 8 日正式颁布，当天也正好是弗朗兹一世和德纳公主玛丽－路易斯的结婚之日。虽然公元 1808 年就颁布了勋章，但直到一年后才正式授出一枚利奥波德勋章。公元 1809 年 7 月在一次毕业仪式上利奥波德勋章被第一次授予。

勋章等级

公元 1808 年 7 月 14 日，在利奥波德勋章设立的六个多月后，奥地利政府颁发勋章法令，确定了勋章的三个等级：大十字级、指挥官级和骑士级。这三个级别的勋章将不分被授予者出生与地位的贵贱，给予那些在军事和民事上有贡献的人，或者在科学艺术和文学领域有卓越贡献的人。

在 1901 年 1 月 28 日，官方再次颁布勋章法令，修改了利奥波德勋章原有的三个等级，决定拆分勋章的最高级别，变成两个等级，这样利奥波德勋章最终确定了四个等级：大十字级、一级、指挥官级和骑士级。而再次增加勋章等级和铁皇冠勋章有一定关联。

公元 1868 年，意大利王国设立了意大利皇冠勋章。皇冠勋章象征着伦巴第铁皇冠，也象征着统一的意大利半岛在萨伏依家族的统治之下。公元 1816 年，和意大利皇冠勋章有着相同背景的铁皇冠勋章传到了多瑙河的君主手中，并一直留存到了 19 世纪 60 年代（拿破仑设立铁皇冠勋章，后经过他的妻子，奥地利公主传给了奥地利帝国，并成为奥地利铁皇冠勋章）。被授予铁皇冠勋章的公民同样也有资格得到利奥波德勋章，但就涉及利奥波德勋章的大十字级，这一级别一般是授予大使和政要。这样不对等（铁皇冠勋章的最高级并不对应利奥波德勋章的最高级，似乎利奥波德勋章要高于铁皇冠勋章的迹象）引起许多人的不满。最后奥地利外交部部长 AgenorGoluchowskéhoEarl（1849—1921 年）提出解决方案，在利奥波德勋章的大十字级下再设立一级来和铁皇冠勋章对等，才结束了这一争端。

与其他奥地利勋章一样，获得利奥波德勋章的同时可以获得相应的贵族头衔。到了公元 1884 年，又发生了一些变化，即勋章获得者可以将头衔提升到与所获勋章相对应的级别：

大十字级：枢密顾问官

司令官级：男爵

骑士级：骑士

勋章样式：

利奥波德勋章的章体为表面涂有红色珐琅的金质十字形，另用白色珐琅镶边。勋章正面为红底，上面有大写的 FIA 三个金色字母。周边写有铭文“INTEGRITATIETMERITO”和“OPESREGUMCORDASUBDITORUM”。在十字形章体之上的金质皇冠饰。大十字级能加授钻石饰，不过从公元 1808 年—1918 年只有四人获此殊荣。钻石大十字级属于获得者去世后被收回的勋章级别，其他级别勋章可以交给获得者后人保管。

在正式场合大十字级和一级获得者都会佩戴绶带，勋章就挂在绶带的底端，同时会佩戴星芒章，大十字级为八芒星形，一级则为四芒星形。另外大十字级的绶带比一级的稍宽。此外在正式场合可以佩戴利奥波德金质项链章，上面有 L 和 F 两个字母组成和皇冠橡叶环的装饰。而指挥官级勋章则用一条 52 毫米宽的勋带悬挂于脖子上；用三角形勋带佩戴在左胸上的则是骑士级。此勋章的最后一位获得者为恩斯特·冯·希尔瓦－塔罗卡伯爵，获颁于 1918 年 11 月 11 日，几小时后奥皇卡尔一世宣布退位。之后此勋章终止颁发。

利奥波德勋章原先使用金银制成，“一战”后开始使用铜镀金制造。1918年后，勋章再没有被授予过。

莫扎特死亡之谜

对于音乐爱好者来说，维也纳劳亨施泰因街970号是一个不陌生的地方。因为这里是莫扎特的纪念馆，同时也是他最后的居所。莫扎特在这里创作出了很多歌曲，其中著名的《安魂曲》就是在这栋大楼二楼的一套公寓里创作的。然而，让人惋惜的是，莫扎特还没有完成这首曲子，就去世了。

一场并不存在的暴风雪

公元1791年12月5日，星期一凌晨，年仅35岁的音乐天才莫扎特离开了他热爱的人世。对于莫扎特之死，当时社会上流传着一些传闻，但是大家一致公认莫扎特是死于疾病的。凡属莫扎特“是被谋杀的”传闻，均被认作无稽之谈，就连权威的《牛津音乐指南》也称莫扎特被谋杀是没有根据的。据记载，举行葬礼那天有一场暴风雪，参加葬礼的亲友因而无法陪着灵柩去坟场。于是，莫扎特的棺材就在无一亲友在场的情况下入了土。至今，可能还没有一个人知道莫扎特的坟墓到底在哪里。

莫扎特纪念馆

人们几乎从来没有怀疑过这件事情的真实性，然而，英国当代剧作家彼得·雪佛在一个偶然的机会看到一篇文章，文章作者称自己曾看过公元1791年维也纳的全年气象记录，在莫扎特下葬那一天，维也纳根本没有发生过暴风雪。实际上，12月的维也纳发生暴风雪的可能性也趋向于“零”。后来，雪佛进一步证实，莫扎特下葬那天有一场暴风雪的说法，是莫扎特死后五十年才逐渐流传开来的。这些，都增加了雪佛对莫扎特死因的怀疑。

被邀请的唯一客人

《魔笛》是莫扎特里程碑式的歌剧作品，随着在奥匈帝国首都维也纳的正式公演，它激起了无数观众的热情，他们如痴如醉。宫廷首席乐长沙里利却过于冷静，在狂热的观众中愈发显得与众不同，他脸上的表情阴晴不定，不过无人注意。终于，在公元1791年10月的一个晚上，沙里利盛情邀请演出后的莫扎特去他家吃晚饭。

莫扎特赴宴回来突然头晕眼花，接着是呕吐和胃部的剧烈疼痛，这些症状一连持续了好久，后来竟昏厥了过去。几天以后，莫扎特变得苍白而又削瘦。医生肯定地说：莫扎特的昏厥纯粹是因为工作过度劳累、体质下降所致。但有记载说，莫扎特问过医生：在沙里利家吃的东西是否有中毒的可能。遗憾的是，医生并未深入地检查便轻率地否定了他的疑虑。莫扎特还将同样的话告诉给了25岁的弗朗茨·苏斯梅耶，并一再询问克劳塞特医生："我是不是中了毒，医生？吃了败坏的食物，在沙里利那儿？"

据记载，那天晚上，莫扎特是沙里利邀请的唯一客人，同时在座的还有沙里利本人和他的女朋友——卡捷琳娜·卡瓦利里，后者是一名歌唱家。那天的饭菜确实也是沙里利一手烹制的。美国当代以严谨著称的历史学家大卫·韦斯的研究成果证实："沙里利那天实际上什么都没吃，他坚持要莫扎特吃完所有的菜。而卡瓦利里也仅仅吃了一点点，在餐桌旁观看别人吃饭的时间要比亲口吃的时间多得多。"

从那以后，莫扎特的身体每况愈下，公元1791年12月5日凌晨12时55分，这位久享盛誉的天才作曲家终于离开了人世。在咽气前，他竭尽全力喊出蓄积已久的一句话："世界对它的孩子们干了什么呀？"

天才与庸才之间的矛盾

安东尼奥·沙里利出生于公元1750年，父亲是一名富裕的意大利商人，他是奥匈帝国国王约瑟夫二世的宫廷乐长。沙里利很小就开始学习音乐，但成绩并不突出，公元1766年，沙里利父母双亡，作为一个孤儿，他只身来到音乐名城维也纳。由于某种偶然的机遇，沙里利在维也纳很快便交上好运，他被任命为当时的哈泼斯堡宫廷的歌剧作曲及指挥，不久便升任乐长之职。他与后来到了维也纳的莫扎特相比，就有了天壤之别。

公元1787年，有影响的作曲家格洛克去世，31岁的莫扎特出任宫廷作曲家一职，而沙里利也升了级，担任皇家乐队首席乐长的职务，这是音乐家在当时所能担任的最高职务，无论是职位还是薪俸均高于莫扎特。但是，在音乐界和公众的心目中，沙里利的声望则远远不如比他年轻的莫扎特。在18世纪八十年代，沙里利也创作过一些歌剧，但很快就被人们忘记了。他的乐曲十分平庸，具有明显的陈旧感，也许他更像一名可敬的工匠，而不是音乐领域的拓荒者。几乎与沙里利同时，莫扎特创作了歌剧《费加罗的婚礼》《后宫诱拐》和《唐璜》，并且每部歌剧的上演都掀起了真正的狂热。莫扎特成了当时维也纳公众承认的伟大天才和崇拜的偶像。这导致了一个位置在下的天才和一个位置在上的庸才之间的矛盾。没有确切的文字记载可以证明他们之间是否真的发生过具体冲突，但是毋庸置疑的是，安东尼奥·沙里利不能容忍莫扎特。原因其实很简单，那就是人类的嫉妒心在作怪，沙里将莫扎特视为将会威胁自己地位的头号人物。于是，沙里利选择并实施了解决这一矛盾的唯一途径和办法。

一个低调的简陋葬礼

遗憾的是，莫扎特的夫人相信了当时医务界有关莫扎特死于尿毒症的观点，没有提出验尸要求。所以自然也没有验尸手续。

莫扎特的葬礼是在死亡的当天下午举行的，如果不算秘密举行的话，至少也是低调的。

有传言说，葬礼所用的钱是卖掉莫扎特手表所得。这显然是不可信的。虽然莫扎特的生活达不到奢华的程度，但其年薪不低，总的来说生活是富足的。

参加葬礼的亲友不多，仅有六七个人，其中包括阿尔勃兰兹伯格、莫扎特夫人、在《魔笛》中饰夜女王之女帕米娜的娜娜塔·万塔里勃、苏斯梅耶，还有安东尼奥·沙里利。《牛津音乐指南》记述说："在暴风雪来临之前，送葬的亲友们都回去了，棺木的入土是在风雪中进行的。"事实上，那天根本没有暴风雪，亲友们未能随棺前往圣马克斯公墓，只是因为他们当时没有交通工具去那么远的地方。后来，阿尔勃兰兹伯格和万塔里勃找到了车辆，匆匆前往墓地，等他们赶到，安葬已经结束。莫扎特被葬在数百个普普通通的坟墓群中，没有墓碑，也没有其他任何标志，究竟确切地点何在，从此再也无人知晓了。

近二百年来，不少人怀疑英年早逝的莫扎特并非死于所谓的尿毒症，而是被人蓄意谋杀。伟大的俄罗斯诗人普希金曾就此写过一首长诗，后来里姆斯基·柯萨科夫根据此诗写成一部歌剧，但也仅仅是推测罢了，虽然事出有因，但查无实据。前不久，著名剧作家雪佛的剧本《阿麦丢斯》在世界各地纷纷上演，他在剧中真实地再现和披露了莫扎特死亡前后的境遇、环境和有关细节，重新勾起了这一沉沦两个世纪的悬案。基于现代医学的最新科研手段，联邦德国杰出的内科医生贡特·杜达博士经严密推理，诊断莫扎特是因一般剂量的二氯化汞中毒而去世的，而这种慢性毒药进入莫扎特体内的唯一可能，便是那天晚上沙里利亲手准备的饭菜。

茨威格死因之谜

近四十年来，德国文学的研究者纷纷探讨起了茨威格的死因，并提出了种种疑问，做出种种解释。1942 年 2 月 23 日突然传出茨威格和他的妻子在南美巴西服毒自杀的消息。为什么茨威格会走上这条绝路？莫非他流亡国外，生计无着，穷困潦倒？抑或看不见前途，悲观绝望？

在茨威格的一生中，从来无须担心物质生活，也从不缺乏荣誉。他在美洲的演讲旅行，总是一次次凯旋的进军；他在巴西举行作品朗诵会，总是万人空巷，深受欢迎。他有英国国籍，不像一些流亡的犹太人处处受到歧视，在饥饿线上挣扎；他拥有巴西的长年签证，是受到特殊礼遇的共和国的贵宾。那么，他为何自杀？

我们不妨看看他在自杀当天写的绝命书：“在我自觉自愿、完全清醒地与人生诀别之前，还有最后一项义务亟须我去履行，那就是衷心感谢这个奇妙的国度巴西，它如此友善、好客地给我和我的工作以憩息的场所。我对这个国家的热爱与日俱增。

与我操同一种语言的世界对我来说也已沉沦，我的精神故乡欧罗巴亦已自我毁灭，从此以后，我更愿在此地开始重建我的生活。但是一个年逾六旬的人再度从头开始是需要特殊的力量的，而我的力量却因长年无家可归、浪迹天涯而消耗殆尽。所以我认为还不如及时不失尊严地结束我的生命为好。对我来说，脑力劳动是最纯粹的快乐、个人自由是这个世界上最崇高的财富。我向我所有的朋友致意！愿他们经过这漫漫长夜还能看到旭日东升！而我这个过于性急的人要先他们而去了!”

茨威格在自杀之前写的自传《昨日的世界》实际上是一份更详细的绝命书。他在回顾一生时描写了那个昨日的世界，他自己就属于那个世界。在那个世界里，他作为作家可以影响人们的思想、触动人们的感情。而在这个现实世界里，他感到无能为力。于是他回忆起罗曼·罗兰对他说过的话：“它（艺术）可以给我们，我们个别的人以慰藉，但是它对于现实却是无能为力的。”

因此，他写了《象棋的故事》之后便就此搁笔，同时也终止了他长达三十二年之久的巴尔扎克研究。其实，《象棋的故事》是揭露法西斯十分有力的武器，但这个武器的效用是内在的、缓慢的。而茨威格却急不可待，失去耐心了。脑力劳动之所以是他最高的乐趣，乃是因为他通过脑力劳动可以影响人们。如今既然无从影响人们，也就生不如死了。

虽然茨威格在流亡期间拥有优越的物质条件，然而物质毕竟不是决定一个人幸福还是不幸的主要原因和条件。精神上的折磨往往甚于肉体上的酷刑，对于思想敏锐、感情细腻的人，更是如此。这点，他在《象棋的故事》里写得十分深刻而令人信服。在各式各样的法西斯的牢房里，有多少优秀之士不堪这种折磨，终于精神崩溃；又有多少人，因为忍受不了这种无声无形的酷刑，内心极度痛苦，终于在自杀中寻找解脱痛苦的途径。

茨威格身在国外，因而没有受到他的亲友们所遭遇的厄运，但他出国离家，成为四海飘零的流亡者，内心同样备受折磨。他那敏感的心灵，既承担着自己的痛苦，也分担着在祖国受迫害的亲友、同胞的忧患。于是，他感到心力交瘁。这不是肉体的疲劳，而是心灵的疲惫。就像他在《富歇》一书中描写的“百日”期间拿破仑的精神状态一样：对命运的打击已失去抵抗力。这位心理分析大师，自己也是感情细腻、极其敏感的人。

再加上他为人正直，不是仅仅考虑个人的安危荣辱。他的人道主义理想、对人类未来的设想被第二次世界大战的炮火所摧毁。烽火连天、尸骨遍地、人性泯灭、道德沦丧，人类堕落成自相残杀的野兽，使他理想破灭，万念俱灰。在他自杀前几天，传来新加坡沦陷的消息，此时此刻，他进一步感到心力交瘁，生不如死。他相信人们总有一天可以看到“旭日东升”，但这需要等待、需要经过长期的善与恶的搏斗，而在这场搏斗中他只能等待、只能忍受，这是他所不能接受的。这种等待便是折磨。为了摆脱这种折磨，他决定及时不失尊严地结束自己的生命。

茨威格去世后，巴西总统下令为这位大师举行国葬。成千上万的民众，不久前曾踊跃参加这位作家的朗诵会，这时怀着悲痛的心情跟在灵车后面为他送葬。巴西政府决定把茨威格生前最后几天住过的那幢坐落在彼特罗波利斯的别墅买下来，作为博物馆供人参观。

咖啡馆传奇之谜

在奥地利，音乐、美术等艺术百花齐放，咖啡馆成为这个帝国的文化枢纽。常常光顾梅西利和巴扎这种咖啡馆的，不仅有作家法兰茨·格里帕斯和舒伯特这样的奥地利艺术家，包括贝多芬、伯辽兹、李斯特在内的许多外国艺术家，也是这里的常客。

据说，咖啡狂舒伯特经常光顾梅西利咖啡馆，一边在里面打台球，一边构想音乐。而莫扎特则是“IceVogel”咖啡馆的老顾客。不过非常遗憾的是，这两家咖啡馆在很久以前就消失了。舒伯特常去的另一家名为“ZoomBluemanStock”的咖啡馆，至今依然保持着原来的面貌，照常营业。1997年，正是舒伯特诞辰200周年，很多人来到维也纳，来到“ZoomBluemanStock”咖啡馆，缅怀这位伟大的音乐家。贝多芬经常光顾的“FrauenHuber”咖啡馆也仍然在HimmelPorte6号继续营业。

维也纳的中央咖啡馆

中央咖啡馆拥有500年的历史，是维也纳最悠久的咖啡馆。在这家十多平方米的咖啡馆里，至今依然保留着莫扎特、贝多芬、舒伯特、勃拉姆斯等名人的亲笔签名。维也纳的音乐家们从此“不在咖啡馆里，就是在去往咖啡馆的路上”。仿佛咖啡馆是激发创作灵感的绝佳场所。

在奥地利咖啡馆史上，“CafeDaum”咖啡馆也很有名气。外界评说“该咖啡馆的历史就是奥地利的历史”。因此，这家咖啡馆成为很多奥地利人和国外游客最想去的咖啡厅之一。不少地位显赫的人更是在这里指定了自己的专座。

当时，不同领域的学者们在咖啡馆里进行亲切的交流。物理学家马赫回忆说：“来咖啡馆的这些人对哲学、科学和艺术的学习热情十分高昂。他们的讨论非常深刻，好像刀子一样尖锐。”

据说弗洛伊德就是在咖啡馆静坐时猛然间领悟到了梦的意义的。当时身为医生的他经常和一些圈外的朋友讨论文化、音乐、绘画、神话、戏剧，然后把这些知识要素结合起来，促成了精神分析学的发展。不过，更重要的是咖啡馆成了他传播自己观点的理想场所。

奥地利的咖啡馆或咖啡屋不单纯是艺术家们会面的场所，也是一个传播新闻的空间。当时的咖啡馆很受欢迎，就好比图书馆的定期刊物室，在信息传播很不发达的年代，它为人们之间的交流提供了一个非常好的平台。1903年，奥地利还没有街头售报摊，人们不得不在家里或咖啡馆里看报纸。据说音乐大师贝多芬本来习惯在自己的工作室里用60粒咖啡豆煮咖啡喝。可后来他也养成了每天早晨去咖啡馆喝咖啡、看《维也纳日报》的习惯。

维也纳“咖啡馆作家”20世纪初享誉西方，他们当时大都生活拮据，没有自己的客厅，所以每天在固定的咖啡馆相聚、讨论，结交同行，感受新的气息，跟常来咖啡馆的出版商和报纸编辑谈稿约和合同，还能使用在当时还很稀罕的电话。他们就是在这里度过了自己的整个文学生涯。咖啡馆是他们的生活中心、创作基地，也是最能激发灵感的地方。他们的不少名篇巨著，不是在紧闭的书房里，而是长年累月在文友汇集的咖啡桌上写完的。他们几乎总是在午夜关门时自己把椅子放到桌上去的最后一批客人，有时还会结伴再去下一个关门更晚的咖啡馆，直到第二天清晨早报上市后才回家。他们宣称自己首先是咖啡馆的常客，其次才是作家。去咖啡馆已经不是为了喝咖啡，而成为他们的一种存在方式了。

注重生活品位的维也纳人有一个传统说法：在多瑙河边让人换一个咖啡馆也许比变更宗教信仰还难！人们从不轻易改变自己常去的咖啡馆，甚至连来咖啡馆的时间和座位都是固定不变的。这种忠诚的关系深藏于好客不倦的主人温暖的笑容，不用招呼，熟知自己脾气和嗜好的老侍应生端来的自己最喜欢的咖啡、特色的点心和最爱看的报刊之中。不必说谢谢，这些在一个正宗的咖啡馆里都是理所当然的，那种关系犹如忠诚默契的知己好友。

偶尔身无分文也不会受到冷遇，从侍应生到客人都会慷慨解囊。有什么不平的心事也可在此一吐为快！只要一小杯咖啡就可以坐上一天，看报读书、跟人交谈讨论，甚至接连见两三批朋友。就算整晚对弈玩牌，侍应生也不会有任何怨言和不快，而总是微笑着送上一杯免费的水，这种传统在维也纳咖啡馆里至今犹存。咖啡馆的大家风度使得这里成为经济不宽裕的文人学者的乐土。

奥地利的著名作家茨威格，一生在咖啡馆里汲取了无穷的养分。咖啡馆是他观察世界的地方，也是他慰藉心灵的场所。他留下了《同情的罪》《一个陌生女子的来信》等不朽的文字。“格林斯德咖啡馆”是他常去的地方。茨威格在《昨日之世》中写道：“许多很有才华的作家聚集在这里。他最常去的地方是维也纳歌剧院以及大街小巷中的咖啡馆。《傍水之家》使他一举成名，成为维也纳浓厚文化气息中一颗闪亮的新星。茨威格在咖啡馆的艺术氛围中接触了德布西、施特劳斯的音乐，读到了保罗·瓦雷希的文字。他也经常和另一个作家史奈勒相约到咖啡馆里阅读年轻作家的作品。

咖啡馆里红黑夹杂的色调、木雕的墙饰、铜制的窗栏杆、打着蝴蝶结的侍者，一切都有着帝国的风味。”曾经有一个出身于德国林茨的年轻人梦想成为一名画家。可他虽然从维也纳的庄严中得到了灵感，但却在美术学校的入学考试中落榜。于是，口袋空空的他成为了流浪者，开始了露宿街头的生活。

每当兜里有了一点钱，他就会去“ImperialCare”或“CafedeLapera”咖啡馆读书、画画，或是同其他人兴致勃勃地讨论政治。不久之后，他感到无尽的空虚和挫败。在留下了几幅绘画作品之后，这个年轻人去了慕尼黑。他，就是阿道夫·希特勒。

中世纪的双面伊人之谜

据说900多年前就有人聚居在这里，15世纪时，这里已经是奥地利皇帝菲特利三世的心头好，他将自己的皇宫建在这里，这就是奥地利的格拉茨。彼时，邻国意大利刮起了中世纪的艺术革新风潮，格拉茨自然深受影响，文艺复兴式、哥特式、巴洛克式的建筑如雨后春笋，拔地而起。当拿破仑的铁蹄踏上这片土地，皇宫被破坏了，幸好这些瑰丽的建筑艺术仍保留了下来，以至于现在游走在穆尔河东岸的老城里，仿佛时光倒流，搞不清自己身在何世代。

走出150岁高龄的ErzherzogJohann酒店，从踩在地板上发出“吱呀”声中回到现实，向右一抬头便会看见格拉茨的心脏——Hauptplatz广场，翻译成主广场，最直白地表明了它的身份。每一个来到格拉茨的游人都会选择将这里作为探寻老城的起点。

沿着嵌入地表的电车轨道，走到主广场正中心，抬头，周身是一片写满了历史的老建筑：Sporgasse巷在主广场这头的鲁艾格楼，用石膏胶泥精工建造，华丽的外墙绘画里隐藏了一些人的面孔，只有细细端详，才能发现；德国骑士院的哥特式连环拱形建筑加上用小石块拼成的庭院地面，走过一遍，就让人印象深刻；萨老殿在公元1566年建成，这座四角宫殿至今仍有一个土耳其战士的雕像守护着……也由于这片经历了风雨的屋檐，格拉茨在1999年被联合国教科文组织选为了世界文化遗产。

现代美术馆与河对岸老城里红顶尖塔的古堡、钟楼所形成的强烈反差成为了格拉茨最经典的名片。

一直骄傲于自己依着地图寻路的本事，从来不愿在陌生的城市里迷路。然而，在格拉茨我却自愿抛开地图，只凭感觉往前走，因为惊喜很多时候就在身边。从Sporgasse巷左转就会来到Hofgasse巷，Edegger-tax就在这里，木制的大门，却点缀着镀金的老鹰，一看就料想到它的身份与众不同。“来一块Sissibusserl吧，每一个女孩都会爱上它的滋味”。

走在拥有一连串连环拱形建筑的Sack街上，另一个惊喜正在不远处等待着我。沿着门牌找到了Irmgard反复提到的新画廊，发现它竟然在地下。走进展厅，忽然被这种新颖的布展方式惊艳到——1号展区意在讲述“线”，19世纪的油画和最前卫的现代艺术同时出现在视野内。在我的潜意识里，它们激烈的碰撞，细腻描绘的乡村野趣图战胜了大胆前卫的独立雕塑作品，却将不同时代对“线”的理解植入了我的记忆。而下一回合，在“点”的 PK 中，现代艺术家的想法更轻易地获得了我的认同……

格拉茨老城里处处留有文艺复兴式、哥特式、巴洛克式的建筑。

“260 个台阶？还有别的方法可以看到格拉茨老城的天际线吗？”“当然，你可以坐缆车上山顶，但我们当地人早就换了一个地方，看那些美丽的红色屋顶。”随着身穿制服的警察大叔的指引，我找到了位于 K&O 百货公司楼顶的露台。人们总是先在探出楼外的木底露台上待足够久、看足够得过瘾，然后在身后的室外咖啡座里挑一个最能晒到太阳的位置，为老城之旅画上句号。

“想看格拉茨的现代艺术？它们聚集在河那边。”学艺术的 Nina 受了 Irmgard 之托，在这两天里带我找寻格拉茨新的一面，“穆尔河是我们的母亲河，她向西南流，最终汇入地中海。所以 2003 年庆祝活动的高潮，我们选择了‘穆尔岛’的揭幕典礼。”

纽约设计师 VitoAcconci 设计的“穆尔岛”是穆尔河上人工建造的一个艺术与建筑的结合体，外形像是一个贝壳，由钢材和玻璃构成，主要由室内咖啡馆、儿童娱乐场所和一个室外半圆型剧场组成。

两座钢结构桥将它与东西两岸分别相连，如同连通了河岸两边的艺术形式。穿过“穆尔岛”上得岸来，一座奇怪的建筑赫然出现在眼前，像是一艘长相怪异的潜水艇，亦或是刚刚出水的“有鳃的巨兽”。虽然这座带有强烈未来主义风格的建筑初看上去并不讨喜欢，但与河对岸老城里红顶尖塔的古堡、钟楼所形成的强烈反差却成为了格拉茨最经典的名片。

现代美术馆 KunsthausGraz 是英国建筑师 PeterCook 的作品，以蓝色的塑料玻璃拼贴而成，诠释了建筑师“生物存在式建筑”的理念。美术馆共分五部分：中间凸起的部分称为“Belly”（胃）；屋顶貌似心脏血管的区域称为“Nozzles”（管口）；屋顶的柱状物是可以眺望全城的休闲吧 Sushi－Bar 即“Needle”（针管）；地面支撑部分称为“Pin”（栓脚）；最后则是入口、售票处，只有这一部分是在公元 1842 年的老建筑基础上修整而来的，现在仍可看到当时精美的铸钢雕花。

美术馆地面展览厅共三层，主要的展览空间在屋顶层，整个大厅为无柱型设计。自然光从屋顶探出的 15 根 Nozzles 管口透进来，照亮了大厅。“顺着移动式斜坡，我们会被吸到‘Belly’部分，有没有一种被艺术吞没的剧院效果？”1941 年，省立画廊 Joanneum 被分成了两部分。旧的藏品如今被陈列在埃根博格城堡里，19 世纪后的藏品则至今都摆放在新画廊里，并不定期展出。

第十二篇

水上帝国——威尼斯帝国

第一章　地中海的奇葩

118 个小岛组成的帝国

今天，当我们看到这座没有汽车，建在水上的城市之时，还是忍不住为它的风采而着迷，看着海港和河道中的船舶悠然穿梭往来，仿佛昔日的商人们仍然在忙碌奔波，然而，人世苍桑，物转星移，威尼斯的繁盛已成历史，不再是那个由 118 个小岛组成的海上帝国，如今的威尼斯城已经成为游览胜地。

威尼斯地处一个长约 51 公里、宽 8 ~ 14. 5 公里的新月形泻湖的中央，实际上，它是建在离陆地 4 公里左右的一个群岛上，城市建筑之间靠近 200 条水道和 400 余座桥梁连接，城市共有 2 300 多条水巷，以舟代车，整个城市似乎建在水上。

威尼斯一度握有全欧洲最强大的人力、物力和权势。威尼斯的历史相传开始于公元 453 年，公元 5 世纪罗马帝国走向衰亡，伦巴第人侵入意大利北部，当时这个地方的农民和渔民为逃避酷似刀兵的游牧民族，纷纷离开大陆转而避往亚德里亚海中的这个小岛。肥沃的冲积土质，就地取材的石块，加上用邻近内陆的木头做的小船往来其间，就这样慢慢地形成威尼斯城早期的雏形。

威尼斯 10 世纪开始发展，由于其特殊的地理位置，14 世纪前后，威尼斯已经发展成为意大利最繁忙的港口城市，被誉为整个地中海最著名的集商业、贸易旅游于一身的水上都市。威尼斯在 14 ~ 15 世纪进入全盛时期，成为意大利最强大和最富有的海上“共和国”、地中海贸易中心之一。16 世纪始，随着哥伦布发现美洲大陆，新航路的开通，欧洲商业中心逐渐移到了大西洋沿岸，威尼斯逐渐衰落。公元 1797 年，威尼斯屈从于拿破仑的统治，有着一千多年历史的威尼斯共和国从此灭亡。公元 1849 年反奥地利的独立战争取得胜利。

有人说今日的威尼斯水上城市是文艺复兴的精华，目前是世界上唯一没有汽车的城市，上帝将眼泪流在了这里，却让它更加晶莹和柔情，威尼斯的风情总离不开“水”，蜿蜒的水巷，流动的清波，就好像一个漂浮在碧波上浪漫的梦。威尼斯有“因水而生，因水而美，因水而兴”的美誉，威尼斯的房屋建造独特，地基都淹没在水中，像从水中钻出似的，故成为水城。威尼斯外形像海豚，大约有10万人口，面积只有不到7平方公里，整个城市只靠一条长堤与意大利大陆半岛连接。抚今思昔，谁能想象，这么个小的地方，原来是片无人烟之地，几百年间却成为世界商业中心和首富之地。

威尼斯这座古城已经具有了1500多年的历史，是亚得里亚海岸的重要港口，风光旖旎，古迹众多，尤其是那独特的水城风光充满着迷人的魅力，一年四季，游人如潮，每年接待着来自世界各地的数百万游客，是举世闻名的旅游观光胜地。大文豪莎士比亚的文学巨著《威尼斯商人》就是发生在这里的故事，几个世纪以来，《威尼斯商人》不断被后人搬上电影、电视，以话剧、歌剧等形式流传于世。威尼斯还因是世界上独一无二的水上城市，具有宝贵的历史文化价值，已被联合国教育、科学及文化组织列入世界文化及自然遗产保护名录。

威尼斯全景

在威尼斯这座世界上唯一一座不见车辆的古城，闻名于世的圣马可广场和它高高的塔楼，就屹立在总督府附近。在这里虽然人口稠密，却无车马之喧，主要的交通工具是舟楫，开门见水，出门乘船。全市有轮船、汽艇5 000多艘，另有垃圾船、殡仪船、远洋船、渔船、轮渡船、军舰、拖船、领港船、救护舰、海关艇等。游客可以乘坐威尼斯的这些特有的交通工具，在水城街道之间穿行，可以一边在波光粼粼的水中欣赏“街道”两旁古老的建筑，亚德里亚海蓝色的海水衬托着两岸林立的楼房，建筑物犹如漂浮在水面上，巨石房基长着绿苔，房子的台阶延伸至水中，像一个个小码头似的。从水上看威尼斯和陆上看确实大有不同，在陆上欣赏的话，我们可以停下来静止地细细品味，触摸岁月留下的痕迹，而水上却需要流动地欣赏，人在船上，似乎物体也在动，有种移景的效果。小河两岸建筑的门窗装饰性极强，门多有雕花，卷草、人物、传说中的诸神，尽显雅致阔气。窗台上摆着盛开的鲜花，装点着古老的岁月。窗子多为两层，木制，外面常有打开的百叶闸板窗。百叶窗打开后都很规矩地靠在墙上。

一边听着手风琴奏出的优美乐曲，一种惬意、浪漫的感觉便会油然而生。如果是在夜晚的时候，又是另外一番景象，明月映沧海，灯火照碧波，宛如置身于水晶宫之中，那种感觉真是妙不可言。

贯通威尼斯全城的最长街道是将城市分割成两部分的大水道。乘坐贡多拉顺着水道前行是游览威尼斯风景的最佳方案之一，两岸有许多著名的建筑，到处是作家、画家、音乐家留下的足迹。在威尼斯的中心广场圣马可广场人流如潮，广场上有数不清的鸽子飞起飞落，游人和它们和平共处。这里圣马可大教堂有许多美妙绝伦的壁画和雕像，每天吸引了无数游客，广场上经常排着长长的人龙。广场东面的圣马可教堂建筑雄伟、富丽堂皇。总督宫是以前威尼斯总督的官邸，各厅都以油画、壁画和大理石雕刻来装饰，十分奢华。

威尼斯值得一提的是她独特的脸谱艺术和水晶加工工艺。在威尼斯可以看到一个个手工精湛的脸谱，让人甚是喜爱，几乎每个到威尼斯的游客都要带回个脸谱作为纪念。今日的威尼斯是一个美丽的水上城市，它建筑在最不可能建造城市的地方——水上，因此，在威尼斯水道即为大街小巷，船是威尼斯唯一的交通工具，当地的小船贡多拉独具特色，到了威尼斯不妨一试。威尼斯的风情总离不开“水”，蜿蜒的水巷，流动的清波，她就好像一个漂浮在碧波上浪漫的梦，诗情画意久久挥之不去。每年，威尼斯在 2 月份会举行狂欢节，期间人们戴着假发和面具，穿着长袍庆祝节日。

交通的桥梁：贡多拉

威尼斯被称为水生天堂，在这里最能体现水城特色的，是那像街道一样纵横交错的河流，以及往来穿梭其间的贡多拉船。贡多拉又名“公朵拉”，是意大利威尼斯特有的和最具代表性的传统划船，船身黑色，由一船夫站在船尾划动。据公元 1094 年文献记录，其名来自 7 世纪时的第一任总督。当然，现如今我们也已经无从考证了，可能源自希腊语的 kondyle，意为轻快小舟；或者 kondoura 是一种船的名字；也或许来自拉丁语的 cymbula，也就是小船的意思。不过，几个世纪以来，贡多拉是威尼斯境内的主要交通工具。现今的威尼斯人通常会使用较为经济的水上巴士穿行于市内的主要水道和威尼斯的其他小岛，贡多拉已多作旅游业用途。

贡多拉这种轻盈纤细、造形别致的小舟是由威尼斯的工匠按照古老的口传工艺制造的。在筑造的时候有严格的要求，一般而言，这种舟的长度是 11 米，宽大约 1.5 米。在材料上，栎木板要用黑漆涂抹七遍才形成的。贡多拉构造原始而简单，从外形上看前尖中阔后收尾，黑色平底船，两头高翘呈现月牙形，钩嘴形的船头可以方便地探索桥洞的高度。贡多拉的整个船头呈“S”形，船头包着钢皮，船尖上带有6个钢齿的铜饰，像战刀一样立在船头，给人一种威严的感觉，也可以理解为劈荆斩浪。它象征威尼斯总督的帽子和威尼斯市中心的6个行政区，另一边的7条横杠则代表与圣马可广场遥遥相对的、呈月牙形的朱德卡岛。卧在水上呈弧形，里面有座位，单桨划行，小船的尾部有固定船桨的装置，在船的右侧安装一个船桨支架，船夫站立在左侧不停地摇动桨板。另外贡多拉的平底呈不对称型，这样可以较好地保持只靠一侧单桨划的船的平衡。贡多拉是一种独具威尼斯特色的尖舟，贡多拉尖尖的船角要使小船随时随地保持平衡，摇得稳稳当当，需要相当高超的技术。

现在每一只贡多拉由一名船夫驾驶，他们穿着一件带横条的紧身针织上衣，戴着一项草帽。过去船夫们的制服是很奇特和考究的。划船的时候，船夫站在船尾靠行驶方向的左侧一边，面向船头，用单只船桨在船的右侧水中推水。船身在停泊和航行时会略微向右倾斜，这样在航行时就可以抵消站在左侧船夫的体重和船桨的划动，使得贡多拉能够笔直前进，避免原地转圈。贡多拉船夫们灵巧地将小船划到指定位置，掉头、转弯、停靠、排队、安排游客坐在既舒适又易于平衡的位置，然后得心应手地将小船轻轻驶出码头。乘坐贡多拉是需要排队的，哪些随团的游客大多没有足够的时间排队乘坐，只好围着码头观赏贡多拉进进出出，拍照留念作罢。

威尼斯的贡多拉船头

贡多拉具有十分悠久的历史，在11世纪的时候，威尼斯最为盛行贡多拉，据说，在当时做的时候突破了一万只，但如今的威尼斯仅存有千只贡多拉，仅有原来的二十分之一。在古时候，贡多拉和如今我们看到的样子还是有很大区别的，外观设计也是各式各样的，根据15世纪和16世纪的绘画所描绘的，那时的贡多拉比较扁平，船尾和船头也不像现在那么高。船旁边沿绘着鲜艳的图案，有的还装点着昂贵的饰物。尤其是一些所谓的名门贵族为了显示自己的财富和权势，更是镶金包银，装锦饰缎，无所不尽其极的装饰自己家的贡多拉。后来，威尼斯政府为了遏制这种奢靡的风气，在公元1562年颁布了一条法令：不准在尖舟上施以任何炫耀门第的装饰，安装的装饰也必须拆除，所有的贡多拉都漆成了黑色。唯一留下来供装饰用的只有船头的嵌板。对于贡多拉今天的式样，还有这样一种说法，在14世纪中叶的欧洲，正被黑死病垄罩着，威尼斯也不例外，当时因黑死病死亡者多达威尼斯三分之一的人口，尸体的快速暴增，只好借由贡多拉运送，政府也严禁奢华浪费风气，而用黑色表对黑死病死者的哀悼。不论何种原因，从那时以后，贡多拉就成了样式的统一黑色，而且这一传统一直被保持了下来，如今的贡多拉也是统一的黑色。抬眼望去泻湖里清一色黑色贡多拉与碧绿的湖水搭配得煞是好看，成了威尼斯的一大特色。

有人形象的把威尼斯的贡多拉称为“水上奔驰”“水上法拉利”等，这并不是因为贡多拉的速度有多快，它的机械配置有多么的高端，而只是因为在威尼斯的水道上乘坐这种小船感觉非常的舒坦，会产生一种坐豪车的感觉。贡多拉完全由手工制作，制造一艘贡多拉需要花费 8 种不同木材的共 280 多块木头。为了保持良好的外表状态，贡多拉还必须时常维修。今天，我们在威尼斯依然可以看到有些船厂仍然在打造这种小船。圣特洛瓦索就是这样的小船厂之一，他们不仅制造还修理这种小船，也正是因为如此，才使这种古老的威尼斯传统得以流传。其实，早些时候的贡多拉中间船舱还有一个可以活动的船篷，用来给旅客遮阳挡雨，有的船篷上面开有小窗和小拉门。后来这种船篷也消失了。直到 18 世纪，威尼斯的这种尖舟的形状和大小才慢慢地固定到我们如今看到的这个样。

船夫摇曳贡多拉穿行在威尼斯幽长狭窄的水巷中，穿珠般地划过一座又一座的小桥。人在船上游，船在水上走，似乎船下的水，也因小船的划行而顿时活跃起来，乃至于整个城市也跟着在舞动，古老的威尼斯就用这种方式融合着现代人的好奇，也使自己充满了生机和活力。从规模上来看，贡多拉有大有小，小的是双人情侣座，大的最多可乘六人，再加船夫 1 人。若是亲朋好友多人同游，乘一条大的贡多拉，游荡在长长的水巷，边说笑边欣赏两岸的建筑和风光，十分惬意。若是一对恋人，乘一条双人座的情侣贡多拉，甜甜蜜蜜地相拥而坐，任凭船夫摇到哪街哪巷，尽享爱情的浪漫情趣。乘坐贡多拉的价格都是统一的，不过较贵，平均每 40 分钟约为 70 ~ 120 欧元，小费随意。

贡多拉在威尼斯上千年的行驶，似乎在向我们说明威尼斯的水，正是因为有它独特的船，而更加富有灵性、更加声名远扬。若是离开了船的划动穿梭，那水也就缺少了文化意义上的灵动，而独自在原生态范畴内徘徊千万年。水流终归是要与人文结合的，水的一份职责注定要改变自然状态，让景致变得深沉和厚重起来。现如今贡多拉已经成为了威尼斯一枚小小的旅游徽章。正如提到巴黎，人们就会情不自禁地想起埃菲尔铁塔一样，一提到威尼斯，人们会想情不自禁的想到摇曳的贡多拉。在威尼斯每年 9 月的第一个周日下午，就会在威尼斯的大运河上，举行历史悠久的传统贡多拉划船比赛，即雷戈塔·斯多利卡（RegataStorica）划船比赛。根据史料记载威尼斯的这一赛舟节起源于公元1315年。

威尼斯的天然城墙和防波堤：利多岛

世界闻名的威尼斯国际电影节，每年举办之地就在威尼斯东南方的一个18公里长的沙洲上——利多岛（意大利语：Lido），又译为丽都，利多岛呈南北走向是分隔亚得里亚海（AdriaticSea）和Veneta湖的一长串岛屿之一，可说是威尼斯的天然防波堤和城墙。公元1202年第四次十字军东征开始时，上万十字军被困在岛上，因为他们无法向威尼斯交付他们的船费。

今日的利多岛是非常繁荣的文化中心，丽都岛在古代是每年威尼斯执政官船列的目的地，今日是意大利（也是世界）最漂亮的沙滩之一，是亚得里亚海最重要的上流社会活动的场所。原来对利多岛并未加以开发，直到19世纪才逐渐发展成现代化的休闲中心，如今的利多岛已是十分繁华和时髦的渡假胜地，威尼斯陆上没有任何車辆，可不算大的丽都有着世界顶级的汽车、豪华的游艇，有人说威尼斯最豪华的酒店和海滨浴场，都建在丽都，因为这里已然成了欧洲各国的王公贵族、电影名星、富翁富婆的领地。靠亚得里亚海一侧的绵长沙滩成为吸引游客的焦点，不断兴建的大饭店、夜总会、赌场（现在岛上的赌场已经关闭了）、剧场，把此地点缀得喧闹繁华。

远观利多岛

自1932年开始举办的每年夏季的威尼斯国际电影节，更是以美丽浪漫的丽都为大本营，这是世界影坛的盛会之一。吸引了无数游人到来不仅世界各国的电影明星和大导演会云集丽都，就是全世界的狗仔队也将蜂拥而至。不过，这种情形只限于夏天，很多游客（主要是意大利人）每年夏天到这里度假。一到观光淡季，岛上连个人影都瞧不见。利多岛，可说是现代文明具体而微的表现。

有三个居民区分布在利多岛上，其中利多处于最北部，每年的国际电影就是在这里举办的。这个居民区拥有豪华的饭店。岛上最早的居民区是处于中部的马拉莫科，曾经在很长一段时间里这里也是岛上唯一的居民区。这里还是威尼斯公爵的住处，住有20 000名居民。南边的居民区是阿尔贝罗尼，在这里我们可以看到一些堡垒和高尔夫球场。

圣玛丽亚·伊丽莎贝塔大街是岛上最繁华的地方。这条大街大约长 700 米，从朝向威尼斯一侧的浅海到亚得里亚海滨横跨利多岛，在街道的旁边有许多旅馆、商店和招待旅游者的饭店。在浅海的一侧有去往威尼斯（15 分钟）、意大利大陆（35 分钟）、其他岛屿和威尼斯马克波罗机场（60 分钟）的船。利多岛上有许多有着优雅情调的露天咖啡馆，这些咖啡馆虽然比不上威尼斯最古老、最多名人光顾的哪个面向圣·马克广场的弗洛里昂咖啡馆，但是依然吸引了不少游人驻足品尝，现在已经成为了当地的一大特色。面向威尼斯泻湖观看，就会看到那满载浪漫色彩的黑色尖头小船“贡多拉”穿梭在河道和海面上，还有那有着尖屋顶和彩色窗楣的特色邸宅、教堂和修道院，慢慢地品味这古色古香的城市，恍惚间让你感觉似乎时光已经停留在了 18 世纪。

海岛朝向亚得里亚海一侧至少有一半是海滩，平静的海面下，薄薄的金色的沙子，缓慢倾斜的河床，是享受阳光沙滩最好的地方。多数部分属于不同的夏季度假饭店，托马斯·曼的《威尼斯之死》就是在这些饭店之中的一家发生的。在岛的北端和南端有两个巨大的向公众开放的海滩，是意大利最重要的海滩之一。得益优美的环境，许多影片选择在这里取景，历史上著名的德国作家托马斯·曼的《威尼斯之死》就是在这片沙滩上完成的。在利多岛的沙滩上，建有电影《威尼斯之死》镜头中的小屋，可供游人休息。岛上有很多沙滩属于私人所有，在该岛的东侧，也有政府经营的海水浴场。

来到威尼斯，没有人不会为它那独特的水城魅力而流连忘返，走过了一整天的各式各样的石板路、狭长的街道还有无数的桥，利多岛的宁静安详，正是你最需要的。利多岛是威尼斯最“清闲”的地方，踏上丽都岛周围十分寂静，随处望过去都是一片湛兰海面环绕，阳光从喷泉的水影旁慢慢转换着角度，街上没有人影，有一些细小的鸟鸣，夹杂在露天咖啡座里人们的散淡交谈中，没有人唱歌，更没有喧哗，一切都在优静中。狭长迷人的沙滩、各具特色的酒店，在这里，连呼吸都带着放松的气息、带着独特的威尼斯魅力的呼吸，利多岛就是喜欢文化旅游、度假人最理想的圣地。

在威尼斯市区码头上有两种船可到达丽都岛：一种是由老河道的观光路线出海；另外有一种是直接出海，后一种票价十分便宜。如果从圣马可广场的码头上坐上水上巴士，经过圣乔治岛之后再向前驶不久就到达丽都岛了，踏上利多岛之后，立刻让人感觉耳目一新，磨肩接踵让人窒息的人群在这里是见不到的，当然，在大街小巷不断游走的小商贩也不见了踪迹。但是与主岛相比较，丽都岛的酒店普遍巨贵无比，如果是旺季可能有钱也没有房间，丽都岛上的当地居民一般家里都有小快艇，泊在门前小河道里。

利多岛是世界闻名的国际性疗养胜地。这里是和法国的利比埃拉、美国的迈阿密、夏威夷的瓦依基基等齐名的国际性疗养胜地。在这里从4—9月市营的娱乐场营业，但是，这个娱乐场是具备高雅品位的社交场所。在这里有赌场、餐馆、夜总会、剧场登，可以满足不同人的需要。每年威尼斯的赌场从四月到十月设在这里，威尼斯电影节是世界上第一个国际电影节，号称“国际电影节之父”。每次举办时间是从8月下旬至9月初。

威尼斯七彩玻璃制造中心：穆拉诺岛

穆拉诺岛（Murano）是位于威尼斯以北大约1.5公里处的岛屿，面积约459公顷。穆拉诺名义上是岛，其实是群岛，岛与岛之间由桥梁连接，形同一岛，因此，也常被比作小威尼斯。穆拉诺以制造色彩斑斓的穆拉诺玻璃器皿而闻名于世，是威尼斯的玻璃制造中心，这里所生产的玻璃制品就称为“穆拉诺玻璃”，它以优美繁荣的古典装饰风格，精细卓绝的手工制作工艺闻名于世。

在公元6世纪之前，穆拉诺只是一个普通的岛屿，那个时候它被罗马人占据。也就是从那个时候开始，威尼斯奥德尔佐人在此居住。作为捕鱼港和食盐产地的穆拉诺海岛也就逐渐繁荣起来了，并形成了一个商港。从11世纪由于居民迁出，穆拉诺曾走过一段下坡路。13世纪穆拉诺由威尼斯波德斯塔（Podestà）管治，与礁湖内其他的岛屿不同，穆拉诺铸造自己的硬币。从11世纪开始，威尼斯确立了东西方商船业的垄断地位。从13世纪十字军东征后，大量的东罗马帝国灾民涌入威尼斯带来了玻璃工艺的技术，当地的工匠们从他们那里学会了玻璃制作技术。由于最重要的工具就是烧制瓷器的窑炉，公元1291年，威尼斯共和国下令威尼斯的所有玻璃厂迁往穆拉诺，据说是因为担心玻璃厂的炉火会引起布满木屋的威尼斯城发生火灾，正是这一举措奠定了穆拉诺成为七彩玻璃制造业中心的基础。不过，当局强迫将危险的锅炉搬迁到附近的穆拉诺岛上，最根本的原因并不仅仅是因为担心发生火灾殃及城市建筑，当局更看重的是玻璃制造业者可免受间谍的侵害，也不可随意离开小岛。从而使玻璃制造的秘密得以保守。世界顶尖的威尼斯玻璃工艺品，几乎全部来自穆拉诺，且延续至今。

穆拉诺14世纪的时候，就开始出口玻璃制品，其中以其玻璃珠、玻璃镜子和玻璃吊灯闻名。15—16世纪，穆拉诺岛的玻璃制品生产最为繁荣昌盛。16世纪初，穆拉诺的玻璃师发明将原来无色透明的玻璃，按一定的配方制造出颜色鲜艳的玻璃，比如在玻璃中搀入铜或钴的化合物，制造蓝色玻璃，而最著名的穆拉诺血红玻璃，是按秘方搀入黄金制成的。穆拉诺的玻璃师还发明将多层不同颜色的玻璃融合塑造出混色玻璃的技术，发明多种多样高质量的玻璃品种，如水晶玻璃、彩釉玻璃、金丝玻璃、金红混色螺纹玻璃、多彩玻璃、乳白玻璃和仿宝石璃等。公元1450年，玻璃制造专家安杰洛·贝罗维埃罗研制出一种新型玻璃取名“水晶玻璃”，这种玻璃看起来很像最清洁的水晶石，是使用含有丰富的氧化钾和磁铁的海草灰制作的。威尼斯最珍贵的一件玻璃工艺品，是15世纪制作的蓝色巴罗维耶婚礼杯。现在，这里生产的各种玻璃工艺品，被誉为“威尼斯之花”。

从17世纪初到18世纪末穆拉诺彩玻璃制品风迷欧洲，金色和红宝石色调穆拉诺玻璃最受欢迎，还成为许多博物馆珍贵的收藏品。穆拉诺岛不仅被喻为欧洲玻璃艺术的发源地之一，其实，也是现代镜子工业的起源地。人们也曾经对精美、昂贵的穆拉诺镜子产生了极度的热情，对这种镜子的疯狂采购之风长达两个世纪之久。其中，法国国王弗朗索瓦一世也参与到了对镜子的抢购之中，公元1532年，他订购了一面镶嵌有黄金和宝石的穆拉诺镜子，第二年订购了13面镜子，公元1538年又订购了11面镜子。16世纪初，一面镶有精美银框的威尼斯镜子的价格为8 000英镑，几乎是当时拉菲尔绘画作品的三倍。

穆拉诺的玻璃工艺品

穆拉诺的玻璃制造业在欧洲称雄了几个世纪。他们的玻璃制造技术代代相传，由于穆拉诺玻璃大受欢迎，穆拉诺的玻璃工匠门，很快便成为穆拉诺岛上的显赫的公民。这些玻璃工匠挣着最高的薪水，在14世纪以前，玻璃工匠被允许佩剑，并享有豁免权，他们的女儿可以嫁入威尼斯豪门，但是事实上穆拉诺的玻璃师却形同犯人一样被禁止离开威尼斯共和国，因为玻璃工艺对威尼斯在世界上的发展极为重要。对于逃走的惩罚就是死刑，然而仍然有人冒险迁往英国、荷兰等国落户。因此，这也造就了玻璃制造业的世代名家：巴比尼、贝罗维埃罗、布里亚蒂、博托里尼、拉蒙塔、戴尔加洛。这些人从小就学习玻璃制造艺术。

穆拉诺岛的手工艺人，创造了水晶玻璃和带花边装饰的乳白色玻璃，成为威尼斯与东方贸易中最贵重的商品，为威尼斯共和国带来了巨大的财富。20世纪九十年代后，穆拉诺彩色玻璃制品已经走出威尼斯行销世界；世界各大都会的高档珠宝店，常摆满琳琅满目的穆拉诺玻璃制品，有些城市还有大型的穆拉诺的玻璃专卖店，就不必专程到穆拉诺购买了。

穆拉诺玻璃有着辉煌的历史，因此，在穆拉诺岛的朱斯蒂广场设有一所穆拉诺玻璃博物馆，向人们展示玻璃制造的历史，还有从古埃及时代发展至今的各种玻璃器皿、七彩玻璃、各式吊灯、果盘、花瓶、花卉、工艺摆设和日用器皿，还有奔马、天鹅等动物，以及项链、耳环等装饰品。玻璃博物馆中这些引人入胜的陈列品与那些精美的玻璃制品记载了玻璃制造业的历史和工艺。博物馆的右边是七世纪时的圣母玛丽亚——多纳托教堂，以其非同寻常的拱顶半圆壁龛、六世纪时的布道坛以及令人惊叹的十二世纪时由镶嵌图案拼成的路面而著名。

玻璃吹制技术和制造乳白色玻璃等其他工艺在穆拉诺到得到了很好的发展，不少旅客怀着好奇之心甚至专程到穆拉诺岛亲自选购穆拉诺七彩玻璃制品。对于前来玻璃之岛探秘的人而言，能够现场观看当地的工艺师傅现场吹玻璃无疑是最有吸引力的。目前，岛屿上约有 100 多家玻璃作坊，人们很容易就能找到历史上最古老的玻璃工厂，免费观看专业工人吹玻璃、创造玻璃艺术品的过程。

观看吹玻璃表演的游客们围在表演炉前，只见炉内烈火熊熊，各种原材料在炉内 1400℃高温中熔化，工艺师傅手持一根长长的吹管，在一名助手的协作下，从炉内抽出带有一团火球的玻璃料，用吹管吹几下后又重新放入炉内，如此多次反复。只见那火球在变大，老师傅一会儿在一处加点什么，用钳子捏一下，一会在另一处揪一下，或者剪一下，最后把那吹管大转数圈，火红的玻璃球形成了一件件造型别致、美观，色彩美丽协调的玻璃技艺品，果然是穆拉诺佳作。摄影师忙着拍摄这种传统手工艺制作场面，大家欢呼起来，同时对老师傅的精湛工艺报以热烈的掌声。对于这些旅客来说穆拉诺玻璃镇纸是备受人们喜爱的礼品和收藏品。

威尼斯的发祥地：托尔切诺岛

在彩色之岛——布拉诺岛的对面就是被称为威尼斯发祥地之一的托尔切诺岛，意大利语是 Torcello。托尔切诺岛位于威尼斯泻湖北部的尽头。是泻湖上的秀丽小岛，曾经是泻湖上最重要的中心，是个安静、美丽、以拜占庭式建筑闻名的小岛。这个岛是威尼斯历史最久远的岛，也因此被视为威尼斯起源的象征。

目前来看，和布拉诺岛的人口稠密形成对比的是该岛人口稀疏，据说在威尼斯将其吞并之前大约在 7—14 世纪时，岛上的人口曾经一度超过了 2 万。现在托尔切诺岛仍是威尼斯的岛屿中最寂寞的一个，也许从岛上遗留下的教堂，可以想象出来该岛昔日的繁华景象。

托尔切诺岛曾经是威尼斯的贸易中心。在西元五世纪的时候，就有人在这里定居，从这一点来看完全可以说是威尼斯的发源地。小岛的原住户是一些逃避隆戈巴蒂族人入侵的阿尔迪诺人。罗马帝国崩溃后，在匈奴人和伦巴底人的入侵下，托切罗岛曾是一个避难地。在七世纪到十世纪，托切罗岛由于贸易的发展而带来盐业生产的发展，人口迅速增长，直到十七世纪，岛上的运河和水渠被杂草覆盖，成为沼泽和泥塘，使岛上居民逃离，迁移到了威尼斯主岛。

如果在码头上远望托尔切诺岛的时候，就会发现岛上有一座高高耸立的教堂钟楼，旁边是宏伟的大教堂。在岛上有两个主要景点：一个是圣母玛丽亚·阿森塔教堂（SantaMariaAssunta）；另一个是圣福斯卡教堂。圣母玛丽亚·阿森塔教堂的历史可以追溯到公元639年，据说它是威尼斯最古老的教堂。建筑样式是以中部意大利的拜占庭式城市拉问纳（Ravenna）的教堂为模型的初期基督教建筑。有人说在这座寂静的小岛上，这座教堂是唯一个令人能够怀想起昔日繁华的地方。的确，教堂内部的景致每一处都是绝世无双，从雅致的十一世纪木制天顶，大理石路面到圣坛屏，高坛和圣母玛丽亚的半圆壁龛镶嵌图案，可以称得上是威尼斯最壮丽的教堂。最值得一看的还有装饰着教堂地面和墙壁的马赛克镶嵌画、地下室和主祭坛值等。

托尔切诺岛一角

在托尔切诺岛上的另一座奇妙的建筑就是圣福斯卡教堂，这座建于十二世纪的圆形拜占庭式的教堂标志着托尔切诺岛昔日的繁荣。它是后期拜占庭式和威尼斯风格罗马式建筑的混合，是可以代表威尼斯的教堂之一。值得欣赏的是它简约的内部及单纯严肃的线条。广场中央有座白色显眼的石椅，成为岛上传说中匈奴王阿提拉的宝座。据说，当年的末代匈奴大汗，被罗马人恐怖的称为“上帝之鞭”的阿提拉，曾坐在这个石座上检阅他的部队。据说，这座教堂当初是为安葬殉教者而建的。围着教堂建造的柱廊的八角形很罕见。

到威尼斯旅游的游客大多选择夏末的时候，为了避开人潮，选择去托尔切诺岛上转一转就是一个不错的选择，一定要给自己留出些时间来享受小岛漫步。游客可以选择从 FondamenteNove 或 SanZaccharia 坐船前往托尔切诺岛。从 FondamentaNuove 坐 12 线车约 45 分钟到威尼斯本岛，途中经过布拉诺岛。从布拉诺岛到托切罗岛可以坐 T 号船直达。

童话版的威尼斯：布拉诺岛

在威尼斯的众多小岛中，有一个色彩绚丽宛若童话中的小岛那就是 Burano（布拉诺）。岛上居民都是渔民的后代，这些居民们也不知道从什么时候开始，小岛的地方政府规定当地居民每年要刷一次房子的外墙，于是居民们把他们小巧玲珑的房子刷得五颜六色，色彩斑斓。这些多彩的房子一个挨一个组成彩虹一样的小巷，夹着清澈的小河曲曲延伸，同样色彩明快的小船静静地停在河边。

布拉诺小岛就像是一个童话版的威尼斯，它是泻湖的众多岛屿中最美丽的那一个，从很远就能辨别出教堂的高塔。布拉诺岛上人口稠密，水路两旁排列着漆成亮色的房子，其中还有著名的贝皮公馆。贯穿小岛巴尔达萨莱加的鲁皮大街，名字是为了纪念著名作曲家布拉诺。这条街上有历史悠久的鱼市，露天的摊贩售卖着各种鱼类。

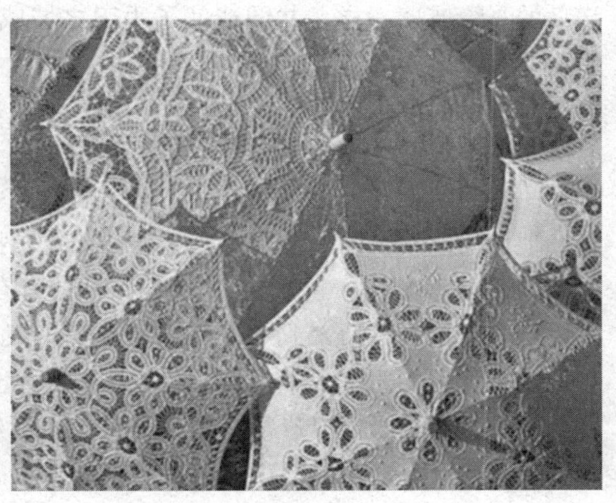

布拉诺岛的蕾丝

这个岛上的居民几乎每一户人家都特别具有闲情逸致，他们不仅给自己居住的房子外墙涂上不同的颜色，还会精心的布置朝向阳光的小地方，简单到摆在白色窗台上的花盆、海风中飘动的布帘、挂在彩色木门边的装饰，都是自己亲手制作的，而且绝少雷同。

走在这座小岛上，在这些色彩斑斓的房子和街道上穿行，仿佛置身于一座异域的童话王国，在这里，人们似乎已经淡忘这是一座普通的城镇。穿行于“街道”里的各色老外加上那些童话般色彩斑斓的房子，更让人觉得是步入了另一个世界。边走边看，总觉得从这样的小房子里或许会走出来森林动物或者小矮人，所有的一切都给我们以超乎想象的惊喜。

这座童话版的小岛还是威尼斯的特色手工艺品——手工蕾丝和抽纱制品

的生产之地，正是由于斑斓耀眼的色彩和柔软华丽的蕾丝，使得并让布拉诺拥有了个更诗意的名字——“蕾丝岛”。

布拉诺生产的这些柔软华丽的蕾丝还有一个美丽的传说故事。在很早以前，岛上的渔民们都要出海去捕鱼，每当这个时候，留在家里想念丈夫的妻子们百般无聊，闲来索性围坐一起，仿照渔网的样子，用棉线编织出类似的织物并将其缀饰在衣服的边缘，希望时时刻刻都和丈夫有着心灵上的联系。妻子们的每一针、每一线的编织都是对丈夫的牵挂和思念，织着，织着粗糙的渔网竟演变成了华丽的蕾丝。

传说很美丽、很动人，也在一定程度上反映了当时人们的生活情景。蕾丝是以一种六角网眼编织物为基础，然后再辅以丝线、金属线、棉线、麻线或绳带一类的织物制作而成的。那时候，岛上的家家户户几乎都在编织蕾丝。从此，以蕾丝织品为主的手工产品逐渐成为蕾丝岛居民收入的来源，也逐渐打破了布拉诺单纯靠渔业维生的局面。慢慢地，布拉诺的手工蕾丝就与穆拉诺岛的彩绘玻璃一样，共同造就了手工之城威尼斯的美名。也是因为蕾丝，小小的布拉诺才会早早闻名于欧洲。

布拉诺的蕾丝手艺一代代的传承了下来，数百年的工艺形成了布拉诺独有的立体织眼蕾丝。布拉诺蕾丝在16世纪的时候，就已经成为欧洲各皇室的御用品：路易十五、维多利亚女王、玛丽皇后……全都成了布拉诺蕾丝的顾客，他们把蕾丝当作华服上重要的装饰。在布拉诺岛上还有全球最著名的蕾丝博物馆。博物馆的建立与一个叫巴欧罗的人有关，那是发生在19世纪的事了，当时他从威尼斯来到布拉诺岛，在岛上发现一位会编古蕾丝的老太太，想把她的蕾丝工艺引入学校，随即成了首家蕾丝刺绣学校——玛格丽特王妃蕾丝学校，那时家家户户都在刺绣，布拉诺蕾丝刺绣的工艺也得以流传。如今学校已变身为蕾丝博物馆。从古到今的蕾丝文化全部记录于馆内，当今世界上品质最好、工艺最复杂、做工最精美的手工蕾丝精品让人眼花缭乱。这些费工费时的蕾丝产品只走精品路线，要么用在一些高级时装上、要么供王室御用。普通百姓若不亲临布拉诺，很难目睹到她的芳容。正因为如此，手工蕾丝才显得弥足珍贵。

一件真正的布拉诺蕾丝刺绣必须由人手工一针一线绣出来，一件完整的布拉诺蕾丝刺绣的完工中间至少涉及7个工序。有时还需要把丝线绕在一只只拇指大小的小梭上面，一个不太复杂的图案需要几十只或近百只这样的小梭，再大一些的图案则需要几百只小梭。制作时把图案放在下面，根据图案采用不同的编、结、绕等手法完成。如今，岛上懂得这种古老工艺的妇人大部分是七八十岁的高龄老婆婆，即便如此，现在这样的老工艺妇人也已经不足 50 人了。由于刺绣工作需要非常专注而极度费神，这些老婆婆们每天只能工作 3 个多小时，故此即使一张只有 2 尺长的方形小布，也要绣足 3 个月，卖的是工艺品价钱相对也比较高。目前，在岛上最热闹的大街 ViadiGaluppi，仍然有 10 多间蕾丝刺绣专卖店，每一间走进去，都是一片米白、纯白的轻飘感觉，每一家总都有一些蕾丝刺绣。

和威尼斯相比较，布拉诺岛显得更加安静，像画儿一样。阳光静静地照在清澈的小河上，房屋和小船的倒影把小河染得五彩斑斓。从威尼斯乘船约四十多分钟到达 Burano，在街道上 \ 小桥下一走，觉得这个岛真是一幅画，不是山水画，而是重重的、浓浓的生活画。这里的渔民是真正的画家，色彩成了他们生活的一部分。

第二章　威尼斯帝国兴衰史

威尼斯的形成

我们今天看到的水上之城——威尼斯繁荣、浪漫、时尚，但是我们也许想象不到这么个小地方，原来是一片无人烟的地方。威尼斯这一名称来源于它当时的居民“威尼提人”（veneti）。目前，关于这个民族我们唯一能够肯定的就是他们是进入意大利最晚的部族之一，至于他们的起源和迁来之处如今依然是个谜。这个部族在直至公元前四世纪，才偶尔被人们提起。由此人们断定，他们也是强悍勇猛的民族，据波利比乌斯记载，在高卢人入侵中，威尼提族通过干涉，使高卢人被迫撤退。

威尼斯位于地中海的北部，要从海上进入威尼斯，必须经过爱奥尼亚海和亚得里亚海。

实际上，在那个交通不发达的时代，最快捷、方便、安全和经济的交通方式就是海上交通。

威尼斯除了拥有优越的地理环境之外，还在于威尼斯人能够广泛地利用周围的地理环境，就能够与其他的民族开展社会交往。从历史上来看，威尼斯依着它所归属的意大利，但又与意大利有很大差别；它与当时非常发达的拜占廷交往密切。它充当着落后的西方和发达的东方的媒介作用，但都是通过商业，都是以海为路。

威尼提人曾经在第二次布匿战争中派出军队支援罗马人。威尼斯地区后来成了罗马帝国的一部分。威尼斯人地区在奥古斯都的区治划分中被划分为第十区。一般多从蛮族大迁徙时开始算威尼斯的实际存在历史。长期以来，威尼斯人不断地遭受蛮族的入侵掠夺，使得他们不得不放弃了他们生活的威尼托地区，寻找避难所——一个能使敌人无法达到，又要不能太远的地方。而亚得里亚海沿岸的一些岛屿恰恰能提供这样的场所。这里的岸边是沼泽地，众多的河流出口在此汇聚，淤泥和沼泽使掠夺者不愿到达岸边。特别是那片深不到两英尺，宽 20 ~ 30 英里的淤泥地区，无论是涉过还是划船，都是危险的。威尼斯岛恰好在这种可望而不可及的河滩中间，只有非常熟练的船手才能航过这片地方，而且是必须非常熟悉这个地方地形的船手，人们习称那片水域水上谜宫。

其实，这些岛屿本身就是水上世界，水湾众多，纵横交错，进入这里的船只就像进了谜宫一时很难摸着方向，自然外来军队也不敢轻易闯入。在构成威尼斯的众多岛屿中，隔开有些小岛的仅仅是狭窄的河道，可以一跃而过，但有些则非常得宽，里亚尔多岛是这些岛屿的中心，也是威尼斯最主要的岛。初期的居民点也是首先在这里形成的，因为其他小岛或地块都更荒凉、贫瘠和难以开发，当时形成的是些为了避风就航、打渔晒网的渔民村落。有记载，威尼斯的里亚尔多在公元421年建立过一座圣詹姆斯教堂。几乎在同一时期，帕都瓦镇发布了一项要求在威尼斯附近荒凉地带建立村镇，管理附近岛屿上居住的村民的命令。此后，就不断有官员被帕都瓦派来治理这里。此后，随着几个世纪的动乱，这里成为避难者的世外桃园。大陆和半岛的居民不断涌向这里，使这里逐渐发展起来了。

我们从史料上尽管没有找到关于威尼斯诞生的比较明确的记载，但众口皆一，它是半岛殖民而建成了。关于威尼斯的形成马基雅维里在《佛罗伦萨史》中有简短的记述，他认为威尼斯就是个殖民国家。马基雅维里这样记述："在匈奴王阿提拉包围阿奎莱雅期间，当地居民进行长期抵抗之后，认为他们的安全已无法保住，就带着所能携带的一切动产，逃到坐落在亚得里亚海顶端现名威尼斯湾附近的几乎无人居住的岩礁上避难。帕多瓦居民发现自己也处于同样的危险中，知道阿提拉在攻占阿奎莱雅之后必将攻打他们自己，于是也带着他们最贵重的财物搬到同一片海上的一个叫里沃·阿尔托的地方，把妇女、孩子和老人都带了去，只留青年人防守帕多瓦。住在古时叫威尼西亚地区的人，受到同样的形势所逼，也同样聚集到这一带沼泽地。这些人就是这样受危急处境所逼，离开条件很好的肥沃地区，住到了这个贫瘠无益的地方。不过，由于大批人聚在这个比较狭小的地方，在很短的时期内，就把这一带地方弄得不但可以居住，而且还很可爱。他们制定自己的法律和有用的规章制度。在意大利遭受蹂躏破坏的时候，这个地方的人却享受着安居乐业的生活。在不长的时期，他们的实力就大大增强了，而且名声远播。因为，除了上边已提到的那些移民之外，又有许多人从伦巴第各城逃来，他们主要是为逃避伦巴德王克莱菲斯的暴政，这样就大大增加了这个新城市的居民人数。当法王丕平应教皇邀请前来把伦巴底人逐出意大利时，他和拜占廷皇帝订立公约，当时本内文托公爵和威尼斯人并未在这个公约中表明归顺任何一方，而是独自享受自由。威尼斯人因为被迫住在不毛的岩礁上，他们不得不到别的地方去寻找维持生活的途径，于是就驾着自己的船舶航行沿海各口岸，从而使这个城市成了全世界各种货物的集散地，城里到处都有来自各国的人。”

正如上面马基雅维里在《佛罗伦萨史》中对威尼斯形成的记述一样，都认为在七世纪时，由于伦巴德人的入侵使得威尼托地区的原来居民大部分移居到岛上，并且长久地定居下来，帕都瓦的居民也成为岛上的住户，随着岛上居民的不断增多，威尼斯政府就慢慢地形成了，威尼斯也就逐渐形成了。

威尼斯的兴起

威尼斯从一个荒无人烟的地方，到后来慢慢聚集了一些居民，并且在随后的几百年间迅速的发展成为了世界商业中心和首富之地。那么，威尼斯这个既不产粮，又不出石头和木材的岛屿是如何兴起的呢？自古以来，靠海者莫不发达，经商者无不富有，而威尼斯正是兼备二者——面海经商从而繁荣昌盛的。

其实，威尼斯自从有了居民之后一直到十字军东侵之前，的变化并不大，茅草泥房还是主要住房。但石头房屋正在兴起，东西方的货物和产品正在运入。

尽管我们今天找不到有关威尼斯早期经商的详细记载了，但是我们可以这样假想，哪些逃入岛上的居民是带着一定的财富去了岛上的，逃到岛上之后这些居民的生活不仅避开了战乱而且他的财富也不用害怕会被掠夺。因此，岛上的居民能穿出带有珠宝丝麻的衣物，配有金银首饰。当时的威尼斯能得到这些，并不是因为他们比其他地方更富有，而是因为他们更安全。有这样一个传闻，据说法兰克帝王查理大帝有一次经过巴维亚，并在这里留宿，当时恰好是巴维亚大集，威尼斯人把他们的贵重商品展示在集摊上，其中有波斯地毯、东方丝料、贵重的毛皮。查理大帝看到这些贵重物品深感自卑，因为他穿的是粗毛制作的衣服，身上几乎毫无像样的装饰品。于是，查理大帝立即买下了大批威尼斯货物。从这个传闻可以看到威尼斯从东方运来的货物在西方大有市场。

但是，威尼斯的真正兴起是在此后的事情。当时不是只有威尼斯人与东方有商业来往，阿马非、热纳亚和比萨也与东方有商业往来。有人经过研究认为威尼斯之所以能够超过他们是因为威尼斯是“孤岛”处境。威尼斯作为一个殖民兴起的国家，在一个新的地方，一切都要从头开始，没有传统的束缚，似乎更容易发展起来。此外，每一个搬迁过来的居民都是以平等的地位定居，互相之间不存在卑贱之分，易于形成平等自由的社会制度。阿马非、热纳亚、比萨、威尼斯四个城市从地理位置上看都位于意大利的周围，但是它们在地理环境方面的差别还是很大的。阿马非不断遭到附近封建主的占据和掠夺，比萨不得不长期与佛罗伦萨为敌，并最终被佛罗伦萨征服。热纳亚虽然保持独立，但不能形成强大的政府。而威尼斯因为岛国的性质（我们现在来看穿越大海不算什么了，但是在那时候大海是人们难以穿越的）却可以保证财富的安全及政治独立。即便这样，他们之间也进行了长达二百年的较量。其中威尼斯的脱颖而出还是因为威尼斯抓住了参加十字军东侵的战争。

这就难怪有人做出威尼斯的繁荣是西方东侵的产物，而威尼斯的衰落则是东方西侵的结果这样的断言。威尼斯人正是抓住了这一机会，从此才一步一步的积累了大量的财富。当时威尼斯人为欧洲东去的朝圣者和十字军提供各种服务，其中最为重要的服务是提供船员及其必要食物，他们付给威尼斯人高额的运费。当他们在东方占领土地和港口后，又不惜把商业特权让给意大利商人们，以换得更大的海上交通和供给方面的支持。威尼斯人首先获得了十字军第一次占领耶路撒冷之后的第一片街区，在其他地方也是如此，威尼斯人在地中海东岸十字军占领的城市中，都占有街区、码头。他们获得的最大特权是在西顿和阿克。

公元 1123 年，威尼斯成了十字军占领的重要海港城市提尔城区三分之一的主人，在这里威尼斯人还设立了代表威尼斯政府的总领事，保护威尼斯的海外利益。威尼斯人在拜占廷帝国中更是买卖兴隆。在 12 世纪前半期，威尼斯人在君士坦丁堡有自己的社区、教堂，建立了庞大的仓库和市场。威尼斯人还可以像是在自己本国一样的使用自己的度量、量具、钱币，此外，威尼斯的货物除了关税外，不再缴纳任何市场税。当然，当时拜占庭帝国也曾经想方设法的遏制威尼斯人，但威尼斯向皇帝贷款又使威尼斯成为不可缺少的主人。威尼斯人在拜占廷抗击诺曼人的斗争中更是提供了不可缺少的帮助。威尼斯的船只是拜占廷可以用来抵抗诺曼人掠夺沿海不可缺少的运载工具。尽管在拜占庭威尼斯商人享有很多特权，但是被否认的遭遇还是不时发生。随着威尼斯共和国的强盛，拜占廷在巴尔干半岛上的土地和城市成为威尼斯直接占领的目标。

1921 年，由欧洲各地封建主集合成一支浩荡的侵略队伍通过海路去东征，这样一来威尼斯人就成了他们的雇主。这一次威尼斯不仅为十字军提供马匹、船只、船员还要保证提供所有人畜的食品，提供这些服务威尼斯人的要价也是很昂贵的，不仅要收 85 000 德国银马克，还要求得到十字军征服东方所得的一半赃物和土地。一言以蔽之，就是十字军无论获得什么好处都得分一半给威尼斯人。后来，当威尼斯船舶静待启航之时，发现到来的十字军远远达不到预定数目，另外由于费用昂贵到来的十字军又交付不起。最后，这些十字军被威尼斯政府集中到了一个小岛上，并提出更加苛刻的条件，如果十字军不能补交剩余的30 000银马克的钱，他们就要为威尼斯服务。威尼斯人深知，这批人的力量足可以为威尼斯占领许多地方。

威尼斯在公元1202年10月，用船把十字军运到扎拉，并抢占了它。此外，威尼斯长期以来就想争夺更多的拜占庭财富，威尼斯当然不会放过让手中的十字军发挥作用的机会，机缘巧合，这时拜占廷内部恰好发生了皇位之争。皇帝伊萨克被其弟赶下台，并挖瞎了双眼。但皇太子阿历克谢逃到西方，请求德皇和威尼斯人帮助他父子恢复王位。他向十字军和威尼斯人允诺，将给予十字军无限的财富和土地。十字军公元1204年4月迅速攻下了君士坦丁堡，因为威尼斯人的船员熟悉航道，把十字军直接送到了城下。尽管在此之前，君士坦丁堡曾经经历了三次大火的焚烧，但是其财富仍然是无数的，因此，威尼斯人和法兰克骑士们进行了空前的洗劫。赃物按照事先的规定进行了瓜分。皇位由法兰克十字军首领鲍德温获得。拜占廷遭到了瓜分。威尼斯得到了所有拜占廷沿海城市和岛屿。威尼斯总督的称乎后面又加上了“罗马帝国四分之一之领主”的称号。从此，威尼斯人控制了拜占廷境内的商业。

借助十字军的力量，岛国威尼斯很快就成为了一个具有很多殖民地的国家，与欧洲其他国家处于同样强大的地位。公元1207年，威尼斯元老院发布命令，号召所有威尼斯公民，自费装配船员，前往东方他们分到的土地去占领地方，政府保证给予支持，承认公民的占有，无论是城市还是乡村，并提供一些费用。除此而外，威尼斯还与拉丁帝国保持友好关系，从中得到全部商业特权。

到13世纪末，威尼斯岛已经积累了大量的财富，成为了欧洲的首富之城，威尼斯的繁荣面貌世人皆慕。公元1297年，一般会被当成是一个分界线，威尼斯从一个荒岛变成了一个经济政治发达的国家的分界线。威尼斯成功地抵御了外族的入侵，并且积极地参加了十字军对东方的掠夺，政权也逐渐建立和完善起来，形成了共和国寡头体制。财富的增多和政权的巩固使威尼斯成为当时最强大的国家。

威尼斯海上战争与势力扩张

除了威尼斯之外，热纳亚和比萨也是东方贸易和十字军战争的获利者，其中热纳亚是威尼斯最强劲的敌手。威尼斯与热纳亚之间进了长期的竞争，最后威尼斯才脱颖而出，并成为了地中海的海上霸主。

威尼斯正是在不断的商业竞争中成长起来的，仅与热纳亚就进行了长时间的竞争。在第四次十字军东侵期间，威尼斯一跃而成为超过热纳亚的富国。

因此，威尼斯也成了热纳亚眼红的对象了，竞争也就不可避免了。但当时两国在东方都可以获得商业特权，所以他们相互之间的矛盾在那时还没有激化。十字军在东方的势力随着拜占廷帝国的恢复逐渐失势，商业据点也在减少，威尼斯、热纳亚商人逐渐丧失了他们在地中海东岸城市中的特权，商业贸易的数量也在减少，威尼斯和热纳亚之间的竞争也因此加剧了。

到 13 世纪中期，十字军在地中海东岸的据点只剩下了阿克，巴勒斯坦的其他城镇几乎全被阿拉伯人收复了。比萨、威尼斯和热纳亚商人仍然守在阿克城中，他们竭力想保住在东方的商业，企图恢复已在丧失的商业特权。由于他们住在一地，又都靠仅有的一点商业赚钱，矛盾必然极大。热纳亚和威尼斯两国的商人为了争夺城中圣·萨巴教堂而首先动了口舌。后来由于教皇的介入，本来可能处于有利地位的威尼斯反而处于了劣势地位，并最终被热纳亚商人驱赶出了阿克城。

在接着发生的两次海战中，威尼斯又大获全胜再次占据了优势位置，于是，威尼斯烧毁了热纳亚的船队，并把热纳亚人从阿克城驱逐了出去。公元 1261 年以后，拜占廷帝国又重新恢复，当然期间有热纳亚人的支持，因此，皇帝米切尔·巴莱罗古斯一进入君士坦丁堡，就把商业特权首先给了热纳亚人。当然，威尼斯和比萨人也分得了相应的经商权，这主要是皇帝米切尔考虑到拜占廷帝国的强大靠的是商业，而威尼斯与比萨又是必不可少的商业伙伴。当然，这样做的另外一个好处就是防止拜占廷的商业被热纳亚人垄断，在竞争中他们可以获得更多的好处。

米切尔一边劝说威尼斯、热纳亚商人在各自的街区中经商，一边开始逐个收复拜占廷的国土，当然这收复的国土也包括被威尼斯占领的岛屿和海岸。最使威尼斯人不能接受的是，热纳亚人能够把原来威尼斯在君士坦丁堡的宫殿中的东西运回，并当成打败威尼斯人的战利品展示出去。热纳亚和威尼斯之间的紧张局面进一步加剧。在此后的八年中，两国之间发生了五场直接的大海战，双方都损失惨重。这实际是商业争夺战，双方都拚命掠夺对方的商船和港口——殖民地区域上的港口。由于双方都是海上强国，拜占廷帝国又从中挑唆，两方都暂时既没有绝对获胜也没有和平的可能。最后，经过法国国王路易的调停，双方达成十年和议。在此期间，威尼斯进行了内部调整，而热纳亚则打败了比萨。

在威尼斯、热纳亚和比萨三国的海上商业竞争中，比萨首先出局了。其实，在威尼斯与热纳亚争夺东方经商权战争时期，比萨极力在西方控制商业。比萨在法国与阿拉冈为争夺西西里的战争中，因为支持阿拉冈占有西西里，而得到西西里岛上巴勒摩城等地的贸易特权，但却因此而得罪了法国，于是热纳亚与法国联合，打败了比萨。

比萨城在公元1284年被占领了，城内被抢劫一空，不仅如此，后来热纳亚又对比萨进行了有计划的破坏。比萨是因坐落于阿诺河口的有利地形而发展起来的。热纳亚为永远毁坏其港口，建造了一条斜跨港口的大石堤，使水流缓慢，于是，沙石和淤泥就积累了下来，并堵塞了比萨港，这样一来，比萨港的船只不能进出航行，也就成了一个废港。比萨商人和银行家被迫背景离乡，迁移到卢加或佛罗伦萨去，而比萨的黄金时代也一去不复返了。

热纳亚打败比萨之后就成了西地中海的霸主，之后它又积极向大西洋进取。热纳亚与布鲁日和伦敦商业往来频繁。一向热衷海上贸易的威尼斯人看到这种情况，一方面不甘让热纳亚独揽西地中海；一方面自己也很是眼热。于是，在公元1317年，威尼斯派出大船队，在海军的护航下，经过直布罗陀海峡，到达了布鲁日和伦敦，其商业额远远超过热纳亚的船队。面对这种类似挑衅的形势，热纳亚自然也不甘心。因此，从公元1293年起，两国之间长期的海上战争再次拉开了序幕。

热纳亚在占领了比萨之后长期处于优势地位。此外，热纳亚与拜占廷结盟，黑海沿岸成为热纳亚的势力范围。君士坦丁堡的边郊帕拉成为热纳亚的封地，热纳亚几乎垄断了君士坦丁堡的商业，控制着君士担堡的进出口关税。为了争夺势力范围，威尼斯多次派战船对帕拉进行袭击，并对黑海沿岸的卡发进行了海盗式的掠夺。当然热纳亚是不会坐视不管的，在克里米亚两国的战船发生了战争，威尼斯的海军遭受重创，大半的舰只都被击沉了。

两国之间激烈的战斗在地中海也拉开了帷幕，公元1298年，热纳亚和威尼斯在库尔佐拉发生海战，在这次海战中，威尼斯派出了95艘战船，而热纳亚只派出了66艘战舰，在兵力上威尼斯占有绝对优势。但是热纳亚在海战中采取了一些战术，采取先躲避一部分战船，在激战中突然把躲避的战船派出的办法，最后赢得了这次海战。威尼斯有65艘船只被烧沉，18艘船只被夺，7 000人被俘。1294年，在加里波里（Gallipoli）海岸，威尼斯海军再次战败。威尼斯参战的24艘船只中有16艘被夺。经过几次海上对抗的失败，威尼斯已经无力在海上对敌斗争了，但是威尼斯还不断派出小股船只干扰热纳亚的商船。

其实，这种消耗战使威尼斯与热纳亚在商业上都受到很大的损失，双方都无对另一方本土侵略的优势。公元1299年，威尼斯和热纳亚在米兰领主马提奥·维斯康提的调解下，再次达成和议，作为战胜一方，热纳亚在和议中规定，不许威尼斯人船只进入黑海，或靠近叙利亚海岸各港口，期限为十三年。这实际上等于剥夺了威尼斯的生活出路。热纳亚吞并比萨，又接连打败威尼斯，独霸东西方商业，一跃成为欧洲最富裕的国家。

热纳亚的强大，使威尼斯曾一度转向半岛，图谋生路，威尼斯暂时停止了和热纳亚之间的战争，公元1343年，匈牙利派兵企图收复被威尼斯侵占的扎拉，双方发生了残酷战争。双方都损失惨重，后来加上瘟疫在欧洲的风行，威尼斯一半人口死于这场瘟疫。为了弥补人口损失，威尼斯把公民权扩大到在威尼斯居住两年以上的定居者。经过这些变故以后，威尼斯又开始了海上战争。

无论是威尼斯人还是热纳亚人，他们在东方的商业活动都带有掠夺性质。公元1349年，一个意大利商人与黑海沿岸亚速夫的居民发生矛盾并将对方杀死了，这成了当地居民进行报复和反抗的导火索，因此，一些商栈被抢，许多商人及家属被杀。为此，热纳亚和威尼斯约定都停止同这里的商业交易。后来，威尼斯商人首先单独与当地人恢复了商业贸易，企图独吞这里的利益。于是，热纳亚和威尼斯双方海军在卡里斯托湾的激战就不可避免的发生了。双方兵力相当，但威尼斯在战斗中处于优势，略获小胜。这次交战使双方更加仇恨，都在积极备战和求助联盟。

14世纪中期，西班牙在收复失地方面获得了很大的成功，形成几大王国，其中较大的王国是濒临地中海的阿拉冈，并成为仅次于威尼斯和热纳亚的第三大海上国家。阿拉冈的崛起和扩张对热纳亚产生了冲击，二者之间很快就发生了尖锐冲突，在东地中海展开了角逐，威尼斯与阿拉冈签订了互助和约，因此，威尼斯和阿拉冈联合起来为一方，热纳亚为一方。公元1351年，威尼斯海军遭到暴风袭击，未能及时攻击热纳亚海军。公元1352年2月，威阿联军进入达达尼尔海峡，并接近热纳亚人控制的博斯普鲁斯海峡。

这一次双方的海军力量相差不大，但是拜占廷参战的船只在临阵前逃走了。当时在海上作战除了数量而外，船的大小也有重要作用。热纳亚的战船远比威阿联军的战船庞大。这场战斗是火炮进入船上之前欧洲中世纪最重大的海战之一，是海上战事转变前夕的一场血战。这场战争很是惨烈，由于是在严冬的夜间作战，几乎分不清敌友，而且双方都是拼死厮杀，双方死伤惨重。到第二天黎明，热纳亚共损失19艘战船，其中有13艘是触礁沉没。阿拉冈损失10艘战船，威尼斯损失14艘战船，它们或者沉没，或者被敌人夺去。热纳亚获得了战场胜利。联盟一方有2 000人战死，1 800人被俘虏，热

威尼斯杜卡特

纳亚军队死亡2 000多人，其中仅贵族就有700人死亡。

这场战斗惊动了欧洲各国，纷纷劝说双方就此罢手，但是两国都没有听进去，相反两国都开始积极的为下一次战争做准备。于是在公元1353年春双方再次开战。热纳亚海军共出动了60艘战船，并派出一支先遣船队到威尼斯附近挑衅。阿拉冈和威尼斯则在萨丁岛集结了70艘船只。由于轻敌和大意，经过短暂交锋，即分胜负，热纳亚海军战败，只有19艘战船逃回了热纳亚港，30艘战船被夺，近5 000人被俘，其中大多被威尼斯屠杀。这次海战威尼斯暂时取得了胜利，威尼斯势力的触角也不断地向外延伸，那么，威尼斯的海外扩张之路是不是从此就一帆风顺了呢？其实，其他暂且不说，仅仅是大量屠杀俘虏，这一恶名和后果对威尼斯都是极其不利的，威尼斯也因此遭到教界的指责。

热纳亚在公元1353年春和威尼斯的海战失败后，自然并不甘心，热纳亚也开始向其他国家寻求帮助了。热纳亚请求北意大利的另一大领主米兰大领主乔万尼·维斯康提的保护，当然，获得他的保护也是需要付出代价的，那就是承认维斯康提的主权。当时热纳亚为免于威尼斯的侵略和对威尼斯的报复，只好接受维斯康提派去的代理总督，而让自己原来的总督辞职了。维斯康提给予热纳亚援助之后，并没有与威尼斯立即开战，而是派人前往议和。此时的威尼斯，已经下了把热纳亚商人驱逐出东地中海的决心，称霸之心已定。

起初，两国的战船并没有直接交战，而是拼命截获敌方商船，袭掠敌方分布在各地的港口。在这种互相打击中，威尼斯受害较大。两国之间第一次大的战斗发生在公元1354年，威尼斯海军当时停泊在亚得里亚海南部、巴尔干半岛上萨皮察（Sapienza）港内。威尼斯负责这里的海军司令是皮萨尼，当时他探知热纳亚海军就在附近游弋，所以已经进行了一些部署。11月3日，热纳亚海军在多利亚海军司令率领下发起了对这个港口的攻击。威尼斯的海军还是处了下风，威尼斯海军不仅有大量船只被夺走，在慌乱之中还有4 000名士兵被杀或被淹死。皮萨尼作为威尼斯的著名海军统帅也被俘虏了，热纳亚海军俘获6 000人和30艘战船凯旋而归。

这次惨败对威尼斯的冲击非常大，使得威尼斯失去了海上作战的能力，热纳亚控制了地中海。威尼斯政府为了应付这极其严峻的形势，只好临时凑聚船只。在当时威尼斯造船场不能提供任何战船，国库也显出紧张，而威尼斯的商业一天也不能没有海军保护，在这种情况下，只有4个威尼斯公民自费装配了4艘战船加入海军行列。公元1355年，威尼斯感到实在是无法自卫。两个月后，威尼斯向维斯康提提出了停战请求，并与热纳亚再签和约。

萨皮察海战之后，威尼斯只好与热纳亚共同分享东方贸易利益。

于此同时，威尼斯在匈牙利人再次收复扎拉的战争中取得了胜利。匈牙利人在公元 1378 年退去了，匈牙利的联盟帕都瓦被迫接受威尼斯强加的和约，每年向威尼斯交款 300 杜卡特，并且向威尼斯分期赔款 23 万杜卡特。还要求帕都瓦必须拆除防卫城堡，把一些城镇交给威尼斯作抵押；允许威尼斯人免税自由贸易；盐必须从威尼斯购买；法兰西斯科、卡拉拉必须向威尼斯宣誓效忠。这次胜利又使威尼斯积蓄了进一步与热纳亚较量的力量。

威尼斯称霸地中海

大约在公元 1376 年，首先在意大利出现了“炮”，而威尼斯也成了第一个使用“炮”的国家了。威尼斯与热纳亚的力量对比以及普通的海上肉搏战争都将会因为火炮的出现而改变。决定威尼斯生死存亡的战争是发生在乔儿亚的海战，这一战也是热纳亚与威尼斯谁为海上霸主的决雄战。

随着东方贸易的艰难和香料贸易的兴起，控制海上路线、垄断商业和保护海外殖民地是这两个海上商业强国争夺的最终目的和势在必得的措施。在之前的三次大的海战中，威尼斯有两次都败给了热纳亚，因此，它在东方贸易上遭受了巨大的损失。相反，热纳亚因为海战中的胜利，在第四次十字军以后则发展得更快，它的繁盛与威尼斯可以媲美。

在 14 世纪后期，西班牙的阿拉冈不再加入热纳亚和威尼斯之间的战争。海上的其他势力也在不断的发展，在地中海的东岸，土耳其人作为一支新生力量开始崭露头角，这给威尼斯和热纳亚这两个国家的前途蒙上了阴影，无疑是增添了新的威胁。与此同时，东方发生了两件事，促使威热争夺海上霸权的斗争达到高潮，并导致了乔儿亚战争成为决战。

威尼斯海战

这两件事情是塞浦路斯事件和台奈多斯岛事件；第一件大事发生在塞浦路斯，它原本是拜占廷的领岛，岛上的封建统治者仍以耶路撒冷国王自称。耶路撒冷的新国王彼得二世在法哥马古斯塔的尼古拉教堂登基时，威尼斯人的代表与热纳亚人的代表为争夺先后地位而发生争执，在接着举行的宴会上，双方用匕首进行了械斗。由于塞浦路斯国王对威尼斯人的偏袒，导致热纳亚人遭受了整个岛上居民的大屠杀和抢劫，使得热纳亚商人失去了在塞浦路斯的商业权力和一切财产。热纳亚人自然不会善感罢休。

热纳亚政府迅速派出舰队，在公元 1373 年 6 月占领了法马古斯塔，派出 4 000 名战士登陆并占领了全岛，迫使塞浦路斯国王答应了他们提出的一切要求，除了经济之外，还要求法哥古斯塔从此以后由热纳亚长期占据。让威尼斯人大为恼火的不仅是他们在法哥古斯塔的财产大多被没收，而且因为热纳亚的占领也使他们损失了巨大的商业好处。

另一件大事发生在君士坦丁堡。被威尼斯人扣押而无法返回君士坦丁堡的约翰五世虽然用珠宝抵押得以返回，但拜占廷历代皇帝所欠之款巨大，根本无法抵偿。为此，威尼斯决心以债权人的身份，从拜占廷捞到更多特权。同时，威尼斯在塞浦路斯失去的利益，也继续从其他地方得到了补偿。公元 1376 年，威尼斯派出舰队，武力威胁皇帝约翰五世，要求割让台奈多斯岛，否则就必须立即奉还所欠债款。台奈多斯岛位于达达尼尔海峡之口，是扼守东西南北的要道。威尼斯想凭借该岛，堵住黑海，使热纳亚商船无法通过，并且控制拜占廷的商业。

面对这种形势，约翰五世无力抵抗，只好以典押的形式把该岛让给了威尼斯。当然，约翰五世也惧怕热纳亚人，害怕会发生同样的事情，要求在岛上悬挂拜占廷和威尼斯两国的国旗。但是，热纳亚人并不会因此而放过获取利益的机会，热纳亚人利用拜占廷皇室之间的矛盾，将约翰五世之子安得罗尼古斯扶上王位，并将约翰五世押进地牢。

安得罗尼古斯为了报答热纳亚人就把台奈多斯转让给了热纳亚人，但是威尼斯人收买了台奈多斯岛的居民，因此，他们拒绝热纳亚人的收并。与此同时，威尼斯派出舰队接管了该岛。安得罗尼古斯就将城中的威尼斯人首领们都抓了起来，威尼斯人的商铺也遭到了袭击。公元 1377 年，三个国家之间反复进行了多次谈判，最终并没有达成一致意见。热纳亚和威尼斯互不相让，都派了舰队前往，热纳亚更是派军舰强攻台奈多斯，眼看强攻不下，很快就转移了战场，将目标转移到了意大利海岸：第勒安尼海和亚得里亚海。决战的地点是在威尼斯大门口的乔几亚。

在开展之前，威尼斯和热纳亚双方都分别寻找了自己的同盟军，并事先进行了胜利后获得的胜利果实的分配。在威尼斯这方面，威尼斯首先与塞浦路斯国王结盟，塞浦路斯国王想借助威尼斯与热纳亚之间的战争，摆脱热纳亚的勒索。威尼斯的主要同盟者是米兰，两国还签订了胜利果实的分配协议，热纳亚的海外领地归威尼斯，热纳亚半岛上的土地（包括热纳亚本城）归米兰。热纳亚也没有停止动作，也找到了自己本次战斗的同盟军，热纳亚首先与帕都瓦领主法兰西斯科、卡拉拉结成同盟，还与匈牙利达成了协助条约。

一切准备就绪，公元1378年5月30日，热纳亚海军与威尼斯海军在安兹约（Anzio）首先交锋。当时由于受到天气的影响，两国船只无法靠近。威尼斯海军只获得小胜，威尼斯缴获5艘战船，另有热纳亚6艘战船被抛到岸边。威尼斯海军此后几个月间一直徘徊在东方追逐热纳亚商船。由于威尼斯政府的强压，威尼斯这只海军一直不能回港，因此不满情绪在海军将领以及战士中蔓延，他们已经6个月没有回过家了。当时恰好是冬天，其实，许多船只也应该进行补修了。第二年春天，政府仍不许船只返回，疾病、寒冷和疲乏，终使威尼斯海军战斗力大减。

公元1379年5月17日晨，威尼斯海军与热纳亚海军再次交战。这次交战由于威尼斯只是部分海军参战，热纳亚首先就占了优势，威尼斯战败就不足为奇了，他们只有6只战船逃出战场。热纳亚也略有损失，热纳亚海军司令战死，因而不能乘胜进攻。与此同时，威尼斯的另外一部分海军尚在东方，守备空虚，各岛已经无法设防。在此紧急关头，威尼斯全民动员，在威尼斯四周设墙和布栅。半岛的领土和沿岸已经被帕都瓦和匈牙利的军队夺占了。热纳亚海军经过准备，已经泊在了威尼斯港口之外。在这千钧一发的危急关头，几乎威尼斯每个公民都被武装起来了——一听到钟声，立刻参战。

公元1379年8月6日，热纳亚新任海军司令皮得罗·多利亚指挥着43艘战船来到乔几亚。乔几亚是威尼斯最南部一个小岛。这里地势非常低洼，水陆难分。波兰塔河和阿迪吉河的河口众多支流使这里难以横过，淤泥险滩很多。经过500来年的修建，岛上的居民已经在这里建成了几片可以居住的小区。热纳亚、帕都瓦匈牙利军队准备先从这个入口进攻，当然，威尼斯也是有所防备的，它在这里驻守了3 000名守军，并派去了50只适于浅滩航用的平底船，帕都瓦和匈牙利陆上配合进攻的部队是24 000人。经过激战，8月16日，乔几亚被热纳亚攻陷了。

这一次，是威尼斯岛本身首次遭受外敌登陆的威胁。通过这个入口热纳亚海军就可以直接进入威尼斯本港了。这对威尼斯本岛是一个致命的威胁，威尼斯的警钟齐鸣，元老院召开紧急会议，最后决定：议和，但遭到联军的坚决拒绝。一时还不能把东方的海军调回来，岛上也出现了饥荒，物价飞涨，面对这种危机、紧急形势，威尼斯将海军司令皮萨尼从监狱中放了出来，希望他能想出办法。与此同时，在元老院的逼迫下，所有威尼斯人都献出自己的大量财富。一切都服从战争的需要，威尼斯造船厂昼夜不停地工作，造出40艘战船；所有大小岛屿都修建了城墙和堡垒。威尼斯幸运的是热纳亚的海军司令皮得罗做出了一个错误的决定，他认为，只要围困，就可以使威尼斯人束手就擒，他低估了威尼斯的实力和贮备。威尼斯在被围困期间得以喘息和修整，建造出作战所需要的船只，加固了城防。从夏到冬，热纳亚不但未能逼迫威尼斯投降，反而由攻变成了守，最后被迫撤到了乔几亚港内。

威尼斯组建的海军在公元 1379 年 12 月 21 日开始出击，他们用沉船法堵塞了热纳亚船只出港的航道。公元 1380 年元旦，芝诺率领威尼斯在东方的海军返回了威尼斯。尽管如此，从两军的力量对比上看，威尼斯的军事力量仍处于劣势，不能强攻乔几亚。与此同时，热纳亚派出的另一支海军不断拦截威尼斯到西西里等地购买粮食的船只。这支热纳亚海军足可以击败威尼斯外出的海军。但是实际情况是热纳亚的两支海军无法汇聚到一起，迫于无奈 6 月 24 日被困在乔几亚的热纳亚海军无条件投降了。

经过乔几亚的危机之后，威尼斯感到他们还没有能力占据半岛大片领上，于是，威尼斯就把自己在半岛的领土主权让给了奥地利大公，并请求奥地利大公驱逐帕都瓦的领主卡拉拉。卡拉拉抵挡不过奥地利军队，只好自愿撤出。后来经过调解，威尼斯和热纳亚都接受并签订了合约。威尼斯在和约中仍然保有威尼斯附近半岛一带的领土，以保障安全，但放弃了对台奈多斯的独占。威尼斯在与热纳亚的竞争中终于胜出了，热纳亚却从此之后一蹶不振，其内部内讧不断，迅速衰落下去。在不到 5 年的时间里，共换了 5 任总督。热纳亚在公元 1396 年放弃了独立，接受法国国王查理六世为领主。一个半世纪以后（公元 1528 年）才恢复独立。

威尼斯凭借乔几亚战争的胜利一跃成为了地中海的霸主，威尼斯乘胜进军，重整海军，控制了东方商业，收复了东方的一些岛屿！廉价买下了伯罗奔尼撒的那乌普里亚和阿果斯，在拜占廷独享商业特权。

威尼斯的逐渐衰落

威尼斯经过乔几亚海战战胜了热纳亚之后，他就成了最强大的海上帝国。至此，威尼斯已经发展到了顶峰。威尼斯海上帝国的位置维持了近一个世纪之久，从公元 1380—1480 年，这一百年也是威尼斯发生转变的一个时期——由盛而衰。

从前面我们对威尼斯崛起的历史的介绍中可以看到威尼斯是凭借商业发展起来的，也是因为威尼斯人借助了当时东西方的有利形势。而在后来的一百年，威尼斯的逐渐衰落也是由于商业与政治形势的变化。

在 15 世纪时，当时国际形势发生了两个变化对于威尼斯的影响深远：一是奥斯曼帝国在东方崛起；二是新航路的开辟。这两种变化的最终结果就是地中海的商路转移到了大西洋沿岸。其实，在15世纪之前，东西方的商路已经形成比较固定的路线，富庶的东方不断运来丝绸、珠宝和香料。这时，欧洲人尤其是德国人有时会亲自到威尼斯购销商品。在东方的商路上，自从罗马帝国衰落以来，或在阿拉伯伊斯兰教兴起以后，近东地区并不太平。14世纪前期，土耳其人从亚细亚兴起，东部地中海就动荡不安了。

奥斯曼土耳其人原来是突厥人的一支，他们本来在黑海东南岸居住。13世纪时期，这一支土耳其人受到蒙古人西征的逼迫，而迁移到小亚细亚。公元1242年，这支土耳其人依附的罗姆苏丹国受蒙古侵袭而瓦解，处于小亚中部的各部族互相争斗。最后，这支后来的土耳其人占了上风，打败和兼并邻近部族，并成功地抵制了拜占廷军队的侵略，成为独立的土耳其国家，后来发展成为了奥斯曼帝国，并不断向附近地区扩张，土耳其人首先攻击的目标是拜占廷。

这个新兴的奥斯曼帝国成了威尼斯的最大威胁。自从建立了奥斯曼帝国之后，奥斯曼帝国逐渐强大并不断向欧洲扩张，公元1326年，土耳其人夺取濒临马尔马拉海的拜占廷重镇布鲁萨，进而控制了达达尼尔海峡。公元1396年尼科堡之战，土耳其人打败了匈牙利、保加利亚、拜占廷和欧洲其他一些参战国家的联军。

奥斯曼帝国在14世纪末，已经侵占了从多瑙河到雅典之间的广大地区，几乎整个巴尔干半岛都已经被他们控制了。拜占廷帝国只剩下了孤城君士坦丁堡。尽管土耳其人一直顺风顺水，但是也会出现出其不意的意外，公元1402年，就出现了这样的出其不意，帖木儿的军队打败了土耳其，使拜占廷帝国又维持了半个世纪之久。土耳其人终于在公元1453年将君士坦丁堡攻了下来，公元1461年，帝国的其余领土也完全被土耳其人征服了。威尼斯的东方商路随着君士坦丁堡的陷落基本上就断绝了。

这个时期的威尼斯虽然少了一些财路，但是还不至于遭受彻底的打击。这时期的威尼斯还可以从地中海东岸和埃及运回一些香料和其他商品。威尼斯的东方贸易彻底受到打击是在16世纪初。土耳其人在攻占了拜占廷之后，又回头南下，在公元1514年打败伊朗，公元1516年在阿勒颇打败埃及苏丹，然后进占叙利亚和埃及。之后麦加、麦地那这条古老的红海商道也被截断。

这些地方在被奥斯曼帝国控制和侵占的过程中遭到了严重的破坏，因此，一时半会也不能让当地的社会经济得到恢复。同时，奥斯曼帝国一方面需要用于军队开销的军饷；另一方面也需要资金来满足土耳其王公的开销，因此，奥斯曼帝国严格控制了商路和商业。奥斯曼帝国没收了威尼斯商人在东方的财产，免去他们过去享有的特权，甚至不许他们去经商。奥斯曼帝国在各港口和要道都设立了更多的关卡，征收更多的税金。奥斯曼帝国实行的是包税制，各地纷纷设卡，税额无定，地方官可随意征收，过境的商品提价 8 倍以上。

对威尼斯人来说更为致命的是土耳其人对他们的仇视。这是因为在奥斯曼帝国与拜占廷帝国战争期间，威尼斯共和国为保住其在东方的利益，极力帮助拜占廷，提供船只和贷款。在当时的西方国家中威尼斯是唯一一个派出舰队援救拜占廷的国家，终究拜占廷还是失败了。公元 1453 年，土耳其攻占了君士坦丁堡，从此以后土耳其人插入了地中海的心脏。君士坦丁堡的陷落对于威尼斯人来说就像晴天霹雳，不但割断了它的血脉，而且威尼斯本土有直接遭受土耳其攻击的危险。威尼斯人当时一到春天就开始讨论，不知土耳其人又要攻打哪里。土耳其人入侵威尼斯的危险随着威尼斯找不到同盟国的帮助而显得更加突出了。到 16 世纪 60 年代，土耳其人已经建立起强大的海军，并直接出船攻击残存的威尼斯海外殖民地及其过往船只。威尼斯商船已不可能在地中海上自由航行了，与东方进行贸易也要冒极大的风险。当土耳其人攻下君斯坦丁堡，把西方势力逐出亚洲的时候，威尼斯在地中海的霸权地位也就宣告终结。但威尼斯凭借强大的海军和卓越的组织能力还是能独占东西方贸易。

这段时期的威尼斯与奥斯曼帝国完全处于战争的状态。威尼斯帝国在公元 1463—1479、公元 1499—1502. 公元 1527—1530 年的几次大海战中都失败了。只有在公元 1517 年以参战国身份出战的勒班多海战获胜，但是这次海战的主力是西班牙海军。从此，海上霸权转到西班牙人手中了。东方形势的变化几乎使威尼斯成为受土耳其人包围的国家。

随着奥斯曼帝国的不断发展，在 16 世纪前半期奥斯曼帝国已经占据了匈牙利、巴尔干各国、小亚、埃及和阿尔及利亚。威尼斯的船员已经找不到可以安全航行的水域了，使得它在东地中海保有的塞浦路斯已成为孤岛。虽然在勒班多海战中威尼斯是参战的战胜国，但是威尼斯并没有恢复以前在拜占廷的特权，仅仅是为威尼斯挽回了一点面子而已。威尼斯人与土耳其人签订的条约包括如下几项内容：

（1）土耳其向威尼斯缴纳赔款 35 万杜卡特，三年内偿清；

（2）土耳其应将新近侵占的达尔马提亚的索特城归还威尼斯；

（3）两国之间在阿尔巴尼亚和达尔马提亚之间的国境接壤处恢复战前状态；

（4）继续保持苏莱曼一世时给予威尼斯的通商权。

通过这几次海战，威尼斯与东方的实际通商已经不再可能了，阿拉伯海盗成为不治的祸害，威尼斯无力保护自己的出航船员。威尼斯的商业已经严重的萎缩，公元1612年，威尼斯驻君士坦丁堡大使在报告中说："从前在16世纪还有20家商号，现在只有5家了。"从此，威尼斯在衰落的路上越走越远了。

威尼斯共和国的灭亡

威尼斯在欧洲海战中节节失利，到公元1792年，曾经强大的威尼斯商船队只剩下了309艘船，慢慢退出了地中海海上的霸权地位，其实，这个时期地中海也已经不再具有一百年前那样的重要性了。这时因为新航路的开辟，当然这对威尼斯而言也是非常重要的，而且，这件事几乎是与东方商路断绝同时发生的，这两件事是紧密相联的。

欧洲人随着十字军战争的开展不断加深对东方的了解，开阔了眼界。他们不仅在精神上得到了慰藉，而且也认识了东方的香料，这美味的香料改变了欧洲人平淡无味的饮食，从此，香料成了欧洲富人生活上不可或缺的食品，香料的需求随着封建社会的发展而加大。在东方这些香料可以说遍地皆是，但距离欧洲较远，要经历旱陆水上多次转手，千里迢迢到达西方时，价格就已经十分昂贵了，使得欧洲人掏尽钱囊，致使金银大量东流。同时，欧洲人已经知道了东方非常的富庶，对东方的向往，欧洲对硬货币流通的需求以及其他一些原因促使欧洲向外寻求新航路。当时，造船技术和航海技术已有了长足发展，强大统一的君主专制国家，已开始形成。这些都为新航路的开辟准备了充足的条件。

东方香料

公元1498年5月20日，达·伽马首次绕过好望角，达到了印度西海岸的卡利库特城，公元1502年，在葡萄牙国王的支持下，达·伽马作为海军上将率领船队再次前往印度。这次前去的目的就是建立商站，以图建立稳定的商业通道，力图切断印度与阿拉伯人之间的贸易来往。从这之后，越来越多的葡萄牙贵族也加入到了这项殖民活动和经商事业中了。后来，经过不断的竞争和战争，在公元

1506 年，葡萄牙人占领了科特拉岛，监视红海航道，威胁和抢劫阿拉伯商船。公元 1508 年占领霍尔木兹海峡，封锁波斯湾。公元 1509 年，葡萄牙海军在印度西北部的第乌港打败阿、土、印度的联合舰队。公元 1510 年，占领印度果阿，设立印度总督首府。公元 1511 年，又攻占了马来半岛上的马六甲，接着在科伦坡、苏门答腊、爪哇、加里曼丹和摩鹿加等地建立商站。就这样，经过一场场的战争，葡萄牙完全控制了东方的香料产地，截断了古老的红海与波斯湾西条商道。几乎完全垄断了东方贸易。正像当年威尼斯因东西方贸易致富一样，葡萄牙也因此一跃而成为富有的国家之一。

不仅仅是葡萄牙，随着新航路的开辟，西班牙也从东西方贸易中获得大量的黄金白银，有资料记载这一段时期西班牙的黄金白银输入量多的惊人，仅从公元 1503—1515 年，黄金输入增加一倍。甚至有人进行过计算，查理五世统治时的西班牙年总收入达 100 万杜卡特。与此同时，欧洲内陆的白银开采也在增加，在 16 世纪，欧洲黄金的数量从 55 万公斤增加到儿 9. 2 万公斤。白银数量从 700 公斤增加到 2 140 万公斤。当时 83% 的贵属的廉价开采在查理一世的领地上。这些金银使威尼斯手中的杜卡特相形见绌。所以，新航路的发现不仅直接破坏了威尼斯的贸易，它带来的价格革命也使威尼斯的财富相对贬值。为了抵制这一现象，恢复自己在国际贸易中的地位，威尼斯在 16 世纪中期，开始铸造很大的银币。但是大势所趋，威尼斯似乎已经无力改变了。威尼斯在东西方贸易中承担的角色的分量还是不可控制得越变越轻了，特别是西班牙人的无敌舰队还一度控制了印度洋的重要贸易港口，使得东南亚的香辛料通过中东进入西欧的通道断绝一时。

面对这种形势，威尼斯人感觉到自己曾经的财富之源——海洋贸易，如今仅靠这一项已经无法生存了，因此在丧失了贸易独占权后，威尼斯开始了多元化发展，首先把领土扩张到了亚平宁半岛本土的地方，威尼斯的贸易商纷纷变成了庄园主，以贸易经济为主的威尼斯变成了以农业经济为主，制造业经济为辅的国家。在当时，威尼斯的这个根本性的转变一时间给威尼斯带来了前所未有的繁荣，比当初光做海洋贸易时的财富还要多，但这一转变对威尼斯在人事制度上造成了深远的危害。因为海洋贸易少了，贵族从基层弓石手开始的职业历练和败者复活的机会没有了，贵族本身的贫富两极分化日趋严重，就统治阶级本身而言，造血和新陈代谢的功能基本丧失了。人才不能流动，淤滞的结果就是社会活力的丧失。靠人才素质立国的威尼斯，领导层素质的低下已经种下了灭亡的种子。

但是当时的威尼斯人似乎并没有意识到国家的这个根本变化，他们还是用海洋国家的那一套来管理自己的国家，最明显的就是从来没有自己的陆军，当大陆领土面积远远超过威尼斯本岛面积时，威尼斯人还是专注于海军的建设以和土耳其抗衡，他们似乎从来就没有考虑过对陆军的发展，好像他们就从根本上忽略了陆军的发展。

当然，这也不能全怪威尼斯人，毕竟它只是一个人口小国，本岛的人口没有超过 30 万人，连划船的人手都要从巴尔干半岛招募，在巴尔干半岛先被土耳其吞食，后被奥地利占领的情况下，威尼斯连招到充足的划桨手都不是那么容易了，以至于后来在威尼斯光只有舰只没有操作舰只的人手。在威尼斯共和国后期和全体主义的君主国家抗争中，人手的捉襟见肘一直是困扰共和国的问题。威尼斯最终逃不过覆亡的命运还是因为他的人太少了，这也是威尼斯共和国的宿命。

终于在公元 1797 年 5 月 12 日，威尼斯共和国的国会以公平、民主的方式不抵抗投降了。当时这项投降的决议是通过投票的方式决定的，其中 512 票赞成，20 票反对，5 票弃权。以绝对多数的票数获得了这项投降拿破仑决议的通过。四天后，4 000 法国士兵进驻威尼斯，威尼斯共和国从此从历史上消失了。

第三章　威尼斯总督、商人和银行家

威尼斯的总督们

威尼斯虽然是一个海上孤岛，但是并不是想象中的世外桃源。从最初开始有人定居在这里以后，原来定居在港湾之内的各居民点的首领召开集体会议，这次会议召开的时间大约是公元 697 年，会议召开的地点是在赫拉克莱阿，这次会议决定把治理各岛的权力集中于一人之手。这个人被称为“总督”(Doge)。

据传说和记载，当年参加这次会议的共有 12 个人，这 12 个人分别代表着威尼斯的十二片街区。当时决定任命的第一任总督叫保罗·卢加·阿那法斯托，是一个赫拉克莱阿居民，并将其职务确定为是终身的。总督要任命一个国家议会，他有权支配公益收入和召开会议，即大议会，任命法官和各区官员，此外，他还有权叙任神职官员、召开教区会议。决定和平与战争的权力也在其手。就这样将这么多的权力集中到一个人手中，似乎有些突然，其实只要与当时社会发展阶段及周围社会环境联系起来看，也就可以理解了。

从当时威尼斯的实际情况来看，从各地聚集到这里的避难者急需的是一个安定的生活环境，他们不可能考虑分权和集权的利弊问题。但到第三任总督法波里齐亚佐·乌尔索时，政府面临危机，乌尔索蛮横专制，在居民动乱中被刺杀。鉴于这次的教训，威尼斯竟然从一个极端又走向另一个极端。为防止专权，选出了另一个首脑，称为军事首领，任职仅一年，但权力并没有削减。此后，威尼斯选出了五任军事首领之后，又恢复了总督之职，年限也放开了。通过平民来选举首领，本来是为了达到治理，而不是专制的目的，但一旦官员选出，则不易约束。威尼斯政权从公元 811—1032 年一直被巴台奇帕佐、堪迪亚诺和奥塞多三大家族统治着，他们总揽总督之职，只有三届总督例外。经过多次的较量与斗争，威尼斯人到十字军发动之前，终于把总督的权力限制在最小程度。

威尼斯在公元1297年又进行了一次政治制度上的重大改革，这次改革使威尼斯正式成了寡头共和国形式，并且一直维持到共和国灭亡。其实从公元1032年，威尼斯就确立了“总督经大议事会选举而产生”的宪法惯例，也就是说管理威尼斯的总督是大议会普选的，这是普通共和形式。总督虽然有权，但仍然是代表着广大人民行使权力。为了争夺权力，各贵族派别利用下层群众的不满，经常对总督进行弹劾，操纵政府权力。为了稳定政府，威尼斯首先对总督的选举进行了重要改革。

改革后的威尼斯选举总督的办法是威尼斯贵族精心策划的，其独特形式是古今世界绝无仅有，具体选举程序之复杂堪称“世界之最”。而且一直保持到威尼斯共和国灭亡。威尼斯总督选举的整个选举过程分为“预选—初选—审议答辩—终选”4个阶段，时间持续5天以上。下面我们来详细看一下威尼斯总督选举的程序：

预选

预选其实就是为威尼斯总督的选举，举行的总督侯选人的选举程序。在这个阶段，先由年满30岁以上的大议事会成员公投选出30人，此30人在一隔间内再通过内部投票从选出9人。此9人再投票海选出40人，每人最低得票数不得少于7票，而且同一家族只限1人当选。当然，从此以后这9个人回大议事会就座，并且绝对不能对外透露有关隔间内的选举情况。

经过9人投票新当选的40人进入隔离室，再用抽签的办法从中选出12人。这被抽签选出来的12人在不得选举自己的限定条件下，再投票选出25人（每人至少得7票）。此25人再通过投票从中再选出9人。这被选出来的9人再通过投票的方式选出45人（每人须得7票以上）。这再次选出来的45人再通过抓阄的办法选出11人。通过抓阄选出来的11人再选出41名“最可信任的选民”，作为总督侯选人的选举人。至此，威尼斯总督的预选阶段终于结束了。

初选

预选结束之后，就进入初选阶段，亦即选举总督候选人。此时，在预选阶段选择出来的41名选举人在隔离状态下（仅能与执政团稍作交流），再通过投票的方式选出威尼斯总督的候选人。投票人须将候选人的名字写在纸条上，放入一瓮中。通过公开唱票计票，获25票以上者当选为总督侯选人。

审议答辩

初选结束之后，威尼斯总督的候选人已经确定了，就进入了下一个阶段——审议答辩，也就是要对初选出来的41名选举人就侯选人的品德资质进行审议讨论，此时侯选人必须回避。审议结束，召侯选人进入隔间，就选举人提出的问题进行陈述和答辩。为保障审议过程中能畅所欲言，明确规定41人的讨论内容15年内不得公开，否则应当重选。

终选

经过上面三个复杂的程序之后，威尼斯总督的选举终于进入了最后的确定性阶段——终选，也就是进行大议事会公投，得多数票的侯选人当选为总督。

经过复杂的程序，威尼斯总督终于产生了，选出来的总督居住在总督府。今天我们在总督府的“十人议会”厅中仍然能够看到在这里摆放着的所有曾经统治过威尼斯的总督的精美肖像。但是总督马里诺·法尔耶里的肖像确实是空的，而且还有这样一行题词：“这是因背叛而被处死的马里诺·法尔耶里的位置。”当时到底发生了什么事情呢?

马里诺·法尔耶里在公元1354年当选为威尼斯总督，在当选为元首后七个月，马里诺·法尔耶里就举办了一场盛大的节日宴。当时尽管马里诺·法尔耶里已经80岁了，但这并没阻止他娶了自己一个朋友的女儿为妻。

马里诺·法尔耶里客人中有一位名叫斯泰诺的，他在节日宴上某个时刻热烈地亲吻了马里诺·法尔耶里的新婚妻子。虽然他们是带着面具的，但还是被马里诺·法尔耶里发现了，当然这也是他所不喜欢发生的事情，于是他直截了当地下令将不幸的斯泰诺推了出去。当着心上人和威尼斯贵族的面带来的羞辱深深地激怒了斯泰诺，他在各个殿中徘徊，最后来到“十人议会”厅，在橡木椅背上刻下了侮辱性的铭文：“马里诺供养的娇妻却被别人享用。”

这句具有报复意味的铭文，在第二天就传开了，于是元首的情敌斯泰诺被关进了监狱。“十人议会”经过讨论之后，考虑到罪人年轻无知、他为共和国所做的贡献以及他火热的爱情，决定将他在黑牢中关押两个月，然后驱逐出威尼斯。这个决议却激怒了元首马里诺·法尔耶里，也因此使他与贝尔图齐奥走在了一起，后者自告奋勇将许多不满者集合到一起，以促进事情的解决。但是事情并没有按照他们预定的程序进行，他们的美好计划泡汤了，公元1355年4月12日，成立了审判马里诺·法尔耶里本人的法庭。

马里诺·法尔耶里来到十人议会人员面前，承认了所有的罪行，被判处死刑。

两天后的一大早，“十人议会”的成员取走了象征元首身份的东西——带有纹章的马里诺·法尔耶里盾牌被打碎，在巨型阶梯中间的平台上，马里诺·法尔耶里被斩首了。

威尼斯的贵族们

“贵族”是人类社会阶级分化的产物，威尼斯作为一个由来自不同地方的难民组成的国家，在最初的时候是没有贵族的，随着威尼斯的发展和完善，慢慢就出现了贵族。

威尼斯是个水上都市，在这里一个人的权势无法用土地的拥有量来显示，同时，威尼斯是个重视金钱财富的社会，占有财富是荣誉的保证。公元1297年，威尼斯进行了改革，从此以后贵族开始在威尼斯出现并成为威尼斯社会的主要角色。

这次改革是从“大议会”开始的，改革的倡导者格拉坦尼哥提出的建议包括大议会成员不必再行推选，此前四年是其成员的人，只要得到60人委员中的12票，既可以保住席位，并且可以终身和世袭任职。在当时，格拉坦尼哥还任命三人提供候补人员名单。格拉坦尼哥提出的法案被大议会通过，成为威尼斯历史上最著名的历史事件，史称“关闭大议会”，意为大议会不再吸收任何不被这时吸收的人参加，成为上层独揽世袭的专权机构，这些贵族则成为威尼斯的寡头。同样地，下层公民因为这次议案而历代丧失了政治权利。

其实，威尼斯的“大议会”中的席位实际上早已成为某些大家大势人的了，几乎每次推选的都是固定的家族及其成员。这些人被人们认为对威尼斯是有功的，或者被认为是德高望重的，渐渐地，人们就认为这些权力非他们莫属了，而他们也想方设法的去垄断了这些权力，似乎大议会之职天生就应该归他们所有一样。进一步的发展，人们不再是选举，而只考虑原来的那些议员是否称职或不称职的问题。世袭思想意识是落后时代的必然产物。这实际为大公元议会的“关闭”做了准备。

在公元1300年，威尼斯法律又进一步规定，被列入大议会成员的人必须是祖辈家里有议员的人。到公元1319年，“大议会”成为完全世袭统治的机构，贵族人数和名字被列册记载，该册即为著名的“贵族黄金簿”那些出生在册家庭的后代男性，只要达到25岁，即可登记注册，进入大议会，成为贵族，享有一切特权。这些登记在册的贵族们既有选举权，也有被选举权，仕途升迁皆从此起。

随着威尼斯社会等级划分的不断细化——在贵族内部、贵族之间也有等级差别，而且越来越明显。威尼斯的贵族又被划分为三类：富的贵族称为先生或绅士（Signar），因为他们的身份和财富而得到的尊敬；穷的贵族称为“巴尔那包”，因为他们多住在威尼斯较穷困的街区圣巴尔那包（SanBarnabo），他们占贵族总数的三分之二；处于穷贵族和富贵族之间的中等贵族则被称为“中贵者”（Mor61 山 mczo）。在威尼斯社会中，不仅对贵族有详细的等级划分，还对各类贵族人员的数量有一定的限制。在威尼斯共和国衰落之前，这四个等级总人数很少超过 1 200 人。为了维持贵族人数和声望，贵族的私生子是不许记入黄金簿的，甚至婚前生子也被排除在外。除了等级而外，威尼斯对贵族还有其它的划分。

威尼斯政府是个矛盾的政府，他们在贵族之间进行了如此详细的划分，但是他们的法律又规定不许以穷富和贵贱奚落他人，政府还专门派有奸细，去监视并汇报贵族之间在称呼上是否有不当之处，对于违反者还做出了明确的处罚规定，初犯者被判半年徒刑，并在铁牢中受到折磨，屡犯者被暗中勒死。在威尼斯的历史上曾经发生了这样一件事，那个时候，庞特家族（Ponte，意为桥）和卡那尔家族（Canali 意为水道）争论高低。代表桥的人声称他比代表河道的人高，因为桥在河上；而代表河道的人则反驳说，河比桥先存在，没有河怎能有桥。元老院了解了这件事情之后及时进行了干预，对双方说政府既可以填塞河道为平地，也可拆掉桥不用。这虽然只是一个具有讽喻意味的事件，但是从这件事情中我们可以看到威尼斯政府对于阻止贵族内部相互争论高低的这个问题的重视程度。

经过改革威尼斯贵族彻底削弱了威尼斯执政官的职权。另外威尼斯贵族还设立所谓的顾问团以及最高法庭等组织和团体对威尼斯执政官的职权进行限制。慢慢地，威尼斯的真正的权力就操控在了威尼斯大议会种了，这是一个极为限制的议会式机构，只准许共和国内的贵族成员参与，威尼斯贵族成了威尼斯的真正掌权者。因此，在说到威尼斯的政权形式时，一般把威尼斯称为寡头（威尼斯贵族）共和，而不称为专制。改革后的选举办法是贵族精心策划的，其独特形式是古今世界绝无仅有，而且一直保持到共和国灭亡。

威尼斯社会的等级制度

威尼斯在取得乔几亚海战胜利之后，它的海上霸主的地位保持了将近一百年的时间，在这将近一百年的时间内，威尼斯积累了更多的财富，内部居民之间的贫富差别进一步加大。为了维护社会稳定，保持富人利益，必须用法律形式肯定下来——让富者有权，使财富与地位等同起来，其口号是“富人有责任维护国家，管理国家、照顾穷人”。

在这个口提出来之前，威尼斯的“大议会”不过是人人可进入的机构，无显著或明文规定其成员有何高尚地位。一般大议会的成员都是由十二个街区分别推出的共 60 人的委员会挑选的。由于威尼斯没有土地，不存在以土地为主的人身依附关系所以地位上不存在贵贱之分，超经济的强制不存在。每一个来到岛上的人都是同等身份到来的，谁也无权管理他人；同时，每个家庭的财富或者是带来的，或者是从外得来的，如晒盐、打渔、造船、经商、互相之间纠葛和冲突不大，人们一致对外。威尼斯当时的这种社会现实普通共和制度恰好就能适应那时的需要。

除了上面说到“富人有责任维护国家，管理国家、照顾穷人”的口号之外。在公元 1297 年，威尼斯政府进行了一次彻底的改革，改革议案是总督皮特罗·格拉坦尼哥提出来的，这一议案的旨意是肯定几百年来已经形成的等级差别，用法律手段把威尼斯分为两大阶级——贵族和平民。这样划分之后，贵族就会享有一些平民所没有的优先权，比方说经商优先权和参政优先权。这样一来，由于财富分化而导致的社会分化就会出现，进而人为地把人的地位拉开。但是，这种改革的实质还是当时的社会需要，任何社会都有等级存在，只不过是社会应怎么样或如何肯定或区分而已。

威尼斯的这种阶层划分到 15 世纪时形成了四个基本层次：第一等级包括两个方面的人群：一个方面是大议会中那十二个街区首领“护民官”的后裔，因为在公元 697 年选出来的第一位总督是他们的先辈们选出来的；第一等级中还包括另十个家族，这十个家族的前四族是因其祖先在公元 800 年签署了圣乔治修道院的奠基文件。这个等级的成员先辈和后裔垄断了威尼斯共和国历届总督位置的一半以上。第一等级也是威尼斯各级高位和商业特权的垄断者，把持着威尼斯的重要事务。

威尼斯社会中的第二等级是由那些在大议会“关闭”之前那些年担任总督的人的后代组成的；第三等级则是在 14 世纪末年被允许进入贵族行列的家

族。这些家族成员在威尼斯与热纳亚乔几亚战争的关键时刻做出过特殊贡献，因而得以特批进入贵族行列，共30家，他们多是从大议会关闭到乔几亚战争近百年间发展出的大富豪，在允许进入贵族行列之前已经有了相当大的势力，他们的财富成为保卫威尼斯的必要保证，曾经有三届总督是来自这一等级的。

第四等级是大议会中的最低层。这一等级的贵族的来源有三个方面，一是威尼斯普通公民；二是外国雇佣兵队长；三是威尼斯所辖的地区公民。这一等级的贵族在威尼斯所进行的抵御土耳其人入侵和对半岛侵略中有过突出贡献，也有一部分是以一万杜卡特捐献支持战争而买来的贵族头衔，这一等级只出现过一个总督，即威尼斯共和国灭亡时的最后一届总督洛多维克·马尼尼（1788—1797）。

在这繁荣强盛的顶点上，威尼斯内部的贫富差别和等级差别也随着威尼斯的繁荣强大而不断地加大。在威尼斯以及欧洲人对东方的掠夺中，只有那些有权有势的上层才发了大财，而广大平民只不过是得到一些油水而已。与此同时，那些发了财的富人们为了巩固自己的地位和保护自己的财富，对威尼斯的社会制度不断进行改革。管理威尼斯的总督本来是大议会普选出来的，这个时期这些总督虽然有权力，但是仍然是代表着广大人民行使权力。为了争夺权力，各贵族派别利用下层群众的不满，经常对总督弹劾，操纵政府权力，后来干脆进行了改革。威尼斯发生这么大的政治变化，并不是一帆风顺的。这等于少数人用立法的手段剥夺了广大公民的政治权力。两年以后，平民派组织了刺杀总督夺取政权的暴动。但三个暴动首领并未能得逞，这三个人的名字也流传了下来，他们叫波哥尼奥、巴尔多维诺和吉乌达，分别被送上了绞刑架。

在威尼斯有一个有趣的现象，尽管在威尼斯社会中有明确的等级划分，而且威尼斯政府也要保持他们的这种等级差别，而他们又不准人们公开议论和称呼，真可谓矛盾至极。

“十人议会”与威尼斯商人

威尼斯是个商业兴旺的国家，曾经在威尼斯遍地都是商人，随着威尼斯商人积累的财富越来越多，自然就越想保住自己的财富、越想拥有更多的东西，不断地把手伸向了政治领域，本来经济基础就决定着上层建筑，其实，这也在情理之中。

“十人议会”就是威尼斯商人向政治延伸的一个形式，威尼斯商人要达成这种形式的诞生还是需要借助一些其他力量的，并找到合适的机会。当然，机会还是被他们等到了，威尼斯在第二次威尼斯－热纳亚战争之后海上势力受到很大的打击，一时难以恢复，为了弥补海战的损失。威尼斯曾试图向半岛扩张，但是扩张之路并不顺利，反而因此遭遇了教皇的严苛指责，教皇甚至声称："尽管威尼斯人已经变成毒心肠，罗马仍然毫不畏惧地要从这个吼狮的口中拯救出其无援的失地，否则费拉拉就会被吞掉。"面对教皇的威胁威尼斯人没有屈服，因此，教皇开除了总督的教籍，禁止威尼斯做弥撒。

此外，教皇还利用欧洲其他各国对威尼斯人暴富的嫉妒，威胁威尼斯要掀起全欧洲的反对威尼斯的运动，等等。与此同时，教皇派出一个红衣主教率领一支十字军打败了威尼斯的军队。这一次，威尼斯损失惨重，有五千军队死伤和逃跑了。这次失败对威尼斯造成了非常严重的影响，看到威尼斯的失败，在意大利各港口、法国、英国、阿拉冈和西西里，当地人都乘机掠夺威尼斯人的财物，没收他们的商品。威尼斯的船员被扣留，它的居民和海员被杀害，许多人被掠卖为奴。

面对外面海战的失败，也对威尼斯内部产生了直接的影响，导致了威尼斯内部的政治危机。其实，前面所说的格拉坦尼哥总督进行的大议会改革已经造成了许多人的不满，威尼斯贵族借此机会发动阴谋叛乱。这一时期，值得一提的是以巴杜埃罗家族为首的贵族掀起的平民暴动。这次暴动在公元1310年6月11日爆发，煽起这次暴动的领导者——巴杜埃罗家族是帕都瓦原籍的大家族，有帕都瓦的支持。而以格拉坦尼哥为首的军队却处于劣势。威尼斯本身就是由两个大的岛屿构成的，威尼斯中间蜿蜒曲折的河道把威尼斯分成两部分，威尼斯的繁华之地就是里阿尔托桥附近的地方，当然这里也是来往的交通要道。公元1310年6月11日的早晨，暴动的一方占领了里阿尔托桥，准备进一步攻占总督宫、圣马可广场和造船场。这次暴动的参与者大多数都是威尼斯下层的居民，他们既不满于上层专权，也不满于贫富差别。因此，起义者一占领广场，他们就开始抢劫商铺和货栈，捣毁账簿和公共设施。当起义群众冲过里亚尔托大桥时，立即分成几路。但总督已经早有准备，把所有的官员和军队调集到圣马可广场，严阵以待。此外，总督还调来了守船场的雇佣军队。经过搏斗和血腥镇压，起义被镇压了下去，大多数起义者被处死，许多人逃往半岛。这是威尼斯共和国所面临的最严重的政治危机之一。这次起义的失败说明，威尼斯人民虽然对寡头统治不满，但也无力推翻。威尼斯寡头政权已经牢固了，可以从容应对内外危机。

威尼斯贵族为了进一步巩固政权，处理和预防人民起义，十人委员会（或称十人议会）以“刑事法庭”之名被授权处理一切国家安全事务。刚开始设立的时候，“十人议会”的期限只有十天，但经过六次延职，以后从一年、五年、十年，最后成为常设机构。十人团以最高权力下令处死总督。从此，总督的权力大受减弱。而十人团的地位则明显上升了。

在十六世纪随着“核心政府”地位的相对下降，“十人议会”成为组成威尼斯统治核心中的重要机构。“十人议会”的成员在构成上同早期的发展没有什么变化，只是增加了一条规定，即当“四十人法庭”的首领中有人当选为“十人议会”成员，他必须立即退出“核心政府”。另外，这一时期“十人议会”也设置了一个由15~20名成员组成的附属机构，其成员由“十人议会”成员挑选，无须投票选举。这些附属机构的成员也可以列席参加“十人议会”的日常大会，并参与商议和讨论其中各项政府事务。慢慢地，这个“十人议会”的权力也是越来越大，他们权力的方式也很隐蔽。这个“十人议会”有超越一切机构和个人的全权。它对一切人员进行监督，用恫吓、暗杀、秘密审讯、严刑拷打等残暴手段迫害反对者，威尼斯共和国的政治以阴险黑暗著称。这个“十人议会”所进行的判决和审讯都是秘密进行的。人民的一切活动都处于十人团的严格监视下，稍有不满和反抗即被秘密处死，任何集会和言论权力都被剥夺。另外，这个机构还具有对威尼斯政府各机构和各贵族渎职情况进行监督的权力。这个机构的建立，进一步巩固了威尼斯贵族的寡头统治。

威尼斯银行家与美第奇银行

威尼斯这样一个以商业兴盛的国家，自然少不了银行家的参与。威尼斯的金融之路正是在威尼斯银行家的引领下开拓的、前进的。在这个过程中威尼斯银行家的很多行为是借助美第奇银行开展的。

美第奇银行是15世纪欧洲最著名的银行之一，通过资料进行了估计，在欧洲的某一时期内美第奇家族甚至是全欧洲最富裕的家庭。美第奇家族正是凭借着手中掌握着这样惊人的财富而进一步牢牢掌握了佛罗伦萨的权力，并进一步扩展到整个意大利以至全欧洲。威尼斯银行家是智慧的，他们的野心也是不可想象的，他们不仅要打击法国、意大利贵族甚至整个欧洲，使还“威尼斯银行家”曾经让整个欧洲地区陷入土地荒芜、战争不断的可怕境地。威尼斯银行家的目的达成还需要借助外围的力量，公元1402年，美第奇银行在威尼斯开设了第一家分公司，并从威尼斯与东西方贸易中获利，整个生意几乎都已经被威尼斯垄断了。其实，“威尼斯共和国”时代，意大利地区乃至欧洲都受到美第奇银行家族的左右。

美第奇家族创始人

威尼斯银行家和美第奇银行联手的作品之一——“威尼斯白粉”，这是威尼斯银行家给全欧洲提供的有一些诡异的“商品”，有一副伊丽莎白女王的画像，从画像上看，伊丽莎白女王的脸特别像一个没有任何表情的“白色面具”，只要对比一下她左手的手指和面部的颜色，就会发现这张脸白的很异样，这是一张凝固的脸，甚至有点恐怖。这是因为伊丽莎白女王脸上涂了这种“威尼斯白粉”。当初“威尼斯共和国”为了在欧洲制造影响力，也为了聚敛不义之财，就想出了一个诡异的骗局。这个骗局的主角就是“白铅”（即“碳酸铅”，有毒）。当时人们已经发现白铅粉末，可以杀人。但白铅矿的晶体有金刚石般的色泽，被用作釉料。

这个“商品”的出售还得借助美第奇银行之手，当时就由美第奇银行出面，让家族成员法国著名王后（亨利二世的妻子）凯瑟琳·德·美第奇在“威尼斯共和国”的一个“美容协会”任荣誉会员。

这个协会从后来看带有商业情报组织的性质，不是单纯的“美容问题”，这种“威尼斯白粉”，在欧洲上层起到了一个削弱欧洲贵族和“主导”某一个欧洲贵族女性（实际包括她的家庭）健康程度的作用。

欧洲贵族对于金融霸主美第奇银行家族充满了崇拜和羡慕，以结交外国银行家为荣，能收到美第奇银行家族送来的礼物，都引以为荣。当时的欧洲也有许多有识之士，反复劝告不要使用“威尼斯白粉”，因为它会导致慢性中毒，是一种杀人的毒药，这种说法并不是危言耸听，历史上就有这样的案例发生。

在伊丽莎白时代的英国，女王是女性的领航者，如果女王都在自己的脸上涂上一层厚厚的白铅粉，其他的宫廷女士就可能会效仿。涂在伊丽莎白女王脸上的白铅粉随着年龄的增加而不断增多，也就是说女王越老，涂的粉越厚，就像船头的雕塑经过暴风雨腐蚀一样，她脸上的白粉也开始脱落。法国大使曾评论说：“用白铅粉化妆损坏了她的牙齿，并让人感到可怕。”不仅如此，还有更加严重的案例，英国著名女演员基蒂·菲舍尔就是因为铅中毒而死的，她死于公元1767年，原因是她也大量的使用了铅粉。另一个著名的死亡事件是英国考文垂伯爵的妻子玛丽亚·冈宁，当时玛丽亚·冈宁曾经以美貌著称，17世纪50年代，她开始在脸上涂抹铅粉。17世纪60年代，她的健康状况开始恶化。她清醒时，照着镜子，看着苍白的脸上出现污点，皮肤变得干涩，以至于她最终把自己的房间布置得非常黑暗，这样便无人能看到她憔悴的容貌。数以万计的人参加了她的葬礼，但是在熟悉玛丽亚·冈宁的人中，很少有人能认出棺材中那个秃头、无牙、干瘪的老太婆，就是曾经美艳绝伦的玛丽亚·冈宁。

“威尼斯银行家”抛售“威尼斯白粉”的这种行为，可以说是公开的、赤裸裸的削弱欧洲贵族，说的严重一点他们这种行为就是在贩售“愚昧和死亡”，暂且抛开道德因素不谈，“威尼斯银行家”的这些行为从公关角度来看，就有很多可圈可点的地方，他们甚至具备了现代金融战役策略的一些重要元素。

我们通过“威尼斯白粉”事件来看一下，首先他们选择的代言人——伊丽莎白女王，很高端，也足可以引导潮流，但是她们是抱着友好的态度去和他们接触的，而银行家自己只是作为幕后的推手。

他们代言人的选择首先是打击欧洲上层贵族、打击和银行家联络最紧密的贵族代理人阶层；其次还削弱了既定的行动，费用由目标支付，行动成本为负值，打击对手的资本由对方提供，目的达到，己方有收益；再次，商业情报网络以文化、私人和商业的名义直接渗透欧洲贵族阶层；最后，打击社会各个阶层，制造广泛的连锁打击和己方收益。

“威尼斯银行家”的思想超越了时代，奠定了欧洲古典金融战役学的基石，丰富和发展了“威尼斯的商业策略”，彻底摆脱了“高利贷经济”的桎梏和诱惑，开辟了一个崭新的金融战役主导一切的时代。“威尼斯银行家”是古典金融战役领域的战略大师、战术高手，他们通过自己的智慧并联合美蒂奇家族成了那个时代的先行者。

威尼斯商人——马可·波罗

在小学的课本上，我们就知道有一个叫马可波罗的人，写了一本名叫《马可波罗游记》的书，在这本书里，他将中国，准确的说是东方描绘成是遍地黄金的地方。这个马可波罗其实就是第一批来到东方做生意的威尼斯商人。

马可·波罗作为第一个把中国介绍给西方的人。他的故居至今仍然被完好地保存着。马可·波罗是世界上著名的旅行家和商人。公元1254年，马可波罗出生在意大利威尼斯一个商人家庭。他的父亲尼可罗和叔叔马飞阿都是威尼斯著名的商人和贵族。在马可·波罗小的时候，他的父亲和叔叔就已经开始到东方经商了，来到元大都（今天的北京）并朝见过蒙古帝国的忽必烈大汗，还带回了大汗给罗马教皇的信。他们回家后，小马可·波罗天天缠着他们讲东方旅行的故事。这些故事引起了小马可·波罗的浓厚兴趣，使他下定决心要跟父亲和叔叔到中国去。

马可波罗是在公元1271年11月第一次前往中国的，当时，他年仅17岁，他当时是跟着父亲和叔父一块前往的，他的父亲尼可罗·马可和叔父马飞阿两兄弟拿着教皇的复信和礼品。但是他们的旅程并不是一帆风顺的，他们原本计划从威尼斯进入地中海，然后横渡黑海，经过两河流域来到中东古城巴格达，从这里到波斯湾的出海口霍尔木兹就可以乘船直驶中国了。但是，期间发生了一件意外的事情，他们被强盗盯上了，强盗乘他们晚上睡觉时抓住了他们，并把他们分别关押起来。马可·波罗和父亲半夜里逃了出来。当他们找来救兵时，强盗早已离开，除了叔叔之外，别的旅伴也不知去向了。他们叔侄三人只好继续前行，但是他们来到霍尔木兹后，一等就是两个月，也没有遇到一只开往中国的船只，他们只好改走陆路了。这是一条充满艰难险阻的路，是让最有雄心的旅行家也望而却步的路。他们从霍尔木兹向东，他们一路跋山涉水，不辞劳苦，穿越沙漠地带，翻过帕米尔高原，克服了疾病、饥渴的困扰，躲开了强盗、猛兽的侵袭，终于来到了中国新疆。

已进入中国的地界，马可波罗立刻就被这里美丽繁华的喀什、盛产美玉的和田，还有处处花香扑鼻的果园吸引了。随后，他们来到古城敦煌，瞻仰了举世闻名的佛像雕刻和壁画。接着，他们经玉门关见到了万里长城。最后穿过河西走廊，终于到达了上都——元朝的北部都城。这时已是公元1275年的夏天，距他们离开威尼斯已经过了四个寒暑了！来到元朝的都城后，他们去见了忽必烈大汗，马可波罗的父亲和叔叔把带来的教皇的信件和礼物呈送给了忽必烈大汗同时也介绍了马可波罗。大汗非常赏识年轻聪明的马可波罗，特意请他们进宫讲述沿途的见闻，并携他们同返大都，后来还留他们在元朝当官任职。公元1275—1292年的17年，他们一直在元朝政府供职。

马可·波罗

威尼斯人的精明强干在马可·波罗身上表现得特别充分。他很快学会了蒙古语和汉语。马可波罗借奉大汗之命巡视各地的机会，走遍了中国的山山水水，中国的辽阔与富有让他惊呆了。他先后到过新疆、甘肃、内蒙古、山西、陕西、四川、云南、山东、江苏、浙江、福建以及北京等地，还出使过越南、缅甸、苏门答腊。他每到一处，总要详细地考察当地的风俗、地理、人情。在回到大都后，会向忽必烈大汗进行详细的汇报。

在中国期间，马可波罗除了到何处游历之外，还担任过扬州总督，管理24个县，任职三年，刚正不阿，主持公道，受到百姓的崇敬和爱戴。他出使过南洋，到过越南、爪洼、苏门答腊，还可能到过斯里兰卡和印度。在外面待的时间久了，难免会思念自己的家乡，马可波罗借护送蒙古公主阔阔真到波斯的机会，踏上了返回故乡的道路，两年后乘船到达了波斯。然后三人继续西行，取道两河流域、高加索，由黑海乘船到君士坦丁堡，然后继续航行，回到了威尼斯。公元1295年冬，马可波罗终于回到了阔别26年的威尼斯。

回到威尼斯之后马可波罗仍然还是一个普通的商人，马可波罗出钱装备了一艘战船，并亲自担任船长，参加了公元1298年发生的威尼斯－热纳亚的海战。但是由于战争的失败，马可波罗也被当作俘虏给抓了，在监狱中，马可波罗为消磨时间，就把自己游历中国的经历转述给了难友比萨人鲁思梯谦。鲁思梯谦把马可波罗讲述的内容记录了下来，并被整理出来就形成了后来的《马可波罗游记》，也称《东方见闻录》。《马可·波罗游记》的主要内容是关于马可·波罗在中国的旅游纪实，兼及途径西亚、中亚和东南亚等一些国家和地区的情况。全书以纪实的手法，记述了他在中国各地包括西域、南海等地的见闻，记载了元初的政事、战争、宫廷秘闻、节日，游猎等，尤其详细的记述了元大都的经济文化民情风俗，以及西安、开封、南京、镇江、扬州、苏州、杭州、福州、泉州等各大城市和商埠的繁荣景况。它第一次较全面地向欧洲人介绍了发达的中国物质文明和精神文明，将地大物博、文教昌明的中国形象展示了在世人面前。在这本书中马可波罗盛赞了中国的繁盛昌明；发达的工商业、繁华热闹的市集、华美廉价的丝绸锦缎、宏伟壮观的都城、完善方便的驿道交通、普遍流通的纸币，等等。每一个读过这本书内容的人都会对中国产生无限的神往，这也让热纳亚感到非常惊奇，因为在那时，西方人还不知道如此发达的东方国家的存在。马可波罗因此获释，回到了威尼斯。

马可波罗代表着西方人来到东方决非偶然。从马可波罗及其父辈的经历中，我们可以想象，当时的威尼斯商人可谓遍布世界。为了经商，他们不怕千难万险。威尼斯人的聪明、勤劳、刻苦和冒险精神在他的身上得到了具体体现。《马可波罗游记》后来在欧洲广为流传，激起了欧洲人对东方的热烈向往，对以后新航路的开辟产生了巨大的影响。同时，西方地理学家还根据书中的描述，绘制了早期的“世界地图”。有很多的文学作品都是基于他的游记。在公元1324年马可波罗逝世前，《马可·波罗游记》已被翻译成多种欧洲文字，广为流传。

第四章　风情独特的艺术文明成就

威尼斯狂欢节

世界上最盛大、历史最悠久的狂欢节之一就是——威尼斯狂欢节。面具、音乐、性感、金钱、午夜之月是水城威尼斯的五大“浪漫要素”，体味这五个浪漫要素的绝佳机会无疑就是威尼斯狂节了。狂欢节的中心地点是闻名世界的圣马可广场。

威尼斯狂欢节起源于公元1162年，当时人们带着面具穿着华丽的服饰庆祝威尼斯军队的胜利。其实，自从公元12世纪开始，古老的威尼斯城邦共和国日渐强盛。公元1162年的初春，它战胜了附近的阿奎莱亚封建城邦国，称霸一方。威尼斯人为了纪念这场具有重要意义的战役的胜利，来到圣马可广场举行了盛大的庆典，威尼斯人高歌欢舞，一连数日不休。从此，他们每年这个时候都举行欢庆活动。威尼斯人也只能在圣马可广场举行这种活动，纵观整个布满了迷宫般的水道和小巷的威尼斯岛，圣马可是唯一块宽敞地。当然，历史留给后人的东西并非总是那么具有文化价值，时代发展到今天，威尼斯狂欢节已经成了当地人在冬季旅游淡季吸引游客的一种手段。

威尼斯这个尊崇天主教的城邦国，在公元1162年过去200年的公元1296年，根据宗教节日的安排正式把一年一度的欢庆活动时间固定下来，即从2月初到3月初之间到来的四旬斋的前一天开始，延续大约两周时间。随着时间的推移吸引了许多外国人，到18世纪，狂欢活动盛极一时，欧洲各国的王公大臣、绅士淑女，甚至包括来自欧洲的王子，他们都赶到威尼斯来，观看精彩的室内音乐和戏剧演出，参与街头和广场上的民众狂欢，享受这疯狂的盛宴。威尼斯也因此遂赢得“狂欢节之城”的称号。

每到狂欢节之际，威尼斯的旅游界、文艺界、体育界就会通力合作，充分调动各方面的人才，在狂欢节期间有很多娱乐活动——水上化装赛船、剧场古典名曲演奏、岸边接水连天的烟火……各家商店也昼夜营业，出售各式玻璃制品、印有水城风景的纪念品。因此，来到威尼斯狂欢节的游客可以去赌场、剧院、咖啡馆、酒馆和餐厅，还可以去一些表演杂技的摊位观看珍禽异兽、走钢丝表演和变戏法，等等。

在狂欢节期间，兴趣盎然的人们化起装（在狂欢节期间，在威尼斯火车站和运河之间的小广场会有专门在广场给人化妆的）来，不约而同地从水城的大街小巷，从附近的小岛乡镇，从遥远的比萨、罗马，从世界各个地方，如潮水般涌到这座礁湖城市、涌入这座令人神往的广场，参加“化装舞会”，他们的加入使狂欢节的场面非常壮观。

华丽的服饰是威尼斯狂欢节的特点之一，于是，在狂欢节上就会看到来自各方的人们在都是盛装打扮，此时，不论是男是女、是老是少，各种在童话中能看到描述的，大概可以在迪斯尼乐园看到的装饰衣服被人们穿了出来。有的人还把脸涂成五颜六色，载歌载舞，尽情欢乐。即使素不相识的人们，也一见如故，或互相往身上抛撒五彩缤纷的纸屑，或互相传诵水城的佳话趣事，或互相粘贴含有喜庆与祝愿之意的小字条，或互相递送传神达意的小巧礼品……喊声、歌声、掌声、鼓声、号声和琴声浑然一体，整个广场成了波浪起伏的欢乐海洋。

威尼斯狂欢节最大的特点是它的面具，在威尼斯狂欢节期间，威尼斯的街道挤满了戴着面具的人，让你无法分辨穷人和富人。威尼斯狂欢节上戴面具的传统可以追溯到公元1700年前。相传当时，很多威尼斯贵族在一些场所怕人认出来，就带着面具活动。慢慢就成为了威尼斯传统节日的必备道具。权贵和穷人可以通过面具融合在一起。在面具的后面，社会差异暂时被消除。富人变成了穷人，而穷人成了富人。他们互相尊敬地打着招呼。在面具后面，年龄差异被消除，老人变年轻了，年轻人一下子老成持重起来。年轻人和小人物借助面具代表的权威把自己装扮成大人物。而老人极力将自己装扮得很年轻，甚至越无知越愚蠢越好，男人可以变成女人，女人也可以变成男人。在威尼斯狂欢节上，人们穿的服饰通常是一件斗篷和一个有长鼻子的面具。常见的还有情侣装一男一女装扮成古代传说中的人物。在广场里，声和音乐娱乐游人。

威尼斯狂欢节的另一个重要特点是可以观看各种精彩的娱乐节目。在威尼斯狂欢节上不论是本地人还是远方来的客人，除了参加“化装舞会舻之外，还自动地成群结队，涌上纵横交错的狭窄街道和桥头岸边，即兴演出富有情趣的文娱节目。很多精彩节目是专业演员表演的，但人们很难发现谁是专业演员。例如，威尼斯狂欢节每年都有一个压轴大戏，即让一个“天使”以走钢丝的方式从位于圣马可教堂边上的巴西尼加钟楼上空“飘下来”。每年的“天使”可能是不同的人，大部分的时间完全是由专业杂技演员包揽下来的，有时候也会请一些当时当红的电视明星或者演员。这些看似自发的娱乐节目，其实都是狂欢节组织者们精心安排的，主要是为了让这些应邀或慕名而来的专业演员在沸腾的人海中自然地发挥。

狂欢节的游客们在狂欢之余，还可以满足游客的一些浪漫情调，好像有一个叫托马斯·曼的作家，写过《死在威尼斯》的小说。小说讲述的是一场畸形的激情恋爱。自此，全世界的浪漫小资都把“死在威尼斯”当成一件浪漫之极的事情。所以，游客还可以乘上水上轻舟去领略风光，有幽静的地方可以垂钓，海滨公园的服务者可为你作画提供适宜的条件……威尼斯的迷人景色、威尼斯人的热情好客，给所有来到这里的人留下了难忘的印象。

现在，威尼斯狂欢节由当地政府组织举办。作为这个城市主要的文化活动，狂欢节吸引的游客一年比一年多。虽然每年的主题不同，但威尼斯狂欢节从来没有改变其仪式和传统面具及娱乐节目。

放眼未来的威尼斯双年展

威尼斯双年展（LaBiennalediVenezia）已经拥有上百年的历史，这个艺术节最早开始于公元1895年，是欧洲最重要的艺术活动之一，与德国卡塞尔文献展、巴西圣保罗双年展并称为世界三大艺术展，在三大展览中威尼斯双年展的资历排行第一，是艺术界重要的国际嘉年华。作家杰夫·代尔在《杰夫在威尼斯，死在瓦拉纳西》里这样描述威尼斯双年展“你来到威尼斯、你看到了数不尽的艺术、你去参加派对、你疾风骤雨一样地喝酒、你说很多胡话，当你回到你来的地方的时候，仍然在威尼斯的宿醉中不愿醒来”。托马斯·乔恩是一名资深游客，他曾经这样评价威尼斯双年展“没有人能在短短几天内看完所有展览，但每个人都能找到触动自己内心的那一块。”虽然人们对威尼斯双年展的这种展览机制众说不一，争议不断，但是一个多世纪以来它的地位始终没有动摇，不仅如此，它还成为了众多艺术家、策展人梦寐以求的展示平台。

威尼斯双年展的历史

19世纪末，民族主义风起云涌。当时各种大型博览会纷纷兴起，第一届奥运会也在公元1896年开办。除了牟取商业利益，这些国际性活动在四海一家的表象下，其实是民族主义的较劲心理。将艺术变成大型博览会，则以此际诞生的威尼斯双年展为滥觞，也因为这股民族主义风的影响，奠下它以国家为单位邀请参展的雏形。

威尼斯市议会公元1893年4月19日通过一项决议——《设立一个国内艺术家作品展出的双年展机制》，决定策划一个意大利的艺术双年展，他的发起人正是当时的市长里卡多·塞瓦提可，就这样威尼斯在庆祝乌伯托国王和王后的银婚之际1894年4月22日举办了首届威尼斯视觉艺术双年展，第一场展览便吸引了20余万名参观者，反响十分强烈。到了1930年代，主办单位从威尼斯市政府改为意大利政府支持的独立机构，展出范围也在这段期间内不断扩大；1930年开办音乐节、1932年有第一届国际影展［也就是国人熟知的（威尼斯影展）］、国际戏剧节则起自1934年。1968年全欧的学生运动用——工运风潮使威尼斯双年展暂停部分传统活动。1973年威尼斯双年展改组。1975年，二十世纪跨入最后四分之一之际，威尼斯双年展加入国际建筑展，在1980年，才开始举办了第一届建筑展，建筑展的历史和视觉艺术展想比较要短多了。每届建筑展都由策展人根据当时国际建筑情境订立不同的展出主题，如第一届的主题：后现代主义，而2000年举办的第七届威尼斯建筑双年展的主题则是：少一点美学，多一点伦理。

1998年1月23日，意大利政府立法承认威尼斯双年展的法定地位，将之列入国家级组织。目前，威尼斯双年展由一个非营利性的基金会主办，接受民间赞助的同时，也受意大利政府及国会的监督与支持。威尼斯双年展的现行机制成立于1999年。

威尼斯双年展的内容

威尼斯双年展的内容同样的让人眼花缭乱，目前双年展共涵括视觉艺术、音乐、舞蹈、建筑、戏剧和电影六大领域。其中一些展览每年举办，如著名的“威尼斯电影节”。历时百余年的洗礼后，这场艺术界的嘉年华已经成为全世界艺术家、艺术商人和爱好者心目中的麦加。每逢双年展开幕，全世界疯狂的人群就会纷纷涌入威尼斯，用他们的方式与艺术同醉。但是在威尼斯双年展上，如果你想看到宽敞开放的“展场”和陈列的“展品”，比如绘画，可能会让你失望的。威尼斯双年展不是你所想象的展览，相反，这是一次全民动员的嘉年华，在这里色、香、味、声、光、装置，都是表现元素。曾经有人感叹，在这里的展会上“百分之九十八以上是影像、装置与摄影图片。仅百分之一二为纯绘画作品”。在这里还可以看到很多别开生面的表现形式。

威尼斯双年展本身也许只能作为中西整体文化交流的一滴来理解，而作为单体的艺术试验，建筑最终是个人的、本地的故事，每个作品只能解决自己的问题，很难指望这座小岛的万千小房间可以容纳下一种普适的创造模式。另外，对于威尼斯而言双年展的存在，实际上是把资本主义文化里的“丰收节”常态化了，整个城市就是一座大展厅，通过有计划地更换展览主题和空间结构，当地人可以有效地提升地方品牌和土地价值，调动本地的产业改良和经济转型的市政府和开发商一定乐得合不拢嘴。

威尼斯双年展展馆

自从公元1895年第一届威尼斯双年展在威尼斯绿园城堡举办以后，绿园城堡便以举办双年展而闻名。威尼斯的形状宛如一条鱼，绿园城堡就在这条鱼的东端尾鳍处。它原来是圣彼得主教座堂的所在地，1806年，拿破仑夺回维内多省，把主教座堂拆掉成花园，就是现今的绿园城堡。国家馆与主题馆是威尼斯双年展的两个部分，绿园城堡中具有“双年展之母”之称，代表着威尼斯双年展不可撼动地位的是那些“国家馆”，园中固定的国家馆有28个，与遍布军械库和威尼斯水城各处的其他受邀国家馆共同组成了双年展规模最大、分量最重的部分，正是这些以国家出发的展览使威尼斯双年展成为对当下国际艺术势态最为敏感的风向标。

兴建于1895年的意大利馆（主题馆）是绿园城堡内最古老的建筑物，在1907年比利时就在这里建立了自己的国家馆，在1919年以前，英国、匈牙利、德国、法国、荷兰、俄国纷纷入驻城堡花园，建立了自己的主展馆。1930年美国也在这里建立了国家馆。绿园城堡经过长年的扩充兴修，又增加了不少参展国家的国家馆，甚至第三世界的国家也纷纷加入。这些国家馆至今仍是双年展的核心之一。这些国家馆每个都有不小的来头，其中，出自国际驰名建筑大师之手的就占了很大一部分，1934年的奥地利馆就是JosefHoffmann设计的，1954年的荷兰馆是GerritRietveld设计的，1954年的委内瑞拉馆也是CarloScarpa设计的，1956年AlvarAalto设计了芬兰馆，1994年JamesStirling设计了书店，让绿园城堡本身就成为一部二十世纪现代建筑史的活教材，也是威尼斯少数可见现代建筑的地方。

国家馆的设置，是威尼斯双年展区别于其他众多双年展的重要标志之一，如果说威尼斯双年展的主场馆是一个暂时超越国家边界而完全通过艺术的语言展开对话的平台的话，国家馆就是一个使人们能够体验和触摸到一个国家的文化诉求和视野的空间。观众在国家馆的参观中能感受到国家和国家之间不同的文化气质，他们对于当代艺术的理解存在着巨大差异和不平衡，而政府文化部门对于在威尼斯双年展设置国家馆也都投射出不同的政治理想，在这点上，威尼斯一如既往地展示了这个世界复杂的层次。

代表国家参展的艺术家，国籍似乎已经构成了其明确的身份标签，然而不少国家馆都邀请了与该国没有直接联系的策展人和艺术家。其实，当初创立双年展的主要初衷和动机之一，就是要为当代艺术建立一个新的市场。直至1968年，双年展一直都设有销售办公室，以此帮助艺术家销售作品，并提收10%的佣金。1968年以后，由于反资产阶级文化的左翼学生和知识分子们抗议将文化商品化。在此之后，威尼斯双年展的董事会决定禁止在主场馆内进行销售，但是，后来随着艺术市场的繁荣，艺术商业化的影响无限的扩大，甚至通过各种赞助形式和机制渗透进艺术史的书写、美术馆的收藏以及双年展的工作中。有媒体报道2007年以来，在威尼斯双年展期间所发生的交易，很多国家馆甚至在开展之前就已经一概售罄。威尼斯双年展也逐渐成为一个区别于博览会、鼓励前沿艺术实验而不是艺术生产的重要平台。威尼斯双年展独立于艺术市场的趣味和价值，也在此过程中确立了双年展的权威性，成为一个评判艺术家创作质量的"行业标准"。

威尼斯双年展从开办以来便标榜以"现代艺术"为取向，威尼斯双年展本身所反映的艺术行业的现实，也是贴切的，它为传统气息浓重的水都又带来了夏季里惊鸿一瞥的现代光景。

群星璀璨的威尼斯电影节

世界各地的明星大腕在每年的8月—9月会在意大利威尼斯利多岛汇聚，来参加在这里举办的国际电影节，威尼斯国际电影节与法国的戛纳国际电影节、德国的柏林国际电影节、加拿大的多伦多国际电影节以及捷克的卡罗维发利电影节是国际电影联合会认可的国际五大电影节。他也是德国柏林电影节、意大利威尼斯电影节、法国戛纳国际电影节、俄罗斯莫斯科电影节等四大四大艺术电影节之一。

威尼斯国际电影节又称威尼斯影展，创办于1932年，是世界上历史最悠久的电影节，即世界上第一个国际电影节，它比戛纳电影节早十四年，比柏林电影节早十九年，号称"国际电影节之父"。每年的8月底到9月初的两周里，意大利水城威尼斯是世界影坛的焦点。

威尼斯电影节的主要目的在于提高电影艺术水平。它聚焦于各国的电影实验者，并鼓励他们拍摄形式新颖、手法独特的影片，拍摄的影片只有够创新，哪怕有一些缺陷，也能够被威尼斯电影节所接纳。威尼斯国际电影节的最大特点是独立自主的原则和冒险精神，宗旨是"电影为严肃的艺术服务"，评判标准是纯粹的"艺术性"，每年都提出不同的口号，在20世纪六七十年代，威尼斯电影节发掘了一大批新兴的欧洲电影人。尽管它所选择的电影未必是该导演最好的一部作品，但却时时刻刻地在引领欧洲艺术电影的发展潮流。戛纳电影节兼顾影片的商业性、艺术性，而柏林电影节注重意识形态。进入20世纪90年代，由于电影制作主导思想的变化和世界电影商业化趋势愈见明显，威尼斯电影节的质量有所下降，被商业化运作的戛纳电影节超越了。

威尼斯电影节同时是威尼斯双年展的组成部分。后者全称为威尼斯国际艺术双年展，始创于公元 1895 年，被称为“艺术界的奥林匹克”，展会内容包括视觉艺术展、音乐节和建筑展等。威尼斯国际电影节的最高奖项是金狮奖。

最初，威尼斯国际电影节主要设置了这样几个奖项：“最佳外国片”“最佳意大利电影”“最佳导演”“最佳男演员”和“最佳女演员”。第一届威尼斯电影节共有 20 多部影片参展，在当时并没有固定的评审委员会，由观众投票选出喜欢的电影和演员，结果是千奇百怪，连米老鼠都上了最佳男主角的选票。1934 年，第二届威尼斯电影节首次引入竞争机制。自第二届电影节后，威尼斯电影节每年 8 月底至 9 月初举行一次，为期两周。1936 年，成立了威尼斯电影节上的第一个国际评委会。

金狮奖

1932—1942 年，威尼斯电影节的奖项分为最佳故事片、纪录片、短片、意大利影片、外国影片，以及最佳导演、编剧、男女演员、摄影、音乐等奖。此外，还有特别奖、综合奖、“墨索里尼杯”“双年节杯”等。威尼斯电影节一度被法西斯政府控制，并设置奖杯叫作“墨索里尼杯”。1938 年，戛纳电影节成立了，其目的就是为了对抗被法西斯把持的威尼斯电影节，此后，从 1938—1942 年，威尼斯电影节评的奖不为后人所承认。威尼斯国际电影节 1943—1945 年，一度因为第二次世界大战停办。大战结束后于 1946 年恢复举行，并逐渐形成自己的风格。法国电影大师让雷诺阿的《南方人》获得“最佳国际影片奖”。1946—1948 年，威尼斯国家电影节取消了“墨索里尼杯”。1949 年，电影节正式将最高奖项“最佳国际影片”更名为“圣马克金狮奖”，从此，“金狮奖“就成了威尼斯国家电影节的最高奖项。1953 年撤了“最佳意大利电影”，增设了“圣马克银狮奖”，后来又设置了“圣马可铜狮奖”这些都显示了威尼斯电影节国际化和艺术化的雄心。法国导演亨利 - 乔治 · 克卢佐凭《曼侬》一片捧走第一个金狮奖。1951 年，日本导演黑泽明凭《罗生门》夺得金狮奖，这是西方人第一次聚焦东亚电影。

威尼斯国际电影节的金狮奖，是为那些最佳电影长片准备的，大多数年份仅有一部优秀影片可获此殊荣，但有的年份这一大奖由两部影片共享。自1949年设立以来，大多数金狮奖杯都被欧洲男性导演捧走，历史上仅有3位女性导演的作品获此殊荣，分别是印度裔的米拉·奈尔、德国的玛格丽特·冯·特罗塔和比利时的阿涅丝·瓦尔达。美国电影自2000年以来一直是参加威尼斯电影节的大户。在威尼斯国际电影节的奖项中仅次于金狮奖的是银狮奖，这个奖项并非每年都有，有时颁发给角逐金狮奖的影片，有时颁发给最佳处女作电影、最佳短片和最佳导演。除此之外，威尼斯电影节还设有特别评委会奖、最佳男女演员、最佳导演、最佳原创剧本、最佳摄影、最佳原创音乐等奖项。

由于政治因素的影响，威尼斯电影节在20世纪60年代末再次遭遇波折，用观摩放映的方式代替了原有的影片评奖制度，这种情况一直持续到1980年，评奖制度的方式才得以恢复。尽管如此，在此期间每年世界各国仍有很多优秀作品参展。

在威尼斯电影节上，参与的作品可以分为几个不同的单元，其中，影片放映的主体是正式竞赛单元、非竞赛单元以及地平线单元。每年的正式竞赛单元中，仅参与金狮奖的竞争就会有20余部全球首映的电影。当年最重要的一些电影作品是放在非竞赛单元中展映的，特别是这样的导演的作品——他们以往在威尼斯电影节上获过奖。而地平线单元着重展示电影新潮流。除了上面所列的几个单元之外，威尼斯电影节还设有意大利电影单元、短片单元以及国际影评人周、威尼斯日等形式多样的单元和活动。

中国也是威尼斯国际电影节的参与者，自从1971年开始，中国每年都选送影片参加威尼斯电影节。先后共有5名华人导演在1989—2009年7次捧得金狮奖杯，其中张艺谋凭《秋菊打官司》和《一个都不能少》分别在1992年和1999年两捧金狮，李安也两度因为《断背山》及《色·戒》问鼎。1989年侯孝贤以《悲情城市》、1994年蔡明亮以《爱情万岁》、2006年贾樟柯以《三峡好人》分别捧得金狮。华人导演吴宇森在2010年，获颁第67届威尼斯电影节的“终身成就金狮奖”。

中国人除了获得上面所说的金狮奖外，还赢得一些威尼斯电影节的其他奖项，凭借《秋菊打官司》巩俐获得了最佳女演员奖。夏雨曾经获得了最佳男演员奖，凭借的是在姜文执导的影片《阳光灿烂的日子》中的成功表演。1998年张元也凭借其执导的影片《过年回家》获得了当年最佳导演奖。

2001年，伍仕贤凭借《车四十四》获得了第五十八届评委会特别奖；2002年，田壮壮凭借《小城之春》获得了第五十九届圣马可最佳影片奖；陈果曾经凭借《人民公厕》获得了特别关注奖；贾樟柯凭借《无用》获得了地平线单元纪录片奖。此外，巩俐和张艺谋均担任过威尼斯电影节的评委会主席，2009 年华人导演李安主评金狮奖的归属。

威尼斯保护神：圣马可

作为一个海上城市威尼斯也同任何其他社会一样，有一个自己的“保护神”，这就是圣马可。

圣马可不仅是威尼斯的保护神，其实，在很多历史或者文学图书中，他还几乎成了威尼斯的代名词，一提到圣马可就会立刻想到威尼斯。圣马可和威尼斯的关系据说其中还有这样一个传说。

在很久很久以前，那时候在如今的威尼斯所处的地方，是一片一望无际的荒芜海滩，圣马可作为一个传教士，整天忙着到各地去传播上帝的福音——传教。

有一天，圣马可乘船经过里阿托岛海岸，突然，风暴骤起，把圣马可乘坐的船刮到荒凉的沼泽地带搁浅了。圣马可望着一望无际的荒芜海滩，感觉自己这次可能到了绝境，非常无奈，于是就坐在船上，默默的向天祈祷，似乎听到天使在召唤：“愿你平安，圣马可！你和威尼斯共存。”就这样，圣马可就成了威尼斯的护城神，圣马可还写了著名的《马可福音》一书，因此，我们现在还能看到威尼斯的城徽是一头狮子拿着一本《马可福音》，其中狮子就是圣马可的威尼斯护城神的标志。

从那个时候一直到现在，圣马可都是威尼斯崇拜的神明，威尼斯人对圣马可的崇敬虽然和他们信仰基督教有着密切的联系，但是威尼斯人对圣马可的这种崇拜，是与其重商业相一致的。

圣马可也是威尼斯商业发达的象征，在威尼斯无论是出航、发财或者是出现重大商业事务，他们都会祈求圣马可在天上保佑。在 9 世纪初，威尼斯人对圣马可的这种崇拜就已经形成了，而威尼斯商业的兴起差不多也就是在这个时代。

根据传说，威尼斯人是从埃及亚历山大弄来了圣马可的遗物，埃及亚历山大曾是基督教先传之地，在那里会不时的发生阿拉伯人拆除基督教堂的事情。大约在公元 828 年，有十几艘的威尼斯商船到达亚历山大，当时恰好有一个教堂要被拆毁，阿拉伯人准备用教堂中的宝石等物装饰王宫。这时候，在当时威尼斯总督的授意下有两位威尼斯的富商，成功地把圣马可的遗骸从亚历山大港偷出来，运回了威尼斯，直到今天还依然存放在圣马可大教堂的大祭坛下。威尼斯人正是通过这样的方式，从亚历山大的教堂中得到了圣马可遗骸，威尼斯人的这种行为从信仰上来讲，是为使圣马可的圣物免遭亵渎。其实，威尼斯人为了把圣马可的这个遗骸暗中运走，并防止被异教徒发现，威尼斯人用一个女人来顶替了圣马可的遗骸，他们把一个女人放在了墓中。威尼斯商人们为了将圣马可的遗骸盗运出城，还把骸骨装在一只大篮子中，并将蔬菜和兽骨覆盖在上面。而且据说，圣马可在当时曾显灵，芳香之气四溢，不仅如此，在将圣马可的尸体运回的过程中他再次显灵。当时，威尼斯的商船遇到了大风暴，在这之前圣马可显灵，预告船员事先卷起风帆，这样威尼斯商人才得意安然无恙的返回威尼斯。

除此之外，威尼斯人还坚信，圣马可的遗骸在返回威尼斯的航程中，他的圣灵曾经抚慰了威尼斯各岛，尽管，在那个时候，这些岛屿还不是归威尼斯所有；并且还坚信圣马可便还为威尼斯东航的航道施以护佑。因此，威尼斯人认为，圣马可之灵永远普照在它在东方的岛屿和航道上。并且，自从圣马可的遗骸运回威尼斯之后，圣马可成了威尼斯的保护神。

在著名的圣马可广场的入口处，我们可以看到两根高大的圆柱，一只展翅欲飞的青铜狮挺立在东侧的圆柱上，它就是威尼斯的城徽——飞狮。威尼斯的这只带翅膀的狮子和罗马的狼似乎有相似的地方，因此可以相比较，但是，两者不同的是狮子的一只脚扶着一本书，上面用拉丁文写着天主教的圣谕："我的使者马可，你在那里安息吧！"有人用此来解释说是代表着威尼斯人的聪明才智和迅速敏捷。据说，在威尼斯战争期间，这本书则被认为可以合上，并在狮子的爪下出现一把出鞘利剑。

无论如何，从此之后，圣马可本人及其狮子成为了威尼斯的旗徽和威尼斯的象征，一眼望去在威尼斯到处都是可以见到的圣马可和这个狮子的标志，威尼斯的所有器物上都会出现——威尼斯的建筑上、船舶上和钱币上等都有。除此之外，在威尼斯人们无论在危险、艰难、死亡、还是在入洗、快乐、庆典、会议中，都会出现呼喊圣马可的声音，"圣马可"成了威尼斯胜利的口号。

感受提香画作的精髓

在威尼斯的北部有一个风景秀丽的小镇卡多莱，这就是伟大的威尼斯艺术家提香的出生地。提香全名提香·韦切利奥是意大利文艺复兴全盛时期威尼斯画派的领袖人物，他被誉为西方油画之父。提香9岁赴威尼斯学艺，公元1510年以后独立工作，曾受业于G. 贝利尼，青年时期一度与乔尔乔涅紧密合作，在乔尔乔涅死后就成为了威尼斯画派的领袖人物。公元1516年，威尼斯政府任命提香为官方画家，并授予他伯爵荣衔，并获的了罗马荣誉公民称号。提香主要的活动地点始终是威尼斯，他的色彩辉煌的画幅也最充分体现了威尼斯市民阶级的生活理想和文艺复兴的时代精神。提香的绘画作品，以绚丽色彩和健美造型树立了新的艺术典型，可与米开朗琪逻、拉斐尔等为首的佛罗伦萨艺术传统争雄，对西方艺术影响极为深远。

提　香

提香的作品的丰富程度在当时文艺复兴时期的美术家中堪称独步，在绘画上面提香的美学观不同于古希腊的准则，在提香看来，男女裸体除了体魄健全之外，还要有姿色出众健美的形象，是以色和姿组合而成的。在绘画中充分显示现世生活的一切美好享受是提香的最高理想。人文主义的审美观，是一种人性解放的审美观，它是在普遍的群众渴求中孕育出来的。

1. 提香绘画创作的阶段

提香在文艺复兴时期的画坛活动了60多年，他的作品遍及西欧各国，从时间上来看，提香的绘画创作可以划分为三个时期：

（1）早期创作阶段

提香在公元1510～1520年间创作的作品可归入他的早期创作阶段。这一阶段提香作品的特点是在乔尔乔涅风格影响下逐渐形成了他自己的风格。提香现存的最早的作品是《田野中的合奏》大约创作于1510年。曾经有人认为这幅作品是乔尔乔涅的，现在公认这幅绘画是出自提香之手。提香大约创作于公元1512～1515年的《神圣与世俗之爱》是他的个人风格趋于成熟的第一个代表作。在《酒神祭》这幅作品中风景描绘和人物形象含蓄而且富有诗意，提香在这幅作品中突出表现了他以暖色为基调和用色绚丽的特点，表明他已更杰出地掌握了油画技巧，但是还带有乔尔乔涅的遗风。

这一时期提香的杰作不断，还有《圣母升天》（1516～1518年）以及以古典神话为题材的代表作：《维纳斯的崇拜》《安德里亚人的酒宴》《巴科斯与阿里阿德涅》。提香这时期的杰作还包括一些肖像画和人物画，如《带手套的青年》（1520～1522年）和《苍神》（1516年）。

（2）中期创作阶段

提香在公元1520～1555年创作的作品可以归入他的中期创作阶段。在这一阶段提香绘画创作的特色是益趋平稳庄重，画风细致，色彩明亮，增加了雍容华贵之感。这一时期的代表作有：《佩萨罗圣母》（1519～1526年）、《圣母参拜神庙》（1534～1538年）、《乌尔比诺的维纳斯》（1538年）、《查理五世骑马像》（1548 年）等。在提香的这一阶段的创作中，肖像画占了很重要的地位。

（3）晚期创作阶段

从公元 1555 年至提香逝世，为提香的晚期创作阶段，在这一阶段提香的绘画作品的特点是油画技法掌握得更为闲熟，笔触奔放，用色之妙达于极致。提香在晚期创作阶段的代表作品有两部：一是创作于公元 1559～1562 年的《欧罗巴的劫夺》；另一部是创作于公元 1570～1576 年的《基督戴荆冠》。

晚年的提香，常常坐在海边的花园别墅里，一边听着喧嚣的海潮音乐，一边在大脑中酝酿着美妙的绘画构思。白天，他孜孜不倦地在画室作画，夜晚，通宵宴饮，不知疲倦也没有忧愁。他长期的艺术生涯和丰富的创作实践也为 16 世纪威尼斯画派的发展提供了最有力的推动，几乎所有威尼斯画家都直接或间接受到提香的教导与影响。

2. 提香作品的精髓

提香的绘画天赋有目共睹，他的绘画对他同时代的人有着极为明确的影响，他的构图为后代提供了无尽的灵感。他长达 60 年多年的艺术生涯和丰富的创作实践也为 16 世纪威尼斯画派的发展提供了最有力的推动，当然，提香也成了不计其数的来自欧洲其他地区的艺术家所敬仰的对象。

（1）提香对色彩的性能及其相互关系有着深刻的认识和理解，他用色大胆，色调极其丰富明快、微妙而准确；他的笔触热情奔放，流畅自如，不拘陈规；画面响亮而又和谐，洋溢着生命的活力和雄浑、华贵之美。

（2）提香的肖像画能揭示人物的内心世界。中年画风细致，稳健有力，色彩明亮；晚年则笔势豪放，色调单纯而富于变化。在肖像画中，提香完成了若干有着惊人的宏伟壮丽的作品，在这些作品中，给予此类社会角色的重要性——从服装、徽章或财富中可以看出——没有掩盖对各个派别或及派别中人物的心理学深度的精确分析。

（3）提香的作品是从一种对大自然的令人愉快的视野开始的，充满生机而又理想化，带着古典主义色彩，他灵巧的画笔可以解决美学上的任何问题，庄重、高贵而完美。

（4）提香擅长以色彩来建构气氛，传达感觉，不论是大胆奔放或优雅柔情，都能给他的作品注入跳跃的生命力。他的画作带有明亮的色彩与生动的光影，画中的人物有精力与尊严，显现了人类复杂的个性与情绪。

威尼斯精美的艺术品：面具

一说威尼斯，人们立刻就会想起神秘莫测的威尼斯面具，的确，威尼斯的面具文化在欧洲文明中独具一格，是极少数让面具溶入日常生活的城市。18 世纪以前，面具已经成为了威尼斯居民生活的一部分，他们的日常生活完全离不开面具，人们外出，不论男女，都要戴上面具，披上斗篷，这专属于威尼斯的面具就是那有名的“包塔”（Bauta）。

1. 威尼斯面具的历史

面具作为威尼斯人日常生活的一部分是有着悠久历史的，尽管已经没有人能够说的清楚威尼斯人具体是从何年何月开始戴面具的，但是早在公元 13 世纪，在威尼斯就已经有相关的法律规范面具的使用了。在 18 世纪之前，法律允许威尼斯人在一年中的大部分时间里戴着面具去工作和生活。这一年中的大部分具体说来是从每年的 10 月 5 日起到第二年的 6 月 10 止，一年中有长达 8 个月可以戴着面具生活。至于 10 余天的嘉年华狂欢节和为期 40 天的斋戒日更是面具不离身。

每一张面具的背后都掩藏着一个神话，面具风起源很早，在西元 1268 年便出现禁止穿戴面具的官方文件（当时穿戴面具者多为落难贵族及避债的赌徒，且戴面具进入教会有损教会尊严，故加以禁止之），从这个规定可以看出在当时佩戴面具之普遍。欧洲各地的王公贵族们穿上华丽的复古装束，带上各种夸张的面具，聚在河边或者乘船畅游威尼斯蜿蜒曲折的水巷。面具掩盖了大家的真实身份，所以人们可以毫无顾忌，肆意狂欢。整晚的音乐、整晚的欢庆。这是一场不散的夜宴。狂欢节的习俗最初起源于那些喜欢隐姓埋名到赌场赌钱的威尼斯贵族。后来演变成为欧洲最具有异国情调，多姿多彩的节日。

这些面具客（Masquerade）自由的穿梭在威尼斯的大街小巷，16 世纪时，尽管法律尚未批准身着斗篷的面具造型，但是这些面具客仍旧在威尼斯的街道水巷之间穿梭，他们有的是密会情人、有的是躲避仇家的追杀，总之，16 世纪的威尼斯，到处还都是面具客的身影。

威尼斯在被拿破仑征服之后，在威尼斯穿行多个世纪的面具客也被瓦解了，从此以后面具客就销声匿迹，直到西元 1979 年的现代嘉年华才再度复活。在意大利威尼斯，对他们来说面具就意味着虚掩、矫饰的另类性格。如今面具已经成为威尼斯狂欢节的象征。

2. 威尼斯面具的分类

威尼斯面具一般分为三类：第一种是传统威尼斯面具，像 Bauta、larva 等；第二种是舞台戏剧面具，这一种是经常使用在欧洲戏剧里面的道具，因此这些面具便会有一定的“性格”；第三种就是现在幻想型面具，这是面具艺术家手里被创意发挥所创造的新面具风格。在过去的历史中，威尼斯面具主要包括两种类型：一种是狂欢节面具；另一种是即兴艺术喜剧面具常见的面具有如下几种。

“Bauta”是一种“覆盖在整个脸上，下颚轮廓清晰、硬朗，没有嘴巴，但配有很多装饰物”的面具。市面上有一种半脸的“Bauta”，只遮盖从额头到鼻子和上脸颊，以此来隐藏身份，但又很容易交谈、用餐和饮水。这种面具越来越成为狂欢节的主流。Bauta 面具在很多场合都会被用来隐藏身份和社会地位，因为它可以使穿戴人之间的交流更加自由，而不必受到社会等级、日常习俗的约束。面具使用者的意图各种各样，有的甚至是违法犯罪，但大多仅仅是个人意图，比如寻找艳遇。

威尼斯面具

Moretta 是配有黑色天鹅绒的椭圆型面具，通常是妇女在访问修道院时穿戴，最早由法国人发明，但因为它使女性流露出一种独特的美，所以很快就在威尼斯流行起来。这种面具在最后通常覆上一片面纱。

“Larva”也称之为 volto 面具，主要是白色，具有威尼斯的代表性，通常配合于三角帽和斗篷。“Larva”一词有可能来自拉丁语“面具”或者“鬼魂”。关于这一点，如果你看到一个威尼斯人穿着一身黑，戴着白色面具和三角帽。在月色下匆匆而过，就不难想象了。像“Bauta”一样，“Larva”的构造同样可以使穿戴者不用摘下来就可以自由呼吸和饮水，这样，就保持了穿戴者的身份不可知。这些面具是由精细漆布制成的，因此就显得格外轻巧，穿戴时不会造成疼痛的烦恼，在吃东西、跳舞和卖弄风情时也特别理想。

Jester 或者称为“Jolly”，是一种女性面具的变异体，跟中世纪一种特别的小丑脸谱有关联，它起源于意大利，但很快风靡欧洲，影响了西班牙，荷兰，德国，奥地利，英格兰，特别是法国。最原始的 Jester 可能来自某欧洲远古部落。

“Colombina”在意大利文中意为小鸽子，也常常是戏剧舞台上的一个角色，有时候，女性角色必需着浓妆，以配合舞台主题。

Gatto 意大利语里的意思是“猫”。

Dama 扮演很多高雅角色。

IllDottore 常是一个本地贵族或者法官之类的人物。

Pantalone 一个贪婪，负面之徒。

Pierrot 可能是一个风度翩翩的人。

Burrattino 这是一个未成年人面具，机灵古怪。

CapitanScaramouche 一个年轻人面具。

DottorePeste 现代狂欢节面具。

Pulcinella17 世纪戏剧经典角色。

Zanni 戏剧角色，也叫 Zan 或者 Zane。

Arlecchino 是最流行的 Zanni，也来源于意大利戏剧。

Brighella 也叫 Figaro 或者 Scapin。

3. 威尼斯面具嘉年华

世界上最神秘浪漫的嘉年华，大概非威尼斯面具嘉年华（CarnevalediVenezia）莫属了。被誉为欧洲最美丽城市之一的威尼斯，在 10 天的嘉年华里，尽是穿着中古世纪绚烂服饰、脸上戴着华丽诡谲面具的人们穿梭游走，整个城市都在上演一场最大型的面具 Cosplay 宴会！

传说威尼斯嘉年华起源于公元 1162 年，当时威尼斯大公国打败了乌尔瑞科（Ulrico），为了庆祝而举办嘉年华活动，演变至 15 世纪，在富裕重镇的威尼斯，嘉年华更成为欧洲最重要社交活动，而在 18 世纪达到高峰。尤其是中古世纪阶级意识浓厚，在一年一度的威尼斯嘉年华中，贫民与贵族可以同欢，在每个人戴着的华丽面具下，消除了贫富贵贱的距离！

威尼斯面具嘉年华，每年举办的日期都不尽相同，大致会在圣灰星期三（AshWednesday）前 10 天举行，大约是每年隆冬末尾的二月天，威尼斯嘉年华上齐聚欧洲的社交精英们，还有来自世界各地的游客，不分日夜的纵情狂欢，届时将有一连串的面具扮装游行、音乐、戏剧、艺术、街头艺人表演等活动，包括沿着大运河的水上游行，不但可欣赏独一无二的船只队伍游行，还有小吃摊提供品尝威尼斯特色美食，最后一天则在璀璨烟火的照亮下结束，迎接四旬节的到来。

在嘉年华的最后一天，威尼斯政府将于大运河的出海口释放烟火，璀璨的烟火为为期 12 天的嘉年华划上了个迷人的删节号，众人共同迎接四旬斋（Lent）的到来，共同期望明年的嘉年华。在为期 12 天的嘉年华中，重点不是狂欢喝彩，载歌载舞，而是一副副精巧且细致的面具。

技法精湛卓越的威尼斯画派

威尼斯画派是文艺复兴时期主要的画派之一。威尼斯画派得名于该画派的画家主要生活在威尼斯地区。作品风格欢快明朗、色彩绚丽、构图新颖、诗意浓郁。威尼斯画派不仅对其后的巴洛克艺术时期画家有很大的影响，其实他对当时欧洲绘画的影响极大。

威尼斯画派的绘画形式以威尼斯画家乔尔乔内和提香为代表，他们吸收了文艺复兴鼎盛时期画家的精华，在绘画的色彩上更是进行了大胆的创新，使画作更为生动明快，同时人物背景的风景比例更大。

1. 威尼斯画派的历史

威尼斯画派是意大利文艺复兴晚期出现的画派，代表意大利新兴城市的崛起和发展。文化名城帕多瓦在公元1405年之后，被威尼斯征服并开始接受威尼斯的统治，由于佛罗伦萨城的衰弱，经由帕多瓦、佛罗伦萨的文艺复兴文化传到了威尼斯。很多佛罗伦萨艺术家来到威尼斯，佛罗伦萨画家F. F.利皮、P. 乌切洛和A. del卡斯塔尼奥在15世纪中期一度都在帕多瓦工作，于是帕多瓦产生了第1位文艺复兴画家A. 曼泰尼亚，而A. 曼泰尼亚和威尼斯画派的开创者贝利尼家族关系密切，后来还成了J. 贝利尼的女婿，这样威尼斯画派因此吸取了先进成果并迅速成长起来。

G. 贝利尼才是威尼斯画派的真正奠基人，他是J. 贝利尼最小的儿子，他在接受曼泰尼亚影响钻研古典风格的基础上，又从南意画家安东内洛·达梅西纳学油画技法，用色精妙。到从15世纪后期在G. 贝利尼的努力下，威尼斯画派才逐渐形成并自成一体，与佛罗伦萨画派分庭抗礼。

威尼斯画派的繁荣时期是16世纪。到这个时期通过长期的艺术实践，G. 贝利尼已经完成了一系列具有威尼斯特色的佳作，而且还培养了一代新人，使威尼斯画派呈现出群星灿烂的繁荣局面，其中最著名的就是乔尔乔涅和提香。此外，与他们同时的还有V. 卡尔帕乔。佛罗伦萨和意大利其他地区的文艺复兴美术在16世纪后期，慢慢地趋于沉寂，但是威尼斯画派却继续保持繁荣，产生了丁托列托和P. 韦罗内塞两位大师。威尼斯画派在这种情况下还能够保持盛而不衰，和这个城市在政治上仍保持独立有关，而威尼斯画派的鲜艳色彩和乐天情趣也受到西欧各国公众的喜爱，在17—18世纪的西方艺术中始终最受欢迎。

2. 威尼斯画派作品的特点

威尼斯画派作为欧洲艺术中深受喜爱的画派，其实较早他们就采用了从尼德兰传来的油画技法，在运用色彩方面胜过了佛罗伦萨画派，并形成了自己的风格，威尼斯画派具有如下的特点：

在题材方面，他们似乎更偏爱希腊后期和“希腊化”时期那种强调感观享受的因素。异教题材和女性裸体深受他们的青睐，但是在裸体的表现上面，他们更多地偏重去表现裸体的肉感。威尼斯画派画家笔下的形象形体健壮、优美，尤其偏爱女性人体，表现出肉色的艳丽。

威尼斯画派非常注重绘画色彩的绚丽和画面造型的生动，背景与前景人物的情趣气氛能灵巧配合。威尼斯画派这种偏重色彩和注意感觉效果的特点也对日后一切具有浪漫主义倾向的艺术家都有着巨大的启发意义。

从艺术技法上来看威尼斯画派吸收了佛罗伦萨画派、东方拜占庭艺术特别是北欧尼兰德油画技法。油画技巧的掌握，成为威尼斯画派对色彩敏感以及因色彩丰富著称于艺术史的重要原因之一。

威尼斯画派的作品感情奔放，生气勃勃，乐观开朗。威尼斯画派画家在画面上追求欢快、激情和狂热的调子。威尼斯画派的这种创作特征，反映着威尼斯社会当时人们一般的心理状态，他们大多倾向于寻求欢乐、狂热和激情，宗教的训诫性比较少，也充满着对于人间生活的美满想象力。

威尼斯画派的作品具有浓重的诗意，线条柔和，有强烈的旋律感。威尼斯画派的作品在色彩大体上趋于饱满、丰富和多调子，并具有一种抒情的意味。威尼斯画派艺术的最高理想，就是充分显示现世生活的一切美好享受。人文主义的审美观是一种人性解放的审美观，它是在普遍的群众渴求中孕育出来的。

威尼斯画派的画家喜欢绘画世俗生活，以及大自然风光，他们的绘画可以说是基于风景的。威尼斯画派的作品虽然没有脱离宗教，但是他们的作品中带有更大的世俗性，画中的人物有着丰润的肌肤和温暖的人间人情。

威尼斯画派的作品富于变化，讲究细腻过度，威尼斯画家还善于洞察生活，提倡“美”的特色。威尼斯画家笔下的圣母和天使，不仅衣着华丽，而且她们肌肤的圆润都清晰可见。

威尼斯画派，既不是神秘主义的，也不是悲观主义的，它的浓烈既不来源于力量，也不来源于思想，而是来源于气质和突出的视觉效果，威尼斯人，通常追求享乐，胜与求知，表现感觉甚于理智。因此，威尼斯画派对艺术的贡献大于它对时代的精神贡献，它对油画的影响远远大于佛罗伦萨画派，其精湛技艺给即将闭幕的意大利文艺复兴写下了辉煌的结尾，而这最后的一幕，正如同酒神的狂欢。

3. 威尼斯画派的画家们

威尼斯画派能够在意大利文艺复兴中获得独特的地位，自然离不开威尼斯画派众多优秀的画家。在威尼斯画派形成过程中，早期有贝利尼一家，父亲雅各布·贝利尼最初在佛罗伦萨学画，是一位比较重视素描的画家。大儿子是宫廷画师，最出名的是小儿子乔凡尼·贝利尼，被认为是威尼斯画派早期的代表人物和创始人。

到了十六世纪就出现了威尼斯“四大名家”，这四位画家以提香最为突出，对后世影响也最大，地位可与意大利三杰相比。除了提香之外“四大名家”里面的其他三位是乔尔乔内、丁托莱托、保罗·委罗内塞等。此外，还有提香的学生丁托列托，在绘画方面他们各具特色——都有自己的特色。

丁托列托把提香的色彩和米开朗基罗的形体结合起来，善用光影的对比来强调激烈的人体态势，构图宏伟而色彩绚丽，画中饱含热情奔放的情感。被大师鲁本斯所推崇。

委罗内塞出生在一个雕塑家庭，在写真传神的同时注重装饰效果，善于运用高贵的银色和夺目丰富的色彩，在作品中造成既壮丽豪华而又欢乐愉快的效果。

在十六世纪出现的威尼斯画派的“四大名家”的绘画特色和主要作品以及其他的详细情况见表。

表　威尼斯画派四大家加详情一览表

人　名	详细情况
提香	提香是意大利文艺复兴盛期威尼斯画派的代表 他是乔凡尼·贝里尼的学生，并受乔尔乔内的影响，青年时代在人文主义思想的主导下，继承和发展了威尼斯派的绘画艺术，把油画的色彩、造型和笔触的运用推进到了新的阶段 在宗教画《纳税银》和《圣母升天》中反映了新兴资产阶级的道德观念 《爱神节》《酒神与阿丽亚德尼公主》等神话题材的作品，洋溢着欢欣的情调和旺盛的生命力 在公元1533年查理五世授以他“贵族”称号后，则画了《西班牙拯救了宗教》和《菲力二世把初生的太子唐·斐迪南献给胜利之神》等趋逢权贵的作品 他的肖像画能揭示人物的内心世界 中年画风细致，稳健有力，色彩明亮；晚年则笔势豪放，色调单纯而富于变化 在油画技法上对后期欧洲油画的发展，有较大影响
乔尔乔内	乔尔乔内是第一个真正意义上的威尼斯画派的画家，架上画的先行者 早年师从威尼斯画派创始人贝利尼，后来发展了老师的成就 他的作品构图新颖，色彩柔合具有丰富的明暗层次，情景与人物配合和谐。这一画风直接影响了提香及后代威尼斯画派画家 在威尼斯画派中，乔尔乔内是进入黄金时代的第一位杰出的画家 从他的代表作《沉睡的维纳斯》来看，非常明显：作者是借着维纳斯女神的庇护表现一种高雅的世俗情趣——一种人体的优美和谐与大自然的优美和谐的统一，一种人体美对自然美、艺术美对生活美的升华 女人体在这里被描绘的细腻而具体；姿态松弛而自然；肌肤丰满而柔润；线条流畅而优雅。这美妙和谐的女人体与背景起伏多变的山丘、山峦、村落、民宅、树冠、彩云以及被褥褶皱的曲线、弧线、折线形成了和谐的呼应和反差的对比，画面所有的一切巧妙地构成了优美、舒适、安逸、恬静的视觉交响

续表

人　名	详细情况
乔尔乔内	正如这幅画，沉寂日暮的自然状态好象正是酣睡入梦的维纳斯，不知是维纳斯已溶入了自然的怀抱还是自然溶入了维纳斯的梦里……这也许正是原作者乔尔乔内的本意
丁托莱托	丁托莱托是十六世纪威尼斯画派的最后一位大师，被艺术史家誉为文艺复兴盛期美术的“勇敢的捍卫者” 丁托莱托于公元 1518 年诞生于威尼斯，而且终其一生于威尼斯(1594 年卒)。因此被看成是威尼斯画派中最地道的威尼斯画家 他的原名叫雅各布·罗布斯迪，因为父亲是个染坊主，人们就叫他“丁托莱托”，意思是“小染匠” 他从小喜爱绘画，常常在染坊的墙上、地上乱涂，因此他的父亲将他送到提香的画室去学习绘画 提香虽然是当时威尼斯画派最杰出、最伟大的画家，可是他并没有发现这个学生的才智。由于丁托莱托不遵守老师的指导，有飞扬浮躁的表现，从而使提香很不喜欢他的性格，曾经赶他回去 年少气盛的丁托莱托一气之下，被提香赶回去之后发奋深研，立志“要把提香的色彩和米开朗琪罗的形体结合起来”。后来，他果然创立了自己独特的绘画风格，使作品兼有两位大师的特长 丁托莱托绘画的主要特征是构图大胆，常常出奇制胜，人体在激烈的运动，光在画面上起着重要的作用，它或以对比来强调夸张的人的动势，或者为增强画面的戏剧性气氛进行渲染 丁托莱托的画，大多气氛紧张，节奏急速，充满激动与不安。这种不平静的绘画主调，固然由于艺术家的个性，但与十六世纪下半叶动荡不安的时代也有相当的关系，它曲折地反映了当时人们对反动的宗教势力的斗争精神 丁托莱托的绘画的第二个特征是富有民主思想。他是意大利文艺复兴晚期最后一位人文主义画家，他常常将一些下层社会的人物，如水手、码头苦力等画进他的宗教画里 丁托莱托的第三个绘画特征是气魄宏大，他画过相当数量的巨幅大画，人物众多，构图复杂。他在晚年，还画了一幅面积达 197 平方米的《天堂》，真是精力过人，令人惊异而钦佩 他还画有多幅裸体画，其中如《浴后的苏珊娜》，在表现人体的魅力上，达到了优雅而不娇艳的高超境界 《基督受刑》的场面宏大又深刻，在西欧美术史上的同题材之作中还从未有过。画面上所有的人都以十字架为轴心，运动着，而且都极生动有力。画面上笼罩着一层神秘的光，而人物就在这层光的明暗里浮现出来，使场面产生了极为强烈的戏剧效果
委罗内赛	在威尼斯画派中，委罗内赛是坚持意大利文艺复兴美术优良传统的最后的代表人物之一 委罗内赛出生在维也纳一个雕刻家的家庭里，从小受到艺术的熏陶后来，他跟随当地的画家安东尼奥·巴底勃学画，公元 1551 年来到威尼斯，在威尼斯度过了全部的艺术生涯 委罗内赛一生主要从事教堂和宫殿以及贵族、商人家庭的壁画绘制。这些画大多以神话、寓言及世俗生活中具有戏剧性的安逸享乐的情节为题材

续表

人　名	详细情况
委罗内赛	创作中，他倾心于含有自然光的明亮色彩并具华丽的装饰味，他追求的是画面中丰富的感觉和诗一般自由的幻想。主要作品有《利未家的宴会》《迦拿的婚礼》等

威尼斯歌剧

威尼斯的歌剧声名远扬，它的第一座公众可以买票观看的歌剧院是公元1637年创建的，这就是——圣·卡西安诺歌剧院，这座由听众可以购票人内的剧院，改写了在此之前歌剧都是由富人或贵族赞助的传统，促成了威尼斯歌剧的繁荣，在歌剧史上有着重要意义。

在这座歌剧院里曾经上演了歌剧《安德罗梅达》，至17世纪末建有17座剧院上演了约三百部歌剧，形成了一股歌剧浪潮，在欧洲引起了极大的反响。它使威尼斯成为17世纪欧洲歌剧新的发展中心。与具有古典的风格、充满贵族趣味的初期歌剧不同，从这之后，歌剧在威尼斯成了一种群众性的艺术生活内容，它最终走出了贵族沙龙和王侯的府邸，成为一种面向广大普通市民的艺术形式。另外，威尼斯歌剧在题材方面也发生了变化，那就是从神话题材转变为历史题材，尤其是以爱情故事作为主题，并往往加入喜剧性的插曲，成为威尼斯歌剧的一大特色。另外，他们又进一步追求豪华的舞台和新奇的舞台装置，并以著名的阉歌手为不可缺少的要素而盛极一时。

不少城市仿效威尼斯，纷纷建造剧院，仅在意大利北部城市波伦亚（Bologna，又译博罗尼亚）就有六十多家私人剧院演出歌剧。作为公众性剧场的歌剧艺术，得到了社会广泛的支持，并且不再受各种各样的来自社会的、传统的制约，为歌剧艺术自身的发展提供了良好的环境条件。

1. 蒙特威尔第

克劳迪奥·蒙特威尔第出生于意大利，公元1613年到威尼斯，担任圣·马可教堂乐长的职位长达30年之久（直到逝世）。蒙特威尔第在很小的时候就显示出来演奏和创作的才华，他一生创作了不少宗教作品，但最有名的还是那些世俗作品。他是巴洛克早期最伟大的音乐家，在教堂音乐中，他们的作品，在宣叙调、咏叹调中，呈二部曲式、三部曲式、有节歌形式或回旋曲式等，已成定型性的结构。他将传统的复调手法和新的巴洛克手法交相辉映，将其写成绚丽而表情生动的独唱或合唱，再加上各种器乐伴奏，获得了优美的效果。

蒙特威尔第一生创作的歌剧有12部，蒙特威尔第在公元1607年受芒图阿公爵之聘，完成了歌剧《奥菲欧》的创作。这是蒙特威尔第的第一部歌剧，也是他现存的最早的舞台作品。《奥菲欧》于公元1607年在曼图亚上演，这部早期歌剧的经典与里努契尼的《犹丽狄西》一样，取材于同一个希腊神话故事。脚本由诗人斯特里乔作。在这部歌剧中，蒙特威尔第大量地运用了牧歌、单声歌曲、咏叙调（介于咏叹调与宣叙调之间）、二重唱以及舞蹈。在器乐运用上，提琴族弓弦乐器占有重要地位，首创了震音、拨弦等新的演奏手法，使其具有描绘效果或戏剧功能。这部作品的序曲是一首情绪热烈的托卡塔，乐队共有40件乐器，通过使用较小的乐队组合以达到特定的情感目的、描绘效果或戏剧功能。《奥菲欧》是早期歌剧艺术成就最高的一部，它的音乐体现了16世纪牧歌、复调风格的戏剧性和新兴的主调风格的明晰性，在歌剧史中具有划时代的意义。

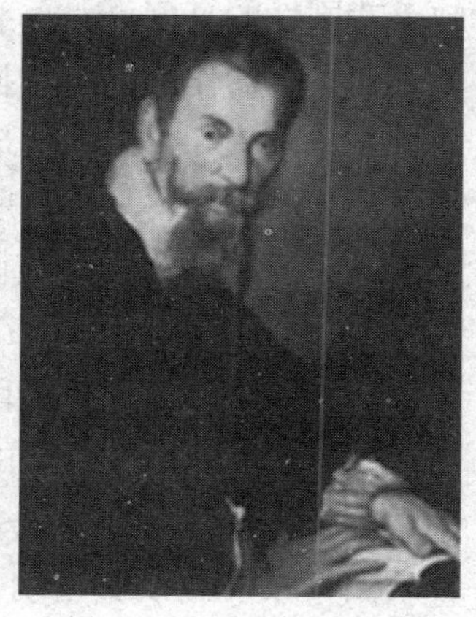
克劳迪奥·蒙特威尔第

创作于公元1608年的《阿里安娜》，可能在戏剧性上超过了《奥菲欧》，并且曾流行一时，但可惜只有脚本和一首悲歌保存下来。这幕歌剧依然沿用通奏低音的手法，在保存至今的悲歌唱段中，已初具三段体咏叹调的形式。

晚年的作品《波佩阿的加冕》（1642年）成为向威尼斯歌剧风格过渡的过渡性的作品。其他代表性的作曲家及其作品有卡瓦壁的《加佐内》（1649年）、切斯蒂的《金苹果》（1649年）、罗西的《奥菲欧》（1647年）、C. 帕拉威契诺的伊尔萨累姆的解放》（1687年）、雷古伦斯的《爱台奥古雷和波里尼切》（1675年）、斯特拉泰拉的《费罗里特罗》（1677年）等。

2. 卡瓦利

彼得罗·弗朗切斯科·卡瓦利是蒙特威尔第的学生，也为威尼斯的歌剧做出了贡献，卡瓦利（1602—1676）是一个多产的歌剧作曲家，一生中创作了41部歌剧，他继承了老师的那种丰富的戏剧性和激情的风格，同时又发展了抒情性的咏叹调。他的宣叙调和咏叹调常交替出现，并小心翼翼地保持相互的区别，从而使咏叹调和宣叙调逐步分离。他在原来只是一连串的宣叙调的中间，加上了一些简短的旋律，从而弥补了只是演唱宣叙调的不足，使听众欣赏起来更加有趣。

3. 切斯蒂

蒙特威尔第的另外一名学生安东尼奥·切斯蒂也是威尼斯的另一位重要的作曲家。他把威尼斯歌剧艺术的发展引上了另外一条路线，他在发展意大利歌剧的纯音乐因素的基础上，强调其装饰性因素，但他却忽视了戏剧性的因素。这是其受宫廷贵族美学观点影响的结果，失之于与社会生活的联系，缺乏戏剧性的高度。

切斯蒂的作品也有大段抒情的咏叹调和二重唱，但更华美，更注重舞台的灯光、布景和效果。他最著名的歌剧为《金苹果》，是为皇帝的结婚庆典而作，为此演出而建立了一座可容 5 000 名观众的大剧院，聘请名雕刻家为它加上了最华丽的装饰，参演队伍庞大，有合唱队、乐队和许多著名的独唱演员等。他在《金苹果》（1667 年）中，运用了大量机械设施表现海战、暴风雨、诸神从天而降等，这些手段在当时达到了登峰造极的地步。

17 世纪中叶，意大利歌剧已经具备此后歌剧的主要轮廓，这时意大利歌剧的主要特点是：音乐成为歌剧的首要因素，戏剧则须配合音乐；注重独唱、宣叙调与咏叹调明显分开；器乐部分主要包括序曲、前奏和间奏。在公元 1637 年—1700 年，共有 17 座歌剧院在威尼斯相继建成。歌剧院是通过著名演唱家及其咏叹调吸引听众的。咏叹调在一部歌剧中的数量已由世纪中叶的 24 首左右增加到 17 世纪 70 年代的 60 余首之多。其形式大多是分节歌或二部曲式。

17 世纪蓬勃发展的意大利歌剧艺术，几乎在意大利各地上演的都是威尼斯乐派的歌剧剧目，可见其影响的深远。威尼斯成为欧洲歌剧的中心之后，直到 17 世纪末才由兴起的那不勒斯歌剧所替代。

威尼斯建筑艺术

威尼斯就是一座从水中升起的城市，威尼斯的建筑漂浮在水中，威尼斯的建筑艺术也就荡漾在了波光粼粼的水面了。到威尼斯看建筑，永远让人心潮起伏、永远都有欲罢不能的透彻心扉的喜爱。

威尼斯是一个水上城市，最初那些逃难来到威尼斯的人们为了生存不得不在这些小岛建小木屋，于是便开创了威尼斯的历史。现存的威尼斯是通过 400 多座桥梁把各岛连接起来的，使城市构成了一个整体。在威尼斯这一千多年的建设历史中，威尼斯留下的建筑风格有哥特式、文艺复兴式、巴罗克式等，有人称威尼斯是西方建筑艺术的博物馆。其实，无论您是建筑学家、雕塑家、还是绘画家，或者就是一个艺术爱好者，又或者仅仅是一名来到威尼斯游历的游客，也就是说不论你是内行还是外行见到这些建筑群，无不承认这是一座大型的建筑文化宝库。

从水中看那一座座教堂和楼宇沿水道两岸比肩而立，它们都由巨石筑起，门阔窗高，顶上有花檐，门前有立柱，许多建筑上都雕刻着花纹或图案，精巧如细腻的水波。这些气势雄伟的亭台楼阁站满两岸，就像从水中长出来一样。座座建筑都风格鲜明，从古老的拜占庭式到十五世纪以后的哥特式、文艺复兴式、巴洛克式，一应俱全，透出每个时代的美感。

威尼斯建筑物的主要色彩为淡红，有人形容这是一种模糊、微亮、轻柔、似水的淡红。所有建筑物临水的一面，我们称为大门，不过在威尼斯，门前可不是停放车辆的，而是停放小艇的。所以建筑物不论是经过多少年了，临水的一面总是色彩鲜艳，装饰得亮丽无比。威尼斯建筑不但溶入西方的特色，也有西亚的特点，这是古时威尼斯与土耳其战事频繁，并且与黑海周边国家商务往来密切，也将东方的一些装饰图案与艺术带入威尼斯，如圣马可教堂的5个大十字圆顶，据说就是来自西亚的土耳其伊斯担布尔的圣索非亚大教堂，而正面华丽风格则沿袭了中东的拜占庭风格。圣马可大教堂带有土耳其风格的三叶窗尖顶和长廊窗上的四叶图案和凉廊，总督府开始建造之后，全城都可以看到仿效之作，也成了威尼斯宅邸最明显的特色窗之一。

威尼斯一般居民家都是3层楼房，厨房、仓库通常设在1楼，2楼通常都是装饰豪华亮丽，用以接待客人，顶楼为卧室。环境宽一点的建筑都是前门临水系船，后门有个小广场，广场中间有一口取水用的井，这是古时设计接存雨水经过过滤处理的水源。威尼斯是一座水城，地段局促，府邸平面不一，内院非常狭窄，富商大贾为了炫耀争胜，一般将自己府邸的正立面建设得富丽豪华，窗子宽大，阳台轻盈。

我们将威尼斯的建筑物细分一下会发现，在威尼斯有12—13世纪的拜占庭风格的建筑物。这也是威尼斯最古老的风格，贯穿一楼的拱形开放式走廊，并有简单的棕榈叶和简单的叶形装饰徽章。据说最初建楼时都是一层的，上面都是以后加上去的。

威尼斯还有13—15世纪中叶的哥特式风格的建筑。这种风格的建筑是威尼斯最多的一种建筑风格，在那里府邸大多都属于哥特式风格，它们通常都是有着华丽气派的装饰，三叶窗尖项和长廊窗的四叶图案是此种建筑物最大的特征。其中最著名的要属总督府，花窗都是用高级大理石砌成的。这一段时期威尼斯建筑的代表者是彼得·龙巴都，彼得·龙巴都设计的文特拉米尼府邸（建于1481年）是当时府邸建筑的代表，它的立面用的是四分之三柱，梁柱框架很突出。开间相当宽，被窗子占满，阳台很长，所以立面既轻快又开朗，比例和谐，细节精致，色彩明丽。在公共建筑方面，龙巴都设计了风格类似的圣马可学校（建于1485—1495年），学校建筑体形多变活泼，平面感很强。

在威尼斯还有15—16世纪文艺复兴风格的建筑。文艺复兴建筑在欧洲是一种极普遍的建筑风格，主要是以古典风格为基调，立面总是左右对称，强调比例和谐的对称之美。16 世纪中叶则以珊索维诺为代表，珊索维诺设计的考乃尔府邸则是 16 世纪中叶府邸建筑的代表。它追求庄严伟岸，柱子是成对的，开间整齐，柱式严谨，风格雄健而略显沉重。此外，珊索维诺在总督府对面建造的圣马可图书馆（建于 1536—1553 年）也很壮丽，图书馆体形简洁单纯，体积感很强。这与龙巴都设计的圣马可学校形成了鲜明的对比。

在威尼斯还有 17 世纪的巴罗克式风格的建筑。巴罗克式风格是借助自然界中的花草、天使和恶魔等图纹来装饰建筑的，繁复的装饰满满于柱头门楣，非常华丽，通常不留半处空白，令人目不暇接。

作为一个历史名城在威尼斯有艺术、历史名胜 450 多处，其中有教堂、钟楼各 120 座，修道院 64 所，还有许多宫殿、博物馆、艺术馆和剧院等，每处名胜古迹甚至民宅无不包含建筑艺术。威尼斯建筑简直就是座立体的博物馆，人们没法用金钱来衡量它的欣赏价值及历史价值。

第十三篇

海洋时代的开启者——葡萄牙

第一章　海洋时代的开启

帝国身前事

葡萄牙位于伊比利亚半岛西南部，面积不是很大、物产也不是很丰富，可以说是一个蕞尔小国。在15世纪时，葡萄牙的人口仅有100万左右，然而在16世纪这个资源并不丰富的小国却实现了大幅度的飞跃，逐渐发展成为了一个拥有广阔面积的庞大帝国。纵观葡萄牙的历史，你会发现，这不仅仅是巧合与机遇而已。

公元前11世纪时，还没有“葡萄牙”抑或是“葡萄牙人”，最初伊比利亚半岛上的居民被称为伊贝鲁人，他们定居在半岛东北部的山区。他们几乎没有什么遗迹留存下来，所以现在也只能称其为传说中的伊贝鲁人，但可以肯定的是，他们是由意大利北部一带迁徙过来的。

伊贝鲁人——这个颇具争议的种族人群，有一点毋庸置疑：这个民族的名字是古希腊的航海家们命名的。当时的古希腊人将这条西方半岛上的大河命名为Ebro，所以就把居住在大河附近的沿岸居民叫作伊贝鲁人。然而对于这个种族人群的起源外界一直都有争议。其中一种说法认为他们是外来人，来自北非；而另一种说法则认为他们是伊贝鲁河沿岸的土著居民。伊贝鲁人的出现正值新石器时代的晚期，他们掌握了一定的农业技术——圈养家畜、建造房屋，开始过起了定居的生活，随着当时社会的发展，之后进入了青铜器时代。经过考古发掘，发现了许多他们制造的具有精美花纹的陶器，在一些陶片上还刻有类似于文字的大量符号，其风格式样与日后北欧出现的如尼文字及其相似。

大约在公元前6世纪，席卷整个欧洲骁勇善战的凯尔特人也进入了这片土地，他们的进入对岛上的原住民的生活产生了很大的影响。他们不仅带来了先进的铁器制造技术，并且决定在半岛西北地区定居下来。随后凯尔特文化迅速成为了半岛上的主流。如今屹立在半岛上浩如烟海的巨石阵就是凯尔特人前所未有的杰作。

凯尔特人的聪明才智不止于此，他们用铁来制造农具和武器，从而使得农产品产量增加，也提高了部落的战斗力，而且他们还是制造金银首饰的能工巧匠。那时他们的眼光和审美也是值得肯定的，比如和两千五百多年前的凯尔特制作的耳环相比，现如今葡萄牙农村妇女所配带的金耳环，无论是在款式还是风格上，都没有什么明显变化，只有经过仔细观察才能看出细微的改变。

同时凯尔特人为了获得更多的金属资源，他们还发展了采矿技术。他们采出的金属如金、银、铜、锡等和半岛上传统的海产品都成为了地中海地区远近闻名的独特商品，从而引来了许多商人前来交易。希腊人、腓尼基人和伽太基人纷纷前来，在半岛东南部建立了许多商埠，用布匹、玻璃、瓷器等货物与凯尔特人和当地居民交换贵金属和海产品。但是后来这些商埠逐渐发展成了殖民地，也正是由于伽太基人经常在半岛上交易从而引来了罗马人。

经过了几个世纪的生活和磨合，凯尔特人已经和半岛原住民融合在了一起。所以在布匿战争爆发之前，半岛上的人口构成就已经发生了很大的变化。从古罗马历史学家的记载中可以看到，一些新的部族的生活习惯保留了很多古凯尔特人的习俗，比如原始的地中海地区的居民都是土葬和食用橄榄油，然而，火葬和食用奶油却多被新部落所采用。结合这两种习惯的混合型的部族被称为凯尔特－伊贝鲁人，但是这种混合型的部族后来又分化为若干小部族，如今居住在葡萄牙所在的地区的卢济塔尼亚人就是分化出来的一支小部落，他们被认为是葡萄牙人的祖先。

卢济塔尼亚人大多为勇猛的牧民和战士，他们居住在山区，山头都修建着村落，并在村落四周修建栅栏和围墙等防御工事，由于他们继承了凯尔特人祖先优秀的冶炼技术，所以他们装备精良。圆形的小盾和长矛是他们惯用的武器，长矛在山区的伏击战中用来投掷敌人。除此之外，近身打斗使用的短剑也是他们的惯用武器。平常他们身上穿着的是动物皮毛和亚麻粗布。

就在公元前11—5世纪这段时间内，希腊人、腓尼基人、塔尔提西奥族、伊贝洛族、凯尔特族入侵了伊比利半岛。后来凯尔特族与伊贝洛族融合，这样独特的凯尔提贝洛族就诞生了。接着迦太基人、罗马人也陆续侵入这块岛屿，西班牙成为罗马帝国西边的势力范围，所以有关于罗马的一些遗迹在现在的伊比利半岛各处，也可以看到。

公元630年，伊斯兰教成为半岛宗教的主导力量是以先知穆罕默德征服麦地那为依据的。到公元642年，巴勒斯坦、伊拉克、叙利亚、埃及和波斯的绝大部分土地上都开始响起唤礼人“晨拜胜于睡眠”那洪亮的召唤。不幸的是，公元661年由于哈里发阿里的被刺身亡，阿拉伯世界经历了一次浩劫。不过随后这次大的动荡就平息了是由于倭马亚王朝的建立，与此同时并将阿拉伯弯刀挥向了北非。公元 698 年，地中海名城伽太基被穆斯林占领。公元 698—709 年，阿尔、突尼斯及利亚、摩洛哥等地纷纷落入穆斯林的手中，并为这大片土地命名为马格里布。这样就导致了狭窄的直布罗陀海峡便暴露在了真主的光辉之下。

罗马人为了方便管理，从而建立了西班牙行省，因此西班牙就此诞生。但此时，当地的卢济塔尼亚人早已忍无可忍，维利亚多渐渐崭露头角，成为卢济塔尼亚人小规模抵抗运动的领袖。他卓越的军事能力让罗马人吃尽了苦头，所以罗马人送了一个实至名归的绰号给他——伊比利亚的汉尼拔。

罗马人清醒地认识到，他们不是维利亚多的对手，除了利用最为卑劣的手段，他们没有别的方法可以战胜他。

这件事情的发生不仅是伊利比亚的耻辱，整个人类在这种耻辱的面前也羞愧难当——熟睡中的维利亚多被三名贴身侍卫所刺杀，然后去罗马的将军西皮奥那里邀功领赏，但是却被他赶了出来。虽然这三名侍卫是被罗马人收买的，但是罗马人却讨厌这种卑鄙的行为。

接下来被刺杀的人是罗马人塞尔托里奥，他是罗马的一名政治逃犯，逃入伊比利亚阵营并且试图取代维利亚多的位置，只有卢济塔尼亚人能够接近他，但也正是他们杀掉了他。

回首古老的东方，中国的汉武大帝联合南匈奴对抗不肯驯服的北匈奴，迫使北匈奴弃土而走，踏上了西征的漫漫长路，途中他们又遭到了鲜卑族人的羞辱与逼迫，最终使得北匈奴人进入了黑海地区，踏上了多瑙河平原的土地。可怜的日耳曼、东哥特人沦为了北匈奴人的出气筒，西哥特人则向罗马人发出了紧急呼救。

这正中了罗马人的下怀，罗马人响应了西哥特人的呼救，允许他们进入罗马帝国——因为当时的罗马人迫切地需要大批的奴隶，这就构成了西哥特人命运的劫数。

这也使得西哥特人非常愤怒，他们是因为信任罗马人才来到这里的，而不是来做奴隶的。他们的反抗显然让罗马人措手不及，一时间罗马陷入到战乱之中。趁此良机，法兰克人、汪达尔人以及勃艮底人等日耳曼部落如潮水一般地涌入了罗马帝国，最后将帝国一分为二——即东罗马帝国和西罗马帝国。

更多的蛮族的涌入，使得西哥特人迅速地转化了立场，成为了罗马人的同盟者，甚至在一段时间内，正是因为这些前奴隶的忠诚与勇敢，才维持住了风雨飘摇的罗马帝国。这种战争状态持续了整整一个世纪，直到穆斯林时代的到来，才打破了这种战争的平衡。

先知穆罕默德在传教的过程中遭受到了来自于当地权贵的迫害，但是穆罕默德显然不认为像耶稣那样被对手钉到了十字架上有什么价值，他的选择是逃入麦加，并以此为根据地组织建立了自己的圣战军队——穆斯林武装。

再没有比以宗教的名义更容易引发出狂热的追随者的战争了。在麦加被征服之后，叙利亚、巴勒斯坦、伊拉克、埃及和波斯等大部分土地纷纷被划入了神圣的穆斯林的版图。不久后，曾经产生过伟大的汉尼拔的地中海名城迦太基也落入了穆斯林的手中，然后是突尼斯、阿尔及利亚和摩洛哥。于是直布罗陀海峡向真主敞开了胸怀，公元 711 年，即先知穆罕默德布道的一百周年，摩尔人欢欣鼓舞地踏浪而来。

受到普瓦提埃战役胜利的鼓舞，不愿接受伊斯兰教徒统治的西班牙人退到了北部的山区，并且在那里出现了一些抵抗运动的中心，开始了长达 7 个多世纪的光复运动。经过 11—13 世纪的激战后，西班牙对阿拉伯人的光复运动胜局已定。最初的领袖叫作皮拉伊奥，经过不断地斗争，北方的大片土地又重新回到了基督徒的手中。

摩尔人

同时，新的王国也纷纷成立了，有莱昂、卡斯蒂利亚、纳瓦拉和阿拉贡等。公元 1093 年，西班牙被卡斯提王国统治，是阿拉伯的殖民地。葡萄牙本是西班牙领土的一部分。由于卡斯提王国公主特里萨下嫁波尔多凯尔伯爵，葡萄牙作为陪嫁，从西班牙分裂出来，成为了卡斯提王国的伯国。

公元 1094 年，雷蒙多和恩里克是堂兄弟，他们是来自法国鲍尔哥尼亚家族的两名骑士。他们找到莱昂国王，向国王表示，愿意归顺国王，为国王效忠。他们愿意上前线抗击异教徒。也正是他们的到来，揭开了葡萄牙自身的历史篇章。就连雷蒙多和恩里克自己都没有想到，他们创造了葡萄牙如此伟大的贸易王国，他们的初衷只是参加圣战，消灭异教徒。

十四世纪四五十年代欧洲遭受了一场严重的鼠疫侵袭，对于欧洲来说，那可以说是一个非常悲惨的时刻，有 2 500 万人被夺去了性命。这场大瘟疫被称为“黑死病”，死去的人口占总数的 1/3，是世界历史上无可争议的流行时间最长、死亡人数最高、危害最为剧烈的瘟疫。

然而这场惨绝人寰的鼠疫却给葡萄牙的崛起带来了一线生机，葡萄牙人以强壮的体魄和强大的免疫力著称，因此他们非常幸运地躲过了这次浩劫。然而当葡萄牙还在沉浸生存下来的喜悦中时，却不曾想到今后他们将要面临的艰难处境。

俗话说的好，“祸兮福兮所倚，福兮祸兮所伏”，葡萄牙人虽然逃过了鼠疫的大劫难，但其人口急剧膨胀，国内种种矛盾却开始高度激化。同时，由于从东北部西班牙城市运入葡萄牙的道路被封，葡萄牙人生活所需的商品——糖、金银、香料等，供不应求，所以导致价格暴涨，庞大的人口数量导致人们的生活水平下降。

这还不算是最棘手的问题，最严重的问题是葡萄牙铸造货币的黄金是靠进口，但是欧洲金矿稀缺，所以黄金供应不足。这就严重影响了货币的质量，这使得葡萄牙的经济陷入绝境，葡萄牙进入了伊比利亚经济危机时期，社会也开始动荡不安。

葡萄牙面对随着人口的增多而带来的诸多问题，开始了在海上探险的道路。

葡萄牙是第一个海外扩张的国家，其原因有三个：其一，是由于葡萄牙国土面积小，资源有限，必须寻找丰富的资源来支撑；其次，葡萄牙是欧洲第一个民族国家，国家内部的政治比较稳定，适合进行大规模的探险活动；第三葡萄牙想要发展，只有进行海外扩张，别无选择，因为它三面被陆地包围。而且由于欧洲封建制的特点，国王、贵族、平民都有法律保障的权利，国王不能无限压榨，所以为了发展经济和发展宗教只能转战海上，这是进行海外扩张的最基本原因。

对于当时的那种情况，黄金和香料属于当时的财富资源。对于欧洲人来说，香料尤为重要。香料的产地主要是印度和亚洲的南洋诸岛。主要用途是用于制造调味品、药品、香水等，以及满足一些宗教仪式的需要。这其中最主要的用途是用作调味品，香料产自遥远的东方，路途漫长，运输也不总是顺畅，而且需要几经转手才能到达西欧，因此香料价格暴涨，正是由于香料的贵重，在一些金属匮乏的欧洲国家将胡椒作为商品出售，还不是以物换物，而是真正意义上的购买。香料被当作了货币，成为一种支付手段。

直至今日，香料在欧洲仍然属于高价格的商品。在那时，人人都想分到香料贸易这一杯羹。人人为之疯狂。阿拉伯人和威尼斯商人在那时是让人嫉妒的，因为那时的传统商路掌握在阿拉伯人手里，而威尼斯商人负责运输到欧洲各地。他们获得了非常可观的利润，这让其他得不到的欧洲人嫉妒得双眼发红。所以当时其他的欧洲人都会有一种想法就是重新开辟一条商路，打破阿拉伯人的垄断。这个想法在伊比利亚半岛表现得尤为明显。非洲虽然也生产胡椒，但是其味道却远不及亚洲的，所以被称为“假货”。

葡萄牙在灵魂方面宣传基督教，基督教中包括普世主义，改变异端宗教信仰以及好战精神。葡萄牙人进行海外探索的精神动力就是基督教的传教使命，而基督教拯救全人类的使命感和上帝观也是传教运动的动力。

葡萄牙国家的崛起与它的海外扩张紧密相连。开发与利用海洋已然成为国家繁荣、民族兴盛的一个重要因素。海洋和海上贸易是濒海各国的国家财富的主要来源，葡萄牙帝国的崛起与经济的兴盛取决于能否控制海洋。控制了海洋就能控制世界贸易乃至世界财富。由此可知，葡萄牙帝国的崛起造就了其辉煌的殖民帝国史和庞大的海外扩张进程。

葡萄牙帝国崛起的的成功之处在于他们充分利用了先进的造船和火炮技术，并且占领了交通要塞处的岛屿和港口。这样使得他们的商业帝国，形成一个巨大的网络，从而经济获得了飞速发展，收益倍增。

马可·波罗的黄金诱惑

14 世纪，西欧社会掀起了一段“黄金热”，原因是商业资本主义开始在地中海沿岸的许多城市萌芽，人们的生活开始出现了货币关系。于是，西欧的主要国家开始展开资本积累。同时，西欧国际贸易重心也开始由地中海转向大西洋。

14 世纪以来，西欧不仅需要亚洲各地区的金银，还需要香料、丝绸和珠宝。所以西欧与亚洲的商业往来日益频繁。为了得到亚洲各国的生意，西欧商人必须走出地中海，开辟新的交通商业要道。于是，地处地中海到大西洋连接处的葡萄牙，便积极着手海外扩张的准备。

葡萄牙崛起的非常迅速，其最先开始于 15 世纪的亨利王子唐·阿方索·恩里克时代。作为一个“陆止于此，海始于斯”的国家，葡萄牙在海外扩张与海外贸易方面占了很大的优势。

葡萄牙国土面积仅仅 9 万平方公里，国内没有内陆地区，其形状是一块狭长的沿海土地，再加上人口急剧膨胀，内部资源供不应求，社会矛盾加剧，依靠内部机制完全不能解决问题。所以只有对外扩张。从而缓解经济危机。然而陆地上拥有强大的宿敌西班牙，其堵住了葡萄牙所有向外扩张的路径，因此，葡萄牙人想要生存只有通过海上扩张这唯一的办法。

葡萄牙位于欧洲伊比利亚半岛西南端，800 多公里长的海岸线。东面和北面与西班牙接壤，西面和南面濒临大西洋。得天独厚的地理位置为葡萄牙发展海外贸易和海上扩张提供了重要条件。

当时红极一时的马可波罗的“游记”盛行于欧洲，西欧人把东方作为财富与黄金的代名词，所以急需与东方达成贸易往来。那时葡萄牙最急缺的是黄金，因此，葡萄牙迫切的需要开通东方的航道，寻求与东方的贸易。由于地理因素和历史的关系，在探索新航路方面，葡萄牙为了民族生存，最早先发制人，开始了向东方的扩张。而那时意大利人拥有当时欧洲最发达的航海技术。

葡萄牙史上最有战略头脑、最有雄才大略的领袖——亨利。那时的葡萄牙正好处于他的统治时代。亨利出生于公元1394年，是葡萄牙国王裘安一世的第三个儿子。他自小就从出身于英格兰王族的母亲那里接受了宗教和一般教育，从父亲那里学习武艺和继承了中世纪的骑士精神。正是因为这样的环境，才造就了亨利向往骑士生活，而不喜欢宫廷生活。后来在战争方面，亨利也表现出了非凡的才能，在财政大臣的提议下，他力劝父王以海军突袭北非摩洛哥的休达港。在战争时期，亨利负责监造船只和招募船员。

著名的休达城战役使得亨利一战成名。公元1415年，葡萄牙国王若昂一世携王子亨利一起，出动海军1 700人、陆军19 000名，战船200艘，以迅雷不及掩耳之势占领了直布罗陀海峡南岸的休达城，控制了地中海与大西洋的交通要道，全面由海路向未知的世界进军。休达城战役的胜利标志着葡萄牙向外扩张的开始。。

在亨利的关注下，葡萄牙的航海事业不断发展。亨利在监造船只和参加战斗的过程中，逐渐增强了向海洋进军的决心。他接收到很多信息，首先获取了阿拉伯世界的情报，其次接触到许多经验丰富的海员，逐渐地去了解。他发誓与异教徒斗争到底。他很了解自己部队的状况，现在的兵力还很薄弱，远征不太可能，只能搞突击才能有胜算。这就需要做航海调查。

古代航海图

公元1418年，亨利为了做航海调查，就从宫廷搬了出去，到拉哥斯港附近的萨克列斯居住。由于他看到了托勒密的《地理学》，头脑里酝酿着一个大计划。他在那里学习数学、天文学和地理学知识，伊比利亚半岛在欧洲大陆是古典文明重新透亮的初照角落，亨利王子发挥了他的聪明头脑，用所学知识武装了自己的头脑。他在那里建立了造船工厂、观测所、防守工事和小镇，后来成立了“航海学校”，在这里，他还搜集到了古希腊和古罗马的天文地理方面的著作。并且聘请了一些专家学者，绘制新的航海图，重新计算了地球的周长。

亨利的首个目标是让船员们前往加纳利群岛，距葡萄牙西南方向有1 300

公里。然后再越过波加多尔角，它的位置在加纳利群岛的南面约240公里处。可是当时就有一个传说，说船开到那里就难以生还，那里的海水是沸腾的，人到了那里就会变黑。当时还没有平安返回的纪录。在阿拉伯的地图上还画着一只从水里伸出的撒旦的手，所以船员们都很害怕，便对亨利说："我们死去对殿下也没有什么好处，我们是不能越过祖先所设的警戒线的。"他们即使是奉命出航，但是也不会按照亨利所指示的那条路线航行。

历经多年，在各方面准备充足后，公元1418年，亨利派出船队出海航行，发现了马德群岛的桑托斯港岛，然后在第二年又发现了马德拉岛。随后又发现了亚速尔群岛各岛屿。

亨利发现圣波尔多岛是一个意外，当时他派船沿非洲南下，目的地是波加多尔角到几内亚。但是当时并不是特别顺利，遇到了逆风，经过多次斜向航行，于是就发现了圣波尔多岛。于是船员们向亨利王子汇报，说这个地方可以作为殖民地。亨利很高兴，派殖民者前往圣波尔多。其中有一人带了怀孕的兔子到该岛，不久就繁殖出一大群兔子。兔子把岛上的农作物全吃光了，所以人们不得不放弃这个岛，转移到了离圣波尔多20公里的马德拉岛。这里有着得天独厚的天然条件，水源和日光充足，适合种植葡萄和甘蔗。随后不久，马德拉岛就由于盛产葡萄和甘蔗，日益繁荣起来。

但是亨利王子并不满足现状，他又向当时人类的航海极限发起挑战。于是他精挑细选了当时专业的航海家和忠心英勇的水手，让他们按照自己制订的计划和部署去探险，先后发现了几内亚、塞内加尔、佛得角和塞拉里昂。

虽然又发现了几个岛，但是由于葡萄牙国内资源有限，人力匮乏，一直都不敢对东方轻举妄动。对于阿巴斯波斯帝国、奥斯曼土耳其帝国、印度莫卧儿帝国、明代中国和日本幕府政府，葡萄牙都是极力避免与其发生直接的军事冲突。葡萄牙极为明智地选择了通过占领东印度群岛的马六甲、印度的港口果阿、波斯湾的霍尔木兹港，和中国澳门四个战略据点，从而垄断了西方国家与中国和日本的贸易往来，还有东亚与欧洲的贸易，建立了印度洋殖民商业帝国。在传统上由印度人、阿拉伯人和中国华侨垄断的印度洋——西太平洋贸易圈里，葡萄牙想了个办法收取费用——对其他国家的商业船发放航海许可证和收取关税。这样一方面充分利用了葡萄牙的海上优势；另一方面则是以简代繁，节约了成本，获取了超额的经济利益。

公元1431年以后，虽然船员们陆续发现了亚速尔群岛的各岛屿——葡萄牙船只最佳的避难港，但是这还没有达到亨利的基本目标——就是越过波加多尔角，而资金已快消耗尽了。

公元1433年，亨利任命吉尔·艾阿尼斯为巴尔卡号船的船长，让他带领水手们沿非洲一直前进。但是他们因为与上次一样的原因，害怕到达波多尔角，到了加纳利群岛就返回了。这一次，亨利责怪了他们，说："你们都在胡思乱想，真不可思议。如果世上流传的谣言稍有根据，我也不会这样责备你们。"船长和船员们听完，于是就抱着不到波加多尔角不回来见亨利的决心。于是在公元 1434 年再次出航，这次他们成功地越过波加多尔角，并没有遇到他们传闻中的那些可怕的事情。航行所见与过去传闻完全相反，海水并不沸腾，人也没有变黑。艾阿尼斯带回了在波加多尔角采集的几种植物，其中就有闻名的圣母玛丽亚玫瑰，于是就把玫瑰献给了亨利王子。

艾阿尼斯由于这次航行而被奉为骑士。这次航行打破了人们传统观念上的想法，他们以自己的亲身经历粉碎了可怕的传说。但是从地理学的角度来看，这次航行并没有取得多大成就。

杜亚尔特统治时期，对于航海探险非常重视，花了大部分的财力和人力在这上面。所以亨利得到了很大的支持。国王把马拉德群岛五分之一的税收作为了航海的经费。公元 1438 年阿方索五世继位，摄政王佩德罗把博哈尔角以南的航海与贸易垄断权交给了亨利，并免除航海所得收益的一切税金。为支持亨利在西非传教于是便任命亨利王子为骑士团团长，这个团的经费可以任意由亨利支配。以上的这些支持，都在很大程度上推动了亨利的航海探险事业。但是由于探险时间旷日持久，却并没有得到多少收益，于是就有人批评亨利，认为亨利是在浪费时间做毫无意义的事。是在追求不可知的东西。

公元 1441 年，亨利处理完政治斗争后——因进攻丹吉尔失败引发的结果。又重新回到萨格里什，开始了沿非洲的探险。也就是在这一年，亨利和他的船员们刷新了向南航行的记录：布朗角（今毛里塔尼亚的努瓦迪布角）。同年，派出的另一支探险队带回来十个穆斯林俘虏。这标志着欧洲人开始卷入了奴隶贸易。亨利看到这是一个能给自己澄清的机会，于是在公元 1444 年，他以掠夺奴隶为由，发起了一次航行。这次他带回了 235 名奴隶，并且在拉古什郊外贩卖，这是欧洲 400 多年罪恶的奴隶贸易的开始。此后，亨利组织的航行就是探险、殖民与奴隶贸易并重了。这时，葡萄牙王室又给私人探险者颁发了特许状，他们可以获得他们所发现的一切。这对双方都是有益的，对于个人来说，只需要敢冒险就可以获得许多，而对于皇室来说，不用付出代价就可获得收益。这在国内掀起了一股私人探险的热潮。不久以后，每年都有 25 艘船开往非洲海岸。当然私人探险由于其逐利性和无组织性，其本质并不在于探险而是发财。公元 1448 年，亨利王子建立了探险的贸易中转站——布朗角的阿尔金岛。随着非洲贸易的不断扩大，阿尔金岛成了提供金子的重要中心。探险终于有了收益，那些批评也沉寂下来，更不可思议的是，当时的一些批评现在竟然变成了表扬。

经过几十年的航行，亨利王子终于到打了绿色国家——布朗角的塞内加尔河口附近。在公元 1444 年，特里斯唐到达了这里，这里的海岸变得青翠，植物繁盛，公元 1449 年以后，亨利王子组织的航海人员就不以地理发现为任务，而是要尽力勘探一些已经发现的大河，特别是冈比亚河，但是他们在探险的过程中，发现了强大的黑人王国，却没有找到基督国王约翰和黄金，并且听说远处也许还有更大的王国。

葡萄牙在建立强大印度洋商业帝国的过程中，采用了“以夷制夷”的军事政策和殖民同化政策。它一面招募当地人作为雇佣兵；另一方面他们自己作为军官。从而最大限度地弥补了葡萄牙殖民军队自身人员不足，从本土调兵困难的弱点；二是通过传播天主教和进行葡萄牙文化教育，其目的就是在当地人中，培养出一批能够在精神上和情感上都认可葡萄牙文化的人。这一管理模式后来被其他国家争相运用到殖民地的管理中。

进军“死亡绿海”

博哈多尔角位于非洲西海岸，那里荒凉无比，附近存在好多暗涌，被西方人称之为“死亡之角”。阿拉伯地理学家将它称之为“黑暗的绿色海洋”。所以人们就在欧洲地图上，博哈多尔角附近的地方画上了一个魔鬼的手以示象征。

公元 1435 年，亨利又开始挑战人类的探险极限。便命令巴达亚和艾阿尼斯各带一支探险队出航。此次有重大发现，就是在经过博哈多尔角继续航行 320 公里后登陆，发现了人与骆驼的足迹。于是亨利便让他们抓几个土著来问清楚。但这一次没有抓住人，却捕杀了大批海豹，带回了海豹皮。这是葡萄牙人开辟海上航线以来，首次带回了有价值的商品。

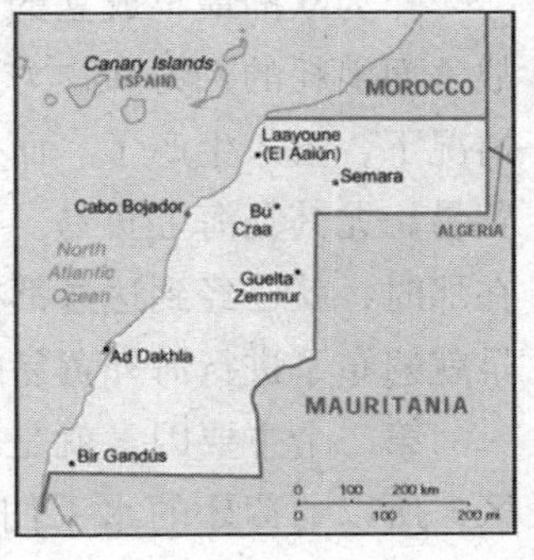

博哈多尔角地图

随后航海家亨利又继续开始了葡萄牙人的海上扩张，他带领的探险队在攻陷摩洛哥的休达港后，在心里萌发了“大葡萄牙海上帝国”的想象。公元 1443 年，亨利王子的舰队从欧洲西南的罗卡角出发，终于绕过了令他们恐惧的博哈多尔角，开启了大航海时代，揭开了葡萄牙王国海上远征的伟大序幕。

开启了非洲黑奴苦难的贸易时代的标志就是葡萄牙人返航后，从非洲带回了 10 个黑奴，这也是欧洲历史上的第一次奴隶贸易。公元 1445 年，亨利王子的船长和水手们通过了沙漠海岸，进入物产富饶的西非海岸，随后拓居西非佛得角（绿角）等地，公元1456年又勘探到佛得角群岛。就在葡萄牙人找到了西非的塞拉利昂，并且已经在西非创建了大量的商品交易站的时候，亨利王子逝世，当时是公元1460年。

随着海上的扩张，葡萄牙人的海上贸易也日益繁荣起来。就是因为这样，才需要强大的海上军事力量来维护它的海上霸权。所以葡萄牙人的海上武装力量也日益强大。在十五世纪上半叶，葡萄牙人在岛屿方面分别占领了大西洋上的马德拉群岛、亚速尔群岛和佛得角群岛，完成了东大西洋扩张的海上据点构筑。在十五世纪七八十年代，葡萄牙人到达了刚果、南非、几内亚等国，在沿海方面完成了对于非洲西部的沿海航行，并且入侵到了非洲的内陆地区。

就在短短的几十年间，葡萄牙便从传统的农业国，一下跃为西欧最富有的国家，其原因是什么呢？这全归功于它实行的海上扩张，使得它海上的军事武装力量越来越强大。所以财富就随之而来——东方的香料、黄金和象牙。再加上葡萄牙在非洲用小工业品换来的奴隶，所以他们就在沿海一带建立了奴隶海岸、香料海岸、黄金海岸来掠夺财富。所以葡萄牙商业帝国的崛起与开辟新航线是分不开的。

总的来说，葡萄牙帝国的崛起离不开其在海上的强大力量，而海权主要归功于三大环节：生产、海运与殖民地。

作为欧洲最早成立的君主立宪制国家的葡萄牙，在其他欧洲国家还在为战争而消耗的人力和物力而焦急的时候，葡萄牙已经开始在政局比较稳定的情况下，投入生产了。而它远离欧洲中心的位置，使葡萄牙很早就开始从事贸易，尤其是海上贸易。早在12世纪初，葡萄牙人就已经开始了海外贸易，在那时，就已经到达过都柏林和大不列颠群岛。到了13世纪后期，西欧各地早就遍布了进行海外贸易的葡萄牙人。

第二个主要因素就是海上运输。由于葡萄牙的地理位置——位于沿海地区，所以葡萄牙的水手们都拥有丰富的出海经验。相比于欧洲的其他民族，葡萄牙人是最早从欧洲北部航行到地中海的民族。来自葡萄牙各港口的商人习惯于航海生活，很早就掌握了先进的造船和航海技术，所以他们用金属薄板制造出来的轻快帆船，拥有速度快、体积小等特点。但当时葡萄牙国内局势并不稳定，所以必须靠对外扩大资源才能解决他们内部的社会矛盾。从而实现国家的安定与繁荣。于是在阿维斯王室的远大抱负和强有力的领导下，葡萄牙人在全力发展海上运输。

最后一个关键因素是殖民地，非洲经印度洋到达东方的海上航线被葡萄牙人打通了，那么从亚速尔群岛、马德拉群岛等大西洋岛屿，到拥有大量奴隶和黄金的非洲，最后到生产丝绸和香料、棉花的亚洲，这些都给葡萄牙人创造了巨大的财富。在此之后，葡萄牙又将目光转向了西方，先是环游博哈多尔角，向西到达了格林兰岛，随后又到达了拥有众多资源和黄金的南美洲。在公元 1519 年，发生了一件具有历史意义的事情。葡萄牙航海家麦哲伦进行海上探索时，越过了大西洋，并发现了连接大西洋和太平洋的海峡。随后进入东南亚，但是可惜的是麦哲伦本人在途中逝世。但他的船队依旧向西航行回到西班牙，完成了历史上的第一次环球航行。

随着后来的发展，葡萄牙人建立了海上网络和贸易中转站。他们便开始垄断海上贸易，并且以此为据点在沿海陆地上展开殖民活动。这样来自非洲和巴西大量的黄金被运回葡萄牙本土，而通过掠夺、战争俘虏和购买的非洲黑奴则被卖到包括葡萄牙本土和其海外殖民地上，让他们种植棉花、甘蔗、染料和粮食。这些东西就是他们的生产源。而他们所占领的广阔的殖民地就为他们提供了充足的土地。曼努埃尔统治时期，他在拉丁美洲、亚洲和非洲建立了巨大的殖民帝国。这样葡萄牙便从一个拥有少数岛屿的小国发展成为了第一个世界性的大帝国。

葡萄牙史上海上航行的一个终结的标志就是亨利王子的逝世。虽然亨利王子这一生中只有短短 4 次的航海经历，但是“航海家”这个称号他当之无愧。是他组织和资助了最初持久而系统的探险，也是他将探险与殖民结合起来的，让探险变得有利可图，是他迈出了葡萄牙向未知世界探险的第一步。

当时欧洲人有一种强盗逻辑，就是“先到先得”，谁发现谁占有。当时的国际法就是这样规定的。所以就在亨利王子去世后，葡萄牙已把西非海岸线——从直布罗陀到几内亚约 3 500 公里，纳入了自己的版图当中。因为当地已有居民居住，欧洲人无权排除他们的权利。随着探险的不断深入，这些探险者们，野心越来越大，眼光越来越长远，他们已经不再局限于探索非洲，而是绕过非洲去探险印度。但是当时的统治者国王阿方索五世却对此不以为意，他的注意力集中在直布罗陀海峡对面的摩洛哥，所以他把探险委托给私人进行。公元 1469 年，国王阿方索和富商戈麦斯达成 5 年协议，协议的内容如下：戈麦斯可以全部垄断几内亚的贸易，但是每年必须向阿方索缴纳 20 万雷阿耳，同时，应以塞拉利昂为起点，每年以 100 里格（1 里格 =6269 米）的速度继续向前探险。不久以后，戈麦斯的船长们便把一船船的奴隶、象牙、黄金带回了葡萄牙，历史上所谓的黄金海岸、谷物海岸、象牙海岸便形成了。葡萄牙开始做香料贸易是因为在现在的贝宁发现了胡椒。戈麦斯因为垄断了几内亚的贸易，所以它赚到了很多。戈麦斯本身是一个探险家，他的目的不是单纯地赚钱，在合同期满的时候，他们已经为葡萄牙开辟了几内亚东端近3 000 公里长的海岸线，是亨利王子一生探险的总和。

亨利王子是虔诚的基督教徒，又是一个杰出的骑士，他的业绩是在封建主义和早期资本主义中最耀眼的。他是一位让人又爱又恨的伟大传奇人物。他从古希腊文明中窃得一只火炬照亮大西洋海岸的“普罗米修斯”；他是用科学武装了头脑的早期殖民事业的领袖，还是敢于向未知世界发起挑战的民族英雄。在他进行探险活动的40 年里，他组织建立了欧洲航海中心，建立了世界上顶尖的团队，拥有优秀的造船技术，培养了一大批世界上第一流的探险家或航海家，他为葡萄牙兴建了最早的天文台，建立了航海学校，创建了航海工厂，并且培训了一大批专业的绘制地图人员和研究人员，同时也搜集了大量的关于航海的资料，这些辉煌的成就和业绩是亨利王子为后人留下的永久性财富。

历史学家评价亨利说，在他短短的66 岁生涯中，无论是对葡萄牙还是对世界航海史来说，都起到一个不可估量的作用。之后进行航海的探险家们都是沿着亨利的足迹前进的。

如火如荼的海洋开拓

经过葡萄牙人之前铺垫的前沿阵地，其他国家的探险家们也开始行动起来了。以前的海洋开辟是极少数人的，到现在已经演变成有组织、有计划的进行的了。初步形成了各阶层联合扩张的格局。

海外扩展进行得如火如荼的同时也带动了海上经济的发展，葡萄牙人在亚速尔、马德拉和加那利等地从事殖民活动，购买那里的谷物、酒和蔗糖。这样的关联甚至扩伸到撒哈拉沙漠以南的黑非洲，这里出产的谷物、黄金，甚至奴隶成为交易对象。15 世纪末，西欧人看到了利益，便对海上资源更加渴求。葡萄牙、西班牙两国引领了打通世界海上航线的新高潮，原因是由于他们都看到了蕴藏着的巨大财富。

海外探险并没有因为亨利王子的逝世而停止。唐·若昂亲王亲自指挥海上探险活动。他首先组建了一支舰队来阻击西班牙对几内亚的进攻。经过他的努力，终于在公元 1478 年，葡萄牙和西班牙两国签订了《阿尔卡索瓦条约》，其中规定：葡萄牙永远放弃对加那利群岛的占有权，而西班牙则答应不再对加那利群岛以南进行探索。这样葡萄牙和西班牙第一次瓜分世界就是以穿过加那利群岛的纬线（约北纬 28°30′）为界线的。南部归葡萄牙，北部归西班牙。

唐·若昂亲王于公元 1481 年继位，称为继位者唐·若昂二世。他继位后，更加注重非洲地区的防卫，于是下令在米纳建一座城堡，他还亲自挑选了优秀的船长，组建了一支由 9 艘卡拉维拉船和 2 艘乌尔卡船构成的远征队。同年 12 月 12 日，迪奥戈·德·阿赞布雅指挥远征队抛锚起航。在米纳建立的城堡于公元1482 年1 月21 日正式开工。这座城堡是葡萄牙人继阿尔金之后在西非沿岸建立的第二个殖民据点。建成之后命名为“圣若热的米纳城堡”，这是以唐·若昂二世最诚信的圣徒圣·若热之名命名的。

葡萄牙国王唐·若昂二世一面巩固发现的岛屿和地方；另一方面又为远征制订了大计划。就是找到经大西洋通往印度的航线。于是，他命人打造船只，聘请为其效劳的曾在非洲沿岸巡逻船队中的迪奥戈·康为船队总指挥，继续推进向圣卡塔莉娜角以处地区航行的探险活动。公元 1482 年春天，迪奥戈·康率领船队出发了，这次船上带了一样以前都没带过的东西：带有葡萄牙徽章和十字架的纪念石柱。剩下的就是足够的粮食和用于在途中与当地人交换的礼物。船队走过已知的海岸后，继续南行，到达了扎伊尔河口，他在北岸竖起了第 1 根纪念石柱。然后继续向南航行就发现了现如今的“圣玛丽亚角”，当时叫洛勃角。当时迪奥戈·康误以为圣卡塔利纳角就是非洲的南段。

若昂二世

公元 1485 年，迪奥戈·康再次率队向南探险，途中经过扎伊尔河，便与刚果国王相互交换了礼物，同时进行了友好的交谈。于是第 2 根纪念石柱便在圣玛丽亚角以南的黑山竖起了。为了证实他在第一次航行中确实发现了通往印度的航线，他的船队继续向南航行了 1 400 公里，在塞拉·帕尔达竖起了第 3 根纪念石柱。然后就返航了，船队在公元 1487 年返回了里斯本。虽然迪奥戈·康仅仅航行了两次，但是这个短短的两次却发现了从赤道到南纬 22°长达 2 000 多公里的海岸线，并且也已经进入到了西南非地区。他还开创了在所到之处竖立纪念石柱的先例，为后来各国的探险家所仿效。

公元 1487 年，唐·若昂二世并没有放弃，他又组建了另外一支船队，并任命在以前几次远征中表现优秀的巴托洛梅乌·迪亚士为总指挥，向塞拉·帕尔达以及更远的地方航行。这个新组建的船队在 8 月起航，沿着熟悉的航线，顺利到达了米纳。在此补充了淡水和新鲜食品，并竖起了第 1 根石柱，接着就向塞拉·帕尔达前进。就在公元 1488 年 1 月，南纬 33°，船队遭遇到风暴。船队接连 5 天都在一个小海湾里打转，因为风向不定的缘故。接着船队离开海岸，在风暴中航行了 13 天。风暴稍微平息后，迪亚士决定改变方向，先向东航行了几天，因没有发现陆地，又转而向北航行。接着他们终于到达了非洲的最南端——“牧人湾”。这时迪亚士看到有很多当地黑人在放牧，故命名的。2 月 3 日，他们发现这个地方是由于他们看到了陆地——圣·布拉斯。此后，船队又毫无目的地航行了一小段距离，于是，便绕过了非洲南端的全部海岸，来到了一个小岛，并竖起了第 2 根纪念石柱。他们是由大西洋进入了印度洋。还把若奥·英凡特那艘船上的水手们所望见的那条河流命名为“英凡特河”。

由于到了非洲的最南端，于是将这个地方命名为“针角”。由于之后再也没发现过陆地，所以船员们都要求返回。在返航途中越过“针角”，看到了海边的一块巨石，就遭遇到了风暴。迪亚斯就称之为“风暴角”，并在此竖起了第 3 根纪念石柱。后来，若昂二世听了迪亚斯的汇报，下令把“风暴角”更名为“好望角”。由于船员人手不够，在回到西海岸的小湾时，迪亚士下令船员到卡拉维拉船上，并烧掉了小船。迪亚士在小湾竖起了第 4 根纪念石柱后，补充了粮食之后，然后沿着海岸顺风北航。停经普林西比岛后，船队来到了米纳城堡，进一步补充水源。但是之后进行的航行与之前不同，因为他们进入到了深海，绕了个大圈，在出发航行了 16 个月后，在公元 1488 年年末，他们回到了特茹河，受到了人们热烈的欢迎。

这一伟大的航程，不仅对葡萄牙具有历史性的意义，而且对于世界航行探险进程也是一个新的突破。因为这次航行意味着印度的路已经被打通了，对于后来的地理发现也起到了关键性的作用。海上资源的成功也带动了经济的发展，葡萄牙通过贩卖奴隶和贸易往来，获得了巨大的经济收益。这为葡萄牙成为全球性的殖民帝国奠定了丰厚的经济基础。

“谁控制了海洋，谁就控制了一切”。这是在公元 500 年前，一位古希腊哲学家曾经说过的一个预言，这句预言在 2000 年后终于应验。葡萄牙和接下来即将登场的西班牙、荷兰、法国、英国，直至今日的美国，无一例外都依靠捍卫和扩张海上权力成就了霸业。亨利王子的将海洋与经济利益联系起来，这一策略被其他许多国家纷纷采纳，各国都看到了这将决定一个国家的繁荣与衰败。

第二章　盛世末路

葡西“瓜”分地球

欧洲一直流传着一个古老的故事：据说在印度有一位信奉基督教的圣人，他以贤良的品德和虚怀若谷的精神在异教的世界里面传播着基督的福音，并且还建立了基督的王国。在葡萄牙，人们称这位圣人为“印度的普莱斯特·若昂”。于是，葡萄牙最伟大的国王之一的若昂二世决定接手亨利王子的航海事业，致力于寻找通往印度的航路。

若昂二世被人们尊称为“完美太子”，当然，这个称号不是浪得虚名的。公元 1481 年 12 月，若昂二世发现了被称为黄金海岸的加纳，当时命名为米纳，取意为“矿藏”之意。当时若昂二世派阿赞布出发探险，他们在公元 1482 年 1 月，发现了加纳这个地方蕴藏的黄金特别丰富。故称为黄金海岸，葡萄牙在这里建立了一个要塞：圣乔治堡，这个要塞主要有几个作用，首先一个最主要的作用就是，这个地方有助于葡萄牙人进一步探索未知的世界；其次就是这里是葡萄牙在非洲海岸权力的象征。然后就是对经济有一定的促进作用——它便于与当地人进行贸易往来。

有一种估计说，在公元 1450—1500 年，这 50 年来，西班牙的黑奴被葡萄牙人掳去大约有 15 万人，而葡萄牙进口黄金大约 17 万，因为葡萄牙的黄金非常稀缺。从公元 1457 年，葡萄牙开始铸造克罗塞多金币，这种金币直径约 3.48 厘米，纯金度达百分之九十八点九。所以可见他们掠夺的黄金也不在少数。在公元 1496—1521 年，葡萄牙有米纳作为前沿阵地，那么对以后的地里发现就方便多了，公元 1482 年，卡奥仅率 3 艘小船就到达了非洲的最南端。此行，卡奥带了很多叫作“帕德劳”的标柱，以作为葡萄牙对该地拥有权利的标志。

加纳沿海

卡奥此次出行对葡萄牙国内产生了一次轰动，原因是它不仅为葡萄牙多开辟了1 000多英里的海岸线，而且还找到了约翰王的线索。更有谣传说他已经发现了通往印度的航道。国王要他保守秘密，更加证实了谣传的真实性，若昂二世对此十分满意，并赏赐给他终身奖金，封他为贵族。

就在公元1484年，卡奥的历史记载就消失了，有谣传说他可能就在这一年逝世的。他又一次出航，仅带着几个改信基督教的黑人和送该刚果国王的礼物出发了，到达刚果之后，他让黑人留在那里，自己继续南行。他在圣玛丽教以南700英里的克罗斯角竖起了纪念石柱。之后就没有他的消息了。

我们知道伟大的航海家，哥伦布，就是在卡奥的两次航行时出现的。哥伦布出生于热那亚，家境贫寒，14岁就外出航海，从此对航海产生了浓厚的喜爱，之后就成为了一名优秀的水手。他一直坚信地球是圆的。因此从欧洲向西航行而不是向东航行也可以到达印度，而且航程短，花费少。但是有一点他计算错了，就是从加那利群岛到目的地有一万多海里，而他却认为是2 500海里。

但是哥伦布的想法并没有得到若昂二世顾问委员会的同意，他们认为葡萄牙为向东的探险已花费了大量的时间和人力物力，很快就能发现印度的航线了。而且哥伦布计算的距离也有些误差，因此没有必要再向西探索一条新航线了。哥伦布后来向西班牙国王游说，国王同意了，于是在公元1492年，哥伦布在美洲发现了新大陆，但是他却一直认为发现的是印度，由此哥伦布也成了与马可·波罗齐名的人物，西班牙在美洲殖民获得巨额财富，建成了西班牙帝国。

卡奥为了加快探索印度的脚步，于是公元1487年派出了两个探险队，兵分两路，即水路和陆路。他分别叫科维良和派瓦带队，任务是横渡地中海，进入红海，然后到达印度和约翰王的国家。科维良这时只有20多岁，精明能干，多才多艺，并且精通多种国家的语言，其中就包括阿拉伯语。派瓦，人们就知道能讲几句阿拉伯语。公元1487年，他们带上探险队出发了，他们二人扮作穆斯林商人，携带礼物、蜂蜜到达了亚丁，在那里他们兵分两路。派瓦的任务是向南进入阿比西尼亚山区，与约翰王商谈，但这时若昂二世的目的不是要结成联盟，而是要干脆向这个王国扩张了；科维良的使命是向东进入印度，表面上是了解香料贸易，而实际上算是一个经济间谍，获取情报。科维良历经千难万险到达印度的西南海岸，得到了重要的情报，他一直在印度待到了公元1489年，然后他乘船来到了索法拉，这是阿拉伯人在非洲东南部最南端的贸易点。

公元1490年，他在开罗得知派瓦去世的消息，并且得到了国王的新命令，让他继续完成派瓦未完成的任务。于是他给国王给了封信，报告了一下有关港口和贸易的情况。这封信对达·伽马的航行起了重要作用。约在公元1493年，科维良虽然见到了阿比西尼亚的皇帝及其部落首领，他们对科维良很好，但是他在那里是失去了自由，被皇帝禁锢在那里，几乎是度过了余生。

科维良被禁锢之后，水路就由迪亚士接手了，他们对这次航行准备的非常充分，专门有一条补给船，为了保证他们这次航行能够长久一些。之后的许多航海家也都效仿这些做法。公元1487年秋，在科维良出发几个月后，迪亚士也出发了。他很快越过了卡奥到达的非洲最南端——克罗斯角，然后向南行驶。但是当时遭遇到了风暴和水流，使航行变得异常艰难，所以迪亚士命令船员将补给船留下，便率另外两条船继续前行。他在离开卢得次湾后，遇到了狂风，这个小探险队被一直向南吹，13天后，风暴停息，他们向东航行希望再次靠近海岸，但是他们一直都没找到陆地，过了几个月之后，他们明白了，原来他们已经越过了非洲的最南端。于是迪亚士下令向北行驶，终于看到了陆地。

非洲南部海岸是许多航海家的目标，迪亚士就到了非洲大陆的最南端。然后，他们又转向东方，看到了非洲向北弯曲的地方，这就预示着他们已经进入到印度洋了。迪亚士命令在大鱼河河口立了一根“帕德劳”石柱。10年以后，达·伽马看到了这一标记。

迪亚士此行将航线又延伸了1 260英里，但是由于食物已经不足以再支撑下去了，他本意是还想继续前行，但船本身的情况也很不好，所以船员们都极力反对，都希望回家。在回去的途中，他们在非洲南部看到了一个壮观的大海岬，迪亚士把它命名为风暴角。公元1488年，他们返回了里斯本，若昂二世并没有怪罪于他，反而热烈地欢迎了他。并且认真的听取了他的汇报。他们已证实确实有一条通道，但是现在还不能证实能否到达印度，若昂二世对此很上心，并给予了厚望，所以他给风暴角起了一个新名字——好望角。

哥伦布的航行让事情变得复杂了，公元1481年，葡萄牙国王与卡斯提国王订立了《阿尔卡索条约》，当时卡斯提国王队摩尔人最后一个在伊比利亚岛上的据点格拉纳达进行战争准备，对外界发生的事物漠不关心，在《条约》中规定以发现世界以加那利群岛的平等线为界线，分为南北两个部分，南部由葡萄牙管理，北部由卡斯提开发。所以当哥伦布在公元1493年发现新大陆并兴奋地告诉若昂二世自己发现了日本的时候，国王告诉他说，根据《条约》，大西洋西边发现的新大陆不属于西班牙，而属于葡萄牙。于是哥伦布就给西班牙统治者斐迪南和伊莎贝尔，就说葡萄牙国王要和西班牙争抢领土。

西班牙的统治者看后很震惊，于是立马恳求教皇亚力山大六世要求西班牙对哥伦布发现的领土明确主权。亚历山大是他们的好朋友，也是阿拉贡的博尔哈家族的人。所以他答应了他的请求，发出了有名的教皇训谕《划子午线为界》。在训谕里，他在亚速尔群岛和佛得角群岛中任意一岛的西部和南部100里格的地方，画出一条界限，把线西的一切土地的所有权归于西班牙，没有提到葡萄牙。后来，亚历山大又于公元1493年发出一道训谕《划界以后》，把过去许多教皇承认的葡萄牙占有非洲的土地的权利取消了，这样葡萄牙只保存非洲的实际占有的地方了，除了摩洛哥的城市之外，只有阿尔金和米纳了。

此外，这道训谕还企图不准葡萄牙再向东方航行。若昂当然不能容忍这种不公平的安排。但是他并没有表现出来，因为教皇是当时上帝在人间的代表，权威的象征，所以他只有把矛头指向西班牙，威胁西班牙说只要问题解决不了，就要兵戎相见。在战争面前，西班牙退缩了。

历史上有名的教皇子午线的诞生是在公元1494年6月7日，西班牙与葡萄牙两国之间签订了《托尔德西拉斯条约》。条约中规定：在佛得角以西370里格的地方画一条线，把世界分为两半。葡萄牙被赋予了线西的垄断权，它可以探险、贸易、宣布占领新领地；西班牙赋予了线东的垄断权，也就是说，这个条约确定了葡萄牙对几内亚贸易和环非洲航线的控制，西班牙统治了大西洋。

若昂二世觉得他的外交的胜利在于南美洲隆起的部分归葡萄牙所有，葡萄牙人很满意这个条约，并且达到了所有要求，但是巴西却没有得到什么好处，只是西班牙对这个新大陆有绝对的权利。这个条约对于已发现和未发现领土上的人们是不考虑在内的。

葡萄牙人无畏的探险和勇于发现的冒险精神直接促成了地理大发现，整个世界骤然变得狭小，他们与盛产茶叶和丝绸的东方越来越近了，几乎可以平起了，然而葡萄牙的国土面积还不如中国的一个省，但是却在15世纪末与西班牙瓜分世界，这不得不说是一个奇迹，也是葡萄牙成为殖民帝国的象征。

印度洋“霸主”

“我是最伟大的人，把地球踩在脚下！我财大气粗，拥有无限权势；我是权势，王冠和王位，能让大地和海洋颤抖！我的威名远扬，家喻户晓，我就是葡萄牙，我比整个世界更大！”这首诗贴切地反映了十五六世纪时葡萄牙飞快的崛起与强大，它称霸全球，以自己的意志左右了全人类的一次“全球化”。

由于哥伦布的发现深深刺激了若昂二世，基于现在葡萄牙的权利得到了保障，所以若昂二世就又重新准备海外探险。国王任命达·伽马为指挥官。达·伽马，约公元1460年生于葡萄牙阿加特省，与达·伽马很相熟的威尼斯驻葡萄牙使节马塞尔说他生性火暴。根据迪亚士的建议，达·伽马选用了船身圆、比较轻便的大船来航行。公元1495年，若昂二世逝世，他的侄子曼努埃尔继位。这时候国内就有人提议，先终止探险，以免激化与经营香料贸易的威尼斯的矛盾。但是曼努埃尔并没有听取劝告，而是下令继续探险。

经过长达10年的准备，达·伽马于公元1497年7月8日率领船队出发了，这支队伍由4艘船组成，共有170人，他们这次航行使得历史上伟大的一页就此翻开。这些船员有的是奴隶、有的是死囚。另外还包括翻译、牧师和军人。队伍中有军人说明它不仅仅是一支探险队，还是一支战斗队。曼努埃尔秘密向达·伽马示意说，他有多重身份：大使、商人、士兵，想要用什么身份就可以随意用什么身份。曼努埃尔还说，此行的目的是“弘扬基督教义”，还有就是“取得东方财富”，事实上达·伽马本身就是圣地亚哥骑士团的首领，国王还专门赠送了一面锦旗，这面锦旗上有基督骑士的标志，所以说明了这次航行会受到罗马教皇的批准和上帝的庇护。

达·伽马于11月22日绕过了好望角。两个月之后，船队越过了迪亚士立的最后一根石柱。他们在公元1498年1月25日，到达了如今的莫桑比克的克利马内河口，并且擒获了一个叫达亚内的孟买人，从中得到了许多关于莫桑比克的情报，但是由于食物腐烂，水源缺乏、船只也需要维修。不少船员都得了病，所以达·伽马下令在此地休整一个月。

在公元1498年3月2日，达·伽马带领船队来到了莫桑比克岛，这时当地的文明已经很高了，但是还比不上葡萄牙。这里没有统一的国家，有的是城邦国家，它们很早就与印度人、波斯人、阿拉伯人有贸易联系，政治权力都掌握在穆斯林手里。但是这些城邦国家之间互相竞争，为了夺取利益。葡萄牙人就是抓住了这一点，所以才在东非立足，并且后来吞并了它。

葡萄牙在蒙巴萨受到了打击，损失惨重，但是在马林迪却受到了热烈的欢迎，而且葡萄牙人还收到了马林迪苏丹送给他们的小茴香、豆蔻、胡椒、羊以及生姜等生活小用品。穆斯林欢迎基督徒的原因在于两地苏丹有世仇，马林迪苏丹想借助外力打击对手，事实上，葡萄牙人能在这一带立足，基本上是靠与马迪林的联盟。马迪林甚至还给葡萄牙人指派了一个能够通往印度的向导。虽然他们知道度过阿拉伯海可以到达印度，但是印度洋上变化多端，风向莫测，而且地理位置又不是很熟悉，如果没有向导的话，真不知道什么时候才能到。

在向导的帮助下，达·伽马在公元1498年5月20日，顺利到了达印度西海岸的卡利卡特，这个地方就是科维良提到的重要港口之一。他们竟然在这里居然遇到了一个会讲葡萄牙语的北非穆斯林，这位穆斯林一上船大声说：你们真幸运，真幸运！这里的红宝石、绿宝石多得很，你们真的很应该感谢上帝把你们带到这个地方来！历经4位国王的不懈努力，80多年的不断探索，葡萄牙人终于来到了印度，开辟了东方航线，从此，葡萄牙迈上了一条商业帝国的道路。

印度当时北部的统治者是莫卧儿，而南部则分布着许多小的国家，这些国家之间相互竞争，都在拉拢讨好达·伽马，从而让葡萄牙人渔翁得利。

印度西海岸的这个小国家是卡利卡特，他的国王叫作沙末林，其意是山和海的主人。达·伽马作为葡萄牙的使臣，上岸来觐见沙末林，向他表示葡萄牙国王很愿意和他交朋友。葡萄牙人受到了隆重欢迎。达·伽马的到来使垄断香料贸易的穆斯林商人感到了威胁。因为这些商人能在香料贸易中赚取高额的利润，他们经营香料途径主要有两条：第一条是经红海、苏伊士到埃及的亚里山大；第二条就是把香料经波斯湾、伊拉克运到阿勒颇。这些香料最后都和威尼斯人交易，然后再分销欧洲。

葡萄牙人的出现彻底破坏了威尼斯人的好事，他们不能赚取更多的钱了。就在这时，一条达·伽马在东非滥杀无辜的消息传到了卡利卡特，威尼斯商人就警告沙末林说，达·伽马的到来不是为了交朋友，而是为了侦察，进而进行侵略。但沙末林却没有听进去那些话，他还幻想达·伽马会重振卡利卡特的经济，还幻想着借助达·伽马的武装力量来强大自己。所以他自己出资，把远征队的货物运到城里去，允许达·伽马在市内开设商店，进行自由买卖。但这些大商人有着巨大的影响力，达·伽马不得不撤离卡利卡特，他于8月29日，到附近的坎那诺拿走了香料和宝石及6名人质。并且在那里竖起了“帕德劳”标柱，发誓要报复。

达·伽马他们花费了3个多月才越过阿拉伯海，途中由于船员患了热病和坏血病，大多数船员都死掉了。所以达·伽马下令不得不把圣拉斐尔号烧毁。所以仅剩下两条船和不足三分之一的船员。达·伽马的哥哥保罗病重，所以他在亚速尔群岛停了下来，这是葡萄牙人的一个基地，贝里尔号先期于7月10日返回里斯本。但是最后哥哥保罗还是身亡了，达·伽马9月回到了里斯本，虽然这次航行损失很大，但是他带回了比这次航行价值大60倍的东西，就是胡椒和肉桂。这下整个葡萄牙都很轰动。因为达·伽马到达的是真正的东方，是欧洲人想象中黄金遍地的地方，而不是哥伦布发现的很荒凉的印度。人们认为虽然这次东西不多，但却给葡萄牙带来了一片光明。前方金光闪闪，等待着他们去探索。自此之后，葡萄牙的探险时代结束，开发时代到来了。

不久之后，葡萄牙国王曼努埃尔便派出一支远征队，是由 13 艘船和 1 200 人组成的，这次的任务不是探险，而是控制香料贸易，拿下印度。船队于公元 1500 年，3 月 9 日出发了。这次的人数占当时葡萄牙总人口的1‰，虽然与郑和船队的规模不能比，但对照以前的探险少则一条船，多则四条船的配置，已经算是葡萄牙空前的规模了。从这也可以看出曼努埃尔对这次航海的重视，发现好望角的迪亚士是十七条船中一条船的船长，而这次的指挥官是没有航海经验的贵族佩德罗·阿尔瓦雷斯·卡布拉尔。卡布拉尔受命告知卡利卡特的王公关于基督徒与穆斯林之间的世仇。这种仇恨让每个天主教的国王都对敌人抱着尽享战争的态度，船队采纳了达·伽马的意见，远离非洲西海岸，绕着圈向西南海岸前进。这个圈貌似绕的有点大，于是他们就到了南美大陆东部隆起的地方，巴西就这样被发现了。卡布拉尔派一艘船回去报信，余下的船继续航程。但是就在好望角他们遭遇到了大风暴，船上的所有船员全部遇难，其中也包括迪亚士，迪亚士曾经到达了印度航线最艰难的地方，但是却没到达真正的印度。

公元 1500 年 9 月，在中国古籍中被称为“古里”的卡利卡特，郑和曾经多次到达这里，比达·伽马早 80 年，卡布拉尔到达了这个著名的贸易中心。现在的情况对葡萄牙人来说非常糟糕，他们在卡利卡特设立商站收购香料的行为大大地削减了当地穆斯林的利益，卡布拉尔威胁沙末林，如果不采取一定的措施，他们就去别的港口进行贸易，这样他就得不到税收。卡布拉尔给沙末林施压，要求他们可以优先进货，并且在他们没满载以前，穆斯林商人不得进货、不得开船。后来，他动用武力洗劫了一艘穆斯林商船。这件事是商战事件的导火索，公元 1500 年 12 月 16 日，穆斯林商人袭击了商站，打死了 53 名葡萄牙人，这导致了卡布拉尔极其愤怒，立刻就轰打卡利卡特城。从凌晨一直打到深夜，并且洗劫在港口内的商船，杀害了无辜船民 600 人。这加深了葡萄牙人民与穆斯林人民长期的仇恨。卡布拉尔的这一行为，让与沙末林为敌的坎纳诺尔和柯钦，相当满意。所以他们邀请卡布拉尔到他们的港口，并卖香料给他们。葡萄牙人充分利用了柯钦和卡利卡特的矛盾，在印度沿海建立了永久性的贸易据点和武装据点。就这样，故技重施——利用当地人的矛盾，葡萄牙又一次的达到了自己的目的。

葡萄牙国王开始了一年一度的远征印度，那时卡布拉尔还没有返回印度。公元 1501 年 7 月底，卡布拉尔回到了印度。虽然损失了 6 艘船和许多人员，但他们的盈利超过了总花费的 2 倍。这是一次成功的航行，葡萄牙人成功地达到了他们的目的，就是彻底打破了阿拉伯人和威尼斯人对香料的垄断。并且他们在那里设下了据点，以便日后控制香料贸易。

达·伽马被任命为印度洋海军司令，在公元1502年，率队出征，这次他们的舰队由20艘船组成，其中15艘船上装有重炮，这才是一次真正意义上的出征。目的就是建立葡萄牙统治在东非和印度的殖民地。在今天坦桑尼亚南部港口基卢瓦，达·伽马要求当地的苏丹上船来进行和平通商谈判，但是葡萄牙却扣留了他们，以炸毁基卢瓦要挟他们每年向葡萄牙进贡。

他们的船队继续北上，在坎纳诺尔附近遇到一艘向穆斯林朝觐的船，是由麦加返回的。船上加上妇女儿童一共380多人，这艘船没有抵抗就投降了。达·伽马为了替在商战事件中死去的葡萄牙人报仇，他在洗劫了财物和货物后，放火烧船。船上有的人满身大火跳入海中。达·伽马看到这一情景，却不为所动，等到船全部被烧毁之后，有20多名男童活了下来，他却把他们带回葡萄牙，要他们皈依基督教。

那时，葡萄牙已于坎纳诺尔的土王结盟。当时印度的各个分裂小国互相敌视，互相竞争，为了自保都很注重武装力量，仅限陆军，海军简直不值一提。10月30日，达·伽马来到了卡利卡特。沙末林被葡萄牙人的武力吓坏了，主动求和，表示将把杀害葡萄牙人的凶手交出并赔偿损失。葡萄牙人这次得寸进尺，他们直接要求沙末林赶走所有的穆斯林人。这样他们便可以独占香料贸易。葡萄牙人还规定了时日，为了进一步打击卡利卡特，葡萄牙人把向他们兜售海鱼的38名渔民吊死在桅杆上，然后炮轰了卡利卡特。令人发指的是，在夜里，达·伽马命令手下，将吊死的渔民的头、肢体砍下，放在一条小船上，小船顺水流进城里，如果城里有谁反抗，全城人的下场就是这样的。

达·伽马做完这些令人发指的事情之后，又炮轰全城。用7艘船封锁卡利卡特，他带领其余的舰队到达柯钦，并与那里的统治者签订了对葡萄牙非常有利的条约，条约规定，葡萄牙人有权在此设立据点，并独占柯钦的对外贸易。沙末林不甘心忍受葡萄牙人的欺凌奋起反抗，但是由于自身武器的落后和策略的误用，两次反抗都失败了。在公元1503年2月，达·伽马满载香料回国，8个月后，回到了里斯本。国王为了褒奖他的功绩，封他为“伯爵”。在公元1524年被封为印度总督，但是没过多久，这一年的12月，他死于印度柯钦。

达·伽马走了之后，葡萄牙和欧洲人在亚洲建立的第一支永久性舰队——5艘船担负起了掠夺阿拉伯船只，破坏印度与埃及之间贸易的任务。沙末林为了报复，组织了反对葡萄牙和柯钦联盟的5万大军讨伐与葡萄牙人结盟的柯钦，留下来的葡萄牙人与柯钦军队逃到一个小岛上躲避，直到另外一只葡萄牙舰队到来这才逃过一劫。这样一来，柯钦与卡里卡特之间的仇恨越来越深了，柯钦与葡萄牙之间越来越近了。

就在这一年，柯钦与葡萄牙正式结盟，并且葡萄牙王国把在柯钦修建的一个永久性的据点命名为他的名字。这足以显示葡萄牙国王的重视，公元1502年—1505年，葡萄牙国王多次派舰队在海洋上拦截阿拉伯人的商船以保证自己对香料贸易的垄断。在达·伽马以前，每年从传统商路上从亚洲流往欧洲的各种香料的总值是350万磅，但是在最近几年以来，每年平均不到100磅，外界就有传说，曼努埃尔在这几年里收取的香料净收入有百万克罗塞多。尽管卡布拉尔和达·伽马用尽全力去破坏和摧毁，但是仅靠一两个据点还是不能全部垄断香料贸易的。因此有必要在印度常设一支军队，为此，曼努埃尔专门设立了印度总督一职。

阿尔梅达的策略就是把葡萄牙人控制在印度洋沿岸，虽然他在印度洋打开了局面，但是葡萄牙的据点还是靠和当地人的合作，否则只留下小部队看守据点，大部队回国，很容易被敌人乘虚而入。

但是第二任印度总督阿尔布克尔克，彻底改变了阿尔梅达的策略，而是计划了一个能把穆斯林在香料运输中全部除去的计划，并且还能控制3 500英里的印度洋。果阿是印度西南海岸仅次于卡利卡特的一大商业中心，阿尔布克尔克到任的第一个行动就是攻占果阿。由于果阿的穆斯林统治者当时实行了对印度的残暴统治，于是当地的非穆斯林对于阿尔布克尔克非常的支持，再加上当时果阿的军事力量薄弱，所以阿尔布克尔克于公元1510年，攻占了果阿。但是两个月后，穆斯林的支援部队到来，阿尔布克尔克弃城而去。但在10月初他集结大军再次攻占了果阿，并下令屠城，共杀死6 000多名摩尔人。

阿尔布克尔克的这次行动，完全让印度周围分裂的小邦臣服于了葡萄牙。就在年底，阿尔布克尔克把他的总督府迁到了这里，这里就成为了葡萄牙进行东方殖民活动的主要城市，直到1961年，印度政府才收回。公元1512年，阿尔布克尔克与新沙末林签订了协议，在卡利卡特修建了一个要塞。随后而来的就是建立了一系列的要塞，这样葡萄牙就完全掌握了通往印度各地海岸的主要航道。

葡萄牙殖民帝国彻底称霸于印度洋之上，经过几代航海家的努力奋斗，终于打通了通往东方的航道，这在葡萄牙今后的发展中成为了不可磨灭的闪光点，因航海事业获取的财富同时也成为了葡萄牙得以持续称霸的重要根基。

被兼并的时代

史上著名的“三王战役”爆发了，就是在公元1578年8月4日，参战双方是葡萄牙国王塞巴斯蒂昂和摩洛哥前苏丹穆泰瓦基勒的联军，另一方为摩洛哥苏丹阿布德·马立克率领的摩洛哥军队。地点是摩洛哥北部马哈赞河附近的凯比尔堡。

三王之役的惨败使得有如昙花一现的国家陷入了泥沼之中，它的衰落不仅是偶然，也是必然。“三王之役”点燃了“摧毁”葡萄牙的导火索，葡萄牙开始正式走“下坡路”了。

葡萄牙在经历巅峰之后，就开始逐渐衰落了。在葡萄牙的境况每日俱下的形势下，就要说一下西班牙与葡萄牙“剪不断，理还乱”的关系了。这两个有着“母子缘”关系的国家，一直都处于一种激烈的追赶状态，葡萄牙终于在公元1580年被西班牙赶超并兼并了。

葡萄牙国内的情况较为特殊，一方面它不同于欧洲西北部和意大利，拥有独立的相对繁荣的自由城市；另一方面它也不同于法国和波兰，有大量的农耕土地。它只有海外殖民事业，但是海外殖民事业并没有给葡萄牙本土的工农业实际生产方面带来进步，反而是过于充足的贵金属货币，让葡萄牙当时国民生活变得奢侈起来了，所以就导致这个国家的大多数生活用品全部依赖进口。

葡萄牙终究是封建主义国家，贵族和地主在经济政治中的地位是不可忽视的，就在对外扩张取得一定的成果之后，他们就变得奢侈起来，投入享乐，不思进取。甚至一名公爵在喝水的时候都要奏乐。整个国家都处在骄奢淫逸的状态之中，被吞并也在情理之中。

就经济上来说，地主一直在剥削农民，甚至比以往更加残酷了，虽然对外扩张和海外贸易的香料贸易还不错，但毕竟有限，也不是铁饭碗，面对着其他欧洲国家商人的竞争和海上运输的巨大风险，海上兵力和船只时常捉襟见肘的葡萄牙其经济命脉也渐渐摇摇欲坠。另外，这个国家的基督教徒对于异教徒毫不留情，这样也导致了人口的极具内缩。

兴，非偶然；当然，衰，也必非偶然。葡萄牙在政治、经济、国民风气等原因之下，脆弱的葡萄牙在菲利普二世的强权下被兼并。

国王塞巴斯蒂奥——年轻而且无子女的国王一去不回之后，红衣主教——塞巴斯蒂奥的叔爷爷“纯洁恩里克”继承了王位。这时，西班牙国王菲利普二世凭借和葡萄牙王室的姻亲关系，借机宣称他的葡萄牙王位继承权是无可争议的。

其实葡萄牙王位的合适人选锁定了以下 3 个人：布拉甘萨女公爵卡塔琳娜；克拉托修道院院长安东尼奥和西班牙国王菲利普二世。但是卡塔琳娜是个女人、安东尼奥是私生子出身，只有菲利普二世实力最雄厚，并且手中有当时最强海军“无敌舰队”，另外论出身他也是曼努埃尔一世的根红苗正的外孙。

这时葡萄牙国内的贵族和社会要人都同意西班牙人当选。他们认为这两个国家的合并或许能解决葡萄牙社会的矛盾。甚至有人认为这件事是能让葡萄牙进入盛产黄金白银的中美洲的唯一的机会。因为当葡萄牙的香料贸易出现问题时，是西班牙人在中美洲发现大量贵金属而迅速发家致富了起来。

这些贵族认为西班牙一个强硬的政权，足以震慑平民起义，还不至于在这个动荡的年代，让他们的身份和财产随时被吞并。与贵族相反，下层民众坚决主张维护国家的完全独立。这种局面使上层人物惶恐不安，因为在公元 1383 年年末，由于人民对于王位继承权的不满，从而引发了一起战争，如果这次还是处理不当的话，也许会引发另一场战争。

顺便提一下，恩里克在历史上被称为“纯洁恩里克”，之所以有如此的称呼，是因为“纯洁”亦称“贞洁”，红衣教主是一名主教，因此不可能有子嗣，所以便有了这个稍显可爱的称谓。

这次为了避免出现同样的问题，红衣教主邀请了几个拥有合法继承权的候选人或他们的代表来参加为解决继承权问题而召开的大会。并且要求他们宣誓绝对服从提出的解决方案。但是菲利普二世拒绝这项提议，并宣称他的地位是无可争议的。

公元 1579 年，会议在阿尔梅林召开，当时是在缺少西班牙代表的情况下。两名候选人中，布拉甘萨女公爵退出了选举，因为没有人支持她，感觉她的上台就是贵族的执政。这样，克拉托修道院院长安东尼奥便受到了平民的支持。但是他却受到了贵族的排挤，因为贵族们害怕历史重演。甚至国王签署了一道命令，以“为了我的王国和臣民的幸福安宁”为理由，要挟安东尼奥离开葡萄牙，就在这时，菲利普二世在西葡边境囤积了重兵，等待着合适的机会。

但是这次会议有贵族代表和平民代表各执一词，争吵不断，却一直都没有结果。直到公元 1580 年，红衣教主去世，但在他的遗嘱中却也没有提到谁来继承王位。只是任命了一个由五个人组成的联合执政政府，在新国王产生之前暂时代行国王的职责。这一年葡萄牙的伟大诗人卡蒙斯也逝世了，那么伟大的葡萄牙帝国的辉煌也跟着这位诗人的落幕而一起沉睡在了杰罗尼莫修道院里了。

被平民拥戴的安东尼奥，在红衣教主逝世后，试图回到里斯本，但却被支持他的平民留在了圣塔伦。公元1580年，6月12日，他被疯狂的支持者拥戴为葡萄牙国王，并且向里斯本进军。首都的老百姓打开城门热烈欢迎他。正待在斯图堡的五位执政官见状星夜乘船逃往西班牙，并签署文件，正式任命西班牙菲利普二世为葡萄牙国王，安东尼奥则为叛徒。这时，边境西班牙的精锐部队在阿尔瓦公爵的带领下，一鼓作气的打到了里斯本城下。

安东尼奥和他的支持者们相信历史会重演，即使是面对这种情况。但是并没有那么容易：一是西班牙的部队没有得瘟疫；二是安东尼奥是一介书生无法像阿维斯骑士团团长若昂一世那样轻易的就集结起来大批军队。再加上国内训练有素的精锐之师都被塞巴斯蒂安葬送在北非的阿尔卡塞尔·吉比尔了。最后，安东尼奥不得已才释放了一大批犯人和奴隶，还把他们编入军队，但是他们这群乌合之众又怎么能抵抗西班牙的精锐部队呢？

战争已经很明确了，在8月25日，爆发了阿尔坎塔拉会战。安东尼奥的军队悉数被歼。安东尼奥逃亡北部山区，试图组织力量再战，但是城镇的大多数人只是名义上支持，并不出财出力，还好他们并未受到菲利普二世高额悬赏的诱惑把安东尼奥出卖出去。

灭掉了安东尼奥的余党之后，菲利普二世顺利地进入里斯本，并在公元1581年4月召开宫廷会议，被加冕为葡萄牙国——菲利普一世（因为到目前为止在葡萄牙历史上这是第一个叫作菲利普的国王。他在西班牙国内仍称二世）。称为菲利普王朝或卡斯蒂利亚王朝就此建立。伊比利亚半岛第一次实现了联合。

绰号为“精明人”的新国王，登基之后，就制定了一套政治纲领，并宣誓说他本人以及今后的葡萄牙统治者都会遵守。据说，在红衣主教恩里克在世的时候菲利普二世便派代表与之进行过密谈，这套纲领就是当时菲利普二世对恩里克做出的承诺。这些条目史称“菲利普纲领”，具体包括以下几个方面：葡萄牙既有的特权、法律以及风俗习惯都不会改变；在制定新的有关葡萄牙的制度的时候，必须在葡萄牙召开相关会议；行政、司法、财政及军队等部门因袭旧制不变，所有这些机构中的官员和红衣主教等其他教会职务都由葡萄牙人担任，同时葡萄牙人也可以在西班牙任官职，官方语言仍为葡萄牙文，货币仍然不变；东方贸易依旧由葡萄牙人管理，西班牙和葡萄牙邻国之间取消商品流通的各种税，如需必要，可派西班牙的舰队为葡萄牙保驾护航。

可见菲利普的这些政策是很明智的，这样一来，他不会遭到反对，可以安安稳稳地一直坐下去。还拿下了葡萄牙国王的位置。他在世的这几年，确实也是这么执行的。而效果也是显著的。上层阶级自然没有理由为选择了一个外国人当国王而懊悔，在葡萄牙人民的心里，反西的情绪也渐渐沉了下去。全部化作了对过去的坏念和“塞巴斯蒂安主义”的情结。而当安东尼奥在公元 1589 年带兵回来的时候，里斯本市民选择了关闭城门进行抵抗。这次复辟的企图就这样告吹了。

安东尼奥见了这种形势，就知道自己肯定无望了，所以就逃到了亚速尔群岛，怎奈西班牙当时的海军实力是第一的，所以在海上也是徒劳的。他又跑到了法国，公元 1595 年客死他乡。这样，西班牙兼并葡萄牙的 60 年就开始了。

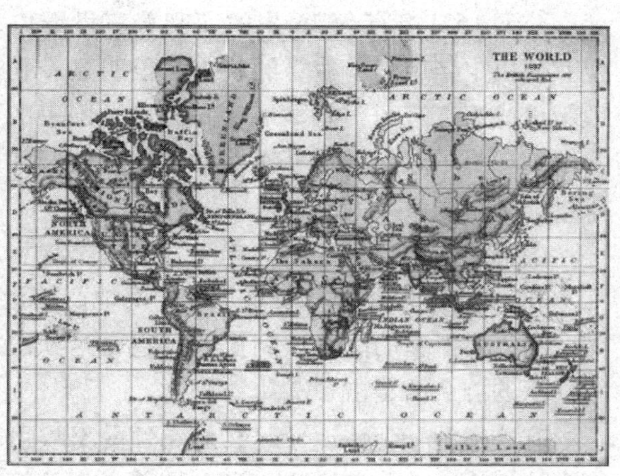

葡萄牙被兼并

安东尼奥选择回来继续战斗是有原因的。因为在公元 1588 年，西班牙的舰队受到了重创。因为他们自身的行为与天主教和英国国教存在分歧，于是菲利普组织了一支庞大的海军，其中包括葡萄牙海军的 31 艘高帮大型战舰，企图征服英国；但是英国正好在英吉利海峡发动了战争，葡萄牙的那些战舰基本上就灰飞烟灭，只有 53 艘返回。这次参展的葡萄牙海军所剩寥寥，这是在菲利普执政以来第一次带给葡萄牙的灾难。幸运的是，国内的经济形势还不错，这次战争的实力并没有引起多大的轰动。随着公元 1598 年菲利普的去世，绰号是“虔诚者”的菲利普的儿子菲利普二世（西班牙称三世）继位。西班牙 – 葡萄牙的盛世就在他任内出现了危机。其实错也不在他本人，有道是盛极必衰，西班牙的劫数到了。

首先，是美洲的银矿供应不足；其次，是由于宗教原因，国王在公元 1605 年，发起了一场驱逐摩尔人的运动，将格拉纳达地区的阿拉伯人驱逐，这样导致西班牙失去了一大批技术高超的手工艺匠人。英国和荷兰也在此时崛起，不断骚扰着西班牙和葡萄牙的殖民地。连年的征战，使得西班牙国内有点吃不消了，西班牙也就没有精力顾及葡萄牙的海外领地了。印度洋——曾经是葡萄牙的天下，现在英国和荷兰站上了历史舞台。

公元 1609 年，斯里兰卡被荷兰人占据，公元 1617 年，葡萄牙人被荷兰人排挤和刁难，公元 1622 年，英国帮助伊朗将霍尔木兹海峡夺了回去。公元

1637 年荷兰甚至占据了几内亚湾的一部分地区。最令葡萄牙人忍无可忍的是公元 1623 年—1630 年巴西的几个重要港口竟也沦落到了荷兰人手里，比如最富饶的伯南布哥和巴西首府圣萨尔瓦多。

综上所述，可知葡萄牙的霸气已在削弱，往日瓜分世界的强国已不复存在了，航海的业绩也被历史抛至脑后。

不可避免的“下坡路”

葡萄牙自公元 1580 年被西班牙当时的国王菲利普二世兼并，经历了长达 60 年的兼并历史，直至菲利普二世去世之后才出现了转机。

公元 1621 年年仅 16 岁的菲利普三世继位，他看到葡萄牙国内非常不稳定，便决定结束其半独立的状态，很明显菲利普二世的对葡萄牙贵族的怀柔政策也成为废纸了，原本最认同西班牙国王的贵族们，现在也成为了葡萄牙复国的帮手了。为了填补军费的空缺，他们加重了税收。然而这一举措激起了民愤，后来就发展成了一场起义。

葡萄牙历史上最著名的起义就是曼努埃里尼奥起义。这场起义发生在公元 1637 年，起因是由于要增加新的房地产转让税来支付政府拖欠贵族的津贴金。当一名王室的法官来到埃武拉宣布这项决定的时候，他下榻的地点遭到了愤怒的群众的袭击和洗劫。

有这样的一个传说，起义的头领曼努埃里尼奥是一个十六岁的青年，没有人认识他，他衣着褴褛，身上披着一个斗篷和一个灰色的披肩。脸上从未出现过笑容，起义迅速波及全国，但是由于缺乏领导和协调，还不到几个月这场运动便自行消亡了。

西班牙统治者看到葡萄牙风雨飘摇的局势，便决定结束它半独立的状态，便派兵前往葡萄牙镇压，任命西班牙的贵族担任要职，不仅如此，西班牙还继续在整个半岛招兵买马，四处拉壮丁，为当时欧洲正在进行的三十年战争充当炮灰。

公元 1640 年 5 月，巴塞罗那爆发了一次起义；葡萄牙的贵族们都接到了命令来镇压这次起义。上层阶级终于坐不住了，他们开始聚集当年的王位继承人女公爵卡塔琳娜的孙子、如今的布拉甘萨公爵若昂，为了镇压这次起义，葡萄牙的贵族们都收到了动员令，让他们去加泰罗尼亚参战。大家开始聚集在一起策划着一次干脆彻底的行动。

这个若昂是个黎元洪式的角色，由于远离里斯本的政治生活，再加上长期居住在自己的本土，革命态度不坚决。但是他时任全国军事总督，手中握有兵权，再加上他的出身也正，想不领导革命都难。

一场起义即将上演，公元1640 年 12 月 1 日上午九点左右，40 名王公贵族突然冲进里贝拉王宫和她的国务大臣米格尔·德·瓦斯贡塞洛斯。处死了国务大臣，于是逼迫女公爵命令圣若热城堡和特茹河各要塞的西班牙守军立即缴械投降、不得抵抗。一切办妥之后，他们才走出王宫，号召人民起来欢呼葡萄牙的光复。15 天之后，布拉甘萨王朝就此建立了，国家重获独立。布拉甘萨公爵正式加冕成为葡萄牙国王，称若昂四世。除休达之外，所有的葡萄牙本土和所有海外领地都宣布效忠新国王若昂四世。并与法国、英国、尼德兰等国建立了外交关系。

公元1640 年若昂当上了国王之后，便召开宫廷会议，决定将独立进行到底。他指定的方案是：向全国增收赋税；收上来的税款用于组建一支常备边防军、在边境修筑要塞、重建海军、建设一批兵工厂和造船厂等等。同样是增收赋税，这次为了祖国的独立和尊严而做出贡献，老百姓们都没有表示反对。

不仅如此，葡萄牙人民还非常爱国。公元1641 年东北地区山后省的一个边境小村遭到西班牙人的进攻，村民们躲进教堂进行战斗，但最终还是失败了。70 多名村民被侵略者砍掉了头颅。在西班牙方面的军方报告中这样写道："这些叛逆者是如此顽固，没有人要求可怜，也没有人喊'菲利普国王万岁'的口号。"除了一个老年妇女之外。在第二年的另外一次军事冲突中，西班牙人在报告中说："葡萄牙士兵力量虚弱，反应慢，但是反抗精神十分顽强。"

西班牙当时正处于和比利时、比利牛斯、阿尔萨斯、意大利等地作战的状态，正处于三十年战争的最后阶段，无暇顾及葡萄牙，若昂四世这才相安无事。除了公元1644 年有一次较大规模的战役之外，基本上都维持在边境冲突的水平上；双方互有胜负。

葡萄牙独立之后，开始收复海外失地，丹吉尔、普林西比、安哥拉、圣多美以及巴西的伯南布哥等地相继被葡萄牙从荷兰人手中夺了回来。但是印度洋的锡兰岛（斯里兰卡）、马六甲等地依然鞭长莫及。

若昂四世意识到本国自身的力量是很微小的，所以为了寻求支持，他向很多国家都派出了使节，像法国、英国、荷兰、瑞士、丹麦和罗马等国家。表示葡萄牙愿意加入以法国为首的波旁家族集团，与西班牙为首的哈布斯堡家族集团作战。

但是若昂四世想的太天真了，没有国家会和他结盟，因为与他为敌比与它为盟要有利得多，因为这样就可以光明正大的把那些葡萄牙人手里的商业港口和战略要塞攻打下来。最终所谓"光复外交"却一直没有实现，反而被别人嘲笑：葡萄牙从哈布斯堡家族集团脱离了出来（从西班牙独立），但是却没有被另一个集团所接纳。

当时在三十年战争中，是打着天主教的旗号和新教徒作战的，所以教皇拒绝在西班牙承认葡萄牙独立之前，而承认后者的地位。所以罗马方面的使节是一无所获的。直到公元 1669 年教皇才同意接见了葡萄牙的特使。

自古以来，英葡两国之间就有着很久远的联盟关系，如公元 1385 年葡萄牙的改朝换代就得到了英国的大力支持。所以葡萄牙在英国方面付出了很大的代价。但是这次情况有所不同的是偏偏赶上了英国革命，查理一世被处决，克伦威尔上台。若昂四世想要保持中立，但是英国的一群保皇党，以两国结盟依旧为借口，率领一支效忠于国王的舰队停在了里斯本港口。并以此为基地袭击克伦威尔的舰队。恼羞成怒的克伦威尔派舰队封锁了里斯本港，切断了通往巴西的海上通道。

葡萄牙为了换取和平和英国人的支持，被迫与克伦威尔签订了协议，将巴西、非洲及东方的贸易领地向英国开放，并许以优惠的关税税率，甚至还规定葡萄牙需要租赁外国船只的时候只能租赁英国船只。英国还要求允许在葡萄牙的英国商人从事自己的宗教活动。这个条款对于葡萄牙来说是难以接受的，因为葡萄牙是传统的天主教，于是克伦威尔又以兵力威胁逼迫葡萄牙同意了这项条款。

就在三十年战争结束以后，西班牙开始重点对付葡萄牙。所以葡萄牙不得不再次向英国求助，已经把北非的丹吉尔送给了英国。而且如果英国人能将印度洋上那些被荷兰人占据的地区夺回来的话，那些地区就让给英国人；对于锡兰岛，如果英国人能够夺回，那么葡萄牙就和英国平分该岛的肉桂贸易。那么作为交换，英国派了两个骑兵团和两个步兵团作为保护，需要时会援助葡萄牙。从此直到葡萄牙第一共和国时期，英国人一直在葡萄牙拥有外交特权，并进行着无孔不入的经济渗透。

葡萄牙对于法国也是很失望，公元 1641 年向法国提出建立对付西班牙的多国联盟，但是法国不予理睬。后来葡萄牙降低了标准，只是一个形式上的联盟就可以了（即如果西班牙不同葡萄牙和解，那么法国也不同西班牙和解）；但法国还是对此避而不提。

到了最后阶段，葡萄牙一直要求在最后的和谈中占有一个席位，以便西班牙承认其独立。但是法国一直都没有接纳葡萄牙。最后的《威斯特伐利亚条约》根本没有葡萄牙什么事儿。甚至在法国和西班牙单独签订的《比利牛斯条约》中明确规定了法国不支持葡萄牙与西班牙进行和谈。瞬间葡萄牙成为了大国之间权衡利益的筹码。

葡萄牙向荷兰提出了和解的要求，但是两国的和平仅限于欧洲范围内，海外的土地斗争一直都没有停止过。公元1661年，无奈，葡萄牙做出了退让，放弃了当时荷兰占领下的海外属地，并且给予荷兰商人类似于英国商人在葡萄牙属地上的贸易特权。葡萄牙在其他国家的外交也不尽人意。期望得到的援助都没有，或者是让葡萄牙付出了惨痛的代价。葡萄牙还是将那个霸主的地位让给了英荷两国。帝国曾经的辉煌被葡萄牙人亲手埋葬了。

由于若昂四世在位期间，国难人灾不断，外交上也屡屡失败，经济不景气。还发生过暴乱。因此，若昂四世将圣母玛丽亚尊为“葡萄牙的庇护者和女王”。从这时开始，葡萄牙的国王不再佩戴王冠，因为王冠是属于圣母的，这一点从他们的画像上也可以看出来。但是圣母的好运也没有庇佑葡萄牙多久，若昂四世于公元1656年11月6日去世了，最终都没有实现其伟大的愿望，其子阿方索六世继承了他的王位。

虽然葡萄牙又一次恢复了独立，但这次的独立显然与公元1640年的独立是不同的，先前的独立接下来在走“上坡路”，最终发展成为了一个势力覆盖非常广的全球性的殖民地帝国；而这次的独立却再也无法力挽狂澜，威严不再，经历了一次次的战争之后葡萄牙再也不是一个强国了。

父子反目寻契机

巴西宣布独立并不是很彻底，只是实现了分立。这场闹剧的编剧是若昂亲王的顾问费雷拉构思，作者主要是若昂六世，男主角是佩德罗一世。，正因为博尼法西奥处于导演地位，所以巴西中产阶级称他为“独立之父”。事实上，博尼法西奥出身于大植物园主，是受过法国启蒙的学者，是保守派人物的代表，但是他曾被法国大革命各种过激的行为吓坏过。所以反对过于激进的独立。反对共和制，主张走“阻力最小的道路”来使巴西人取得自主的权力。

佩德罗面对这样的情况——独立与共和，只有打破陈规防线，他主张的是“从最恶劣的形势中做最好的打算”。博尼法西奥的“阻力最小的道路”和佩德罗的“最好的打算”结合起来，他们就合作使独立后的巴西仍处在葡萄牙布拉甘沙王朝的统治阴影之下。

自佩德罗成为巴西皇帝后，便继续驱逐葡萄牙殖民者。他向法国聘请皮埃尔·拉巴杜助战，向英国聘请海军军官汤马士·科克伦将军。他们率领巴西军在巴伊亚、马腊尼昂、帕拉等地击退葡萄牙殖民军，并重新控制了这些地区。翌年，驱逐所有葡萄牙军，巴西帝国成功解除了葡萄牙的威胁。公元1824年，英国调停葡萄牙及巴西的纷争，公元1825年，葡萄牙与巴西达成协议，英葡承认巴西独立。

公元1823年，巴西帝国议会起草宪法，佩德罗一世一直对于由三权分立作为基础的宪法不满意，于是派军队解散议会。这个宪法主张剥夺了葡萄牙人的被选举权，并限制皇帝的权力。并把首相泽·博尼法西奥·德·安德拉达流放了。同年6月，佩德罗打算改写宪法，以维护葡萄牙贵族及自身皇权作为方针。公元1824年，新的宪法出台，能够集中皇帝的权力。

就在巴西修改宪法之后，在公元1824年中期，由于共和派不满专制统治，发起叛乱，脱离巴西而独立。以伯南布哥省为中心的叛乱者组成了“赤道邦联”，并在伯南布哥首府累西腓组织临时政府，欲脱离巴西帝国独立。佩德罗于是派兵镇压叛乱，翌年3月处死叛乱的策动者。

虽然巴西内部没有葡萄牙，但是却还是受到邻国阿根廷的影响。公元1825年10月，巴西南部的西斯普拉丁省宣布脱离巴西并并入阿根廷，改称乌拉圭，巴西不得不向阿根廷宣战。可是巴西未能取得任何突破，而阿根廷国内出现分离主义者的运动，双方只好在公元1827年中期签署和约，宣布乌拉圭仍为巴西领土。不久后，阿根廷再次出兵巴西，第二年，巴西军被驱逐，双方签署合约，承认乌拉圭为独立国家。

阿根廷发生战争期间，葡萄牙君主若昂六世去世，由其长子佩德罗一世继承其王位。但是国内的人不认同他的君主地位。他只好把葡萄牙王位让给自己的长女玛丽亚，由弟弟米格尔摄政。公元1828年，米格尔篡位成为葡萄牙国王，佩德罗一世继续管治巴西。战争使得国家内部经济萧条，人们开始对佩德罗有怨言，然后不同的起义便排山倒海而来。公元1831年，人们在首都里约热内卢爆发示威，紧接着各地也出现了不同的暴动。不久后，佩德罗一世被逼让位于儿子佩德罗二世，返回了葡萄牙。

公元1831—1840年，若泽·博尼法西奥·德·安德拉达回国辅佐年幼的佩德罗二世。巴西帝国由三人摄政委员会理政。以辅佐佩德罗二世，巴西境内开始出现不同的骚动及暴乱，如公元1832年在东北部的帕拉伊巴省及伯南布哥省就出现了示威的浪潮。其后数年，国内的形势更加纷乱。到了公元1834年，安德拉达独自摄政，但已经控制不了局势，所以政府放宽了各自治权，所以中央政府的权威受到很大影响。

国内出现大大小小的骚乱也是很正常的事情，“破衫汉战争”就发生在摄政委员会时代。当中比较著名的有公元1835年1月，帕拉首府贝伦出现了大规模暴动，政府军派出军舰镇压。九个月后，在南部的南里奥格兰德首府阿雷格里港中爆发叛乱，领导者成功取得城市的控制权，反对帝制统治，打算建立一个联邦制的共和政体。政府没办法，只能派兵进行“破衫汉战争”，为期10年。翌年，南里奥格兰德脱离巴西独立，建立共和国。另外，在公元

1837年，巴伊亚首府萨尔瓦多亦出现伊斯兰教黑人起义，欲建立一个巴伊亚人的独立国家。再加上公元1839年马腊尼昂的市民起义，这些都令政府慌乱，这些种种均显示每个省对巴西现在情况的不满。这个现象一直延续到下一个世纪。

面对这种情况，政府决定召开会议，公元1840年，咨询小佩德罗登基的意愿。他同意登基，于次年的7月18日继位。恢复皇帝的统治。这样才使得本来政府无法控制的事情变得简单了。以恢复国家的统一、和平及繁荣。

佩德罗二世登基后，马上就废除掉联邦制度，加强了中央集权、加大了对各省的控制。在最初的几年，也有反对，但是被镇压下去了。不久后，佩德罗加速集权，他运用宪法赋予的权力，解散自由派占多数的下院，并重新甄选出保守派的议员，以压制自由派的势力。此外，他为了解决国内的反对之声，他下令赦免了对各省叛乱者的刑罚。

公元1850年，佩德罗二世一方面着手废除奴隶制度；一方面进行土地改革。取缔非法占有的土地，实行新的土地法，并且制定了一定的额度。在英国及本土部分人士的施压下，巴西政府首先宣布非洲奴隶的买卖为非法行径。不久后，英国厌烦了这个借口，便宣布奴隶买卖的行径与海盗没什么差别，并派兵炸毁了运输奴隶的运输船。在英国武力的干预下，巴西政府只好驱逐贩卖奴隶的贩子，并且要求各省军加以取缔。更禁止其他国家向巴西输入奴隶。最后一艘奴隶走私船自公元1855年后到达巴西后，巴西的奴隶买卖完全中止了。

随后巴西开始发展经济，从本土的咖啡入手。加速进行工业化，公元1871—1880年，本土咖啡的出口量占到总出口量的60%，比以往增加了一成。此外，巴西的棉花、烟草、可可豆、橡胶及巴拉圭冬青也是重要的出口产品。直至今天，巴西仍然是部分作物的主要出口国，也是奠基于此时的发展。巴西咖啡的迅速增长，引来了英国投资者的投资，到19世纪下半叶，铁路、航运和道路网络也开始加速发展，能够快捷方便的进出沿海及内陆，为巴西的运输网络带来正面影响。正是因为如此，巴西的工业得以发展，并加速了巴西的工业化。

随着公元1864年巴拉圭战争的爆发，在这场战争中，巴西付出的代价也很大。换来的是巴拉圭的领土。此外，战争亦加强了道路网的建设及部分产业的发展，使得巴西开始走向现代化，欧洲的不稳定局势，给巴西带来了新的移民，有助于巴西的发展。

公元1870年之后，废除奴隶的呼声越来越高，公元1879年，一些废奴人士开始了废奴运动。各省开始开展省议会，投票表决废奴运动，公元1883

年，“废奴联盟”成立，废奴运动蔓延全国。次年，六十五岁以上的奴隶得到解放，各省纷纷宣告废除奴隶的宣言。公元1888年5月，巴西决定废除奴隶制度，身处欧洲的佩德罗二世支援女儿伊莎贝拉公主签署废奴法令。5月13日，议会表决“黄金法”，而巴西奴隶制终于在此时走向灭亡。

但是，自废奴运动后，一些共和派人士也希望实现共和，所以一些共和主义的呼声也是存在的。公元1887年，军官德奥多罗·达·丰塞卡组织军事俱乐部，开始策划政变。

1889年11月15日，陆军总司令丰塞卡与共和党人联合推翻了帝国的统治，建立了巴西共和国临时政府，丰塞卡任临时政府首脑。1891年2月24日，国会通过宪法，定国名为巴西合众国。定于25日进行选举，选举丰塞卡为首届总统。巴西人取得了独立运动的完全胜利。

“救星非洲”计划

葡萄牙在反殖民浪潮的逼迫下，将最后的“救星”定在了非洲，希望能对当下的各殖民地纷纷独立的形势做出一定的影响，无奈最终没有成功，因此，，非洲成为了世界上最后一个实现政治独立的洲。

到2000年年底为止，非洲共有59个国家和地区，6个直属领地，其余53个为独立国。其中马德拉群岛和亚速尔群岛为葡萄牙的直属领地，加那利群岛为西班牙的直属领地，留尼汪为法国的“海外省”，圣赫勒拿为英国“直属殖民地”，西撒哈拉地位未定，其余的为53个独立国。

非洲是一块古老的大陆，是现在人类所知道的最早有人居住的大陆，非洲人创造了灿烂的文明。但是从公元15世纪开始，欧洲的殖民者开始进入非洲，这样非洲血腥的历史就上演了。“新大陆”发现之后，美洲的开发需要越来越多的劳动力。为了牟取暴利，葡萄牙、西班牙、荷兰、法国和英国等欧洲殖民者开始将非洲黑人贩卖到美洲。在那时，贩卖黑奴盛行之极，被卖到美国的黑奴就有600万。罪恶和残酷的奴隶贸易，严重破坏了非洲的生产力，阻碍了非洲的发展，给非洲人民带来了深重的灾难。

19世纪一些国家进行工业革命，则需要大量的工业原料，所以他们把眼光放在了非洲。开始了对非洲的侵略。掀起了瓜分狂潮。为了协调各国的利益，公元1884年11月—1885年2月，英、法、德、比、葡、意等15个国家在柏林召开会议，商讨瓜分非洲，并且是以协议的形式。到“一战”前，整个非洲大陆只有利比里亚和埃塞俄比亚还保持独立，而“二战”前，非洲只有北非的埃及、东非的埃塞俄比亚和西非的利比里亚这三个国家是独立国家，其他均沦为了英国、法国、比利时、西班牙、意大利等西方列强的殖民地或半殖民地。

最早入侵非洲的国家是葡萄牙，到了18世纪，葡萄牙在非洲的殖民地也基本稳定。它们包括佛得角、几内亚（比绍）、圣多美－普林西比以及安哥拉和莫桑比克，其中以安哥拉和莫桑比克最为重要。安、莫两国是葡萄牙在非洲的掠夺侵略中心。葡萄牙在这两个地区长达数百年的侵略和统治中，实行了一系列的政策，比如军事上的黑人辅助军制度，经济上贩卖黑奴的庞贝罗制、奴隶种植园制和普拉佐制，政治上的领主制、总督制，奠定了近代殖民制度的基础。许多制度不仅为后来的殖民国家在非洲所采用，而且扩展到美洲和亚洲。葡萄牙是近代殖民主义统治制度的领头羊。

在葡萄牙入侵之前，位于非洲西海岸附近大西洋中的佛得角、圣多美和普林西比群岛都是无人居住的，是一群火山岛，大多系山地和岩石。几内亚比绍地区则主要居住着曼丁哥人。

迪尼兹·迪亚斯在公元1444—1445年，发现了佛得角群岛。第二年侵入几内亚比绍的博拉马岛，掳掠当地非洲人运往葡萄牙，被卖为奴隶，这些都是葡萄牙在向非洲西海岸扩张和探险过程中做过的一些事情。公元1455年和公元1456年，为葡萄牙王室服务的意大利人卡伊季·达·达莫斯托和乌索·迪·马雷、安东尼奥·达·诺里，得到葡萄牙委托侵入佛得角群岛。公元1460年，葡萄牙殖民海盗迪奥戈·戈麦斯伙同安东尼奥·达诺拉占领群岛中最大的圣地亚哥岛和马尤岛。公元1470—1471年，葡殖民者侵入圣多美和普林西比等群岛。

葡萄牙占领的这些群岛，不仅地理位置重要，而且他们还是葡萄牙进一步向东方扩张的的中转站。因而，葡萄牙很重视开发这些群岛，一方面向这些地区移民，把国内的宗教流放者、罪犯、犹太人以及一些冒险家遣殖到岛上；一方面从非洲大陆主要是从安哥拉和刚果王国运送非洲黑人来开发岛屿。

最开始，葡萄牙在这些群岛实行领主制，领主享有垄断的权利。都是由葡王室委任或特许葡萄牙封建领主在这些岛屿进行统治。在佛得角，迪奥戈·戈麦斯占领马尤岛和圣地亚戈岛后不久，葡王阿丰索五世即把这一群岛封给他的弟弟斐迪南亲王。公元1460年，岛上的葡萄牙人又获得了几内亚沿岸的贩奴垄断权。公元1470年，群岛又归属曼努埃尔亲王。

15世纪末至16世纪初，在圣多美，掌握统治权的是费尔南·德·麦罗。葡萄牙开始接管统治权是由于奴隶增多，经济日益发展。公元1495年曼努埃尔亲王继承葡萄牙王位后，佛得角群岛成为葡王室领地的一部分。公元1522年，圣多美－普林西比亦收归王室管理。

葡萄牙掠卖黑人的重要地区——几内亚比绍。贩卖黑奴的转运站和贮藏所则是佛得角和圣多美－普林西比群岛。通过这些地区，刚果、西非、安哥拉的非洲人源源不断地被装进大西洋运奴船。据估计，15 世纪下半叶，每年有 500～1000 名奴隶被运到佛得角。在圣多美，至公元 1550 年，大约每年就有 3 000 人被贩卖到岛上。

这些岛屿上的气候适宜种植棉花和甘蔗，这样经济也发展起来了。比如在佛得角 10% 的白人是享有主权的，而 90% 的黑人是被奴役的。16 世纪中期，这些岛屿尤其是圣多美的种植园经济发展迅速。公元 1554 年，圣多美已经拥有 60 多个甘蔗园了，到公元 1574 年，有 60 多家制糖厂，盛产 15 万阿罗巴（1 阿罗巴约合 14.7 公斤）。公元 1575—1580 年，年产量增至 20 万阿罗巴；到 16 世纪末达到了 30 万阿罗巴。

但是到了巴西园植业盛行的时候，大约是在 17—18 世纪，圣多美的甘蔗园受到了一定的影响，殖民的脚步相对慢了下来。殖民首府也从圣多美搬到普林西比。到 19 世纪上半期，大西洋奴隶贸易由盛转衰，而岛上试种咖啡树获得成功，种植园经济才在这些岛屿复兴，但是已然不能成为主导产业了。事实上，从 16 世纪中叶以后葡萄牙大规模入侵安哥拉和莫桑比克时期起，葡属非洲的统治中心即已逐渐由这些岛屿转向安哥拉和莫桑比克。

奴隶制的种植园就是起源于这些岛屿，并且从这里慢慢扩展到其他国家，近奥利佛和费奇指出："种植园制度是在西非试验的……西班牙把这种制度从加利那群岛移植到了西印度群岛，葡萄牙则从佛得角群岛和几内亚湾诸岛、特别是圣多美把这种制度介绍到巴西。"

公元 1530—1540 年，第一次圣多美爆发黑奴起义，这也是奴隶对遭受剥削的反抗斗争。在非洲首先反动了起来。公元 1574 年，爆发了一起规模很大、持续时间最长的安哥拉黑奴起义。这次起义者们烧毁糖厂，几乎占领了全岛，影响很大。

黑奴在阿马多尔领导下，于公元 1595—1596 年在攻占了圣多美城。葡萄牙人设计抓住了阿马多尔，但是剩下的黑奴撤至丛林地带，继续坚持斗争直至 17 世纪。连续不断的黑奴起义，是导致圣多美种植园奴隶制衰落的原因之一。

公元 1876 年，欧洲国家开始加快在非洲的殖民速度是因为欧洲国家在非洲的冲突越来越频繁，其中矛盾最突出的就是刚果流域的归属问题。公元 1884 年，英国、法国、德国、比利时等 15 国在柏林召开会议，花了三个月的时间，在吵闹中解决了刚果河流域的殖民地纠纷问题，更为关键的是会议提出了有效占领和瓜分非洲的原则，那就是列强彼此互相承认占领非洲领土。就这样，列强为了扩大自己的势力，开始加速侵略。使得欧洲对非洲的殖民统治达到了高潮。公元1884年，欧洲人占领的非洲面积已经达到25%，然而到公元1900年，殖民地面积已经达到90%。

葡萄牙占领了非洲几百年，这个物产丰富、历史悠久的的非洲大陆遭受到了非常严重的灾难，当然，非洲人民也同侵略者进行了长期艰苦的武装斗争，并且创造了无数可歌可泣的英雄史诗。

殖民大国旧梦难续

19世纪欧洲各国的殖民主义高涨，在这种势头下葡萄牙几乎失去了其在南美和亚洲的全部领土；在第二次世界大战后，许多欧洲国家被迫放弃了其在亚非或者美洲的殖民地，只有葡萄牙仍然咬牙坚持，艰难维持着庞大的帝国，可即使其有坚定的意志，仍然难抵殖民地渴求独立的热情以及信心。

葡萄牙在殖民化及反殖民化的浪潮中，不仅失掉了东帝汶和澳门，同时，印度的果阿也在印度人民的顽强斗争中归还了印度，果阿邦有“印度夏威夷”之称。它位于印度南部西海岸，西濒阿拉伯海，不但地理位置重要，而且环境优美。每年都会引来大批游客旅游观光。然而他的面积比上海还小，但是却有着数不清的美丽海滩、欧式古堡，使得果阿成为印度最引人注目的旅游胜地。然而在历史上，果阿却长期遭受着葡萄牙的殖民统治。

美丽的果阿邦一直都是列强门争夺最激烈的地方。起初是被葡萄牙征服，并在公元1565年将果阿城定为葡属印度的首府。

美丽的果阿邦

“二战”结束后，殖民地的解放运动纷纷兴起，印度也趁着这个机会，向葡萄牙要求收回果阿，但是葡萄牙政府断然拒绝了印度收回果阿的合法要求。

葡萄牙是北约的成员国之一，有美国和北约的支持，所以才敢肆无忌惮地坚持在果阿的统治。葡萄牙声称果阿是“北约范围之内的土地”，受到北约的“保护”。1951年，葡美两国又签订了《互助和共同防御条约》。之后，葡萄牙把它从美国得到的武器，运到果阿，用于镇压解放运动，而美国则把果阿当作是它的军事基地。

昔日的葡萄牙殖民帝国已不复存在，其覆盖亚非及美洲的殖民地也纷纷独立了，葡萄牙不得不积极探寻新的出路。

帝汶是葡萄牙殖民帝国在东亚所占有的第二个殖民地。公元1702年葡萄牙派出第一位总督来到帝汶，从它1975年11月28日，宣布独立到创建东帝汶民主共和国前前后后经历了273年。

帝汶在最开始只是一个盛产檀香木的一个贸易据点，位于中国及印度之间的马来群岛上。欧洲人抵达之后就变成了殖民地。最早一批来到的强权分别是十六世纪初的葡萄牙人和十六世纪末的荷兰人，他们都是为了寻找马六甲的香料群岛。葡人最早于公元1556年在今天的潘特马卡萨附近登陆，并有一群道明会传教士建立了里番镇。

在印尼人民顽强的抵抗下，2002年5月20日，东帝汶民主共和国正式成立。东帝汶民主共和国是21世纪第一个新生国家。

我们审视东帝汶的命运可以借助中国政府在1974—1975年拒绝澳门以殖民地的身份回归的决策——1974年7月，葡萄牙承认东帝汶作为本国殖民地，拥有自治权力。不久，主张东帝汶独立派和主张与印度尼西亚合并派之间爆发内战；遍布全岛的暴力行为随之而来，接下来就是联合国的强力干预。东帝汶脱离印尼控制实现了独立，是付出了惨痛代价的。

葡萄牙人的殖民势力在世宗嘉靖时就已经延伸到了中国东南沿海地区，他们勾结中国海盗，使我国的海上贸易不断受到侵扰。

葡萄牙的海外扩张在15世纪末，到达了巅峰。他们的殖民者经过好望角，到达印度西海岸，向东亚扩张。明代人称葡萄牙是佛郎机国。沿用了阿拉伯人对欧洲的称谓。正德六年（1511年）葡萄牙殖民者侵入满剌加（马六甲），赶走国王，阻断了中国与南洋各国的交往与贸易。《明史·满剌加传》记载说：满剌加“自为佛郎机所破，其风顿殊。商舶稀至，多直诣苏门答剌。然必取其国，率被邀劫，海路几断”。公元1516年葡萄牙马六甲总督佐治派裴来斯特罗来中国。

当时葡萄牙殖民者来到中国，所到之处均烧杀强掳，并且搬运硝磺刃铁，筑室立寨，看样子像是要久居。明世宗继位后，了解了葡萄牙人在中国的行径之后，斩火者亚三，敕责佛郎机出境。次年，葡萄牙又侵掠广东新会县，在西草湾被明指挥柯荣、百户王应恩率军击败。明军大获全胜，得到了战船两艘及火炮等军械。

葡萄牙人在鸦片战争之前，居住在澳门半岛的一小部分，面积不足两平方公里。是在中国政府的管理之内。当时奥葡当局对居澳葡人有一定的管理权，但是对华人却无权管理。鸦片战争以后，在英国侵华取得进展的影响下，葡萄牙政府处心积虑破坏中国对澳门的管辖权，想要改变三百年形成的澳门的历史地位、想要完全控制澳门。在鸦片战争结束的几年之间，还派代表与清政府谈判。但在主权问题上未能取得任何实质性的进展。

葡萄牙人进一步显示了他的野心，公元1887—1910年最终占有了澳门半岛。公元1887年中葡条约签订以前，就已经占领了，但是望厦村村民不愿归葡人管理。所以顽强反抗。条约签订后，澳葡更急于将望厦纳入其管制范围，连年派人到望厦勒收地租，并趁列强瓜分中国之机，最终在公元1898年，迫使抗交地租10年之久的村民，交地租，从而彻底完成了对澳门的控制。

葡萄牙人完全占领澳门半岛之后，还不死心，又企图占领前山地区、对面山、大小横琴岛等地，但是中国人民一致对外，坚决抵制，最终它未能达到目的。

1966年12月3日，从文化大革命的爆发和氹仔学校事件导致的“一二·三”事件可以看出，人民对于葡萄牙在澳门的特权表示不满。但是1974年，葡萄牙革命成功，新政府实行非殖民地化政策，承认澳门是被葡萄牙非法侵略的，是1999年前葡国管治下的一个中国领土，澳门的主权归中国所有，从此开始，葡萄牙殖民地帝国正式告一段落。

第三章 帝国的冒险家们

“航海者”亨利王子

亨利王子是葡萄牙国王若昂一世的第三个儿子，全名是唐·阿方索·恩里克。他开创了欧洲航海探险的伟大时代，为葡萄牙由一个领土、人口、资源都缺少的小国变成具有全球性的殖民大国走出了第一步，这是最为关键的创新性的一步。

亨利王子一生都没有娶妻，他主张朴实的生活，将一生都奉献给了航海事业，他坚定地认为，葡萄牙历史上一个新的时代即将开始。亨利王子传奇的一生必将载入史册。

亨利王子

亨利王子虽然出生于帝王之家，但是他却没有想要过那种骄奢淫逸的生活。他向往的生活是探险战斗的生活。他从小就博览群书，学习战略战术和外交艺术，知识面非常广阔。这也是他今后可以带来地理大发现的一个原因。同时，他又是一个虔诚的基督徒，在他看来，一个基督教徒的职责就是到未知世界去探险并且在那里宣扬基督教，并且攻打摩尔人也是这个职责之一。

亨利王子所处的十四五世纪正是整个世界发生巨大变化的重要时期。西欧地区首先产生了资本主义关系的萌芽，所以那时黄金作为一种贵重金属，成了西方人地位与权利的象征。

当时，《马可·波罗游记》已经在欧洲广为流传，它以夸张的笔法，把中国、日本等东方诸国描绘成“黄金遍地，香料盈野”的天堂之所。西方商人在看到这样的描述之后，肯定受到了刺激，面对如此巨大的诱惑，肯定会激起他们探险和寻找黄金的欲望。但当时通往东西方之间的三条商路都被奥斯曼土耳其帝国及阿拉伯人控制，致使东方商品经阿拉伯商人一转手，价格往往要提高 8 ~ 10 倍，再经威尼斯和热那亚的商人转卖到欧洲，价格更是大幅度上升。在这种情况下，欧洲的商人和贵族都希望寻找一条新的航路。

公元 1415 年，亨利王子和他的兄弟一起从摩尔人手里夺回了休达。攻占休达对于葡萄牙来说，意义重大，因为休达处于扼守直布罗特海峡的咽喉，是战略要塞，同时休达还成为葡萄牙沿非洲西海岸迈向东方的第一步，也成为整个西方世界向外殖民扩张运动的开端。休达扼守直不罗陀海峡已经 6 个世纪，只要从塞维利亚出海西南 45°，瞬间就可以到达那里，休达应该可以算是亨利王子留给葡萄牙子民的最珍贵的礼物了，但是公元 1580 年之后，这个地方就不再属于葡萄牙了。

亨利王子实际上并没有出海远航，除去休达之外。他在休达刻苦钻研了大量的历史文献资料，保存了许多航海的珍贵资料。他确信，地球上尚有许多未知的大陆等待人们去发现。于是，一个宏大的设想在他的脑海里初步形成。

从休达回国之后，恩里克便全身心地投入到了航海事业当中。他远离了家庭生活、远离了宫廷，到葡萄牙西南角荒凉的圣维森特角附近的萨格雷斯定居下来。他在那里招聘有名的数学家和宇宙学家，并且还创立了一个天文台和航海学校。之后，在萨格雷斯开设船坞建造船只。

摩尔人于公元 1417 年包围了休达，于是亨利又率领援兵来到了休达，并在休达度过了 3 个月，这三个月确是改变世界的 3 个月。在这短短的 3 个月里，亨利从商人和战俘的口中打听到有一条古老而繁忙的商路可以穿过撒哈拉大沙漠，经过 20 天就可以到达树林繁茂、土地肥沃的“绿色国家”，即今天的塞内加尔、冈比亚、几内亚、马里南部和尼日尔南部，在那里可以找到非洲胡椒、黄金、胡椒和象牙。由于葡萄牙人对于穿过沙漠是没有经验的。所以亨利王子脑海中形成了一个大胆的想法，要从海路到达“绿色国家”。这一主张得到了国王若昂一世的赞同。

亨利王子虽然身处皇室，但是他对政治毫无兴趣，他到葡萄牙最南部的阿加维省任总督。并定居在靠近圣维森特角的一个叫萨格里什的小村子里。以后他探险的出发地就是这里。亨利王子对航海的贡献不是亲自去探险，而是大力推动探险的进行。他在那里建了一座观象台，与宇宙学家和地图绘制家以及天文学家共同研究，并且还建造了一所航海学院，培养葡萄牙的水手，提高他们的航海技术。并且制订计划、方案；广泛收集地理、气象、信风、海流、造船、航海等种种文献资料，加以分析、整理，为已所用；建立了旅行图书馆，图书馆中就有《马可·波罗游记》，还有一些地图。

他所做的不仅如此，还有资助手工艺人和数学家，让他们制造和改进新的航海仪，如指南针和象限仪（一种测量高度，尤其是海拔高度的仪器）还有横标仪（一种简易星盘，用来测量纬度）。在航海中，船只是最为重要的，由于地中海和大西洋的航行条件不同，所以适合在地中海航行的船不一定就适合在大西洋航行。因此，亨利王子把大多数精力都投在了造船上。同时他也采取了许多办法来鼓励造船，比如建造 100 吨以上船只的人，都可以从皇家森林免费获得木材。如果需要其他木材还可以免税进口，在当时货币不足的情况下，免税进口是有很大的风险的。

经过他们的努力，他们终于造出了一艘多桅三角帆船。采用三角帆是为了在逆风的情况下，也能行驶，只需调整船帆的角度就可以。并不像以前的船那样依赖风向。这种船船体小吃水浅轻便灵活速度快，这使它可以在紧靠海岸的地方航行，在探索陌生海岸的时候，紧靠海岸航行是很必要的，所以这种船就不必为了躲避暗礁和沙洲而远离海岸。

葡萄牙人的航海事业不断取得新进展，大部分归因与亨利王子的热衷。公元 1420 年，葡萄牙人终于移民到物产丰富的马德拉群岛。公元 1431 年，葡萄牙人航行到加那利群岛。随后于第二年占领了大西洋上的亚速尔群岛。但在进一步的航行中遇到了困难。就在今天的西属撒哈拉海岸的博哈多尔角，这里风大浪急，水情十分复杂，让许多探险家都望而却步，不敢前进。

亨利王子得知后，便挑选了一批经验丰富的水手和航海家进行这次航行；另一方面挑选了能工巧匠来建造一艘能够经得起风浪的帆船。

到了公元 1433 年，这支精锐探险队终于征服了博哈多尔角。这一发现从而加快了葡萄牙探险非洲西海岸的速度。这支探险队到达布朗角，没有看到想象中的黄金，而是带回来了 12 个黑奴打算到国内去贩卖。葡萄牙人成为近代黑奴贸易的始作俑者。随后，葡萄牙的船队又发现了贝鲁迪湾的贝鲁迪群岛（现在的卡博贝鲁共和国）。

亨利亲王在公元 1460 年去世前夕，他派遣的船队已经到了塞拉利昂，并且在南非建立了大量的贸易商站，他们在两年后到达了利比里亚沿海。至此，从纬度上来看，葡萄牙探险家已沿非洲西海岸南下至赤道附近了。

从亨利王子那时开始，葡萄牙人开始航海探险都是有组织、有计划的进行的。亨利王子运用了他的毕生精力，组织和领导殖民扩张事业。他也是近代地理发现和葡萄牙帝国的最早奠基人。他首次制定了明确的殖民扩张政策，部署了一系列的探险活动，使航海探险和地理发现成为一门艺术和科学，让航海事业成为了葡萄牙最重要的国民事业。

亨利王子是葡萄牙历史上具有战略眼光，雄才大略的领军人物。同时，他也为以后的地理大发现奉献了关键性的力量。在穷其一生对航海事业的不断追求中，亨利王子获得了航海家亨利的称号，然而在他组织的航行中，他几乎从未真正的航行。他只是居住在一个海角的城堡里面。公元 1460 年，因病去世，享年66岁。

1960年，葡萄牙政府为了纪念航海家亨利王子逝世500周年为他建造了一座纪念碑。碑上铭刻着："献给亨利王子和发现海上之路的英雄。"亨利王子掀开了海上资源的宝藏，这条海上之路不仅促成了葡萄牙最早成就殖民帝国的奇迹，而且留给了后世长久的思索和启迪。

完美太子：若昂二世

若昂二世被葡萄牙人尊称为"完美太子"，他是葡萄牙历史上最伟大的国王之一。若昂二世待亨利王子死后便彻底接手了葡萄牙的航海事业，致力于发现通往印度的航路，并且全力保护海上贸易的商人和航海家们。作为葡萄牙航海事业的开创者亨利王子的"接班人"，若昂二世做的非常"完美"。

在香料和"基督王国"的吸引下，欧洲人对于东方充满了向往。从若昂二世开始，开通印度航路更是变成了葡萄牙全国的目标。

最初为若昂二世开辟航路的是航海家狄奥戈·高，他于公元1483年发现了刚果，并于第二年到达了扎伊尔河口。这个消息传回国内后，国王若昂二世兴奋不已，因为根据古希腊的地理资料，再往南就是世界的尽头了。

葡萄牙国王若昂二世计划得很周全，一方面派大使在罗马教廷宣布一个消息：葡萄牙的军队马上就要到达阿拉伯海湾了；另一方面派狄奥戈出海，继续探险，但是却没什么大的进展。

若昂二世不相信哥伦布的向西航行到达印度，会更短的说法（哥伦布当初号称从西走的话到达亚洲只有180个经度，但实际上有290多个经度）。若昂二世的"底气"来源于加纳利群岛的主权之争。就在14世纪的时候，阿丰索四世的船队就到达了加那利群岛。过了数百年之后，若昂二世的船队也到达了那里，只不过卡斯蒂利亚人这次也上了岛，并且宣示了主权，双方争执不下。问题又被提交到教皇哪里去了。但是这个争论持续了很多年，直到当时还是太子的若昂二世出了个主意。说是用加那利群岛的主权换取非洲的垄断生意。这下，争论才平息。以下就是《阿尔卡索瓦斯和约》的主要内容：葡萄牙放弃对加纳利群岛的一切权力要求，但是卡斯蒂利亚也不得再对加纳利群岛以南将来可能发现的新的陆地提出权力要求。而这次哥伦布发现的安德烈斯群岛恰巧就位于加纳利群岛以南，因此，葡萄牙也算是尝到了甜头的。

《托尔德西拉斯条约》的诞生就是若昂二世的一个谋略。若昂二世主动向西班牙提出重新谈判，另立新约。经过明争暗斗，谈价还价，公元1494年，分割世界的协议出现了。该条约于公元1506年正式被罗马教皇亚历山大六世承认。其主要内容为：以佛得角群岛以西三百七十海里处的经线为界将世界划分为两个半球，东半球归葡萄牙，西半球归西班牙。根据哥伦布的估计，这么划分是西班牙占了好处，因为他概念里的印度是在那边；但是老谋深算的若昂二世心里早就笑开了花：东边有早已捞到好处的几内亚湾不说，好望角的发现也昭示着印度已经在不远处；而且根据葡萄牙天文学家推算，葡萄牙可以扩张到印度，以后的事实证明若昂二世的选择确实是正确的。

若昂二世不仅全力支持海外扩张，而且在国内做了不少利于葡萄牙发展的工作。他清除异己，包括了一批在阿丰索五世当政时期权力过度膨胀的大贵族。这些贵族有的是被处死、有的被抄家、有的是被驱逐，甚至连主教级别的人员也包括在内。

清除行动告一段落后，他开始施展他的政治才能。这样就会很方便了。首先，他改变了原来的国家行政管理机构，将大权全部掌握在自己手里；其次，是同欧洲许多国家建立了正式的外交关系。若昂二世的所作所为就好像读过很久之后才有的尼可罗·马基亚维利的《君主论》这本书一样，表面上看上去很实用，实则政治手段之强硬。

同时期，西班牙国内大肆迫害犹太人，这时若昂二世便收纳他们，只需要他们缴纳税金就可以留下来。若昂二世的精明之处在于其实犹太人在葡萄牙也未必能有多好，只是若昂二世看中了他们的经商之道。

其实，若昂二世的野心不只有一个，他不仅希望控制印度航路，他还有一个更大的野心——吞并整个西班牙！他想到一个实例可以借鉴，就是卡斯蒂利亚同阿拉贡的合并。他利用联姻的方式来进行他的计划。几乎是果然顺利进行，于是阿丰索王子便与西班牙的伊莎贝尔公主结婚了。如果合并成功，那么葡萄牙就是可以控制整个海洋的大国了。

然而天有不测风云，若昂二世在一次郊外狩猎中，不幸从马上摔下来，成了重伤。他的美梦彻底破碎了。然后受到他处分的那些贵族们，趁此机会推举若昂二世的堂弟贝雅公爵曼努埃尔继承王位。若昂二世坚决反对这个提议，因为他亲手处死了曼努埃尔的亲哥哥。一旦提议成功，那么贵族势力就会复辟。为此，若昂二世亲自去了罗马，试图让他的私生子继承王位，但是他没有想到贵族们在罗马也安排了人，他不会达到目的的。不久以后的公元1495年，若昂二世便含恨去世了，遗体葬在了战役修道院。

虽然若昂二世后来厄运不断，但是他这一生的功绩确实不可磨灭。还是为葡萄牙的东方贸易打下了基础。他无愧于“完美”这个称号。

迪亚士的“好望角”

迪亚士的名字我们非常熟悉，他的部分航海事迹也被我们所熟知。全名是巴尔托洛梅乌·缪·迪亚士，他是一名贵族，却天生拥有冒险的精神，愿意为国家的航海事业做出一份贡献，在他不懈的探索下，终于到达了非洲最南端好望角的莫塞尔湾，并且为后来另一位葡萄牙航海探险家达·伽马开辟通往印度的新航线奠定了坚实的基础。

在迪亚士青年的时候就喜欢海上探险，曾经到过西非的一些国家，积累了不少航海经验。在15世纪80年代，几乎没有人知道非洲大陆的最南端在哪里。为了弄清楚这一点，许多人雄心勃勃地乘船远航，但结果都没有成功。作为开辟新航路的重要部分，西欧的航海家们都对寻找通往东方的航线产生了极大的兴趣。

迪亚士

当时的葡王阿方索五世非常热衷于航海探险，于是他于公元1469年，同意了商人费尔南·戈麦斯独占佛得角群岛以外的几内亚海岸的贸易，截止日期是到公元1475年，但是也是有条件的，条件是戈麦斯每年从塞拉里昂向南勘探新的海岸线100里加（里加，英美长度单位，约为3英里）。结果，探险船于公元1470—1471年发现了圣多美岛和普林西比岛，并立即宣布它们为葡萄牙王室所有。戈麦斯的船员们在加纳沿海登陆，命名此地为“米纳”，是因为此地黄金矿藏非常丰富，就是“矿藏”的意思。这也是加纳被欧洲人称为“黄金海岸”的由来。

葡萄牙国王若昂二世接手了他叔祖父亨利王子开发的探险事业，并且对西非沿岸更加重视，加大了探索的力度。公元1482年6月，葡萄牙航海家卡奥发现了刚果河河口，并且在那里竖起了第一根纪念碑石柱。这是葡萄牙人探航西非以来竖立的第一根纪念石柱。

这种圆形石柱高约八英尺，其中最上部约1/5长度为方形，上面用拉丁文和葡萄牙文两种文字篆刻着葡萄牙国徽和若昂二世的名字以及探险者的名字和地理发现日期。柱碑最顶部有一个基督教十字架标志。柱碑除了表明那已属于葡萄牙之外，还可作为引导海上航行的标志。随后，在今天安哥拉的圣玛丽亚角处竖立了第二根柱碑。

卡奥的第二次航行是在公元1485年年初，向南方深入。就在他回来的时候，他带回了一个刚果使团，这些非洲人不但接受了基督教，而且还学习了葡萄牙语。公元1491年刚果使团随葡萄牙使团返回后，在当地创建了存在于整个16世纪和17世纪上半叶的刚果基督教王国。葡萄牙西非殖民史上第一次就是与刚果建立礼仪平等的邦交关系。

葡萄牙人的这些航海和殖民探险活动，为巴迪亚士绕航非洲最南端铺平了道路。公元1486年，根据来自几内亚的使节报告，得知一个叫作奥甘列的君主，他受到臣民的极度爱戴就像教皇受到基督徒敬重那样。那个国家就在离当地海岸向东约两个月路程的地方。

国王的寰宇志学家认为奥甘列就是长老·约翰，并且把两个月的路程折算了一下，就是相当于300里格。这样下去就可以到达埃塞俄比亚了。实际情况是，埃塞俄比亚在贝宁以东3 600千米处，所以这个说法是有点根据的。于是，若昂二世决定双管齐下，同时向东和向南派出两支探险探察队。由迪亚士担任指挥官，因为他出生于航海世家，而且掌管里斯本皇家的仓库，参加过多次探险活动。这次航行计划制订已久，投资巨大，人数众多。

迪亚士船队顺便带上了几个考古带回来的非洲男女，让他们带上香料和金银，把他们派上岸，以便消息能传到约翰王国去。

迪亚士率领船队于公元1487年8月从里斯本出发，他们先到达埃尔米纳，接着又到了之前人们航行的最远点南纬22°地区。迪亚士很快越过南回归线，第一根石柱便在在今天的纳米比亚的吕德维茨立起了。这根石柱的残部至今还在那里迎风伫立。

迪亚士和船员们继续向南航行，在南纬33°地区，他们遭遇到了风暴，迪亚士命令把船驶进深海，为了避免触礁。供给船在风暴中失去了联系，风暴还把那两条船向南推去，当大海稍微平静一些后，迪亚士掉转船头向东航行，但几天后仍没有见到消失了的非洲海岸。迪亚士果断掉头向北航行是因为他估计自己可能已绕过了非洲最南端。

他们在公元1488年2月3日，看到了海岸线，只不过他们的航线是从西向东。他们靠岸取水，射死一个南非黑人是因为当地土著向他们投掷石子。迪亚士船队继续东进到了阿尔戈阿湾，从这里起海岸线又从东西向转为东北向，朝印度缓缓延伸。这时迪亚士他们已经绕过非洲，进入印度洋了。

迪亚士在阿尔戈阿湾的帕德龙角竖起了第二根石柱。但是这时船员们体力不支，再加上食物供给不足，所以船员们都要求返航，迪亚士只得在前进到大鱼河河口后返航。这里是迪亚士航行的最远点。

“风暴角”的由来就是在返航途中，迪亚士再次经过遭受风暴的地方时，发现了一个凸出于海洋很远的海角。所以他在此竖立了第三根碑柱，便命名了这个地方。而若昂二世听说后则下令把它改为“好望角”，因为从这里开通前往印度的新航路已经大有希望了。

其实，“好望角”的命名还有一个有趣的故事。据说迪亚士最初通过非洲最南端时，并没有看清那里是什么样子。等到他们返程再路过这里时，似乎是上天有预兆，天气突然晴朗起来，使他们得以饱览一下非洲南端的风光了。

“风暴角”的由来是由于迪亚士看到这个角直插在大洋之中，峭壁如云、嵯峨雄伟，十分壮观。故此得之。但是最起初看到它的时候，是想起来了风暴死里逃生的情景，不禁心情沉重起来。

“针角”的由来是这样的。在公元1488年12月，南下探险队途经发现了厄加勒斯角，于是便把它命名为“圣布雷顿角”。它比好望角更向南延伸了整整半个纬度。由于该角附近的海上出现磁反常，即罗盘指针没有了偏差，故得之

迪亚士当时没能到达印度是因为当时的船员们拒绝前行。但是，他帮助瓦斯科·达·迦马筹划了公元1497年的一次很成功的航行。他对船舶的设计提出了自己的看法，甚至陪达·迦马航行了一段路程。公元1499年，迪亚士又陪伴佩德罗·阿尔瓦雷斯·卡布拉尔航行到达巴西了。

公元1500年5月12日，船队在海上见到了彗星。于是迷信的船员便认为这是灾难的象征，大家都慌乱了起来。正巧，他们在经过好望角的时候，遇到大西洋飓风。四条大船被冲天恶浪掀翻，迪亚士及其伙伴葬身大西洋海底。然而，新的航路已被打通，西方殖民势力从此在东方进行掠夺。

迪亚士以其自己的航海经验，帮助葡萄牙建造了新的舰船“圣加布里埃尔”号和“圣拉斐尔”号。在15世纪后期，迪亚士以及其他葡萄牙和西班牙的航海家数次成功的远航，这一部分应归功于他们的船舶设计。这种多桅轻快帆船的船身相当宽，可运载足够的供应品。同时，船帆灵活自如，能适应不同的风向。

迪亚士的探险远航历时一年零四个月，单向航程上万里两万公里。他的航行一下子向南推进了13个纬度。绕过了整个非洲南部的海岸线，开辟了未知的2 500公里长的海岸线，带回了反映这个地区的比较准确的地图。从而为最终开辟从葡萄牙到印度、从地中海经大西洋和印度洋到达东方的新航路，打下了坚实的基础。但是这个好消息，葡萄牙政府并不急于公开，而是采取保密态度，以免泄露风声；另一方面为直航印度做好了各种准备工作。

其实，迪亚士没有完成环绕非洲的航行的意愿，当然就没能成为从海上到达印度的第一个欧洲人，但是他的功绩也会被世人所记住。他已经由西往东绕过好望角和针角，到达非洲东海岸和一望无际的印度洋，完成了开通到达东方新航路这一航程中的最重要的部分，就值得成为葡萄牙人的英雄。

欧洲航海到印度的第一人

达·伽马在葡萄牙很出名，是很受人们尊敬的一位航海家。他是开辟从

欧洲绕好望角到印度航路的第一人。对于他自己来说，对于这个发现他也是很骄傲。这条航路的通航也是葡萄牙和欧洲其他国家在亚洲从事殖民活动的开端，这使葡萄牙等欧洲国家赚取了大量钱财，并且残杀殖民地人民，给他们带来了沉重的灾难。

其实，达·伽马于公元 1460 年出生于葡萄牙一个名望显赫的贵族家庭，他的父亲也是一位航海家，有很远大的抱负，曾受命于国王若昂二世的派遣从事过开辟通往亚洲海路的探险活动，但是却还没能实现抱负就逝世了。达·伽马的哥哥巴乌尔也是一名终生从事航海生涯的船长，曾随同达·伽马从事公元 1497 年的探索印度的海上活动。达·伽马算是出生在一个航海世纪，从小就接受航海训练，这些都为他以后长时间航行，打下了基础。

公元 1492 年，有一件大事，在欧洲引起了轰动。那就是哥伦布发现了新大陆。当时哥伦布是为西班牙服务的。这也导致西葡两国对权力的争夺。经过教皇的调解，双方于公元 1494 年达成了《托德西拉斯条约》，以代替原来的《阿尔卡索瓦条约》。该条约规定：以佛得角以西 370 里格的经线为界线（约西经 41°），线以西的地方归西班牙，（以东地区的发现和占据权归葡萄牙），这个条约实质上还是肯定了此前葡萄牙在探险中取得的利益。

公元 1495 年唐·曼努埃尔一世即位后，把通往东方探险的计划纳入了重点议程。他首先命令迪亚士建造了新型船舶——三桅方帆圆形大船。他精心挑选瓦斯科·达·伽马为船队队长，令其组建船队。达·伽马的船队由 4 艘船组成，它们分别是：旗舰“圣加布里埃尔号”“贝里奥号”“圣拉法埃尔号”和一艘运送补给品的小船。一共有 170 多名船员，大多都是水手、翻译和罪犯。在船队队长所乘的圣加布里埃尔号上，有国王赠予达·伽马的一面印有红色十字架的白色旗帜。

这次航行由葡萄牙国王破例乘着御船伴送远征的探险家们一程。在公元 1497 年 7 月 8 日，达·伽马率领 4 艘海船和约 160 名水手从里斯本扬帆启程，在总领航员佩罗·德·阿伦克尔的带领下，沿着迪亚士的航行路线行进。已被任命为米纳要塞长官的迪亚士与达·伽马同行，前去赴任。

航行了一周后，他们就看见了加那利群岛以及佛得角群岛。按照以前的惯例，就是沿非洲大陆南航的葡萄牙船只，从来都是靠近或者贴着海岸行驶的。但接下来的航程却发生了变化。船队航行到刚果河以南海区时，达·伽马发现有一股向北的海流使行船速度大大减慢。他为了大局起见，他果断地放弃贴靠海岸航行的传统航线，而是下令船队使入南大西洋深处，顺着西南季风海流航行。这样的做法不是特别安全但却找到了一条从欧洲到达非洲大陆南端的最便捷的航线。

当年8月，当他们到达佛得角的圣地亚哥岛后，迪亚士与达·伽马分手，迪亚士沿非洲海岸前往米纳。而达·伽马船队在当地停留一个星期，对船只进行了维修，然后补充了食物供给。尔后，按照迪亚士的建议，船队离开海岸，深入南大西洋航行。从8月3日—11月8日，船队在茫茫海洋中航行了整整3个月，最后，他们被西风吹到了好望角附近。选好登陆地点之后，达·伽马决定在一个海湾抛锚，并将之命名为圣·埃列娜湾。

在圣·埃列娜湾，达·伽马船队与当地的黑人相处得很好，并送给黑人们礼物。不久，船队拔锚起航，继续向东航行，来到了非洲东海岸的圣布拉斯湾。达·伽马下令烧掉了运输补给品的小船，将船上的水手和货物分配到其他船上。达·伽马一行与当地的黑人和平的接触之后，用软帽和金属链交换了当地人的象牙手镯，并在圣布拉斯湾立下了第1根石柱。12月25日，纳塔尔——他们发现的一块陆地并命名。公元1498年1月11日，船队在今莫桑比克境内一条河口处抛锚。因当地人的友善，达·伽马将所到之地称为“好人地”，把一条青铜色的河流命名为“青铜河”（今名伊尼亚里梅河）。达·伽马一行与当地人进行了友好的交流，出航以来第一次在陆地上睡觉就是这次。两名水手在当地人的草房里睡了觉。

就在5天之后，正好海上是顺风，船长命令开船起航。为了避开流向陆地的海流，船队离开海岸，继续向北航行，远远经过了著名的索法拉港口。就在1月22日，水手们发现了一片长满树木的平原和一条河口很宽的河流。达·伽马的人与当地人民进行了友好的接触，从当地人那里得知，摩尔人乘船在印度和索法拉之间进行贸易往来。可知印度已经不远了。于是，就把这条河命名为“吉兆河”。他们在此河口停留了32天，完成常规性的任务：修理船只、补充给养、治疗伤员。圣拉法埃尔碑——就是出发前，达·伽马留下了经过此地的标志。

3月2日，达·伽马船队来到了南纬15°的莫桑比克港。在这里，他们了解了当地人的构成，以及贸易往来，与印度的贸易关系，等等。这些让达·伽马确定离印度不远了。同时，他也认识到，必须找一个领航员。为此，达·伽马给莫桑比克岛的苏丹送去礼物，结果苏丹派给了他们一名领航员。临行前，达·伽马船队遭到了当地人的袭击，因为当地人以为是新的贸易竞争者，解决之后，便继续航行。4月7日，船队来到了位于南纬4°的蒙巴萨。鉴于当地事先得到了消息，并做好了进攻的准备，为了避免与当地人发生冲突，达·伽马决定离开该港口。4月13日，船队从蒙巴萨北上，太阳落山时，抵达了马林迪。达·伽马与国王进行了友好的商谈，并与国王交换了礼物。双方达成一致竟见之后，国王愿意派一名领航员，带领他们前往印度。马林迪是达·伽马船队在非洲的最后一站。

达·伽马对这位态度和蔼，知识丰富的领航员非常满意，他用地图和定向仪器带领葡萄牙人沿着一条安全的航道行进。在4月24日，离开马林迪，航行进入到了最关键和最后阶段。

达·伽马这次带领船队在南大西洋绕了个大圈子。公元1489年3月，他们到达莫桑比克后，继续北行至马林迪。达·伽马看到港内停泊着四艘来自印度的大帆船，感到非常惊讶。意味着从这里可以直航印度了。实际上，当他绕过好望角，越过莫桑比克海峡时，葡萄牙人就已经踏上了古代东西方之间的“海上丝绸之路”了。不久之前，中国的航海家郑和就不止一次的到达了这里，创造了明朝时期的伟大功绩。

公元1498年5月28日，船队顺利抵达印度西海岸的卡利卡特，在此竖起了第3根石柱。达·伽马受到了国王的接待，并为国王讲述了怎么样找到通往印度的航线的，并且说明了葡萄牙的强大。表达了建立贸易关系的愿望，还说自己是国王的使节。双方接触的开端似乎是良好的。

然而，事情并没有那么简单。达·伽马所献的礼品过于普通，不仅招致了嘲笑和蔑视，而且引起了对方的怀疑。摩尔人处于自保和贸易往来也从中作梗。于是，葡萄牙人开始受到严格的监视和控制，甚至不许他们返回葡国。达·伽马很快找到了对策。当几位印度贵族上船贸易时，达·伽马下令将他们扣留，并做出要拔锚起航的姿态。国王立刻害怕了，就用葡萄牙人交换了人质，放行，并且写信给葡萄牙国王，只要能得到金、银、珊瑚和红布，愿意建立贸易关系。于是，船队于8月29日开始返航了。

同时，返航的归途也是很坎坷。摆脱了卡利卡特船队的追击后，船队来到了坎那诺尔，受到了友好接待，并在那里进行了贸易。然后，船队用了整整3个月的时间才穿越了那个被戏称为“大海湾”的地区（即阿拉伯海）。1499年1月初，船队经过时炮轰了摩加迪沙。1月9日，船队回到了马林迪，再次受到友好接待，并立了第4根石柱。但是由于船员们都得了坏血病，不是病倒就是死去，所以达·伽马不得不烧掉“圣拉法埃尔号”，2艘船继续航行。在莫桑比克岛立下了最后一根石柱。3月20日，船队绕过了好望角。进入大西洋后，船队趁着有利的热带风驶向佛得角。但是这时达·伽马的哥哥保罗·达·伽马病重，达·伽马为了尽快地见到哥哥，他另租了一条轻便快捷的卡拉维拉桨帆船，想把他尽快运回里斯本。到亚速尔群岛后，保罗去世，葬在了亚速尔群岛的特塞拉岛上。结果，达·伽马在公元1499年8月或9月，成为了最后一个到达特茹河的人。

达·伽马这次航行船队满载香料、丝绸、象牙等货物返回到了葡萄牙；

据估计，此次航行的纯利润达到航行费用的60倍。这次航行的成功，不仅为葡萄牙带来了巨大的财富，而且还开辟了欧亚直达航线。达·伽马带回的大部分印度货物样品，成为大规模扩张运动的推动力。

达·伽马的航行是全世界有史以来，有案可查的最远的航行。历时两年两个月，航行了30 000多公里，在航海、航运史上具有重要意义。由此形成的“海角航线”，成为连接欧亚非三大洲、大西洋、印度洋、西太平洋最重要的航线，极大的方便了三大洲之间的物质交换、人员往来和文化交流。“海角航线”与地理大发现进程中开辟的其他国际航线一道，把五大洲连接起来，构成一个整体，从而对改变人类历史以及世界交往起到了巨大的作用。

公元1502年2月，达·伽马再度带领船员们开始了第二次印度探险，目的是建立葡萄牙伟大的霸主地位。船队途经基尔瓦时，达·伽马非常可耻的把该国埃米尔扣押到自己的船上，威胁埃米尔臣服葡萄牙向葡萄牙国王进贡。船队在坎纳诺尔附近海面上，达·伽马捕俘了一艘阿拉伯商船，船上包括孩子、老人、妇女在内，一共有几百名乘客。他下令将他们全部烧死。一名目击者叙述：司令的做法很是残忍，最无人性的烧死了所有人。为了减弱和打击阿拉伯商人在印度半岛上的利益，达·伽马下令卡利卡特城统治者驱逐本地阿拉伯人，随后又在附近海域的一次战斗中，击溃了阿拉伯船队。

公元1503年2月，达·伽马船上全都是从印度掠夺来的香料，率领13艘船只，乘着印度洋的东北季风，10月回到了里斯本。据说，达·伽马此次航行掠夺而来的东方珍品：香料、丝绸、宝石等，其所得纯利竞超过第二次航行总费用的60倍以上。葡萄牙国王对达·伽马这次航行很满意，于是他不仅得到了额外赏赐，并且把他封为伯爵。

达·伽马被任命为印度总督是在公元1524年。这时候，他已经有一个可怕的称呼“武力至上的问题调停者”。公元1524年4月第三次去印度，9月到达刚果，他派遣了更多军舰到东非和西印度，企图替换当地的无能统治者，并取得他的葡萄牙领地。却不料不久之后染上了疾病。公元1524年死于柯钦，被火化后埋在印度Kochi的圣法兰西斯教堂。公元1539年才被运回葡萄牙，重葬在维第格拉。他的一生很传奇，既使航海家的一生，也是侵略者的一生。他开创的新航线，开辟了欧洲进行殖民掠夺扩张的新时代。

葡萄牙航海家上百年来进行的那个探险或所的最终成果就是达·伽玛首航印度的成功，它开辟了从欧洲经大西洋绕过非洲到达印度的新航线，是地理发现中的一个重大事件。具有划时代的历史意义。

“幸运儿”曼努埃尔一世

曼努埃尔一世是葡萄牙历届国王里少有的“幸运儿”，他的国王宝座获取得非常轻松，是被若昂二世压迫的贵族们为了推翻他才推举曼努埃尔一世坐上宝座的。他算是一个幸运儿了，因为他一上位就享受了前任国王创造的一切福利。还在登基之初就处于太平盛世，迎来了葡萄牙东方贸易帝国的全面兴盛，完美地诠释了什么叫坐享其成。

曼努埃尔一上台就商讨了远航印度这个问题，因为之前若昂二世在位的时候也为此做过一些准备。在巴尔托洛梅乌·迪亚士绕过好望角之后，这个问题显得更加迫切了。但是好像大多数贵族都不同意这一计划。但是在垄断香料贸易的巨大诱惑之下，国王还是坚持要去印度。这次航程就定下来了。这次航行的重要性从人员配置上就可以看出来。指挥官是瓦斯科·达·伽马，这还是第一次从贵族中挑选指挥官。瓦斯科·达·伽马是达·伽马的父亲，曾经担任过阿丰索五世的财政监察官。

曼努埃尔一世像

由达·伽马率领的舰队于公元 1497 年 7 月 8 日，从里斯本开始了他们的征程。这次是由两艘大型商船、一艘快帆船以及一艘补给船所组成的船队。当船队到达佛得角南部之后，转舵向巴西方向航行，但是未及美洲大陆之时他们又转舵指向好望角。这样航行能最大限度的利用风向和洋流，达到了省人省力的效果。但是他们一直都没到过巴西海岸。在越过好望角之后，他们就停在了莫桑比克等地，找到了几名熟悉的向导，在向导的带领下，葡萄牙人于公元 1498 年 5 月 20 日到达了卡利卡特。

达·伽马当时很高兴，便拿着国王的信件，是用葡语和阿拉伯语写成的去见国王。希望能够合作，但是当时海上的航道早就被阿拉伯人垄断了，为了不让达·伽马达到目的，也是不让自己失去地位，他们从中阻挠，使得葡萄牙人没能达到目的。无奈中达·伽马只好采购了一批当地的特产后于 8 月 29 日返回。但是他没有气馁，于第二年夏天，他又率船队到达了特茹河口。这次航行，损失了近一半的船员和一艘船，但是这些都是值得的，因为他们到达了印度。看到满船的金子、钻石、香料、宝石、丝绸、瓷器，整个王国都沸腾了。国王为了奖励达·伽马，便封他为“印度洋舰队总司令”的头衔，并下令举国上下为纪念这次伟大的功绩，举办圣像活动庆祝成功的远航。我们得以了解这次远航是因为这次远航的日志保存完好。

公元1500年5月8日，一支新的远洋船队在佩德罗·阿尔瓦雷斯·卡布拉尔的率领下出发了。这才是真正意义上的远洋舰队，这支舰队不仅能够运送货物，还可以投入战斗。这是由13艘大型商船和1 500名船员组成的。这支舰队基本上是按照达·伽马的路线行驶的。不过这次南大西洋的风似乎是大了一点，他们驶过佛得角转舵向西航行，没过多久竟然看见了陆地——这块陆地就是以前的巴西。陆地上具有珍奇的动物和植物，还有土著民。他们发现这块陆地是4月22日，他们当时是找到了一处避风港才停靠在这的。由于4月22日恰好是圣十字日，佩德罗便把这片土地命名为“真十字之地”。后来命名为巴西，是因为这个地方盛产巴西木。

葡萄牙人的这项发现是巧合还是故意为之呢？那我们回顾一下之前提到的分割世界的《托尔德希拉斯条约》。当时的时候负责跟葡萄牙谈判的代表坚持要把这条线归到佛得角以西370海里处，而教皇方面则主张划在100海里处就够了。但是最后几方还是顺从了葡萄牙方面的意思。我们可以想一下为什么要坚持370海里呢？明显是当时葡萄牙的上层统治者得到了消息，如果仅仅是针对印度和中国的话，完全用不到这么多的。这个消息就是佛得角以西有大陆存在；但是为了掩人耳目，防止这块宝地被西班牙抢走，于是秘而不宣，一直等到时机成熟了，公元1500年的时候，才派人去印度航海的道路上确认一下。无数事实也证明了巴西是葡萄牙的福地，后来英国人和荷兰人抢走了印度航线，巴西就成为了王国的摇钱树和聚宝盆。

葡萄牙迎来了新的海洋探险高潮，就在通往印度洋的航路被打通之后。也看出了政府的重视，以前航行只是几艘船、几百号人，现在就是巨型舰和几千号人，规模不同往日了。船队的负责人也是从前经验丰富的航海家变成了现在企图从海上得到财富和荣耀的贵族阶级。向前、再向前；征服、再征服。葡萄牙几乎将整个东方的贸易都了如指掌，像日本、中国、帝汶，马六甲等等。不仅如此，非洲东海岸的莫桑比克也成为了葡萄牙的殖民地，印度次大陆的西岸也是多了许多碉堡和教堂。

葡萄牙国王在得到了财富之后，就变得的挥霍无度，用印度的黄金，修建了一座豪华漂亮的修道院——杰洛尼莫许修道院。也就是这座修道院标志着新的建筑样式的诞生。这种建筑风格的装饰以海洋为主题，窗户周围和廊柱上雕刻着海浪、船只、航海仪器，以及珍奇的海洋生物和植物。这种风格被后人称为“曼努埃尔风格”，是因为是在曼努埃尔统治时期出现的。修道院里如今放着四个人的遗体：第一个到达印度的航海家瓦斯科·达·伽马；撰写史诗歌颂葡萄牙人远航事业的葡萄牙文艺复兴时代最伟大的诗人路易斯·德·卡蒙斯；二十世纪葡萄牙文坛上最伟大的诗人费尔南多·佩索阿。以及十九世纪葡萄牙作家、史学家亚历山大·艾尔库拉诺。

新任国王改变了一些做法，比如对犹太人的态度。若昂二世在位期间对犹太人很宽容，但是他却让所有的犹太人都信天主教。这些悲惨的犹太人被称为“新基督徒”。之后的葡萄牙文学家便以这个为他们创作的主要题材之一。伟大的荷兰数学家、哲学家，犹太人斯宾若沙的父母当初就是从葡萄牙逃难来到的荷兰。公元1498年，前任国王若昂二世的遗孀莱奥若尔在里斯本成立了慈善堂，这个机构主要以救助贫困为宗旨。并且影响越来越大。以至于影响到了帝国的每个角落。该系统成为了现代社会保障系统的前身。澳门的慈善堂至今还在新马路市政厅广场上。

就在公元1521，国王曼努埃尔逝世，他这一生可谓政绩平平，一生很平淡，没有什么事情可以让人们去称赞他，倒是值得说的是他也没做过遭人咒骂的事情。他意外地座上了国王的宝座，然后平淡的死去，也是一件不错的事。

最早到达巴西的指挥官卡布拉尔

佩德罗·阿尔瓦雷斯·卡布拉尔出生于葡萄牙的贝尔蒙特，被任命为葡萄牙王室参事，他被人们认为是最早到达巴西的人，并且是一名优秀的航海家。他于公元1520年逝世，埋葬在葡萄牙圣塔伦的一个修道院里。

达·伽马率先发现印度这一消息，一经传开，葡萄牙举国欢庆。葡萄牙国王立即给西班牙国王和女王写信，并在信中说，自己击败了西班牙，发现了印度，还称自己为“几内亚之君主，征服、航海之君主，与埃塞俄比亚、阿拉伯、波斯及印度贸易之君主”，欣喜之情溢于言表。于是在公元1500年，国王曼努埃尔立即组建了一支巨大的舰队，任命贵族佩德罗·阿尔瓦雷斯·卡布拉尔为首领，率领13艘船和1 500名船员探险印度。

13艘船的各船船长当中，有很多都是经验丰富的航海家，像佩罗·瓦斯德·卡梅尼亚，巴托洛梅乌·迪亚士，古劳·科埃略，桑乔·德·托瓦尔，其中后两位都曾是达·伽马探险印度时的领航员。这次航行的目的是继续瓦斯科·达·伽马到印度海路的探测，与印度建立永久性的贸易关系，并且在印度宣扬基督教，如果必要时也可以使用武力，控制印度的香料贸易往来。

卡布拉尔按照达·伽马的提议，于公元1500年3月9日，率领舰队从里斯本出发，在非洲西南部热带海域航行时，并没有沿海航行，而是从西南方驶入大西洋深处，接着再向南行驶。但在实际航行中，卡布拉尔的舰队在通过佛得角群岛后，遇到强烈风暴，其中一只船在遇到风暴后就返航了，然而却被赤道洋流推到了远处的海域。也就是说，他们在向西南的航行越来越远，以至于他们进入到了一个未知的海域。

卡布拉尔在4月22日，看到了陆地——就是现在巴西东海岸的帕斯夸尔山，并将这里命名为维拉克鲁兹。23日登陆上岸，25日命令船队全部驶进港口。

公元1500年4月22日是正式发现巴西的日子，当时是葡萄牙人卡布拉尔发现了现在巴西东海岸的帕斯夸尔山，他认为这个地方应该归为葡萄牙所有，依据《托尔的西拉斯条约》，于是他一面派船长回去向葡王报告这一消息；另一面在岸边竖起刻有葡萄牙王室徽章的十字架，宣布此地归葡萄牙所有。

巴西这个国家名称的由来是这样的：葡萄牙人在海岸附近的热带雨林发现了一种树木，这种树可以提取贵重的红色染料，当时葡萄牙人称这种树叫作“Pau - brasil”。所以人们久而久之就把这个地方叫作“Brasil”（葡萄牙语Brasil，英语Brazil），并沿用至今，其中文音译为“巴西”。

经过短暂的休整之后，船队又继续向东航行。途经好望角时，正好遭遇风暴，其中4艘船在风暴中遇难。船员无一人生还，其中就有曾经闯过印度航线最艰险道路的航海家洛梅乌·迪亚士，直至最终也没能到达真正的印度。

风暴吹散了船队，其中一艘由船长迭戈·迪亚士（巴托洛梅乌·迪亚士的兄弟）为船长的帆船迷了路，凶烈的风暴抨击着，生生地把他们吹离了非洲东海岸。在8月10日，或许是上天为了眷顾他们，他们非常幸运的发现了一个岛屿，为了纪念这个活命的岛，迪亚士把此岛命名为圣劳伦斯（源是古罗马人物，七执事之一），后来又被称为马达加斯加。

卡布拉尔则率领余下的船只继续向印度航行。7月16日，他们到达了索法拉。7月20日到达莫桑比克。在莫桑比克，卡布拉尔受到当地人民热情的招待，不得不说莫桑比克的人民都是那样的好客。7月26日，卡布拉尔来到基卢瓦（今坦桑尼亚林迪港附近）。8月2日，卡布拉尔终于到达了预期中的马林迪，在这里，他找了一个阿拉伯领航员，以帮助他们到达印度。

公元1500年9月13日，卡布拉尔的船队终于抵达卡利卡特。卡里卡特，作为当时著名的贸易中心，其繁荣程度不言而喻，中国古籍记载，这个地方当时被称为“古里”，早在明朝永乐年间郑和船队就曾多次到达这里，约比达·伽马早了80年。

现在卡利卡特的情况对葡萄牙人来说糟糕透顶，因为利益与金钱的驱使，葡萄牙人在面对着那令人眼红的香料时不顾当地穆斯林大商人的阻止设立了商站，这一行为无异于是变相的夺食，生生的损害了当地以此为生的穆斯林大商人的利益，不得不说钱财的诱惑一直是巨大的，不管什么时间，在条件允许的情况下，人们做的一直是眼红于那不属于自己的财宝，但从没有一个好客的主方愿意把自己的蛋糕分一口给客人。面对着自己的利益被分割，看着那本该属于自己的财宝生生的流入别人的口袋，忍无可忍的穆斯林商人开始威胁君主沙末林（卡利卡特的君王）说如果不采取措施，他们就选择别的港口进行贸易，那样一来沙末林将得不到一分来自于穆斯林商人的税收。而同样与穆斯林的商人一般，卡布拉尔亦是选择了自己的方式对着给沙末林开始施加压力，他们要求这个国家给予他们优先进货的权利，并且在他们的货船没满载以前，当地的穆斯林商人不得以任何借口进货，更不得开船。后来在面临着左右飘忽不定的沙末林时，卡布拉尔决心用自己的方法解决争论，不得不说从古至今拳头一直是讲道理的先决条件，卡布拉尔就感觉自己的拳头很大，所以，他动用武力洗劫了一艘穆斯林商船。商不兴兵，有时候拳头的先决条件是在同等的情况下，比如一个胖子打一个瘦子，结果肯定是瘦子倒地，但是如果一个胖子当着一群瘦子殴打一个瘦子，那就不好说了，特别是这个瘦子还是那群瘦子中的一员，卡布拉尔的行为成功的引起了众怒，导致了公元 1500 年 12 月 16 日的商站事件的爆发，穆斯林商人袭击了葡萄牙人在当地的商站，有 53 名葡萄牙人被打死。面对着被毁的商站与己方人员的伤亡，卡布拉尔十分的愤怒，下令派舰队炮轰了卡利卡特城，这次战争从凌晨一直打到深夜，面对着被轰破的城堡，作为胜利方的强盗们洗劫了在港口内的商船，杀害了无辜船民 600 人。卡布拉尔一行这一凶残的行为加深了葡萄牙与当地居民和穆斯林的长期仇恨。但是卡布拉尔的此种行为却受到沙末林附近的柯钦、坎纳诺尔等小邦的欢迎，他们开始邀请卡布拉尔到他们的港口，卖给了葡萄牙大批的香料，还与卡布拉尔签订了贸易条约。

作为葡萄牙人他们最大的聪明之处就是在于面对着分歧，懂得如何充分地利用柯钦和卡利卡特的矛盾，因为两个国家那久积的矛盾，葡萄牙在印度沿海建立了永久性的贸易据点和武装据点。这样，在东非海岸发生过的事再次被复制，葡萄牙又一次利用当地人的分裂达到了自己的目的。

公元 1501 年 1 月 16 日，在掠夺了大量打财富后，卡布拉尔决定返航。公元 1501 年 6 月 23 日，卡布拉尔的船队如期的回到了葡萄牙，在这次航程中，尽管他们损失巨大，那 6 艘船和许多人员每每想起都让他咬牙，但卖掉运回的香料后，他们的盈利竟然超过了总花费的 2 倍，这次航行从某些方面来说无疑是一次成功的范例。

在这次航行中他不仅发现了巴西，使得葡萄牙在以后拉丁美洲赢得了一个巨大的落脚点，更发现了马达加斯加岛这个日后作为往来贸易的巨大的中转站。这次航行更使象征着阿拉伯人和威尼斯人对香料贸易的垄断从此已经被彻底的打破，更重要的是面对着财富的诱惑，葡萄牙还在在印度南部等地设置商站，并与当地土著建立了正式的贸易关系，为他们下一步的控制香料贸易做好了准备。

卡布拉尔的航行事迹虽比不上达·伽马、迪亚士等航海开创者，但是他并没有给航行过的国家带来不可挽回的灾难，而且带回来的财富利润也非常多，这位航海家同样值得我们铭记。

东方凯撒：阿尔布克尔克

阿方索·德·阿尔布克尔克在当时被人们称为“东方凯撒”，由此可见他在人们心中威严的形象。他是一名葡萄牙军人，任职于葡属印度殖民地总督。他在殖民地实行独特的军事和政治活动，最终形成了在印度洋的葡萄牙殖民帝国，他是一个军事天才，依靠策略成功征服了世界。

阿尔布克尔克是第二任印度总督，他是个开放分子，是他在任期内巧妙的设计了一系列的计谋，从香料运输这块巨大的蛋糕中把穆斯林完全排挤出去，实现了自己控制 3 500 英里印度洋洋面的宏伟计划。在当时的印度，果阿是印度西南海岸仅次于卡利卡特的一大商业中心，为了稳固自己的统治，其实更大的原因是在财富的驱使下，阿尔布克尔克到任的第一个行动就是攻占果阿。面对着印度教徒对当地非穆斯林的残暴统治，阿尔布克尔克的行动很快得到了果阿当地那些心生怨恨的非穆斯林的积极配合，再加上果阿当时军力薄弱，因此公元 1510 年 3 月葡萄牙人成功的夺取了果阿。

两个月后，穆斯林的报复来的迅猛无比，大批军队开始朝着被攻占的果阿而来，面对着敌众我寡的形式，阿尔布克尔克果断的弃城而去。但逃走后的阿尔布克尔克并没有放弃果阿，在 10 月初他再次集结了大军攻占了果阿，并且面临着那已破的城市开始下令屠城，杀死城中所有的摩尔人，总共有 6 000 多男子、妇女和儿童惨死。年底，阿尔布克尔克将总督府迁到这里，从此，果阿就成了葡萄牙在东方进行殖民活动的中心，直到 1961 年才由印度政府出面从葡萄牙的手里收回。不得不说当时阿尔布克尔克的行动成功的震慑了周围那一直举棋不定的小邦，那一面倒的屠杀使得身为小邦统治者的他们胆惊，纷纷表示对葡萄牙的臣服。公元 1512 年，阿尔布克尔克与新任的领主沙末林签订协议，开始在卡利卡特修建要塞。后来又设立了一系列的要塞，确立了对这一带主要港口的控制。从此，通往印度各地海岸的主要航道都处在葡萄牙人的控制之下。

控制印度洋但却并不等于控制一切，面对着那巨利的香料贸易，要实现控制印度洋出入口，彻底垄断香料贸易的宏伟计划，仅仅控制印度洋的出海口还是远远不够的，还需要做到以下三点：攻占马六甲，控制东部入口；占领亚丁，控制红海入口；夺取霍尔木兹，控制波斯湾入口，杜绝其他船只的出入。马六甲的得名源自于阿拉伯人，在阿语中的意思是集合各商贾的市场，而在中国有记载的古籍中当时称它为满剌加。马六甲不管在何时对于海上经贸都具有重要的战略地位，单就航海线路而言，马六甲是东西交通的汇集点，商业航途的必经之路，拥有马六甲既可以把印度人和阿拉伯人排除出亚欧贸易航线，还可以通过它控制通往南中国海和香料群岛的航线；所以马六甲还是当时亚洲进行香料贸易的主要贸易中心，方圆数千平方公里以内的商业和贸易活动必须经过它；另一方面控制马六甲也可以牢牢把握东西方贸易的主动权这是一块巨大的蛋糕，但这时的马六甲还主要掌握在穆斯林人手中。

公元1509年，葡萄牙人曾经到达过马六甲，但是当地却受到了土著的袭击，所以他们撤退了，可是这次撤退不彻底，仍有那么一些倒霉蛋被俘。公元1511年7月1日，时任印度第二任总督的阿尔布克尔克率领着一支由18艘舰船、1 200名葡萄牙士兵及200多名马尔巴拉援兵组成的舰队到达了马六甲，提出了释放战俘、进行赔偿以及割让一块土地来修建要塞的要求。但当时的马六甲也算是一个10万人的大城市，由3万马来人和爪哇人守卫着，另外还有许多战船，几千门火炮，双方兵力悬殊，因此当地对于自己的防御信心满满的。苏丹人拒绝了葡萄牙人那看似无理的要求。7月24日，葡萄牙人的第一次攻击没有成功，8月10日又进行了第二次攻击，激战了一个星期，葡萄牙成功的攻占了马六甲，然后照例怀着扫平叛乱与仇恨的心理进行了屠城，把居住在马六甲的马来人杀了个干净，一个漏网之鱼也没有，但对与马来人有矛盾的印度人、缅甸人和爪哇人则不动分毫，扩大分歧，激化矛盾，敌人的敌人就是自己的朋友，这一点阿尔布克尔克运用的非常出色，这也是阿尔布克尔克扩大统一面，缩小打击面的聪明之处。

马六甲此前一直是中国的重要藩属国，但对于马六甲受到袭击的事件，直到公元1520年，马六甲苏丹派人向中国求救，明武宗才知道这件事。葡萄牙人用武力占领了马六甲在当时看来是赤裸裸的打脸，是一种对当时朝贡体系、一种以中国为主导的“自古昔帝王，居中国而治四夷”的东亚国际秩序的直接挑战。《明会典》上所载63个朝贡国有2/3位于马六甲以西，所以对于当时的明朝来说，一旦失去马六甲则意味着当时明武宗的朝贡体系会有所动摇、瓦解的危险。所以按理当时的明武宗本应派遣军队帮助自己的属国马六甲苏丹击败葡萄牙人，但当时的明朝早已失去了初时的积极进取，在他们看来马六甲虽然重要，但毕竟只是中国的外围藩属国，所以它的丢失并不影响中国自身的安危，即使当时喜欢葡萄牙的武宗也没有采取什么措施。

公元1521年3月武宗驾崩，同年4月明世宗继位年号嘉靖，面对着新的国君，马六甲苏丹又遣使来求救。明朝才与葡萄牙进行了涉外交涉，要求葡萄牙归还马六甲，否则便要扣押葡萄牙的使团直到对方愿意归还马六甲为止。尽管当时明朝的国力比葡萄牙要强大许多，但在东南亚一带并没有军事部署存在，这种只存在于口头又毫无力度的交涉会有什么用呢？野心勃勃的葡萄牙曾经为了一个没有为自己带来什么经济增幅的休达连亲王也舍得牺牲，何况是那可有可无的使团，可是由于穆斯林的刻意避让，休达在葡萄牙人手中没有发挥贸易中心的作用。

公元 1437 年，为了增加休达的经济价值，当时的葡萄牙王子亨利与他的兄弟费尔南多开始进攻摩洛哥丹吉尔，战败后的费尔南多被摩尔人扣为人质用来作为归还休达的条件，但出于国家利益的考虑葡萄牙并没有交还休达，选择了牺牲费尔南多，一位亲王最后生命终结在了一座土牢里，直到公元 1471 年他的遗骸才被用几个摩尔人贵族俘虏交换回国。如此的一个国家面对富饶的马六甲，他们又怎么会把区区一个无足轻重的使团安危放在心上呢？

为了国家颜面与利益，面对着对自己的提出的条件无动于衷的葡萄牙，当时的明朝命令同是藩属国的暹罗派兵救援，但暹罗始终对曾经明朝支持本是它属地的马六甲独立耿耿于怀，这就是一根刺在暹罗心里的刺，而且由于葡萄牙有效的外交拉拢，暹罗选择按兵不动，更甚至认为葡萄牙攻占马六甲是给它帮了忙。此后葡萄牙统治了马六甲 130 年，直到公元 1641 年才被荷兰人赶走。

阿尔布克尔克在此修建了坚固的要塞，在他看来马六甲应该变成了葡萄牙的在这一带的统治中心和重要支撑点，所以在此长驻有军队，包括舰队和陆军。而占领马六甲这一举措对葡萄牙在亚洲的殖民活动具有无可估量的重大影响。葡萄牙人攻占马六甲吸引了附近一些小国如苏门答腊、爪哇等侯国等的归顺，也取得了原本与马来人有矛盾的商人的支持，这其中主要是泰米尔人和克林人的支持，葡萄牙与孟加拉湾的其他地区和东南亚以及远东的其他小国签订贸易协议，建立起沟通的锁链，很大程度上借助了克林人。此后葡萄牙人逐步设立了一系列的据点要塞，构成了在东南亚的殖民网络。

占领马六甲为葡萄牙之后的经济发展带来了巨大的利益，马六甲也成为了“葡萄牙王冠上的珍珠”，“葡萄牙的财富与远比其大和其人口多的王国的财富相比，也毫不逊色”。在这一时期成了“葡萄牙历史上最富裕的时期”。

但是就在葡萄牙的国力经过积累如日中天的时候，公元 1513 年 2 月进行的占领亚丁的行动却不是那么顺利了，因为地形不熟，加之准备不足，缺乏淡水，而且航行所必须的天气情况也不利，要么没风、要么是暴风雨，所以葡萄牙摧毁了停泊在亚丁的船只，炮轰了亚丁城后就撤离了。

历时一年，经过充足的准备，公元1515年2月，休整完毕的阿尔布克尔克率领27艘大船，1 500名葡萄牙人士兵和几百名土著人又开始了葡萄牙新一轮的强盗军事行动。他有三个目的：占领霍尔木兹，重新占领亚丁，如果有可能从陆路去摧毁麦加。

在霍尔木兹，被波斯人控制的国王慑于阿尔布克尔克的武力和往日那种种行为而带来的凶残之名所慑服，在缴纳了1.25万金谢拉芬，归还了葡萄牙的要塞，另外还亲自在宫殿中升起了葡萄牙旗帜，作为代价阿尔布克尔克帮助国王摆脱了波斯人的控制，并留下了一支强大的军队驻扎。

不得不说作为野心家，阿尔布克尔克他无疑是成功的，在海上强权的扩张中，他一面建立在印度洋上的霸权；一面又派人向东去探索真正的香料群岛——摩鹿加群岛。摩鹿加群岛，旧时被称马鲁古群岛，位于今天印度尼西亚群岛东北部，面积7.4万平方公里，由大约1 000个小岛组成，气候炎热潮湿，适于香料作物的生长，这里生产的香料，香味浓郁，质地优良。

公元1511年，安东尼奥·德·阿布雷乌受命率领3艘船侦察摩鹿加群岛，在完成任务返航时，一艘船触礁沉没，船长弗朗西斯科·塞尔旺获救，被带到了摩鹿加群岛的特尔纳特岛，后来他担任了苏丹顾问。塞尔旺设法使苏丹与葡萄牙结盟，公元1521年，葡萄牙在此修建了炮台等军事设施，后来又步步推进，公元1522年葡萄牙占领雅加达，公元1545年又在万丹建立了贸易中心。并且在公元1562年和公元1564年，安汶和特尔纳特先后变成了葡萄牙的属地。这样葡萄牙终于是完全控制了香料群岛，在东方建立起了以果阿、霍尔木兹和马六甲为核心的东方贸易网络。

此时的西班牙借助麦哲伦的环球航行，通过南美洲南部也到达了亚洲。面对香料群岛的诱惑，西班牙人垂涎三尺。由于没有计算摩鹿加群岛地理坐标的可靠方法（这一问题直到18世纪才解决），葡萄牙和西班牙都声称根据《托尔德西拉斯条约》摩鹿加群岛在自己的势力范围内。在利益的分歧下，两国开始了激烈的争夺，为此还爆发了小规模冲突，即使当时的教皇出面调解也没有什么作用。公元1529年4月，两国签订了《萨拉戈萨条约》，西班牙作为代价放弃了对摩鹿加群岛的主张，并接受了葡萄牙提出的两国在东方的分界线，即在摩鹿加群岛以东17°的子午线。

作为野心家的阿尔布克尔克一生的结局是痛苦和不体面的。尽管阿尔布克尔克不断地为葡萄牙在亚洲的事业建立功勋，替葡萄牙挖掘着一桶又一桶的金子，但国内的政治形势却日益对他不利，有谣言说他怀有巨大的野心，想当果阿总督，把亚洲变成他的私人领地。这些谣言被他的对手利用，国王听信了谗言，任命与他有私仇的洛波·苏亚雷斯·德·阿尔贝加里亚为印度总督。听到这个不幸的消息后，本已染病的他一病不起，公元 1515 年 12 月就在返回果阿的船上死去了，年仅 53 岁。

其实，谁也不知道阿尔布克尔克有一个宏伟的计划，但是临死都没有实现。在他死时仅有亚丁没有攻占，但问题在于葡萄牙的国力太弱了，耗不起，实行这样的计划有些力不从心。本来后面的总督是有机会补救的，但他们的才能都远远不及阿尔布克尔克。公元 1516 年，在国王的一再要求下，苏亚雷斯率领由 37 艘战船和 1 800 人组成了庞大舰队向亚丁出发，但指挥官的无能加上恶劣天气的影响，行动失败了，这支庞大的舰队中大部分船只沉没，一半的人因各种原因死去。苏亚雷斯在亚洲做的唯一一件有影响的事是在锡兰的科伦坡修建了一个要塞，并强迫锡兰国王纳贡。

阿尔布克尔克不愧“东方凯撒”这个称号，他不仅征服了果阿和马六甲，他还控制了东方航路，并且提出建筑要塞、安置移民等一系列的稳固措施，为葡萄牙王国在东方的霸权奠定了基础。他一生的伟绩值是得后世为之传颂的。

第一个拥抱地球的人

作为世界上第一位驾船环绕地球的人，航海家麦哲伦，首次在阿根廷、智利之间开辟了麦哲伦海峡，接着探险横穿太平洋到达亚洲菲律宾群岛，又创造了环绕地球新航线的新奇迹。人们因此亲切地称他为“第一个拥抱地球的人”。

公元 1480 年，“第一个拥抱地球的伟人”麦哲伦出生在葡萄牙北部波尔图一个破落的骑士家庭里，属于四级贵族子弟。他的父亲叫路易·德·麦哲伦，是个小贵族，母亲叫阿尔达·梅斯桂塔。他 10 岁时进王宫服役，16 岁进入国家航海事务厅。麦哲伦年轻时就对航海十分神往，年轻时的梦想为他今后环航地球提供了强大的精神支柱。

麦哲伦像

公元 1505 年作为军官的麦哲伦顶着贵族的头衔参加了葡萄牙海军去印度的作战。虽然葡萄牙在非洲东海岸及印度西海岸作战胜利，从而打破了印度洋上的穆斯林势力，也从阿拉伯人手中夺取了海上贸易控制点，但没能控制马六甲，在布局上还欠缺火候。为此，公元 1511 年参加攻占马六甲之役。东方的财富经过马六甲流入西方世界的港埠，葡萄牙因控制了马六甲海峡，掌握了通往马来西亚海域与港口的钥匙。但还需要向香料群岛、产生财富的摩鹿加群岛探险，从而更大限度地挖掘那在他们看来本该属于自己的财富，因此于公元 1511 年 12 月做了一次侦察航行，到达班达岛后，带了一批香料于公元 1512 年回里斯本，次年随军攻打摩洛哥要塞阿萨莫尔，因伤终身跛脚。公元 1514 年回国后两次上奏国王要求晋级和增加年金，均被无情地拒绝。

公元 1517 年麦哲伦偕同宇宙学者法莱罗去西班牙，放弃葡萄牙国籍，转为为西班牙国王查理一世服务。他坚信地球是圆形的，并猜测在这片大海的东面，是哥伦布发现的美洲大陆。受这种理念的影响，他下定决心一定要做一次环球探航。

当麦哲伦怀着自己的理念向当时的西班牙国王提出要去寻找一条通往摩鹿加群岛的西航路，即在后世看来是从大西洋穿越太平洋到达摩鹿加群岛的航路。这一提议获得了当时的西班牙国王查理一世（即后来神圣罗马帝国皇帝查理五世）的同意，并大力支持，面对着各取所需的结果，双方达成协议，国王答应从新发现的领土中，拨出 1/20 给麦哲伦。麦哲伦的环球航行的计划得到西班牙国王的批准，国王与他签署了远洋探航协定。他于公元 1518 年出任远征船队队长，前往为西班牙开辟新的通往摩鹿加的路线。出发前麦哲伦自信能发现一条从大西洋通往南面的海的海峡的航线。

麦哲伦率领五条船和 270 名水手的船队于公元 1519 年 9 月 20 日这天起航，人类历史上第一个环抱地球的旅行，但在当时看来却是发觉财富的探索之路。船队在大西洋中航行了 70 天，11 月 29 日到达巴西海岸。由于这里是葡萄牙的领地，所以麦哲伦告诉船员们一定要小心，不要被葡萄牙人发现，因为根据公元 1494 年双方签定的《托尔德西里亚斯条约》规定葡萄牙与西班牙双方谁也不得进入和占领对方分的领土。第二年 1 月 10 日，船队来到了一个无边无际的大海湾。船员们以为到了美洲的尽头，可以顺利进入新的大洋，但是经过实地调查，那只不过是一个河口，即现在乌拉圭的拉普拉塔河。

3 月底，面对着进入隆冬季节的南美，受气候的影响麦哲伦率船队驶入圣胡安港后不得不准备过冬。当时由于天气寒冻，加之面临着粮食短缺的困境，船员情绪十分颓丧。内部发生了叛乱，三个船长联合起来反对麦哲伦，他们认为麦哲伦是在拿着大家的生命玩耍，是个疯子，不服从麦哲伦的指挥，责令麦哲伦去谈判。麦哲伦便派人假意去送一封同意谈判的信，并趁机刺杀了叛乱的船长。

不得不说麦哲伦是幸运的，或许冥冥中注定他将完成环游世界这一创世之举，面临着举步维艰的困境时，他在圣胡安港发现了大量的海鸟、鱼类还有淡水，饮食问题终于得到解决。麦哲伦发现附近还有当地的原住居民，这些人体格高大，身披兽皮；他们的鞋子也很特别，他们把湿润的兽皮套在脚上，上至膝盖。雨雪天就在外面再套一双大皮靴。麦哲伦把他们称为“大脚人”，并以欺骗的方法逮捕了两个“大脚人”，并戴上脚镣手铐关在船舱里，一次远航耗费财力人力，而这种特殊的人种“大脚人”便是麦哲伦为了回报西班牙国王的新奇礼物之一。

在镇压了随从自己的三个西班牙船长们发起的叛乱后，阳春 8 月，麦哲伦率领船队继续出发。10 月 21 日绕过维尔京角时，在南纬 52°50′处进入他们要找的海峡（后以麦哲伦的名字命名）。到达淘峡西端时，船队只剩下了 3 条船。

到达海峡后，船队沿海峡航行。峡道弯弯曲曲，时宽时窄，两岸山峰耸立，奇幻莫测。海峡两岸的土著居民，欢喜地燃烧篝火，白日蓝烟缕缕，夜晚一片通明，好像专门为麦哲伦的到来而安排的仪仗队。麦哲伦高兴极了，他在夜里见到陆地上火光点点，便把海峡南岸的这块陆地命名为“火地”，这就是今日智利的火地岛。

20 多天艰苦迂回的航行，船队终于到达了海峡的西口，走出了麦哲伦海峡，眼前呈现出的是一片风平浪静、浩瀚无际的“南海”。后来，两个月在他们兵分五路四处寻找小岛或陆地时，装载粮食最多的“圣安东尼奥号”逃走并返回了西班牙。

100 多天的航行，一直没有遭遇到海上那令人谈之色变的狂风大浪，麦哲伦的心情从来没有这样轻松过，在他看来这是上帝在帮他。他就给“南海”起了个吉祥的名字，叫“太平洋”。在这辽阔的太平洋上，看不见陆地，遇不到岛屿，食品成为最关键的难题，100 多个日日夜夜里，他们没有吃到一点新鲜食物，酒早已被喝光，只有依靠一些面包干充饥，后来连面包干也吃完了，在死亡的威胁下他们只能吃生了虫的饼干碎屑，吊住那口活人的气，这种食物散发出像老鼠屎一样的臭气。船舱里的淡水也越来越浅，最后只能喝带有臭味的变质黄水。为了活命，连盖在船桁上的牛皮也被充作食物，由于日晒、风吹、雨淋，牛皮变得硬得像石头一样，要放在海水里浸泡四五天，等待它变软方便咀嚼，再放在炭火上烤好久才能食用。甚至有时，在面临牛皮成为奢望时，他们还吃了木头的锯末粉。

公元 1521 年 3 月，船队终于到达三个有居民的海岛，这些小岛便是如今的马里亚纳群岛中的一些岛屿，岛上土著人皮肤黝黑，身材高大，他们赤身露体，然而却戴着棕榈叶编成的帽子。热心的岛民们给他们送来了粮食、水果和蔬菜。船员们获得了 99 天以来第一次新鲜食品。在惊奇之余，船员们对居民们如火的热情，无不感到由衷的感激。但由于当时的土人们从未见到过如此壮观的船队，对船上的任何东西都表现出新奇感，怀着这种新奇感于是从船上搬走了一些物品，船员们发觉后，便大声叫嚷起来，把他们当作强盗，还把这个岛屿改名为“强盗岛”。当这些岛民偷走系在船尾的一只救生小艇后，麦哲伦生气极了，他成功的被这些“土鳖”激怒了，盛怒下的他带领一队武装人员登上海岸，开枪打死了7个土著人，放火烧毁了几十间茅屋和几十条小船。于是在麦哲伦的航行日记上留下很不光彩的一页。

没再耽搁，在当地补足供给后，船队再往西行，来到现今的菲律宾群岛。此时，麦哲伦和他的同伴们终于首次完成了横渡太平洋的壮举，证实了美洲与亚洲之间存在着一片辽阔的水域。这个水域要比大西洋宽阔得多。哥伦布首次横渡大西洋只用了一个月零几天的时间，而麦哲伦在天气晴和、一路顺风的情况下，横渡太平洋却用了一百多天。

关于麦哲伦首次横渡太平洋，在地理学和航海史上产生了一场革命。这次航行证明地球表面大部分地区不是陆地，而是海洋，世界各地的海洋不是相互隔离的，而是一个统一的完整水域。这样为后人的航海事业起到了开路先锋的作用。

之后麦哲伦的船队在菲律宾群岛的马萨瓦登陆，他成功地为西班牙在太平洋海域找到了第一个同盟者。在宿务岛，他拿起了宗教的帽子，成功的使地方统治者及其官员们皈依天主教。两个月之后，4月27日麦哲伦在麦克坦岛上与当地人作战时被杀。麦哲伦死后，只有两条船到达摩鹿加，而只有“维多利亚”号于公元1522年9月由当时的船长埃尔卡诺指挥回到了西班牙。生还者还有另外17名欧洲人和4名印第安人。埃尔卡诺从太平洋绕好望角回到了大西洋，证明了地球是圆的。

关于麦哲伦的死说法不一，而下面这个“麦哲伦企图利用当地部族间的矛盾来达到他的目的，却在一次冲突中被杀害”的版本最为广泛流传，也被大多数人们所认同。

据传，有一天，麦哲伦所率领的船队来到萨马岛附近一个无人居住的小岛上，以便在那里补充一些淡水，并让海员们休整一下。邻近小岛上的居民专程前来观看西班牙人，用椰子、棕榈酒等换取西班牙人的红帽子和一些小玩物。几天以后，船队向西南航行，在棉兰老岛北面的小岛停泊下来。当地土著人的一只小船向“特立尼达”号船驶来，麦哲伦的一个奴仆恩里克用马来西亚语向小船的桨手们喊话，他们立刻听懂了恩里克的意思。恩里克生在苏门答腊岛，是12年前麦哲伦从马六甲带到欧洲去的。两个小时后，驶来了两只大船，船上坐满了人，当地的头人也来了。恩里克与他们自由地交谈。

这时，麦哲伦才恍然大悟，现在（公元1519年）又来到了说马来语的人们中间，那么距离他心目中的财富天堂“香料群岛”已经不远了，他们快要完成人类历史上首次环球航行了。

岛上的头人来到麦哲伦的指挥船上，把船队带到菲律宾中部的宿雾大港口。为达到统治与殖民的目的，麦哲伦表示愿意与宿雾岛的首领和好，如果他们承认自己是西班牙国王的属臣，还准备向他们提供军事援助。为了使首领信服西班牙人，麦哲伦在附近进行了一次军事演习。宿雾岛的首领接受了这个建议，一星期后，他携带全家大小和数百名臣民接受了麦哲伦的宗教洗礼，在短时期内，这个岛和附近岛上的一些居民也都接受了洗礼。

麦哲伦依靠强大的武力，在短时间内成了这些新基督徒的靠山。为了推行殖民主义的统治，他插手了附近小岛首领之间的内讧。夜间，他带领60多人乘三只小船前往小岛，由于水中多礁石，船只不能靠岸，麦哲伦和船员50多人便涉水登陆。不料，反抗的岛民们早已严阵以待，麦哲伦命令火炮手和弓箭手向他们开火，可是在面对着整个岛上人民同仇敌忾的心理时，这60人组成的精英团队硬是被挡着，攻不进去。接着，岛民向他们猛扑过来，船员们抵挡不住，边打边退，岛民们紧紧追赶。麦哲伦急于解围，下令烧毁这个村庄，以扰乱人心。岛民们见到自己的房子被烧，更加愤怒地追击他们，射来了密集的箭矢，掷来了无数的标枪和石块。当他们得知麦哲伦是船队司令时，家园被毁的怒火终于找到了宣泄点，攻击更加猛烈，许多人奋不顾身，纷纷向他投来了标枪，或用大斧砍来，麦哲伦就在这场战斗中被砍死了。

从公元1519年9月—1922年9月，麦哲伦和他的船员们，花了整整3年的时间，终于完成了人类第一次环球一周的航行。麦哲伦虽然死去了，但是他此次航行对后世的航海和科学事业所做的贡献，却是让我们每一个人都不能忘记的。

但是客观来讲，麦哲伦的突出贡献不在于环球航行的本身，而在于其大胆的信念和对这一事业的出色指挥。他是第一个因为信念，从东向西跨太平洋航行的人。他以3个多月的航行，改变了当时流行的观念：从新大陆乘船向西只消几天便可到达东印度。麦哲伦船队的环球航行，用实践证明了地球是一个圆体，不管是从西往东，还是从东往西，毫无疑问，都可以环绕我们这个星球一周回到原地。而这个实践的成功，在整个人类历史上，永远都是不可磨灭的伟大功勋。

麦哲伦航行迄今为止仍被大众看作是世界上最有价值的海洋探险，虽然在他身后得到了世人理性的称颂，但在他所生活的那个年代，却挣扎在苦难与不被理解的难堪之中。在他死后，对这个战功卓著的外乡人西班牙不屑一顾，而葡萄牙人因麦哲伦叛逃出去帮助敌国效力也怀恨在心，甚至有人觉得麦哲伦客死他乡是罪有应得，所以在当时如此的背景下这位伟大的航海家在两国的地位之低下，以至于现在的西葡两国都没有专门纪念他的博物馆或者雕像等。

第四章　谜一样的葡萄牙

国王的爱情

你或许听过至死不渝的爱情故事，亦或是长相厮守的美满生活，但葡萄牙一位国王的爱情却让人感到毛骨悚然，这位国王就是佩德罗一世。

佩德罗一世是在公元 1357 年继位的，他在位的 10 年，为葡萄牙百姓带来了安定的生活，并且他的一系列行政措施为公元 1385 年葡萄牙与英国的结盟，和成为控制东方贸易命脉的大殖民帝国打下了坚实的基础。而在他这些伟大的功绩中，最为葡萄牙人津津乐道的却是他那段充满血腥味道的爱情故事。

佩德罗一世像

佩德罗一世任职国王期间，最大的成就便是完善了王国的法律体系，从而最大限度的保障了本国民众的利益。他秉公办事，公正不阿，因此获得了“公正者”的称号。

葡萄牙的子民们都非常爱戴佩德罗，有人说“佩德罗当国王的这十年好光景是葡萄牙从来没有过的”，这应该是对他最大的褒奖。十五世纪的编年史学家费尔南·洛佩斯曾记载，这位“公正者”甚至在夜晚用火光把城市照得如同白昼一般，和兴高采烈的子民一起跳舞欢呼。

佩德罗虽然受到了全国人民的爱戴，却失去了他最爱的人。这份听起来有些瘆人的爱情或许是佩德罗英年早逝的原因之一。为国操劳了十年之后，佩德罗静静地躺在爱人身边，迎接着死神的到来。

葡萄牙人的血液里天生有不羁的元素，在佩德罗成年之际，老国王阿方索四世为他安排了一位储妃，叛逆期的佩德罗心里充满了嫌恶。这位储妃来自一个卡斯蒂利亚的贵族家庭，据说这位储妃阿美莉非常貌美，但是佩德罗对这位小姐并没有什么兴趣，并且强硬地拒绝了这桩婚事。老国王非常气愤，用王位的继承权来要挟佩德罗，佩德罗无奈之下只好妥协。反正拒绝了这个小姐，以后还会有别的小姐、公主的，所以佩德罗反而释然了。

在他婚礼举行的当天，作为国王的佩德罗还在处理国事，由于匆忙他随便换了一身衣服便赶来教堂，迎亲的确实不怎么隆重，嫁亲的却大摆排场，卡斯蒂利亚小姐带着众多陪同人员，有贵妇、有侍女，全都盛装打扮，其中有一位美艳绝伦的茵内斯·德·卡斯特罗侍女，当她向佩德罗行礼的时候，这位葡萄牙的王子便被她俘虏了，佩德罗很庆幸自己可以在最美的年华里遇到她，虽然这个相逢造就了日后的悲剧。

葡萄牙的王室开始对佩德罗施加压力，使他不得不按照既定计划与储妃完婚，但是私下里他却经常和茵内斯密会，茵内斯温柔似水，她也同样爱着佩德罗，但是她的爱却并不想什么占有，她不计较什么名分，只求在佩德罗的身边陪着他。而佩德罗也没有辜负她的期望，对她非常好。但他始终觉得愧对于茵内斯，后来他将茵内斯安置在科英布拉，两个人共同生活了好几年，过着幸福美满的日子，并且育有四子，佩德罗心想这样也就足够了。

但悲剧却突然降临，当卡斯蒂利亚储妃知道了丈夫出轨后，在生下一子后便郁郁而终，储妃的死让老国王瞬时陷入了暴怒之中，他认为这所有的不幸都是这个叫茵内斯的女人带来的，于是阿方索四世利用王子不在科英布拉的机会杀死了茵内斯。

在外的佩德罗听到这个消息之后悲痛万分，他咽不下这口气，于是率领叛军包围了波尔图，准备为心爱之人讨回公道。这场战争打得异常惨烈，据说当王子的军队包围波尔图的时候，守城的部队把停泊在杜罗河上的所有船只的船帆和旗帜都扯下来填塞了城墙的缝隙，死伤无数。

就在城门马上要被攻破的时候，佩德罗发现城门下已经尸首遍地，而这些人都是他的子民，他无力的滑下了马背，心死之后的他只能与父亲重新和解，为安抚老国王佩德罗还发了既往不咎的誓言，但是他最终还是无法忘记茵内斯，也无法原谅他的父亲。

公元1357年，佩德罗终于如愿的登上了王位，而加冕后的他做的第一件事就是复仇！他要求卡斯蒂利亚将躲藏的参与杀死茵内斯·德·卡斯特罗的凶手遣返葡萄牙，其中有两个人被抓到，还有一个跑回了法国，愤怒的佩德罗将这两位贵族活活剜了心脏。

公元1360年，重情的佩德罗宣布其实他和茵内斯早已结婚，因此她应该按照王后的礼仪重新下葬。在葬礼上，佩德罗当着自己的子民郑重的宣布“其实我早已有了妻子，葡萄牙早已有了王后！你们看吧！”一把掀开了幕布。宝座上一袭白得刺眼的婚纱将在场的人们惊得连连倒退。大家定睛一看，那戴着王后宝冠的，分明就是一具骷髅，而婚纱衣袖下伸出来的，更是一只早已腐烂的干枯的手骨！

当时的小王子费尔南多瑟瑟发抖的站立在这具骷髅旁边，惊恐的看着近乎疯狂的父亲。此刻的佩德罗早已两鬓斑白，但是那双眼睛中却闪烁着异常的光芒，就好像二十年前他第一次看到茵内斯的时候一样。如今，那倾国倾城的佳人茵内斯已经化为了他身旁这具干瘪的白骨，但是有什么是不变的，那眼神就没有变。

此情此景着实使大臣们惊慌失措，科英布拉大主教甚至当场昏厥，佩德罗都没拿正眼看这个晕倒的老头子，他的双眼仍然炯炯有神，大喊道："我的臣民们，你们都来参见你们的王后吧！费尔南多，就从你开始！"尽管小王子依然有些害怕，就好像是母债子偿的感觉，费尔南多犹豫了一下，但还是亲吻了那只冰冷的、毫无生气的手骨。

因为佳人的逝去，佩德罗在阿尔科巴萨修道院内修建起了两座超级豪华的陵墓，装潢非常华丽，其中的一座就是为新王妃茵内斯而修建的陵墓，另一座陵墓是留给佩德罗自己的。这两座陵墓并没有并排放置，而是相向放置。这样安排的目的在于，当末日审判来临之日，死人复生的时候，两人推开棺木坐起身来，佩德罗第一眼看到的必将是茵内斯，茵内斯第一眼看到的也将是佩德罗。这样的设计了看似稀奇却包含了佩德罗对茵内斯深沉的爱。不仅如此，佩德罗从茵内斯被杀到他去世，都没有再结婚，甚至再没有过其他女人。

之后安葬茵内斯的修道院被改造成了教堂，这份感人至深的爱情也使得教堂被赋予了新的使命，好多新人会在这里举行他们的婚礼，希望用情至深的佩德罗和茵内斯能够保佑他们能够终成眷属，白头到老。

佩德罗那近乎疯狂的爱、他与父亲的决裂、导致茵内斯之死的政治原因、残酷的报复、隆重的迁葬仪式、陵墓的宏伟和艺术价值等，这一系列的事实构成了许多美妙的传说。文艺复兴时期，这个传说成为了剧作家和诗人们惯用的永恒主题。其中，安东尼奥·费雷拉的戏剧《卡斯特罗》和卡蒙斯的长篇史诗《卢济塔尼亚人之歌》对这个悲剧的片段纷纷进行了描写，并被奉为经典。前者堪称葡萄牙文学史上的罗密欧与朱丽叶，而后者在欧洲的出名使得这个故事更加广为流传。

法蒂玛圣母显现

法蒂玛圣母，这个被天主教会所认为是"圣母玛丽亚"者的称号，最初是天主教徒赋予了 1917 年在葡萄牙法蒂玛连续六个月于当月的 13 日显现给三个牧童的称号。

1917 年从 5 月—10 月露希亚·桑托斯和她的表兄弟哈辛塔·玛尔托以及弗朗希斯科·玛尔托三名牧童称在葡萄牙花地附近玛尔贾斯特外的空地上看到圣母玛丽亚。而这三个人总是在每个月的 13 日约在同一时辰看到她。露希亚称玛丽亚“比太阳还要明亮，发射的光束比充满了闪烁的和被阳光刺目的光束穿透的水晶杯还要明亮和强烈”。

露希亚称玛丽亚圣母向他们透露了三个秘密（法蒂玛的三个秘密）。她规劝牧童们通过忏悔和牺牲来拯救罪人。因此牧童们开始在腰上系很紧的绳子来导致痛苦、即使大热天里也不喝水，以及其他赎罪行为。更重要的是露希亚称玛丽亚叫他们每天颂《玫瑰经》《圣母圣咏》，多次重申《玫瑰经》是获得个人和世界和平的关键。

当时身居葡萄牙的许多年轻人，包括这些牧童的亲戚，正在第一次世界大战中打仗。当这个奇迹的消息传出后，数月时间里上千人涌到花地玛和贾斯特外。1917 年 8 月 13 日，当地省长亚瑟·桑托斯认为这个事件会导致政治动乱，因此在牧童到达空地前将他们关押了。当时省的监狱里被关押的犯人说虽然被投进来的牧童们非常的愤怒，但是他们兼顾了其他犯人，并领导其他犯人一起诵《玫瑰经》《圣母圣咏》。

省长托斯之所以审问牧童，主要是想知道所谓的秘密是什么，但是未能获得结果。桑托斯当时甚至假装准备了一锅烧滚的油，然后一个接一个将牧童们分离押出审讯室，说他们将被在油里烧死，然后逼迫剩下的牧童来泄露秘密，以防遭到同样的结局。这个月里牧童称他们没有在他们一般看到显现的牧地上看到圣母的显现，而是在 8 月 19 日在其附近看到了玛丽亚。1917 年 10 月 13 日是 1917 年显现事件的最后一次。约七万人，包括报纸记者和摄影师，聚集在牧地，因为牧童们此前称当日会发生奇迹“让所有人相信”。

当天下大雨，但是许多当时在场的人称云层突然列开，在半空中显露出形似一个在天上旋转的盘子的太阳，这个不明的盘子向周围发射各种颜色的光，然后这个在当时看来的太阳从天上落下，蛇行冲向地面，最后又回到它原来的位置，而在这个匪夷所思的过程中人们本来湿的衣服完全干了。在他们看来这是神迹，是人力所不能解释的，这个事件被称为“太阳奇迹”。报纸（OSéculo）（葡萄牙当时最有影响的报纸，它比较倾向政府政策，反对僧侣）记者阿维利诺在报道这一事件的时候说：“聚集的人群按照《圣经》的教训光着头，不戴帽子，热切地搜索天空，他们惊讶地看到太阳开始发抖，它违反着所有宇宙规则突然开始不可思议地运动——按照众人典型的印象它‘跳舞’。”给报纸（Ordem）写作的眼科专家多明哥·平托·科埃尔更是报道说：“太阳一会儿被红色的火焰围绕，一会被黄色和深紫色的火焰围绕。在迅速旋转，而后它好像从天空中脱落，迅速向地面靠近，发出强烈的热。”里斯本日报（ODia）关于1917年10月17日的特殊报道说：“……银色的太阳被同样刺眼灰色的光包围，好像在旋转，在裂开的云里转动……光转化成美丽的蓝色，好像是通过大教堂里着色的玻璃窗，照向跪下，伸出手的人群……人群哭泣，光头祈祷，面向着他们等候的奇迹。秒好像成为小时，它是如此生动。”当时其他科学家没有记录到任何太阳的运动或者其他现象。据其他报道直到40千米以外可以看到这个太阳的异常现象。那三个牧童除了看到这些现象外还说看到了一个巨大的显圣，包括耶稣、圣母玛丽亚和圣若瑟祝福人群。本笃会科学史学家斯坦利·杰基神父认为人群看到的太阳运动是大气逆转造成的幻觉，但是在牧童会提前预知这个现象上他们认为是奇迹的迹象。

圣母玛丽亚向他们透露了三个秘密。

第一个秘密，是关于地狱的显示。露希亚在她1942年写的第三部回忆录中写道：

“圣母向我们展示似乎是地下的一个巨大的火海。魔鬼和人形的灵魂在火中，如同透明的、燃烧的灰烬，全部黑色或者烧焦的青铜色，浮在大火中。有时被随着烟云从他们中间跳起的火焰投入空中，然后像大火的火星一样在各处落回火中。完全没有重量或平衡。因为疼痛和绝望他们尖叫和呻吟。这使我们非常害怕，我们因此发抖。魔鬼可以通过它们可怕的和与可怕的或者未知的动物类似的可憎的形象与灵魂区别开来，它们全部是黑色和透明的。这个显示只持续了片刻。我们无法感激我们慈祥的天上圣母，她在第一次显现时就已经答应我们带我们入天堂。否则的话我相信我们会因为恐怖和惧怕而死去。”经过程序化的考证后，当时的教宗宣布特别要在每年的5月13日教徒向法蒂玛圣母敬礼，并设为一级瞻礼（大礼）作纪念。在葡萄牙的法蒂玛、澳门以及一些天主教地区均会对法蒂玛圣母做大敬礼。

女孩透露的第二个秘密是玛丽亚教诲的拯救地狱中的灵魂以及使得整个世界基督化的方法：“你们看到了那些可怜的罪人去的地狱。要拯救他们，上帝希望整个世界奉献给我圣洁的心。假如我对你们说的达到了，那么许多灵魂会得到拯救，和平会来到。战争即将结束：但是假如人们不停止的恼怒上帝埋怨上帝，一个更坏的战争会在庇护的十一世任期内爆发。假如你有一夜看到天空被一个不明的光照亮，那么你就会知道这是上帝给你的大迹象，他要通过战争、饥饿和对教会和圣父的迫害来惩罚整个世界的罪恶。要防止这发生，我要求将俄罗斯皈依到我纯洁的心和修复第一个周六的交流。假如我的要求被遵守，俄罗斯会被皈依，那么就会有和平降临世间。不然的话她的错误会传播到整个世界，导致战争和对教会的迫害。在此期间好人会殉教；

圣洁的圣父会蒙受痛苦；世间许多国家会被占领。最后我纯洁的心会胜利。圣父会将俄罗斯奉献给我，她会皈依，整个世界会获得和平。”

第三个秘密是传达人类将获得救赎的信息：

“在我已经陈述过的两部分之后，我们看见圣母右侧较高的地方有位天神，左手持着一把火剑；这把火剑射出闪耀的火焰，似乎要烧毁世界；可是当火焰一接触到圣母右手向天神发出的光芒便熄灭：天神用右手指着大地，高声喊说：补赎，补赎，补赎！接着我们看到巨大的光，那是天主：‘有个类似在镜子中看到的在镜前走过的人影’，一位身穿白衣的主教，‘我们预感到他是教宗’。其他许多主教、神父会士、修女都登上一座陡峭的山，山顶上有一支巨大粗糙的木杆十字架，好像是软木和树皮作的；教宗在抵达山顶之前，颠仆地走过一座半成废墟、尚在抖动的城市，他在痛苦哀伤，为那倒在路上所遇到的尸体的灵魂祈祷；抵达了山顶，教宗匍匐跪在大十字架脚下时，被一群士兵用枪和箭杀死，其他的主教神父、会士和修女以及各种在俗的人，不同阶层和地位的男男女女，也都接二连三同样地死去。在十字架双臂下有两位天神，每位天神的手中都有一个水晶的浇水桶，水桶盛着致命者的血，他们又用这些血来浇灌接近天主的灵魂。”

关于这个秘密的第一和第二部分，根据路济亚修女所写的第三和第四回忆录，早已经公布：第一部分的内容是圣母让他们看到了地狱的景像；第二部分的内容是对圣母玛丽亚无玷圣心的敬礼，以及在大家不祈祷、不悔改的情形下，俄罗斯将背弃信仰和前苏联政治体系所要带来的种种迫害，那就是俄罗斯要摧毁世界各国的灾难。当圣母在八十三年前就让三个小孩子看到地狱的景像后，着实令他们惊恐痛苦万分，可是当时的圣母也给了他们希望，只要世人悔改做补赎，必能得救。从秘密第二部分进入第三部分的文字中，也可以闻到希望的气息，那就是圣母要求把俄罗斯和全世界都奉献给她的无玷圣心，这也就是说，借着对耶稣仁慈的圣心和圣母的无玷圣心的信赖，人类终将获得天国的救援。

据记载露希亚称于 1925 年在西班牙加利西亚蓬特韦德拉的修道院里又看到了圣母。这次她说她被授予传递第一个周六的信息。后来她自称她又看到耶稣再次传递这个要求。

1928 年她转到加利西亚图伊的另一个修道院。1929 年她称圣母又回来了，重复了将俄罗斯奉献给她纯洁的心的要求。

在露西亚的一生中多次称在个人显圣中看到玛丽亚，其中最重要的是 1931 年的显圣，她说耶稣召见了她，教会了她两端祈祷，并传达了一个给教会上级的信息。

1947 年露希亚离开了加利西亚加入葡萄牙科英布拉加尔默罗会的一个修道院。她于 2005 年 2 月 13 日逝世，享年 97 岁。在她死后罗马教廷，尤其是枢机若瑟·拉青格（当时任信理圣部首领）更是下令封存她的房间。一般认为此种做法是因为露希亚将会被认可为圣人，教廷会在这个过程中检查保存的证据。

露希亚的表兄弟弗朗希斯科（1908—1919 年）和哈辛塔·玛尔托（1910—1920 年）死于 1919 年西班牙型流行性感冒。

1989 年 5 月 13 日教宗若望·保禄二世在花地玛将弗朗希斯科和哈辛塔加为圣徒，2000 年 5 月 13 日若望·保禄二世又来到花地玛为两人授福。而哈辛塔是天主教最年轻的、不是因为殉教而被授福的人。

1917 年 6 月 13 日，在第二次显现过程中圣母玛丽亚更是预言了三个牧童中两个的早逝，不过在 1941 年之前露希亚却没有对任何人提到过这件事。一些人，比如玛尔托兄弟的母亲说她的孩子没有将这件事保密。他们多次强烈地对她和好奇的朝圣者提到他们的死。1941 年露希亚回忆说在 6 月 13 日她问圣母他们死后会不会进天堂？玛丽亚回答说："是的，我不久就会带走蒂耶果和胡奥，但你还会再待一段时间，因为耶稣希望你使别人知道我，被地上人爱。他也希望你让世界奉献给我纯洁的心。"据露希亚和医院人员报道说胡奥就精确地预言了他死的时间和精确的情况。

这两人的遗体于 1935 年和 1951 年被检查。哈辛塔的遗体被认为是没有腐烂，但弗朗希斯科的则已经分解了。

土生葡人的故事

"土生葡人"这个称谓，对于现今居住在澳门的土生土长的人来说，是一个再熟悉再亲切不过的称谓了。"土生葡人"是特指澳门社会中一个独特的居民群体，即葡萄牙人与亚洲人通婚后在澳门所生的混血后代。据官方公布的资料，澳门至今还有 1 万多土生葡人，占澳门总人口的 2%。可以这么说，要想真正解读澳门今昔，没有任何方式是比先了解土生葡人更直接更快捷了。因为土生葡人就是澳门开埠 400 多年历史的产物，是澳门活的历史。按照澳门学者的话说，土生葡人是"乃中国、欧洲，以及整个东南亚沿海一带长期以来的互相接触和影响经过一个沉淀过程得出来的产物"，"乃两个文化历时几个世纪对话的产物"。

土生葡人脸部长得像"西洋人"，但在肤色的体现上却各异，黄皮肤、白皮肤、黑皮肤、灰黑皮肤都有。曾经有学者把土生葡人当成"中葡混血儿"，但是这种说法确实有点片面，其实"中葡混血儿"在土生葡人中，这只是其中的一部分。就整个土生葡人群来说，他们还包括葡萄牙人与印度人、马六甲人、日本人通婚后所生的混血儿，其中土生葡人以葡萄牙人与印度人、马六甲人通婚的后裔居多，而葡人与中国人通婚的后裔只是极少数。

在明朝嘉靖年间也就是16世纪中叶，拥有强大海上力量的葡萄牙人，自大西洋经印度洋到达南中国海，继续开辟贯通东西的新航道。在这个开拓的过程中，遇到发达程度不同的文明和一个比一个强的对手。他们采取或结盟瓦解，或武力征服，或疏通合作等一系列的策略，他们扮演的角色也从最初的探险者变成最后的征服者，最后再变成商人。他们用了13年时间相继占领果阿和马六甲，面对强大的中国，又足足用了整整40年的时间，才在澳门建立了最为稳固的贸易基地。当时，因为科技水平的限制，从葡萄牙坐船到东南亚一带，少说也需要两年时间。航行的人都知道，海上航行风险极大，特别是在当时那么一个不怎么发达的年代，葡萄牙人绝不会让其妻女在这一漫长的海上旅行中经受风险。于是，在旅行中他们常常携带男女奴隶，而从印度、日本、马来亚、中国，甚至非洲贩卖来的女奴，往往成了他们解决生理诉求的性伙伴，用以解决生理与心理的双重需求。于是葡萄牙人同贩卖来的各地女奴之间这种不明不白的关系中肯定有子女出世。这些所生子女在大多数情况下，其父母承认他们并为他们洗礼。如果所产是女婴的话，作为父母可能会给她们备置丰厚的嫁妆，将她们嫁给同事或同事之子。这便是第一代土生葡人的来源。

到了17世纪初期，澳门迎来了大批的日本妇女。因此葡萄牙男人与日本妇女通婚的数量开始大增，这段时期在澳门出生的土生葡人主要是由葡萄牙人与日本人所生的混血儿，在学术上这也就是第二代土生葡人。17世纪末，清朝收复了台湾，由内地迁往沿海地区居住的人员剧增，到澳门经商和定居的人员也随之增多。这些大批次来到澳门定居的人员无疑为葡萄牙人与中国人通婚提供了极为便利的条件。这一时期诞生的第三代土生葡人主要是葡萄牙人和中国人通婚的混血儿。

从这些情况不难看出，土生葡人的历史，就是一部饱经风霜、东西合璧的历史。土生葡人，是澳门整整4个多世纪社会历史的见证人。

在澳门，土生葡人成为了一个很独特的群体，他们就像是澳门百年历史的翻板。若从文化的角度讲，土生葡人是澳门作为不同文化交汇地的一个最为典型的范例。在澳门土生葡人都会说葡萄牙语，也全会说广东话；作为混血人种，他们一方面保持葡萄牙的生活方式；一方面又在适应华人社会的生活习俗。而这种变换从婚礼上就可以看出来，土生葡人的婚礼杂糅了中国传统礼仪、民间婚礼和天主教仪式，过程非常复杂烦琐。如今，这个思想开放，一切迎合主潮流的年代，作为土生葡人的新娘子几乎一律要在婚礼当日和在晚宴中多次更换衣服，而有时其中有那么一款可能会是中国传统礼服，但整个婚礼的过程中绝不可以缺少的乃是西式婚纱。而到土生葡人家中做客，你会感到更惊奇。客厅是中式摆设：油光闪亮的红木太师椅和茶几，这些器具上面雕刻有精巧的龙凤图案；在他们的客厅墙上挂着中国的水墨画，博古架上摆放着中国的景泰蓝花瓶。但是寝室摆设却是地道的葡国风格：会有这么两张单人沙发和一张席梦思床放在西式书架对面的墙边，墙上悬挂着欧洲情调的油画。这种中西相融又各具特色的居室布置，就如一位土生葡人所写诗歌描绘的那样："我既向圣母祈祷，也念阿弥陀佛。"

由于这种种原因，以及文化的差异，在澳门回归祖国前夕，有这么一部分土生葡人离开了澳门。但是两年过去了，留下来的土生葡人没有为当初的选择懊悔，反倒是离开澳门的土生葡人，却在千思万念着自己的故乡。11 月 28 日，土生葡人大律师戴明扬向从世界各地来澳门参加"土生葡人社群聚会"的来宾表露："在此，我想请你们传达一个信息给那些未出席这次聚会的人士，就是土生葡人社群在澳门仍旧同舟共济、和谐的生活着，在澳门的政治、社会、商业上仍受到高度重视。"目前，许多土生葡人不但在特区政府各级领导岗位上任职，而且还在澳门政治经济生活中发挥着独特作用。特别是在同欧洲及葡语国家的交往、联系上，土生葡人更起着极重要的桥梁和纽带作用。正如澳门特首何厚铧所说，"澳门特别行政区成立之后，土生葡人继续以澳门为根，安居乐业、服务社会，更积极地参与特区的社会公共事务。土生葡人社群及其丰富的文化，在过去、现在和将来土都将对澳门的发展具有独特和重要作用。"一位侨居巴西的土生葡人告诉我，作为土生葡人，他的根在澳门。他更被何特首的一席肺腑之言感动的热泪盈眶，特首说："你们在这里不是做客，而是回到了自己的家。这里有你们熟悉的语言、亲切的风物、浓厚的人情，其亲切感和吸引力，不在别处，这些东西正在于你们不可磨灭的记忆与情感中，那里永远留有澳门的一个位置。"

神秘的摩尔人遗迹

摩尔城遗迹位于葡萄牙辛特拉，与佩纳宫隔山相望。它坐落于辛特拉圣玛丽亚圣弥额尔堂区的一个山顶上，这是一座在 11 世纪时由摩尔人所遗留的古堡遗迹，在这里遍布陡峭的地形与残存的城墙石阶，如今确实一片荒芜杂草丛生，但因为地势较高视野极佳，站在这里完全可远眺对面山红色的潘娜宫。

都是年代久远，且代表了一个时代的建筑物，但是，摩尔城遗迹与佩纳宫相比，这边却是破落的遗址，有着佩纳宫所不能复制的荒凉之美。虽然逶迤起伏的城墙现在长满了青苔，但却占据着整个山头，这座遗址规模之大与年代之久让人浮想联翩。伴着清爽的山风顺着城墙走，可以欣赏山腰葱翠茂密的树林及其环抱着的几座绿中白得夺目的别墅和山麓下淡橙色的辛特拉城。在葡萄牙最知名的一座中世纪城堡就是摩尔人城堡，这座城堡于1910年被列为葡萄牙国家古迹，已经成为辛特拉必游的一大旅游景点。

其实，“摩尔”这个词汇是一种带着蔑视的称谓，是中世纪时西欧西班牙人和葡萄牙人对北非穆斯林的贬称。历史上，北非穆斯林常常他们被看作是邪恶的巫师被悲惨地处死，在当地人看来他们这些人是邪恶的化身，即使在文献资料中仍能看出这种民族歧视的痕迹，比如古神话阿拉丁神灯的伯父就是摩尔人，在莎士比亚戏剧中的歌特女王的情夫也是摩尔人，剧中，作为英雄主角的罗马将军为女儿报仇前，在国王面前辱骂摩尔人，把它比喻成苍蝇。

摩尔城遗迹

自公元3世纪开始，柏柏尔人逐渐南迁，他们选择了在沙漠平原和多沙丘地区进行定居，并且逐渐同苏丹黑人发生混合。公元前46年，罗马人的军队入侵西非。在看到非洲人之后，受肤色的影响，罗马人把他们称作“毛利人”。在希腊语中有一个词语“毛罗人”就是“毛利人”的来源，即棕色皮肤的人。在北非、东非、西非的一部分，尽管人们属于不同的种族，但大多有深色的皮肤。

公元640年，一个新的宗教开始生根发芽，伊斯兰教开始兴起，作为新兴的阿拉伯帝国开始向四面扩张。在公元708年伊斯兰教开始传入北非。大量当地人接受阿拉伯语并作为母语流传，皈依伊斯兰教。其中从埃塞俄比亚来的摩尔人成了最有影响的一支。伊斯兰教在非洲传播的过程中，多种文化的族群融入其中。

公元711年，摩尔人入侵基督教所统治的伊比利亚半岛（今天的西班牙和葡萄牙）。一个非洲的柏柏尔人将军塔里克·伊本·齐亚德率领麾下六千五百名北非柏柏尔人和五百名阿拉伯人北渡直布罗陀海峡在伊比利亚半岛登陆。

登陆后他立刻焚烧战船，以示破釜沉舟、背水一战的决心。

经过八年的艰苦征战，摩尔人用自己强悍的武力终于征服了南部大半个西班牙。但就在他们一鼓作气试图向东北进军，跨越比利牛斯山时，在公元732年被法兰克人的宫相查理·马特在图尔战役中击败。数十年中摩尔人统治了北非以及西班牙除了西北部和比利牛斯山区的巴斯克地区。摩尔人内部从公元750年开始兄弟阋墙。

历史的进程是一个融合与分裂的等式，由于信仰的不同，这个国家后来分裂成几个伊斯兰泰法，客观的讲相当于中国的诸侯国，这些泰法臣服于科尔多巴哈里发。而位于北部和西部的基督教王国则在伊比利亚半岛上逐渐扩张势力。加利西亚、莱昂王国、纳瓦拉、阿拉贡、加泰罗尼亚和卡斯提尔在之后的几个世纪中逐渐成为基督教国家。在这一时期世代居住于此的基督徒、穆斯林和犹太人方得以和睦相处。直到公元1031年科尔多巴哈里发垮台，在西班牙的伊斯兰领土彻底的被北非的穆拉比特王朝占领。

公元1212年，信奉基督教的王国开始联合起来，在当时的卡斯蒂利亚国王阿方索八世的带领下，他们将穆斯林成功的赶出西班牙中部。但由穆斯林所组成的格拉纳达的摩尔人王国这次巨变之后却仍在伊比利亚南部安达鲁西亚得以保持了三个多世纪的繁荣。这个王国以像阿尔罕布拉宫这样的美轮美奂的建筑而声名远播。

13世纪后，由阿拉伯人分化出的一支部落，哈桑部落到迁移了西非，在这里他们开始征服当地的柏柏尔人建立了属于自己的王国，成为当地实质的统治者，也开始与当地人发生混合。摩尔人实际上是柏柏尔人、阿拉伯人和黑人混合的后裔。至今仍保留部落组织，由家族、氏族、部落、小部落群、大部落群和部落联盟组成多层次的结构，实行集团内婚，就如同原始的父系社会一般，这些部落的集团都以其先辈的名字命名。社会的基本单位是以男性为主的核心家庭。经济以畜牧业为主，但也会在沙漠绿洲种植谷子、椰枣等。

公元1492年1月2日，在格拉那达仍旧保存的最后一个穆斯林堡垒对着新近统一的基督教国家西班牙王国选择了臣服时，曾经世代生活于此的土著穆斯林们面临着在离开西班牙和皈依基督教这两个艰难的选择中做出一个选择。而这些选择了臣服的穆斯林的后代被称为“摩里斯科人”，即使选择后也受到当地的歧视。他们在如阿拉贡、巴伦西亚或安达鲁西亚这样的地区大部分从事农业。在公元1609年—1614年他们被有组织地迫害，当时全部八百万西班牙人中有三十万被波及。

就在这时，几乎全世界都掀起了征服伊斯兰的浪潮，西班牙、印度、印度尼西亚、马来半岛和菲律宾的棉兰老岛。就在公元1521年，麦哲伦率船队由新大陆到达菲律宾群岛，将当地的土著称为摩尔人。

19世纪的时候，摩尔人民与入侵的侵略者斗争到底。在它独立以后，摩尔人充任了各所在国家的领导人，在国家政治生活中起着举足轻重的作用。随着矿业和现代经济的发展，社会结构也在不断发生变化。跨部落的政治组织不断增加，并发挥着越来越重要的作用。

阿拉伯人占领伊比利亚半岛的时间就是8—9世纪，那时候正是摩尔人建造城堡的时候。如果是中国人第一次来到这里的话，就感觉似曾相识，因为它的外形就像中国的蜿蜒曲折，拥有多个硐堡的长城。这些墙垒早在十五六世纪就已经不再用于军事防御。游客可以攀岩到城堡的顶部，可能会很困难，因为太曲折了。在顶部你可以看到葡萄牙飘扬的国旗，并且还可以俯瞰远处浩瀚的大西洋和辛特拉小城的美景。在天气晴朗的日子，游客还可观赏到埃里塞拉和马夫拉。

摩尔城城墙上的国旗

在很早之前，摩尔人自北非侵入伊比利亚半岛，发现辛特拉这里景色迷人，土壤肥沃，很适合居住和开辟，于是在这里建造了栖身之地。那么自然而然就要担当起保护这片土地的重任。城堡坐落在辛特拉山海拔最高的山顶，由数百米长的墙垒围绕而成。但作为军事要塞，这座独立山头的城堡可以说是失败的，因为当时摩尔人是信奉伊斯兰教的，而不愿归附基督教。于是他们没能抵抗住也没能抵挡住200年后从海上攻入的挪威基督徒，全军覆没。然而，几十年过去了，摩尔人又夺回了这片土地。在又一次面对基督教的时候，他们的态度和方式发生了明显变化。当葡萄牙国王阿方索一世下决心要夺回辛特拉时，摩尔人投降了，这样伊斯兰教和基督教共存了。

过去摩尔人打仗时期存水的地方，就是路边地上的大洞，你可以沿着树荫遮避的小路从入口向深处走去，就会看到。后来阿方索国王修建的圣彼得教堂的罗马式建筑遗址就在其后不远处。教堂的屋顶已不复存在了，残余的布局加上密林中阴暗的光线，让人很有一种历史的回溯感。也许几千年前发生的事情已无从知晓，但是伊斯兰教徒的军事重地里面，竟然有着一个基督教堂，这可以说是一个奇观。从这里可以看出葡萄牙当时包容和开放的风格。

我们从教堂遗址向上走，经过一个弯道就看到了城堡的入口处。进到城堡里面，映入眼帘的就是随山丘起伏的墙垒。这些墙垒不再用于军事防御。在被遗弃了数百年后，当时的国王决定按照当时盛行的浪漫主义风格重建。于是，曾经摩尔人和欧洲人相互竞争的兵家之地，这些墙垒也由于四周美丽的景色而焕发出新的生命。在墙垒上我们可以看到佩纳宫——葡萄牙七大奇迹之一。与具有历史沧桑感的要塞相比之下，宫殿的红墙，黄瓦则显得格外梦幻，难怪著名的英国浪漫主义诗人拜伦在到过这片土地后将它称为“辉煌的伊甸园”。

西班牙盛行的包容和豁达，你可以从这座堡垒中看到。轻抚断壁残垣，俯瞰苍绿的平原和绵延的海岸线，豁然的心境随之而来，令人豁然开朗。

奇幻迷人的岩石村

葡萄牙有一个古老的中世纪村落，它就是蒙桑图。它坐落在埃什特雷拉山脉的一个高高的悬崖上。葡萄牙有许多古老的村落，为什么偏偏它是特别的呢？因为在那里保存着葡萄牙文化的根基。

12 世纪的葡萄牙人在山丘上生活劳作，唯一可用的造房材料就是石头。于是，他们利用巨石来建造住房，有时还会用某种特殊形状的石头做屋顶，这就是为什么这里的房子被称为“只有一个屋顶的房子”。小小的房屋顶上一个巨大的圆形屋顶，就好像生活在哈利波特的魔法世界，处处充满着危险与魅力。

岩石村

尽管蒙桑图在世界上并不是很出名，并且镇子面积很小，交通也不是很方便。但是它却被当选为“最具葡萄牙特色的村落”。因为它确实很迷人，这座小镇的周围、地下都是巨大的卵石，是大自然与人类最完美的结合。

小镇最美丽特最特别之处就是这些大大小小的石头，这些小石头俯瞰着世界，又得意自己在这卵石堆之中。镇上的商店、房屋、教堂几乎都被卵石包围。虽然小镇的建筑仍然完好，但总会给人一种奇怪的感觉，这些卵石会突然掉下来吗？难道不会有石头滚下来吗？这座小镇已经有百余年的历史了，所以猜想看来是杞人忧天了。

蒙桑图起初是一个只有少数人口的城堡小镇，如今，建筑依然没有改变，但是教堂和城堡已经坍塌成乱石了。在被选为葡萄牙最具本国特色的小镇之后，20 世纪 30 年代，这个小镇就开始发展建筑，于是现在，蒙桑图小镇就如同一个活的博物馆一样，吸引着许多感兴趣的人前来感受它的魅力。

葡萄牙文化受到来自四面八方多个国家的影响，但仍能保持着其独有的个性和特点，进而诞生了如此美丽的村落。葡萄牙最伟大的文化遗产除了海洋文化，应该就是建筑了，其境内大量形形色色的优秀民间建筑美轮美奂，散发着神秘的中世纪的味道。

第十四篇

小国霸业传奇——荷兰

第一章　从乞丐到金融资本家

浴血荷兰："我要独立"

荷兰的前身是尼德兰，在荷兰成为一个帝国之前，荷兰甚至还未具备成为一个大国的资质。因为，在尼德兰时期，荷兰的国土还是四分五裂，由四个具有独立主权的国家组成，分别是处在欧洲的荷兰本土，地处美洲加勒比海附近的阿鲁马，库拉索及荷属圣马丁，此时的"荷兰"称为"荷兰王国"，正式名称是"尼德兰王国"。

"尼德兰"意思是低地，是中世纪欧洲西北部历史地区，处在莱茵河、默兹河及谢耳德河下游和北海沿岸，也就是现在的荷兰、比利时及卢森堡的全部及法国东北部的一些区域。"尼德兰"象征着低地，从定义上为荷兰的发展道出了硬伤，因为地势低洼，所以尼德兰当时长期遭遇洪水的影响，但是凭借"靠山吃山、靠水吃水"的本领，尼德兰人永不放弃，尼德兰王国的疆土还是被一次一次的开辟出来。

公元前 6 世纪初，由领袖克洛维领导，作为日耳曼民族一个分支的法兰克人在欧洲建立了法兰克王国。而后，尼德兰便是当时法兰克王国的统治中心。伴随着宗教的渗透及经济的发展，法兰克王国不断扩张，到了查理曼大帝统治时期，法兰克王国可以说是空前的强大，成为了一个西起大西洋，北至北海，东达多瑙河，南至意大利的庞大王国。

但是好景不长，查理曼大帝去世后，帝国内部开始慢慢解体，尼德兰开始归属到日耳曼路易所统治的东法兰克王国。辗转到了 11 世纪之后，尼德兰又逐渐被分裂为大大小小的领地，直到 13 世纪，单在尼德兰地区内，就有了四个公爵的领地、6 个伯爵的领地和众多主教的领地。

尼德兰在这种四分五裂的状态下走到了 15 世纪，尼德兰归属勃艮第公国，也就是成了勃艮第的领地。虽然看似是顺理成章的一笔，但是，当尼德兰归属勃艮第公国的一刹那，便为荷兰奋起争取独立而埋下了伏笔。

因为，后来勃艮第公爵的女儿玛丽和哈布斯堡王朝的马克西米利安王子结婚了，因为勃艮第公爵没有儿子，因此勃艮第公国由女婿继承，而此时的女婿马克西米连一世，已经是德国皇帝，因此尼德兰就变成了哈布斯堡家族的领地，归属到德国了。到了公元1516年，马克西米连一世的儿子、16岁的查理一世继承了西班牙王位。查理一世从父亲那里继承了哈布斯堡的遗产，因此，尼德兰又成了西班牙的属地，自此便翻开了尼德兰争取摆脱西班牙统治的序幕。

当时，尼德兰是欧洲经济最发达的地区之一。因为地处大西洋边，加上地势比较低平，使尼德兰具备非常便利的海上交通条件，这为尼德兰的为工商业发展创造了有利条件。

尼德兰一直将羊毛业和呢绒业作为优势产业，大力发展，配合便利的海上交通，为尼德兰的前期发展积累了重要的资本。到了后期，尼德兰的渔业也得到了长足发展，尼德兰人所捕的鲱鱼就非常受南欧人们的欢迎，河上贸易往来频繁，使尼德兰展现出一派欣欣向荣的景象。

但是，伴随着资本主义经济的不断发展，原本集所有权力于一身的封建地主开始出现分化，逐步衍生出商人、包买商、工场主和农场主等不同的商人阶级，这些不同的角色以不同的资本主义经营特色，构成了尼德兰独特的城乡资产阶级。为了最大限度地谋取利益，他们想挣脱西班牙，独立地发展属于自己的资本主义社会。于是，随着尼德兰资本主义的原始积累愈发雄厚，加上工人阶级和统治阶级之间的矛盾不断升级，尼德兰内部开始响起了推翻西班牙专政统治的呼声，“独立”两个字开始涌现在每一个尼德兰人的心头。

诸如世界各国的独立战争一样，战争总是伴随着鲜血，也伴随着胜利，因为独立之争，往往比任何战役都来得鼓舞人心。

在浴血荷兰的战场上，农民和工人阶段处在急剧变化的社会过程中，表现出最强烈的独立欲望。很多市民原本属于贵族或者市民阶层，由于资本主义发展的洗刷，沦为普通工人，甚至临时工人，生活困难，工资微薄，工作时间也特别长。而农民本身受到贵族和封建主、天主教的压迫，又受到资本家的剥削，他们当中的很多人，失去了土地、失去了谋生的技能，沦为流浪者和乞丐，因此，他们渴望解放和独立的呼声特别高。

终于，久久抑制的独立愿望找到了爆发的缺口。

公元1556年，帝国皇帝查理五世下台后，把尼德兰划给了儿子腓力二世管理。腓力二世并不是善男信女，他在管理期间随意伤害各省所具有的传统权利及经济利益，疯狂压迫新教徒，使社会各阶层十分愤怒。奥兰治亲王威廉率领众贵族，均开始形成社团向帝国请愿。但是腓力二世对此置之不理，因为腓力二世现在要做的是从尼德兰人的钱袋中掏钱，沉重的赋税和强大的暴力压迫，能使腓力二世获取更多的财富，他不会戛然而止。

而另一方面，尼德兰人民也不想坐以待毙，在尼德兰人民的心目中，你要怎么个统治法，随你的便，但是要动不动拿我的钱，那是万万不可的。

于是愤怒的加尔文派教徒，甚至在传教活动里进行了反对西班牙管理的宣传，同时着手组织武装。到了武装抗争的份上，尼德兰和西班牙统治政权之间的矛盾可谓一触即发，双方的对立也如箭在弦，不得不发。

终于，在公元1566年8月，再也按捺不住的制帽工人马特率领的愤怒民众开始了自发的“破坏圣像运动”。安特卫普及瓦朗西安出现了起义，许多手工工场工人和农民及革命资产阶级分子成立了名叫“森林乞丐”及“海上乞丐”的游击队，随时随地袭击西班牙军队。公元1568年，奥兰治亲王在国外创立了一支雇佣军参加了战斗。尤其是在哈勒姆保卫战中，荷兰全城百姓一致对外，使西军伤亡惨重，阿尔克马尔保卫战让西军付出了巨大的代价，最后弃城撤退。莱顿保卫战，居民奋斗了好几个月，甚至在粮食断绝的情况下仍然拒绝投降，最后“海上乞丐”游击队水淹西班牙军队，西军不得已撤退了。

到了公元1572年，“海上乞丐”占领布里尔港，于尼德兰取得战略基地，并占领了荷兰及泽兰省，同时还推选威廉当权执政。公元1574年8月3日，威廉率起义军打开海堤146处，水淹莱登郊区。西班牙军队伤亡惨重，被迫撤离。公元1576年9月4日，布鲁塞尔出现起义，目的在于消除西班牙在尼德兰的管理机构。11月8日，以威廉为代表的荷兰、泽兰省和南方诸省签订了《根特协定》，其目的就是要恢复南北统一的局面，一致反对西班牙的管理。鉴于双方在宗教等问题上具有分歧，再加上西班牙的军事威胁。公元1579年，西南几省贵族联盟表示愿意接受西班牙对于尼德兰的管理。可是北方诸省则形成了“乌得勒支同盟”，这为以后的荷兰共和国打下了基础。

同盟的出现，代表尼德兰诸个省份开始团结起来，结束了四分五裂的状况，将枪口一致对外，加之西班牙此时在海洋霸权上亦受到葡萄牙的挑衅，因此，尼德兰的独立战争很快地出现了奇妙的曙光。

公元1580年，荷兰及泽兰等十多个省份代表于乌得勒支形成“乌得勒支同盟”，表示要一致行动，“如同一个省那样”，同时规定共同的军事及外交策略。5月，奥兰治亲王威廉也加入了该同盟。公元1581年，格罗宁根等几个省及地区也参加了该联盟。然而，自公元1581年起，西班牙军队开始对南方实行反攻。公元1585年3月，占领了布鲁塞尔，安特卫普保卫战历时13个月，最后西班牙军队胜利，南方革命未能成功。

公元1587年，荷兰共和国与英国及法国结成联盟，一起抵抗西班牙，荷兰独立战争转入一个新时期。这一时间最主要的战争有：纽波特会战（1600

年)，西军攻克奥斯坦德之战（1601—1604 年)，在上艾瑟尔及聚特芬抵抗西班牙统帅斯皮诺拉进军之战（1606 年）和荷兰海军取胜的直布罗陀海战(1607 年)。长时间的战争及多次失败，尤其是“无敌舰队”的灭亡，让西班牙士气大降，特别虚弱。迫于各方面的压力，1606 年，西班牙与荷兰共和国谈判，签署了《12 年停战协定》，表示承认荷兰共和国为独立国家。尼德兰革命在北方取得了胜利，而南方则仍然由西班牙掌控。

新成立的国家名为“联省共和国”，鉴于荷兰省的经济及政治地位特别重要，所以又叫“荷兰共和国”。公元 1648 年西班牙与荷兰共和国签署了结束 30 年战争的《威斯特伐利亚和约》和《荷西和约》。西班牙最终正式承认联省共和国独立，同时表示尼德兰南部属于荷兰共和国所有。

荷兰终于结束了西班牙长达两个世纪的统治，并且为荷兰的发展翻开了新的篇章。共和国的成立，结束了荷兰各省份各自为政的状态，工人阶级的崛起，也为人类进化史写上了新的一页。

马克思曾经说过：荷兰的独立战争，是 17 世界英国资产阶级革命的“原型”。足见，荷兰的独立战争，是人类历史上第一次胜利的资产阶级革命，它的胜利，宣告了一个资产阶级共和国的诞生。虽然，独立战争的主要任务是推翻西班牙的专制统治，争取民族独立，但同时，它的出现也摧毁了封建势力，为资本主义发展扫平了道路。

自从，荷兰独立战争取得胜利之后，荷兰在 17 世纪中期开始迅速崛起，以东印度公司、阿姆斯特丹银行以及强大的海上船队为首的三大主要力量，使荷兰成为了东方航线上的贸易霸主，荷兰也赢得了“海上马车夫”的殊荣。

虽然，以商贸往来发展为资本积累动力的好景不长，但是荷兰独立战争所带来的资产阶级革命依然具备重要的历史意义，一场浴血荷兰的独立抗争，至今仍对荷兰的经济发展及国家富强产生着深远影响。

立志成为新航线上的后起之秀

海上新航线的开辟对于人类历史，尤其是航海史而言，是举足轻重的，而荷兰本着靠山吃山，靠海吃海的觉悟，在新航线开辟的历史篇章上画上了浓重的一笔，虽然强国在前，但是彼岸陆地上的金银财帛无疑更加吸引人，因此，荷兰人无所畏惧的走向海洋，势要成为新航线上的后起之秀，叫板海洋霸主。

人类大航海历史的序幕，是由葡萄牙和西班牙两个国家拉开的。此后，荷兰、英格兰等国家纷纷加入到海上探险的行列，到了 18 世纪，除了非洲内陆和南北极地区等领域之外，欧洲人几乎发现了分布于全球各地的地区和全部海洋。新航线的开辟为欧洲人打通了通向财富的道路。

早在15—17世纪，欧洲的船队就开始出现在了各国的海洋领域上，目的很单纯，只是为了找寻新的贸易线路及贸易伙伴，让欧洲新出现的资本主义得以发展。外出的欧洲人了解了很多不为生活在欧洲的人所知的国家及地区。

自此，欧洲商贸道路和贸易中心渐渐从地中海地带往大西洋沿岸转移。荷兰位于大西洋沿岸，处于北海、波罗的海至地中海的商业要道上。由海上航道所引发的“商业革命”，引起了欧洲各国社会的大变动，荷兰面对这个“商业革命”所带来的冲击和机遇，立志抓住契机，把发展世界商贸作为基本国策。

由于当时斯海尔德河、马斯河和莱茵河等这些欧洲主要航运必经的河流的入海口都在荷兰境内，这样的优势为荷兰提供了沟通欧洲各国和大西洋航运的优良契机，使荷兰成为大西洋航线上的重要国家。

但是，虽然荷兰此时专注于贸易发展。而荷兰面对的困窘是，国内缺少资源，这就使荷兰不能大规模发展工业，也使荷兰缺乏赶上商业革命浪潮的后劲，而且，荷兰作为刚刚摆脱西班牙统治的新生小国，为独立战争而进行的长达几十年的抗争，又为荷兰的经济发展雪上加霜。因此，开辟新的航线，发现新的大陆，为国家创造资源便成为了荷兰发展的重点。

如果说荷兰人聪明，那不仅是因为他们对于新航线开辟的认识，更是他们对于船队“战斗力”的无尽雕塑。西班牙和葡萄牙作为海上霸主，他们的船队大多是坚不可摧，强调实际作战能力的，而荷兰人在这个基础上，别出心裁，刚开始海上征途的时候，他们不指望发现多少新大陆、建立多少殖民地，他们更关注实在的收益，因此，他们将船只改良，将夹板尽量缩小，将“船肚”尽量做大，目标就是装载更多的“战利品”回荷兰本土。

有了这样的觉悟，荷兰人开始举着鼻子，向世界各地满布香料的地方进军。

在航线的设定上，荷兰人开启的新航线比葡萄牙人所开拓的航道更加偏向南面，因为早在17实际，葡萄牙便在印度洋北部水域进行控制。于是，荷兰只好在南部较高纬度的区域，凭着不间断的西风，摸爬滚打地来到西爪哇岛经度线上，进而再向北调整，到达爪哇岛。

当然，过程并不是如此顺利的，在漫长探索的过程中，他们经常会亲眼目睹一些岛屿，然后兴高采烈的登陆，却发现登陆之地都是荒无人烟的沙漠或者荒岛，偶尔发现一些岛上的原住民，可是都是穷的响叮当的部落，荷兰人只好重新杨帆，继续起航。

终于皇天不负有心人，荷兰人经历过无数次探索失败，练就出强大的内心，终于踏上了第一片“黄金之地”。

航行10年后，荷兰的很多实践者在去巴达维亚，抑或离开这一城市的旅途中，逐渐发现了新荷兰的北面、西面及南面的许多沿岸地带。自然，这些发现均是在不同时间及地点进行及完成的。

公元1616年，“恩德拉赫特”号远洋船找到了处在南纬23°~26°5′位置的恩德拉赫特之地，负责引领远洋船远征探索的船长叫德克哈托格，因此人们便用那个船长的名字为沙克湾以南的一个海岛取名，这便是德克哈托格岛。

公元1618年，荷兰的水手们凭借“海狼”号，抵达了澳大利亚。对于荷兰人来说，澳大利亚便是他们宝藏所在地，他们在那里寻找香料的收购地，发现了许多金矿及钻石，更在那里进行着珍珠的打捞。17世纪，荷兰人将澳大利亚称作新荷兰。

公元1619年，荷兰弗利德里克·豪特曼船长及雅科布·埃德尔船长分别凭借“多尔德利赫特”号及“阿姆斯特丹”号，于南纬27°~32°30′位置找到了澳大利亚西部沿岸的一处地段和埃德尔半岛。并且两人还在南纬20°46′位置找到了豪特曼礁。

公元1622年，“列文”号的船长找到了澳大利亚西南部突出角（列文角在现在的地图上，荷兰人所取的名字均用英语拼音表示，并且差异特别大。比方说现在的卢因角便是列文角，豪特曼礁则是以前的哈特曼礁）。

一条英国船在南纬21°10′海域遇难了，此事让荷兰东印度公司的经理们异常震惊，他们最终意识到：对新荷兰海岩旁边的印度洋水域了解得太少，这肯定是会给荷兰东印度公司的船只带来很大的负面影响的。因此他们决定着手探究爪哇南部到南纬50°线处的水域。公元1623年，公司由巴达维亚调出了两条船去完成这一任务，同时任命扬·卡尔斯捷斯为此探险队的最高指挥。卡尔斯捷斯率船队由新几内亚的南面海岸笔直行进到托雷斯海峡的进口处，然而他却没有找到这一海峡。他由此调头往南行进，再航行到扬茨的航道，循着约克角半岛的西海岸一路朝前走，到达南纬17°8′位置。在这一过程中，他由一条河的河口处路过，便给这条河取了个名字，那便是斯塔滕河。这一探险队的主舵手观察了这一区域，且画了一张地图。在那张地图上，托雷斯海峡西部入口处显示为一个海湾。在登岸时，很多荷兰人均遇害了，原因及情况不得而知。

公元1627年1月，皮切尔·涅伊茨找到了通往涅伊茨群岛及圣佛朗西斯岛这两处海岛的航道。

同一时期，一个叫作弗朗斯·迪赛的人同样到达了澳大利亚湾东部，他还经过纽次群岛往南行进了一段路程。

公元1628年，涅伊茨又于南纬20°地带的澳大利来西北面沿岸找到了德·维塔之地（这一地名现在的地图已不再沿用）。

在澳大利亚西面沿岸地区，也就是恩德拉赫特之地和埃德尔之地中间仍有许多地区属于空白点。公元1629年6月，弗朗斯·比尔萨尔特乘船靠近处在28°旁边的这一位置海岸，也就是接近豪特曼礁旁边，不幸的是，船还未靠岸便遇难了。弗朗斯·比尔萨尔特登上了陆地，在无奈中探索了这一不为人所知的地域，如此一来，他弥补了这一地域的空白。

公元1636年，格利特·波尔率两条船以班达群岛为起点往新几内亚南部行进，他前行到公元1623年扬·卡尔斯捷斯及许多人员丧身的地方时，波尔及另外三名船员也遇难了。商人普捷尔取代了波尔，拿到了指挥权，他率船只继续往前行进，于南纬12°线位置找到了阿纳姆之地及旺·迪麦之地，且在返回班达群岛的路上找到了处在南纬8°、东经131°位置的丹尼巴群岛。这一群岛处在帝汶岛东面及偏东北方向的海面上。

荷兰对于新航线的发掘孜孜不倦，但是聪明的荷兰人更懂得运用这些新航线上的资源，自从荷兰船队到达东印度群岛之后，荷兰人便纷纷组织发展贸易公司，想通过资源的交换贸易而发财致富。但是当他们雄心勃勃的时候，他们发现这时的亚洲已经不是世纪初那时候的亚洲了，因为葡萄牙和西班牙作为海上霸主，早就已经盘踞在东南亚。当荷兰船队进入印度尼西亚的时候，印度尼西亚的统治者和商人就聪明地利用荷兰与葡萄牙、西班牙之间的竞争关系，蓄意抬高物价，使荷兰贸易公司无利可图。

面对这种大鱼吃小鱼的状况，荷兰的商人纷纷联合起来。他们意识到，要夺取新航线上的资源，必须具备雄厚的实力，而能够与葡萄牙和西班牙等国较量的，也就是荷兰本国。于是，荷兰商人连同政客，将资金筹措的目光投向荷兰国会。

早在公元1602年，以奥登巴思米尔特为首的议会便批准，允许和鼓励荷兰工商业者以阿姆斯特丹为主，联合其他城市的工商业界，建立一家名为“尼德兰联合东印度公司”的公司，注册资本是650万荷兰盾，相当于50万英镑。同时，为了保障资源争夺，为国家创造更多的发展机遇，国会还特别授予这家公司特许状，给公司诸多特权。例如，荷兰国会绝对给这家公司从好望角至印度洋、太平洋至南美南端麦哲伦海峡这一航线上的贸易垄断权；让这家公司有开战、议和、建立殖民地、夺取海上外国船只、建立城堡及铸造货币等众多权力。

因此，从这时候开始，荷兰的东印度公司实质上已成为荷兰这个国家对外侵略和殖民统治的权力机构。它带着巨大的资本以及国家赋予的各种权力，配合公司强大的海上航运力量，荷属东印度公司很快便向称霸亚洲的葡萄牙东方殖民帝国发起了挑战。

后来，有人统计过，单纯就公元1602年~1610年这段时期，东印度公司共计60只船只驶往亚洲。到了公元1626年~1670年荷兰派驻亚洲地区的船只还不断增加，增加为平均每年22艘。荷兰便是以这种强大的海上势力，使它在和葡萄牙的竞争中，具备压倒性的优势的。

如此，17世纪40年代时，荷兰所画的地图尽管不是特别准确，但是上面已经标明了新荷兰的如下地区：北面的阿纳姆之地及约克角半岛的西部海岸地区，澳大利亚的全部西部海岸地区和这一大陆南部沿海地带西段。

三国争霸：成王败寇

在人类发展史上，葡萄牙和西班牙这“两颗大门牙”是最早进入“世界强国”行列的。它们之所以如此的、繁荣，原因在于社会上形成一股重商主义的风气。近代史上西方的“首霸”就是西班牙。

但是，葡萄牙和西班牙在资本主义崛起的路上，底气十足，却前途暗淡，两国的繁荣只维持了一个世纪便开始走向下坡路。最为重要的一个原因是落后的制度无法适应生产力的发展；另一个较为重要的原因是无节制的对外扩张。一方面，西班牙和葡萄牙一样，在崛起的过程中，国家体制保留封建割据的体系，缺乏像荷兰独立后那种资本主义的雏形，导致其资本发展“先天不足”，而后，在开拓海上霸权的过程中，西班牙和葡萄牙过分强调殖民掠夺，缺乏长远发展的眼光，进一步使强国之路“胎位不正”。因此，西班牙和葡萄牙全力孕育的霸权强国很快就流产了。

研究世界史的中国学者认为：西班牙的扩张是“资本主义与封建主义的联合扩张”。

这话直截了当，切中要害。在葡、西这两个国家出现的早期资本主义只是一个萌芽，其制度仍处于封建主义过渡到资本主义的时期。这两个国家的贵族还是封建的旧贵族，其所支持的“重商主义”也不过是它们掠夺财富的手段，他们把用暴力夺取到的财富积累起来（也称原始积累）。他们能称为“重商主义者”只是体现在原始积累上。国家的注意力也全部放在财富的掠夺和积累上，对其他的事情，如对生产发展一点也不重视，其程度到了竟然沿旧习（给养羊业行会特权，即羊可任意践踏庄稼，让农业生产长期处于低水平阶段）。早期资本主义萌芽就这样被强大的封建势力扼杀了，发展停滞不前，而其他的国家却不断强大起来。

荷兰就是在这个时候逐渐强大的，顺利击溃西班牙的入侵，取代了葡、西两国的地位。

荷兰位于欧洲西北部，当葡、西两国慢慢地没落时，欧洲西北部有几个新兴民族国家，如英国、荷兰和法国，不断地发展壮大。那时，欧洲的经济中心也换了地方，逐渐地向西北方向发展，所以，西北欧得到了迅速发展，不久之后便成为欧洲最强大的地区，经济基础也日益雄厚。

荷兰不大，却是一个以商人多著称的国家。荷兰的农村居住人口和城市居住人口是等同的，住在城里的人大多都经商。当欧洲的经济中心往西北转移时，最大的受益者就是荷兰了，这个小国成了一个巨大的商品贸易市场。在公元1560年左右，荷兰就拥有了差不多2 000艘海船，比一个世纪前地中海的商业中心威尼斯鼎盛时所拥有的海船还要多6倍；到了公元1600年，荷兰的商船比以前多了8 000多艘。荷兰到处都是港口，贸易就从这些港口驶向世界的各个角落，哪里都有荷兰的商品。也由此，荷兰成为了资本主义兴起时最强大的国家，并有了一个称谓——“海上马车夫”。17世纪，属于“荷兰的世纪”。

后来，经济及历史学家研究得出：荷兰能够取代葡、西两国的重要原因是荷兰的重商主义是实实在在的，并且把封建的残余势力连根拔起了。所以，即使荷兰那时也是重商主义刚起步的时期，但与葡、西相比，也算是一个处于发展状态良好的资本主义时期了。

然而，荷兰固然有着资本主义萌芽的好契机和好开始，但是荷兰却有着无法弥补的硬伤，那就是荷兰毕竟是小国，无论是人力、资源还是土地等多方面的发展都遭受瓶颈，虽然荷兰凭借着“先天不足后天补救”的努力，不断进取。

但好景不长，荷兰实在太小了，竞争力比不上其他国家。刚开始时，它吸取教训，不盲目地扩张、占领殖民地；但后来，随着发展的需要，它不得不进行殖民扩张，就这样，它掉进了欧洲各国的战斗的旋涡中，而这远远超过了一个小国的承受能力。另外，这个时候的荷兰缺乏创新，上层建筑无法适应经济基础的发展，整个国家停滞不前。

而英、法两国则不断往前探索、发展，荷兰渐渐地处于劣势。英、法两国较之于荷兰，在国土、人口、资源等方面都处于优势，只要荷兰在制度上不创新，那么它被甩在后边是肯定的事。

由于荷兰在各个方面都无法与英、法两国比较，只要有机会，英、法两国便会取而代之，成为影响世界的重要国家。

英国和法国是欧洲的大国，虽然和荷兰一样，英国和法国走过了艰难的封建统治时期，但是这两位老大哥，身健体壮不在说，重点是思维灵活脑筋转的快，从民族战争开始，便已经在寻求崛起之路。

公元1337年，英法战争开始，持续百年之久，直到公元1453年才结束，历史上称之英法百年战争。此次战争导致两个民族分裂，各自发展。公元1485年，英国的都铎王朝建立，标志着英国民族国家的形成，也标志着专制王权的开始。都铎王朝的统治，使英国迅猛发展，经济水平得到提高，社会也逐渐稳定，一跃成为欧洲大国。此时，英国的海上力量也得到了发展，公元1588年，英国与西班牙在海上宣战，以英国击败西班牙的“无敌舰队”告终，同时，也向世界宣告了英国开始崛起和西班牙的衰落。此后，英国不断进行海外扩张，成为了“海上霸主”，英帝国的地位也慢慢地稳固。

同一时期，法国也积极地成立民族国家。前途是光明的，但道路是曲折的。较于英国，法国走这条道路要困难得多。王权和贵族之间的斗争不绝，直到公元1589年波旁王朝建立，王权才从较量中胜出。但王朝的建立，并没有让法国动荡的社会得到稳定，大贵族不甘心权力旁落，勾结外敌，想要夺回统治地位。在内忧外患的压力下，只有加强王权才能够确保国家不分裂。令人出乎意料的是，到路易十四时期（1643—1715年），他的专制达到了法国专制的巅峰。路易十四把自己称为“朕即国家”，把国家与国王等同起来了。他把自己的权力凌驾于整个国家之上，代表整个国家，对国家不满意就是对他不满意，反对国王就是反对国家！专政一度维护了法国的统一，但也为后来的发展埋下了祸根。

路易十四

国家统一对经济发展百利而无一弊，英、法两国由于专制王朝的统治，分别成为欧洲的海上强国和陆地霸主。两国都重视商业的发展，由此，我们可以知道，“民族国家”和“重商主义”在这两个国家早期的繁荣阶段仍然起着作用。但英、法在发展过程中，一直都坚持重商主义，从早期到晚期。而晚期的重商主义有一个明显的特点：重视生产，这一特点推翻了重商主义和工业主义之前隔起的一堵墙。晚期重商主义者觉得：多生产才能积累更多的金银，才能获得更多的利益。在金银的驱使下，国家大力发展生产，奖励工业，除了能够满足内需外，还进行出口贸易。为此，英、法把发展手工业放在国家发展的首位，这为两国的繁荣昌盛铺好了路。到了这里，我们都懂了：荷兰是没有往前踏出一步，没有发展到重商主义晚期才衰败的，白白地就把成为世界强国的机会让给了英、法。

不过，英、法后来的发展却是不一样的。当法国在为如何加强专制制度烦恼时，17 世纪，英国革命开始了，革命最后还把英国的专制制度给革掉了。这次革命告诉人们，英国仍在孜孜不倦地创新国家制度。公元 1688 年，英国再次革命，历史上称之为“光荣革命”。这次革命最大的成果就是确立了君主立宪制，从此英国开始蓬勃发展，成为资本主义世界的头号强国。

“光荣革命”后，英国接收了荷兰的银行、信贷、流通、证券、股份公司、资本市场、保险业务等，并在本国建立和完善这些现代资本主义的金融组织。不久后，荷兰的阿姆斯特丹的世界金融中心地位就被英国伦敦夺走了。与此同时，英国又掌控了荷兰在海上的部分业务。通过发展海外贸易，尤其是规模巨大的奴隶贸易，财富源源不断地流入英国。殖民掠夺在此时最为猖獗，达到了最高峰，世界各地都有英国的殖民地，英国“第一帝国”的地位逐渐显露。

法国的发展也循序渐进着。路易十四时期，重商主义思潮在法国达到鼎盛，专制制度也在不断强化和发展，尤其是对于工商业的发展，路易十四让财政大臣柯尔伯全权负责。这时，法国利用财政支出，积极发展国内公共事业，如：修筑道路，疏通河道，鼓励商业，设立工场等。柯尔伯说：“贸易公司是国王的正规军，法国的工场 则是他的后备军。”（注：转引自陈晓律：《发展与争霸》，江苏人民出版社 2003 年版，第 120 页）。由此可见，政府是非常重视重商主义的。为了打通对外贸易的通道，法国积极进行海外扩张，企图成为世界上最大的殖民帝国。路易十四时期，法兰西帝国的建立已有一定的条件，而柯尔伯就是帝国的创造人。

自此，17 世纪的欧洲演绎着群雄争霸到三足鼎立的好戏，从西班牙、葡萄牙两强相遇，到荷兰崛起，再到英国、法国以光荣的资本主义姿态登上强国舞台，西、葡两国日渐退出殖民体系世界。正所谓“成王败寇乃天命”，荷兰固然想独占鳌头，但是英法崛起又势不可挡，荷兰、英国、法国在全世界开始了原始积累和殖民扩张，形成了三足鼎立的局面，三国开始了争霸之旅，并且绞尽脑汁地在海上霸权争夺上拉锯前行。

独一无二的“海上马车夫”

在航海史上，我们为葡萄牙和西班牙的大国崛起而惊诧不已，但是荷兰却毫不逊色地演绎着自身的技量。第一个打通海上财富之路的无疑是西葡两国，但是第一个堪称为“海上马车夫”的却是荷兰，并且只有荷兰。因为荷兰人精于生意之道，因为他们明白，开拓殖民地固然是财富来源的重要途径，但是将海洋变成商路，将运输变成生意也是一门绝不吃亏的“生财之道”。

17 世纪，欧洲的资本主义经济迅猛发展，各国之间的联系也因贸易而日渐密切。当时，海上交通较为发达，各国之间的贸易大多是在海上进行的。如果一个国家的造船业先进，拥有很多商船和港口，就能扼住海上交通的咽喉，成为海上霸主，大规模地开展殖民掠夺和贸易活动。那时的船和陆地上的交通工具有同样的作用，船就相当于海上的马车，哪国是马车的主人，哪国就是海上的马车夫。在17世纪，在海上最有权力的就是荷兰，所以，它被称为“海上马车夫”。

要讲荷兰成为海上马车夫的经历，还得从尼德兰的发展之路说起。

17世纪以前的荷兰还没有独立，只是西班牙属地尼德兰中的一个地方。“尼德兰”是低地的意思，在莱茵河入海处有一片地形低洼的地，总称为“尼德兰”，其中位于这片地区的国家有今天的荷兰、卢森堡、比利时和法国东北部的一部分。尼德兰物产丰富，那时，西班牙从这里征得的税收占整个国家的一半，被西班牙国王查理一世看成是“王冠上的一颗珍珠”。

在17世纪即将到来之前，尼德兰开始积极反抗西班牙的统治，公元1581年位于尼德兰北方的七个省共同成立了“联省共和国”，又称荷兰共和国，原因是在这七个省中，荷兰省最强。

荷兰独立后，国家把注意力放在发展上，在资本主义工商业、金融业、海洋运输业等都投入巨大财力和物力，不久后，荷兰就跻身欧洲强国之列了。

那时，荷兰的造船业发展非常快，一跃成为世界造船大国。在其首都阿姆斯特丹的造船厂就超过一百家，如果全国的造船厂都工作的话，那么很快就可以造出几百艘船。没有哪一个国家的造船技术能与荷兰相比，而且，荷兰的船的出售价格比较低，相邻的很多国家都纷纷到荷兰去买船。

仅是一个荷兰，其商船的吨位就非常大，在当时的欧洲无人可及。商船数量高达15 000艘，称霸海上。荷兰也非常重视海军的发展，英法两国的军舰加起来都比不上荷兰多。他们的舰队分布在世界的大洲、大洋，目的不仅是保护自己国家的商船免受伤害，还趁机进行海外殖民掠夺。公元1602年，东印度公司成立，荷兰当时的国家议会授权荷兰东印度公司在东起好望角，西至南美洲南端的麦哲伦海峡具有贸易垄断权，曾经还侵犯和占领了我国的台湾等附属岛屿。

公元1621年，荷兰在美洲成立西印度公司，垄断西北非洲和美洲之间的贸易往来，并从北美夺取了一块殖民地，目的是在这块殖民地（今天的纽约）上打造一个新的荷兰帝国。

南非的好望角，是联通非洲东西交通的要道，荷兰占领好望角后，倾力打造新的殖民地，在这里开荒辟地，为过往的船只供应足够的淡水资源和食物补给。

从这里可以看出，荷兰“海上马车夫”的称号足以表明17世纪的荷兰有多么繁荣发达，在各行各业里都取得了霸权地位。

东、西印度公司的成立，为荷兰能够便利地在葡、西两国的殖民地上获得更多的财富提供了条件。这种公司依靠荷兰政府所赋予的特权以及自身拥有的优势，如：巨额资金，独立的军队和商船，这些都为荷兰不断地向外掠夺提供了重要基础。

有了如此坚强的后盾，荷兰船队“肆无忌惮”地进行着全球性的殖民商贸。荷兰在发现澳大利亚之后，不甘心亚洲大部分地区在葡萄牙和西班牙人的囊中，于是把手掌伸到了东南亚地区。同时，葡萄牙属地巴西的大部分也被荷兰的西印度公司侵占了。荷兰人到达北美后，很快地展开掠夺，并开辟了新的殖民地——新阿姆斯特丹；在非洲也修筑起军事防御工事，并开辟了海角殖民地。此时荷兰的资产阶级靠从殖民地所夺取来的财富和无情地压榨当地居民来获得主要收入。

这种在世界范围内进行的贸易让荷兰获取了很大的利润，财富源源不断地流入他们的口袋，而荷兰也成为了欧洲的金融中心，把附近国家的经济命脉都掌控在了自己手中。

但此时的荷兰并没有满足现状，他们想要做海上的霸主，尽管他们没有像西班牙那样组建“无敌舰队”，但是他们在每艘商船上都有装备，把其心底的强盗本性赤裸裸地展现在人们面前。荷兰人看到葡萄牙人在东印度群岛上取得了很大的利润，便萌生代替它地位的念头，于是利用“尼德兰东印度公司”，加上荷兰政府给予他们的特权，他们毫无惧色地直接向在亚洲称霸的葡萄牙宣战。公元1619年，他们攻破葡萄牙在马六甲海峡的防线，进攻雅加达，从此这座城市便是荷兰在印尼群岛扩张的根据地。不久后，荷兰便取得了印度洋海域西部的贸易权，并把葡萄牙人赶出了这个地方，让他们只能回到被侵占的中国澳门。

可以说，在荷兰积极进行向外扩张的时候，他们和所有的猎枪一样，心里一直都惦记着位于东方地大物博的中国。早在17世纪以前，有一个名叫巴伦支的荷兰人就对中国虎视眈眈了，曾3次想从北冰洋海域入侵中国，巴伦支海也是由这个原因而得来的。公元1601年，广东附近海域出现了一批新面孔，那就是荷兰的武装商船。他们想要用武力威逼广东当地的官员允许他们在此地通商，但遭到拒绝，驻广东官员还加强海域防备，让荷兰商船没有办法进入此地进行贸易活动。此时的葡萄牙已经没落，荷兰就抓住这个机会，想要把葡萄牙人赶出澳门。但是葡萄牙人已经侵占澳门多时，岛上的中国居民对于荷兰人的恶行也非常厌恶，因此，荷兰人连岸都靠不近。于是荷兰人就转变计划，打算从福建海域入手，不惜用大量金钱贿赂当地官员，希望能让他们在澎湖建立一个贸易基地，但是漳州官府也不同意。“海上马车夫”首征中国失败。

或者，有人会问，为什么葡萄牙能占领澳门，但是荷兰不行？关键在于，荷兰吃得消一次又一次的航道开辟失败，但是荷兰却吃不消战争的虚耗，这和荷兰的国内资源有直接的关系，论从商，荷兰人胜人一筹，但是论打仗，荷兰人在欧洲列强当中，向来不是劲旅。

而且，早期资本主义的出现以及海洋霸权殖民掠夺体系的建立，在历史的年轮中本是必经之路，却总有衰退之时，可以说是封建制度走向资本主义反战的过渡性产物，因此，荷兰也敌不过这个轮回。

马克思曾尖锐地指出：“荷兰——它是17世纪标准的资本主义国家——经营殖民地的历史，展示出一幅背信弃义、贿赂、残杀和卑鄙行为的绝妙图画。”

即使当时的荷兰很强大，也免不了遭到和葡、西两国一样的命运，英、法两国崛起之时，便是荷兰没落之日。

公元1651年，荷兰以英国发布的《航海条例》妨碍了本国的利益为由，公然抵制英国的这种行为，双方国家杀机暗起。两年后，英国和荷兰在海上激战，荷兰舰队两次被英国舰队击败，不得不承认《航海条约》。公元1664年，英荷第二次战争爆发，英国派了4艘军舰出击新阿姆斯特丹（今纽约），英国不费一兵一卒（荷兰不战而降）就得到了这个地方。此次英国最大的战果就是完全占领了北美洲。1667年6月，荷兰为逼使英国归还南美的苏里南，并按照所提要求对《航海条约》做出修改，派了海军重重包围英国的泰晤士河口，荷兰封锁失败后，不得不承认纽约真正属于英国。1672年3月，在英吉利海峡的荷兰舰队遭到了英海军的突击。次年，英法结为盟军，一起对抗荷兰。

期间，荷兰击败英法联军，收复了新尼德兰地区，但是，不久后，便受到以英、法联军和科隆大主教等夹攻，荷兰抵抗不了各面进攻，不得不与英国缔结和约，结束战争，并把北美洲拱手让给了英国。

战争和海上贸易利润的日益减少，让荷兰的实力大不如前，逐渐走向下坡路。总的来说，17世纪的荷兰在资本主义萌芽初期和国际环境（大航海时代）下，抓住了扩张的机会，走向了世界强国前列，开创了属于荷兰的商业帝国时代。但“美服患人指，高明逼神恶”，荷兰慢慢地被英国超越，成为日不落大英帝国的食物。无奈之下，荷兰人也只能是通过填海造地，做些闲事（养郁金花），并在回忆昔日的辉煌中度过余生。

引领帝国崛起的“关键先生”

每一个帝国的崛起都有属于自己的关键先生，没有这些指标性的领袖人物，一个帝国的崛起便无从谈起，虽然荷兰帝国的称霸时间不长，但是，指引荷兰走上帝国之路的荷兰王却在此过程中发挥着重要的作用，并为荷兰指出了未来的财富之路。

荷兰王奋斗一生，也仅仅是掌执荷兰，两百多年后，他的子孙当上了尼德兰国王。但正是威廉一世领导荷兰冲破西班牙层层的阻碍，得以使荷兰独立，他也由此在人们心中留下了不可磨灭的印象。在荷兰刚刚独立之时，威廉一世不幸遭遇暗杀，但作为引发荷兰独立战争爆发的最大功臣，促进了荷兰的日后发展进程。因为这场独立，让荷兰迅速发展，步入了强国之列，即使它的国土面积很小。

公元1533年，威廉·奥兰治降世于拿骚伯爵家族。少年在布鲁塞尔的宫中学习，神圣罗马帝国查理五世和他的妹妹——尼德兰女总督玛利娅看中了他。可能是上天眷顾，他成为父亲的拿骚伯爵领地的接班人，因堂兄勒内沙龙在疆场不幸身亡，11岁又接领奥兰治亲王的爵位和领地；18岁和安妮步入婚姻殿堂，她是伯伦伯爵的女儿，他又获得一些领地，成为当地少有的贵族之一；22岁担任马斯军团司令，在尼德兰总督府政务院工作；26岁担任荷兰、泽兰、乌特勒支执政。作为贵族，他本可以在富贵中纸醉金迷度过一生，但上天又赋予他更神圣的使命，让他在时代的前沿摸爬滚打。

公元1566年，一场群众运动在尼德兰的一个小城爆发，荷兰人民砸烂修道院，激情立即弥漫到尼德兰，史称“捣毁圣像运动”，成为尼德兰革命的新起点。

起初，这场运动本有很多好的发展方向，奥兰治亲王威廉、埃格蒙特伯爵、赫恩上将都希望它可以引领新的潮流。玛格丽特总督就曾收到他们的来信，信中表示，希望类似“血腥赦令”事件不再发生，西班牙军队不再驻军，摧毁人民不满意的主教，女总督也同意如此。可惜，天主教国王腓力二世太过固执，错失良机。由于派遣“铁血总督”阿尔法，采取暴虐手段，最终使场面一发而不可收拾，尼德兰到处哭喊震天，于是奥兰治亲王决心与西班牙恩断义绝，放弃贵族身份，全身心投入荷兰的独立战争之中。

在公元1566年发生的捣毁圣像运动，成为荷兰摆脱西班牙统治的一个良好开端。其中，作为荷兰最大贵族的威廉·奥兰治（奥兰治亲王）曾一度左右为难，在阶级情感方面，西班牙前国王卡洛斯对他恩德很重；在民族情感方面，当地人的哭喊和胸中奔腾的热血又让他无法安然入眠。最终，他选择荷兰人民，和他们一起打击最强的大帝国西班牙。

万事开头难，这场战斗开始形势很严峻，可“海上乞丐”和“森林乞丐”为他指明了一条明路。在他们攻打沿海地区和弗兰德斯森林之时，威廉加入他们，打入国内，威廉也由此在人民心中威望有了很大的提升。

公元1580年，天主教腓力二世重金悬赏威廉人头。《护教宣言》由威廉发表，打击了天主教行政危害，诉说自己引领的战争道路，誓死抗争到底。由威廉·奥兰治领导的荷兰独立运动取得胜利，被人民推崇，威廉在公元1582年7月12日宣布担任尼德兰国王，但天有不测风云，就在加冕前两天被刺杀，仅50岁，刺杀者也仅仅是为了得到腓力二世的巨额赏金，威廉被称为“祖国之父”。赞颂威廉·奥兰治的荷兰国歌《威廉颂》成为一种新的祭奠方式。

死亡，使他的威望定格，因他对荷兰的巨大贡献，子孙世代担任荷兰执政，公元1815年，担任荷兰王国的世袭国王，持续至今也没改变。家族标志——橙色，也因此成为荷兰的标志。

第二章 “空手套白狼”成为海上霸主

将“国家”转变成“公司”

在开辟了澳大利亚和美洲大陆之后，荷兰人虽然得到了新的财富来源，但是非洲、亚洲，尤其是东南亚海域的香料、黄金以及资源实在太具吸引力了。尤其是成立了荷兰东印度公司之后，东印度公司本着“哪里有利益往哪里走”的商业宗旨，将爪牙伸向亚洲，并与昔日的老大哥葡萄牙和西班牙开始了殖民地争夺的较量。

公元 1598 年—1602 年，荷兰商人活跃在亚洲海域。公元 1603 年，联合省议会、荷兰省督巴纳威尔特和拿骚的莫里斯（奥兰治王子）共同商议，决定把活跃在亚洲海域的 14 家荷兰公司合并成为一个东印度公司。这个公司相当于一个国中国，从此荷兰的远洋航行有了统一的组织和管理。对亚洲的商业政策也基本确定下来了，在相当长的一段时间里，亚洲被荷兰掌控和领导着。

在荷兰还没有进行海外扩张时，马六甲和澳门这两个交易中心一直都是葡萄牙的“金库”。马六甲盛产胡椒，而且马六甲海峡是通往印度洋的重要关卡，而澳门则是葡萄牙掠夺中国和日本财富的重要基地。

荷兰人一出现，便采取措施对付葡萄牙。在双伦敦的码头，东印度公司（1600—1858 年）船上卸下的货物正在准备运到总部的仓库。

荷、葡两国在荷兰还没有成立东印度公司前就已经进行“亲密接触”了。公元 1601 年，从荷兰派出放哨的商船在途中遇到风暴，被吹到马来半岛上的帕塔尼，最后在澳门附近被迫暂时停泊。葡萄牙人就把上岸的 20 个荷兰人全部抓起来，杀死了 17 个。在船上的荷兰人无奈，只好放弃救俘虏，驶离此地。

公元 1604 年，东印度公司的指挥官韦麻郎经过帕塔尼时，碰到了几位正在海上进行贸易的福建商人。他们告诉韦麻郎，说只要给中国的官员一些好处，那么荷兰商人就能获得在中国海域的贸易权。8 月，荷兰派一中队的海军驶往福建附近的海域，在澎湖列岛停靠，然后给中国官员送信，得到回复说，只要他们愿意拿出4～5万里亚尔，就能在附近从事贸易活动。但是，两个月后，大明帝国命令海军官员沈有容率领一支规模巨大的舰队来到此地，让荷兰人马上离开澎湖列岛。假若他们想要在台湾海岸停泊的话，那么我朝便会采取措施，以保安宁。最后，没有如愿的荷兰人只好灰头土脸地返回帕塔尼。

公元1605年，荷兰人在马鲁古夺得葡萄牙的安汶炮台，这个地方后来就变成了东印度公司的首个发迹点。两年后，荷兰人心里又起了在澳门附近贸易的念头，但还是没有成功。

从此以后，荷兰人把注意力放在香料群岛和瓜哇上，想要巩固荷兰在这两个地方的统治。如此一来，想要补给在这个地方的货物，只能靠中国船只来运送了。

公元1619年，荷兰在南洋郡岛新建了一个殖民统治点，巴达维亚，这为荷兰集结主要军事力量和进行商业贸易活动提供了一个好的地方。借着这个绝佳的地方和“香料群岛”，荷兰顺利而又快速地建立起了一个海外殖民根据地。

公元1622年，荷兰人基本站稳了在亚洲的脚跟，并且又向中国沿海发起了进攻，想要夺取澳门。葡萄牙人的军事防备能力一点也不差，再次打退了荷兰人。

荷兰人在澳门没有获得好处，还被葡萄牙人再次打退，于是便率领船队离开澳门，同年7月，强占了我国的澎湖列岛。

率领荷兰军队占领澎湖列岛的荷兰军官不久就觉察到苗头不对了，因为明帝国毕竟和其他的东南亚小国不一样，如果仍然采取恐吓手段的话，肯定是不行的。但是荷兰巴达维亚当局当时并不懂这一点，而是命令在澎湖的荷兰人继续扩大侵占面积。公元1624年2月初，明帝国召集5千多名士兵、40～50艘帆船驶往澎湖列岛北部。年末，荷兰人已经全部撤离了澎湖，迁往台湾南部。公元1604年，荷兰人首次接受了中国人向他们提出解决问题的办法。那就是撤离台湾！

在中国的占领失利之后，荷兰人并没有灰心，他们将目光投向另一个大国——印度。原因是印度在南亚经济圈里占有显著的地位。因为这一点，荷兰人肯定是要去印度的。在苏门答腊等地，基本上都是通过胡椒换取印度布这种方式进行贸易活动的，荷兰人不能忍受这种贸易方式。

公元1616年以前，荷兰人就已经来到了苏拉特（印度最大的港口），公元1621年，荷兰人才把在苏特拉的房屋建好。公元1616年—1619年这三年里，他们就在印度的布罗奇、坎贝、艾哈迈达巴德、阿格拉、布尔汗布尔都设了商行。不久后，荷兰人在马拉巴尔开辟了新的市场。

公元 1638 年，上天又把一个绝好的机会放到了荷兰的东印度公司面前。那一年，荷兰人在桂皮产量最大的锡兰稳住了阵脚，并且在不久后就把其占为己有。

同年，日本不仅把在岛国内的葡萄牙人赶了出去，还对内实行海禁，不过对荷英属东印度公司所在地加尔各答却例外。公元 1698 年，位于孟加拉湾恒河口岸的一个小村庄——加尔各答被东印度公司购买了，从此，这个小村庄加快了印度成为英国殖民地的步伐。

荷兰东印度公司的商船遍布世界的各个角落。在中国台湾的荷兰人抓住这个机会，慢慢地接触一直被葡萄牙人独吞的与中日两国贸易往来的财富。贸易不断扩大，仅仅在公元 1637 年以后的 19 个月里，荷兰人就从中日贸易里获利百万。在明清间的战争前的很长一段时间里，荷兰从中日贸易里获利基本都保持在这个幅度。

公元 1641 年，葡萄牙的殖民地马六甲被荷兰夺去，葡萄牙在亚洲的地位也开始动摇。东印度公司的指挥官巴达维亚的权力达到了顶峰，这种状态持续了大半个世纪。

然而，荷兰人比葡萄牙人要聪明得多，他们能及时地把握机遇，尤其在远东贸易的联系环节上表现得更明显，牢牢地把最重要的商品和市场握在手中。葡萄牙也并非什么都不懂，只不过是做得没有那么完美罢了。

远东的贸易主要是以商品和贵金属为主。如果从西方输入的白银无法满足需求时，荷兰人就会使用从远东贸易中赚来的贵金属替代。他们在中国台湾时就用中国的黄金（主要用于在科罗曼德尔购买荷兰东印度公司的商船货）。

在中国台湾是如此，对于邻国日本，荷兰同样如此，公元 1638 年—1668 年，日本所开采的白银曾一度替代了本国或其他地区的黄金白银。从公元 1668 年开始，日本不再允许白银外流，荷兰只好转移目标，从购买白银转为购买日本金币小判。荷兰人的生意头脑总是转动得飞快，他们精于变通。公元 1670 年前后，小判跌得很厉害，东印度公司再次转移目标，把注意力投放到日本出产的铜上。

而且，在亚洲区域，荷兰不仅将视线投注到中国、日本等国，荷兰将整个亚非地区视为生意网络，极力促进商品货物的流通，而它的殖民者角色也披上了浓重的“经销通断”色彩。

以充足的畅销货物为依托，荷兰东印度公司的商品贸易系统畅通无阻地在世界的各个角落运行，而这一切的关键点在仅限于荷兰销售的细香料身上，其中包括八角、茴香、桂皮和肉豆蔻。这些香料，在荷兰很受欢迎，在印度更甚，其销售量比欧洲还要高出 2 倍。因为其掌控权在荷兰手上，因而印度市场很快地就被荷兰人打开了，从其他地方，如苏特拉、孟加拉和科罗曼德尔沿海低价买进印度的各种织物，然后把这些织物运到苏门答腊，交换所需的胡椒、樟脑和黄金。在暹罗，荷兰人就把从科罗曼德尔沿海买进的货物卖出去，尽管交易没有像在其他地方那样获得高额利润，但是他们在买香料、珊瑚和胡椒的时候，收购当地所产的锡，然后一起运到欧洲，再进行交易。另外，他们还能够从暹罗买进一些鹿皮、大象和大量黄金，分销到日本、孟加拉等地牟利。

荷兰带来的货物在孟加拉国的需求量很大。而从孟加拉那里获取的蚕丝、大量硝石和大米，以及从日本买进的铜和来自很多地方的糖则是荷兰人返航时带回来的最好商品。此外，荷兰人还非常聪明，懂得把从中国、暹罗（现在的泰国）等地买进的糖与在返航时经过的地方，如巴西、安的列斯群岛那里的糖进行对比，然后根据价格的高低，把糖运到阿姆斯特丹销售，或者是卖给波斯、日本和苏拉特的市场。荷兰人的精明和其驾驭市场的能力，全世界有目共睹，也让人们见识到了世界市场的魅力之所在。对于东亚这个地方来说，假如 16 世纪是葡萄牙人的天下，那么 17 世纪便属于荷兰人的天下。

老子说过："福兮祸之所伏"，可能是因为荷兰东印度公司在贸易上顺风顺水，因此对 18 世纪准备出现的商业革命无所适从。对于那时的欧洲来说，香料的地位不复以前。而印度的纺织品销路却直线上升，咖啡、漆器、茶、丝绸等新的商品正在逐渐地占据市场的重要位置。新旧世纪的交替出现的最为重要的新情况就是茶叶的畅销和中国开放幅度增大到对所有的外商了。公元 1689 年，英国东印度公司（又名"约翰公司"）很快地就铺开贸易线（均用白银支付），而荷兰东印度公司（又名"杰安公司"）还是维持原来的贸易（在巴达维亚接待前来采购檀香木、香料和珊瑚等商品的中国商人，还是采取物物交换这种直接贸易的方式）。此时，孟加拉国已在英国的掌控之下，而这个地方又与中国联系密切，借着这个有利条件，英国人就用棉花和白银换取中国的茶叶，后来逐渐用鸦片代替交换。亚洲贸易的主动权慢慢地掌握在了英国人的手中，作为英国人的世纪——18 世纪即将到来。

此时，东印度公司也面临着破产的危机，18 世纪正式解散，之所以解散都是因为英荷之间频繁的战争。在公元 1780—1784 年英、荷交战期间，荷兰的东印度公司就已经因国内对亚洲商品需求量少的问题出现了经济危机，到公元 1800 年来临之际正式宣布解散。现在的阿姆斯特丹大学就设在这个公司的原在地。

向印度尼西亚“进军”

荷兰之所以被誉为“名为国家的公司”，那是因为它在对外发展上，不单纯地表现出殖民掠夺的色彩，同样演绎着商业垄断的角色，因此，在配合殖民掠夺的过程中，荷属东、西印度公司应运而生。而且，他们虽有“公司”之名，却远不止公司那么简单……

公元1602年，荷兰政府组建了东印度委员会，由一名总督和5名成员组成，目的是便于统一管理该公司和加强对东方的侵略力度。有了国家的支持以及荷属东、西印度公司，荷兰早期的殖民掠夺顺利地进行着。

成为荷兰东印度公司首要目标的国家是印度尼西亚。

印尼素来被称为“千岛之国”，因为它地处亚洲东南部，赤道从中穿过，由3千多个岛屿组成，最重要的是这些岛屿都是位于两大洋之间，堪称世界上最大的群岛国家。17世纪，印尼的总人口仅有3百多万，领土不足2百万平方公里，由于民族多的原因，这个国家一直都不太稳定，有很多小国家并存。

在荷兰人还没到来之前，印尼一直被葡萄牙控制着，但那时的葡萄牙已经是“日暮西陲”逐渐衰落，荷兰人向来精明，于是就在葡萄牙喘息不及之际，借机打压葡萄牙人的势力，想在印尼这个大国上插上自己的一面旗帜。

但是，荷兰在夺取这个国家时并不太顺利，费时多年，经过多次浴血奋战，最后才将印尼收入囊中，从此印尼就处在荷兰的殖民统治下。

虽然是登上了印尼舞台，荷兰人岂会就此满足，于是公元1603年荷兰又把爪牙伸向爪哇。两年后，荷兰控制了马鲁古（即摩鹿加）群岛中的安汶岛、帝利岛这些盛产香料的地方。公元1606年，又取得了班达岛香料的贸易垄断权。这个时候，东印度公司的规模已经变得很大了，光是武装舰船就有41艘、商船更甚，高达3 000艘，整个公司的员工达到了10万多人。公元1619年位于瓜哇岛上的雅加达又被荷兰控制住，从此，荷兰以印尼为中心，在亚洲内的殖民掠夺全面铺开。

当然，说时容易做时难，荷兰对于亚洲各国的征服不是一蹴而就的，它也走过了漫长的过程，同时少不了天时地利人和的配合。

荷兰之所以能征服印尼，从天时上讲，那是因为17世纪的印尼处于分崩离析阶段。那时候，在群岛上，有很多国家是信奉伊斯兰教的，如西爪哇的万丹、东爪哇的马塔兰、苏拉威西的戈阿和苏门答腊的亚齐等。但也有一些国家是信奉印度教的，如加里曼丹等岛屿。位于印尼的马鲁古群岛盛产香料（丁香、胡椒、豆蔻等），畅销欧洲和东方市场，这个地方很早就被欧洲的殖民者盯上了。葡萄牙是第一个入侵印尼的国家，目的是取得香料的贸易垄断权。公元1511年，安汶岛被葡萄牙强占，标志着印尼开始沦为殖民地。

荷兰人在对财富的追求上，永不退缩，于是便步葡萄牙的后尘，踏上了这个岛屿。公元1596年6月，荷兰人霍德曼率领船队第一次驶往印尼。他们到达万丹港时，傲慢无礼，还使用武力强取了停泊此港的两艘瓜哇船。这种做法，遭到了万丹苏丹的严厉惩罚，并驱逐他们离开此地。被驱逐后，霍德曼率领船队继续航行，来到了马鲁古群岛，向当地领导提出通商的要求，但是都没有得到同意，霍德曼只好返回了荷兰。两年后，荷兰人再次出航。此次的领导人是范尼克，他集结了8艘船，在年底来到了万丹。此时的万丹，与葡萄牙的殖民者的矛盾加剧，发生了斗争，荷兰人就借着这个机会帮助了万丹，使得万丹成功击退葡萄牙人。于是，荷兰人得到了在万丹设立办事处的权利，并购买了4艘船的香料，让他们的人先运回荷兰，获得的利润高达400%。而剩下的人则继续驶往瓜哇岛，在班达、安汶等地又买进了大量香料，而且又在安汶建了一个收购基地。荷兰人的这次出航，不仅开辟了到印尼的新航线，还在那里建了两个基地，为以后的侵略奠定了基础。

建立东印度公司后，荷兰人更加忙碌了。既要夺取葡、西两国在印尼的殖民地，又要统一以前建立的所有基地，并更改为联合公司的商馆。在公元1600—1610年这10年里，东印度公司把摩鹿加群岛上的苏丹小国控制住了，此外，还有安汶、德那地、帝多利和班达群岛等这些盛产香料的地方均被其征服。公元1610年，该公司在印尼设立了总督府，并让彼德尔·坡施为总督，这是印尼的第一个总督。彼德尔·坡施在雅加达买了一块地，并在这块地上修建起了房子、仓库和城堡。

雅加达被荷兰侵占以后，马塔兰更加仇恨东印度公司了。阿贡苏丹想要把荷兰人赶出去。他率领士兵把泗水、井里汶和马都拉等国占领了，同时制定了针对荷兰人的政策，所有商人都不得把米卖给荷兰人。公元1628年，马塔兰率领士兵想要拿下巴达维亚，但失败了。阿贡苏丹死后，由阿孟古拉一世继位，这是一个暴君。公元1674年，在马都拉的人们在其王子杜鲁诺佐约的领导下，向瓜哇进攻，当地人们很欢迎他们的到来。荷兰殖民者打出“援助”的口号，企图奴役当地居民，但是杜鲁诺佐约不理睬这些殖民侵略者。

刚开始的时候，荷属东印度公司下意识地躲开取得土地属地的机会。因为阿姆斯特丹的理论家和政治家认为葡萄牙之所以不能长久控制东方，主要是因为他们把主要精力和财富都放在了得到土地上，因此这些理论家和政治家不允许他们也出现这种错误。因此，东印度公司的重要任务就是稳固贸易垄断权、用最少的钱取得最大的利润，而当地居民的生活等就被忽视了。

东印度公司刚开始进驻印尼的时候，主要是通过与当地人谈判和订立协议的方式进行交易，方便公司能够顺利而低价进行买进的奴隶，如在17世纪时，东印度公司与峇厘和其他岛的统治者协商，一起订立供应奴隶的规定，把当地有钱和有权的人变成贩卖奴隶的主要人物。得到贸易垄断权后，就可以用规定好的很低的价格来买进商品。公司是否能很快地完成这个过程，还要看当地统治者的力量。在摩鹿加群岛上，公司在很短的时间内就顺利地实现了这个方案。但是在其他较强的国家，公司就要很小心地处理了，不然会适得其反，但荷兰人是何等聪明，他们利用这些国家内部的不和和部落战争来确立东印度公司的统治地位。特别是在爪哇，荷兰人不得不更加小心，因为岛上还有一些不愿意屈服的国家，并且，他们还想要把荷兰驱逐出岛屿。

公元1652年，马打兰与东印度公司达成协议，并承认该公司在瓜哇有一定的领地权。马打兰把罗磨河（或译为兰大隆河）北边的领地权分给荷兰，但在南边，就没有明确公司的边界。由于这时候的荷兰还没有能力控制马打兰，因此东印度公司就用粮食来拉拢这个国家。

公元1674年，马打兰国内发生暴乱，首都被占领，苏丹苏苏胡南逃到东印度公司的领地，并对公司的领导说："如果公司愿意出手相助的话，那他可以为公司做任何事情。"不久后，苏苏胡南就死了。公元1677年，他的儿子阿孟古辣二世与公司达成协议，并向东印度公司许诺，如果能成功帮他夺回王位，那么公司就能享有在马打兰进行任何贸易的权力，并把勃艮安、加拉横地区和爪哇北岸的三宝拢城拱手让给公司；确定公司在南部领地的边界；公司有在南旺建造船厂的权力；悉数赔偿公司在此次战争中的所有损失；在还没有付完所有损失赔偿费时，马打兰全部的海港都交给公司管理。这个协议给荷属东印度公司在印尼的进一步殖民扩张提供了非常有利的条件。次年，荷兰军队进驻马打兰，稳定了局面。公元1680年，暴乱结束。

荷兰的统治引起了马打兰国内的不满，公元1751年，人民反荷兰的情绪不断高涨，举行了起义。起义者很快就取得了马打兰大部分地区的控制权，对公司的领地造成了严重的威胁，更严重的是，在战乱中，荷兰的统帅被打死了。但是，起义者内部很快就有了矛盾，曼古·布米和曼古·涅哥罗两人为了王位争得你死我活。公司利用这个机会，分别把两个人叫来谈判。协商一致后，公元1755年，公司就把马打兰分成两部分：一部分是日惹；另一部分是梭罗，但是这两部分都是荷兰的属国。

荷属殖民地崛起，势要排除异己

虽然荷兰在印尼等地的殖民地建设如火如荼的在进行，但是免不了要面对的是老大哥们手上的资源，正所谓“凡事快人一步”，荷兰纵然是来势汹汹，但是西班牙和葡萄牙的殖民体系却仍旧强大的扎根在亚洲和非洲的重要资源来源地。荷兰要做的，除了另起炉灶，还要先声夺人，向西班牙和葡萄牙宣战，更要前后顾忌地应付尾随而来的英国人，因此可以说，在殖民地体系建立的过程中，荷兰人为了排除异己，那是心力交瘁的。

荷兰控制了印尼，使得印尼东部很多王国的势力减弱，快速地使这个地区的内部势力发生了变化，此时，有一些王国得到了发展和强大起来了，如荷瓦。荷瓦王国位于望加锡海峡附近，借着便利的交通，很快地就成为了香料走私贸易的中心。虽然荷兰人为了完全控制香料的贸易权，从而对荷瓦采取了军事行动，但是并没有击垮荷瓦。这时，荷兰人采取挑拨离间的方法，利用荷瓦内部发生的矛盾、与苏丹王国周围部落和酋长的矛盾，以及爪哇岛上和印度尼西亚其他地区的内部斗争等这个机会来巩固和增强在这些地区的领导和统治地位。由此，荷兰与同荷瓦有矛盾的国家联合起来，利用荷兰强大的海军，对荷瓦发起了进攻，很快地就占领了荷瓦的首都，并于公元16767年11月强迫荷瓦苏丹签订了《邦海条约》。

这是一个不平等条约，荷兰的东印度公司从这个条约中获得了很多好处，包括垄断荷瓦的贸易，让其他欧洲人对其唯唯诺诺；苏丹断了与摩鹿加群岛之间的贸易，不再想要得到松巴洼、佛罗理士和其他岛屿，并且国家的主权都处于公司之下；公司享有免税的权力；公司取得鹿特丹要塞的王国部分土地的所有权。禁止在荷瓦领土上修建军工防御基地；苏丹要赔偿此次战争中，荷兰的所有损失，共计25万荷元和大量奴隶。这个条约基本瓦解了荷瓦的势力，至此，西里伯、松巴洼以及群岛其他地区都被公司控制了。

公元1680年，荷属东印度公司镇压了马打兰内乱后，除了巩固和增强自己在马打兰的统治地位外，还为控制万丹做好了准备。万丹是英国殖民者能够在瓜哇岛上从事商业活动的最后的一个地方，英国人肯定不会放手，因此他们给老苏丹阿蒲法达提供帮助，以让英国能够继续在这个地方待下去。

在这样的情况下，荷属东印度公司只好扶植新的傀儡——老苏丹的儿子阿蒲加哈，承诺给予其帮助，而交换的条件就是把万丹的贸易垄断权交给荷属东印度公司。如此一来，万丹内部的矛盾斗争就转为了荷属东印度公司与英属东印度公司之间的斗争。

万丹是瓜哇岛西部的一个国家。马六甲被葡萄牙占领后，很多商人都离开了马六甲，到万丹从事商业活动，因此，苏门答腊西部沿海就变成了一个重点领域。很多国家的商人都来到这里做买卖，包括波斯、中国、土耳其、胡荣辣、庇古（缅甸南部）、羯绫伽等国的商人，万丹慢慢热闹起来了。17

世纪中期，万丹发展成为一个较强大和昌盛的国家。公元 1651 年苏丹·阿根继承王位。他有坚定的意志和远大的理想，不仅想要收复万丹的失地，还要让荷兰人离开巴达维亚。但是，他的儿子苏丹·哈只与他相反，他打算和荷属东印度公司缔结合约，而且该公司也同意出兵援助。公司命令苏丹·哈只把居住在万丹的除了荷兰人的外国人（英国人、丹麦人、法国人和葡萄牙人）赶出去。公元 1684 年，苏丹·哈只和东印度公司协商规定：万丹不能在马鲁古从事贸易活动；禁止其他国家在苏门答腊的属地购买胡椒和输入布帛，只有东印度公司才有这个权力；万舟和东印度公司辖区的分界线延长到芝沙丹尼河。如此一来，荷兰就在井里位和万丹这两个地方设立了据点。不久后，东印度公司把勃良安变成了其殖民地。

此外，荷属东印度公司在万丹王位的继承权上多加阻挠，从中获利。公元 1733 年，舍努·阿利飞英继位，他的妻子是阿拉伯人，以前就与东印度公司的高层有过密切的交往，成为万丹的王后后，私人势力不断增强，后来还威逼苏丹把太子古斯第废掉，然后让她的女婿（苏丹的外甥）当万丹的未来苏丹，这件事得到了公司的支持和帮助。公元 1749 年，苏丹精神失常的时候，王后借机逼苏丹交出王位，由她暂时管理国内事务，同时，请求东印度公司把古斯第流放到锡兰；随后又把老苏丹送到安汶，不久后，老苏丹就死了。

东印度公司之所以这样帮助王后是有要求的，就是把万丹变成公司的属国，当然，王后对此没有任何异议。但万丹的人民却不同意，他们不把王后的女婿当作苏丹，并要推翻王后的暂时统治。公元 1750 年，在居阿依·打巴的带领下，万丹人民反抗，起义，集结力量攻打王后的军队。得知消息后，东印度公司出兵援救，但是被起义军全歼。后来又派炮兵作战，同样被打退。这个时候的万丹人民表现出的英勇让其所向披靡，至此，荷兰在万丹的势力被大大削弱，只剩下了两个堡垒，与此同时，在万丹南部，起义军组建了政府。

我们在前文已经提及过，荷兰是个地地道道的商人，但却不是个出色的军人，面对起义军和临时政府的挑战，以“荷兰”之名出征的东印度公司在军事上一点优势都没有，结果屡战屡败。

东印度公司在军事上的节节溃败，让支持荷兰王室的贵族们十分担忧。为了得到人民的支持，命令王后和她的女婿交出王位，并把他们关在一个小岛上以作为惩罚；同时让前任苏丹的弟弟来暂时管理万丹，但是人民拒绝接受。那时，拉都·巴古斯·布肮深得民心，人民想要推他为新苏丹，但是东印度公司不同意，于是又发生了战争。人民自卫军直接进攻公司的据点郧城。

当时荷兰军队深陷马打兰内乱的泥潭中，在万丹的力量有点弱，所以被苏丹人民军包围了很长一段时间，等到镇压了马打兰起义后，荷兰把部分军队调回来，才得以解围，不久，荷兰军队把以拉都·巴古斯·布肮为首的人民军打败了。

公元1752年，东印度公司与其培养的新苏丹（阿利飞英的弟弟）达成了协议，万丹从此变成了公司的属国，而万丹此时仅得到位于苏岛的楠榜。不久后，东印度公司让流放在锡兰的太子古斯第回国，然后叫新苏丹交出王位，由古斯第继位成为新苏丹。苏丹宣布以前所签订的丧权辱国的条约仍有效。与此同时，荷兰在万丹建了很多堡垒，目的在于监视苏丹，并命令苏丹不要有其它的念头，每年乖乖地向公司缴纳贡赋。

就这样，经过了满布荆棘的崎岖征途，万丹终于变成了荷兰的属国。

而另一边，荷兰固然有长江后浪推前浪的气魄，但是螳螂捕蝉黄雀在后，在荷兰专心处理殖民地内部事务的同时，荷兰在侵略印尼时，时刻要为打压英国等欧洲殖民的势力而费尽脑汁。

印度尼西亚群岛的东部，有两个苏丹国，分别是第多尔和简那底，附近盛产香料的很多岛屿都被这两个王国掌控着，除此之外，他们还不断地去摩鹿加群岛的各个部落搜刮豆蔻、丁香等其他香料。这给这些国家的苏丹和其它官员提供了很多财富，而荷属东印度公司入侵和企图控制这些国家，令英国等欧洲其他国家的商人产生了不满和反抗的情绪。

豆　蔻

欧洲商人借助荷瓦国反荷兰的契机，把荷瓦变成了香料走私贸易的中心，同时，盛产香料地区的人民也竭力躲开荷属东印度公司的掌控。所以，尽管荷兰采取措施进攻荷瓦，但久久都无法让荷瓦断了与其他岛国的联系。

走私贸易的蓬蓬发展让荷瓦苏丹的地位越来越高，财富也越来越多，附近的部落的酋长都变成荷瓦的属地，但是各部并没有完全屈服。于是荷属东印度公司就利用这一机会，在旁边推波助澜，让他们的矛盾加剧，而且在斗争中，荷兰像一根墙头草那样，两边倒，等他们两败俱伤时，把他们一网打尽，同时也排挤了其他的竞争对手。

一边扶植傀儡，一边不断派军包围，一段时间后，荷瓦无法抵挡了，首都被荷兰侵占了。如此一来，荷属东印度公司就以“两蚌相争，渔人得利”的姿态，得到了荷瓦的贸易垄断权，并且，成功地把英国等多国的外国人全部都驱逐出境了。

可以说，荷兰人固然在军事上四面楚歌，但是在处理当时多国争利的复杂关系下，懂得借力打力，挑拨离间，亦属早期殖民大国中的高明之举。

叫板老牌殖民大哥葡萄牙

还是那一句“长江后浪推前浪”，荷兰既然已经正式开宗明义的登上了殖民大国的舞台，它就只会继续力争上游，因此，和葡萄牙等老牌殖民大国叫板，那是迟早的事。葡萄牙和荷兰之间没有太多恩怨，要说荷兰为何针锋相对的原因，大抵就是因为“利益”这两个字。

随着荷兰的力量越来越强，荷兰在海上的力量也向世界展示了其厉害的一面。刚开始时，它是由荷兰商人组成的，这些商人大多都是从事投机冒险的贸易，他们组成了一个有组织的股份制公司。公元 1594 年，他们选了 4 艘在各方面都很好的商船组成一支远航船队，向爪哇驶去。这次的航行已经酝酿很久了，同时也向世界宣告崛起的荷兰想要获得很多的利益、想要变得很强大，强大到夺取已经被葡萄牙控制了 100 多年的印度洋航线。实际上，在公元 1606 年以前，荷兰人就已经打算攻打和控制马六甲了，并与葡萄牙一决高下了，但那时还没有这个条件。

荷属东印度群岛

17 世纪来临之际，葡萄牙渐渐地开始衰落，包括其海军的势力，而此时，其他新兴的欧洲国家也都把目光放在了远东地区。加上荷兰顺利的对外扩张，使得荷兰不再畏惧葡萄牙在东方的势力，并明目张胆地挑衅。这时，弗朗西斯·德雷克爵士（1540 至 1596 年 1 月 28 日），开始了英国著名的环球航行。这次航行之后，向人们传递了这样一个消息，葡萄牙并不是远东地区的主人，他们在那里遭到了很多当地人的仇视，而且其管理的力度也很广。被葡萄牙控制的东印度群岛慢慢地向外开放了，公元1580年，葡、西两国的联盟，让很多原本仇视西班牙的新兴国家也以同样的态度对待葡萄牙了。

因此，此时的葡萄牙，不仅被欧洲看成是敌人，被海外也视作敌人，所以，它就变成了很多国家的头号公敌。除此之外，尼德兰的反抗也对殖民地商品在北欧的贸易造成很大的影响。同时，这也严重的影响了荷兰人的利益。在以前，英国人可以从地中海东部各个港口拿到从东方运回来的货物，但葡、西对直布罗陀海峡的航道封锁之后，他们就不能直接取得所需的货物了，种种原因之下，荷兰人和英国人做出了一个决定：直接从里斯本和亚历山大拿到香料已经不可能了，但可以直接去东印度群岛拿。

在实施这个决定前，首先要做的就是掌握可靠的资料，不然就无法顺利地绕过好望角。此时只有葡萄牙人知道航线，但是他们不对外公布。公元1504年，葡萄牙国王曼努埃尔一世下令不能公开任何与刚果航线有关的信息。一发现有地图泄露这些信息的，马上销毁。虽然采取了这么多的措施让航线不被公开，但还是失败了，葡萄牙人的航线慢慢地让很多人都知道了。对于北欧来说，为此做出最大贡献的就是荷兰人简·哈伊吉恩·冯·林索登，他在公元1595年发表了《旅行日记》一文，里面有对世界地理情况的详细描述。他以前是葡属刚果的仆人，在印度待了7年，因此，他的这篇日记很好地为人们提供了绕过好望角的航线的重要信息。

公元1595年，也就是这篇文章发表的那一年，荷兰人就参考书中的信息制订了首次驶往东印度群岛的计划。这个远征花了两年多的时间，尽管让荷兰人在人力和装备方面有所损失，但还是得到了较大的好处。第二次远航时，取得了很好的成绩，获得了400%的高额利润。于是很多荷兰人开始踏上东方这片热土；仅在公元1598年，从荷兰出航东方的船队就超过5支，共派出商船22艘。荷兰人一开始就处于优势状态，他们有很好的海员，他们的船只成本很低，因此总成本也非常低，另外，伊比利亚国家的工业远远落后他们国家的工业，他们能制造出价格很低但质量还不错的产品。但有一点意外的是，荷兰人和葡萄牙人之间的斗争反而让印尼的统治者和商人有机可乘，从中得利。公元1602年，荷兰人主动出击，成立荷兰东印度公司，改变了被动的局面。

这个公司得到了荷兰政府的大力支持，而从好望角到麦哲伦海峡之间的贸易垄断权也归该公司所有。此外，政府还给予公司拥有建殖民地、修建堡垒、抢占外国商船等权力。在赶跑葡萄牙人、和当地人协商谈判时，这些权力都被公司用上了。在公元1600年，英国人也成立了自己的东印度公司，但势力没有荷兰的大。英属东印度公司只能定期地得到为数极少的认购资本，而英国的商会也只是给公司出海航行的费用埋单，并在航行完成后，就结束了此次交易。除此之外，斯图亚特王朝的国王对英属东印度公司采取放任的态度，也不给予支持（这一点很容易了解，因为此时的英国总体上还是比较落后的），而重商主义的荷兰政府则对他们的公司给予很多的帮助。

公元 1609 年，荷、西签订停战协议后，荷兰就把注意力放在了打压英国人身上。贸易垄断权的获得者肯定是荷兰，这是毋庸置疑的。荷兰人的船只比英国多了 5 倍还不止，而且他们在印尼修建了很多防御能力极强的堡垒。另外，他们还有堪称天才的简·皮特斯佐恩·科恩总督为其出谋划策，科恩与葡萄牙人阿尔布克尔克一样为自己的国家做了很多事情，科恩直接对葡萄牙宣战，发誓要把葡萄牙在东方的地位夺走。

从此之后，荷葡两国之间战争不断。公元 1641 年 1 月，荷兰人成功地夺得了马六甲的控制权，瓦解了葡萄牙在马六甲超过 13 年的统治，并把葡萄牙人赶出了东印度群岛，为不久后把葡萄牙人赶出锡兰提供了条件。同时，科恩也把手伸向了英国人，让他们不能在印度尼西亚群岛继续扩张，只能回到他们在印度的根据地。此外，科恩也对荷兰在亚洲贸易的发展做出了贡献，从此后很长的一段时间里，亚洲的贸易远超绕好望角到欧洲的贸易量。在那之前，葡萄牙人已经开始了这一贸易，但是科恩做得更强更大，他还在“福摩萨”（台湾）设立了据点，控制了中日、东印度群岛的贸易往来。

至此，虽然葡萄牙在亚洲殖民地还未完全分崩离析，但是却已是苟延残存，葡萄牙失去了印尼、东印度群岛及中日商贸往来等众多关键地区，只能紧守中国澳门，坐望荷兰在亚洲区域的壮大而兴叹。

让财富“滚雪球”式增长

历史不断向前发展，葡、西两国人民养成了一个习惯，用财富去买国外的奢侈品，而忽视发展本国的工业，慢慢地，国家的工业发展停滞不前，而货币又变得不值钱了，但人民还是继续如此。葡、西两国渐渐退出了强国行列。

西班牙和葡萄牙刚要退出历史的舞台，上帝就把这个机会放在了荷兰这个小国头上，这是西北欧的一个小国，国土面积比今天的北京还要小。

公元 700 年前，这里只是一片荒无人烟的湿地和湖泊，直到 12 世纪以后，才开始有人在这里定居。到了今天，荷兰还是有三分之一的国土不合适居住的。在荷兰人口最密集的地方，假如没有先进的水利设施保障的话，那么它每天起码都面临两次被淹没的危机。就是这样的一个地方，在 17 世纪时却成了世界上最繁荣、发达的地方，并且还是世界的贸易中心。人口不足 200 万的荷兰小国，居然能够把世界控制在自己的手中。

葡、西两国主要是靠残暴来取得财富的，而荷兰则不同，荷兰是一个小国，国家的统治不是很强大，也没有那么多的人口去进行武力掠夺，因此也只能是通过商业贸易来获得财富收入，在这个过程中，他们不仅收获了大量财富，还收获了用金钱也买不到的经验和商业制度，这是荷兰崛起的前提条件。

荷兰人极具商业头脑，他们从做鲱鱼生意到成为鲱鱼交易的代理商，并把这变成商业贸易的重要生意。把从葡、西两国那里买进的黄金、香料和丝绸运到欧洲其他地方销售，并在返航的时候大量收购瑞典的铁器、波罗的海地区的小麦、芬兰的木材，以及本国生产的给海军的多余的必需品。

但是，聪明的荷兰人又觉察到，英格兰商人阻碍了他们这项获利很大的贸易。那时，荷兰的面积只有英格兰的三分之一，人口不足英格兰的五分之一。同样都是位于西北欧的岛国，但是英格兰的地理位置要比荷兰的好。

矛盾时刻存在着，而事物就在矛盾和统一的斗争中的夹缝生存并发展着，在压力面前，荷兰人又做出改变。英格兰的商船由于需要，必须造得很笨重，成本也很高，荷兰人就在船上想办法，于是他们造出了实用、成本又低，又快捷的船只。荷兰造出的这些独特的船只让他们在贸易中处于优势，很多国家纷纷前来订购。不久，荷兰就在海上运输贸易中强大起来了，成为了 17 世纪的“海上马车夫”。

但是想要永远成功，光靠这些不一样的船是不够的，还要有优秀的航海家，这一点是至关重要的，当然，诚信也是不能少的。

公元 1597 年，荷兰的一名叫巴伦支的船长——同时也是一个航海家——想找从荷兰北面到达亚洲的最佳航线，途径三文雅（俄罗斯的一个小岛）时，时值冰冻期，不幸被困在海面上了。三文雅位于北极圈内，终年冰冻，巴伦支和他的船队被困在这里整整 8 个多月，直到寒冷的冬季过去了，才得以离开。然而在这段时间里，他们为了取暖，只能把船上的甲板拆下来当柴烧；他们只能靠打猎和捕鱼来填饱肚子。

最后，船上 18 个人，只剩下 10 个人了，但出乎意料的是，船上的货物却纹丝未动，这些委托的货物中有用于救命的药品和保暖的衣服。冬天过去了，春天来了，这些存活下来的商人把货物又运回了荷兰，“完璧归赵”，原封不动地交回到委托人手里。他们不惜舍弃生存的机会，也要坚持信念，为后人留下了宝贵的经商法则。那时，这种行为给了荷兰商人很大的好处，那就是被人们信任，得到了海上贸易的领导权。

荷兰人就凭借着这样的创新精神和坚定的信念，得到了很多生意。不久后，整个欧洲的海上市场都在其掌控之下了。

但是，世界的格局并不会一成不变，葡、西两国的实力仍存，同时也有很多新兴国家在不断崛起，如英、法。重商主义极强的荷兰，为了利益而组建了一个从来没有过的企业，实际上，用我们今天的话，也可称之为国企，但是其性质与现在的国企又是不一样的。这个企业就是荷兰东印度公司。这可以是属于国家的经济机构，也可以说它是一个股份制公司。荷属东印度公司是世界上首个向外发行股票的公司。但是这与我们现在所说的股票也存在本质上的不同，人民可以在这个公司里借钱，由公司登记，然后按照借钱的数量获取该公司的红利。

为了能够有雄厚的资本支持殖民侵略，他们把社会上能够聚拢起来的资金都集中在了一起，这种向全社会融资的方式，得到了荷兰举国上下的支持，他们纷纷把自己辛苦赚来的财富放到东印度公司，不管是放在那时还是现在，这都是一件惊天动地的、感人的大事。更重要的是，这个公司得到了荷兰政府的全力支持，并给予其很多权力，并且还把大量资金投进去，这使得该公司在一定程度上具有政治色彩。

东印度公司营业后，西、葡根本就不把其放在眼里。因为很多原因，该公司营业后的近 10 多年里从来都没有实现分红的承诺。那到底这个公司为什么能够存在并且强大起来而又不会倒闭呢？靠的又是什么呢？

矛盾重重，让荷兰人再次沉入深思。公元 1609 年荷兰人在繁荣的阿姆斯特丹市成立了世界上首个股票交易场所。所有的股民和市民如果想要自由、随时换取股票或现金都可以，只要去交易所就行了。

但让人想破脑子都想不到的是，就是这样一个股票交易场所，居然能够为荷兰经济发展提供资金的保证、为荷兰崛起发挥巨大的作用。阿姆斯特丹市的股票交易场所变成了欧洲资本最雄厚的贸易市场，不仅本国人，还有很多外国人都从事股票交易活动。这个不足 1 千平米的小院子每天收入的股息成千上万，然后再从这里转入到荷兰的国库以及荷兰人民的口袋里。光是英国这个国家的国债，就让荷兰能每年得到 2 500 万荷兰盾收入，这相当于 200 吨白花花的银子啊。

当很多资金飞速循环流通时，荷兰的经济命脉出现了堵塞的现象。这次，荷兰人想出的办法是建立银行，这标志着世界又出现了一个新的领域。

在公元 1610 年左右，世界上首家商业银行建立起来了，被命名为“阿姆斯特丹银行”，这比英国的银行业发展早一百多年。这个银行是一个城市银行，主要业务是吸收存款，发放贷款，所有大笔的业务都要经过银行支付，这为当时荷兰的经济发展做出了非常大的贡献。

还有更让人出乎意料的事情，尽管荷、西在海上发生着战争，但是敌国的商人和贵族们仍把白银放入阿姆斯特丹银行中以便于兑换。此时荷兰的银行是有权力贷款给西班牙这个敌国的。因为荷兰的法律规定，不管是谁都不能阻拦银行的交易，这大大地保障了荷兰银行的商业信用。此外，在人类发展史上，这样的创举是史无前例的、成功的。我们可以称之为“伟大的奇迹”。

当时的欧洲各国战争不断，但都没有波及荷兰，因为荷兰是持中立态度的，他在战争和商业贸易中，利用银行牟取了很多暴利。自此荷兰进入飞速发展时期。

到 17 世纪中期，荷兰联省共和国已逐渐建立并稳固了其在全球范围内的商业霸权地位。这个时候的荷兰东印度公司的分支机构数以万计，达到了 15 000 个，在全世界贸易总额中，荷兰占了一半多。1 万多艘挂着荷兰三色旗的商船在世界的各个角落巡行查看：在东亚，中国的台湾被他们侵占了，并控制了日本的对外贸易权；在东南亚，印尼成了他们的殖民地，巴达维亚城（今天的雅加达）是他们在印尼的首个殖民基地；在非洲，被葡萄牙掌控的好望角也被他们夺取了；在大洋洲，有一个国家被他们用本国一个省的名字作为国家的名字——新西兰；在南美洲，巴西成为了他们的殖民地；在北美大陆的哈得逊河河口，有一座新城在东印度公司的扶植下建了起来，那就是新阿姆斯特丹城（今天的纽约）。

荷兰人把当时的世界当成是他们的世界、他们的地球。由此看来，17 世纪的荷兰已经成为了世界上最强大的国家，同时，我们也可以看到荷兰的崛起之路是多么的明智，他们不进行原始积累，而是利用财富去发展贸易，这个战略让荷兰迅速崛起了。

创造出一个“曼哈顿”

在大规模地对外殖民掠夺时，美洲这块新大陆被英国殖民者盯上了，他们走上了一个新的世界。马萨诸塞湾殖民地和普利茅斯种植园出现了英国殖民者的身影，从此这个地方有了一个新的名字——“新英格兰”。

荷兰王威廉让荷兰摆脱了西班牙的殖民统治，独立后，荷兰人就开着他们造的轻便商船在世界的各个角落进行贸易。此时的荷兰人已经变得很富裕，他们组织一定的商船到亚洲进行贸易并且在那里开辟了新的殖民地，所建的这些殖民地被他们称为“贸易站”。他们出高额的价钱让荷兰的船长为他们工作，让这些掌舵人驾船到亚洲的各个“贸易站”去购买香料、丝绸、茶和咖啡，然后运回欧洲，卖给需要的顾客，所得的利润由商人们瓜分。

荷兰绝大部分财富都是由东印度公司创造的。阿姆斯特丹，荷兰最大的城市成为了欧洲最为繁荣和忙碌的港口！荷兰的教育事业也蓬勃发展着，学校里到处都是充满激情的学生；商业也呈现出一派繁荣的景象；荷兰的商人们开始为自己修建庄严气派的大房子，房里的摆设都是采用昂贵的装饰品装饰，有做工精美的家具和荷兰有名气的艺术家所创作的画。至此，荷兰变成了海上贸易的最强国。

普利茅斯种植园

但是荷兰人的欲望并没有得到满足，在“荷兰东印度公司”大规模运作后，荷兰政府又新建了一个公司，“荷兰西印度公司”。最开始时，这个公司组织了了30多个家庭带着“全副武装”（生活必需品以及从事生产的工具等）到美洲的哈得逊河沿岸住下来。

可是，时间一天天过去，慢慢地美洲开始有更多的殖民者出现了。

公元1620年，达普利茅斯来了一批朝圣者。从那时起，荷兰西印度公司就想在这里建一个贸易基地。4年后，他们决定在曼哈顿岛上新建一个城镇，并把这个镇命名为新阿姆斯特丹。从此，这个小镇便成了新荷兰的首都和重要港口。

但在荷兰人来这里之前，这个地方已经有人居住了，定居在这里的是一个叫德拉瓦族的美洲土著部落。所以荷兰人与德拉瓦族人交涉，希望能用礼物来换曼哈顿岛。德拉瓦族人同意了。后来，有人说起这个故事时，说到当年用来交换这个岛的礼物无非就是一些小刀、斧子、罐子、壶、玻璃珠子和几匹布料等，所有的这些加起来总共才值二十多美元而已。

实际上，这个岛的价值用这点东西换取是远远不够的。但德拉瓦族人从来没有想过卖他们的土地。他们觉得，这些土地和阳光一样，是每个人都能享用的。德拉瓦族人有一个生存规则，就是他们会选择一个地方搭建简单的住房住下来，然后开始从事生产活动，包括种植农作物、打猎、捕鱼等。当在这个地方生活了几年，这里便再也无法满足他们的生存需求，然后德拉瓦族人就会再选择一块地、再生活，一直这样延续下去。

荷兰人刚开始提出交换时，德拉瓦族人觉得这些人也和他们一样，在曼哈顿岛住上几年便会迁移到其他的地方。可他们想不到的是，在新阿姆斯特丹生活的荷兰人一点也没有离去的念头，当然他们从来也没想过要离开。他们不仅在岛上建了一座占地很大的城堡，还修了一条连接岛两端的道路。商船到这里后便停在岸边，然后荷兰人就把收获的东西装上去，并从船上拿下生活所需的物品。

新阿姆斯特丹镇以迅猛的速度崛起。印度、非洲的香料、糖、朗姆酒和盐通过商船运到了这里。土著居民用皮毛换这些商品；来自其他地方的殖民者也来到这里购物。很多地方的人都争先恐后地来到这个新兴起的小镇。这里很快就有很多房屋建起来了，另外还有很多旅行社（供客人休息的地方）、酒馆。这些小酒馆每天的客流量都很大，发展到最后，新阿姆斯特丹的大部分建筑都是酒馆，占了这个小镇1/4的建筑面积。

虽然这个小镇飞速发展着，但是城镇暗地里却慢慢地在衰败。当房子的外墙变得斑驳时，人们也不去理会。道路被大坑、小坑铺满。在大街上随处可见牲畜，到处都是脏兮兮的。晚上，酒馆里喝酒的人特别多，醉酒的人也很多；马车竞相在窄小的道路上比赛。这个小镇唯一的一座教堂也已经荒废了。位于镇中心的城堡也摇摇欲坠了……为了更好的管理这个小镇，荷兰西印度公司派了很多长官到这里管理，但都无济于事，这个城镇注定是要衰落的。

这种状态一直持续到了公元1647年，这一年，来了一位新的荷兰长官，名叫彼得·斯图佛逊。他是一个长得很魁梧的退役军人，5月的一个早晨，他踏上了新阿姆斯特丹镇。新官公元上任三把火，他一到这里就制定新的法律法规。他规定，凡是来酒馆喝酒的殖民者一定要自己交钱买店里的红酒和啤酒，所得的这些额外的钱就用于城镇的基本设施维护。牲畜一定不能随便放出来，以免它们在大街上乱窜。对酒馆的营业时间也做了限定，周末不得开门做生意。最为严厉的是彼得·司徒佛逊命令牧师们在礼拜日多布道！有一名殖民者受不了，向他抱怨，司徒佛逊怒道："我要砍掉你的头，把它们切成一块块送回荷兰，这样你就可以到那里去抱怨！"

尽管小镇的抱怨声不断，但是彼得·斯图佛逊一点也不放在心上，因为有更大的事等着他去处理，那就是岛上的英国殖民者越来越多了，而且这些殖民者企图霸占这里。于是，英荷两国在这里的殖民领袖找了一个时间聚在一起商讨如何解决现存的问题，最终商讨的结果是，把这个岛一分为二。

但不久后形势就发生了变化，英格兰的国王詹姆士与世长辞了，王位就落到了查理二世手中。新国王上任时，向全世界宣告：荷兰在新阿姆斯特丹的土地从此归他所有了，随后把其当作礼物赠予了约克公爵。这时，荷兰人日夜担心的事终于来了，国王一宣告后，约翰公爵就立刻派了战船去北美洲，层层包围曼哈顿岛。岛上没有一个人能出去，同时，也没有一个人能踏上这个岛。在没有士兵、武器的前提下，新阿姆斯特丹上的荷兰殖民者担心不已，因为随时都可能会面临缺少食物的危机。于是他们去找司徒佛逊，希望能够投降。

作为荷兰派驻美洲的总司令，司徒佛逊固然不希望投降，但是曼哈顿此时已经被重重包围，再这样下去，除了荷兰殖民者，就是本地的原住民都会面临温饱问题，在权衡了各方利弊之后，司徒佛逊只好投降了，就这样，这个岛属于英国了。

荷兰人投降后，英国举国欢喜，开始派军进驻新阿姆斯特丹，并把这里改名为“纽约”。名字是为了嘉奖约克公爵而起的。新来的英国长官带来了一个决定：此地的荷兰人可以继续在这里生活，土地和房屋仍是他们的，荷兰语也可以继续使用，但是有一点，那就是他们从此以后都不再是荷兰人。“任何人若不愿意成为英国公民，”他声明，“都可以和平地返回荷兰。”

英国人提出的要求虽然只有一条，但是却比千斤重，荷兰人辛辛苦苦发现了美洲这片新大陆、辛辛苦苦地经营起海港和城镇，要继续留在这里，就要成为“卖国贼”，变身为英国人，荷兰人做不到，身为荷兰曼哈顿殖民地军官的司徒佛逊第一个做不到，于是，荷兰人凭借着应有的骨气，暗然离开了这片新大陆。

在这里生活和奋斗了17年的荷兰人就这样被迫离开了这个地方，新世界的荷兰帝国已经没有了。北美洲从此也隶属于英国了。

荷兰人悄无声息地就失去了美洲这块殖民地。

以鲁夫的智慧成为“海上霸主”

在讲述荷兰殖民史及新大陆、新航道开辟的同时，很多人会忽略了荷兰和西班牙、葡萄牙不同的地方，荷兰不止是开辟航线和殖民地，更是开辟了新的商机。在穿越欧洲、非洲和亚洲，甚至到达北美洲这么长的线路时，荷兰人带上的不止是征服海洋和殖民地的雄心，更带上了欧洲商贸往来的运输物资，贯通多个海洋大洲，荷兰就像海洋中的鲁夫，在利益的诱惑下伸缩自如，坚守“财富至上”的原则，灵活应变，以商业头脑，成为海上运输的霸主。

17世纪，世界范围内的贸易都很发达，具有世界性的贸易圈正在慢慢地形成，哪一个国家垄断了海上贸易，哪一个国家就可能成为世界贸易的老大。这个机遇被荷兰人抓住了，荷兰这个小国，仅有150万人口，但却是世界的经济贸易中心，也是世界上最富裕的国家。世界每一个角落都有荷兰的爪牙，因此，马克思把其称为“海上第一强国”。尽管荷兰是一个新兴国家，但是它在海上的贸易线拉得很长、造船业的规模也是异常巨大。荷兰人最先是靠在北海捕捞鲱鱼富起来的，在控制了北海捕鱼业后，荷兰人做了长远考虑，把大量资金投入发展造船业。当时的荷兰，随处可见造船厂，如果全国工厂同时作业的话，那么很快就能造好几百艘船，荷兰成为了欧洲的造船中心

在这之前，欧洲的商船防御能力都是很强的。荷兰人是首个设计出这种只装货物的商船的。

当然，这样做是顶着很大风险的，每次出航都充满着危险的气息，但是，这样做也是有好处的，那就是造船的成本大大降低了，比英国所造的船价格要低一半，最后，运费也会相应地降低。要知道荷兰人的野心很大，尽管有这样的好处，他们还不满足，为了追求和得到更多的利益，他们对船进行了改造。

改造后的船很特别，船身又大又圆，这样做的好处是通过斯堪的纳维亚时，能够少交“过路费”，因为在斯堪的纳维亚，甲板越小，所交的船税就会越少。因此，荷兰人就把船的甲板设计得非常小，船身却很大，这样的船能够获得更多利润。可以这样说，荷兰人就是靠这种船得到“海上马车夫”这个称谓的。

但要想在竞争中不被挤下去，单单靠这种特殊的船是远远不够的，最重要的是那些“马车夫”。

驾驶船只的人，尽管食物短缺，但也从来没有想过要拿委托人运送的货物。这样的气魄，为荷兰商人树立了好的口碑，为人们所称赞，赢得了整个贸易市场。

除了这些优势外，还有一点对荷兰非常重要，那就是海上霸权的制度为其提供了基本保障。早在公元1609年，荷兰人就已经在阿姆斯特丹市设立了银行，不久后，银行业得到迅速发展，荷兰很快地就变成了欧洲的储蓄和兑换中心。此外，荷兰人非常聪明，成立了股票交易中心，开展了一系列的融资和投资活动，于是，后人就把阿姆斯特丹的股票市场誉为“17世纪的华尔街”。这为荷兰取得海上霸主地位提供了资金保障。

靠着蓬勃发展的造船业、完善的制度和发达的金融业，在17世纪，荷兰就已经取得了世界贸易的垄断权，真正造就了“荷兰世纪”。公元1670年，西欧主要国家，如：葡、西、英、法、德等所拥有的商船总吨位加起来都比

不过荷兰。荷兰的商船在世界各个地方巡行查看，几乎控制了各国的贸易往来，此时的荷兰，真的变成了世界贸易的“海上马车夫”。为了持续这种状态，荷兰不断在加强自己的海上军事能力，并且进行着大规模的殖民扩张。

但是，就在荷兰专注于海洋霸权开拓的同时，欧洲各国的资产阶级革命风起云涌，英国、法国的崛起更是势不可挡。

荷兰始终未能坐稳“海上马车夫”的宝座。17 世纪前期，被荷兰垄断的海上贸易，严重阻碍了英国的向外发展，因此，双方展开了激烈的战斗。荷兰就是因为与英国之间发生战争而慢慢地衰落下去的，英荷战争后，荷兰的光环彻底被摘除了。

16 世纪下半叶，英国打败了西班牙，夺取了西班牙在海上的地位，瓦解了葡、西两国的殖民体系，慢慢地蜕变为最厉害的殖民主义国家。英国的胃口很大，想要独占海权、原料和市场，如此一来，英国与荷兰之间就避免不了矛盾的出现，最终导致两国开战。公元 1651 年英国制定并通过了《航海条约》，规定所有进入英国的货物，只能用英国的船只运输，或者由本国造的船运送到英国，其他有航运能力的国家，不能参与其中。我们都知道，荷兰是欧洲造船业的中心、最大的贸易中介以及全世界的商品集散中心。一看英国的《航海条例》，就知道它是专门针对荷兰而设的，想要打击荷兰在世界贸易中的地位。荷兰肯定是不会承认这个条约的，而英国又是绝对不会废除条约的，在这种情况下，英荷海上大战一触即发，英荷战争一共有三次。

第一次英荷战争（1652—1654 年）。公元 1652 年 5 月，英、荷两国的舰队在多佛海峡起了冲突，7 月 8 日，荷兰正式与英国转入战争状态。英国派出海军，把多佛海峡和北海封锁起来，想要阻止荷兰商船通行，而荷兰就积极防御，把舰队聚集在一起以保护商船。次年 8 月，荷兰召集全部海军与英国决一死战，以荷兰失败而告终。此次战役让荷兰失去了制海权，导致荷兰的经济系统崩溃。公元 1654 年 4 月，英、荷两国签定了《威斯敏斯特和约》，荷兰被迫承认《航海条例》。

第二次英荷战争（1665—1667 年）。此次战争的导火线是位于北美的荷兰开辟的殖民地新阿姆斯特丹被英国侵占了。公元 1655 年 1 月 24 日，荷兰向英发出宣战书。次年 2 月，荷兰同法国和丹麦结成同盟。公元 1666 年 6 月 11 日，敦刻尔克海战爆发，战争持续了 3 天。荷兰舰队在廖特尔海军上将的率领下，把英军打败了，但是胜利果实没有得到保护。同年 8 月 4—5 日，两国在北福伦角再次开战，此次战争中，荷兰被击败了。公元 1667 年 6 月，荷兰召集海军把泰晤士河口重重包围起来，摧毁了一部分英国军舰，严重威胁了伦敦，英国迫于无奈，于同年 7 月 31 日与荷兰签订了《布雷达和约》，英国归还荷兰在战争时期被夺的苏里南（在南美），而英国则可以继续占领新阿姆斯特丹（今纽约）。

第三次英荷战争（1672—1674 年）。公元 1672 年 5 月，已经结为联盟的英法两国对荷兰宣战，从陆地和海上对荷兰两路夹击，荷兰挡不住来势汹汹的敌军，只好把海堤挖开，以淹没国土的代价来让法军放弃进攻。公元 1673 年 3 月荷兰海军一鼓作气，把英国舰队打退。6 月英法两国舰队在斯库内维尔海域两次与荷兰舰队开战，8 月法国撤军，英荷双方损失惨重，无力再次交战，于是在公元 1674 年 2 月签定了《威斯敏斯特和约》，标志着战争的结束。

英荷战争让荷兰元气大伤，不仅让英国夺去了很多殖民地，连最基本的航路也无法得到保障，国力日渐衰退。从此以后，曾经的“海上马车夫”失去了领头的地位，英国则替代了荷兰，成为新一代的世界最强国，而荷兰就此退出了世界强国之列。

第三章　难逃“被征服”的厄运

拿破仑踏铁而来，荷兰再变天

拿破仑的军事才华不容置疑，加上荷兰向来不善于行军打仗。荷兰人在欧洲军事战争升温的过程中一直保持中立，并且寻求英国等邻国的帮忙，但是法国大革命结束后，法国的军事力量不断抬头，势力不断扩张，荷兰亦未能因为财帛疏通而幸免于难，沦为法国的属国。

17 世纪中期荷英法三国的摩擦一直不断，这种摩擦持续到了公元 1648 年荷兰共和国才宣布和法国维持和平的状态，但是法国大革命结束之后，公元 1795 年，拿破仑率领军队征服了荷兰共和国，建立起了一个傀儡政府，并成立了新的共和国，这就是巴达维亚共和国，从此“荷兰”的历史翻开了新的一页。

拿破仑·波拿巴于公元 1769 年在科西嘉岛的一个叫作阿雅克肖城的地方出生，他的背后是意大利的一个贵族世家，法兰西共和国刚买下科西嘉岛时，法王就宣布他的父亲是法兰西王国的贵族。公元 1793 年 6 月，当时的政权掌握在以罗伯斯庇尔为头领的雅各宾派手里，他们代表了中小资产阶级，至此也标志着法国大革命达到了高潮。到了 7 月份，作为少校的拿破仑率兵攻下了保王党统治下的堡垒土伦，因为这个雅各宾派非常赏识他，破格把他升为准将，这在欧洲军事史上是首例。公元 1794 年热月政变的时候，拿破仑因为和罗伯斯佩尔兄弟接触过于频繁而被调查，后来因为不肯去一个隶属意大利军团的步兵部队服兵役而失去了准将军头衔。公元 1795 年巴黎督政官巴拉斯拜托他平定保王党的武装叛乱，最终成功了，这就是闻名世界的镇压保王党战役。经过一夜，拿破仑就成为了陆军中将，同时还是巴黎卫戍司令，于是在军界和政界开始有了他的身影。

之所以会爆发荷法战争，一方面是因为荷兰一直非常注重发展商业和建设海军舰队，本身他们的陆军装备就比法国弱，经过第四次英荷战争之后，受到重创的的共和国终于爆发了政治危机。由于威廉五世非常无能、不具备政治头脑，而且与民众的关系恶劣，再加上他很低级的傲慢，所以没有任何支持者支持他；还有一方面，也是由于拿破仑当时称霸欧洲各国的野心很大，脚步也非常快，除了荷兰，其他国家都无法抵抗得了法兰西的挑衅。

法国大革命开始之前的很长一段时间，当时的启蒙思想已经传入荷兰，之后，新崛起的工商业资产阶级发起了以“理性、民主、自由”为口号的“爱国者运动”，并且迅速占领了议会，想要争取人民的参政权、信仰自由权以及监督政府的权力等，但遭到威廉五世的拒绝。改革派便建立了“自由军团”，准备采取武力的方式推翻奥兰治家族。公元 1785 年，他们发起了武装暴动，并迅速占领了海牙市政厅，威廉五世于是带着家眷逃往普鲁士。但只过了两年，普王就保护他重新回到了海牙，并使海牙恢复到之前的平静，于是就轮到“爱国者”领导人被逼逃亡法国。

路易十四走到哪便征伐到哪里，导致了之后的经济衰退和社会矛盾的激化，革命最终在一百年之后爆发了。公元 1789 年爆发了法国大革命，三年之后处决了国王，成立了共和国。公元 1793 年 1 月，由英、普、奥、荷、西、撒丁和那不勒斯等成立了第一次反法联盟，目的是为了推翻共和国，重新建立波旁王朝。公元 1793 年五六月，雅各宾派成立，带领全国人民共同抵抗外来侵略。同年 9 月，法军在西线击败了英荷两国联军；10 月，法军战胜奥军；12 月，在南线击退了英军；第二年的 6 月，法军在位于比利时的弗勒吕斯再一次战胜反法联军，普、西、荷兰被迫不再加入反法联盟。

公元 1794 年 12 月，当时的布拉班河还结着冰，但法军还是越过去开始进攻荷兰共和国。让人啼笑皆非的是，很多“爱国者”，包括与奥兰治家族发生内讧而失势并逃亡法国的“爱国者”，这时候都抬头挺胸的回到了国内，想要到一点“祖国”的好处。他们建立了一支打着“武装保卫法国”“武装保卫革命”旗号的伪军，名为“巴达维亚军团”，和法军一同进攻他们自己的国家——当然，这种打着“革命”的幌子实际却在卖国的行为，在世界历史史上不是头一回，也不会是最后一次。

这时候的荷兰即将发生大变革，旧的制度在一系列的军事打击面前将不复存在。公元1795 年 1 月 16 日，乌德勒支要塞投降了，它是荷兰最强大的要塞，它的投降意味着给侵略者敞开了国门。第二天，海牙联省议会觉得根据眼前的情况，继续抵抗也是徒劳的，所以决定投降。18 日午夜，法军占领了联合省全境，威廉五世乘着充斥着鱼腥味的渔船逃亡英国。董事长以及董事会全都逃亡了，股东们则甘愿被重新组合重新开始。于是第二天就有一个名为“巴达维亚共和国”的傀儡政权宣布成立了，对之前的领导人非常讨厌的人民都在欢呼着新时代的开始，因为新任的领导承诺他们要“自由、平等和博爱”。

改革派企图将法国革命的胜利果实窃取到本国。中央收回了传统的自治权，建立起了具有法国特色的中央集权式的政治结构，于是在取得独立后的200年，天主教徒重新取得了参政权。拿破仑还给了他们一部宪法。当然，“自由、平等和博爱”并不是不需要付出代价的，获得自由的巴达维亚人必须为此付出价值100万盾的黄金，就连在他们领土上的法军平常的费用也必须由他们承担。

到了公元1806年，拿破仑又吸取了法国的经验，觉得荷兰已经不能再用共和制了，于是废除了“爱国者”们选举出来的执政官以及整个共和国，将其变成了伪“荷兰王国”。他还把他的弟弟路易·波拿马安排给荷兰人，做了他们的国王。

路易·波拿巴坐上荷兰国王的位置之后，经济上实行恢复生产，政治上化解法国和荷兰之间矛盾的比较“和谐”的路线，受到了很多荷兰人的支持。拿破仑派过去的顾问大部分被他撤掉了，他还命令其余的人舍弃法国国籍、与他一起说荷兰语。当年拿破仑要求荷兰加入大陆封锁体系，目的是针对英国的，但路易却不赞同，在他看来，荷兰是个以商业为主的民族，其贸易主要是向英国输入商品以及从英殖民地输入商品，如果隔离英国的话，荷兰经济一定会衰退，所以其任由荷兰的沿海城市与英国商人进行走私买卖。拿破仑知道后恼羞成怒。公元1809年年底，他让欧洲各附庸国的君主们为窒息英国而牺牲。这些推崇“自由、民主、博爱”的君主们都对他马首是瞻，只有路易一人提出反对，他说：“荷兰已经受够了被法国拿来玩弄。”拿破仑火冒三丈。

公元1810年，法军进驻荷兰，路易即刻发表了退位诏书。于此同时，拿破仑宣布“荷兰王国”从此成为法兰西帝国的一部分，并把它分为几个省份，委派地方长官进行治理。

国家已经沦陷了，“爱国者”们无奈只能又一次屈服了，但这次没人肯支持他们了。荷兰人之前一直幻想法国能帮助他们，现在也清醒过来了，开始以各种形式抵抗侵略者。而且不只有荷兰，几乎整个欧洲都再一次团结起来对抗法国。公元1813年拿破仑经历了莱比锡“民族会战”后便开始崩溃；11月，荷兰人发动起义，并建立了尼德兰临时政府。这个临时政府邀请正在英国的奥兰治亲王威廉·弗里德里克，也就是威廉五世的儿子回阿姆斯特丹。

这个时候的尼德兰人不想再回到主权分裂、难以下决策的联省共和制了。公元1814年12月2日，威廉·弗里德里克，当上了“尼德兰王国”的第一代君主，采取中央集权制，即由国王统治国家，大臣直接对国王负责。之后又宣布对法国宣战。重新组建起来的的荷兰陆军与欧洲主要国家合作，在著名的滑铁卢战役中，他们与威灵顿的英军守住阵地，最后终于亲手击败了拿破仑。就这样，打着“革命”的幌子、实际上却实行扩张主义和霸权主义的拿破仑法国，在瞬间灿烂之后便被可耻地被埋葬了。

“荷兰王国”的诞生

荷兰一直是个民主而开明的商业社会，从尼德兰王国到荷兰共和国，荷兰人一直秉承协商的宗旨，以机构模式运行国家机器。但是拿破仑来了，将一切都改变了，拿破仑发动对欧洲多国的侵略战争，荷兰未能幸免于难，纵然有老牌大哥西班牙的帮助，有英国的斡旋，荷兰最终还是成为了法国的附属国，荷兰已亡。而军事帝国——法国，给了荷兰一个崭新的名字和形象——“荷兰王国”。

荷兰早在海洋争霸时期就和英法两国摩擦不断，英国在结束内战之后，就又开始实行扩张，重点发展海军了，公元1651年立法禁止荷兰加入英国的海上贸易，于是两国为了这场贸易先后进行了三次战争。第一次是在公元1652—1654，荷兰战败只能承认英国是海上霸主；第二次是在公元1664—1667，因为荷兰海上实力依旧强大，再加上它与法、丹结盟，打败了英国，然后重新对海外殖民地进行了划分；第三次则发生在公元1672—1678，当时英法联合起来向荷兰宣战，兵分两路同时从陆地和海上进行夹攻，荷兰无力招架法军的进攻，逼于无奈只能掘开海堤淹没自己的国土，这才逼退了法军。公元1673年3月，荷兰海军打败了英国舰队。6月份，英法联合舰队和荷兰在次斯库内维尔海进行了两次战争，同年8月法国宣布退出战争，英国和荷兰也都没有力气继续战争，于公元1674年2月共同签定了《威斯敏斯特和约》，至此战争结束。这也能看出联盟的重要性，第二次英荷之战，法国和荷兰站在同一战线上，第三次，法国和英国组成了联盟。

虽然荷兰在几次战争中都取得了胜利，但经历了三次战争，荷兰消耗了几乎全部贸易和海军实力，如果连海洋都保不住，这个依赖贸易为生的国家，注定要没落。但是，荷兰最终完全衰落却是因为其在陆地上遭受到的打击。英荷发生第三次战争时，法国也加入了，于是出现了一个非提不可的著名人物——拿破仑。他几乎可以跟彼得大帝和康熙皇帝齐名。值得一提的是神圣罗马帝国和西班牙也加入了这场战争，而且是站在荷兰那一边。这是非常值得关注的。按照常理，荷兰从西班牙分离出来，是叛国的表现（纯属个人观点，不一定正确），西班牙应该联合神圣罗马帝国与荷兰作战，但事实却相反。这是中国人非常难以理解的行为，但在欧洲人看来，却是自然而然的事。就像前现在的大国仍然对其以前的殖民国家有着举足轻重的影响力。就像假如印度有战争发生，英国肯定会站在印度这边一样。而在当时，西班牙还是只瘦死的骆驼，就像苏联解体之前一样，对地区还有着很深的影响力。同样地，那个欧洲的正统，已经没落的神圣罗马帝国，仍然会帮助从自己领土上独立出去的荷兰。假设我们从作为一场争夺荷兰的战，来看的话，战争就好似新旧势力的比较，是新兴国家与老牌帝国之间的一种较量。

荷兰殖民体系于 18 世纪后逐步地瓦解。法国军队在公元 1795 年入侵，并最终取得胜利。取得了原本是西班牙领土的尼德兰南部地区。虽然这并不是直接打击荷兰，但也代表着尼德兰地区已经不再完整了。虽然他在拿破仑战争之后又是一个完整的国家，但充其量也就是法国的一个附属国了（即亡国）。公元 1806 年拿破仑的弟弟担任国王，封荷兰为尼德兰王国。

彼得大帝

公元 1810 年，荷兰王国和法国合并，四年后，也就是公元 1814 年荷兰脱离法国，公元 1815 年，其被当时还是拿破仑在统治的法国占领之后，荷兰与当今的比利时和卢森堡组成了荷兰王国。

王国刚刚开始建立的时候，荷兰借鉴法国大革命的时候，民主进程充斥整个欧洲的教训，开始准备制定民主宪法和议会制度。

公元 1814 年 3 月 29 日荷兰王国制定出了宪法，宪法规定荷兰实行世袭君主立宪制。国王和议会拥有立法权，行政权则由国王和内阁掌管。枢密院是最高的国务协商机构，必须对议会负责，女王即为主席，并任命其他成员，内阁总理和部长则通过议会选举产生，并对议会负责。

议会包括一院和二院。二院享有立法权；一院具有同意或拒绝通过法案的权力，但却没有权力提出或修改法案。一院的议员总共有 75 名，是省议会通过间接选举产生的；二院议员人数达到 150 名，是直接选举并按照比例代表制产生的。一院和二院的议员都是四年的任期，但却不是在相同的年份改选。

另外，在司法建设方面全国设若干多个市镇法院等基层法院，还有地区法院等中级法院、上诉法院以及 1 个最高法院。同时还设置了军事、行政法庭等多个特别法庭。基层法院和中级法院分别处理一般性和重大性的民事和刑事案件。上诉法院则主要处理上诉和抗诉案件。

经历过法国统治的四年，荷兰内部的政治体制出现了巨大变化，荷兰人意识到高层决策对于国家机器运作的重要性，因此，王国建立初期，荷兰高层为荷兰的新发展绞尽了脑汁。

国家版图一再收缩

在王国成立之初，荷兰要处理的问题很多，而让荷兰始料不及的是一直从尼德兰时期便与荷兰同宗同源的比利时，居然在王国百废待兴的时刻，呼喊独立。尼德兰时期的荷兰一直是诸多封建小王国割据的模式，在共和制时期，各地的割据小王国成为荷兰的重要省份，参与政治决策和经济发展谋定。但是在荷兰经历过被征服阶段终归踏上独立之路的时候，比利时作为荷兰的其中一个省份，宣布要求独立，这无疑让新兴的荷兰王国雪上加霜。

比利时北部，即如今的兰德斯地区，由尼德兰低地之国之时，就是荷兰共和国和荷兰王国不可分割的一部分，自从拿破仑被打垮，荷兰从法国独立出来，成立了荷兰王国之后，维也纳会议更加把战后的整个比利时并入荷兰王国。但是，因为比利时的人们对威廉一世的统治非常不满。也因为两个民族的构成不同，语言也不通，宗教也不同，所以在民族主义大行天下的十九世纪，比利时人并不能接受他们的名族，他们的国家不是独立的。

另外一个重要的原因是，在经济的构成上，比利时的工业和农业非常发达，而荷兰却是商业和捕鱼业比较发达，所以造成了荷兰的经济政策都是偏向于自由贸易，相反，比利时则是希望通过贸易保护政策来发展工业，这种差异使得双方的分岐日益严重。另外，比利时人还必须忍受联合荷兰王国政府给予他们的各种限制和不公平的对待。

于是，在法国七月革命的带动下，公元 1815 年在维也纳会议上通过的强行把荷兰和比利时合并的决议遭到反对，争取使比利时获得独立以及发动建立拥有自由主义的政府的革命，最后比利时也成功获得独立，给当时欧洲其他国的革命留下了深刻的印象。

法国七月革命取得成功使得比利时人民信心十足，在公元 1830 年 8 月，比利时的人民在布鲁塞尔发动革命，革命军和荷兰政府军的激战在布鲁塞尔街头进行，而当时正好有一部以 18 世纪 20 年代那不勒斯的革命作为背景的歌剧正在上演，所以大批民众受到鼓舞，都加入到独立运动中来了，威廉一世只能被迫召开议会。那时奥地利、俄罗斯和普鲁士等国的政府都希望维持在维也纳会议上所确立的欧洲格局，都不希望比利时独立；但由于那时候奥普两国被困于德意志革命运动中，而俄国却一直为平定波兰革命忙碌着，心有余而力不足。而不同的是，法国却清楚表示要支持革命，原因是比利时人表现出了明显的亲法倾向，而比法两国在文化、语言和信仰等方面都有相似的地方。

除此之外，荷兰与比利时合并就是为了反法，所以法国非常愿意目睹其分裂。加上路易·菲利普是崇尚自由主义的，所以他能够理解比利时人的行为。而英国同情比利时争取独立则是因为一旦比利时取得独立，就可以帮助他们打击商贸上的对手荷兰，而且他们也觉得如果比利时和荷兰起正面冲突，法国肯定会以帮助比利时为借口发动战争，所以，必须马上赞成比利时的独立，才能消除法国对比利时的威胁。

比利时的背后有了英国和法国的支持之后，便成立了一个临时政府，而且反对和荷兰共同治理，在10月4日承认比利时独立，而且是完全独立。这在11月18日得到了比利时国民会议的最终确定。比利时在公元1831年2月公布了一部在当时的欧洲来说相当自由的新宪法，。比利时临时政府本来是想让法国国王路易·菲利普的儿子担任新的国王的，但却遭到英国的反对而不了了之，因为比利时在英伦海峡上具有战略和政治上的优势，如果法比走得太近将威胁到英国的海防。所以在公元1831年萨克森－科堡－哥达公国的王子利奥波德成为了比利时的君主，而荷兰又以其与比利时在边界发生的冲突为借口进军比利时，希望能以此来重组荷兰联合王国，而且速战速决，不到十天就打赢了。法国马上派军支援，逼迫荷兰撤军。

公元1831年11月，列强终于在伦敦会议上签署了相关条约，算是基本上解决了比利时的问题。奥、俄、法兰西、联合王国和普鲁士王国等五国都在条约中确认了比利时的独立，并保证了其永久中立，条约中更明确表示这是对维也纳会议决议的修订，更是为了整个欧洲的和平，而其实这只是在欧洲开创了一个先例，让人们觉得如果要想推翻维也纳会议的决议是完全可以通过发动革命来实现的，这也为欧洲其他国家之后几年间发动革命运动，争取名族和自由主义提供了借鉴意义。但由于威廉一世的顽固又使得事情不能完满解决，就算列强给他施加多少压力，他就是不承认比利时的独立，一直到公元1839年他才做了小小的让步，不情愿地在伦敦条约上签了字，所以伦敦条约到公元1839年才正式生效。

比利时刚独立的时候，欧洲的经济普遍衰退，但却新发明了铁路。比利时抓住这点，把重点放在发展交通运输业上，也通过交通运输业带动了工业的起步。

在50年的发展中，比利时变成了资本主义强国。它的独立使其中断了与荷兰的联系，而比利时工人工资卑微、国内市场有限，所以必须开创新的市场，将半成品输出，因此重点发展交通势在必行。同时，比利时处于欧洲的十字路口，发展交通运输业将会给其带来丰厚的利润，这不只是一个补救的措施，同时也是一个充满雄心斗志的计划。为法国和德国对外贸易提供了方便，同时也尽量引进他们的转口贸易。

比利时是从交通现代化开始实现国家现代化的。刚独立时，比利时政府受到利奥波德的鼓舞，制订了一个交通计划，这个计划是以梅克林为中心的十字形交通路线：从南到北连接了安特卫普、梅克林、布鲁塞尔和蒙斯，并一直通往法国；从东到西则连接了列日、鲁文、梅克林、根特、布鲁日和奥斯莱德一直延伸到德国。这些铁路大部分是政府投资兴建的，不到一年就建成了连接布鲁塞尔和梅克林的铁路。公元 1835 年 5 月 5 日，定期客车开始通车，这是欧洲大陆史上的第一班。它总共三节，可以乘载 900 人，开始运行的第一年，客运量就已经超过了英国铁路的总客运量。公元 1835 年，布普塞尔和安特卫普间的铁路也开通了，到公元 1843 年，比利时全部铁路路线均建成通车，总路线长 350 英里。公元 1846 年，奥斯坦德和英国多佛尔之间也建成了一条邮船运输线，使得英国和比利时实现了海上贸易往来。比利时面积不大，加上它的首创精神，最终成为世界上第一个建有完整国有铁路体系的国家。

事与愿违的“中立国”

战争，素来是荷兰人不喜欢的东西，因为荷兰人明白，战争不仅浪费金钱、浪费物资，更重要的是阻碍他们的商业发展、妨碍他们赚钱，因此，在第一次世界大战打响的时候，荷兰人宁可掏出金钱，成为中立国，也不愿参战。但是事与愿违的是，在第二次世界大战爆发的时候，其空前盛大的战争规模，任凭荷兰人如何中立，都难以免却战火焚城的厄运。

世界大战发生于 1914 年 7 月 28—1918 年 11 月 11 日期间。那时候世界上大部分国家都加入或者被卷入了这场战争，而荷兰一直以来就不好战，所以它基本保持中立，成为中立国。

直到“二战”爆发，荷兰还想继续保持中立，阻挡了英国和法国联合进驻荷兰进行防守的行动，但是荷兰对他们来说是一个比较大的战场，所以德军最后还是进驻了荷兰。

早在 1939 年 10 月德国就已经对西欧虎视眈眈了，德国占领了丹麦，而且在挪威获得决定性胜利以后，便认为是时候可以进攻西欧了。于是，德军迅速制定战略，把 47 个师安排在了莱茵河地区。

1940 年 5 月 10 日，德军全力进攻荷兰、比利时、卢森堡和法国等地。荷兰是第一个被进攻的国家。德军进攻它的时候，又一次使用了空降部队，这是“二战”第一个具有战役规模的空降作战。

进攻荷兰的任务由德军为“A”集团军群第 18 集团军负责，它包括了 10

个步兵师、1个伞兵师和1个机降师，库赫勒将军担任指挥官。德军进军荷兰的目的是：企图通过空降兵的突然袭击来掩护其地面部队迅速顺利通过荷兰边界，然后冲过哥雷比－皮尔的防线，进攻鹿特丹和海牙两个地方。

中立国荷兰是欧洲在1939年9月进行战争动员的第一批国家的其中一个。波兰沦陷的隔天，荷兰政府就动员战争，然后便保持时刻准备战争的状态。它是依据英、法、荷、比四国抵御德军时的协议来制订防御计划的。按照计划，在英、法陆军来之前，荷兰军队只在边界线上以及纵深内的筑垒地域两个区域防守，拖延德军进攻，保护英法军队能顺利进军

但是，从马斯特里赫特到北海的边界长达400公里，按照荷兰的兵力根本无力防守。针对德军，他们一共设置了3道防线：第一道是设在边境地区的普通的筑垒阵地，兵力比较少；第二道是哥雷比－皮尔防线，这是10个步兵师的主要依托；最后一道是"荷兰要塞"，包括鹿特丹、阿姆斯特丹、乌德列支以及海牙等四个地方，这一区域有海湾、河流以及大面积的水域，是非常好的天然障碍，而且其东边还有格雷伯筑垒地域，南边也已有屏障——那就是从瓦尔河到鹿特丹的防御工事，"荷兰要塞"是荷兰的中枢神经。为了能在哥雷比－皮尔防线拖延德军，关键时刻可以打开莱茵河、马斯河和瓦尔河的防洪坝，借助大水形成障碍，也有助于主要港口城市的防守。

德军是知道荷兰可能采取这种方法防御的。他当时有一个办法可以消除荷兰的水障防御，以保护德军的装甲部队不受洪水的威胁，这个方法就是当地面部队在对主要防线进行攻破的时候，同时进攻刚才讲到的三条主要河流上的桥梁，让德军快速通过。这也就是空降作战部队所负责的主要任务。

那年的5月9日，斯图登特的空降作战计划运用在进攻荷兰上了。

依据其驻柏林武官获取到的德国谍报局的情报，荷兰已经提前知道了德军要发动进攻。荷军总司令温克尔曼中将非常清楚德国空降部队的计划，并不断提醒其底下的人要注意防范。但大部分的军官并不重视他的提醒，他们非常相信哥雷比－皮尔防线、相信洪水的威力，也相信法国承诺过的支援。结果，1940年5月10日的凌晨，德国空军袭击了包括荷兰、比利时和法国三个国家的40多个机场，迅速占领了这些国家的上空。对荷兰来说，最激烈的一场战争并不是来自地面军队的进攻，而是后来德军和荷军在"荷兰要塞"与其进行的空降以及反空降之战。

至于海牙，德国的战机群穿过荷兰国境线，经过平原，分别向瓦尔肯堡、奥肯堡、伊彭堡3个机场进行攻击。接着伞兵们降落在跑道上，迅速进行集合，接着与机场的警卫开战，将他们的军队赶出了机场。到七点半左右，机场已被德军伞兵完全控制住了。南边奥肯堡和海牙西边的伊彭堡两个机场也

在同一时间被降落在这里的伞兵突击分队占领了。就这样，德军伞兵占领了3个非常好的着陆场，迎接机降部队的到来。

炮兵旅支援荷兰近卫旅派出的第1营反击奥肯堡机场，剩下的德军伞兵1个连没有人帮助他们，被赶出了机场，被迫退到了西南方。海牙仓库守卫队则支援第二三营，进攻伊彭堡机场，一番激烈对抗后，夺回了这一机场。荷军经过在海牙四周的所有较好地反冲击之后，从德军手里把主动权给抢了过来。

下午4点，德军第三批载着补给物资的飞机到达海牙上空，但是这些飞机只可以在空中不停地盘旋，因为地面战争仍在激烈的持续中，没有一块安全的地方可以让飞机着陆。所以斯图登特通知他们都降落到德军已攻下的位于鹿特丹南面的瓦尔港机场。于是这些飞机陆续到瓦尔港机场机降落，从五点到六点持续了一个小时，接着在那里接受了在鹿特丹作战的新作战任务，接着德军停止进攻海牙地，改为进攻鹿特丹北部。

荷军在海牙方面取得了战争的胜利。德军在海牙落地的空降部队大部分被荷军的反攻歼灭，还有1 500名士兵被俘，运输机损失高达90%。

至于鹿特丹，5月10日凌晨3点，刺耳的空袭警报就响起来了。驻扎在瓦尔港机场附近的荷军步兵都进入机场的战壕和地道里躲避，旁边放着机枪和迫击炮，就在这紧张的时刻居然有两个预备连的士兵还昏睡在机库的临时宿舍里做着美梦，他们不知道死神正慢慢向他们靠近。数不尽的炸弹从天上降落，刚好打到战壕里和高炮阵地上迅速爆炸。正好有一颗重磅炸弹打中了大机库。机库立刻燃烧起来了，一瞬间就倾倒了，很多士兵被埋在里面。就这样，瓦尔港机场的防卫精英们被轻而易举地歼灭了。这次精准的轰炸拉开了德军向鹿特丹发动空降突击的大幕。

当周围一切都安静下来的时候，接着传来的是飞机发动机发出的轰鸣声。那是德军第1特殊任务轰炸航空兵团的第3大队运输机，坐在上面的是伞兵第1团第3营以及第2营其中的1个连，他们在五点到达鹿特丹的南部。整个瓦尔港机场都布满了炸弹坑，机库房也冒出滚滚浓烟，这让他们非常容易锁定目标。伞兵们开始降落，从底下望上去那一个个小白点就是他们。飘了大概15～20秒钟，就开始接近地面。这时，荷军才发现了他们。才开始对他们进行射击。激战了大概一个小时，德国伞兵终于把瓦尔港机场控制下来了。

然而，夺取一个机场仅仅是个开端。德国此次空降作战是为了占领市中心马斯河上的几座非常关键的桥梁。他们非常快就拿下了这几座桥梁。降落在瓦尔港机场的第16机降步兵团第3营去马斯河一定要经过鹿特丹南部市区然后再走几公里。为了阻止荷军在他们之前炸掉那几座桥梁，德军必须做一些事情。

不久，第 3 营经过激战之后也到了马斯河畔，他们夺取了河上的几座小型桥梁以及位于马斯河中的诺德岛，还加强了保住维列姆大桥的防守力量。

荷军被驱逐出大桥后，分别从岸边阵地和四周围的高建筑物上射击维列姆大桥，还用炮艇炮击桥头，用火力封锁住大桥。这样他们将无法从桥上通过。激战了五天四夜之后德军才完全打通维列姆大桥。但 60 名伞兵在北岸利用桥头堡，誓死抵抗荷军的猛烈反击，导致荷军一直没办法利用这座大桥。

整条通往“荷兰要塞”的道路，德军分别夺取了维列姆大桥、多尔德雷赫特大桥以及默尔迪吉克大桥，这为最终占领荷兰创造了有利条件。荷兰士兵誓死还击，双方的激战持续了三天，等到 5 月 13 日德军的第 9 装甲师到达，他们才完全拿下多尔德雷赫特大桥。荷兰军队彻底崩溃，所有通往荷兰枢纽地区的机场、桥梁等都被德军占领，加上英法支援不及时，荷兰受到了沉重的打击。

5 月 13 日下午四点，德军开始催促还死守着鹿特丹的荷军赶紧投降，谈判了一天还是没有结果。第二天下午三点，德军航空兵对鹿特丹市实施轰炸，出动了 60 架轰炸机，总共投弹 1 300 多枚，重达 97 吨，市中心被严重破坏，烧毁了大多数建筑物，居民死亡人数超过了 900 人。到了五点，荷军城防司令斯哈罗上校自己到维列姆大桥投降，而且在 1 小时后被迫签下了投降书。

在马斯河岸边阵地上的建筑物中，地下室和战壕里坚持了 5 天 4 夜的幸存者们纷纷出来了。许许多多的伞兵葬身在桥头堡里，幸存的都是一身泥土，衣服没有一件是完好的。然后装甲部队从公路桥往北去接应德军第 22 机降师剩下的部队。德军下令让荷兰士兵携带武器进行集合，刚好碰上一支德国党卫军部队正往市区方向前进，他们以为突遇“武装”的荷军，于是马上开枪。斯图登特听到外面有枪声，立刻跑到司令部的窗口看是怎么回事，刚想制止就被一颗流弹击中了他的头部。好在有一名荷兰的外科医生及时为他治疗，才保住了他的性命。

5 月 14 日晚上的八点半，荷军总司令温克尔曼将军在广播里下令全军投降。荷兰皇室和政府逃亡至伦敦。

就这样，德国从 1940 年 5 月开始占领荷兰，一直到 1945 年荷兰才被解放。

第四章　帝国的难解之谜

荷兰，为何不是第一个资产阶级国家

世界上第一次资产阶级革命发生在荷兰，但是荷兰并没有成为世界上第一个资产阶级国家。中世纪前期，法兰克王国以尼德兰为中心而兴起。到了11世纪之后的3个世纪，这个地区被分为了几部分，包括一些公爵国、主教辖区和伯爵的领地等，这些被分成的小国属于法国和德国管辖。随着勃垦第公国的发展和强大，15世纪以后，占领了这个地区。不久后，因为多方面的因素，包括王位继承、王室联姻等，哈布斯堡家族就顺利控制了尼德兰。16世纪初，西班牙侵占了尼德兰。

15世纪时的尼德兰发展速度非常快，在欧洲，没有几个国家的国力能与它相比。新航海的发展，使得尼德兰的工商业飞速发展。在北方各省城乡中，资本主义萌芽出现并逐渐发展壮大，与当地的封建经济矛盾日益加深；而南方则相反，落后贫瘠的南方，封建经济仍占主导地位。此时，由于发展的方式不同，尼德兰地区很快地就不平静了，阶级矛盾也慢慢地显露出来，富人、社会上层开始分化，形成了新贵族，而社会的矛盾也变成了以资产阶级为主的新贵族和固守封建落后的旧贵族的矛盾。

同时，西班牙对尼德兰地区的控制欲望也越来越强烈，引起了尼德兰各个阶层的不满。公元1556年，西班牙换了国王，新国王腓力二世（1556—1598年）对尼德兰的专制统治更甚。他派了很多的西班牙士兵进驻尼德兰，高度控制这个地区，采用残酷、暴力的行为去加强其统治地位。成立宗教裁判所，对新教徒展开大规模的屠杀，让很多卡尔文教徒和再洗礼派教徒死于非命。另外，腓力二世对尼德兰贵族的地位也是处处压制的，不允许尼德兰商人在西班牙的港口进行贸易通商，也不允许他们和西班牙殖民者直接交易，命令尼德兰断了与英国的贸易联系。这种种行为让尼德兰的所有民众都产生了愤怒的情绪，在公元1560年年初，不拉奔、佛兰德尔、安特卫普、荷兰等省与西班牙殖民者发生冲突，这些省的新教徒多次自发组织了反抗运动。

尼德兰地区民众的反抗情绪越来越浓，公元1565年，“贵族联盟”成立，这是由资产阶级利益有密切关系的贵族们组建而成的，组织的核心人物有威廉·奥兰治亲王、艾蒙特伯爵、霍恩伯爵。这些人在成立组织前都曾向他们的领导者玛格丽特总督递交了请愿书，请愿书的主要内容有：把“血腥敕令”废除、撤掉人心背向的主教、不允许西班牙驻军等。他们说，假如这些要求都不同意的话，那么他们将采取行动，这些行动包括捣毁教堂，破坏圣像，暗杀神甫。但是女总督看了请愿书后立刻拒绝，并且遭到了一些官员的讽刺，给以“乞丐”称号。

西班牙统治者的这些伤感情的行为，点燃了尼德兰人民心中的爱国情怀。所有的尼德兰革命者和为独立而献身的斗士都站了起来，把自己称为“乞丐”。他们动作迅速，一边跟卡尔文教派一起制订反击计划，一边向外求助（向德国路德派诸侯和法国胡格诺派贵族发出求助书）。此时，在人民的策划下，革命即将到来。

形势不断改变，威廉·奥兰治亲王毅然举起反抗的旗帜，他不但宣布脱离西班牙王室所给予的贵族身份，还用自己所有的财力组成一支军队，投身于尼德兰反抗西班牙的运动中。尽管多次被殖民者打败，但是他仍不放弃，他的这种精神和坚定的信念，让尼德兰民族佩服，人民都把他当成了国家反抗运动的首领。至此，尼德兰民族组成了“海上乞丐”和“森林乞丐”游击队，在威廉·奥兰治亲王的率领下，向全世界展示了“坚持就是胜利”这个真理，在10多年的抗争里，他们逐渐形成了强有力的军队，各方面的能力也大大提高了，甚至优于西班牙。公元1581年7月26日，尼德兰起义军在海牙召开了会议，会上决定要脱离西班牙殖民统治，废黜腓力二世，正式建立一个独立的国家，简称荷兰共和国。此时，人民都推举威廉·奥兰治亲王担任国家的管理者，执政荷兰。

公元1584年，尼德兰决定让威廉·奥兰治亲王在7月12日加冕，正式成为尼德兰国王，但是在7月10日时，他不幸被杀死了。威廉·奥兰治亲王死后，他的儿子莫利斯·奥兰治被选为“民族委员会”主席和联省军总指挥，但是得不到西班牙的承认。因为尼德兰人民的积极争取和坚持独立的信念，所以成立的联省共和国得到了英国和法国的支持。公元1588年，英军把西班牙的“无敌舰队”打败了；次年，西班牙插手法国的胡格诺战争，但是又被法国击败。尼德兰革命蓬勃发展，西班牙无可奈何，于是在公元1609年4月9日与荷兰签订休战协议，期限为12年，这个协议的签订，实际上也是承认了共和国的存在，同时，也向全世界宣告，人类历史上的首次资产阶级革命取得了胜利。公元1648年，签订了《威斯特发里亚和约》，这个合约让荷兰共和国在国际上的地位得到了正式确立。

尼德兰资产阶级革命是人类历史上的首次资产阶级革命，但是其还是存在着一些不可避免的缺点。而这些缺点，就足以让尼德兰在资产阶级革命中显现出晚熟的特质。

因为，这次革命是资产阶级和新贵族共同领导的，但那时尼德兰的资产阶级主要是指在商业上有地位的商人，他们与国外的市场和本国的封建制度的联系仍是很密切的，在政治上缺乏理性。在反抗封建专制主义时，他们是不可能与人民群众联合起来的，他们只能与封建贵族联合起来，这是不能彻底的进行革命的前提，这样做反而令社会退回了封建主义阶段。

这次革命不能在全国范围内都取得胜利（仅有北方成功），而且在革命后，国家的政权只是被大资产阶级和贵族掌握，因此说它仍属于专制统治。它没有解决封建土地所有制的问题，仍存在着封建残余。尽管独立后的荷兰在 17 世纪中叶靠着“东印度公司、阿姆斯特丹银行和力量强的商船队”得到迅速发展，并成为世界性的“海上马车夫”、欧洲金融的中心以及取得了东方的贸易垄断权。但是他们这种以商业为主要发展点的发展模式持续的时间并不长，没到 18 世纪就已经走上下坡路了。因此，尼德兰的资产阶级革命是不能同英国的工业革命比较的，他们远远落后于英国的资产阶级革命。

作为世界历史上首次成功的资产阶级革命，尼德兰资产阶级革命有其不可克服的局限性。一方面，它没有彻底摧毁封建土地所有制；另一方面，政权落入了大商业资产阶级和贵族手中，局限了工业资本的发展。因此，荷兰经济的发展主要靠商业资本和贸易的推动，虽可蓬勃发展，但缺乏后劲，好景不长。

尽管如此，尼德兰资产阶级革命仍然具有重要的历史意义。马克思对此给予了应有的评价，称它是 17 世纪英国资产阶级革命的“原型”。不管怎么说尼德兰资产阶级革命毕竟是世界上首次成功的资产阶级革命，为世界各国资产阶级革命的发生提供了宝贵的经验。这些是我们所不能抹杀的。

荷兰，为什么是“名为国家的公司”

崛起中的荷兰，创造了多个影响人类文明史的首当其冲，雄霸人类经济、金融第一的宝座，在联合股份制的历史上开了先锋，并发行了第一支股票，建起了世界上第一个股票交易所，还成立了世界上第一个银行，贸易垄断给荷兰的经济带来了前所未有的生机，使其财富积累到了惊人的高度。

西班牙和葡萄牙被历史的洪流吞没后，荷兰坚持商业就是政治的理念，大力发展贸易，走上了历史舞台。让历史学家惊异的是，荷兰之所以崛起竟是由于小小的鲱鱼，说的具体一点，荷兰之所以成为世界上的大哥大，最根本的原因是因为他们拥有一把小刀，欧洲温热的地中海天气影响了鱼类的储存和运输，所以局限了销量和市场，但是聪明的荷兰人有自己的好办法，他们用小刀剖开鱼肚，将鱼的内脏和头割下来，之后做成腌鲱鱼，解决了鱼类难以长期保存的问题，在贸易出口领域为荷兰人淘来了第一桶金。

为了让鲱鱼带给他们更多的利润。荷兰人不但想出了保存鲱鱼的方法，还从运输鲱鱼的船体下手，改造了船只的容量，大胆去掉了每艘货船上的武装系统，既降低了船的造价，给运输腾出了很大的空间，又节省了出入口的关税。因为在那个历史时期，出入口关税按照船体的宽度收缴，而荷兰人的船体很窄。这一系列创新给荷兰人带来了大量的财富。

虽然硬件达到了标准，但显而易见，这些用来做生意远远不够用，荷兰人之所以能成为名副其实的“海上马车夫”，和他们建立的商业贸易信用有很大的关系。曾有人这样评价过荷兰成为世界贸易公司的情况：“荷兰人的原材料来自不同的国家，挪威的森林为荷兰提供木材，莱茵河两岸是他们的葡萄园，他们把牛羊养在爱尔兰的牧场里，普鲁士和波兰的粮食被他们源源不断的运往世界各地，印度和阿拉伯为荷兰人提供了水果。”

虽然在刚开始的时候，喜欢冒险的航海家们通过殖民活动就可以给资本家们提供大片的土地和相当数量的奴隶，但是按照人类文明发展的轨迹，全球的经济显然需要更先进的模式，资本家们也喜欢更多的超额利润。拥有先进商业理念的荷兰首当其冲的符合这个条件，荷兰商人为了打通东西方之间的贸易，自筹资金，在公元1602年的时候，成立了世界上第一家股份制公司——荷兰联合东印度公司。

这是世界上第一家联合制公司，也开启了现代经济的先河。为了筹够能够跨海越洋的资金，荷兰联合东印度公司采取了发行股票融资的手段，并取得了辉煌的成就——融资总额达650万荷兰盾。荷兰阿姆斯特丹博物馆馆长德韦克·瓦赫纳尔给予这件事很高的评价：“当时的650万荷兰盾相当于现在的300万欧元，在经济尚不发达、通货亦不膨胀的

阿姆斯特丹国立博物馆

当时，说这些钱是几十亿也是毫不夸张的。”但当时出售的股票和现在不同，愿意融资的人只要在小本子上记下自己出资数额，盈利之后公司会给这些出资者分7分红。世界上第一家联合股份公司就是用这样的方式募得远航的第一笔资金的。

自此，东印度公司打着荷兰的国家旗号，开始在全球范围内进行殖民地争夺及商贸往来，和葡萄牙、西班牙、英国、法国等国家不同，荷兰的殖民掠夺不是血淋淋的，它主要是通过财富和商品的交换来实现的，因此，荷兰开始有“名为国家的公司”的端倪。

就这样，东印度公司巧妙的集合了社会的财富，让其成为自己出洋远航的第一笔启动资金。这一举动几乎融合了荷兰全社会的力量，据记载，就连阿姆斯特丹市长的女仆也成了东印度公司的董事。为了集结资金，荷兰甚至卖出了很多国家专属的特权——比如协商签订条约、发动战争的特权，计价2.5万荷兰盾，成为东印度公司最大的股东，无形之中提高了人们对东印度公司的信任。

资金、人员、信用都到位之后，东印度公司的船队踏上了远航的道路，这一伟大的创举并未被当权者西班牙和葡萄牙放在心上，他们的领导人还边喝茶边嘲笑着荷兰人的不自量力。但在五年后，这支船队带给荷兰人的收益震惊了世界，荷兰每年都向世界输送507支商队，比葡萄牙和西班牙船队的总和都要多。

荷兰崛起的前奏就是东印度公司的成立，这是世界上第一个联合股份制公司，它承担了荷兰的对外输出、发展殖民地、进行航海活动的重任，从此东印度公司就成了荷兰的代称。究其原因，只要有两个：其一，是荷兰人有一颗聪明的头脑，它对外进行的所有殖民活动，包括殖民掠夺、殖民地扩张等，都用的是东西印度公司的名号，它将国家要承担的历史变革，利用一个简单的商业模式完成；其二，是荷兰本身就是一个重商的全国家，全民重商，崇尚财富与资本，他们扫荡世界的并非强大的武力，而是赤裸裸的资本。因此，说荷兰是一个国家的公司也名副其实。

其次，荷兰的“重商主义”也为荷兰这个名为国家的公司奠定了生存和运作的基本原则。荷兰的商业运作和简单的敛财不是一个概念，这是一种经济理论。在经济发展的早期阶段，有人认为重商主义就是崇尚金银，并将此作为衡量财富的唯一标准，所以那些搜刮财富的人有了自己的理论支撑。实际上，重商主义这种经济理论并非针对个人，而是一个国家的贫富程度。

在殖民掠夺刚刚萌芽的早期阶段，为了获得财富——就是贵金属，无数船队出洋远航寻找财富，西班牙和葡萄牙为了掠夺其他大陆的财富，将自己的军队开上美洲土地，烧杀抢掠，几乎屠杀了美洲百分之九十的土著居民，造成劳动力的严重不足。之后为了填补人口空缺，又从非洲大陆买进奴隶，形成了新的奴隶贸易。这就是早期重商主义发展的阶段，西班牙和葡萄牙就是这一时期的代表。

也就是说，早期的重商主义表面的东西是血腥和暴力，是直接的抢劫和掠夺。到了17世纪以后，重商主义发展到了新的阶段，就是对国家财富的追求，所以原本的西、葡等国慢慢退下了历史舞台，被新崛起的荷兰帝国所取代。当时荷兰有一个响亮的外号“海上马车夫”，说明荷兰人的重商主义，利用贸易和利润致富，让国家发展为一个商业帝国。

荷兰对重商主义的贡献巨大，说起成熟时期的重商主义，人们也很难绕过荷兰。荷兰人建立了初步的信贷体系，并发展了金融业，还成立了世界上第一家银行——在荷兰以前，没有人知道银行是什么。他们推出了国家，提高了信用，所以能够将民间散置的资本统一配置，变成巨大的商业资本。荷兰的崛起证明，假如一个国家想要成为了世界强国，那么他必须成为世界金融中心，这经验影响了很多大国，在它们成为世界强国之前，首先成为世界经济中心，比如英国、美国，等等。

因此，荷兰之所以取代西、葡帝国，不无道理。西班牙和葡萄牙在早期资本积累的时候，骨子里残留了太多的封建因素，这些影响了他们对资本主义的追求，等到了重商主义已经趋于成熟的荷兰时代，已经看不见和封建有关的影子了。荷兰之所以被称为是一个公司，这和它的历史有莫大的关联，直到18世纪，荷兰才成立第一个独立的国家，在世界上占领了一席之地，在此之前，它一直是分裂的，最早的实体政治出现的时间是16世纪。为了取得独立，荷兰通过解放战争将西班牙赶出了荷兰的土地。商人是荷兰人中最基本的构成，商业就是荷兰的命脉。早在16世纪，荷兰商人已经拥有一千艘商船，是欧洲最强盛的海上贸易国家，比威尼斯最强盛的时期多了三倍都不止。到了18世纪，荷兰人的商船突破了一万艘。据有关作品记载，当时荷兰的沿海地区随处可见港口，每一个港口都密密麻麻停满了商船，船帆像云一样遮天蔽日。

承接大航海阶段的商业资本资料，加上荷兰18世纪之后的商业发展，荷兰向全世界展现出重商主义，带领国家经济实力腾飞的力量，当之无愧地成为一个“名为国家的公司”。

荷兰帝国，缘何昙花一现

从地理位置上看荷兰西、北两面接壤北海，东临德国、南接比利时，国土面积为 41 256 平方公里，有漫长的海岸线和发达的港口，最著名的有阿姆斯特丹和鹿特丹，给荷兰人发展海洋贸易提供了得天独厚的条件。

荷兰国旗

15 世纪，西方世界的冒险家打开了通往东方的航线，转移了欧洲地区的贸易中心，使之从地中海沿岸转移到了环太平洋沿岸，对于荷兰的对外贸易来说简直是天赐良机，也促进了他们本国制造业的发展，特别是造船业，有更多的商队外出贸易。17 世纪时，荷兰的船只总量超过了 10 000 艘，其吨位总数是当时欧洲总和的 75%。并且，荷兰人天生对财富有一股执着，对其他反而不太在乎。所以荷兰人对西班牙的占领、西班牙重新划分区域甚至派来自己的总督，他们都无动于衷。但是当西班牙人将目光投向他们的钱包时，荷兰人不愿意了，他们发动了解放战争，势要将这些看着他们钱包闪着绿光的眼睛从荷兰的土地上赶出去。

公元 1581 年 7 月 26 日，荷兰取得了独立战争的胜利，起义代表们在海牙宣布：废除西班牙在荷兰的各项统治政策。但是新的问题又来了：西班牙走了，谁来管理这一片土地？谁来守护他们的平安？

那些领导解放战争胜利的商人并不认为他们需要统治权，他们只要有人守护这片土地，然后自己去赚取更多的财富就可以了，并且他们希望这个保护者有强硬的手段，这样他们以后可以不再担心财富被掠夺的风险了。

左挑右选，代表们选中了统治英国的伊丽莎白一世，女王开心的同意了他们请求，并派遣军队保护他们的安全。但是商人们很快感觉到了不对劲，女王收取的保护费比西班牙统治者收取的多多了！

为了改变这个现状，让自己的财富装在自己的口袋里，公元 1588 年，奥兰治亲王联合荷兰七省的代表，成立了第一个由商人代表权力中心的国家——荷兰联省共和国，这是一个前无古人的国家，很多历史学家对此做出了这样的评价：它是世界上第一个“赋予商人阶层充分的政治权利的国家”。

自此之后，荷兰人致力于做生意几百年，为了获得财富，不断的进行创新。从最基础的捕鱼业，到最高端的电子制造业，荷兰人的创新精神贯穿始终。从为了出口鲱鱼那简单的一刀就可以看得出来。为了让土地资源和人口数量都不尽人意的荷兰在欧洲强国下脱颖而出，那种除掉了武器、造大了肚子的船也成了他们在航海贸易中致胜的法宝，最终帮助他们取得了海上贸易的掌控权。成为历史上盛名一时的“海上马车夫”。

不但在致富上力求创新，在经济体制和政治体制上也不例外，在经济上，他们首创了世界上最健全的金融体系；在政治上推出了“联省共和”和“市民自治”等，这些政策并非空穴来风，也不是生搬硬套，荷兰人是在基于本国国情的情况下，创造出来一条对本国经济、商业有直接利润的道路。

除了这些政策之外，荷兰也拥有适合贸易发展的地理位置，广阔的海岸线和优越的港口为荷兰在海上贸易中的快速崛起铺陈了康庄大道。还有荷兰人天生对财富的钟爱，也让他们有破釜沉舟、出洋远航的勇气。从以上几方面来看，荷兰能够取代当时的帝国葡萄牙和西班牙，快速崛起并非偶然，

虽然荷兰人财力雄厚，但国家实力的薄弱却成了他们持续发展的软肋。

荷兰在17世纪时迎来了发展的鼎盛时期，海外贸易、金融中心和巨大的商业船队，将世界各地的财富源源不断地送向荷兰。但是好景不长，随着法国和英国海上贸易的崛起，荷兰的发展遭受了一系列打击，英法两国曾出台过限制荷兰发展的一些歧视性法令，并限制荷兰船只出入英吉利海峡，这些政策给荷兰的海上贸易带来了很大的打击，最终演化为了两国之间的战火。

公元1652年—1674年，英荷两国因为商业利益纠纷先后爆发了三次战争，公元1667—1713年又因为领土纠纷和和法国爆发战争，这几次战争严重削弱了荷兰人刚刚崛起的经济实力，更糟糕的是，荷兰人所占据的地理优势完全消失了。

荷兰的商船想要经过大西洋进行海上贸易，最便捷的通道莫过于英吉利海峡，但是和荷兰爆发战争的老对头英法两国控制着英吉利海峡，所以荷兰商船在路过此处的时候，经常被英法两国的强盗打劫，损失惨重。

因为荷兰建立时间不长，国内沦为殖民地多年才得以解决，人口较少，据资料记载，当时荷兰尼德兰的人口只有300万，但西班牙有800万，英国人口500万，法国人口甚至超过了1 500万。只有2万平方公里的荷兰陷入了欧洲强国的包围圈中，连可以保卫国家的屏障都没有，却还得惦记着万里之遥的殖民地。

荷兰国土面积狭小，人口资源不足，因此不具备工业发展的强劲条件，所以在与英法两国的博弈中败下阵来，它的经济命脉来自海外广阔的殖民贸易，但这也成为他们致命的软肋。18世纪后，从内乱中缓过神来的西欧各国把目光转向了已经占据垄断地位的荷兰，很快利用自己强盛的国力，给羽翼

渐丰的荷兰致命一击。

最重要的是，刚刚开始走上正轨的荷兰根本经不起频繁战争的折腾，在英荷之间第一次海战中，大大小小的战争多达九次，但是因为荷兰军队由各省临时组建，临战换帅，所以战斗力下降，不仅如此，荷兰不仅要进行战争，还要为商队护航。所以，这次战争，荷兰败绩多多，直到后来，英国海军封锁了荷兰的港口，导致荷兰的工业、贸易、经济陷入停滞状态，荷兰在英国的强迫下接受了《航海条例》的规定。

荷兰人努力捍卫的财富道路被英国人切断，荷兰决心捍卫自己的财富，他们战败回国后，重整军备、训练军队，发誓夺回自己开创的财富。荷兰海军名将德·奈特上将担负起改革海军的重任。之后，借英国内乱未平，趁势发动了第二次英荷战争，荷兰海军改革的成果很快展现出来了，此次战争，荷兰海军所向披靡，完全见不到上次作战时的分散状态。反观英国海军，却因作战手段陈旧、兵力分散被荷兰大败。第二次英荷战争又称“四日战争”(1666 年 6 月 1 日—4 日)，荷兰击沉并俘虏了很多英国船舰，在英国发展中，遭受这样的重大打击还是第一次。荷兰在本次战争中洗刷了过去的耻辱，强迫英国签署了《布里达和约》，捍卫了国家的尊严和商业利益。

荷兰的财富积累不仅让英国眼红，也让法国虎视眈眈地盯上了，于是，历史上的第三次英荷战争拉开了序幕。此时迎战荷兰的法国国王是历史上最雄才大略的太阳王路易十四，他联合英国，共同夹击荷兰。虽然经过德·奈特上将的训练，荷兰海军与英法联军战了个旗鼓相当，怎奈英国两国海陆夹击。荷兰的陆军远远不是英法两军的对手，国土相继沦陷。为了抵抗英法联军，荷兰政府不得不在最后毁掉海堤，以涛涛海水阻碍敌军的前进，双方在此战中都损耗了元气。特别是荷兰，从此走上了下坡路，再也无力与英国争霸，海上获得的优势也相继失去，英国从此在海上崛起，成为名副其实的“日不落帝国”。

自此，欧洲强国的地盘上再无荷兰的立足之地。

可以说，荷兰的兴起是由于其独特的地理位置及优越的航运条件所引发的，在新航线及地理大发现等海上争夺时期，荷兰确实具有天赋异禀的发展条件。但是荷兰毕竟是一个小国，而且长期以来，重商不重军事，致使荷兰缺乏长远发展的潜力，在与英法强国争霸的过程中，占了下风，而且后劲不足，无论从国家军事实力，还是从人口资源等方面来讲，都显得略逊一筹，因此，荷兰在 17 世纪之后，败于英法手上，逐渐退出强国之列，继续以牟利创富的思维，在欧洲的土地上安身立命，荷兰的辉煌开始一去不复返了。

荷兰文明，借殖民地之力而崛起

16 世纪时，历史记住了一个名叫尼德兰革命的事件，发生在小小荷兰的这一次小小的资产阶级革命，是世界上第一次成功的资产阶级革命。在欧洲各国的封建势力还在负隅顽抗的时候，荷兰共和国的成立为北欧资本主义带来了希望和生机，也唤醒了欧洲各国的资本主义。不仅如此，还将荷兰变成了欧洲甚至世界上最强盛、最富裕的国家之一，资本主义的思想不仅带来了财富，还带来了艺术方面的生机，美术挣脱了封建和宗教的束缚，开始关注人们的生活，资产阶级为了纪念自己取得的成就，顺便附庸风雅，大量订购油画装饰房屋，促进了荷兰绘画的发展，形成了著名的“荷兰小画派”。

当社会制度开始关注人，尊重个人的价值和权利时，得到最大解放的莫过于怀才不遇的画家们了，他们可以大大方方的放弃对虚无的宗教神话的想象，将目光转向现实世界的人们，也可以背起画架，描绘多姿多彩的自然风光。所以欣赏这一时期的画作时，你不仅可以看到出入于上流社会的绅士、名流，还有社会最底层的人和最美丽的自然风光。乞丐、流浪汉、医生、官员、贵妇、客厅、厨房、茅屋、大海、山川，这些事物的足迹出现在画布上，丰富的程度令人眼花缭乱。不仅如此，连作画手法也随着社会的变化而变化着，静物画、动物画、山水画、肖像画都成了画家的作品，这些作品无一例外的反映着当代人的生活。亲民、浓郁的画风深受各阶层的喜爱。因此当时很多专攻一类的画家都受到了坊间的热捧，比如肖像画家哈尔斯、伦勃朗，风俗画家维米尔，静物画家威廉·克拉斯·赫达，风景画家霍贝玛，等等。

17 世纪时，荷兰迎来了史上最繁盛的时期，繁华的经济、昌盛的文化成为荷兰的标杆。在那里，人们享有最广泛的信仰自由和政治自由，很多国家的政治逃犯都选择荷兰作为避难地点。很多学者来荷兰研究学术。在公元 1645 年的时候，荷兰已经拥有 6 所闻名世界的大学。除此之外，荷兰

霍贝玛作品

还是世界上最先定期发售刊物的国家，报纸也成了人们书桌上常备的物品。科学技术之发达雄踞欧洲之首。轻松的氛围是诞生艺术家、思想家和哲学家的摇篮。荷兰画派应运而生，它们继承了十五六世纪尼德兰民族传统的艺术审美，画间洋溢着淳朴、写实的美感，坚定的区分开了自己与风驰欧洲的巴洛克艺术的风格。因为荷兰人经过战争获得了胜利，所有这一时期的画作比较观注众人的情感、自尊、期待和愿望。

荷兰画派的画家们喜欢观察多彩的世界和现实的风景，他们毫不犹豫地摒弃了束缚了他们千年的宗教传统和神话，把现实搬上了画面，现实生活和新的资产阶级，以及平民阶层都带给他们巨大的创作灵感，反映现实生活也不再浮于表面，画家利用手中的画笔，剖析社会，为现实主义的发展做出了重大贡献。同样，资本阶级追求安逸、享乐的特点也被他们搬上了画布，所以风格显得有些琐碎。

人们喜欢上了表现现实生活的艺术品，开始求购画作，并将这些画作摆放在家中甚至还有很多公共场所，油画因此变成了商品，大量进入市场流动，这一时期获得较大发展的绘画科目有肖像画、风景画等，画家们有了明显的分工，出现了诸如动物画家、风景画家、风俗画家等术业有专攻的画家。此外，美术的写实风潮还引导了文学、戏剧、音乐等艺术的写实风潮。将荷兰的别具一格的艺术形式和欧洲的风格分离开来。

再者，17 世纪的荷兰不仅国内强盛，海外殖民地的发展也如火如荼，足迹遍布世界的荷兰商船队将荷兰的文化精神传到了世界各地，也为殖民地带去了荷兰的审美与艺术，直到现在，在印度尼西亚等地，依然可见荷兰强盛时期遗留下来的文化传统。而且，随着黄金时代，荷兰大航海阶段的开展，勇于探索的荷兰人在重商主义的影响下，积极地将自己国家的文化艺术品带到全世界的殖民地，同时也吸收了其他地区的文化，回国后，这些来自不同地区的文化艺术品，又带给荷兰当地艺术创作不少的冲击，致使荷兰出现多元、包容的艺术创作特色，让荷兰文化变得多元化了。

因此，荷兰从独立之日起，只是用了短短的一百年时间，便成就出文化艺术历史上最巅峰的时刻，全国文明迎来了前所未有的春天，展现出空前繁荣的艺术国度。

荷兰人为何向中国皇帝下跪

荷兰人来到亚洲后，以我国台湾为据点，将日本的对外贸易牢牢掌握在手中；在印度尼西亚建立了自己的殖民地；在非洲夺走了葡萄牙占领的好望角；大洋洲的有一片土地被他们用自己的省份命名，那个国家就是新西兰。在遥远的南美洲，它们将自己的殖民地拓展到巴西边缘，就连位于哈里逊河畔的国际大都市纽约，都是荷兰人当年建立的。

与荷兰人满世界跑着赚钱同时发生的是，中国的明朝迎来了自己的灭亡，新的王朝——满清开始走上中国的历史舞台。面对着强大的王国和地广物博的财富，欧洲各国纷纷派来使者，希望与中国建立友好的关系——通商贸易。但是满清固守陈规，不尊重外来使者，不顾别国的礼仪，非要外来使者对自己的皇帝行三跪九拜的大礼，别人不愿意，就通通轰出国门。英国当时派来了使者马夏尼，跪在地上也要强调自己是不乐意的。但是荷兰人不一样，让跪就跪，他们只有一个要求——那就是只要让我们通商。

荷兰使节这样的举动或者会让欧洲国家大跌眼镜，认为这是抹杀尊严的表现，但是荷兰人不这么认为。很多人会研究，为什么荷兰人愿意向中国皇帝下跪，其实骨子里的原因是——荷兰重商，盈利赚钱比所谓的尊严和形象要来得实际。

首先，荷兰人向来重商，从崛起到兴盛，荷兰人的思维就和商业往来分不开，荷兰希望和渴求打开亚洲的大门户，因此，中国地大物博，需求十足的市场对他们而言是莫大的吸引，而且当时中国尚在闭关锁国，皇帝无比尊荣，“向中国皇帝下跪”，成了商贸往来的敲门砖。

当荷兰还是西班牙的殖民地时，和东方来往的贸易都是经过葡萄牙人的中转，公元 1580 年，葡萄牙沦为西班牙的殖民地，原来掌握在葡萄牙人手中的贸易被西班牙人禁止。荷兰人为了不丢弃东方的贸易，想尽办法和东方人直接贸易，开始了海上探险的漫漫长途。直到公元 1497 年，达·伽马率领舰队出海，开辟了东西方之间的海上航路，并于 1499 年回到荷兰。之后的第二年，荷兰政府就派遣了 8 艘船前往印度尼西亚的万丹，并采摘了满满四艘船的胡椒，载回欧洲出售，竟然获得了 400 倍的利润，剩下的四艘船在班达岛、安文岛设立荷兰商馆，为荷兰运回大量的大豆作物和香料，同样取得了丰厚的回报。荷兰人从这两次运输中看到了财富的影子，纷纷组织贸易商队，前往东方从事香料生意，形成直接和当时的葡萄牙、西班牙、英国在贸易上对抗的局面。为了在和这三国的竞争中占据优势，公元 1602 年通过议长奥登巴恩韦尔特的批准，行业内几个规模较大的贸易公司联合起来，成立了世界上第一个联合制股份公司——荷兰东印度公司。为了鼓励贸易，政府特许东印度公司贸易垄断特权，准许东印度公司垄断从好望角到麦哲伦海峡之间荷兰本国的贸易特权。除此之外，东印度公司还享有订立条约、组建武装、修建城堡等国家特权，成为荷兰对外殖民的利刃。不但防止恶意竞争给本国带来的危害，还集中力量，对抗英、葡、西等三国的竞争。刚成立时，东印度公司融资了650万荷兰盾，社会各阶层都成了东印度公司的股东，大股东入股几万荷兰盾，小股东则入股几十荷兰盾，凝聚了荷兰各阶层的资本。

其次，荷兰开展殖民体系建设之后，迫切需要再开拓亚洲的商贸体系，中国成为耀眼而前途无限的“目标”，中国皇帝自然成为荷兰商人“取悦”的重要对象。

荷兰东印度公司成立后，很快就走上了自己的道路，为了榨取亚洲的财富，他们垄断了香料贸易，掠夺亚洲的财富，在全球各地都设有印着荷兰旗帜的贸易站。他们奉行“贸易即战争”的策略，以赚取当地居民的巨额财富为目标。公元1605年将安文岛、帝多利岛变为它的殖民地，1906年成为班达岛香料出口权的所有者。此时东印度公司已经一跃成为了世界上最大的公司，国内外的雇员逾十万人，武装力量也十分壮大，用于进行商业贸易的船只达到了3 000艘，并不断排挤从欧洲来的诸国。荷兰公元1619年将班加达变成了自己对印度尼西亚扩展的中心，迫使已经占领印尼的英国节节后退，放弃了手中掌握的香料贸易。之后，东印度公司依靠手中荷兰政府的特权，在东南亚一带侵占领土、抢夺贸易。公元1641年占领亚洲海上要道——马六甲海峡，并将目光放在了印度，逐步蚕食了大半个印度领土。并在印度多个地区建立了殖民地，毛里求斯、印度东西海岸、开普等地区都可以见到东印度公司的身影。不仅如此，他们还对生产香料的地区加强贸易的控制，严禁印度私自和欧洲及亚洲各国进行贸易往来，若被发现，则要击沉船只，船主也会受到严厉惩罚，实质上垄断了印度的香料贸易。除此之外，他们还在印度实行“强迫种植制”和“强行供应制”，不顾市场公平，贱买贵卖，从中赚取巨额利润，当地的居民被荷兰极度剥削。他们还从事贩卖人口的生意，在东南亚诸岛甚至中国沿海掠夺人口，卖到外地，赚取巨额利润。公元1602年—1782年，荷兰从印尼获得巨额财富，单单发给入股股东的利息就高达2 ~ 3亿荷兰盾，几乎是当年征收本金的36倍，就这样，世界上各大地区的资本源源不断的被送往荷兰国内。

在荷兰人眼里，尊严以及所有的一切都和金钱有关：“我们不希望为了虚无缥缈的尊严，损失重大财富。”所以在荷兰人的眼中，金钱就是最大的财富，所以哪怕向中国皇帝跪拜，那也不足为惜。

荷兰人，到底是率真还是拜金

欧洲的各大强国几乎都有轰轰烈烈的战争史，典型代表就是英法德三国，但是在这三个大国的夹缝中生存的荷兰却始终保持了独立的傲然。当然，“二战”时候，荷兰和整个欧洲大陆都落入了希特勒的掌控之中。这个小小的弹丸之地，至今还保持着一项纪录——唯一攻进英国本土的国家。也许你觉得希特勒对英国实施空袭也算侵占，那么荷兰足以和希特勒分享这个荣誉。荷兰在与英国多年的海战中，每次伤亡人数不过英国军队的二分之一，当英国取代西班牙成为世界上最强大的“日不落帝国”后，是荷兰在英国光辉的历史上画下了耻辱的一笔。

荷兰是欧洲大陆上唯一一个不喜欢战争的国家，但却同时保持着另外一项纪录——欧洲大陆上除瑞典以外战争力量最强的国家。能打但不喜欢打，这完全取决于荷兰骨子里的民族精神。在长期与自然做斗争的历史中，荷兰人既挖掘了他们勤劳的本质，又启发了一种敢于冒险、勇于冒险的精神，他们的商业天赋也在漫长的历史发展中被挖掘出来。在和平的环境中，荷兰创造了“海上马车夫”的奇迹，但却在和大英帝国的几次战争中耗费了所有积攒的精力。所以，和平对商业发展有利的理念深深根植于荷兰人的思想中，因此他们在对外交流中，宁愿选择为商业退步。在满清历史上，荷兰是欧洲使者里唯一没有反抗满清皇帝要求跪拜的人，在他们眼里，尊严和利润之间他们选择利润，现在在荷兰依然可以普遍的看到这种价值观。假如你想让荷兰人喜欢你，那就照顾好他在意的食物就可以了，他自然可以对你友好。

荷兰人的性格可以简单的用三个词语概括，即直率、反抗和平等。荷兰人认为扁平的形状才是组织金字塔根本的存在方式，这种认识比美国人还要执着。他们不喜欢张扬的个性和爱出风头的人，这种喜好表现在生活的各个方面。警察们在执法时，首先就会脱下帽子以示平等。打出租时也喜欢坐在副驾驶座上表示尊重。为了不出风头和内敛低调，很多荷兰的有钱人会摘下豪车的品牌标志。荷兰人流传很广的一句话是“举止正常，就足够张扬了”的确，在荷兰，没有一个人是高人一等的，也没有一个人能够凌驾于别人之上。

在很多西方人的意识中，从事与金钱有关的商人是丑陋的，和艺术领域有不可跨越的鸿沟。但是在荷兰人眼中，一切为了生存而进行的努力和让步都是美好的、值得颂扬的，生命的活力也体现于此。因此荷兰的艺术都以中产阶级为对象，艺术中充满了浓浓的生活情趣和对生命的尊重，比如法兰斯哈斯的凡人画像，布鲁格笔下会跳舞的快乐农夫，等等。在荷兰人的艺术殿堂中，并非高贵即美好，厨房、居室、客厅、卑微的劳动者，甚至社会最底层的乞丐、妓女都成为艺术的一部分，他们认为美存在于每一处平凡中，就连别人认为肮脏的商业活动中也不例外。再次展现了荷兰人对平等的追求。

或者，人们都会讨厌和“满身铜臭”挂钩，但是荷兰却不会以此为耻，他们认为，自己喜欢金钱，那是和民族重商主义相匹配的，也是必然的，因此他们坦诚地承认，也不介意别人怎么看。所以从这个角度上看，荷兰人比起埋头苦干，为钱拼命而总是自命清高的民族来的率真。

因此，无论你认为荷兰人是否拜金，都不能否认他们率真的一面，他们承认自己拜金，也不认为拜金有什么不好，这正是他们骨子里最率真的一面。

尼德兰人讨厌西班牙统治

尼德兰民族源于日耳曼民族的分支，公元 1463 年正式成立王国，从此时到 16 世纪中间，封建割据的历史状况长期在尼德兰的土地上上演，宗教和贵族之间的冲突不断深化，利益分配不均，矛盾迭现，封建势力和宗教势力不顾历史发展，倒行逆施，贫民阶层和中产阶级穷困潦倒。尽管如此，尼德兰还没有将改革提上历史舞台的觉悟，首先是因为当时尼德兰已经实现了自给自足的生活，再加上他们天生的对财富的重视，尼德兰人民懒得将工夫耗费在所谓的政治体制改革上。于是尼德兰为自己找到了新归宿，统治者通过复杂的认证和财产估算，将自己的国家作为西班牙的属地拱手送上。所以，西班牙从 16 世纪开始成为尼德兰的统治者，但是对于尼德兰人而言，这没什么不好。

十六世纪前半叶，宗教改革的先驱——德国人马丁·路德首先表示了自己对旧的罗马教皇的不满，举起了宗教改革的大旗，欧洲社会也才陷入各派系的宗教斗争中。遗憾的是，英、法、德、西班牙、葡萄牙等大牌帝国都表示拥护罗马教廷，纷纷把矛头指向了新教。但是北欧的荷兰和瑞士等国家，反而力挺新教，也坚决表明了自己希望脱离西班牙和奥地利统治的态度。但是当时荷兰主政的查理五世却是一个天主教的虔诚信徒，国内时不时爆发反对旧教支持新教的活动让他头疼，并且他极度打压新教徒。实行宗教审判，处死新教徒。这让崇尚自由平等的荷兰人感到震惊，人们的不满情绪慢慢累积，最终因为查理五世变本加厉实行宗教审判，引发了荷兰大革命，荷兰人开始走上为国家独立而抗争的道路。

查理五世逝世后，他的儿子菲利普二世继承王位成为了新的荷兰国王。和他的天主教堂父亲相比，菲利普二世对天主教的信仰更甚，他的妻子是英国伊丽莎白女王的姐姐——也是一位狂热的天主教教徒玛丽一世，玛丽一世因为手段残忍被称为血腥玛丽。菲利普二世带着无人能敌的西班牙舰队，自认为自己是历史上最强大的西班牙国王。

菲利普二世

看到小小的荷兰反抗自己的统治，他勃然大怒，变本加厉的实习宗教审判，处死荷兰境内的所有新教徒。并任命自己的姐姐格利特公主前往荷兰担任总督，并且下令剥夺荷兰人的所有政治自由，并用西班牙的贵族替换了所有荷兰官员。

面对西班牙越来越甚的凌辱，荷兰人独立的愿望也越来越强烈。

西班牙做的远不止于这些，他们与法国的休战期间，还派遣部队镇压荷兰的独立运动，故意用天主教徒做荷兰总督，公然蔑视荷兰人的信仰自由。

宗教镇压让荷兰人的不满上升了到了极致，只要一个小小的压迫，就能奋起反抗。显然压迫不止于此，菲利普二世的目光扫上了荷兰人的腰包，调整税制，严格杂税一夜间增加了很多，还打压荷兰的贸易，希望商队和平民能将经商的钱拿出来一部分贡献给西班牙。再加上荷兰本国的矛盾升级，资产阶级和贵族之间的矛盾不断激化。荷兰人忍无可忍，拿起了手中的武器，开始对抗强大的西班牙帝国。

公元1588年，荷兰人发动了圣像破坏活动，信仰新教的荷兰人和失业者、流浪者一起走上街头，打碎了天主教堂中的所有圣像，这此运动几乎破坏了荷兰境内的所有天主教堂，天主教的力量在荷兰遭遇了重大毁坏。天主教的狂热信徒菲利普二世听到这个消息，盛怒，派遣有“地狱使者”之称的阿尔法将军前来荷兰镇压，开始对荷兰实行恐怖活动和屠杀，有好几个领导圣像破坏活动的领导人在这次灾难中遇害了。

自此，荷兰人忍无可忍，他们可以承认西班牙的国王、承认自己是西班牙的属国，可以肯定和履行必要的公民义务，但是，当西班牙统治者将手伸向他们的腰包，从他们的裤兜中拿走他们辛苦赚来的钱的时候，他们就不愿意了。西班牙拿得越多，他们就越抗拒，于是从公元 1568 年荷兰开始走上了争取独立的道路，到公元 1648 年完全取得胜利为止，一共进行了长达八十年的斗争。

之后英国崛起，西班牙为了保住自己的世界霸主地位，向英国宣战。荷兰人抓住了这一时机，和英国结盟，同时对西班牙宣战。之后因为暴风雨侵袭，西班牙无敌舰队损失了 30 艘军舰，英国落败，西班牙舰队退到加来一带，希望重整旗鼓，讨回自己在英国手中的耻辱，但依然遭遇了失败，战船仅仅余下 65 艘。西班牙从此一发不可收拾的走上了衰弱的道路，英国舰队取代了西班牙打下的天下，成为下一代海上霸主。与此同时，荷兰也乘胜追击，将西班牙的残余势力从境内赶了出来。

荷兰的独立历史，从此开始谱写。

荷兰为何将自己托付给英国女王

在荷兰独立之初，摆在他们面前的难题是：由谁来守护这个国家的和平？

但是他们不能对外宣布说自己现在是共和制的，显然，在各国还没有从国王的统治下挣脱出来时就这么说是自取灭亡，领导者不允许这么愚蠢的事情发生。

那些领导了本次独立战争的领导人并不认为国王的宝座可以给他们带来什么，因此他们对此毫不在意，在他们看来，这还没有他们的生意重要呢！所以现在他们需要一个保护荷兰的人来照顾荷兰，那么自己就可以回家做生意赚钱了。

然后他们做出了一个世人完全不能理解的决定——将自己辛辛苦苦取得独立的土地托付给英国女王。看到有人把领土送上门来，英国女王开心地接受了这个提议，并派遣军队驻扎荷兰，保护荷兰人的生命财富安全。

自此，荷兰人为了让英国来保证自己的国家安全，好让荷兰人能抽身从事商业活动，于是他们将自己的国家托付给英国女王，将国家安全和人民财产给英国女王托管。

但是很快荷兰商人就觉察出来了问题：女王收取的保护费可比西班牙皇

帝多多了！

荷兰的商人们不愿意了，他们坐在一起讨论，说我们不需要这样的统治者，我们要一个权力不太大的统治者就可以了。

于是，公元1588年，荷兰七省联合，向世界宣布成立荷兰联省共和国，这是一个从未在历史上出现过的全新形态的国家。历史学家们说：这是人类历史上第一次如此完整而全面的赋予了商人最大的权利。

这就是荷兰统治阶层的实际意义，它的体制融共和民主于一体，掌权者是商人和知识精英。

荷兰所有的省份，特别是沿海发达地区的省份都掌握在商业精英手中，其他的国家政府、省份代表也由这些政府精英在自己的家族中推选。实质上，这让荷兰的政治看起来像一个家族企业。

中国有句俗语说的好：守天下比打天下难得多。荷兰就是，有了国家，但却没有生存下去的实力。无论是人口、国土还是资源都不足以成为一个国家，更关键的是，七个省份都有自己不同的执政体系。

荷兰的结构十分松散，各省之间信仰绝对独立。对于其他州的政治，只有税收可以稍作参与，其他互不干涉，假如有一项提议，但他们意见不一致，那么此项决议就会搁置。用现在的欧盟做比较，丝毫不夸张。

荷兰盾

面对刚刚成立的国家，还没有从战争中缓过神来，就发现面临着更严重的危机。以前荷兰的贸易主要来源于西班牙，但是与西班牙决裂之后，西班牙封锁了所有荷兰的港口，并禁止荷兰商船出入西班牙境内。

去哪里寻找新生国家的经济线？这是摆在统治者面前的一个大难题。

荷兰人开始寻找新的经济出路，很快他们就发现了，因为在这片土地上，几乎所有人都是愿意为财富付出的商人，假如这些商人的爱财之心能够转化成力量，那么这种力量定比主权牢靠得多。分析到这一层，荷兰人行动了，他们将不再作为中间商赚取薄弱的利益，未曾到过的远东才是他们财富的根源地，假如自己开辟出一条前往美洲和东方的航线，那么，谁能阻止自己的崛起呢？新的问题出现了，没有出海远航的钱怎么办？

通过集结国内的资金，荷兰将这些钱作为殖民主义和发展贸易的资本。荷兰几乎所有的平民都参与到了这一经济活动中，他们有可能收获巨大的经济效益，也有可能血本无归。之所以冒这样的风险，一方面是因为无法抵制巨大财富的诱惑；另一方面是看到了政府的做法，他们给了东印度公司最大的特权，甚至，东印度公司还拥有组建武装、修筑堡垒这样的政府特权。这让入股的人们大大增加了信心。

这些特权让东印度公司在外可以像一个独立的政权一样运作。

资金、人员、技术准备到位了，带着荷兰人所有的致富希望，东印度公司的船队踏上了远航的道路。面对这个生死未知的船队，西班牙人提不起一丝阻击的兴趣。但是谁都没有想到，在东印度公司成立后短短的五年中，荷兰每年派出的船只超过了西班牙和葡萄牙的总和。

贵族为何把城市的管理权转交给市民

荷兰和其他国家一样，刚开始的时候，城市是属于贵族的，他们名义上用自己的武装保证人们的财产安全，实际上却是依靠武力威慑取得税收。

这也就表明，城市里面的主导者是有钱人，他们可以做自己想做的事情，甚至可以不劳而获，生意人就要将辛苦赚来的钱交上去。

刚开始，人们觉得无可厚非，但是随着商业的发达，交上去的钱越来越多，人们开始渴望经济自由了。这也唤起了公民对城市管理权的意识。

荷兰人再一次做了让世人惊异的事情，越来越富足的平民用钱将城市的统治权从贵族手中买了过来，然后自己统治自己。国家统治者，为了解决公民日益膨胀的自治要求；另一方面也为了满足社会上商业运作的自主性，于是荷兰开始了贵族将城市管理权移交给公民，其中的原因主要有三个：

首先，将城市管理权下放给市民，这是一个阶级发展的必然要求。阶级发展要求一些伟大的君王，借助远东蒙古大军带来的火药，摧枯拉朽般摧毁贵族统治的堡垒，建立起不同的新的君主集权的国家，比如葡萄牙、西班牙、英国等，这些国家遗留的贵族领地和成熟的商业城市模式是小国所不能比拟的，他们能够尽可能的调动整个民族、整个国家的力量。西班牙和葡萄牙就趁着这股风浪进入历史的强盛时期。

其次，为了开创“市民自治”的局面，贵族们也不能再向市民征税。“市民自治”给荷兰的城市注入了新的发展动力，加速了城市的快速发展。到15世纪末的时候，荷兰入住城市的居民就有百分之五十了。每个城市都努力的为自己创造着贸易机会，所以作为商人的统治者对财富的渴望更加热切。这座在15世纪面世的市政厅，每十五分钟就会出现这样的画面，贵族将手中的权力交给平民，他们用这种特殊的方式纪念那伟大的、有历史意义的一刻。荷兰人忙着让自己变得更先进富强的时候，整个欧洲的政治形势却发生了惊天动地的变化。

最后，无论是市民还是贵族，他们更在乎赚钱，一旦贵族失去了向市民争取纳税的权力，他们也不再愿意承担管理城市和国家的义务了，这是一个商业化考虑。刚开始，荷兰人似乎还在迷茫，还没有看到这种潮流，他们满足而开心地生活在自己的城市里，唯一的愿望就是多赚钱。

因为在荷兰人眼里，假如要想像英法这些国家一样，建立君主集权制的国家，那么就意味着需要花更多的钱。比如说领土扩张需要军队，政治建设需要金钱，那么还是算了吧！但是荷兰人始终没有逃离这个命运，公元1543年，西班牙通过联姻获得了荷兰的统治权，不可否认，荷兰最终走上了君主集权的道路。

第十五篇

日不落帝国——西班牙

第一章 “日不落帝国”的诞生

庞大帝国的诞生

阿拉贡帝国、勃艮第帝国和葡萄牙帝国，毋庸置疑，是西班牙日后成为帝国的模范，在西班牙帝国的成长之路上起到了引路人的作用。

十五世纪初期，收复失地运动已经进行到了末期，卡斯蒂利亚的国王接受了臣服于他的摩尔人的王国进贡的黄金，并赋予其合法的地位，黄金才得以从非洲的尼日尔辗转抵达欧洲。源源不断的黄金激起了人们潜在的欲望，越来越多的人渴望投入寻找黄金、一夜暴富的滚滚浪潮中。卡斯蒂利亚王国自然不甘落于他国之后，将扩张的魔掌伸向了北非，企图与葡萄牙帝国争雄。公元 1402 年，在卡斯蒂利亚国王恩里克三世的派遣下，诺曼底探险家让·德贝当古率领船队踏上了北非的领土，开始在加那利群岛建立殖民地。

公元 1454 年，卡斯蒂利亚王国、伊莎贝拉的父亲胡安二世去世后，她同父异母的哥哥恩里克四世继承了王位。恩里克四世只有一位女儿，而且已经嫁到了葡萄牙，因此伊莎贝拉就成了王位的合法继承人。在王位继承人和欧洲最富有的女子这两道光环的照射下，伊莎贝拉成了诸多王子倾慕的对象，向她示爱的人数不胜数。

伊莎贝拉一世的父亲胡安二世

公元 1469 年，恩里克四世想让伊莎贝拉和葡萄牙国王结婚，却遭到了她的反对，最终只得在兄长的逼迫下选择离家出走。原来，伊莎贝拉早已有了意中人，他就是阿拉贡王子斐迪南。事实上，在对伊莎贝拉发动猛烈的爱情攻势的王子之中，斐迪南的表现并不十分积极，但伊莎贝拉偏偏喜欢上了他，这当然与他英俊潇洒的外貌有很大的关系。她上演了“女追男”的精彩好戏，主动给斐迪南写信，最终得到了斐迪南的好感。冒着违背国王旨意的巨大危险，伊莎贝拉和斐迪南私自约会，排除千难万险，终成眷属。

伊莎贝拉和斐迪南喜结连理的事激怒了恩里克四世，他单方面废除了伊莎贝拉王位继承人的身份，指定自己的女儿胡安娜为继承人。公说公有理，婆说婆有理。伊莎贝拉和胡安娜都认为自己是名正言顺的继承人，因此公元1474年恩里克四世去世后，这两个女人之间爆发了一场激烈的王位争夺战。直到公元1479年2月，伊莎贝拉才在夫君所在的阿拉贡王国与卡斯蒂利亚国内的支持者的帮助下，打败了葡萄牙支持下的胡安娜。同年，阿拉贡国王去世，斐迪南成为国王，史称斐迪南二世。此后，二人开始共同统治卡斯蒂利亚和阿拉贡的大片江山，西班牙帝国的雏形初现。

在阿拉贡的斐迪南二世和卡斯蒂利亚的伊莎贝拉一世这两位狂热的天主教君主的带领下，卡斯蒂利亚的势力范围大大扩张了，迅速在新大陆、菲律宾和非洲建立了殖民地，并分别于公元1497年和公元1509年占领了梅利利亚和奥兰。

从公元1491年开始，两位天主教君主决定联手，成为那不勒斯的阿拉贡王室的坚强后盾，他们共同的敌人就是法兰西的亨利八世。身为阿拉贡国王的斐迪南与法国和威尼斯竞争，以争夺意大利，使这些冲突成为其外交政策的重点。在这些战役中，西班牙步兵大败法兰西骑兵，而贡萨洛·费尔南德斯·德科尔多瓦将会缔造在16和17世纪初期几乎无敌的西班牙军队。公元1492年，西班牙将格拉纳达最后一位摩尔人国王赶出了西班牙的领地，正式宣告了自己对格拉纳达王国的统治权。

这次战役的胜利，大大激发了两位君主继续扩张领土的野心。所以，当来自热那亚的水手克里斯托弗·哥伦布向伊莎贝拉一世提出向西方航行到日本的狂热计划时，伊莎贝拉毫不犹豫地答应了。此时，卡斯蒂利亚与葡萄牙的探险竞赛已经达到白日化的阶段，他们的争夺目标是远东。谁先到达并占领远东，谁就获得了战

伊莎贝拉一世不仅接见了哥伦布，为了支持哥伦布此次的探险活动，她甚至不惜自掏腰包

争的主动权。

在女王慷慨解囊的帮助下，哥伦布意外地“发现”了美洲，并将西班牙天主教的圣火带到了这片广阔的土地上。西班牙开始在美洲这块处女地上探索，东印度群岛则留给了卡斯蒂利亚。这无疑给予西班牙在美洲建立广大殖民地的权力。自此，西班牙便开始把目光投向新大陆的发展。

公元1493年，教宗诏书正式确立了西班牙对这些土地的宣称。第二年，《托尔德西里亚斯条约》规定，将西班牙和葡萄牙宣称拥有的土地分成两个半球。这个条约赋予了西班牙独有的权力——能在整个新世界建立殖民地，触角从阿拉斯卡延伸到了合恩角（巴西除外），甚至还远达亚洲西部。

伊莎贝拉一世去世后，斐迪南二世独揽大权，并制定了更积极的对外政策，竭尽全力扩大西班牙在意大利的势力范围，并与法国展开了争夺战。

在康布雷联盟战争中，斐迪南二世首次派出西班牙军队，与威尼斯共和国激战。公元1509年，法军在阿尼亚代洛战役中获胜，获得了与西班牙军队同样的盛名。在短短一年后，为了夺得西班牙帝国宣称拥有的米兰和纳瓦拉，斐迪南二世毅然决然地加入了意大利天主教联盟，企图一举打败法国。但最终的结局，并不比威尼斯一役好。公元1516年，法国签署停战协定，继续控制米兰，并承认西班牙对上纳瓦拉的统治权。

16世纪初，伊斯帕尼奥拉岛殖民地成功建立。之后，越来越多的殖民者加入了寻找新殖民地的滚滚洪流中。一些人来自不太繁荣的伊斯帕尼奥拉岛，渴望在新殖民地取得新成就。在这些冒险家中，不乏成功之人。其中，胡安·庞塞·德莱昂征服了波多黎各，迭戈·贝拉斯克斯·德奎利亚尔则夺得了古巴。公元1512年，巴斯科·努涅斯·德·巴尔沃亚在巴拿马达连建立了首个美洲大陆殖民地。

公元1513年，巴尔沃亚横穿巴拿马地峡，完成了欧洲首次从新大陆到太平洋的探险行动。他宣称，连同大西洋在内的周边的土地都是西班牙王室的领土，翻开了世界历史大书崭新的一页。

在商业方面，卡斯蒂利亚帝国早期表现得并不好。不可否认，帝国的殖民扩张在很大程度上刺激了西班牙的贸易和工业，并促进了一些大城市的经济发展，但直到公元1546年，当墨西哥萨卡特卡斯和上秘鲁（今玻利维亚）波托西的大银矿开业时，卡斯蒂利亚及其王室才千里迢迢，运回了大量的白银，增加帝国的收入。然而，白银的进口加剧了其他工业的投资萎缩，导致西班牙在16世纪后期发生了通货膨胀。

而犹太人和被迫皈依基督教的摩尔人遭到了西班牙殖民者的驱逐，从而导致商业和手艺行业人才的大量流失，这对西班牙的发展更加不利。随着大量白银的流入，西班牙对外来原料和制成品的依赖性也越来越强。

有钱人都喜欢购买公债。支持公债的，是进口白银，而不是非制造业的生产和农业技术的进步。因此，西班牙贵族阶级形成了一种错误的想法——劳动工作是可耻的，而这时其他西欧国家的这种偏见正在消除。在低地国家、法国、英格兰等其他欧洲地区，金银的流通推动了经济和社会变革。西班牙却是个例外，夜郎自大，仍然生活在盲目自信中。萨拉曼卡学派和规划者多次针对通货膨胀问题提出建议，但都没得到政府的任何回应。

帕维亚会战和《奥格斯堡和约》

公元1525年，斐迪南二世与伊莎贝拉一世之外孙、哈布斯堡家族的腓力一世与胡安娜之子查理五世在帕维亚会战中打败了法国，并俘获了法国国王弗朗西斯一世，这不仅让很多意大利和德意志人大跌眼镜，担心他会继续扩张势力。这次会战失败后，弗朗西斯一世被迫于公元1526年签订了《马德里条约》，承诺放弃对意大利北部的要求。但被释放后，弗朗西斯一世立刻反悔了，宣称《马德里条约》无效，并和教皇克莱孟七世联合起来，与法国及意大利一些重要城邦联手，参与针对哈布斯堡帝国的科尼亚克同盟战争，结果却大败而归。

帕维亚战役沉重打击了法国的嚣张气焰，更加强化了西班牙大国的统治地位

为了报复言而无信的国王，公元1527年，查理五世对教皇干预他认为与宗教不相干的事务的行为感到厌烦，忍无可忍之际便率军一举攻陷了罗马，教皇也变成了俘虏，名誉扫地。而教皇被俘后，无法批准英格兰国王亨利八世离弃查理五世的姨母阿拉贡王国的凯瑟琳。查理五世的强势得到了切实的证明，起到了以儆效尤的效果，所以继任的教皇在与世俗势力交往时不见了往日的嚣张跋扈，变得小心翼翼的，生怕一不小心就铸成大错，惹祸上身。

公元1529年，教皇与查理五世签署《巴塞罗那和约》，建立了更为和谐的关系。西班牙正式成为天主教的保护者，而查理五世也成了意大利国王（伦巴第）。而且，西班牙需要出兵，以推翻佛罗伦萨共和国。公元1533年，教皇拒绝让亨利八世离婚，因为他不想因此而触怒查理五世，让罗马再次遭到灭顶之灾。

公元1543年，法国国王弗朗索瓦一世宣布与奥斯曼帝国苏丹苏莱曼大帝建立统一战线，并和奥斯曼军队联手，成功夺取了西班牙管辖的城市尼斯。亨利八世虽然对查理五世阻止他离婚的蛮横之举极度不满，但与之相比，他更痛恨法国，所以最终还是决定和查理五世一起入侵法国。

虽然西班牙在萨伏伊的切雷索莱战役中元气大伤，但法国仍然很难撼动西班牙控制的米兰，又在北方败给了亨利八世，遭遇两面夹击，最终不得不接受停战条件。查理五世的弟弟斐迪南率领奥地利军队，继续在东方与奥斯曼军队奋战。与此同时，查理五世本人则忙着处理之前尚未解决好的国内问题，由路德派德意志诸侯及其他新教邦国组成的施马尔卡尔登同盟。

事实上，这个同盟已经和法国结盟，目的是阻止一些德意志人企图破坏它的行动。但是，法王弗朗索瓦于公元1454年战败后，直接导致了其与新教徒的同盟瓦解，给查理五世提供了可乘之机。

公元1545年，特伦托大公会议举行，查理五世尝试着进行和谈。然而，到会的新教领导层觉得自己遭到了天主教徒的出卖，于是投入了由萨克森选帝侯莫里茨发动的战争。于是，查理五世率领来自荷兰和西班牙的军队攻入德意志，希望能恢复帝国统治。

特伦托大公会议的召开，宣告了欧洲天主教势力反对宗教改革的浪潮的开始。查理五世决心惩罚德意志的新教王公。公元1546年，查理五世与施马尔卡尔登联盟开战。公元1547年，查理五世的军队在米尔贝格战役中打败新教徒，施马尔卡尔登同盟瞬间崩溃。公元1555年，查理五世与新教邦国签署了《奥格斯堡和约》，并根据他的“统治者的宗教乃人民的宗教”的原则，巩固了德意志地区的稳定。但是，他的这一做法并不受西班牙和意大利宗教人士的欢迎。查理五世对德意志的政策，将西班牙置于了神圣罗马帝国内天主教和哈布斯堡王朝保护者的地位。这样的先例，促使70年后，让西班牙参与战争，并结束其在欧洲的领导地位。

早在公元1522年，葡萄牙人斐迪南·麦哲伦就率领一支西班牙船队，开始了环球航行，途中在菲律宾去世。胡安·塞瓦斯蒂安·埃尔卡诺接过了探险的旗帜，继续完成麦哲伦未竟的事业，最终获得成功。

公元 1528 年，著名海军上将安德烈亚·多里亚与查理五世结盟，将法国军队打得一败涂地，热那亚再次获得了独立权，查理五世也有了改善财政的机会。同年，热那亚的银行首次借贷给查理五世。

此后，西班牙在新大陆建立殖民地的态度更积极了。公元 1530 年，新格拉纳达（今哥伦比亚）诞生了。公元 1536 年，布宜诺斯艾利斯也成立了。

西班牙曾订立法例，保护其美洲殖民地的原住民，首条法例于公元 1542 年公布。法例的法律意义，成为现代国际法的基础。由于殖民地太远，当欧洲殖民者感到自己的受到限制和威胁时，就会发动叛乱，废除了部分新法律。后来，约束力较弱的法律订立了，目的是保护原住民，但最终的结果却事与愿违，比如监护征赋制重新建立后，印地安人不仅没得到保护，反而会受到了更加残酷的剥削。

战事频繁的多事之秋

查理五世与葡萄牙公主伊莎贝拉结婚后共生育了三个孩子。作为查理五世唯一的儿子，公元 1556 年，查理五世宣布退位后，腓力二世（1556—1598 年在位）与叔父斐迪南一世瓜分了哈布斯堡王朝的领地。

斐迪南一世继承了神圣罗马帝国的皇帝称号和有名无实的在德意志的最高地位，哈布斯堡王朝的军事与经济实力来源——西班牙和尼德兰——则都归腓力二世所有。腓力二世总共继承了下列领地：西班牙、尼德兰、西西里与那不勒斯、弗朗什孔泰、米兰及全部西属美洲和非洲殖民地。很明显，在这场没有硝烟的分权战争中，腓力二世占了大便宜。

腓力二世执政时期是西班牙历史上最强盛的时代。在他的精心治理下，西班牙的国力达到了巅峰，历史学家常以这段时间为哈布斯堡王朝之称霸欧洲。尽管他雄心勃勃，试图维持一个天主教大帝国，却只能抱憾而终。

腓力二世一直把西班牙当作他帝国的大后方，但遗憾的是，西班牙的人口只有法国的三分之一，很难在帝国争霸的时候发光发热。后来，作为王储的腓力与英格兰女王玛丽一世（即历史上有名的“血腥玛丽”）联姻，使西班牙和英格兰结盟。玛丽一世是斐迪南二世和伊莎贝拉一世的外孙女，是虔诚的罗马天主教徒。

虽然实力倍增，但西班牙仍然不太平。公元 1547 年，野心家法王亨利二世即位后，很快就挑起了与西班牙的战争。腓力二世继位后，继续父亲未竟的事业——与法国交战，先后在皮卡第的圣康坦战役和格拉沃利讷战役中取胜。公元1559年，西班牙和法国签署了《卡托—康布雷齐和约》，永久确认了西班牙在意大利的统治权。

合约签署后，庆典顺利举行，但谁也没想到，亨利二世会在参加马上枪术比赛时不幸被矛插中，并且数天后就一命呜呼了。国王去世，对法国来说简直就是一场巨大的灾难：在此后的三十年里，法国陷入了长期的内战与动荡，因此缺席了与西班牙和哈布斯堡王朝的欧洲争霸战。公元1559—1643年，在没有法国威胁的情况下，西班牙在腓力二世的统治下国力达到了巅峰，版图扩张至最大。

腓力二世继续将父亲强化中央集权的制度在西班牙发扬光大。在他统治时期，中央政府真正开始剥夺一些历史上的王国和民族地域（阿拉贡、卡斯蒂利亚、巴伦西亚，特别是加泰罗尼亚）的独立性。腓力二世扑灭了公元1590—1591年阿拉贡为保持其自治地位而发动的暴动。他还取消了一些城市的自治法规，可能是为了更有利于王室获得直接的税收。在腓力二世时代，西班牙的集权程度和官僚体系的臃肿简直能与东方国家媲美。

与性格外露的父亲不同的是，腓力二世在帝国管理上显得无力而软弱，甚至有些迂腐。对他来说，西班牙和与天主教有关的问题是最重要的。他曾说过，宁愿不当国王，也不愿统治一个有异端的国家，其对异教徒的厌恨和憎恶程度由此可见一斑。

腓力二世和他的父亲查理五世一样，都是狂热的天主教徒，甚至比其父亲更残忍

后来，腓力二世还利用宗教裁判所四处搜罗摩利斯哥人。摩利斯哥人的祖先是摩尔人，很多人早在伊莎贝拉女王统治时期就已经变成了基督徒，但仍被怀疑持有伊斯兰信仰。这些西班牙最好的农民避难于安达卢西亚群山中，直到事件平息后才返回了家园。

16世纪60年代，西班牙表面上看起来富可敌国，实际上财政情况已经达到了步履维艰的地步。西班牙的工业发展缓慢，频繁的战争几乎将国库消耗殆尽，而且英国海盗开始劫掠西班牙从美洲运回的装载着大量黄金的货船。

这一切都让腓力二世头疼不已。

公元1557年，为了拯救濒临破产的西班牙，腓力二世只好给了热那亚银行财团发展的机会。这一举措让德意志银行集团一片混乱，并取代富格尔家族，变成了西班牙的金融巨头。哈布斯堡王朝与热那亚银行互相利用：热那亚银行为王朝提供充足的流动借款和可靠的稳定收入；王朝则协助银行，在极短的时间内将塞维利亚不太可靠、来自美洲的白银运到热那亚，从而获得更多资本。但是公元1575年，腓力二世因为亏欠外国银行巨额贷款，不得不暂停偿付债务，西班牙宣告破产。

公元1565年，佩德罗・梅嫩德斯・德阿维莱斯创立了圣奥古斯丁，并建立了殖民地——佛罗里达。见此情景，法国海军军官让・里博率领一支150人的队伍，企图在西班牙佛罗里达建立非法殖民地，最后败于德阿维莱斯之手。很快，圣奥古斯丁就发挥了自己重要战略地点的优势，让满载金银的西班牙船只从新大陆的殖民地回到了西班牙。

同年4月27日，米格尔・洛佩斯・德莱加斯皮在菲律宾创立首个永久的西班牙殖民地，马尼拉大帆船正式开始服务。这些大帆船把货物经太平洋从亚洲运载到墨西哥海岸的阿卡普尔科；然后，货物又在墨西哥运上西班牙珍宝船队，最后运返西班牙。公元1572年，西班牙为了促进此贸易活动，建立了马尼拉。

公元1562年，法国宗教战争爆发，也称胡格诺战争。法国南部的大封建贵族信奉加尔文教，企图利用宗教改革运动达到夺取教会地产的目的。他们与北方有分裂倾向的信奉天主教的大封建贵族有深刻利害冲突，最终演变成了长期内战。在这个形势下，西班牙打败了法国，腓力二世的野心更加膨胀。

公元1565年，奥斯曼军队大举进犯有圣约翰骑士团守卫的马耳他，也败给了西班牙。第二年，奥斯曼帝国苏丹苏莱曼大帝去世，继位的是他的儿子塞利姆二世，资质平庸，这让腓力更加有信心了，决定主动出击。公元1571年，查理五世的私生子——奥地利的唐胡安领导西班牙、威尼斯共和国和欧洲志愿者的舰队，在勒班陀战役中击溃了奥斯曼舰队。自此，奥斯曼帝国失去了在地中海的海上霸权。这些战役的胜利，再加上腓力二世背负着的反宗教改革的重担，促使西班牙的国威和海外强权达到了巅峰。公元1580年，趁葡萄牙王室绝嗣的机会，腓力二世又戴上了葡萄牙王冠，将两大海上帝国合二为一，势力如日中天。

作为坚定狂热的天主教徒，腓力二世的很多政策中都有宗教信仰的存在，这在很大程度上影响了他对一些问题的判断，并最终让西班牙陷入了一系列宗教纷争中。尤其值得一提的是，腓力二世希望铲除各种异端或异教的决心，中世纪的宗教审判和迫害异端，在他统治时期达到了空前强烈的程度。

此外，他还大力支持天主教宗教裁判所，残忍地处死了大批持“异端邪说”的人。他的另一项政策则使公元1568—1570年被强制迁徙到西班牙内地的摩尔人遭到了残酷迫害。开始于阿拉贡的斐迪南二世统治时期的对穆斯林和犹太人的迫害和驱逐政策，最终使西班牙的种族构成趋于“纯化”。正是这些残忍的行为，彻底毁了他的名声，使他成为一个臭名昭著、残酷无情的国王。更不可思议的是，他甚至拘捕了自己的亲生儿子，控告他背叛国家和宣传异端邪说，还罢免了西班牙首席主教，原因是他声称自己敬慕伊拉斯谟。

到腓力二世死时，西班牙帝国虽然已经千疮百孔，但在西欧仍然是当之无愧的第一大国。在西班牙，他被视为高高在上、不容侵犯的圣人；而在另外半个世界，他就是嗜血成性、残酷无情的魔鬼。这是两个极端！

接踵而至的困难

16世纪时的尼德兰，正生活在西班牙统治者的盘剥下。“尼德兰”是荷兰语“低地”的意思，包括现在的荷兰、比利时等国。尼德兰不仅要向西班牙统治者提供超出能力范围的钱财，还因为信奉新教而遭到残酷的迫害，无数人因此而丧命。无论是贵族、市民，还是劳苦大众，都深受其害，对西班牙殖民者深恶痛绝，忍无可忍之际揭竿起义，砸教堂、冲监狱，掀起了一场声势浩大的起义。

公元1566年，加尔文主义者在尼德兰发动骚乱，促使费尔南多·阿尔瓦雷斯·德托莱多率军到该地维持治安。公元1568年，威廉·奥兰治尝试把阿尔瓦公爵赶出尼德兰，结果失败了。历史上普遍认为，这些冲突拉开了八十年战争爆发的帷幕，最终导致尼德兰联合省获得了独立。

从尼德兰，西班牙得到了大量的财富，尤其是其重要港口安特卫普。西班牙怎么舍得将这个发财宝地拱手相让呢？于是，西班牙政府极力维持尼德兰的治安和对尼德兰各省的控制。公元1572年，一群自称“海上乞丐”的尼德兰私掠者来势汹汹，一举占领了几个尼德兰沿海市镇，并举起了反对西班牙统治的旗帜，公开宣称支持威廉·奥兰治。

在这场战争中，西班牙泥足深陷。公元1574年，在莱顿围城战中，尼德兰人摧毁了堤坝，导致了大面积的洪灾，西班牙军队溃不成军，不得不全线后退。公元 1576 年，西班牙又陷入了经济窘迫的困境，出现了严重的财政问题。此时，腓力二世正率领 8 万大军占领尼德兰，军费开支巨大。加上公海的海盗猖獗，美洲殖民地带来的收入急剧减少。无奈之际，他只好宣布破产。

屋漏偏逢连阴雨。没过多久，尼德兰的西班牙军队叛变，占领了安特卫普，并到原本一片太平的南尼德兰肆意抢劫，当地部分城市因此也加入了叛乱的队伍。无路可走的西班牙选择谈判，并于公元 1579 年成立了阿特雷赫特联盟（又称为阿拉斯联盟），使大部分南部省份再度恢复了和平。

战败的西班牙军队被迫离开了尼德兰。上述协议规定所有西班牙军队离开尼德兰。公元 1580 年，随着阿维什王室最后的成员、葡萄牙国王恩里克一世的去世，腓力二世捕捉到了巩固权力的机会。他宣称自己是葡萄牙的国王，并于 6 月下令阿尔瓦公爵带兵到里斯本，为他的即位保驾护航。

7 月，安托尼奥一世在葡萄牙登位，但仅仅一个月后，他就被阿尔瓦公爵打败了。然而，阿尔瓦公爵和西班牙驻军在里斯本的境况并不好，一点儿也不比在鹿特丹更受欢迎。最后，腓力二世开始统治葡萄牙，西班牙哈布斯堡王朝以共主邦联的关系统治了葡萄牙长达 60 年。两国的合并，几乎使整个已发现的新世界，包括非洲和亚洲的庞大贸易帝国，都划到了腓力名下，他的势力空前强大。

伊丽莎白一世（1533 年 9 月日—1603 年 3 月 24 日），即位时不但成功地保持了英格兰的统一，而且在经过近半个世纪的统治后，使英格兰成为欧洲最强大的国家之一，其在位时期被称为“黄金时代”。英国在北美的殖民地亦在此期间开始确立

腓力二世为了稳定新建立的葡萄牙王国，决定迁都大西洋海港里斯本。但是公元 1582 年，他再次把首都迁到了马德里。至此，西班牙的统治模式最终确立——尽管评论家各持己见。一位评论者认为：“对西班牙国王来说，海洋力量是最重要的，尤甚于任何统治者。只有海上力量，能让一个社区扩展到如此远的地方。”公元 1638 年，研究战略的评论人却并不以为然，他说：“西班牙军队最适宜拥有的力量，正在海上，但是这个国家存在的问题实在是太多了。就算我认为是时候评论它，但我也觉得自己不应该这样做。”

当时，西班牙需要军队负责占领葡萄牙，以巩固其对葡萄牙的统治。而于公元 1576 年破产的西班牙此时仍处于恢复期，根本无暇顾及。公元 1584 年，威廉·奥兰治被为从腓力二世那里获取高额赏金的人杀死了。按道理来说，这位受尼德兰人欢迎的抗争领导人的死，能换来战争的结束，但事实正好相反。

与此同时，英国日益猖獗的“皇家海盗”也是让西班牙的腓力二世最为头疼的事。在16世纪的欧洲，西班牙当然是首屈一指的强国，被视为天主教世界的顶梁柱，而英国充其量只能算是一个小国家，根本无足轻重。但这个格局被风起云涌的宗教革命改变了：英国在亨利八世的领导下创立了英国教会，并脱离了罗马教廷，摇身一变成了最早的新教国家之一。

伊丽莎白女王上台后，对内巩固了英国教会的地位，对外则支持荷兰等新教国家取得了民族独立，这更加激化了其与西班牙的矛盾。英国新教势力认为，为了打击西班牙不可一世的嚣张气焰，英国有责任为欧洲的新教徒谋福祉——建立一个全新的大帝国，并与西班牙展开争霸战，这种“舍小家为大家”的观点无疑为英国刚刚起步的帝国事业披上了一层冠冕堂皇的外衣，一举两得！

再者，西班牙和葡萄牙在殖民扩张中大发横财，也让英国、法国等国家非常眼红。尤其是英国，对西班牙从美洲掠夺的巨量黄金垂涎欲滴，恨不能取西班牙而代之，成为富得流油的美洲的新主人。在金钱的诱惑和强烈的嫉妒心的驱使下，英国对西班牙实施了报复行动，干起了杀人越货的勾当。从公元1585年—1604年，英国每年都会至少派遣一二百艘商船出海，专门在大西洋和加勒比海劫掠西班牙的运输船队，其劫掠的货物价值高达20万英镑。

原本海盗是一种不合法的行为，但伊丽莎白女王出于政治的目的，竟然为海盗船长们颁发了“私掠许可证”。就这样，海盗私掠在国际上的合法地位一直持续到公元1856年，海盗也被冠以“绅士海盗”的名号，海盗船长则成了全英国人景仰的民族英雄。

作为一个政治权力分散的国家，英国女王支持海盗纯属无奈之举，但这个表面上的致命弱点，却成了英国后来者居上的主要原因之一。由于私有财产受到议会和法律的有效保护，英国的有产阶级才能够放心大胆地投资兴办产业，而正是他们追逐利润的原始积累推动了英国资本主义经济的发展。

说到海盗，不得不提一下当时最负盛名的传奇人物——弗朗西斯·德雷克船长。德雷克最著名的一次劫掠当属西班牙宝船“卡卡弗戈号”。公元1577年，德雷克在伊丽莎白女王的资助下，率海盗船队再次与西班牙开始争夺。由于英国私掠船在加勒比海很猖獗，西班牙大大加强了该地区的海军防御力量，所以德雷克绕道到南美洲的太平洋一侧寻找机会。公元1579年3月3日，全副武装的德雷克船队一举击溃了远道而来的“卡卡弗戈号”，将船上的黄金80磅、白银20吨、银币13箱及数箱珍珠宝石洗劫一空。

然后，德雷克一行继续往西，穿过了太平洋和印度洋，一年多后才回到了英国，成为第一个环绕地球航行的英国人，在英国乃至世界历史上画下了浓墨重彩的一笔。

在德雷克像幽灵一样在海上肆意劫掠西班牙商船的同时，他的表兄霍金斯也忙得不可开交，用另一种方式向西班牙发泄自己的仇恨。原来，圣胡安港事件后不久，霍金斯就被伊丽莎白女王提升为财政大臣，甚至被赋予了掌管皇家舰队的重任。于是，霍金斯召集一大批经验丰富的航海家，开始设计一种全新的战舰，以打破西班牙的海上霸权。"复仇号"就是其中的佼佼者。但是，"复仇号"最终壮烈"牺牲"了。

公元 1586 年，伊丽莎白女王出兵支持尼德兰和法国的新教徒，其部下弗朗西斯·德雷克在加勒比海和太平洋对西班牙商船发起了攻击，并故意主动进攻港口加蒂斯。两年后，为了停止伊丽莎白女王的干预，腓力二世派遣无敌舰队以攻击英军。当时天气良好，英格兰派遣较小型和敏捷的战舰，而且在派遣到尼德兰的间谍的帮助下，做好了充分的战争准备。

在不可一世的无敌舰队的猛力打击下，初生牛犊不怕虎的英军舰队竟然出其不意的赢了，战胜了为数更多、防备更先进的西班牙战舰。西班牙遭受了重创，但随着德雷克－诺里斯远征（1589 年）的开始，英国与西班牙的殖民争霸战出现了逆转，西班牙逐渐占据了上风。几乎所有的人都认为西班牙舰队是欧洲最强的，直到公元 1639 年西班牙在唐斯战役中，已经处于下坡路的西班牙才败给了尼德兰海军。

法王亨利二世去世后，西班牙插手法国的宗教战争。公元 1589 年，瓦卢瓦王朝最后的国王亨利三世在巴黎城外去世。其继位者、首位波旁王朝的法国国王纳瓦拉的亨利四世是能力出众的领导者。他在公元 1589 年的阿尔克战役和公元 1590 年的伊夫里战役中打败了法国天主教联盟，取得了重大的胜利。一山不能容二虎，腓力二世当然不能容忍亨利成为法国国王，与自己作对，于是分派军队到尼德兰，并于公元 1590 年挑起了与法国的战火。

在神的庇佑下

面对与英、法、荷的战争，并且对方都有卓越的领袖，已经处于破产的西班牙清楚地意识到自身的实力不及对手。公元 1598 年，西班牙为了走出一连串冲突的困局，与法国签订了《韦尔万条约》，正式承认亨利四世（1593 年开始成为天主教徒）为法国国王，并恢复了《卡托－康布雷齐和约》中的诸多条款。

而英国在与西班牙的交战中多次失败，加上爱尔兰的天主教人在西班牙的煽动下不断进行游击战，被迫于公元 1604 年签订了《伦敦条约》。当时，执掌英国大权的是斯图亚特王室的詹姆士一世，是一个相对而言比较好相处的新君主。

西班牙与英、法和好后，腾出了精力去巩固其在尼德兰行省的统治。当时，统治荷兰的是奥兰治的威廉之子、拿骚的毛里茨。也许可以这样说，他是当代最有才略的军事家：公元1590年之后，他领导下的荷兰夺取了多个边境城市，包括布雷达要塞。西班牙与英国握手言和后，其新任将领安布罗西奥·斯皮诺拉的能力与毛里茨不相上下。他加快了对荷兰的攻势，却因为西班牙在公元1607年的最后一次破产而功亏一篑。公元1609年，西班牙和联合省签署了十二年停战协定，和平终于再次回到了西班牙，史称西班牙和平。

停战期间，西班牙获得了难得的喘息机会，国力恢复良好，财政状况也随之好转。在即将到来的一场大型战争之前，西班牙正在做着充足的准备。然而，腓力二世的继承者腓力三世资质平庸，对朝政丝毫不感兴趣，所以把政务都交给了下属处理。因此，首相莱尔马公爵才是真正的领袖。莱尔马公爵（因至腓力三世）对其盟国奥地利的国事丝毫不感兴趣。公元1618年，腓力进行了人事变革，任命经验丰富的驻维也纳使节（唐）巴尔塔萨·德苏尼加为首相。（唐）巴尔塔萨相信，只要西班牙密切和哈布斯堡的奥地利的合作，就能对复苏中的法国起到一定的制约作用，并消灭荷兰境内的反对势力。公元1618年，布拉格掷出窗外事件连续两次发生后，奥地利和神圣罗马皇帝斐迪南二世便开始联手，共同打击新教联盟及波希米亚。（唐）巴尔塔萨鼓励腓力，和奥地利哈布斯堡王朝结为同盟，也参加战争。于是，西班牙陷入了三十年战争的痛苦泥沼。

公元1621年，腓力三世去世后，西班牙迎来了比他更虔诚的国王——他的儿子腓力四世。次年，奥利瓦雷斯伯爵——公爵接替了舅父（唐）巴尔塔萨，成为首相。公正地说，奥利瓦雷斯是一个正直的、有才能的人，他认为西班牙所有的困扰都是因尼德兰而起。起初，波希米亚人接连受挫，公元1621和公元1623年，他们两次在白山和施塔特洛恩战败。公元1621年，他们又与荷兰展开了激战。公元1625年，斯皮诺拉占领了布雷达要塞。作为为数不多的没有财政问题的欧洲君主之一，丹麦国王克里斯蒂安四世的干预引发了一些人的担心。好在公元1626年，神圣罗马帝国将领阿尔布雷希特·冯·瓦伦斯坦先后在德绍河和巴伦山麓卢特打败了丹麦，解决了这个大麻烦。

丹麦被击退后，德意志境内的新教徒看似被消灭了，因此西班牙希望将尼德兰重新划到自己的势力范围内。然而不久后，法国再次变得动荡不安，西班牙帝国的显赫地位呼之欲出。奥利瓦雷斯伯爵——公爵坚定地断言：“在神的庇佑下，我国终究会重归霸主之位。”

第二章　帝国的中衰

一场战争引发的悲剧

然而，奥利瓦雷斯实现抱负的时间并不多。他知道西班牙需要改革，而改革必须在和平的情况下才能完成。尽管如此，“摧毁尼德兰联省共和国”仍然是他日常工作的重中之重，他认为，荷兰之所以敢明目张胆地反对哈布斯堡王朝的统治，根源就在于其雄厚的财力：塞维利亚的东印度群岛商人得到了荷兰银行家的大力资助，与此同时，世界上荷兰的企业家和殖民地开拓者都在一步步撼动西班牙人和葡萄牙人霸权的基础。

安布罗西奥·斯皮诺拉和西班牙军集中兵力，大举入侵尼德兰，从表面上来看，战争似乎更有利于西班牙。但是，卡斯蒂利亚王国偏偏在这个时候“掉链子”——公元 1627 年，它的经济全线崩溃了。西班牙人一直在把其货币贬值，最终导致其物价飞涨，这一幕和多年前在奥地利上演的一样。直到公元 1631 年，卡斯蒂利亚部分地区才通过实物交易的办法解决了货币危机。此时，政府无法从农民阶层抽取任何有意义的税金，只得一味地依赖于从殖民地得到的收入。驻扎在德意志的西班牙军队的境况更加艰难，在该地“自负盈亏”。

战后，奥利瓦雷斯推行了一些税制改革，却因另一场令西班牙尴尬——在意大利发生的战争而遭到谴责。在二十年的停战期间，荷兰人越来越重视其不断发展壮大的海军，成功破坏了西班牙的海上贸易——西班牙在经济崩溃后依附的事业。

此时，西班牙与尼德兰的竞争已经进入了白日化。公元 1629 年，尼德兰占领我国台湾南部不久，西班牙也赶去凑热闹，占领了我国台湾北部，但 16 年后就被尼德兰轰走了。

西班牙的军事资源完全投放在欧洲各处以至海上，目的是保护海上贸易，并防范荷兰人的战舰。帝国中葡萄牙的部分，其航运屡次遭到葡萄牙的袭击，贸易站和领土陷落，损失严重。

公元 1628 年，尼德兰船长皮特·彼得松·海因捕获了西班牙的宝藏船。

在西班牙经济严重衰退的同时，尼德兰却势头良好、蒸蒸日上。西班牙逐渐意识到，自己已经无法应付日益增长的海军之威胁了，除了尼德兰以外，还有法国和英格兰。但不管怎么说，此时西班牙在地中海的海军实力仍然很强大，不容小觑，足以抵抗奥斯曼海军和穆斯林海盗。

公元1630年，统治瑞典的是古斯塔夫二世，他也是历史上最有名的将领之一。他登陆并攻取了德意志的最强欧洲大陆要塞、一直与他作对的施特拉尔松德港。之后，古斯塔夫率军南下，并在布赖腾费尔德战役和吕岑战役中完胜，因此得到了更多新教徒的支持。不幸的是，公元1632年，他在吕岑去世了，瑞典军便在讷德林根战役中被天主教帝国一举摧毁。公元1635年，神圣罗马皇帝与被战乱扰得疲乏不堪的德意志邦国握手言和。对此，很多邦国表示赞同，包括最强大的勃兰登堡和萨克森。法国却意外地在此时插手，在外交情势的上空笼罩了一团迷雾。

古斯塔夫二世登录波美拉尼亚

在战争初期，为了牵绊哈布斯堡在欧洲的扩张步伐，法国首相黎塞留曾经大力支持尼德兰及清教徒，一起反对西班牙及神圣罗马帝国，并向他们提供资金和装备支持。然而，黎塞留认为《布拉格和约》的签署不利于法国计划的实施，因此条约签署短短几个月后，法国就向神圣罗马帝国和西班牙宣战了。西法两国交战初期，经验更多的西班牙军曾势头良好：奥利瓦雷斯命令军队从尼德兰突击法国北部，企图以此粉碎路易十三下属的信心，并促使黎塞留下台。公元1636年，西班牙军推进至法国科尔比的南部，对首都巴黎的安全造成了威胁。对西班牙来说，战争的序幕即将拉开。

但公元1636年以后，奥利瓦雷斯突然不再向前推进，因为他担心王室会因此而再度破产。他犹豫不决，并未借势进攻，造成了严重的后果。此后，西班牙军队再也没有如此深入敌阵。公元1639年，西班牙舰队在唐斯战役中被尼德兰海军击败。这次失败像一个重锤敲响了西班牙人，他们才意识到自己在尼德兰没有补给，也没有足够的增援，已经陷入了绝境。公元1643年，在尼德兰境内的罗克鲁瓦战役中，代表西班牙最强军力和领导力的佛兰德军遭到了波旁的路易二世的军队的突击。这支由弗朗西斯科·德梅洛率领的军队败得一塌糊涂，大部分士兵被法国骑兵或杀或擒。经此一役，佛兰德军的威名毁于一旦，西班牙也从此走向了中衰，急转直下。

按照传统说法，公元 1643 年的罗克鲁瓦战役标志着西班牙欧洲霸主地位的终结。但事实上，这场战争并没有真正结束。公元 1640 年，法国煽动加泰罗尼亚人、那不勒斯人和葡萄牙人，奋起反抗西班牙的统治。公元 1648 年，西班牙丧失了对尼德兰的统治权，不得不与荷兰人议和，签署了《威斯特伐利亚和约》，承认尼德兰联省共和国的独立地位。自此，西班牙与尼德兰的八十年战争，以及与欧洲各国的三十年战争正式画上了句号——尽管这并不是西班牙想要的结局。

但是，西班牙与法国的战争还是持续了十一年。虽然法国于公元 1648—1652 年爆发了内战，但西班牙的经济情况已经困乏不堪，根本无暇同时处理几场战争，分身乏术。然而，在此期间，西班牙的衰落经常被无限夸大。公元 1648 年和公元 1652 年，西班牙先是成功地收服了那不勒斯和加泰罗尼亚，但是最终，蒂雷纳子爵却带领法军在沙丘战役中击败了西班牙在尼德兰的残余势力，结束了这场战争。公元 1659 年，战败的西班牙与法国签订了《比利牛斯条约》，将鲁西永、富瓦、阿图瓦和大部分洛林拱手让给了法国。

公元 1640 年，布拉甘萨的若昂宣称在葡萄牙即位，主导叛乱，得到了葡萄牙人的大力支持。此时的西班牙焦头烂额，一方面要平息其他叛乱；另一方面还要与法国纠缠，所以没有及时地处理这个问题。若昂登基为布拉甘萨王朝第一任君主，称为若昂四世。公元 1644—1657 年，西葡两个国家实际上和平共存。公元 1657 年，若昂死后，西班牙企图从葡萄牙新君阿方索六世手中夺回葡萄牙，结果却未能如愿。西班牙相继在公元 1663 年的阿梅希亚尔战役和公元 1665 年的蒙蒂斯克拉鲁斯战役中，败给了葡军，最后被迫于公元 1668 年承认葡萄牙独立。

虽然失去了对荷兰和葡萄牙的控制权，西班牙仍然算得上是一个庞大的海外殖民帝国，拥有广阔的海外殖民地。

公元 1667—1668 年，路易十四挑起了权力转移战争，企图夺得西属尼德兰。卡洛斯二世和他的摄政团对此却无所作为，不仅使西班牙声望大跌，更失去了里尔和沙勒罗瓦城市等领地。在大同盟战争中，尝到甜头的路易十四再次进犯西属尼德兰。卢森堡公爵率领法军，于公元 1690 年在弗勒吕斯大败西班牙军，随后更是摧毁了与西班牙的联盟——由奥兰治的威廉三世所率领的尼德兰军。战争结束后，法国占领了西属尼德兰的大部分领土，包括重要城市根特和卢森堡。此役告诉欧洲人一个事实：西班牙的军队和官僚机构脆弱而落后，其哈布斯堡政府却熟视无睹。

在17世纪后期的几十年里，西班牙的衰败几乎已经成了无法扭转的定局。与之形成鲜明对比的是，西欧其他地方的政府和社会却被注入了新鲜的血液，正在经历急速的转变，比如英格兰的“光荣革命”和法国的“太阳王之治世”。

西班牙却仍然妄自尊大，命运多舛。有号召力、勤奋和聪明的查理一世和腓力二世所建立的官僚制度，需要的是强势、勤劳的君主，而不是懦弱无能、无心理政的腓力三世和腓力四世。在这两个昏庸君主的领导下，西班牙逐渐衰退已经成了不可扭转之势。

再加上卡洛斯二世是一个有智障且阳痿的君主，哈布斯堡家族因此后继无人，结果王位落到了波旁家族的王子安茹的腓力手上。这成了后来西班牙王位继承战争的导火索。

卡洛斯二世生前曾立遗嘱，让法国国王路易十四之孙安茹公爵腓力继承王位，但规定法、西不得合并。奥地利皇帝利奥波德一世则想让自己的次子查理大公继承西班牙的王位。公元1701年，法王宣布腓力为西班牙国王，称腓力五世（1700—1764年在位），并大举进犯西班牙统治下的尼德兰。英国当然不能眼睁睁地看着法国独霸欧洲，于是与荷兰结成了反法联盟，支持奥地利的查理大公继承西班牙王位。随后，普鲁士、德意志诸侯国、葡萄牙和萨伏依等也加入了这一同盟。西班牙和巴伐利亚、科隆等选帝侯国等则站在了法国一边。同年3月，战争爆发，主要战场在意大利、尼德兰、德意志和西班牙。

公元1703年，反法同盟在奥克斯塔特打败了西法联军。公元1704年，英国将直布罗陀从西班牙手中夺走。公元1706年，西法联军相继在都灵战役和拉米伊战役，以及公元1708年的奥德纳尔德战役中战败，法军不得不从尼德兰退兵。更糟的是，西班牙的加泰罗尼亚地区爆发了拥护奥地利查理大公的起义，奥地利将势力范围延伸至西班牙的巴伦西亚、阿拉贡地区，迫使腓力五世撤出马德里，查理大公则于公元1706年7月2日进驻马德里。

公元1707年4月25日，法国占领了西班牙的巴伦西亚、穆尔西亚、阿拉贡地区，腓力五世实际上统治了西班牙的广大地区。公元1710年，查理大公再次进入了马德里，却惨败而归。然而公元1711年，战局又朝着有利于法国的方向发展了。

也正是在这一年，奥地利的查理大公因为哥哥的去世而成了奥地利和神圣罗马帝国的最高统治者，史称查理六世（1711—1740年在位）。因此，英国临时改变了主意，不再支持他继承西班牙王位。和英国有同样担心的还有荷兰。他们都怕查理大公的势力过大，而对本国不利。公元1713年4月，英国在荷兰的乌得勒支与法、西签订了《乌得勒支条约》，并于次年签订了《拉施塔特和约》。

最终，腓力五世西班牙国王的身份得到了承认。公元 1714 年，西班牙王位继承战争正式宣告结束。这场战争最大的受益国是英国，其在海上和殖民地的势力得到了极大的增强。与此相反，法国的力量则被削弱了，其欧洲霸主的地位不保。

让改革与复苏之火熊熊燃烧

根据公元 1713 年 4 月 11 日签署的《乌得勒支和约》，欧洲列强决定了西班牙的命运，以保持欧洲实力均衡。西班牙新国王腓力五世虽然得以继续保留西班牙在海外的殖民地，却被迫将西属尼德兰、那不勒斯、米兰及萨丁岛让给了奥地利；西西里岛和部分米兰让给了萨伏依；梅诺卡岛和直布罗陀则落到了英国手中。因此，帝国干预欧洲领土的行动逐渐减少（在 1718—1720 年的四国同盟战争，更暴露出其弱点）。

此外，西班牙甚至把西属美洲贩卖奴隶的专利权让给了英国三十年，又让其注册船只航行到西班牙的殖民地。对此，法国历史学家费尔南·布罗代尔的看法是：这为合法运输和走私打开了大门，也为西班牙的失败埋下了伏笔。

波旁王朝的统治是以中央集权为基础的，坚持的是重商主义，在美洲推行得非常缓慢，在此期间却发展迅速。而波旁王朝的目的主要是，破坏根深帝国的美洲贵族阶层社会“克里奥略”（本土出生的欧洲裔殖民），并最终削弱了耶稣会对领土的控制。公元 1767 年，耶稣会被驱逐出了西属美洲。墨西哥城和利马早就建立了一些商人协会，被本土地主牢牢地控制着。与此同时，韦拉克鲁斯工会成立了，成为其强大的竞争对手。

早在公元 1714 年，腓力五世的政府就成立了海军及印度群岛部、首间洪都拉斯公司，后来又分别于公元 1728 年和公元 1740 年开办了一间加拉加斯公司和唯一注定兴盛的哈瓦那公司。公元 1717—1718 年，负责管理印度群岛的印度群岛议会和印度群岛贸易馆也管理笨重的宝藏船，从塞维利亚迁移到加蒂斯，使之处理所有印度群岛的贸易。私人的定期出航慢慢取代了原来的武装护航船。但是到了公元 1760 年，已经有邮船定时来回于加蒂斯、哈瓦那和波多黎各，也有较疏落的航班前往拉普拉塔河，公元 1776 年该地还新增了一个总督。就这样，西班牙赖以为生的非法贸易收入锐减了，这引起了西班牙政府的极度不安。

公元 1780 年，图帕克·阿马鲁二世在秘鲁发动起义。与此同时，委内瑞拉也发动了叛乱。这两件事表现出了西属美洲局势的动荡不安，并显示出了制度改革再度引起的抵抗。

最终，18 世纪的西班牙早已沦落为法国的附庸国，曾经的超级强国的风采不再，因此没能夺回直布罗陀。好在其海外帝国趋向繁荣，贸易收入稳步增长，以后半世纪表现得尤为明显。由于在与英国海军的七年战争中失败了，西班牙自 17 世纪 40 年代以来航运的快速增长受阻。再加上后来西班牙参加了美国独立战争，英国的攻势再度阻碍了其贸易发展。但是，随着商船制度以外的贸易的合法化，西班牙的船运贸易在 17 世纪 80 年代再度增长，而且发展势头良好。

加蒂斯对美洲的贸易垄断结束，促进了西班牙制造业的复苏。其中最显著的是，加泰罗尼亚的纺织业在 17 世纪 80 年代中期，已经出现了工业化的最初现象。一小群活跃于政治舞台上的商家阶级在巴塞罗那出现。虽然这些工业的规模远不及兰开夏郡的庞大工业，但它们发展迅猛，并将在 19 世纪成为该行业在地中海的中心。但是，这些细小、零散的地方现代工业的发展毕竟十分有限，和英国庞大的工业规模无法比较。

这些发展从反面证实了西班牙的经济停滞。沿海主要城市和大型岛屿的经济迅速发展，如古巴的种植业发展，以至美洲贵金属采矿业再度增长。而与之形成鲜明对比的是，西班牙郊区及其帝国的大部分地区的大部分居民住在偏远社区，交通不便、经济落后、观念守旧，新的农业生产技术的发展遭到了阻碍，因此生产量持续低迷。总的来说，18 世纪时西班牙经济虽然有所改变，但仍然很落后。其重商主义的贸易安排，使其不能为帝国提供足够货品和市场。

这些改革一度让波旁王朝在军事方面成绩显赫。公元 1734 年，波兰爆发了王位继承战，国内一片混乱，西班牙渔翁得利，轻而易举地就从奥利地手中夺走了那不勒斯和西西里岛。通过詹金斯之耳战争（1739—1742 年），西班牙阻止了英国夺取战略城市卡塔赫纳和古巴的企图。并且，在美国独立战争中，西班牙报了七年战争失败的一箭之仇，收复了失地，并夺得了英国的军港巴哈马。

公元 1769 年，为了继续扩大帝国的影响，西班牙开始在加利福尼亚传教。公元 1791 年，西班牙与英国签署了《努特卡协议》，将英国在俄勒冈地区划归不列颠哥伦比亚。公元 1791 年，西班牙国王下令亚历山德罗・马拉斯皮纳寻找西北水道。

尽管如此，西班牙帝国超级强国的地位并未恢复，但比 18 世纪初被其他强国扼住喉咙的时候有了很大的改善，国力得到了大幅的提升。在新国王的带领下，西班牙重建并开始现代化道路的计划指日可待。

此时的西班牙，充其量只算得上是中等强国。但随着殖民地贸易与财富的增长，与西班牙本土的贸易也不断改善，却仍然受到了严厉的限制，这引起了殖民地当局的强烈不满，战争似乎一触即发。马拉斯皮纳提议西班牙帝国改为实行联邦制，以改善统治和贸易，并解决帝国边缘的精英与中央之间在政治上的紧张局势。但是，西班牙政府担心权力旁落，断然拒绝改革。在世纪之交，法国大革命战争和拿破仑战争带来的战乱降临欧洲，并扫除了一切。

盛世余辉

西班牙原本有恢复其帝国余晖的机会，却因为拿破仑在法国的崛起而梦碎了。

19 世纪，西班牙失去了第一个主要的海外领地——辽阔的西属路易斯安那领地。它一直向北方延伸至加拿大，是在公元 1763 年由法国割让而得来的。公元 1800 年，法国皇帝拿破仑按照秘密签订的《圣伊尔德丰索第三条约》掌握了其统治权，并把它卖给了美国（1803 年路易斯安那购地）。

而在公元 1805 年的特拉法加海战中，西班牙主力舰队被法军摧毁，此举大大削弱了西班牙防御和维护其帝国的能力。再加上拿破仑大军于公元 1808 年入侵西班牙，有效切断了西班牙与其帝国的联系。

特拉法加海战是英国海军史上的一次最大胜利，英法在此战中的指挥者正是一对历史上最著名的对手——具有传奇色彩的英国海军司令纳尔逊和拿破仑。此役之后法国海军精锐尽丧从此一蹶不振，拿破仑趁热崛起

拿破仑将路易斯安那领地卖给美国后，美国和西班牙开始了边界之争。美国政府认为西班牙的西属佛罗里达也在购地范围内，并要求西班牙交还土地。西班牙为此表示抗议，认为路易斯安那购地的范围只涉及新奥尔良一带，认为美国是强词夺理，拒绝了美国的要求。公元 1810 年，西属佛罗里达和密西西比河河口的路易斯安那剩余土地发生叛乱，美国趁机向东扩张领土，西班牙不得不就范。公元 1819 年，美国和西班牙签署了《亚当斯－奥尼斯条约》，规定这两地归美国所有，西班牙被迫将佛罗里达

全境卖给了美国。

公元1808年，西班牙国王被骗，导致西班牙在毫无准备的情况下被拿破仑吞并。但法军的残酷统治激起了西班牙人的起义，游击战此起彼伏。拿破仑把这场半岛战争戏称为他的“溃疡”。后来，西班牙出现权力真空近十年，动荡持续数十年，又因继位问题引起了内战，直至共和国诞生，自由民主主义最终站稳了脚跟。在19世纪的前三十多年里，西班牙丧失了很多殖民地，只剩下了古巴、波多黎各、西属拉美，以及偏远地区的诸如菲律宾、关岛及邻近的太平洋岛屿，还有撒哈拉、摩洛哥部分地区和西属几内亚。

说到拉丁美洲的独立战争，实际上就是由英国入侵西班牙殖民地失败而引起的。公元1806年，拉普拉塔河地区的守军被一支小型英军击败后，其总督仓皇逃到了山上。

公元1807年，“克里奥略”民兵和殖民地军队打败了英军，于是决定争取独立，并鼓励其他美洲地区仿效。此后，拉丁美洲进入了长期战乱的时期，最终巴拉圭（1811年）和乌拉圭（1815年）独立。

在南方，何塞·德圣马丁参与战争，阿根廷（1816年）、智利（1818年）和秘鲁（1821年）先后获得独立。在北方，西蒙·玻利瓦尔和安东尼奥·何塞·苏克雷领导的军队，最终在1825年成功让委内瑞拉、哥伦比亚（包括今天的巴拿马，直至1903年）、厄瓜多尔和玻利维亚六国取得独立。

公元1810年，相信自由思想的神父米格尔·伊达尔戈·科斯蒂利亚揭开了墨西哥独立运动的序幕，并于公元1821年成功。中美洲于公元1821年宣布独立，曾一度与墨西哥合并（1822—1823年）。圣多明哥也于公元1821年宣布独立，并开始商讨加入玻利瓦尔的大哥伦比亚，但是很快被海地占据，直到公元1844年一场革命发生为止。也就是说，西班牙在美洲的殖民地只剩下古巴和波多黎各了。

更要命的是，西班牙国内出现了内乱。拿破仑时代结束后，深受战争之苦的西班牙出现了权力真空，使其主权的传统共识消失，令国家政治分化，并引起改革、自由和保守三派之间的纠纷和战争。18世纪时西班牙经济发展曾一度加快，现在却因动荡的局势而受阻。公元1868年，西班牙发生了政变，女王伊莎贝拉二世被推翻，阿玛迪奥一世继位后开始实行君主立宪制。但阿玛迪奥一世国王的位置还没坐热，西班牙就再次出现了全国动乱，不得不宣布退位。公元1873年，西班牙第一共和国宣布成立。西班牙好不容易迎来了才能出众的阿方索十二世，成功稳定了其内政，并提高了声望，却很快就因为阿方索十二世的早逝而不得已画上了句号。

民族主义的高涨和殖民地的反殖民抗争，终于拉响了公元1898年美西战争的导火索。战争主要因古巴而起。后来，西班牙屡遭败绩，无奈签署了《巴黎条约》，承认古巴独立，把波多黎各和关岛双手奉送给了美国，并以2 000万美元的价格把菲律宾群岛卖给了美国。公元1899年，西班牙把余下的太平洋殖民地卖给了德国。到此时，西班牙只剩下在非洲的殖民地了。

无敌舰队的覆灭

公元1898年5月1日，无敌舰队开始了最后的出征。这是一支由四艘巡洋舰和三艘驱逐舰组成的舰队，目标是西印度群岛的古巴和波多黎各，因为那里的西班牙帝国的美丽岛屿正在经受美国舰队的严重威胁。

近三千名西班牙海军表现得非常乐观，因为在他们看来，或者可以说在所有欧洲人看来，美国只是一个半开花的后进国家，其海军也籍籍无名，根本不足为惧。但在“玛丽·特雷莎公主号”上的舰队司令雪尔维拉却看起来忧心忡忡的，因为他对本国舰队的实力有清醒的认识：四艘巡洋舰都有不同程度的腐朽或损坏，弹药也严重不足；火炮系统大都有严重问题，有的船连必备的主炮都没有安装；更不用说，航行刚刚开始，各艘船上的煤仓已经空了一半。这支舰队的外强中干似乎正是西班牙帝国的写照。尽管如此，雪尔维拉还是决定为了捍卫西班牙的荣誉而战。

曾经，西班牙无敌舰队令世界各国闻之丧胆，如今却变得不堪一击，在美国的打击下毫无还手之力

从某种意义上来说，西班牙与美国的这场战争，是围绕一个岛而发生的，它就是被誉为“加勒比海明珠”的古巴。西班牙对古巴的所有权，早在公元1492年哥伦布发现美洲时就已经确立了。古巴十分富饶，单凭全球无双的蔗糖业和烟草业，带给西班牙的收益就超过了所有前美洲殖民地的总和，因此对西班牙来说至关重要。美国当然不会放过这块触手可及的“肥肉”了。美国曾两次斥巨资向西班牙购买古巴，都遭到了西班牙的坚决拒绝。

与此同时，不愿把自己的命运交给他人的古巴人也开始了争取独立的战争。公元1868年，第一次古巴独立起义爆发。接而连三的起义，把本就摇摇欲坠的西班牙君主制政府弄得焦头烂额。

公元1898年2月15日，正在古巴进行“友好访问”（实则是向西班牙示威）的美国军舰“缅因号”在哈瓦那港发生了大爆炸，美国顺势给西班牙扣上了罪魁祸首的帽子。25日，在西班牙业已宣战的情况下，美国才正式宣战。

4月30日，美军在马尼拉湾轻而易举歼灭了孱弱的西班牙舰队。同一天，雪尔维拉奉西班牙海军部的命令，率领舰队离开西非海岸的佛得角，驶向美洲。

为了尽早摧毁雪尔维拉舰队，美国人开始了一场劳而无功的海上迷藏。令美军惊讶不已的是，西班牙人在加蒂斯港迅速打造了一支新的舰队，并企图以这支集中了西班牙全部剩余海上力量的舰队去反攻马尼拉。

经过一番苦战，美军终于拿下了埃尔卡内和圣胡安两个据点。美军伤亡近2 000人，其中300多人阵亡。西班牙人的损失则不到美军的一半。以一般标准来看，美军损失还不算大，但这是整场战争中美军唯一一次遭到的严重打击，也是美国向海外扩张以来的第一次惨胜，这一天的损失差不多是美国在战争中全部的死伤数，因此圣胡安这个血色地名也永远留在了美国人的记忆中。

尽管西班牙舰队一度让轻敌的美国海军遭到了沉重的打击，但仍无力扭转失败的命运。雪尔维拉舰队的覆灭，标志着西班牙的失败已成定局。8月12日，走投无路的西班牙正式投降，放弃了包括古巴、波多黎各、菲律宾、关岛在内的几乎全部殖民地。也就是说，西班牙帝国彻底完了。而在这场战争最大的受益者美国却在以全世界惊讶的神速崛起——世界开始转向了另一个未知的方向。

最后一根救命稻草——非洲殖民地

公元1481年，罗马教廷颁布教宗诏书，同意葡萄牙可得到加那利群岛以南的所有土地。在非洲的该群岛、西迪伊夫尼、梅利利亚（1497年由佩德罗·德埃斯托皮尼扬征服）、锡兹内罗斯城（1502年建立，今西撒哈拉达赫拉）、戈梅拉岛（1508年建立）、奥兰（1509—1590年）、阿尔及尔（1510—1529年）、贝贾亚（1510—1554年）、的黎波里（1511—1551年）、突尼斯（1535—1569年）和休达仍为西班牙领地。

公元1778年，葡萄牙为了获得南美洲一些领地，签署了《埃尔帕多条约》，把费尔南多波岛（今比奥科岛）及毗连的小岛让给了西班牙，还包括尼日尔河和奥果韦河之间大陆的商业权力。

19世纪，一些西班牙探险者和传教士造访此地区，这些人中就包括曼努埃尔·德伊拉迭尔。公元1848年，西班牙军队将查法里纳斯群岛据为己有。

公元 1859 年，西班牙与摩洛哥在得土安展开激战，西班牙战胜。第二年，双方签署了《丹吉尔条约》，西班牙从摩洛哥手中得到了西迪伊夫尼。在此后的几十年里，西班牙与法国联手，在西迪伊夫尼的南部建立和扩张保护领地。

公元 1884 年，在柏林会议上，西班牙的巨大影响力得到了国际范围内的承认，并得到了西迪伊夫尼和西撒哈拉两地的管理权。此外，西班牙还宣称从博哈多尔角到努瓦迪布半岛的沿岸地区为其保护领地。木尼河区（位于今赤道几内亚境内）更分别在公元 1885 和公元 1900 年成为西班牙保护国及殖民地。公元 1893 年，一场短暂的战争给了西班牙扩张其在梅利利亚南部势力的绝好机会。

1911 年，摩洛哥被法国和西班牙一分为二。1921 年，安瓦勒战役爆发，摩洛哥的叛乱分子突袭西班牙军队，使其遭到了几乎致命的打击。事实上，叛乱是西班牙军队严重腐败和衰弱的一个缩影，使西班牙政府陷于不稳，导致独裁政府成立。公元 1925 年，西班牙与法国合力镇压国内叛乱，却不曾想付出了惨重的代价。

1923 年，在违背丹吉尔意愿的情况下，它成了一个由法国、英国及西班牙（后来意大利更是参与其中）共同托管的国际城市。曾参与摩洛哥战役的老手弗朗西斯科·佛朗哥发动了西班牙内战（1936—1939 年），并登上了最高统治者的高位。1926—1959 年，比奥科岛及木尼河区合并为西属几内亚。而在第二次世界大战期间，佛朗哥统治下的西班牙从维希政权手中夺回了丹吉尔。

20 世纪上半叶，西班牙似乎对发展其非中殖民地的经济基础这件事不太感兴趣，当然，也可能是因为囊中羞涩。尽管如此，西班牙还是不忘表现自己大家长的权威，尤其是在比奥科岛。西班牙政府在这里开辟了一个专门种植可可的农园，还引进了许多尼日利亚佣人。此外，西班牙还让赤道几内亚拥有了全美洲最高的识字率，并发展了良好的医疗设施网络。

1956 年，法属摩洛哥正式宣告独立，但西班牙仍保留了其在西迪伊夫尼、塔尔法亚及西属撒哈拉（今西撒哈拉）的控制权。1957 年，摩洛哥苏丹穆罕默德五世为了得到这些土地，大举入侵西属撒哈拉。第二年，摩洛哥不仅得到了塔尔法亚，还把原本独立的萨吉亚阿姆拉（在北方）和里奥 - 德奥罗（在南方）合并为西属撒哈拉。

为了维护自己的统治，1959 年，西班牙在几内亚湾一带进行了辖区改组，承认其具有与西班牙本土省份同等的地位，并设立了总督，授与其军事和政府权力。此外，西班牙政府还在这些殖民地推行了民主政治制度。

1968 年 3 月，联合国及赤道几内亚的民族主义者施加压力，使西班牙宣布让赤道几内亚独立。赤道几内亚在该年取得独立时，是非洲人均收入最高的国家。1969 年，西班牙再次受到强大的国际舆论压力，不得不把西迪伊夫尼还给了摩洛哥。1975 年，绿色进军将西班牙驻军赶出了西属撒哈拉。

加那利群岛和北非沿海的西班牙城市，一直被视为是西班牙以至欧盟的领土，但由于税制不同，所以并没有增值税。然而，摩洛哥仍然不管不顾地宣称加那利群岛、休达、梅利利亚和其他西班牙主权地为本国领土。2002 年 7 月 11 日，摩洛哥宪兵和军队成功占领了佩雷希尔岛，最终却被西班牙海军翻盘，被驱逐，所幸未造成伤亡。

西班牙在美洲建立殖民地的历史，要追溯到 15 世纪。众所周知，西班牙对美洲地区的殖民统治，对美洲人民来说是一场血泪史，但这并不能抵消其积极意义：西班牙语和天主教在美洲和西属东印度群岛（密克罗尼西亚联邦、关岛、马里亚纳群岛、帕劳和菲律宾）落地生根。今天“拉丁美洲”一词的由来，也可以从侧面反映出与西班牙在美洲的殖民统治的密切关系。

第三章　帝国历史上的名人

卡斯蒂利亚国王恩里克三世

恩里克三世（1379—1406 年），卡斯蒂利亚国王胡安一世与妻子阿拉贡的埃莉诺之子，出生于卡斯蒂利亚的首都布尔戈斯。在登基之前，他拥有阿斯图里亚斯王子的称号，指定他为继承人。

公元 1388 年，恩里克三世与英格兰第一任兰开斯特公爵冈特的约翰与卡斯蒂利亚前任国王佩德罗一世的长女康斯坦丝的女儿兰开斯特的凯瑟琳（1372—1418）结婚，结束了两国的冲突，并巩固了特拉斯塔马拉王朝的统治地位。

恩里克三世
(1379 年 10 日 4 日至 1406)

公元 1390 年 10 月 9 日，胡安一世在阿尔卡拉从马上摔下来而死亡后，年仅 11 岁的恩里克三世即位，14 岁时开始亲政。尽管被称为“病弱王”，但在 15 世纪初期，他积极从事外交政策和军事演习，并平息了贵族间的纷争、恢复了王权。

在位期间，恩里克三世的卡斯蒂利亚舰队多次战胜英格兰舰队。公元 1396—1398 年，恩里克三世多次打败葡萄牙军队，在取得有利条件的前提下休战，他曾派遣他的弟弟费尔南德斯进攻格拉纳达。并派遣海军摧毁了北非阿拉伯人的海盗基地，由此西班牙海军成为了欧洲霸主。

公元 1402 年，他开始在加那利群岛建立殖民地，并派遣诺曼底探险家让·德贝当古攻击巴达霍斯，以转移葡萄牙的入侵，最终于公元 1402 年与葡萄牙国王若昂一世签署了和平条约。这是西方近代殖民浪潮的先声。

接着，他又开始攻击格拉纳达王国，于 1406 年在乌韦达附近的科列哈雷斯获得胜利。他还派出多位使者到中亚的帖木儿帝国，以建立联系。

公元 1406 年，恩里克三世去世后，他的儿子胡安二世在托莱多成为卡斯蒂利亚国王。

诺曼底探险家让·德贝当古

让·德贝当古（1362—1425），法国诺曼人、探险家，加那利群岛首个欧洲殖民统治者。他于1402年发现了加那利群岛，并率先在兰萨罗特岛北岸登陆。他以此为据点，又为卡斯蒂利亚王国征服了富埃特文图拉岛和耶罗岛，驱逐和同化了当地的原住民关契斯人，建立了加那利群岛殖民地。贝当古后被罗马教皇授予了“加那利国王”的头衔，但他承认卡斯蒂利亚王国对加那利群岛的最高统治权。

为了筹措足够的探险资金，公元1401年12月，让·德贝当古以200金法郎的价格卖掉了他在巴黎的住房和一些不动产。再加上找叔叔罗伯特·德布拉蒙借的700英镑，义无反顾地踏上了“淘金”的航程。

5月1日，让·德贝当古和另一位曾与他一起在突尼斯战斗的战友戈迪菲·德拉萨莱一起从法国的拉罗歇尔启航了。当时，船员一共有280名。但由于大多数船员对此次充满未知风险和不确定因素的航行充满了恐惧，船队出现了非常严重的脱逃现象，最后只剩下了包括让·德贝当古在内的53人。7月，船队从加蒂斯启航前往加那利群岛。

7月底，让·德贝当古的船队在加那利群岛最东北的岛屿——兰萨罗特岛登陆了。在这个小岛上，让·德贝当古与曾和自己出生入死的德拉萨莱为了争夺总督的位置而产生了激烈的矛盾，最初的殖民者分化成了两派，从此埋下了仇恨的种子。

为了更好地征服富埃特文图拉岛，让·德贝当古和少得可怜的追随者一起离开了加那利，前往寻求卡斯蒂利亚王国国王恩里克三世的支持和援助。恩里克三世最终被让·德贝当古的三寸不烂之舌征服了，答应为他们的殖民事业提供帮助，但提出了一个要求——加那利群岛的统治者必须效忠于卡斯蒂利亚王国。最后，双方还签署了合约，让·德贝当古耍了一个心机：他只写下了自己的名字，却对德拉萨莱只字未提。后来，他利用这个合法的手段，剥夺了德拉萨莱在兰萨罗特岛的统治权。

让·德贝当古离开加那利群岛后，德拉萨莱来到兰萨罗特岛南边的小岛洛波斯岛进行探险，并猎杀当地的僧海豹制作生活所需要的皮革品。一个探险队员趁机在兰萨罗特岛发动了叛乱，将岛上的营地洗劫一空，还利用原住民的信任，诱拐一些人当了奴隶。叛乱者撤走了所有的船只，如果不是恰好有一艘西班牙商船路过，德拉萨莱肯定会被活活饿死在洛波斯岛上。

德拉萨莱虽然幸运地返回了兰萨罗特岛，但此时欧洲人与当地人的关系已经呈白日化，战争一触即发。为了赶走殖民者，当地人屡次发动战争，德拉萨莱遭遇了空前紧张的局面。直到公元 1403 年 7 月 1 日，他的对手让·德贝当古拯救了他。罗马教皇本笃十三世将兰萨罗特岛定为主教区，公元 1417 年，这里迎来了第一任主教阿方索·圣卢卡尔·德巴拉梅达。

让·德贝当古不在加那利群岛的时候，德拉萨莱就曾多次尝试把兰萨罗特岛南方的营地当作据点，通过两岛之间的小岛洛波斯作为通道来进攻富埃特文图拉岛，却失败而返。公元 1404 年，让·德贝当古带着援兵和物资回到了加那利，西班牙殖民者的势力更加强大，甚至在富埃特文图拉岛上架起了两座炮台。

此时，富埃特文图拉岛上的原住民分裂为两个部落，并多次发生冲突，造成不少伤亡，给了让·德贝当古和德拉萨莱可乘之机。在殖民者的火力猛攻下，原住民宣布投降了，接受了基督教的洗礼。让·德贝当古还和德拉萨莱一起在富埃特文图拉岛上建立了一个殖民地作为临时首都，以让·德贝当古的名字命名为贝坦库里亚（即今天的富埃特文图拉岛首府）。

戈梅拉岛位于深谷和高山之中，地势险恶，再加上其有四个强大的部落，因此征服的难度非常大。经过几番艰苦卓绝的战斗，让·德贝当古率先拿下了其中两个部落，其余两个部落却始终未能征服。

公元 1405 年，让·德贝当古抵达耶罗岛的巴伊亚 – 德纳奥斯，这里面积狭小、人口稀少，容易征服。更难得的是，上帝赐予了他一个千载难逢的好机会：当地人请求他出手救回被海盗掳走的首领。遗憾的是，当地人遇到的是一个言而无信的人。让·德贝当古虽然答应了当地人的请求，并和他们签订了友好盟约，骗取了他们的信任，却出其不意地对他们发动了攻击，不仅强占了他们的财物，还将他们变成了奴隶。

经过近 4 年的努力，让·德贝当古征服了加那利群岛中的一半岛屿。在此期间，他也遭遇了多次失败。对加那利群岛的征服，使原住民关契斯人的文明几乎遭到了彻底的毁灭，许多人死亡或被奴役，其他的也逐渐被欧洲人同化了。

公元 1406 年 12 月 15 日，让·德贝当古返回了欧洲，风光无限。凭丰盛的殖民成果，他从一个靠变卖财产和借贷筹资出海的穷人，摇身一变，堂而皇之地变成了一位富有的探险英雄。他通过之前和卡斯蒂利亚王国签订的援助条款，成功夺取了德拉萨莱对岛屿的统治权。后来，德贝当古将自己对耶罗岛和兰萨罗特岛的统治权传给了侄子马西奥·德贝当古。为了稳定统治，马西奥娶了前兰萨罗特岛原住民部落领袖之女，并用其名字命名兰萨罗特岛的临时首府。

但在公元1415年，事情来了个急转弯。卡斯蒂利亚王国突然宣布剥夺让·德贝当古的统治权。公元1418年10月17日，马西奥·德贝当古将岛屿出售。公元1419年5月16日，让·德贝当古宣布效忠于英格兰国王亨利五世。公元1425年，曾风光无限的让·德贝当古在自己的出生地格兰维尔－代尔病逝。

如今，让·德贝当古以及该名字的变形在加那利群岛居民和加那利血统的人群中随处可见，俨然已经成为一个时代的符号。

巴斯科·努涅斯·德·巴尔沃亚

巴斯科·努涅斯·德·巴尔沃亚（1475—1519）出生于西班牙的巴达霍斯，是一个多灾多难的人。可以这样说，在到达巴拿马之前，他的生活几乎是在想尽办法躲避债务中度过的，他被债主逼得像一只灰溜溜的过街老鼠。

公元1500年，这是巴尔沃亚生命中最大的转折点，从此，讨债的生活最终画上了句号。这一年，他踏上了去美洲探险的征程，在海地垦荒。他一改往日的懒惰，每天勤勤恳恳地干活，渴望成为一个种植园主，命运却再次和他开了一个玩笑——债务又缠上了他。无奈之下，他躲在一个装满物品的大桶里，被搬上了船，辗转来到了南美洲北部沿海地区。一到船上，他就接管了行使权。

公元1513年，巴尔沃亚被西班牙国王任命为巴拿马大西洋沿岸达连地区的总督。但风光的人总是容易遭到别人的嫉恨，巴尔沃亚也一样：他收到了一封来自西班牙的信，要他返回西班牙接受诉讼。他认为，如果能找到黄金，就能抵消他的诉讼。

于是，他组织了一支由190名西班牙士兵和1 000名印第安勇士组成的远征队，从巴拿马沿海地区向内陆地区挺进，寻找黄金。他并不知道他们所处的是一条狭窄的地峡。3个星期后，他来到了地峡的另一边，面对着的似乎是一片汪洋。由于巴拿马是东西走向，大西洋的北海岸，所以他将这一海域命名为“大南海”。他所获得的奖赏是被任命为“大南海”地区的总督，但是他并没有风光多久。

作为第一个横穿大西洋的人，巴尔沃克的好生活显得过于短暂。公元1519年，一名竞争对手妒忌巴尔沃亚的成功，设法使他被捕。最终，巴尔沃亚以叛国罪受审，被送上了断头台。

以少胜多的弗朗西斯科·皮萨罗

当一个叫贡萨洛·皮萨罗的步兵上校看到自己的私生子出生时，或许并没有意识到他将成为西班牙历史上一个声名显赫的人。在那个保守的时代，私生子是一个可耻得几乎令人窒息的称号。尽管生活穷困，也没上过学，但这个不受重视、吃尽各种苦头的人毫不畏惧这一切，凭借自己的满腔热血，竟然成就了一番伟业。

他就是后来被称为文盲冒险家的弗朗西斯科·皮萨罗（1475—1541）。公元1475年，皮萨罗出生于今西班牙埃斯特雷马杜拉省的小镇特鲁希略，后于公元1500年年初期加入西班牙航海探险的船队，并幸运地参与了几次探险任务，最远曾抵达过西印度群岛的伊斯帕尼奥拉岛。

事实上，早在公元1492年，当克里斯托弗·哥伦布发现美洲新大陆的消息像插上了翅膀的小鸟一样飞到了欧洲各地时，就引起了巨大的轰动，探险家们无不热血沸腾、磨拳擦掌，渴望开辟一片属于自己的新天地。随之，一股探险、寻找黄金、殖民和掠夺的狂潮，以星星之火之势迅速蔓延到了世界各地。作为此次发现最大的受益者，西班牙统治阶级当然更加迫不及待地想把新发现的地方据为己有。

公元1496年，巴托罗梅·哥伦布（克里斯托弗·哥伦布之弟）在西印度群岛的埃斯帕尼奥岛建立了西班牙在美洲的第一个永久殖民地城市——圣多明各。公元1511年，埃斯帕尼奥的督军又派贝拉斯克斯占领了古巴。公元1518年，贝拉斯克斯又派历史上最著名的殖民探险家科尔特斯征服了墨西哥。公元1521年，墨西哥的阿兹特克人被彻底征服后，西班牙殖民者又将目光瞄准了秘鲁的印加帝国！

最先听到南美洲这一富裕帝国消息的，其实并不是皮萨罗，而是巴拿马的征服者巴尔沃亚，有印第安人告诉他："有一个地方的人们，他们吃喝所用的器皿，全都是金制的，那儿的黄金就像你们所带的铁一样便宜。"

宁可信其有不可信其无，不管这个印第安人所说的是否属实，西班牙统治者都决定试一试。于是，公元1522年，西班牙殖民者安迭戈亚背负着国王的命令第一次探险秘鲁，远航到了今天秘鲁境内的圣米格尔湾，带回了有关印加"帝国"的确切消息，为后来的皮萨罗征服秘鲁，提供了有力的线索。截至此时，秘鲁的印加帝国遭遇灭顶之灾的命运已经无法再改变了。

要论征服印加帝国的功臣，当然首推皮萨罗，他也是唯一和历史上最著名的殖民者科尔特斯齐名的人。

早在公元1519年，皮萨罗就已经在巴拿马定居了。他在征服巴拿马的战斗中屡立战功，因此得到了一个种植园，作为对巴拿马督军佩德拉里亚斯效忠的奖赏。他在巴拿马过着无忧无虑、高高在上的生活，按理说应该感到满足了。但是，他的身体里流淌着冒险的血液，加上他一向贪婪成性，舒适安逸的生活注定满足不了他。

自从听到安迭戈亚带回的消息后，皮萨罗就再也无法淡定了，下定决心要征服印加帝国，并扬言要探寻那个盛产黄金的印加帝国。后来，他与逃避凶杀罪名的强盗阿尔马格罗、恶棍神甫卢克狼狈为奸，在得到巴拿马督军佩德拉里亚斯的特许后，踏上了探寻那个充满神秘感和富贵气息的国度的征程。

公元 1524 年，皮萨罗带领 112 个西班牙人和少量印第安人俘虏，第一次走进了秘鲁，但是收获并不大，只获得了少量黄金，勉强可以作为下次探险的基金。

公元 1526 年，皮萨罗和阿尔马格罗重新组织了一支共有 160 人的探险队伍，开始了第二次远征。在厄瓜尔多登陆后，他们遭到了印第安人的顽强抗争，阿尔马格罗还因此瞎了一只眼睛。遭遇重大挫折的皮萨罗清醒地意识到，如果没有巴拿马殖民者的援军，目的很难达成，于是派阿尔马格罗返回巴拿马求援。

然而没想到的是，阿尔马格罗回到巴拿马后才知道，巴拿马的督军已经换成了里奥斯。这位新的督军不信任皮萨罗的大胆计划，不仅扣留了阿尔马格罗，还派使者召回了皮萨罗，命令他放弃征服事业。

绝望之际，皮萨罗抽出腰间的宝剑，在海滩沙地上划了一条线，大声对同伴说："朋友们！在那边是苦役、饥饿、赤身裸体、倾盆如注的暴雨、荒芜和死亡，在这边是安逸和欢乐；那边是秘鲁和它的财宝，在这边是巴拿马和它的穷困!!! 请选择吧，诸位！什么是最适合一个勇敢的卡斯蒂尔人去做的！我选择去南方!"

皮萨罗用宝剑指着南方的秘鲁，大声喊道："愿意去秘鲁发财的人就来这边!"接着，又指着北方的巴拿马说："愿意回巴拿马受穷的就滚到那边去!"结果，有 13 个勇敢的人决定追随皮萨罗，一起去南方探险。他们就是历史上著名的"加略岛十三勇士"。从历史意义上来说，以"加略岛十三勇士"和皮萨罗为代表的欧洲早期殖民者，是大航海时代欧洲人殖民探险和不甘平庸人生、敢于拼搏的代名词，是西方蓝色文明的一个缩影。

公元 1528 年，皮萨罗回到西班牙。在好朋友科尔特斯的帮助下，第二年，他的殖民征服计划得到了西班牙国王的鼎力支持。西班牙国王查尔斯五世授权他代表西班牙征服秘鲁，并给他提供了充足的探险经费。此外，他还被任命为瓜亚基尔湾以南殖民地的督军、行政长官和终身的阿德兰塔多，可以获得新殖民地 4/5 的财富。

阿尔马格罗和卢克也平步青云，一个成了秘鲁城市通贝斯城的司令，另一个则成了通贝斯城的主教。还有"加略岛十三勇士"，也全部被授予世袭的骑士称号，每人分到了 1 000 个印第安人奴隶和大量的庄园土地。

公元 1531 年，已经 56 岁高龄的皮萨罗带领一支不足 200 人的队伍从巴拿马起航，信心十足地去征服约有 600 万人口的印加帝国。

一年后，皮萨罗终于来到了秘鲁海岸。公元 1532 年 9 月，他带领 177 人和 62 匹马挺进内陆地区。他的小股部队穿越安第斯山脉向卡哈马卡城进发，那里驻扎着印加国王阿塔华尔帕本和一支约有 4 万人的军队。11 月 15 日，皮萨罗的部队抵达卡哈马卡城。次日，他请求与国王谈判，并要求对方只能带 5 000 非武装的士兵。

令人费解的一幕发生了。从西班牙人登陆的第一天起，阿塔华尔帕本就应该知道他们的狼子野心和冷酷无情，却允许皮萨罗的军队毫无阻碍地抵达卡哈马卡。他竟然只命令印加人在山区小道上攻击皮萨罗的部队，而皮萨罗的马队在小道上施展不开，就能轻易地消灭这支西班牙部队。

更令人大跌眼镜的是，皮萨罗抵达卡哈马卡后，阿塔华尔帕本的行为更加愚蠢。面对敌军，他自动解除武装。更不可思议的是，伏击战本来是印加人惯用的战术，他却弃之不用。

据说，印加人长久以来一直认为有一尊白神会从西方回来拿走属于自己的一切，阿塔华尔帕本无疑受到了这一传说的影响。他错误地以为皮萨罗就是那尊白神，因此抵抗变得十分消极。

机不可失，皮萨罗果断地命令部队袭击自愿放下武器的印加人。这场不如说是屠杀的战斗，只持续了短短半个小时。西班牙人没有损失一兵一卒，就征服了这个有着 600 万人口的古老帝国。最终，阿塔华尔帕本成了阶下囚。

毫无疑问，皮萨罗成功了！印加帝国实行的是中央集权制度，所有权力都集中于印加，即国王。印加就是神的代表。从印加帝国陷落的那一刻开始，印地安人的帝国其实已经瓦解了。为了获得自由，阿塔华尔帕本付给皮萨罗价值约 2 800 万美元的金银财宝作为赎金，几个月后却仍被处死了。

公元 1533 年，即阿塔华尔帕本被俘后的第二年，皮萨罗畅通无阻的军队开进了印加首都库斯科，完成了对秘鲁全境的征服，将从厄瓜多尔穿过安第斯山脉直到玻利维亚的大片疆土划归到了西班牙名下，并选了一个新的印加王作傀儡。两年后，他建立了利马城，作为秘鲁的新首都。

公元 1536 年，傀儡印加王仓皇而逃，并领导一支印地安起义军对抗西班牙人的统治。西班牙军队虽然曾一度被围困在利马和库斯科，但第二年就恢复了对国家大部分地区的控制。直到公元 1572 年，起义才最终被镇压。皮萨罗的生命正是在这一年画上了并不完美的句号。

尽管对西班牙来说，皮萨罗建立了丰功伟绩，但他最终还是在激烈的内讧中下台了。他们一行人瓜分了从印加帝国搜刮来的金银财宝，因为分赃不均而导致内讧。公元 1537 年，皮萨罗的密友阿尔马格罗认为皮萨罗对战利品分配不公而反叛。阿尔马格罗则联合皮萨罗的下属对付皮萨罗，后来被皮萨罗俘获并处死了。

事情就这样完了吗？当然不是。公元 1541 年，也就是皮萨罗的军队胜利进入印加首都库斯科 8 年后，阿尔马格罗的忠实追随者攻入皮萨罗的宫殿，终结了这位 66 岁的首领的生命。

皮萨罗勇敢、有决心，而且十分机敏。他是虔诚的基督徒。据说，他临死前用自己的血在地上画了一个十字，并喊了声"耶稣！"尽管如此，皮萨罗在军事上的成就并不能被他粗野的性格抹杀。公元 1967 年，当以色列人战胜数量和装备都占优势的阿拉伯国家时，很多人感到吃惊不已，并且难以忘怀。他指挥 180 人征服一个人口约 600 万的帝国，这是军事史上最惊人的一件事。科尔特斯曾用 600 人征服人口 500 万的帝国，其力量之悬殊仍低于皮萨罗。如果换作亚历山大大帝或拿破仑，结果会怎么样？他们两人面对如此巨大的压力时，未必能像皮萨罗那样感到轻松！

有人把这次胜利完全归功于西班牙的火绳枪，但事实真的如此吗？首先，火绳枪并不比弓箭威力更大，而且皮萨罗进军卡哈马卡城时，只有 3 支火枪，不到 20 支十字弩。虽然仍拥有少量的马匹和火器，但很明显，他们在军事上处于绝对的劣势地位。指挥和决心，而非武器，是西班牙人获胜的根本原因。这一点，从大多数印第安人死于常规武器，比如刀和剑，而不是火器就可以清楚了。

皮萨罗对南美的征服，对西班牙的宗教和文化传播起到了至关重要的作用。印加帝国灭亡后，整个南美洲再也没有能力抵抗欧洲人的统治了。从此以后，欧洲的语言、宗教和文化此后一直是南美洲的主宰。

欧洲"大家长"卡洛斯一世

在查理曼大帝和拿破仑之间，西班牙国王卡洛斯一世（1500—1558 年）算得上是统治欧洲版图最广的君主了。这个处于大航海时代和宗教改革运动启动阶段的帝王，统治的领域不仅包括西班牙、那不勒斯、西西里、撒丁、奥地利、尼德兰、卢森堡、名义上的整个德意志邦联，甚至还囊括了远在非洲的突尼斯、奥兰等，以及美洲正在不断扩大的、比欧洲本土面积大数倍的殖民地。他的帝国被称为"日不落帝国"，这个称号比维多利亚女王的大英帝国早了三百多年。在欧洲人心目中，他当之无愧地是"哈布斯堡王朝争霸时代"的主角。

说到底，卡洛斯一世前不见古人的庞大帝国，其实是哈布斯堡王朝“婚姻扩张”政策的结晶。他的祖父是德意志国王兼神圣罗马帝国皇帝马克西米连一世，他的祖母是尼德兰女君主玛丽亚，他的父亲“美男子”腓力继承了尼德兰的王位；他的外祖父和外祖母是西班牙的“天主教双王”斐迪南二世和伊莎贝拉一世，两者的婚姻促成了西班牙的统一。

公元 1496 年，他的母亲“疯女”胡安娜，公元 1496 年与“美男子”腓力喜结良缘，随后卡洛斯在这个显赫的明星家庭中出生了。

年仅 6 岁时，卡洛斯从父亲那里继承了尼德兰（包括今荷兰、比利时、卢森堡）；16 岁时，由于外祖父去世，母亲又因为精神失常而无法掌管朝政，所以他理所当然被选为西班牙国王。此时的西班牙，除了本土之外，还包括那不勒斯、撒丁岛、西西里岛和美洲殖民地；19 岁祖父去世后，他通过贿赂各选帝侯，最终当选为德意志国王，并于次年登上了神圣罗马帝国皇帝的宝座，称查理五世。

但就在即位前夕，卡洛斯遇到了一件麻烦事：当时的德国赋税非常沉重，因此备受冷落的卡斯蒂利亚人发动了叛乱，这就是历史上著名的平民大暴动。在托莱多城镇的引导下，人们强烈渴望推翻克洛斯，支持疯女胡安娜重新领导他们，并宣称只有卡斯蒂利亚人才有资格担当领导人，有权对外宣战的应该是议会而不是国王。他们甚至还骄傲地对国王宣告：“你不过是议会领工资的奴仆而已。”

然而，贵族们开始犹豫和动摇，最终与政府站在统一战线了，于公元 1522 年平息了叛乱。这场声势浩大的叛乱，最终以领导人被处死、君王的权力被恢复而告终。为了对“识时务者为俊杰”的贵族表示感谢，卡洛斯取消了某些赋税的征缴。

卡洛斯曾不无骄傲地说：“我和上帝说西班牙语、和女人说意大利语、和男人说法语、和我的马说德语。”虽然他家大业大，帝国的领土庞大，但是他一直住在西班牙，就连去世后也把西班牙当作了最后的归宿，再加上西班牙一直是支持他成就霸业的坚强后盾，所以在历史上，他首先被视为西班牙国王。

虽然贵为德意志南部哈布斯堡家族的继承人，卡洛斯却一点儿个人魅力都没有，既缺乏经验又不会讲西班牙语。在这样一个外国人的统治下，西班牙的前景实在令人担忧。

公元 1517 年，卡洛斯来到桑坦德，他的表现并没有消除人们的恐惧。尤其让西班牙贵族感到愤愤不平的是，无论什么事情，他只听取本国顾问的意见，从来不愿意与他们进行磋商和沟通。更糟糕的是，为了增加财政收入，卡洛斯竟然试图向教会和贵族征收新税，并提高买卖税。

尽管已经拥有了如此庞大的帝国，卡洛斯却并不满足，仍然不断地征战，为了他的欧洲霸业，当然也是基于他对天主教的狂热虔诚。

作为一个中世纪典型的"骑士式"国王，与他交手最频繁的是法国国王弗朗索瓦一世，因为他是当时欧洲唯一能与卡洛斯抗衡的君主。为了争夺意大利北部地区，从公元1521—1544年，这两位互不相让的枭雄总共激战了四次。从总体上来说，卡洛斯明显占据上风，并曾于公元1525年活捉了弗朗索瓦。

当然，卡洛斯可没那么好心，绝不可能这么容易放过自己的死对头。弗朗索瓦被俘后，在卡洛斯的威逼下签订了一份条约，却在获释后拒绝履行自己的承诺，于是战火再次被点燃。卡洛斯提议两人进行一次"骑士式"的决斗作了断，却因为弗朗索瓦的拒绝而化为了泡影。

为了一雪前耻，弗朗索瓦与教皇克莱芒七世缔结科尼亚同盟，共同反对卡洛斯。作为报复，公元1527年，卡洛斯再次大举进攻意大利。结果，阿尔瓦公爵率领的西班牙军队大肆焚掠了罗马，使罗马城遭遇了"有史以来最大的洗劫"，卡洛斯为此感到有些尴尬，却阴差阳错地成功阻止了教皇批准英格兰国王亨利八世离弃他的姨母阿拉贡的凯瑟琳。

奥斯曼帝国是另一个让卡洛斯头疼的敌人，甚至比法国更恐怖。土耳其的军事机器极为强大，其海军控制着地中海。

从公元1526年开始，卡洛斯就与苏丹苏莱曼一世展开了激烈的争斗。卡洛斯将奥地利的领地交给弟弟斐迪南管理，斐迪南却在苏莱曼率领的新月军团对欧洲腹地的攻掠中吃尽了苦头，伤亡惨重。其中，尤以公元1529和公元1532年两次围攻维也纳的战争最为激烈。斐迪南召集了基督教世界的全部力量，才勉强逼退了土耳其人。匈牙利国王在抵抗中战死后，斐迪南统治了匈牙利和波希米亚地区，至此，两国成了哈布斯堡大家族的一员，直到"一战"结束。

公元1535年，在热那亚执政官安德鲁·多利亚的鼎力相助下，卡洛斯在突尼斯取得了一次关键性的胜利。遗憾的是，好景不长，第二年就败在了巴巴罗萨·海雷丁手上。

公元1536年，弗朗索瓦一世与苏莱曼一世的反卡洛斯同盟正式诞生。在基督教世界，这个被称为新月和百合花渎圣的同盟，显然有违人们的意愿，因此遭到了众人的反对而最终流产。但是，弗朗索瓦一世从未放弃和土耳其人结盟的想法。公元1542年，他再次与奥斯曼帝国联合。公元1543年，卡洛斯也与亨利八世联手，并且迫使弗朗索瓦签署了一项合约。然而，庞大的战争开支让卡洛斯和苏莱曼大帝感到压力倍增，因此最终和解。

卡洛斯继承了外祖父母“天主教双王”对天主教的绝对忠诚和狂热。他在西班牙继续实行制裁、驱赶非天主教徒的政策。然而公元1517年，一个“不知天高地厚”的德国修道士在维滕堡教堂的大门上贴了一张“九十五条论纲”，拉开了风起云涌的欧洲宗教改革的帷幕，他就是新教的发起者马丁·路德。

这件事无疑在卡洛斯“天主教帝国”的土地上埋下了一个火种，是对卡洛斯至高无上权威的巨大威胁和挑战。卡洛斯决定还以颜色，于公元1521年召集了沃尔姆斯宗教会议，把路德押出了会场，宣布路德及其追随者为罪犯。所幸，路德在同情新教的萨克森选侯的保护下安然无恙。

接着，投向新教的德意志诸侯结成了施马尔卡尔登联盟，公元1545年，被逼无奈的卡洛斯召开特伦特公会议，向新教诸侯宣战，最终因斯布鲁斯之战中差点沦为阶下囚。虽然百般不情愿，身为天主教的狂热教徒他还是只能眼睁睁看着新教的星星之火在他的地盘上燎原，并且越烧越旺。

卡洛斯统治下的西班牙帝国，在美洲新大陆的领地不断扩大。虽然对无辜的印第安人来说，这场赤裸裸的掠夺战是一场灭顶之灾，却在世界一体化进程中起到了非常重要的作用。

当时的西班牙无疑是西方世界的头号帝国，控制了欧洲1/4的人口，达到2 500万。作为领头羊，欧洲的大事几乎完全变成了卡洛斯自己的家事，他在为此耗费大量时间和精力的同时，还不得不去压制宗教改革这个势不可当的历史潮流，常常感到疲于奔命，却一无所获尤其是遭遇了1555年因斯布鲁斯失败的打击后，戎马一生的卡洛斯最终心灰意冷，决定结束这种生活。他将德意志交给弟弟斐迪南一世，将西班牙和尼德兰则交给儿子腓力二世，然后就独自一人回到了尤斯特修道院，履行与亡妻多年前的约定，安享晚年。

> “不得不承认，我这一生犯了很多不可原谅的错误，可能是因为我年少无知，也可能是因为我的缺点。但我可以保证一点：我从来没有故意伤害过任何一位忠于我的臣民，对他们施以暴力或不公。如果真有这种情况，我感到很遗憾，并请求你们的原谅。”

卡洛斯一世在退位仪式上如是说。

卡洛斯一世为巩固自己的庞大帝国而在欧洲大陆进行了一系列的战争，但他对世界历史最大的影响体现在美洲新大陆的开发上，他促成了新旧两个大陆相连的伟大局面。

而对于欧洲的另一件大事，即宗教改革运动。当马丁·路德的思想在德国、瑞士、英国生根后，教皇利奥十世求助皇帝查理消灭异教，该教宣称“教皇不能付出一笔费用，使灵魂从炼狱中释放出来”。并允许基督教不需要经过中间媒介，可以直接与上帝交流。无奈之下，查理五世不得不同意支持天主教的军事武装，包括维护教皇权威而战的耶稣会。

卡洛斯一世为了维护天主教的“铁板一块”和哈布斯堡家族的霸业付出了40年的努力，到头来却仍然不得不接受天主教在欧洲的地盘不断缩小和家族霸业被损害的无奈事实。但在他并不重视的海外事业方面，他得到了意外的收获。正应了中国的那句古话：“有心栽花花不开，无心插柳柳成荫。”

环球航行第一人斐迪南·麦哲伦

斐迪南·麦哲伦（1480—1521）出生于葡萄牙北部波尔图的一个没落的骑士家庭，10岁时就被家人送进王宫服役，后来担任王后的侍童。公元1496年，他被编入国家航海事务所，并于公元1505年参加了葡萄牙第一任驻印度总督阿尔梅达的远征队。后来，他多次跟随远征队去东部非洲、印度和马六甲等地探险和进行殖民活动。正是因为有了这段经历，他的航海经验才变得非常丰富。

25岁那年，他参加了西班牙皇家卫队，从里斯本出发，沿非洲海岸线航行，并参与了对非洲的殖民战争。后来在印度，他又与阿拉伯人为争夺贸易地盘交战。30岁时，他在离开印度回国的途中触礁，被困在了一个孤岛上，等了很长时间才等到援救船只。此后，他被任命为船长，并在军队里服役。

斐迪南·麦哲伦

早在东南亚参与殖民战争时，麦哲伦就听人说香料群岛的东面也是一片大海，他的朋友占星学家法力罗甚至还计算出了香料群岛的位置。因此他猜测，大海以东就是美洲，并坚信地球是圆的。于是，他便打算做一次环球航行。

33岁时，麦哲伦回到阔别多年的祖国。他向葡萄牙国王曼努埃尔申请组织船队去探险，进行一次环球航行，但遭到了国王的拒绝，因为国王认为东方贸易已经基本成定局，完全没必要再去开辟新航道。公元1517年，失望的麦哲伦再次离开葡萄牙，踏上了去往西班牙塞维利亚的征途，并向当地统治者提出环球航行的请求。就是在这里，他开始交了好运：他过人的才能和勇气得到了塞维利亚要塞司令的高度赞赏，不仅满足了心愿，还幸运地娶了司令的女儿，身价倍增。

公元 1518 年 3 月，卡洛斯一世接见了麦哲伦，麦哲伦再次请求航海，并呈现了一个自制的彩色地球仪。卡洛斯一世很快就答应了他。公元 1519 年 9 月 20 日，在国王的授意下，他组织了一支由五艘船组成的船队，以“特里尼达”号为旗舰，浩浩荡荡地准备出航。

葡萄牙国王很快就知道了这一消息，担心麦哲伦的航行会促使西班牙的势力超过葡萄牙。因此，他派人在塞维利亚散布谣言诋毁麦哲伦，并派奸细潜入麦哲伦的船队，企图杀死麦哲伦。

公元 1519 年 8 月 10 日，麦哲伦率领船队离开了西班牙，船队在大西洋中航行了 70 天后才抵达巴西海岸。公元 1520 年 1 月 10 日，船队驶进了一个辽阔的大海湾。船员们欣喜不已，以为这是美洲的尽头，很快就能顺利地进入新的大洋了，但遗憾的是，那里其实只是一个河口而已，也就是现在的拉普拉塔河。

3 月底，南美进入隆冬季节，麦哲伦只好率船队驶入圣胡安港准备过冬。由于天气寒冻，粮食短缺，船员们变得非常沮丧，情绪不稳，因此发生了叛乱。三个船长联手反对麦哲伦，命令他去谈判，他便假装送了一封同意谈判的信，并趁机除掉了这三个叛乱分子。

不久，麦哲伦发现圣胡安港有很多海鸟、鱼类，还有淡水，饮食问题终于解决了。此外，他还发现附近的原住居民身材魁梧，身披兽皮；他们把湿润的兽皮套在脚上，有膝盖那么长。如果遇到下雨或下雪，他们就会在外面再套一双大皮靴。麦哲伦称他们是“大脚人”，并诱捕了两个“大脚人”，戴上脚镣手铐后关在船舱里，打算当作礼物献给国王。

8 月的南美阳光明媚，麦哲伦率领船队继续上路，但他们损失了一条船。月底，船队驶出圣胡安港，沿大西洋海岸继续南航，准备寻找通往“南海”的海峡。三天后，他们在南纬 52°的地方发现了一个海湾。在危急时刻，他们找到了一条通往“南海”的狭道，也就是后来的麦哲伦海峡。

经过二十多天艰苦迂回的航行，船队终于走出了麦哲伦海峡，进入了风平浪静、一望无际的“南海”。

在一百多天的航行中，船队一直没有遇到狂风大浪，所以麦哲伦感到非常高兴，认为这都是上帝的恩赐，于是给“南海”起了一个吉祥的名字——太平洋。然而，在太平洋里的生活并不太平，他们面临的最大的难题就是食物。一百多天来，他们没有吃过一点新鲜食物，只能吃面包干。面包干吃完后，他们就只能吃生了虫的臭烘烘的面包干碎屑，令人作呕。

而且，船舱里的淡水也越来越少了，喝完后就只能喝臭臭的混浊黄水。为了活命，他们把盖在船上的被晒得像石头一样硬的牛皮也吃了。有时候，他们还要吃木头的锯末粉。

如此艰苦的生活，最后总算是有了回报。公元 1521 年 3 月，船队终于到达了三个有居民的海岛，这些小岛是马里亚纳群岛中的一些岛屿。

那里的土著居民皮肤黝黑，身材高大，赤身露体却戴着棕榈叶编成的帽子。好心的岛民送给了他们粮食、水果和蔬菜，令船员们感激不已。但是，当地人从来没见过如此大的船队，对船上的东西很好奇，所以拿走了一些物品，船员们便称这个岛为“强盗岛”。得知系在船尾的一只救生艇被偷走后，麦哲伦大发雷霆，带领一对武装人员登上海岸，枪击了 7 个土著人，并一把火烧了几十间茅屋和几十条小船。这件事成了麦哲伦航行功劳簿上极不光彩的一页。

船队继续往西走，来到现在的菲律宾群岛，首次横渡太平洋的壮举在此画上了圆满的句号，美洲和亚洲之间存在辽阔水域的说法第一次得到了证实。哥伦布首次横渡大西洋用了两个月零几天，而麦哲伦在一帆风顺的情况下，只用了短短一百多天，就横渡到了比大西洋宽阔得多的太平洋。

一天，为了补充淡水、休息一下，麦哲伦船队来到萨马岛附近一个无人居住的小岛上。邻近小岛上的居民都来看热闹，用椰子、棕榈酒等换取西班牙人的红帽子和一些小玩物。几天后，船队向西南航行，在棉兰老岛北面的小岛停了下来。

当地的土著人划着一艘小船驶向“特立尼达”号船，麦哲伦的奴仆恩里克用马来西亚语和小船的桨手们对话，他们立刻明白了他的意思。恩里克是苏门答腊岛人，12 年前跟随麦哲伦去了欧洲。两个小时后，两只坐满人的大船出现了，其中包括当地的头人。恩里克与他们自由地交谈。直到这时麦哲伦才恍然大悟，他们又来到了说马来语的人群中，“香料群岛”就在不远处，这意味着人类历史上首次环球航行就要成功了。

岛上的头领被麦哲伦请到指挥船上，把船队带到了菲律宾中部的宿雾大港口。麦哲伦表达了与宿雾岛的首领和好的诚意，说只要他们愿意归顺西班牙国王，就立刻向他们提供军事援助。

为了说服当地人，麦哲伦在附近进行了一次军事演习。宿雾岛的首领接受了这个建议，并于一个星期后携带全家老少和数百名臣民做了洗礼。在极短的时间内，全岛和附近岛上的一些居民也接受了洗礼。

麦哲伦成了这些新基督徒的幕后支持者。为了扩大自己的影响，他甚至管起了附近小岛首领之间的内讧。晚上，他带领 60 多个船员乘三只小船前往小岛，由于水中多礁石，船只不能靠岸，他和 50 多个船员只好涉水登陆。没想到的是，反抗的岛民们早已严阵以待。麦哲伦命令火炮手和弓箭手向他们开火，却徒劳无功。接着，岛民们发起了反攻，麦哲伦等人节节败退。

为了解围，麦哲伦竟然下令将这个村庄付之一炬，以扰乱他们的心智。岛民们看见自己的家园被毁，所以拼命地射击他们，用密集的箭矢、标枪和石块宣泄自己的愤怒之情。当他们知道麦哲伦是船队司令后，攻击变得更加猛烈了。很多人英勇非凡，用各种武器攻击麦哲伦，他最终在这场战斗中被砍死了。

麦哲伦死后，他的同伴们继续前行。公元 1521 年 11 月 8 日，他们在马鲁古群岛的蒂多雷小岛的一个香料市场抛锚停泊。在那里，他们用廉价的物品交换了大量香料，如丁香、豆蔻、肉桂，船舱里被塞得满满的。

公元 1522 年 5 月 20 日，“维多利亚”号船绕过非洲南端的好望角，此时船员已经只有 35 个了。到非洲西海岸外的佛得角群岛上，当他们用一包丁香去换取食物时被葡萄牙人发现了，13 个人被逮捕，只剩下 22 个人了。

9 月 6 日，“维多利亚”号返抵西班牙，历史上首次环球航行结束了。“维多利亚”号船返回圣罗卡时，船上仅有 18 人了。他们筋疲力尽，极度衰弱，就连熟识他们的人也认不出来了。

可喜的是，他们运回来了大量的香料，一把新鲜的丁香可以换取一把金币，把香料换成金钱，不仅能弥补探险队的全部耗费，还能狠狠地赚一笔呢！

麦哲伦首次横渡太平洋，是地理学和航海史上的一次伟大革命，证实了一个前所未有的问题：证明地球表面大部分地区不是陆地，而是海洋，世界各地的海洋不是相互隔离的，而是一个统一的完整水域。可以这样说，麦哲伦是后人航海事业的开路先锋。

终结者弗朗西斯科·佛朗哥

公元1892年12月，弗朗西斯科·佛朗哥生于西班牙科伦那省的费罗尔一个军人世家。他祖上四代都是海军军官，母亲为保守的中上层阶级，兄弟则是西班牙空军中的佼佼者。

佛朗哥原本打算去当海军军官的，但由于在美西战争中失利，西班牙海军大裁员，海军军事学院的招生人数锐减。1907年，佛朗哥的父母退而求其次，把他送进了托莱多一所著名的陆军学校。此后，佛朗哥开始了自己命运的大逆转。

佛朗哥毕业后成了陆军少尉，被派遣到摩洛哥参加殖民战争。1913年，年纪轻轻的他就担任了当地最精锐的骑兵中尉，凭借自己突出的领导才能获得了众人的赞誉。1915年，他被破格提升为西班牙陆军最年轻的上尉，却因第二年在一次战斗中受伤而回到西班牙休养。1920年，他成为西班牙驻摩洛哥海外军团副总指挥。等到23岁时，他接管了全部的指挥权，并于同年结婚，生有一女。

弗朗西斯科·佛朗哥

1926年，31岁的佛朗哥晋升为了准将，是欧洲最年轻的将军，到法国军事学院学习。1928年，他担任了萨拉戈萨地方陆军学院院长。1931年，西班牙君主整体覆灭，新西班牙共和国的领导人采取了反军国主义政策，军事学院被迫解散，佛朗哥也被列入了退役名单。1933年，保守势力再次掌握西班牙大权，他恢复现役。1934年，他成为少将，10月奉命镇压起义成功，于1935年5月任右翼政府的陆军参谋长。

1936年2月，西班牙新一轮大选开始，此时西班牙已经分裂为两派。1936年7月18日，佛朗哥在加那利群岛发动了军事政变，驻摩洛哥的陆军也于当天开始叛乱。第二天早上，佛朗哥在24小时内牢牢控制了这个保护地和驻防该地的西班牙军队。在西班牙登陆后，佛朗哥率军向马德里推进，佛朗哥被推选为总司令，后来又于1936年10月成为新民族主义政权的国家元首。一个军事独裁政府诞生了！

佛朗哥上台后，第一件事就是强化法西斯统治：宣布工人罢工，规定未经宗教仪式允许的婚姻以及公共集会非法，并对新闻实行严格审查，强制宗教教育；大肆清洗一些民主运动人士以及西班牙共产党人，设立特别法庭，而且不允许这些“犯人”请辩护律师。据统计，到1939年年底，有近50万人入狱，导致犯人远远超过了当时监狱的最大容量。他还实行长枪党一党专制，取消共和时期的代议制度，颁布了“关于一切权力归国家元首”的法令，立法、行政和司法等大权都由自己一人独揽，内阁各部部长，所有军、政要员甚至主教都由他任命，一切法律、法令都由他批准。

尽管佛朗哥谋求内战后重振西班牙，但长期的战争不仅耗尽了西班牙的资源，还导致了其分裂。5个月后，第二次世界大战爆发，西班牙政府变得更加动荡不安。热衷投机的佛朗哥凭借自己的聪明才智和敏锐的观察力，周旋于各个参战国之间，数次改变立场，总算是换来了一时的安稳。

“二战”结束后，佛朗哥继续在西班牙推行恐怖统治，动不动就将反对派处死，引起了世界各国的强烈不满。西班牙陷入了国际孤立的局面，佛朗哥不得不宣布施行闭关自守的经济政策，自给自足。

19世纪末至20世纪初，西班牙的政治和经济虽然发展得较为稳定，但由于西班牙在19世纪内的衰落和大量殖民地的失去，拉开了其与西欧国家之间的差距。后来的内战再次打击了西班牙的经济发展，再加上“二战”，导致了一连串的饥荒惨剧。

“二战”后，佛朗哥推行了文化大统一的政策：禁止西班牙东北部人使用方言——加泰隆尼亚语，并强制推行标准的西班牙语政策。由于西班牙东北的加泰隆尼亚地区的最大城市巴塞罗那是最后一个进入佛朗哥政权统治的城市，所以佛朗哥的法西斯主义政府对加泰隆尼亚采取了疯狂而残酷的报复，不仅取消了其自治政府，甚至不准加泰隆尼亚人使用自身的语言。

但不得不承认，佛朗哥的文化大统一政策也促进了西班牙语言文化的统一，西班牙国内的地区交流逐渐增多。

1975年11月20日，83岁的佛朗哥因冠心病复发而寿终正寝。一段令人恐惧的历史终于画上了句号。

第四章　独具帝国特色的文明

拉丁美洲的西班牙语

公元前218年，罗马入侵伊比利亚半岛。在罗马帝国征服伊比利亚半岛的进程中，西班牙也逐步接受了罗马的政治、社会、经济和文化制度，实现了罗马化。可以这样说，罗马文化已经渗透进了西班牙的各个角落。

拉丁语是罗马化的关键元素。半岛土著的上层社会将拉丁语视为代表文化和权力的语言。他们率先接受了拉丁语，之后整个西班牙都采用了拉丁语。直到公元5世纪，罗马帝国崩溃，拉丁语才逐渐分化。通俗拉丁语演变为了罗曼诸语言，其中之一就是西班牙语。12—13世纪，卡斯蒂利亚的方言成为了西班牙最具优势的方言，现代标准的西班牙语就是在卡斯蒂利亚方言的基础上形成的。因此，西班牙语又被称为卡斯蒂利亚语，尤其是在拉丁美洲。

13世纪时，西班牙的基督教地区有多种语言共存，包括卡斯蒂利亚语、加泰罗尼亚语、巴斯克语、加里西亚语、阿兰尼斯语和莱昂尼斯语。但是一个世纪后，卡斯蒂利亚语（即现今的西班牙语）成了卡斯蒂利亚国王内最重要的文化和交流工具。在卡斯蒂利亚的斐迪南三世统治的最后一年，官方文件开始使用卡斯蒂利亚语撰写；而到了阿方索十世统治期间，卡斯蒂利亚语正式成为官方语言。此后，卡斯蒂利亚所有的官方文件都使用卡斯蒂利亚语撰写，所有的外语文本也都由原来翻译为拉丁文本改成翻译为卡斯蒂利亚语文本。

公元1492年8月3日清晨，哥伦布率领西班牙女王伊莎贝拉一世资助组建的船队，从西班牙巴罗斯港起程。70天后，也就是10月12日（现为西班牙国庆节），他们庄严地踏上了那片神奇的土地，并把西班牙语带到了那里。

在美国，以西班牙语为母语的人非常多，它广泛通行于纽约、德克萨斯、新墨西哥、亚利桑那和加利福尼亚（在新墨西哥州，西语和英语并列为官方语言）；此外在菲律宾、摩洛哥、赤道几内亚、非洲西海岸也通行西班牙语。

经过几个世纪的演变，拉丁美洲的西班牙语形成了若干地区的方言，它们在语音、词汇和语法的某些方面具有不同于欧洲西班牙语的特点。

文学创作的黄金时期

西班牙文化最辉煌的时期开始于16世纪，一直持续到了17世纪，这个阶段被称为黄金世纪。在这两个世纪里，西班牙文化艺术发展成熟并形成了独特的风格。西班牙语成为通用语言和文化传播工具。

这一时期诞生了各种文学体裁的作品。诗歌方面先是从意大利引进的文艺复兴风格，之后是根植于西班牙传统的诗歌，最著名的诗人是贡戈拉。戏剧和散文最能体现奥地利王室统治下西班牙复杂的思想和社会现实。黄金世纪的西班牙喜剧浓缩了当时的社会问题和理念，最著名的剧作家是洛佩·德·维加、卡尔德隆和蒂尔森·德·莫利纳。

塞万提斯的代表作为长篇小说《堂·吉诃德》，是文学史上的第一部现代小说，也是世界文学宝库的一块瑰宝。

虽然塞万提斯再三声明，自己之所以写《堂·吉诃德》，仅仅只是为了讽刺当时盛行的骑士小说，“把骑士小说的那一套彻底清除”，但实际上，作品本身所包含的意义已经远远超出了这一初衷。它通过堂·吉诃德的游侠冒险，描绘了16世纪末至17世纪初西班牙广阔的社会生活画面，展示了封建统治的黑暗和腐朽，具有鲜明的人文主义倾向，表现了强烈的人道主义精神。

正因为喜剧和悲剧、滑稽和崇高、可笑和可爱存在于同一人物身上，塞万提斯所引发的笑，遂令人回味地成了一种“含泪的笑”、一种发人深省的笑。塞万提斯是最早使喜剧（同时也是悲剧）主体具有这种双重品格的欧洲作家之一。这使他无论在反映现实的深度和广度还是在塑造人物的高度和力度方面，都比前人前进了一大步。

EL INGENIOSO
HIDALGO DON QVI-
XOTE DE LA MANCHA,
Compuesto por Miguel de Ceruantes Saauedra.
DIRIGIDO AL DVQVE DE BEIAR,
Marques de Gibraleon, Conde de Benalcaçar, y Bañares, Vizconde de la Puebla de Alcozer, Señor de las villas de Capilla, Curiel, y Burguillos.
Año, 1605.
CON PRIVILEGIO,
EN MADRID Por Iuan de la Cuesta.
Vendese en casa de Francisco de Robles, librero del Rey nro señor.

《堂·吉诃德》第四版扉页

这一时期的喜剧虽然各具特色，不乏优秀者，但比《堂·吉诃德》略微逊色。其中，《惩恶扬善故事集》是西班牙最早的短篇小说集之一，包括各种训诫小说12篇，从不同的角度反映了当时西班牙的市民生活。《八出喜剧和八出幕间短剧》也大多以西班牙市民的生活为题材，但所采用的是“黄金世纪”流行的戏剧形式。

与塞万提斯同时代的洛佩·德·维加是一个杰出的喜剧革新者，也是“黄金世纪”最重要的诗人和剧作家，被誉为“天才中的凤凰”和“大自然中的魔鬼”。他革新了西班牙戏剧的模式，首创了三幕喜剧，摒弃了刻板的古典戒律，取消了悲剧和喜剧的严格区分。

维加的戏剧题材非常广泛，对当时重大的社会问题均有涉及，反映的是十六七世纪之交西班牙的社会风貌和各阶层人物的生活。他一生共完成了1800部剧本，但完整传世的仅有数百部。

西班牙文学，其实是西班牙王国衰败和没落的一个缩影，作品中大多表现出了浓重的悲观失望的情绪，艺术上则追求感性的享受。这一时期的代表作家为路易斯·德·贡戈拉·伊·阿尔戈特，他创造了一种词藻华丽而冷僻的风格，被称为“贡戈拉主义”或“夸饰主义”。他的追随者很多，有胡安·德塔·西斯和胡安·马·豪雷吉。

与此同时，人文主义的思想继续遭到众人的排斥。著名作家弗朗西斯科·德·克维多遭到监禁和流放。虽然他的风格比较浮夸，辞藻华丽，但在作品中极大地抨击和讽刺了教会、贵族、贪官污吏和一切社会弊病，言辞犀利、说理深刻。

在维加的影响下，17世纪的戏剧家以民间历史传说为题材，创作了大量优秀的剧本。莫利纳笔下的玩弄女性的青年贵族堂胡安（即唐璜），影响后世欧洲各国的文学，成为浪漫主义青年的典型。卡斯蒂利亚罗的历史剧《熙德的青年时代》，取材于谣曲，后来对法国剧作家高乃依创作古典主义悲剧《熙德》产生了很大的影响。

著名剧作家佩德罗·卡尔德隆·德·拉·巴尔卡在继承维加的艺术技巧的同时，也受到了夸饰主义的影响，喜欢用夸张华丽的台词、堂皇精美的布景和服饰，他的作品对后来的浪漫主义戏剧影响深远。

13年的西班牙王位继承战争，最后以法国波旁王族的胜利而告终。此时的西班牙早已不复过去的辉煌，变得软弱可欺，一切都仿效法国，这也难怪梅嫩德斯·伊·佩拉约有这样的评论：“几乎所有的西班牙人全都认为18世纪是一个毫无光彩的时代。”

文学当然受到了很大的影响。戏剧家尼古拉斯·费尔南德斯·德·莫拉廷模仿法国剧作家写了一些毫无生气的悲剧。其子莱安德罗·费尔南德斯·德·莫拉廷从莫里哀的戏剧中受到启发，创作了被认为是18世纪最好的剧作——《新喜剧》。但如果说这个时期最杰出的诗人，胡安·梅伦德斯·巴尔德斯当之无愧。尽管他的风格是新古典主义，但他其实是西班牙浪漫主义诗歌的先驱。可以与他相提并论的，还有两位寓言诗作家费利克斯·马里亚·德·萨马涅戈和托马斯·德·伊里亚特。

18世纪，西班牙作家的另一个鲜明特点就是追求理性，热衷于说教，所以哲理著作和文学评论非常多。例如，散文作家费伊霍·蒙特内格罗神父鼓吹革新，维护理性，大肆批评宗教迷信、教育腐败等社会问题。另一位散文家何塞·卡达尔索则模仿孟德斯鸠的《波斯人信札》，写了《摩洛哥人信札》，以一种悲观的情调对西班牙社会的各个方面针砭时弊。

杰出的政治活动家和教育家加斯帕尔·梅尔乔·德·霍维利亚诺斯的诗歌创作，则标志着西班牙诗歌从新古典主义阶段过渡到了浪漫主义阶段，在19 世纪初西班牙的抗法独立战争中起了很大的鼓舞作用。这种争取国家独立的爱国主义思想，后来在曼努埃尔何·塞·金塔纳的诗歌中表现得更充分。

19 世纪 30 年代后，流亡到欧洲各国的文化人士纷纷回国，带回了欧洲浪漫主义的风格，并逐渐形成一股思潮。在戏剧方面，是以弗朗西斯科·马丁内斯·德·拉·罗萨的《威尼斯的阴谋》开始的；公元 1835 年，里瓦斯公爵安赫尔·萨维德拉的剧本《堂阿尔巴罗》上演，使达到了高潮，其他浪漫主义戏剧有安东尼奥·加西亚·古铁雷斯的以反封建为主题的《行吟诗人》和胡安·欧亨尼奥·阿尔森布斯的遣责宗教裁判所的《堂娜门西亚》。

要说这个时期最优秀的浪漫主义诗人，何塞·德·埃斯普龙塞达当之无愧，其抒情诗表达了对社会不公的强烈愤怒并对帝制和教权提出了抗议。他还写了诗剧《萨拉曼卡的学生》。何塞·索里利亚·伊·莫拉尔也是名噪一时的浪漫主义诗人和戏剧家，以写作传奇叙事诗见长，题材都采自中世纪传奇故事。其诗剧《堂胡安·特诺里奥》以诗句韵律优美取胜，至今仍为深受观众欢迎的保留剧目。后期浪漫主义诗人古斯塔沃·阿道弗·贝克尔和罗萨莉亚·德·卡斯蒂利亚罗，则发展了前一辈浪漫主义诗人的风格，并使之更加优美、更加纯净。

19 世纪的西班牙在资产阶级与封建专制进行殊死搏斗的过程中，革命烽火此起彼伏，骚乱不断、动荡不安，在文学上则表现为各种流派纷陈杂处，互有消长。因此，这一时期的作家分为风俗派和地方派。风俗派代表人物主要有塞拉芬·埃斯特瓦内斯·卡尔德隆和拉蒙·德·梅索内罗·罗马诺斯等，其作品均以细腻的笔调描写当地风土人情。

在女作家费尔南·卡瓦列罗看来，“小说不是臆想的产物，而是观察的结果”。她以民间女歌手的生活为原型而创作了《海鸥》，这是西班牙历史上第一部现实主义的小说。佩德罗·安东尼奥·德阿·拉尔孔的作品则带有浓厚的浪漫主义色彩，著有大量取材于民间生活的短篇小说，其代表作为《三角帽》。

地方派小说则以何塞·马里亚·德·佩雷达和胡安·巴莱拉二者为代表。前者擅长以细腻的自然景色描写，大力讴歌农村的古老宗法制度和风俗习惯；后者则以严谨的散文描绘安达卢西亚贵族社会的风尚，侧重于人物的心理描写。

19 世纪后半叶，西班牙现实主义小说的杰出代表作家是贝尼托·佩雷斯·加尔多斯，他的巨著《民族逸事》生动地再现了 19 世纪开始以来 70 年的西班牙历史。作品充满鲜明的爱国主义色彩，突出了人民群众在历史进程中的重大作用。他的其他小说《悲翡达夫人》和《格罗利娅》，则反映出了作者的反封建、反教会的民主思想。另一位现实主义小说家克拉林以长篇小说《女当家的》和《独生子》闻名，作品带有自然主义色彩。女小说作家埃米利亚·帕尔多·巴桑在文学评论集《震动人心的问题》中解释和捍卫了自然主义的文学理论。巴伦西亚作家维森特·布拉斯科·伊巴涅斯的早期作品具有明显的自然主义倾向，表现了对被压迫者的同情和对黑暗社会的批判。另外还有阿曼多·帕拉西奥·巴尔德斯，他的作品提供了社会生活各方面的真实画面，笔调轻松诙谐，寓意深刻。

与小说相比，现实主义的戏剧和诗歌显得较为逊色。著名剧作家何塞·德·埃切加赖作品的问世，才使沉寂了半个世纪之久的西班牙戏剧得以复兴。后来，华金·迪森塔·贝内迪托发表了以工人的生活和斗争为题材的《胡安·何塞》，开创了社会戏剧的道路。现实主义诗歌虽不突出，但流行很广，其代表作家是拉蒙·德坎·波亚莫尔，还有从事民歌创作的加斯帕尔·努涅斯·德·阿尔塞。在文学评论方面，则以毕生致力于文学研究工作的马塞利诺·梅嫩德斯·伊·佩拉约最为著名。

公元 1898 年，美西战争爆发，西班牙战败。此时，西班牙君主制度的没落和腐朽已经暴露无遗。出于对西班牙现状和未来的忧虑，年轻一代作家在创作中产生了一些新想法。他们把欧洲的新思想介绍到西班牙，宣扬尼采、叔本华、易卜生、托尔斯泰的哲学思想和艺术观点，与国内的陈腐的传统思想相对抗。他们自称为“九八年一代”，公元 1898 年也成为 20 世纪西班牙近代文学开始的标志。与此同时，拉丁美洲现代主义诗歌的浪潮影响到了西班牙，著名诗人萨尔瓦多·鲁埃达、弗朗西斯科·比利亚埃斯佩萨、曼努埃尔·马查多、爱德华多·马基纳等，以尼加拉瓜诗人鲁文·达里奥为典范进行创作，形成了西班牙的现代主义诗歌流派。

“九八年一代”的作家们大力抨击腐朽的君主政体，向科学文化领域中的御用权威提出了质疑，并呼吁人们创造具有民族风格的西班牙艺术。而戏剧家哈辛托·贝纳文特虽然也属于“九八年一代”，但在创作上与其并无直接联系，他的剧作主题鲜明、结构简洁、讽刺辛辣。另外，塞拉芬和华金·阿尔瓦雷斯·金特罗兄弟写的独幕剧，饶有兴趣地反映了民间的风俗习惯。后来的著名戏剧家还有热衷于戏剧改革的费德里科·加西亚·洛尔卡、亚历杭德罗卡索纳和华金·卡尔沃·索特洛等。

在“现代主义派”和“九八年一代”之后，艺术上绚丽多彩、独具一格的诗人胡安·拉蒙希·梅内斯出现了。20世纪20年代，西班牙涌现了一批优秀的诗人，被称为“二七年一代”。他们的诗歌倾向各不相同，都以自己独特的方式去认识世界和进行创作。他们主要是：佩德罗·萨利纳斯、豪尔赫·纪廉、赫拉尔多·迭戈、达马索·阿隆索、加西亚·洛尔卡、拉斐尔·阿尔维蒂等。

曾由诗人何塞·马里亚卡斯蒂利亚列特和米格尔·埃尔南德斯大力提倡的“社会诗歌”，到布拉斯·德·奥特罗和加夫列尔·塞拉亚等诗人时有所发展。20世纪30年代，西班牙文学正欣欣向荣，但是由于内战爆发，以及战后经济凋敝和政治腐败，许多作家流亡国外，文学事业受到摧残，整个40年代，西班牙文学创作都处于毫无生气、青黄不接的状况。从50年代开始，卡米洛·何塞·塞拉和卡门·拉福雷特以其小说使西班牙文学复苏，并与其他小说作家米格尔·德利维斯、安娜·马里亚·马图特和胡安·戈伊蒂索洛等人的创作，形成西班牙“战后小说”的新潮流。

何塞·奥尔特加·伊·加塞特是20世纪以来在散文、哲学与评论方面最有代表性的作家，他的著作丰富了西班牙人民的思想。同时代的格雷戈里奥·马拉尼翁、欧亨尼奥·多尔斯·罗维拉和萨尔瓦多·马达里亚加，是重要的文学评论家。另外，拉蒙·梅嫩德斯·皮达尔在研究校释西班牙古典文学方面做出了杰出的贡献。

流芳千古的绘画大师

西班牙著名画家格列柯出生在希腊克里特岛的伊拉克利翁，卒于托莱多。他原名为多米尼加·泰奥托科普利，由于出生在希腊，后被称为格列柯，意为希腊人。他早期受拜占庭画风的影响，后来到了威尼斯，进入提香的画室，这使他从中世纪美术圈子走向了一个新的时代。

公元1577年春，格列柯来到西班牙，开启了创作生涯的新篇章。16世纪下半叶，西班牙国力日衰，宗教势力横行，人民生活极其贫困。在美术方面，宫廷里一些画家大都墨守成规，画一些呆板的宫廷肖像画。

格列柯本想在马德里干一番事业，结果却始终没有受到重用，最终心灰意冷。不久，他辗转来到西班牙的故都托莱多。托莱多是西班牙没落贵族聚居的地方，这里的卡斯提尔旧贵族和国王宿怨已久。国王于公元1561年迁都后，这里更是笼罩在荒凉、寂寞的阴影中。出乎意料的是，格列柯在这里受到了旧贵族们的热烈欢迎，从此失意的格列柯便与失意的旧贵族在思想上取得了某些共鸣。他在托莱多的主要作品有《莫里斯的殉教》(1580—1582 年)和《奥尔加斯伯爵下葬》(1586—1588 年)。

《奥尔加斯伯爵下葬》描绘的虽然是宗教仪式场面，但是又带有一点的哲理意味。画面上的人物神色茫然，好像正在面对生与死、现实与幻觉而陷入沉思。苦闷、怀疑、沉思像音乐中的主旋律，成了格列柯作品中的基调。15 世纪 90 年代，他还画了一系列优美的圣母和圣母子像，其中最典型的是《圣家族》(1590—1595 年)。

公元 1600 年以后，格列柯进入了后期创作阶段。此时，他的心情更加激动不安，性格变得越来越古怪、孤僻、狂放、易怒，俨然已经成了众人眼中的怪人。他的这种激动和不安的心情渗透进了他的作品中，因此画面上的人物、自然风景常常处在扭曲的状态之中，充满了不可遏制的激情，并且有时还带有一定的宗教神秘主义色彩。这个时期的代表作品有《拉奥孔》(1610—1614 年)、《揭开第五印》(1610—1614 年)、《托莱多风景》(1610—1614 年)及一组使徒肖像。这些画反映的不再是宁静的思考，而是洋溢着忧郁与悲怆的气息，人物形象被任意扭曲、拉长和变形。

格列柯一生画了很多肖像画，他的肖像画力求传神，深入人物的内心世界，人物有着丰富而复杂的内心活动，如《红衣主教唐费尔南多·尼尼奥·德格瓦拉》(1598—1600 年)、《僧侣费利克斯·奥滕西奥·帕拉维西诺》(1609 年)、《自画像》等。

格列柯的艺术创作很长时期没有得到美术史的肯定，直至本世纪初，在当代流派的纷争之中，人们才重新回忆起了这位西班牙画家。他的特殊艺术品质始被许多人研究，从而也加深了对他的认识。据史料所载，格列柯知识渊博，兴趣多样，涉猎的面也极广泛。从他死后遗留下来的藏书中，人们发现他喜欢读希腊古代作家与意大利文艺复兴时期作家的文学作品。他收藏的希腊语、拉丁语、意大利语和西班牙牙语古代典籍很多，有普卢塔克的《名人传记集》、彼特拉克的诗集、阿里奥斯托的《疯狂的罗兰》以及特兰托宗教会议文件。

《手抚胸膛的贵族男人》，布面油画，创作于公元 1580 年

格列柯还研究过意大利阿尔贝蒂等人的建筑专著。也许正是这种广闻博识，才使得他总是充满天马行空的幻想。作为西班牙伟大的宗教画家，他的画风不能与苏巴朗、里贝拉、穆立罗等人相比。他是一个充满矛盾和幻想的思想家，他的艺术是他的思想的映像。

格列柯的一生是在半封闭的状态中度过的，他在潜意识里想逃避现实社会，不甘也是不敢面对大众，把他在阴暗的画室中的冥想带到了画布上。

他的墓志铭是这样的：

“他用笔给木头以灵魂，给画布以生命。”

18 世纪的西班牙诞生了一位赫赫有名的天才画家——弗朗西斯科·德·戈雅。戈雅，公元 1746 年出生于西班牙东北部一个偏僻的小山村，父亲只是一个普通农民，家境贫寒，从来没有受过正规的教育。14 岁时，一位教士发现了他的绘画才能，鼓励他父亲将他送往萨拉戈萨，随何塞·鲁赞·伊·马尔蒂尼斯学画 4 年。公元 1763 年，他到马德里投靠同乡宫廷画师弗朗西斯哥·巴耶乌，两次投考圣费南多皇家美术学院却都失败了。

公元 1769 年，戈雅随一队斗牛士去意大利旅行，意外地在帕尔玛美术学院的绘画竞赛中获得了二等奖。公元 1773 年，他再次回到了马德里，并结婚定居。经弗朗西斯哥·巴耶乌推荐，他开始为宫廷承担绘制壁毯画稿，从其草图中明显能看到当时宫廷指导的古典主义风格的影子。后来，他可以进出宫廷，自己研究委拉士开兹的作品，将宫廷收藏的委拉士开兹的作品翻刻成蚀版画，并形成了自己的风格。

凭借其画作《基督受难图》，戈雅被聘为圣费南多皇家美术院成员，并于公元 1785 年成为副院长，公元 1789 年被则国王亲自任命为宫廷画师。在此期间，他画了许多宫廷成员及贵族的画像，明显受委拉士开兹画风的影响。当时，西班牙是一个宗教法规严厉的国家，禁止描绘裸体，他敢于画《裸体的马哈》（马哈是西班牙语“姑娘”的意思）。由于当时的社会舆论对《裸体的马哈》的强烈不满，他又绘制了一幅表情、姿态一模一样的《着衣的马哈》，而拒绝在原画上修改。20 世纪 80 年代，西班牙将《裸体的马哈》印成邮票，成为了集邮界热门的收藏品。

公元 1792 年，戈雅耳聋了，所以辞去美术院的职务，开始创作带有色彩的蚀版画，用风俗画的方式讽刺教会和国家。公元 1803 年，他创作了版画组画《狂想曲》，用各种希奇古怪的人物代表来表达对教会和国家的讽刺之情。

公元 1799 年，戈雅被任命为宫廷首席画师。公元 1800 年，国王卡洛斯四世下令让他为自己画全家福，他的作品最终受到了国王的高度赞赏。但后人根据国王一家的姿态表情，将该画取笑为“刚刚中了彩票大奖的杂货商和他的一家”。

公元 1808 年，拿破仑入侵西班牙。公元 1814 年，他创作了《1808 年 5

月2日》和《1808年5月3日》两幅油画，用色尖酸刻薄，一反其以前和谐的颜色。后来又画了许多关于战争、死亡、疾病的主题，他的画作《农神吞噬其子》简直是一幅噩梦，描绘的是罗马神话中农神为了防止自己的子女推翻自己的统治，将孩子一个个吃掉的故事，但描绘的农神萨坦类似魔鬼，活灵活现地在吞噬一个成人。

意大利的美术史学家文杜里曾给了戈雅这样的美誉："他是一个在理想方面和技法方面全部打破了十八世纪传统的画家和新传统的创造者……正如古代希腊罗马的诗歌是从荷马开始的一样，近代绘画是从戈雅开始的。"

说到西班牙的著名画家，还有一个不得不提的名字，那就是巴勃罗·毕加索。毕加索于公元1881年生于西班牙安达鲁西亚自治区的马拉加市，父亲也是一位画家，专攻自然素描鸟类等动物，一生担任工艺学校的艺术教授和当地的美术馆馆长。

毕加索出生时所住的房子

毕加索很小的时候就表现出了对绘画的热情与能力。根据毕加索母亲的说法，毕加索最先学会的词语就是"皮兹"，是西班牙语"铅笔（lápiz）"的简短发音。7岁时，毕加索的父亲开始正式训练他学习人物素描和油画。他是一位思想传统的教授，他深信模仿大师的作品、素描石膏像与人体模特是每个画家必要的训练。于是，毕加索一心一意地专注于艺术上，因此忽略了课业。

公元1891年，父亲当上了一所美术学校的教授，毕加索一家因此搬到了拉科鲁尼亚省，他们在拉科鲁尼亚待了将近四年。一次偶然的机会，父亲发现毕加索对他未完成的鸽子素描涂色，在仔细观察毕加索的笔法后，毕加索的父亲深深觉得他13岁的儿子已经超越了他，并发誓从此不再绘画。

公元1895年，毕加索7岁的妹妹康琪塔死于白喉，这件事成了毕加索一生中无法抹去的阴影，毕加索一家人也因此搬到了巴塞罗那。后来，父亲说服学校让毕加索参加跳级考试，而毕加索在一星期内完成了一般学生需要一个月完成的考试，当时年仅13岁的毕加索获得了评审委员会的极度肯定。父亲在家附近租了一个小房间让毕加索独自工作，并一天内多次检查毕加索的画作，这使得父子经常争吵。

毕加索的父亲和叔父决定送毕加索去西班牙一流的艺术学校——马德里的圣费尔南多画家艺术学院学习。公元1897年，16岁的毕加索第一次独自一个人前往马德里。然而，在注册后，毕加索却因为无法接受正式、规规矩矩的教育而停止了上学。毕加索转而到马德里的普拉多美术馆欣赏可敬的艺术家，像迪亚哥·委拉斯盖兹、弗朗西斯科·戈雅、弗朗西斯科·苏尔瓦兰的作品。毕加索特别崇拜埃尔·格雷考，他的特色，像是拉长的肢体、醒目的颜色、神秘的面容，都深深地影响着毕加索的画风。

毕加索的创作生涯可以划分为几个旗帜鲜明的时期：蓝色时期、粉红色时期、立体派时期、晚期。

1973年4月8日，毕加索在法国穆甘逝世。

2004年5月，毕加索早期的作品《拿着烟斗的男孩》以1.04亿美元的价格刷新了1990年梵高一幅画作价值8 250万美元的拍卖纪录。

毕加索是二十世纪现代艺术上的主要代表人物之一，遗世的作品有2万多件，包括油画、素描、雕塑、拼贴、陶瓷等作品，是少数能在生前“名利双收”的画家之一。

西班牙的雕塑和建筑

与迦太基人相比，作为后来者的希腊人对西班牙东南沿海的原住民产生了更为深远的影响，尤其体现在文化艺术方面。我们在伊比利亚半岛发现的很多雕塑上都能看到希腊艺术的影子，其中最著名的莫过于“埃尔切夫人”的半身像。

而罗马人对于西班牙的影响更加深刻：西班牙接受了罗马的教育、文学、绘画、雕塑等文化艺术，现在的西班牙仍然保留了很多罗马帝国时期的艺术作品。值得一提的是，罗马皇帝图拉真、哈德良和哲学家赛内加就是在西班牙出生的。

中世纪的西班牙虽然政治动荡，但还是涌现了诸多伟大的艺术作品，尤其是与宗教生活相关的教堂和修道院等。前罗马式风格的建筑主要集中在阿斯图里亚斯，其中以里悠的圣米格尔教堂和纳兰科的圣玛丽亚教堂最为著名。罗马式艺术主要流行于十一和十二世纪，并通过圣地亚哥朝圣之路传入了伊比利亚半岛。基督教王国用穆斯林王国的纳贡建造了很多罗马式建筑，著名的有圣地亚哥大教堂的光荣门、萨拉曼卡大教堂、莱昂的圣伊西多尔教堂和圣多明戈修道院。

随着罗马帝国的衰落，罗马式风格逐渐被哥特式取代，十二至十五世纪的西班牙各基督教王国广泛盛行哥特式建筑。西班牙典型的哥特式教堂有布尔格斯、莱昂、托莱多和塞维利亚的大教堂，此外，还有哥特式的城堡、宫殿和市场。

12—14 世纪，西班牙发展了一种风格独特的建筑艺术，即穆德哈尔风格。这其实是一种罗马式、哥特式和阿拉伯式特点兼具的建筑艺术。穆德哈尔式建筑砖成为主要材料，因为砖的成本低廉、施工速度快，而且有大量会使用这种建材的穆斯林工匠。工匠们先是用砖建造罗马式建筑，之后建造哥特式的，建筑内部涂抹石膏，外部用丰富的图案装饰。最具代表性的穆德哈尔式建筑有塞维利亚的王宫和特鲁埃尔圣萨尔瓦多教堂的钟楼。

西班牙中世纪雕塑基本上有两种形式：一是用于建筑物上的浮雕；二是用于祭坛上的彩色木雕。13 世纪的西班牙有一件非常精美的彩色木雕——《悲哀的圣母》，形象生动，木雕中的正在哭泣的圣母看起来就像是一位人间的母亲。

在哥特式时期，一些教堂建筑物上的浮雕在风格上与法国非常接近，但相比较而言，西班牙的雕塑家更注重细节的刻画。哥特式时期诞生了很多优秀的浮雕作品，比如莱昂大教堂门廊上的先知像和圣母子雕像，其最主要的一点是排除概念化，人物自然、朴素、生动，富有浓郁的生活气息。

从 15 世纪开始，教堂里的祭坛木雕的数量发生了突飞猛进的增长，它像一个大屏风，上面雕刻着各种宗教故事，并涂着色彩，这种手艺与西班牙民间木雕艺术关系密切。西班牙中世纪的绘画以教堂壁画和作为插图的细密画为主，知名的壁画家有 F. 巴萨等人。

到文艺复兴时期，西班牙的雕刻艺术出现了一些新的变化，与意大利的文艺复兴有所不同，具有自己的特色：意大利的城市资本主义势力非常雄厚，西班牙却处在封建王权高于一切的阶段，宗教势力不可撼动；意大利受到了希腊罗马艺术传统的熏陶，西班牙却是这方面的门外汉。在教会的阻挠和干扰下，西班牙的人文主义思想始终无法落地生根，比如西班牙的美术作品中，几乎没有女性裸体的描绘。因此，西班牙的艺术带有浓重的宫廷主义和尊僧主义的色彩。

16 世纪上半期，国王查理五世鼓励西班牙向意大利美术学习，吸引了很多意大利画家到西班牙工作，同时也有一些西班牙画家去意大利进修，促进了两国的艺术交流。在此期间，西班牙的艺术还受到了尼德兰的影响。文艺复兴时期最著名的建筑物是：格拉纳达的查理五世宫（始建于 1527 年）和在腓力二世在位时建造的埃尔埃斯科里亚尔建筑群（1567—1583 年）。这一时期著名的雕塑家有 D. 福门特等人。

西班牙艺术最辉煌的时代之一，是 17 世纪上半期的黄金时代。西班牙 17

世纪的雕塑分为南北两派。北派的代表人物是巴亚多利德的 G. 费尔南德斯；南派的代表人物有塞维利亚的 J. 蒙塔涅斯及其学生 A. 卡诺。17 世纪的雕塑大致有这样 3 个特点：一是宗教题材；二是彩色木雕，分为祭坛木雕和人像木雕；三是注重外在的刻画，缺乏人物内在感情的表达。

17 世纪末到 18 世纪初的西班牙雕刻日益变得烦琐，随着人文主义思想的日渐淡薄，宗教色彩日益加强，失去了现实主义光芒的雕刻作品也更加匠心十足。

从 18 世纪开始，西班牙艺术进入了低迷期。公元 1744 年，马德里建立了圣费尔南多美术学院，这里成了古典主义艺术的中心。18 世纪的雕刻家以荷西·德·莫拉（1642—1724 年）、法·卡塞隆（1707—1783 年）等人最为著名。

格拉纳达的另一位著名的雕刻家是彼德洛·梅诺（1628—1688 年），他是卡诺的学生。与老师卡诺相比，梅诺的作品中少了些柔媚气，人物更多地表现出了严肃的力量，形象简洁、概括，没有了烦琐的细部。

蒙塔涅斯的学生阿·卡诺（1601—1667 年）是南方格拉纳达画派的代表。他是雕塑家、画家，也是建筑家。塞维利亚的人文主义思想和写实主义风格对他产生了很大的影响。他的木雕作品人物形象真实生动、色彩鲜明，极富生活情趣。

16 世纪末，西班牙官方建筑所形成的埃连拉风格逐渐衰退。埃连拉风格即埃斯克里拉修道院风格，这种风格强调无装饰，也叫无花纹风格。进入 17 世纪，在国际巴洛克风格的影响下，西班牙的建筑越来越富有装饰性，到后来，装饰性和夸张的特点成为建筑的主要特征，甚至表现得极端烦琐。

17 世纪的意大利盛行巴洛克建筑，这种现象十分复杂，聚讼纷纭，毁誉交加。这时期，建筑活动主要在教廷首都罗马城一地，整个意大利处于衰退之中，独有罗马教廷因为从残酷的掠夺美洲殖民地的西班牙获得了巨额的贡赋而继续兴旺。全国的艺术家、学者和建筑师又一次向罗马教廷集中。

为了压制宗教改革运动，公元 1545—1563 年，基督教世界在特伦特召开了旷日持久的主教大会。在大会上，天主教大获全胜，宣布恢复中世纪式的信仰。会后，各地的天主教更具有攻击性，竭力扩大对基督教世界的统治。在这个向宗教改革反攻的浪潮中，天主教会大肆兴建教堂，尤其以教宗所在地的罗马城为最多。建筑师们也在这股浪潮中，从 16 世纪初到 17 世纪末掀起了一个新的建筑高潮，大量兴建了中小型教堂、城市广场和花园别墅。他们有新的、鲜明的特征，开始了建筑史上的新时期，即巴洛克（Baroque）时期。随后巴洛克建筑流布到了欧洲各地，主要是西班牙、德国和奥地利这样的天主教国家。但不久，得到巨额财富的天主教会便物欲化了，他们不再像最初那样具有强烈的精神力量。巴洛克艺术也随之世俗化了，内涵变得十分复杂，它因此便渗透到抵制过它的新教国家中去了，并且被新的文化渗透。因此巴洛克建筑具有前期较为浮躁、表面和后期奇特、新颖的的建筑风格。

巴洛克建筑的主要特征是：

炫耀财富。大量使用贵重的材料，充满了华丽的装饰，色彩鲜丽。

追求“新奇特”。建筑师们标新立异，创造了众多前所未见的建筑形象和手法。而创新的主要路径是：首先，赋予建筑实体和空间以动态，或者波折流转，或者骚乱冲突；其次，打破建筑、雕刻和绘画的界限，使他们互相渗透；最后，就是不顾结构逻辑，采用非理性的组合，取得反常的幻觉效果。

更加自然。郊外的别墅越来越多，园林艺术也取得了长足进步。城市里也建造了一些开敞的广场。总的来说，建筑越来越开敞，并在装饰中增加了自然题材。

城市和建筑融合在一起，往往能带给人一种庄严隆重、刚劲有力却又充满欢乐的美好感觉。

18 世纪上半叶，西班牙延续了巴洛克艺术风格，但明显带有洛可可风格的影响，最著名的纪念性建筑是马德里的王宫。从 18 世纪中叶开始，新古典主义建筑在西班牙盛行，代表作品有马德里普拉多美术馆和阿尔卡拉门。

具有东方色彩的西班牙音乐

西班牙位于地中海西，为欧洲、非洲交通枢纽，历史上除了接触希腊、罗马文化、基督教文化外，还深受阿拉伯文化和吉普赛文化的影响。这一切都使得西班牙的音乐极为丰富多彩，并带有浓郁的东方色彩，热情奔放。

热情火辣的弗拉门戈舞

总的来说，西班牙音乐史具有以下特点：可以看作是欧洲殖民扩张时的附属产物；多民族的交汇与融合为近现代西班牙音乐风格的形成起到了决定性的作用；吉他几乎成为西班牙音乐旋律的核心载体。

《西班牙斗牛士进行曲》的创作者是西班牙作曲家玛奎纳，是一首用小号来演奏的独奏曲。在这首乐曲中，小号用其高亢、嘹亮的音色表现出了斗牛士英勇、威武的英雄形象。

弗拉门戈舞蹈热情、奔放、优美、刚健，是西班牙民族气质的最佳展示。弗拉门戈，从字面上来看就是“逃跑的农民”，因此其最经典、最直接的理解就是捶胸顿足的情绪。目前西班牙最流行的舞蹈形式弗拉门戈舞与斗牛并称为西班牙两大国粹之一，将西班牙的民族文化与特色展现得淋漓尽致。

弗拉门戈舞原本是平民阶级的舞蹈形式，在舞者的举手投足中表达出了人性最无保留的情绪。表演时，必须有吉它伴奏，并有专人在一旁伴唱，同时还要上演即兴舞蹈。上场的男舞伴必须身穿紧身黑裤和长袖衬衫，有时还要加一件装饰着花朵的马甲；女舞伴则要把头发向后梳成光滑的发髻，穿着艳丽的服装、紧身胸衣和多层饰边的裙子。

开始时，弗拉门戈舞的舞步很慢，男女舞伴会用头和手臂做出各种优美而傲慢的姿势。随着舞步渐渐加快，乐师就会凭借娴熟的指法弹拨出急促多变的节奏，气势如狂风骤雨，与加速的舞步相映成趣。突然，吉他手在吉他上弹下最后一响，舞蹈者则亮出优美的造型，一切戛然而止。这突然而至的结局往往会让观众惊呆，接着便是雷鸣般的掌声和喝彩。

动听的歌曲是弗拉门戈的精华所在，它又被叫作“坎特翁多”，常常用吉他音乐伴奏，是安达卢西亚的民间音乐。

这种舞蹈具备三个要素：伴奏、伴唱和舞蹈，表现主题多为上帝、女人、爱情等内容。跳弗拉门戈舞时的一个动作要领是：要注重全身各部位动作间的充分协调，或用脚踏击，或捻动手指发出响声，或手持响板敲击而舞；每个舞剧中开始与结束动作的感觉和神态，以及使顺畅的呼吸贯穿始终。而在舞蹈的过程中，手臂的正确使用有很大的难度，需要多年的训练才能真正在脚跟雨点般迅速击地的同时保持手臂以及上身的松弛，达到技术与艺术的完美统一，扣人心弦，让人久久不能忘怀。

在世界艺术舞台上，弗拉门戈艺术是一个特殊的流派，独树一帜，因为融合了欧洲的华丽、美洲的奔放而响誉世界舞台。在这个大流变时期，弗拉门戈舞也在进行着一些变化。

为了让这门艺术在发展的道路上走得更远，弗拉门戈舞艺术家坚持不懈地到世界各地进行巡演，是在世界各地巡演最多的西班牙弗拉门戈芭蕾舞蹈团。正如帕科·莫拉所说：“最需要这门艺术的不是西班牙，而是西班牙以外的地方。只有在专门的吉普赛舞台上才能看到真正的弗拉门戈舞。尽管弗拉门戈并不是吉普赛人的创造发明，但可以毫不夸张地说，如果没有他们，就没有今天的弗拉门戈。换句话说，他们就是为弗拉门戈而生的。他们那最嘶哑的嗓音、最繁杂多变的节奏感，都为弗拉门戈增色不少。

公元1850—1910年对弗拉门戈来说是发展的“黄金时代”，那个时代因此被称为弗拉门戈的歌手咖啡馆时代。安达卢西亚的塞维利亚和加蒂斯率先开设了这类咖啡馆，人们可以在那里边吃边喝，同时欣赏弗拉门戈表演，这类表演主要是为了获得经济收益，却在客观上推广和普及了弗拉门戈。很多吉普赛艺人并不十分乐意在这种咖啡馆献艺，大量非吉普赛裔弗拉门戈演员由此诞生。但和吉普赛弗拉门戈演员相比，他们的表现并不那么浓烈，更像是安达卢西亚地区随处可见的民谣，平淡乏味。而这时，随着殖民舰队水手的回国，弗拉门戈又被注入了古巴、波多黎各、阿根廷等地的音乐血液。

吉普赛人对生活的态度和其他人有很大的不同，在他们看来，人生最大的意义在于生活。如果要让他们在派对和工作之间做出选择的话，他们会毫不犹豫地选择派对。吉普赛人的这种态度，甚至影响了大多数的安达卢西亚人。当我们说“今天的工作不要留给明天”时，他们的看法似乎恰好相反。1960年，西班牙曾颁布了一项法律，规定酒吧必须在午夜关门，因为这个国家近半的人口每天都狂欢到清晨，已经严重地影响到了第二天的工作效率。在整个欧洲，生活在安达卢西亚的吉普赛人恐怕是与社会的融合程度最为紧密的，许多人已经过起了朝九晚五的生活。

作为一个血管里流淌着流浪血液的民族，吉普赛人内心有着坚定的民族性格。他们抗拒其他文化和变化，固守着内心关于流浪的一些浪漫的向往和天生的特质。他们浪漫而多情，狂野而纯真，是一种有别于任何民族的独特气质。

说到吉普赛女郎，我们不得不提一下法国现实主义作家梅里美塑造的一个举世闻名的人物形象——卡门。卡门是一个大胆泼辣、敢作敢为、自由奔放，同时也妖艳放荡，甚至邪恶和轻浮的女人。她是典型的吉普赛人，喜欢自由自在的生活，为此她宁愿放弃稳定、安逸的生活。如果要用性命去换取自由，她也在所不惜。这就是吉普赛人的特质。

在弗拉门戈历史上，最好的表演者——无论是歌手、舞者还是吉他手，绝大多数都是吉普赛人。无论是在过去还是在现在，只要有吉普赛人，他们就永远占据着弗拉门戈舞蹈主角的地位。

每年的5—9月，安达卢西亚的各大城市，包括边远的小城镇或村落，都会举办各种弗拉门戈音乐节，这是欣赏最纯粹的弗拉门戈最好的机会。很多音乐节都是以当地最有特色的菜式来命名的。

音乐节开始前还有歌唱比赛，主办方会邀请来自安达卢西亚各地的歌手，很多著名的弗拉门戈舞蹈家都会悉数亮相。音乐节一般从晚上11点开始，会持续到第二天凌晨3点半，甚至更晚，这对观众的体力是一个很严峻的考验。

安达卢西亚的塞维利亚、赫雷斯和加蒂斯被称为弗拉门戈的金三角，几乎包含了所有的歌曲形式。据弗拉门戈学家所称，深歌就源自于加蒂斯。在弗拉门戈的历史长河中，赫雷斯是一个响当当的名字——这里因盛产雪莉酒和弗拉门戈歌手而享誉全世界。即使是现在，世界上最好的弗拉门戈歌手仍然来自那里。

对弗拉门戈舞者来说，尊严与优雅和技巧一样重要。这也是所有的舞蹈表演者都皱着眉头，脸上绝无半点轻浮的原因。与其他舞蹈形式不同的是，弗拉门戈舞蹈并没有严格的规定动作，舞者可以凭借自己对音乐的领悟即兴发挥。并且，优秀的舞者往往并不需要太大的表演空间，女舞者的动作相对比较单一，重点几乎完全集中在上半截身体和手的动作上，动作更为优雅流畅；而男舞者的拳头开始时往往是紧紧攥住的，直到最后才把手指张开。

最初，弗拉门戈舞都是独舞，但随着弗拉门戈表演乐团和塔布劳的出现，舞者已经抛弃了弗拉门戈舞的自发性，所有动作都经过了事前的编排。这再次证明了一个亘古不变的事实：任何一种舞蹈形式，或者事物，无一例外都会在历史的惊涛骇浪中被打磨，而丢失其最初的本性。

吉他是弗拉门戈中唯一的传统乐器，它的表现形式把富于节奏性的元素和必不可少的抒情的元素结合了起来，这就使得弗拉门戈吉他具有了与众不同的表现力。弗拉门戈的吉他与普通的吉他完全不同，具有节奏感更强烈、表现力更有激情的显著特点。在今天的弗拉门戈世界里，许多顶尖的吉他手都来自格拉纳达——弗拉门戈吉他手的故乡。

但事实上，最初的弗拉门戈中并没有吉他。至于吉他加入到弗拉门戈的时间已经不可考了，但很有可能是弗拉门戈表演进入到小酒馆之后才出现的。在弗拉门戈的表演中，吉他手分为两种：独奏和伴奏。一名优秀的吉他手需要熟悉所有的弗拉门戈风格。在表演的时候，是吉他手跟随演唱者，而非演唱者跟随吉他手。

乔治·比才是法国作曲家，创造了19世纪法国歌剧的最高成就。歌剧《卡门》是比才的最后一部歌剧，也是迄今为止全世界上演率最高的一部歌剧。本剧以女工、农民出身的士兵和群众为原型，这一点，在那个时代的歌剧作品中是极为罕见的，所以难能可贵。也许正因为作者的刻意创新，本剧在初演时并不为观众所接受，但随着时间的推移，这部作品的艺术价值逐渐得到了人们的认可，此后变得长盛不衰。这部歌剧以合唱见长，剧中各种体裁和风格的合唱共有十多部。

首演的失败，让比才遭到了巨大的打击，一病不起，3个月后就逝世了。但巧合的是，《卡门》后来重演，从此成为世界歌剧之一，那天正好是比才出殡的日子。

尽管如此，圣桑、柴科夫斯基、德彪西等人都给予遭人冷落的《卡门》很高的评价。尼采甚至以此部歌剧来对瓦格纳的作品进行抨击。后来的事实证实了他们的预见——《卡门》成为最著名的歌剧作品之一，也是歌剧史上演出最多的作品。

多姿多彩的服饰

在历史演变的过程中，西班牙各民族和地区形成了独具特色的传统服装。但现在，已经没有人再穿这些古老的服饰了，只能在一些传统节日庆祝活动、舞蹈、戏剧，或一些旅游点的传统节目表演中看到这些服装。受各种不同文化和气候及地理条件的影响，各地的传统服装也千差万别，多彩多姿。黑白分明的北方服装在北方的阿斯图里亚斯地区的传统服装多以黑白色为主，看上去似乎千篇一律，但仔细观察，你就会发现各地的服装在剪裁、款式、花边制作上都十分精巧，差别很大。

例如，阿斯图里亚斯自治区的旅游点库迪耶罗村，那里的农民女子都是这样的穿着：长袖掐腰黑色短襟上衣，三角形深开领，内穿白色花边小领，下穿黑底白色小方格长裙。

在卡斯特略市的莫雷利亚，男孩都是穿黑色长裤，白色圆襟或直襟上衣，镶金色花边，袖子宽大，镶花边或长穗。头戴三角锥形小圆帽，黑色底镶金色花边或金线图案，配以各色鲜花。腰扎蓝色宽布带。女孩则穿黑衣裙，白色绣花上衣，白色披肩绣着各色小花或图案，镶金色花边，配长穗。颈戴黑色或彩色串珠。

在萨拉曼卡附近的阿尔贝卡村，女孩喜欢穿黑上衣，肩披月牙形掐边绣花披巾，头扎红色印花头巾，胸前则佩戴银制铃挂饰，数十个小银铃组成三角形，由肩披下至腰，银光闪闪，十分美丽壮观。

在圣地亚哥市附近的佩德龙，节日乐队的男青年下身穿黑色长裤，上身穿白色灯笼袖衬衫，外套黑色或红色马甲。女青年则穿三角大开领黑色长袍，花边领白衬衫。

在东北沿地中海的加泰罗尼亚，当地的民族服装也非常有特色，但都是以黑白色为主。在传统舞蹈中，姑娘们都穿着一样的服装：深色或黑色上衣，白色绣花大披肩在胸前交叉，两头扎在腰带里。下身穿宽边彩色长裙，长筒白袜达膝盖以下，足登白底黑面布鞋，用黑色鞋带从下向上至膝下，扎两道绳成十字形。头扎白色花边小帽和白色头巾。小伙子们的服装则是：上身穿短袖白衬衫，外套黑色马甲；下身穿黑裤，白色长筒袜至膝下，足登麻鞋，如我国旧式草鞋，用黑色鞋带扎至足踝以上。头戴紫色袋形小帽，表演舞蹈时，随风飘荡，十分好看。

与北方的素淡相反，南方的服装色彩更加艳丽、造型更加夸张，与其热情奔放的性格相得益彰。例如，在安达卢西亚自治区首府塞维利亚附近的卡维苏达斯村，当地农民举行的庆祝圣母华诞的罗西奥节游行上，女人们，无论长幼，都打扮得花枝招展，色彩绚丽，多彩多姿。她们身穿镶着宽荷叶边的彩色长裙，肩披白色大披肩，戴白色大耳环，头上插着香石竹花。男人们也穿着各色鲜艳的服装。整个游行队伍载歌载舞，热闹非凡。这里说到的安达卢西亚长裙是西班牙最有代表性的传统服装。其他国家的人们对西班牙服装的认识，一般都是通过西班牙传统舞蹈中的长裙来认识西班牙服装的。安达卢西亚长裙由古代阿拉伯妇女长裙演变而来，其特点是瘦长，从肩到臀以下，紧紧包着身躯，裙摆一直垂到双踝处，特别能展示妇女的腰身曲线，走起路来随风飘逸，所以，至今仍为西班牙妇女所喜爱，每逢节日，她们都竞相穿上安达卢西亚长裙，走上街头，争奇斗艳。这种裙子的一个突出特点是下摆极宽，少女们在舞蹈时，一只手扯住裙边将裙摆向一侧扬起，整个裙子如同一把张开的巨扇，十分好看。

提起西班牙的服装，就不得不提其独有的斗牛服。斗牛服是男子斗牛时穿的特制的专用服装，分上装和下装；上装为小开襟无扣敞胸马甲，像一种带铠甲的战服，颜色有金黄色、红色等。内着白色花领结衬衫。这种上装一般只有斗牛士在斗牛时才穿，所以在社会上并不流行。比较流行的是斗牛裤。斗牛裤实际上是由西班牙古代传统紧身男裤演变而来的。这种裤子特别贴身，可以充分表现男性的阳刚之美。

过去，斗牛裤一般为蓝色或黑色，近代以来色彩逐渐多样化，如红色、白色、蓝色，什么都有。斗牛裤做工极讲究，用料必须结实耐磨，并装饰上绣花或花边，非常美丽。现在，西班牙青年参加奔牛节时也会穿上这种斗牛裤，跟着奔牛狂跑。另外，山区的牧民也爱穿这种裤子骑马放牧。

饮食的地中海风情

西班牙中部地区的烤羊肉非常著名，其烤羊排、烤羊腿更是西班牙佳肴中的首屈一指的美味，吃起来鲜嫩多汁，一点儿异味都没有。一些养羊的小村落，每到周末假日挤满了从附近城市里赶来吃烤羊的食客。除了烤羊，烤乳猪也是西班牙菜的一绝。马德里附近的塞戈维亚城可以说是乳猪城，每家餐馆的橱窗里都挂着一条条待烤的乳猪，门口的客人大排长龙。

南方加泰隆尼亚的地方菜属于地中海菜系，它也是西班牙菜的基调，主要材料有沙律、芝士、火腿腌肉、新鲜蔬果，并且用的是橄榄油，有淡淡的奶油味，在口味上和法国菜很像。由于靠海，吃海鲜是天经地义的事，地中海式的海鲜吃法一般有川烫、碳烤和油炸三种，也有用海鲜来调配饭和面条的，配上当地特有的蒜蓉酱，美味得不得了。加泰隆尼亚菜总是配上一种大圆面包，切片涂上新鲜番茄汁、橄榄油、新鲜蒜头汁，撒上一点盐，再配上薄薄的火腿和腌肉，就是最道地的美味了。西班牙西北角的加利西亚，是有名的海鲜天堂，这里出产的大龙虾、巨蛤、大螃蟹无一不肥美，而且价钱最便宜。加利西亚是章鱼的故乡，只只紫色圆胖如足球的章鱼，要在地上摔软了煮，吃时切片撒些油盐和红椒粉，肥嫩可口。生蚝也是这里的名产，现剖现卖，十个一盘，附有柠檬片，外加一杯啤酒。生蚝看起来新鲜肥大，人人吃得舔嘴咂舌，满地蚝壳堆积如山。海滩上有很多小摊亭，为老饕们烤沙丁鱼、煎虾子、煮螃蟹，现做现吃。

它帕是指饭前开胃的小菜或是二顿正餐之间的点心，在西班牙的饮食文化中的地位同样不可小觑。西班牙的午、晚餐时间很特别，通常是下午2—4点吃午餐，晚上9—11点用晚餐，人们一般在11—13点、18—20点到酒馆喝啤酒，配上精致小菜下酒，小日子过得非常有情调。在有些酒馆，它帕是随酒附送的，可尽情享受。

它帕的种类繁多，不过都是咸的，其中又分凉食和热食，肉类、海鲜和素菜。最主要的凉食是面包夹，用各种各样的馅料配上橄榄油，再撒些洋葱末、蛋黄层加料就完成了，十分美味。热食的它帕多数是炸的，像炸乌贼、炸小墨鱼、炸鸡翅膀等，还有香烤咸酥虾、香蒜虾、蒜泥洋蘑菇等。淡菜它帕也有清蒸柠檬淡菜、醋拌淡菜、酥烤奶油淡菜。番茄青椒拌章鱼是一道老少皆爱的它帕。

葡萄酒的家乡

说起西班牙，人们脑子里最先浮现的往往是豪放勇敢的斗牛和风情万种的西班牙女郎，高深些的则知道《堂·吉珂德》、毕加索的画、弗拉明戈舞等名誉世界的西班牙文化艺术瑰宝，但很少有人会想到西班牙的葡萄酒，这除了与西班牙政府和各葡萄酒产区的的宣传缺乏有关外，另一个就是与西班牙本国的文化有关，西班牙语里没有“营销”一词。

西班牙酿制葡萄酒的悠久历史，最早可以追溯到公元前10世纪。腓尼基人、希腊人和迦太基人在半岛东部和南部展开殖民争夺的同时，也将葡萄和油橄榄等作物以及酿制葡萄酒和榨取橄榄油的技术带到了西班牙。

身为世界三大葡萄酒出口国之一，西班牙葡萄酒品种非常多元，已经有

600 多个品种，但真正经常使用的品种应该有 18～20 种。西班牙的红葡萄酒色泽浓重，如身披红色斗蓬，热情奔放的西班牙女郎，让人沉醉；又如斗牛士手中不停抖动着激怒狂牛的红色布缦，让人激情昂扬。据说，海明威便是西班牙红酒的狂热“fans”，当初在创作以西班牙内战为背景的《战地钟声》时，每天狂饮有“斗牛之血”称号的里奥哈酒，所以文思泉涌，终成名作；雪利酒也许可以说是至今仍在生产的最古老的醇酒，据说在莎士比亚时代，雪利白葡萄酒被认为是当时世界上最好的葡萄酒，他曾赞美雪利白葡萄酒是“装在瓶子里的西班牙阳光”。在西班牙，雪利酒被冠以“国酒”的称号，其风味如同西班牙酒馆中千般娇媚的舞娘，一朵艳红的鸡冠花插在鬓间，裙间飞扬出的风情如一瓶经多年陈封刚刚破瓶后的雪利酒一样，令人神往、让人迷醉。

在西班牙，无论吃正餐还是吃小吃，西班牙的红酒都是不可或缺的饮品，葡萄酒与火腿是西班牙人的最爱。tapa（开胃小菜的统称）是一种古老的西班牙式美食传统，在西班牙无论是都市还是乡村，许多餐馆、酒吧都专门向客人提供拿手的开胃小菜，irdetapeo（意为“去吃开胃菜”）早已成为一种传统的生活文化，而点一份小菜，啜饮一小杯葡萄酒，则是西班牙人认为十分惬意的生活享受。

与法国好酒又贵又难买到的情况相比，西班牙的葡萄酒物美价廉，受到越来越多人的青睐。而且西班牙葡萄酒的生产工艺中保存了很多传统的种植和酿造方法，因此更容易为本国民众所喜爱，西班牙的名酒雪莉酒和卡瓦酒以传统方法酿制，大部分供内销，很少出口，而西班牙其他产区的葡萄酒和低档的餐酒则很少能在西班牙以外的地方买到。

在这里，值得一提的是西班牙人对本国葡萄酒的大力支持，西班牙本国的葡萄酒消费基本上就是本地酒，比如：在西班牙有一款著名的起泡酒 CAVA（娇娃），很多西班牙人固执地认为 CAVA 酒比香槟好，只是香槟名气大一点罢了。当新世界葡萄酒崛起时，木秀于林的法国葡萄酒首当其冲，销量大减，其他葡萄酒旧世界如意大利、德国等也大受影响，只有西班牙，不但没有受到波及，而且由于保持了本土的特色，顺应了现代人们追求个性化的思想主张，反而引起了更多目光的关注，由于西班牙的酒具有较高的性价比，因此西班牙的葡萄酒大有在世界葡萄酒林中崛起甚至一领风骚的希望。

西班牙的葡萄酒生产者深谋远虑，他们的血液里涌动着斗牛士那不屈不挠的战斗精神，沉着勇敢地面对着来自法国、意大利和葡萄酒新世界的强烈挑战，越来越加大了把其生产的葡萄酒推向国外市场的力度，甚至不惜“与狼共舞”在竞争者的国内建立葡萄酒种植园和酒窖及酿造工厂。

如今，西班牙的大部分葡萄酒酿造公司均在国外投资，在美国、法国、荷兰、尤其是新的投资热点——南美洲诸国拥有葡萄种植园。与此同时，西班牙葡萄酒生产者从未忘记发展赖以生存的国内葡萄酒，尤其是其中出产的真正的极品葡萄酒的葡萄产酿区。此外，他们还竭尽全力地在本国开发新的具有发展前途的葡萄种植园、建新的酒窖。

很多人说西班得到了上天的誉顾，这不仅是因为这里山青水秀，阳光明媚，更重要的是因为西班牙人几乎不费吹灰之力就酿造出了很多世界知名的美酒。众所周知，西班牙人和法国人一样，天性都比较浪漫和懒散，但与法国人不同的是，西班牙人在酿酒时也把生活中的散漫之气带了进去，像著名的里奥哈酒，很难想象这款酒酿好后，常常被置于酒窖中一放就是十几二十年，其间居然也无人过问，虽说疏于管理，可是这种“弃养”方式却备受上天照顾，酒不仅没有氧化酸败，反而更加柔和、醇厚、芬芳，这就是被人们所津津乐道的“里奥哈神话”。

西班牙人时至今日仍保留着传统的古法酿酒，我们可以在品尝着古朴原味而香醇的葡萄美酒时，感受那蕴藏在酒香中的西班牙文化。

西班牙著名的红酒庄园有皇家穆苏酒庄、马丁·歌达仕酒庄、佩雷酒庄、瑞尼芭碧酒庄等。皇家穆苏酒庄位于西班牙希加雷斯葡萄酒产区，在杜埃罗河岸的北面。葡萄园表土覆着沙土，下方是黏土质的土壤，因而雨水可以顺畅的被植物吸收，不会囤积在土壤里；这里昼夜温差大，充足的阳光和长日照以及土力肥沃的田地，都成为生产上等美酒的条件，望眼尽是树龄在60年以上的老藤葡萄，全天然生长，有机栽培，决不灌溉，每公顷产量1000升以下。在葡萄成熟期，完全进行手工采摘，在法国橡木桶中自然发酵。在100%全新法国橡木桶中陈酿2年，装瓶后在地窖放置3年，5年后确认合格才对外销售，质量绝对有保障。马丁·歌达仕酒庄以出产红葡萄酒为主，创建于1986年。酒庄的名称源于当时知名的诗人加利西亚，其中世纪的诗篇表达了对海洋及海岸线的热爱。酒庄自成立之日起就不断地成长并不断发展，而且促进了当地人民、土地和文化的发展，还把当地的文化推广到了世界40多个国家。由一群葡萄种植及酿酒者出于对梦想的追求而发起的一个项目，如今也已经变成了事实，正是这个项目的实现，让酒庄成为了加利西亚葡萄酒的象征。

马丁·歌达仕酒庄的葡萄采摘通常在9月份，通过人工方式采摘葡萄。葡萄园土壤具有沙质和矿物质成分，尤其是花岗岩和酸性成分，土层较深厚，这让所酿的葡萄酒酸度略高。气候受大西洋的影响，较凉快，冬季平均温度为10℃，日夜温差较小，种植的葡萄品种以阿尔巴利诺为主，还有特雷萨杜拉等。

佩雷酒庄以出产白葡萄酒为主，也生产利口酒，是佩内德斯产区著名的起泡酒品牌。从1991年成立以来，佩雷酒庄就是高品质的代名词。该酒庄的主要产品是起泡酒，但是也生产白葡萄酒、桃红葡萄酒及红葡萄酒（包括佳酿、陈酿）。如今，西班牙佩雷酒庄远近闻名，因为它拥有最好的生产葡萄酒和起泡酒的设备，同时也是最擅长把传统的制酒工艺同现代最先进的高科技恰当结合起来的酒庄。

瑞尼芭碧酒庄创立于1928年，始终坚持以传统工艺酿酒，辅以现代技术改进酒质，酿造出了高品质的红葡萄酒、白葡萄酒和桃红葡萄酒。1984年，该酒庄加入了西班牙著名的菲斯奈特集团。目前，该酒庄所产的葡萄酒已经畅销超过50个国家，在一些国家的同类产品中处于领先地位。

该酒庄葡萄园种植多种葡萄，分别为马家婆、帕雷亚达、沙雷洛、歌海娜、梅洛和丹魄等每年的9月和10月，该酒庄都会在佩内德斯产区的葡萄园中进行人工采摘葡萄，并对不同的葡萄进行不同的处理。对于酿制白葡萄酒的葡萄，酒庄会对其进行过滤，以去除葡萄皮和葡萄核等物质，然后再送到温控不锈钢发酵罐中发酵。而对于酿造红葡萄酒的葡萄，酒庄会对其进行浸泡，并保留固体物质，以最大限度榨取葡萄中的味道。对于酿制桃红葡萄酒的葡萄，酒庄依然会对其进行浸泡，不过浸泡时间相对较短，以保留桃红葡萄酒的新鲜度和颜色。葡萄经过处理以后，酒庄会对葡萄加入酵母，在14～18℃的环境中进行发酵。经过一系列的处理以后，酒庄还会将葡萄汁放入橡木桶中进行陈年。最后，酒庄运用现代设备将葡萄酒装瓶，把新鲜的葡萄酒投入市场，而把经得起陈酿的葡萄酒放在酒窖中继续陈酿。

该酒庄所产的赤霞珠、品丽珠葡萄酒以及白葡萄酒、桃红葡萄酒，年轻的红葡萄酒和珍藏酒尤为出名，还有不少酒款获得了多项国际大奖，绝对是世界葡萄酒舞台上的“大明星”。